启真馆 出品

浙江大学竺可桢研究中心、竺可桢研究院立项资助项目

# 竺可桢

## 年谱长编

【第一卷: 1890—1927】

壹

李玉海
樊洪业
潘 涛 著

ZHEJIANG UNIVERSITY PRESS

浙江大学出版社

· 杭州 ·

**图书在版编目（CIP）数据**

竺可桢年谱长编. 第一卷，1890—1927 / 李玉海，樊洪业，潘涛著. -- 杭州：浙江大学出版社，2024.11
ISBN 978-7-308-24879-2

Ⅰ.①竺… Ⅱ.①李… ②樊… ③潘… Ⅲ.①竺可桢（1890-1974）—年谱Ⅳ.① K826.14

中国国家版本馆 CIP 数据核字 (2024) 第 084339 号

**竺可桢年谱长编. 第一卷，1890—1927**

李玉海　樊洪业　潘　涛　著

| | |
|---|---|
| **丛书策划** | 王志毅 |
| **责任编辑** | 孔维胜 |
| **责任校对** | 赵　钰 |
| **装帧设计** | 罗　洪 |
| **出版发行** | 浙江大学出版社 |
| | （杭州市天目山路 148 号　邮政编码 310007） |
| | （网址：http://www.zjupress.com） |
| **排　版** | 北京楠竹文化发展有限公司 |
| **印　刷** | 北京天宇万达印刷有限公司 |
| **开　本** | 710mm×1000mm 1/16 |
| **印　张** | 37 |
| **字　数** | 527 千 |
| **版 印 次** | 2024 年 11 月第 1 版　2024 年 11 月第 1 次印刷 |
| **书　号** | ISBN 978-7-308-24879-2 |
| **定　价** | 138.00 元 |

竺可桢（摄于 1919 年 2 月前后）

# 前　言

## 一

　　竺可桢，字藕舫，卓越的气象学家、地理学家、科学史家、教育家。1890 年 3 月 7 日出生于浙江绍兴东关镇（今属绍兴市上虞区），1974 年 2 月 7 日病逝于北京。

　　竺可桢正式入小学前读过两年私塾，开始古文启蒙。1905 年在绍兴东关镇毓菁学堂小学毕业，先后到绍兴东湖法政学堂、上海澄衷学堂、上海复旦公学、唐山路矿学堂求学，打下了扎实的中国古典文学与新学基础。1910 年考取第二批留美"庚款生"。先入伊利诺伊大学农学院学习农学，后进入哈佛大学研究院攻读气象学。1918 年获哈佛大学博士学位，于 9 月回国。

　　竺可桢拥有一个成绩优异、出类拔萃的学生时代。他一生的学术成就正是建立在求学时期打下的坚实学业基础之上。他的许多优秀品质，在学生时期已逐步养成。

　　小学毕业时成绩名列第一；在澄衷因学习成绩突出获银章一枚；在唐山路矿学堂一年半，五次考试成绩冠全班；在哈佛大学获伊麦荪奖学金（Emerson Scholarship），被选为美国地理学会会员（Fellow of the American

Geographical Society）。

1915 年 10 月，留美中国学生创立了中国科学社。竺可桢成为该社早期社员和《科学》杂志的早期编辑。他为该杂志撰写了第一批科普文章，成为五四运动以前积极向民众传播科学知识、科学思想、科学精神（"赛先生"）的先驱人物之一。1916 年 9 月在中国科学社第一次常年会上被选为董事，此后一直是中国科学社的重要骨干。

竺可桢少年时代就饱读古文经典，受到中华传统文化的熏陶与滋养；留学八年，又领略了西方的科学精神；二者的交融与结合，奠定了他终生坚持求是精神的思想基础；加之社会实践的教育与影响，逐步形成了以爱国主义为中心的科学救国、教育救国的人生观。

1918 年至 1927 年，先后在武昌、南京、天津任教，是将近代地理学引入中国高等学校课堂的开山者。在东南大学创办并担任地学系主任，培养出我国最早一批地理学家和气象学家。于执教同时潜心研究，发表了一批重要学术论文与有影响的文章，特别是开创了利用我国丰富的古籍文献资料，研究中国历史时期气候变迁的先河。

1927 年当选中国科学社第四任社长。他与 20 世纪二三十年代众多的我国第一代科学家（丁文江、翁文灏、秉志、李四光、姜立夫等等）成为知己，携手为近代科学在中国的传播辛勤耕耘，矢志不渝。

1927 年 10 月应蔡元培之邀，参加中央研究院观象台的筹备工作。1928 年任中央研究院气象研究所所长，直至 1946 年。

竺可桢是我国近代气象学、地理学和气象事业的奠基者。他对气象事业的建设与开拓，竭尽全力，将南京北极阁建成为我国气象科学的研究基地与中心，培养出第一批气象学研究人才与气象观测、预报队伍。提议并积极推进中央气象局的成立。在他的不懈努力与苦心经营下，逐步形成了全国气象观测网，其中包括拉萨测候所和峨眉山、泰山两个高山测候所。

随着气象观测资料的不断积累，中国逐步具备了开展近代气象学与地理学研究的条件，竺可桢终于可以一展平生抱负，在承担繁重的行政工作同时，他如饥似渴，废寝忘食，持之以恒，精心研究，发表了一批开创性、经典性的学术论著，在天气学研究、季风研究、历史时期气候变迁、中国气候与气候变化因子研究、中国气候区划、农业气候、旱涝灾害及其成因研究、区域气候与地方气候、物候学等领域都有重大建树，奠定了我国近代气象学、地理学的基础。

中央研究院气象研究所从 1930 年元旦起开始发布气象预报，结束了由外国人垄断中国气象预报的历史。

从 1930 年到 1937 年，竺可桢先后主持三次全国气象会议，对推动全国气象事业发展发挥了重大作用。

1934 年与翁文灏、张其昀等人发起成立中国地理学会。自 20 世纪 30 年代起，竺可桢在中国气象学会和中国地理学会中长期担任领导职务，也曾当选中国天文学会副会长与评议员等职务。

从 1935 年起担任中央研究院评议会评议员，进一步参与中央研究院重大院务的讨论与决策。

1936 年 4 月，受命出任国立浙江大学校长。赴任后，着力革除弊政，敦聘国内外名师，确立"求是"校训，实行教授治校，注重通才教育，着力培养德才兼备的各业领袖人才，尊崇思想自由，推动科学研究。对学生关怀备至，爱护有加，经常对学生发表演讲，谆谆教诲与劝勉，深受广大师生爱戴。抗日战争全面爆发后，竺可桢以百折不挠的顽强精神，克服重重艰难险阻，带领浙大师生四次西迁，一路办学，最终抵达遵义、湄潭稳定下来。使浙江大学在艰难困厄中崛起，不断发展壮大，跃居为全国著名的大学，被英国学者李约瑟（Joseph Needham）誉为"东方剑桥"。

竺可桢是一位思想博大精深的教育家。他的办学方针、教育思想和理念，他的哲学思想与人生观，他的思维方法与处理问题的方式，以及对学生的不倦教诲，具有十分鲜明的个性色彩。他的教育理论与办学方针的核心思想是大学应该培养什么人。他明确指出："大学是养成领袖人材的地方"[①]，"大学教育

---

[①] 《竺可桢全集》第 2 卷，上海科技教育出版社，2004 年，第 351 页。

的目标，决不仅是造就多少专家如工程师医生之类，而尤在乎养成公忠坚毅，能担当大任，主持风尚，转移国运的领导人才"[1]，"你们要做将来的领袖，不仅求得了一点专门的知识就足够，必须具有清醒而富有理智的头脑，明辨是非而不徇利害的气概，深思远虑，不肯盲从的习惯，而同时还要有健全的体格，肯吃苦耐劳，牺牲自己努力为公的精神。这几点是做领袖所不可缺乏的条件"[2]，"科学的精神是在求真理，而革命的目的是为谋人民或社会的幸福"[3]，科学精神就是"只问是非，不计利害"[4]。"我们人生的目的是在能服务，而不在享受"[5]，等等。这些闪耀智慧光芒的思想与教诲，至今仍具有现实指导意义。读来仍令人心潮澎湃。

浙大期间，竺可桢深刻的教育思想得以全面而有效贯彻，在领导岗位上尽展才华，堪称一生中心血付出最多、影响最为深远、业绩最为辉煌的岁月。

在那动荡年代，爱国民主的学潮同样出现在浙大，他始终站在进步学生一面，保护浙大师生的爱国正义行动。对被捕学生，总是千方百计、想方设法予以营救，不顾个人安危与当局交涉、前往探视，拒绝开除自治会骨干，明知将自己置于险境而不顾，被国民党特务列入黑名单中。

在浙大时期，竺可桢遭遇到人生的一次重大打击。1938 年夏，夫人张侠魂与次子竺衡因缺医少药没有得到及时医治，患痢疾去世。对浙大的奉献岂止是他十三年的年华，还有两位亲人。

从 1940 年起，连续三届被聘为教育部学术审议委员会委员，参与大学教育重大工作的讨论与决策，聘任、商讨大学教授升级，以及学术评审与奖励等工作。

1944 年在遵义完成了科学史领域的力作《二十八宿起源之时代与地点》。

三次出席太平洋科学会议（该会议前三届称泛太平洋学术会议），并均提

---

① 《竺可桢全集》第 2 卷，第 455 页。
② 同上，第 462、463 页。
③ 同上，第 500 页。
④ 同上，第 288 页。
⑤ 同上，第 373 页。

交论文，受到好评。1946 年 2 月 25 日在伦敦召开的国际气象会议上，当选为气候组专门委员会委员。1946 年 11 月出席了在巴黎举行的联合国教育科学文化组织成立大会。

1948 年当选首届中央研究院院士。

中华人民共和国成立后，出任中国科学院副院长。在建院初期，竺可桢是核心领导之一。由于他的人格魅力与学界声望，在繁重而具体的建院事务中，化解了诸多矛盾。在接收中央研究院、北平研究院各所，在调整、合并、建立研究机构，确立研究方向和任务，选调、配备所级领导班子及学术界知名学者，组织科研队伍，人事安排，建立科研秩序，院所选址、基本建设、充实图书设备等方面，做了大量卓有成效的工作，表明他在中科院建院初期，在实现平稳过渡中发挥了无可替代的领导作用。

1954 年起，当选第一至第三届全国人大常委会委员。

1955 年当选中国科学院学部委员，兼生物学地学部主任。后来随着领导体制的变化，开始把主要精力放在执行"十二年科学发展远景规划"的有关任务上，主要是全国范围内的自然资源考察和自然区划工作。

竺可桢认为大规模的综合考察工作是合理开发自然资源、发展国民经济的基础，必须大力进行，所以倡议组织多学科的综合考察工作。并以极大热忱亲临第一线，多次赴野外考察，足迹遍及除西藏和台湾以外的全国各个省份。他几次去黄土高原考察水土流失和保持措施；他南至海南岛和云南西双版纳考察热带生物资源和培育问题，北至黑龙江考察水能利用和沼泽开发；几度西行至内蒙古、宁夏、甘肃的河西走廊和新疆的天山南北，考察沙漠治理、盐土改良和干旱区地理等问题。

长期关注资源、环境、人口问题。在涉及自然资源的调查、研究、保护和开发，自然灾害防治，水土保持，沙漠治理，南水北调，农业问题，开发海南岛、自然区划与农业区划等重大国策问题上，都有过深入研究和高瞻远瞩的建言，都是开拓者、组织者或重要参与者。推动综合考察委员会设立以及自然资源综合考察与区域考察的战略部署，体现了他独特的战略眼光。他最为关注人口增长和水土流失两大问题。他在著作和日记中，殷殷述说中国古人盲目开发资源而给后世遗下无穷祸患的惨痛历史教训，呼唤今人负起历史责任，不要再因我们的失误而殃及子孙后代。呼吁"要开发自然必须了解自然""黄河中上游水土保持问题是迫切需要解决的问题""让海洋更好地为社会主义建设服务""改造沙漠是我们的历史任务""开展自然保护工作""防止资源破坏，加强合理利用与保护""加强水资源研究"等。建议成立全国自然保护委员会，设立土地利用和水土保持局，在首都建立全国生物资源博物院及建立北京天文馆。倡导海洋科学与测绘事业的发展，建议设立国家海洋局与国家测绘总局。关心地震、地质、古生物、土壤、动物、植物、遗传、生理等各学科的发展。倡导并组织自然科学史研究，建议成立中国科学院自然科学史研究室。晚年还特别关注环境污染与气候异常问题。在竺可桢的著作、日记和谈话中，已随处可见"可持续发展"的思想，他是"可持续发展"的先觉先行者。

长期关注粮食生产问题。1963 年发表了《论我国气候的几个特点及其与粮食作物生产的关系》，受到相关部门及中央领导的重视与各界的普遍关注。毛泽东主席看到此文后，特邀竺可桢前往中南海卧室面谈。参加谈话的还有李四光、钱学森。毛泽东与三位科学家就广泛的科学问题作了交谈。

重视学术团体在交流研究成果、启迪思想、传播科学精神与培养人才方面所发挥的独特作用。积极参与相关学会的领导工作与学术交流，他的经典性的学术论文，大部分首先是在相关学会年会上提出的。1950 年任中华全国科学技术普及协会副主席，1958 年任中国科学技术协会副主席。

"文革"时期，竺可桢并未完全在家赋闲，仍然老骥伏枥，力所能及地作着贡献。"文革"初期，他花费了大量时间和精力接待来自全国各地的人事调查和业务访问。他恪守实事求是原则，如实提供情况，有时不惜占用很多时间查阅当年日记，有根有据地提供证明材料，使一些蒙冤干部得以昭雪，间接保护了许多好干部。为了及时了解和掌握世界科技发展动向，不顾年老体衰，乘坐公交车定期去中国科学院情报所阅览国外图书、期刊，每年数十次，直到身体承受不了为止。他特别为科学院及整个国家科研工作中断，基础研究力量流失而忧心忡忡。为了保住中国科学院的基础研究力量，他与吴有训副院长联名致信周恩来总理，阐述基础理论工作的重要作用，力主科学院的基础研究力量不能散失。他还利用出席各种会议、与科学家谈话及接待来访的机会，阐述他对地学、生物学方面及天文研究所开展基础理论研究工作的思考，对"文革"后期恢复科研工作时地学各所制定计划、确立课题与部署工作发挥了积极作用。他还就钓鱼岛主权问题上书周恩来总理。他继续研究并订补、充实、定稿《中国近五千年来气候变迁的初步研究》，又与合作者共同完成了《物候学》一书的修订。《中国近五千年来气候变迁的初步研究》是他一生积累的杰作，发表后反响热烈，好评如潮，被译成多种文字。

竺可桢的一生，除在气象学与气象事业、地理学与自然资源考察事业上作出杰出贡献外，在科学史、科学普及、科学教育、科研管理和诸多科学文化领域皆有卓越建树。

## 二

樊洪业对竺可桢卓越的一生曾有过精辟的概括。他说："国人以'立德、立功、立言'为不朽，纵观竺老之一生，'三立'皆备。他以求是精神醒世律己，以敬业精神继往开来，享中国气象学和地理学一代宗师之誉，研究水土风云，成果惠及百代，培育人才桃李满天下。"

竺可桢精彩的一生，为后世留下弥足珍贵的三大精神遗产。

第一，是竺可桢的著述，即 24 卷《竺可桢全集》（以下简称《全集》）。

竺可桢是一位具有领导禀赋的科学家，深明管理要义与章法，在系主任、所长、校长、副院长的领导岗位上，尽展领导才华，均取得令人信服的傲人业绩。加之他突出的人格魅力、崇高的学界声望、良好的人际关系以及胸怀祖国、勤奋治学、忠于职守、实事求是、无私奉献、公私分明、清正廉洁、光明磊落、表里如一、作风严谨、毅力坚强、办事公正、平易近人、待人真诚、心地善良、宽容大度等高尚品格，谢世以来，后辈们仍念念不忘。科学界、教育界一直以各种方式表达对他的怀念。在他的诞辰和忌日举行集会与追思、出版纪念文集、发行纪念邮票。曾经工作之地辟设"陈列室"和"纪念馆"，其塑像见于多地。在众多报刊上发表的纪念、回忆文章及研究论著，持续多年不断，热度不减，数量之多，在科学家群体中无人能出其右。据统计，截至2014年，相关文章和论著就多达900余篇（部）。[①]

竺可桢一生笔耕不辍，著述等身，其遗作皆属上品力作。改革开放后，许多学界名士呼吁出版。《竺可桢文集》终于在1979年出版，但受当时历史条件的限制，仅收入79篇论文，约70万字。2000年3月，在纪念竺可桢诞辰110周年前后，叶笃正、黄秉维、施雅风、陈述彭等十几位院士提出增补《竺可桢文集》的建议，得到中国科学院的支持。在收集整理过程中，编纂人员获得大量遗作，施雅风院士建议，也得到众多院士、科学家等的响应，认为有必要出版全集。2001年3月1日《全集》编辑委员会在北京成立，编纂工作启动。路甬祥院长任《全集》编辑委员会主任，副主任由知名人士施雅风、孙鸿烈、张玉台、潘云鹤、秦大河、马福臣、潘涛、沈文雄（执行）、樊洪业（执行）担任；贝时璋、叶笃正、苏步青、张劲夫、郁文、谈家桢、曾呈奎被聘为顾问。与此同时，组成了以樊洪业为主编的文稿编纂组和以潘涛为组长的出版编辑组，开始了长达十几年的紧张工作。

2004年7月，《全集》1—4卷出版。在北京召开了出版座谈会，叶笃正、陶诗言、陈述彭、席泽宗诸院士与龚育之、张玉台、郭传杰等领导以及竺安、竺松等二十几位在京编委出席。樊洪业就《全集》1—4卷编纂、出版情况作了汇报。各位院士与领导对编纂、出版工作给予充分肯定与积极评价。

十三年磨一剑。《全集》的编纂出版历时13年，从当初计划的20卷，最终增加到24卷，截至2013年全部出齐，计约2000万字。

《全集》第1至第4卷收录竺可桢已刊与未刊的中文著述，包括学术论文、

---

① 张立《"竺可桢研究"相关文献的统计与分析》，载浙江大学编印《"竺可桢学"研讨会文集》第36页，2014年5月。

科普文章、工作报告、思想自传、往来信函、演说与诗作、自存手稿以及履历表等。第5卷为外文著述。第22至24卷属于补编，是前5卷出版后收集到的，其中大部分是藏于中国第二历史档案馆，存于气象研究所档案中与各方进行工作联系的函稿，以及任职浙大校长期间尚兼任气象研究所所长，为决定气象研究所有关所务与重大事项致代理所长吕炯等的信函。著述部分前5后3计8卷。第6卷至第21卷是日记部分，计16卷。皇皇24卷《全集》，卷帙浩繁，内容丰富，是当时国内篇幅最长的自然科学家个人文集。文字跨越了从新文化运动到"文化大革命"后期长达58年的历史风云。

《全集》编纂以"存真""求全"为宗旨，如实展现竺可桢的人生道路和社会文化变迁的历史进程，为后世提供内容宏富的珍贵史料。《全集》以一种独特的方式折射出20世纪中国政治、社会、文化的发展历程，对20世纪中国科学史、教育史、文化史和社会史的研究都具有重要价值，堪称20世纪我国科学文化历史宝库。它在大时间尺度上，为中国科学史、中国学术组织（中国科学社、学会）及其活动史、中国气象学史及气象事业发展史、中国教育史、中央研究院史、浙江大学史和中国科学院史研究提供了极为丰富的史料。

《全集》展示的人文精神和家国情怀，同样感人至深。

《全集》的鲜明特征是日记部分占据主体，还有大量书信。日记占《全集》篇幅的三分之二，从1936年至1974年初长达38年，约1300万字。他以个人的视角，记录了从民国到新中国的历史嬗变，穿越抗日战争、解放战争、抗美援朝、"三反"、"五反"、知识分子改造、"反右"及"文革"等重大历史波涛，记述细腻入微，内容丰富翔实。竺可桢是从传统社会向近代社会转型时期诞生的第一代科学家中的佼佼者。时势英雄，风云际会，20世纪中国诸多名人遂以不同的时空分布会聚在他的日记中，许多重大历史波澜鲜活在他的笔下。且不说政府要员、社会名流、同窗友好、门生下属，由于他一生中无论主持何种事业都深入基层，每到一地都体察民情，也会随时随地记下相偕相遇之人的谈话与印象，其中不乏基层普通群众，由此也可透视中国底层社会之种种百态。

竺可桢日记在格式上有鲜明的个性与诸多独特的创造,在内容上涉及的领域极为广泛。对当日发生的重大历史事件与新闻、见闻,当日参与、处理、经历的事务,出席会议时对与会人物及发言要点,都有记载,对某些人物与事件,更有细节描述,为众多重要人物研究提供了真实的史料。其内容,不仅涉及科学和教育领域,也记述了其广泛参与的各类社会活动。除了气象、地理之外,还涉及其他各门类专业、国际政治、中外历史、哲学名著、流行小说、博物杂俎。大到国务活动,所在部门事务与处理情形,小到天气物候、来往客人、路途见闻、收寄信件等,无所不包。还记载着他个人的大量阅读,折射出他的勤奋与兴趣之广泛,以及不断充实自己,坚持终身学习的精神。

竺可桢日记的鲜明个性与独创性,还表现在每年日记后都附有特殊价值的"附录"。"附录"内容异常丰富,包括"本年事要"、"通讯录"、家庭"收支一览表"、"子女成绩"、"家人身高与体重"、"读书笔记"、"杂记"、剪报、书法习作等。由于国家局势、物价水平、子女年龄、工作繁忙程度、著述安排、本人年纪等情况不同,每年附录的内容也有所不同。"读书笔记"多摘自国际一流刊物所载的科学前沿文献、权威人士的科学著述、古今中外名著,摘记中时有大段的,甚至达几页的英文记述。"读书笔记"篇幅一般为数页至十数页,1966 年竟长达 44 页。他在写作重要学术著述前,均记载有大量的"读书笔记"。"杂记"更是包罗万象,摘自广泛阅读的各类书刊与工作中的有关资料,凡认为有保存价值者俱摘录之。上至国内外的政治、经济、科学、文化、环境等要事,经济方面的摘记尤为具体,如五年计划、预算、农业(包括粮、棉、油、糖、烟草等产量)、林业、轻工业、人口、物价、税种,等等;下至本地、本校的各种情况、具体数目,不一而足。有的年份将"读书笔记"与"杂记"合二为一。剪报仅出现在科学院时期。书法习作仅限于个别年份。家庭"收支一览表",只载于任职浙大时期,表明虽为一校之长,也是高工资,但家庭开支仍不得不精打细算。逐年记载的家庭支出与物价等记录,具有透视社会、政治、经济等方面的史料价值。"附录"所记,皆是有保存价值与使用价值者。

他的日记，兼具记事与帮助记忆的功能。查找资料，联系友人，回顾过往，方便实用。他文章中的引文与相关数据多取自"读书笔记"与"杂记"。所以日记是他的至宝，是他的"百宝箱""百科全书"，可以随时取之所需，也是他的至爱，与之倾吐衷肠，形影相随，秘不示人。

人文学者张荣明教授，近十五年来看过不下一百部日记，其中晚清时期大概有四五十部，民国时期也有四五十部。他称竺可桢日记是"日记王国中的古今第一巨无霸，现存 16 卷一千三百多万字数已超越晚清四大日记（《越缦堂日记》《缘督庐日记》《湘绮楼日记》《翁同龢日记》）字数之总量"。① "在民国日记中，竺可桢的日记是空前绝后的，没有人能够取代。""只有从头至尾看过一遍，你才能真正感悟到这是一部在民国史上具有里程碑意义的空前绝后的大师日记。"② 在 2014 年《全集》出版座谈会上，他特别强调："竺可桢的日记空前绝后，将来是不可能有的。"

《全集》的编纂，搜集、辨识难度以及工作量均很大，日记部分尤甚。他的日记页面虽然大多工整、清爽，但记述时往往会在不同时期、不同环境、不同心境下运用楷书、行书、草书等多种不同的字体，还常常出现英文记述，又时以俄文、德文、法文等外文与中文混用，有时还有诸多方言及专业名词夹杂其中，个别的错别字与漏字也在所难免，所以辨读起来困难重重，费时费力。

难度更大的，是在内容上涉及众多学科，涉及科学、教育、文化、社会、政治、历史等广泛领域，涉及众多学界、政界等人物与事件，涉及学界、政界机构及其历史演变；早期的教学讲义没有标点符号，还有学科术语与文章、书籍等在编辑方面均与现今不同，等等。这些特点，无疑对编纂与编辑出版人员在科学史、不同门类学科以及文化、政治、历史学与外文等素养方面提出很高要求，否则难以胜任。《全集》得以高质量如期完成，有两位学者发挥了重要作用。

一是我国著名科学史家、《全集》主编樊洪业。他从科学史家的视角与高

---

① 张荣明《竺可桢与陈寅恪》，第 14 页。
② 张荣明《空前绝后的竺可桢日记》，载《中华读书报》，2014 年 7 月 2 日。

度，提出并坚定坚持"存真""求全"的编辑原则，才使竺可桢著述与日记得以按原貌保存，并将以原貌流传下去。《全集》出版后，读者看到的是竺可桢著述与日记的真实全貌。上述编辑原则，受到科学史界和广大读者的广泛赞赏与充分肯定。

作为《全集》主编，樊洪业承担的工作量极为繁重。他同时兼任湖南教育出版社"20世纪中国科学口述史丛书"主编，工作更异常繁忙。十几年来，在他的日历牌上没有节假日，每天按早晨、上午、下午、晚上四个单元工作，每天工作十几个小时。自我约束不写文章，暂时放弃兴趣，尽可能推掉各种活动，将全部时间和精力用于《全集》的编纂。由于常年伏案工作，他的身体每况愈下，在最严重的一段期间，受病痛的影响已经很难用笔写字，连走路都一度非常困难。在身体最差的那段时间，他首先想要完成的就是《全集》的出版。他认为自己身上有一份不可推卸的历史责任，也是一次不容错过的历史机遇，"我的身体真要是不行了，自己哪怕就是把这条命拼上也认了"。

樊洪业学识渊博，博闻强识，文字功底深厚，著作甚多；对中国近现代科学史，对科学、教育界的知名人物、重要学术机构和重要事件，都有深入研究；具有精益求精、追求完美的精神；并藏有大量近现代科学史料，是《全集》主编的最佳人选。由他担任主编，是《全集》之幸。《全集》的完美出版，他居首功，当之无愧。

另一位是《全集》副主编、竺可桢的三公子竺安。他熟悉日记中所记载的众多人物与事件，有些是亲身经历，帮助解决了不少难题。他精通英文，英文部分的审定工作全部由他完成。他也参与了全部日记的辨识及工作量很大的人物注释工作。两位与出版社的密切配合，保证了《全集》的编纂质量与进度。

此外，还有黄宗甄和陈学溶两位老先生，已届耄耋之年担任特邀校审。校审工作要求逐字逐句核对原稿，这对于两位老人来说，工作负荷之重不言而喻。陈学溶先生在审校工作期间曾几次病倒住院，黄宗甄先生也多次因为疲劳而难以支撑，但他们在高强度的校审文稿工作中，投入了对竺可桢的爱戴之情和严谨的敬业精神。现今，二老已驾鹤西去，当含笑九泉，他们的功绩和精神将与《全集》永存。

《全集》的出版，上海科技教育出版社功不可没，出版社的三任社长翁经义、张英光、张莉琴及原副总编潘涛功不可没。在有些出版社漫天要价的时候，他们分文不取接下了《全集》的出版任务，在人力、物力、财力上给予重点保证，十几年如一日，不改初心，显示了以翁社长为首的领导团队非凡的眼光、勇气与魄力。潘涛参与了《全集》全部文稿与日记的审校，对一些英文记述逐一查找原文核对，一丝不苟，以保证准确无误；在工作调动后全部是占用晚上与节假日完成的，付出的心血，难以描述。副总编王世平、责任编辑殷晓岚都贡献良多。十三载合作中，上海科技教育出版社讲求诚信，践行承诺，珍重友情，值得信赖。

樊洪业早在编纂《全集》之时，就考虑在完成后有必要编写《竺可桢年谱长编》（简称《年谱长编》），即嘱我在收集竺可桢文稿的同时收集有关年谱资料。他预想，待做完《年谱长编》后，还要撰写《竺可桢大传》，这也是大家的期望，他是担此重任的不二人选。樊洪业前些年还有撰写《二十世纪中国科学史》的预想，并逐渐在积累资料。但天有不测风云，从 2016 年以来，他受严重眼疾与重症所困扰，无法使用电脑做事，使这些美好的计划终成画饼。樊洪业的染疾，使他失去从事学术工作的能力，令他十分苦恼。奇迹未能出现，虽然不断就医，终究未能挽救他的生命，不幸于 2020 年病逝。他的满腹经纶与美好愿望都遗憾地随他远去。作为领军人物，他的离去，是竺可桢研究以及中国近现代科学史与中国科学院史研究无法弥补的重大损失，令人惋惜。

在编纂《全集》过程中，我与他有过十几年的愉快交往。他深厚的文史素养、敏锐的思维、出众的文字表达与创新能力，作为科学史家的严谨治学与责任担当，对朋友与学生的不吝指教与真诚相助，永远珍藏于我心中。

我本人作为副主编，承担了文稿部分的普查和整理校订工作，还促成了与中国第二历史档案馆对气象研究所档案的电子化合作。第 22 至 24 卷中的中国第二历史档案馆藏件，由该馆杨斌、陈建宁、陆君、奚霞和周晓负责编订，感谢他们的付出与友好合作。

2014 年 4 月在北京，于国家图书馆举行了《全集》出版研讨会，路甬祥等有关方面领导与会祝贺，许多研究竺可桢的学者从不同角度论述了《全集》出版的重要意义。《全集》出版后反响热烈，被众多学者与广大青年研究者广泛引用，进行多方面的深入研究。翁社长提出的要把《全集》做成精品图书的承诺，已圆满实现，《全集》摘得了第四届中国出版政府奖图书奖，这是上海科技教育出版社应得的荣光。《全集》还被加州大学洛杉矶分校图书馆等机构收藏。

本人不惜笔墨在此介绍各位的努力与付出，只是为了记录在案，让读者有所了解，让历史永远铭记。

《全集》将流传千古，供后人分享与研究。


第二，是竺可桢所摄所藏的摄影作品。他所藏照片具有以下特点：

（1）收藏存量大。

（2）时间跨度长。

（3）内容广泛。大部涉及本人岗位责任内的日常科教管理，亲身参与的国家政治生活和科学、教育、文化、社会活动，以及中外交流、野外考察、参观旅游、亲友往来等。有他亲自拍摄的，也有他人现场所摄，有因公务活动获赠，有亲友和学生所赠，还有特意收藏的。

（4）缘于平生阅历丰富，交际广泛，与重要历史人物、机构、事件关联度高，所摄所藏照片具有重要史料价值与收藏价值。

（5）大多数照片留有竺可桢的墨宝。或在照片的空白处与上方边缘，或在背面，多用蝇头小楷标注出时间、地点、人物姓名。个别照片还有对建筑古迹、相关事件与历史演变状况的记述。某些照片具有水准较高的艺术性，一些照片画面优美，配以秀丽的墨迹，堪称珍品，赏心悦目。

竺可桢所摄所藏照片，有些是孤本，具有特别珍贵的版本价值；一些个人照和与他人合影，具有反映其生平重要活动的价值；一些知名人士的照片、反映重要历史事件以及具有科学价值的人文与自然景观照片，具有社会文化史料价值。

他所存几十年前所摄的名胜古迹、古建筑与园林风光等照片，多属世所罕见，是研究它们历史演变的宝贵史料。比如，1938年12月途经滇越路所摄系列照片，让我们在瞬间穿越80余年的时空，目睹了滇越路当年的容貌。

他摄、藏数量可观的野外考察照片，基本都是孤本，对相关研究具有重要价值。

他所摄所藏留有众多名士身影的照片，多数未曾面世，具有珍贵的史料价值。这些学界、政界知名人士以当年的英姿与风采，云集在他的相册中。

仅笔者所知，这些学界、政界知名人士有：贝时璋、秉志、蔡邦华、蔡元培、曹日昌、曾涌泉、曾昭抡、常书鸿、陈秉仁、陈衡哲、陈建功、陈剑飞、陈康白、陈叔通、陈述彭、陈省身、陈训慈、陈一得、陈毅、陈寅恪、陈源、陈展云、陈遵妫、程纯枢、程开甲、储安平、戴芳澜、丁玲、丁绪宝、丁燮林、丁颖、丁瓒、范长江、方俊、冯德培、冯玉祥、冯仲云、费孝通、高由禧、谷超豪、顾功叙、郭沫若、郭洽周、侯仁之、侯学煜、胡刚复、胡焕庸、胡乔木、胡适、胡先骕、胡愈之、黄秉维、黄家驷、姜立夫、蒋梦麟、蒋作宾、金善宝、李德全、李善邦、李四光、李旭旦、李俨、李政道、林伯渠、林镕、刘东生、刘少奇、刘慎谔、刘西尧、刘仙洲、柳大纲、卢嘉锡、卢守耕、陆定一、罗隆基、吕炯、马君武、马相伯、马一浮、马寅初、毛泽东、茅以升、梅光迪、梅贻琦、聂荣臻、欧阳予倩、潘光旦、裴丽生、彭加木、钱昌照、钱崇澍、钱俊瑞、钱三强、钱伟长、钱学森、钱钟韩、饶毓泰、任鸿隽、任美锷、阮毅成、邵力子、邵元冲、沈钧儒、沈雁冰、沈兹九、施汝为、施雅风、束星北、谈家桢、汤佩松、唐钺、陶孟和、田汉、童第周、涂长望、王淦昌、王焕镳、王家楫、王琎、王守武、王应睐、王仲济、王竹溪、翁文灏、吴传钧、吴定良、吴晗、吴学周、吴有训、吴征镒、伍献文、武衡、夏衍、谢家荣、谢觉民、解俊民、谢义炳、辛树帜、熊庆来、熊毅、徐尔灏、徐特立、严济慈、阳翰笙、杨铨、杨孝述、杨振宁、杨钟健、尹赞勋、于立群、俞大维、俞平伯、袁翰青、恽子强、张宝堃、张伯苓、张从周、张稼夫、张劲夫、张孟闻、张默君、张其昀、张文佑、张文裕、张孝骞、张钰哲、张准、赵九章、赵元任、赵忠尧、郑万钧、郑宗海、周恩来、周建人、周立三、周培源、周仁、周廷儒、朱炳海、朱德、朱济凡（以上按拼音字母顺序排列），以及陈永贵、李约瑟、杜立德等，并多位苏联专家。

竺可桢同时保有长期记日记与摄影习惯，在日记中常有对拍照的记载。日记与照片相互辉映，相得益彰。走进他的日记，可以瞬间穿越时空，眼前呈现拍摄现场，一览照片背后的故事。照片又是他日记中所记场景的瞬间再现。

竺可桢所摄所藏的摄影作品，大多尚未面世，是一片有待开发的沃土与宝藏。

第三，是他的书法作品。

竺可桢一生奋笔，留存大量手迹。在各项任职期间，为解决工作中的问题，与各界人士有过大量书信往来；他做学问极为严谨，有些学术问题常常通过书信与友人探讨；他有个习惯，凡是收到来函，基本是每函必复；在长浙江大学之时还兼任气象研究所所长，对气象所的领导及一些重要所务的决策，大量是通过书信进行的。所以，存世信函非常可观。

竺可桢的书法独具一格，潇洒隽永，妙笔生花，洋溢一种儒雅的气质，犹如其人。书法家顾廷龙先生在为《复旦大学档案馆馆藏名人手札选》所写的出版志感中，就指出"科学家如竺可桢、熊庆来等的草书手札，也均为精湛之作"。微信公众号"小白谈书法"上发表的文章，对其书法的评价颇有见地，特转录于此："（竺的书法）用笔是十分讲究的，而且技法上，也表现出一种纯熟的境界，尤其是在起笔上，多为藏锋起，行笔上，有一种很轻盈的感觉，而收笔上，有着一种率意之感，在他的行书中，还表现出一种极强的个性，诸如转折之笔，都是一种圆转的方式，更加有质感，而在章法布局上，通常是一种十分舒朗的格调，无论是行距，还是字距，都是非常大的。""在他的行书中，几乎每一个字，都写得比较浑圆，并且，很有状态感，字形大小上，也是参差错落。""个性十分突出。"①

《全集》封面所用的"竺可桢"三字，即出自他题写"求是精神"时的署名。竺可桢的信函在中国第二历史档案馆、浙江省档案馆、浙江大学档案馆、上海市档案馆、中国科学院办公厅档案处与档案馆等档案部门，都有可观收藏。他的题签，存世者也非鲜见。他的墨迹，在拍卖市场也偶有出现。

在上述档案部门，也存有诸多名士致竺可桢的信函。仅以笔者所存，致竺可桢手札者就有胡适、翁文灏、朱家骅、王世杰、任鸿隽、张默君、杨铨、陶孟和、丁燮林、叶企孙、卢作孚、俞大维、钱昌照、钱天鹤、朱其清、王显廷、杨钟健、张准、郑宗海、赵九章、黄万里、杨孝述、冯景兰、袁复礼、宋梧生、刘咸、涂长望、方俊、吕炯、厉德寅、宋兆珩、尤佳章、毛邦初、朱允明等。

无论从内容上看还是从书法欣赏角度，竺可桢与众多名家的来往信函都具有重要的史料价值和出版价值。

竺可桢是一位载入中华民族史册的杰出科学家、教育家与品德高尚的民族先贤，留给后世无与伦比、价值连城的三大精神遗产，是浩瀚无垠的汪洋大海，千姿百态，气象万千，令人神往与目不暇接。

## 三

竺可桢每一天大都在紧张、繁忙中度过，工作之余还要著述、记日记、写书信。他热爱生活，情趣广泛，日子过得并不单调枯燥，而是既有规律，又多姿多彩。

1966 年 3 月，中国科学院办公厅调我去给竺老做秘书。在竺老身边感受很深的，是竺老在治学、工作以及生活上有自己独特的风格与安排，有他独有

---

① 《浙大校长竺可桢的书法不错！儒雅自然，有学者风》，载微信公众号"小白谈书法"2023 年 7 月 25 日。

的习惯与规律。

我初次陪同竺老外出是 1966 年 3 月 20 日乘机飞广州。来去途中，竺老一直不厌倦地凭窗远眺，若有所思，又不时地记录着什么，我感到新奇和纳闷。后来才知道，竺老不论是坐火车、飞机，还是乘汽车旅行，或是外出考察，对目之所及必不停地细心观察，随时记下到达各地的时间、里程、海拔高度以及沿途所见。在编纂《全集》时看到了竺老的原本日记，对去途有如下记述："7h 50′ 启引擎，从北京机场起飞，从北京至广州 1988 km，飞行高度据说是 7000 m，平均速度（上下不算）530 km/hr，到广州需时 4 h 08′。9h 过黄河，10h 过长江，但最初因能见度差，9h 50′ 以后下地有云雾，直至广州机场上才出云。云底高度据估计不过 500 m，⋯⋯广州机场经与巴基斯坦联运后已扩大并有了新建筑，与我上次在机场所见已迥乎不同，已有国际机场规模。车到羊城宾馆只 5 公里，我住四楼 461 号。"

3 月 28 日乘火车回北京。那时正值阳春三月，南北气温和作物发育差异甚大。竺老一路耐心观察，毫无倦意，认真记录，取得了从南到北同步观测作物生长发育的第一手资料。对此，他在日记中有详尽记述："〔株洲〕田间80% 种了紫云英，看来不十分紫，广州早已压青。长沙站上紫荆花已开，绣球初发白，海棠盛开，乔木抽青。长沙至岳阳一段，见小麦已有尺半高，站上有月季开花，梨花。在湖南境内见种茶叶，杜鹃开花，紫藤出叶，紫云英未紫，小麦渐多，紫云英渐少。蒲圻以北是稻麦两熟区，萝卜开花。长江大桥上紫荆开花，小麦高 1′，杨柳全青，海棠初开，塑料〔膜〕种稻。小麦高不到1′，桃花放，水土流失严重，广水站上夹竹桃全受冻。过广水后天已黑，不能再观测田间物候，直至石家庄。过信阳车上坡，但相对高只 100m，在车中一路平顺，⋯⋯在石家庄小麦高不到 3″，到保定 1″. 5，至北京才返青。晚间车过驻马店，是彬彬①等四清工作地点，在漯河、信阳间（距京 1403 km）。在晚间九点左右过邢台，即近来地震区，在侵晓四点多钟。闻震已由八号的邢台，

––––––––––

① 即竺老的三公子竺安。

二十二号移至石家庄。从广州到北京飞机只四小时走 1988 km，而坐特快车要 40 h，行 2324 km，但行车很稳而准时间，车中很清洁，与解放前有天渊之别。"这是他以一位科学家的视角，对沿途的观察与描绘。

运用科学方法探究一切事物，已成为竺老的生活习惯。在日常生活中，融入他血液中的科学精神、科学态度，可以说无处不在。记得竺老夫人陈汲师母有过生动的记述，现转录于此，与读者分享："记得我家屋前院子里，种有丝瓜、金银花，还有一架玫瑰香葡萄，藕舫为此专门买了几本管理种植葡萄的书本，学习科学的培育管理知识并亲自施肥，定期浇水，还爬上梯子去剪枝，每天观察生长情况，每年葡萄结几次，每次结多少，每串葡萄有多重都要磅一磅；平时不许孩子们偷吃，一旦成熟采下来就挨家挨户分给院里各家孩子尝鲜。丝瓜结出来了，他总要每天用尺子量一量长了几公分。发现金银花叶子上有腻虫，他耐心地用刷子一张叶子、一张叶子把腻虫刷到盛水的杯子里，观察腻虫在水杯里几分钟才能淹死……，并仔细地一一记录下来。家住地安门时期，他为直接了解大风沙所带来的沙土量，每次风沙后都要亲自扫靠外间的一片地，收集沙土并称其分量，可以说他一辈子就是这样，在日常生活上也习惯了以科学精神、科学方法去研究周围的事物。"[①]师母的述说，让我们看到了一位科学大师在日常琐事上不同寻常的一面。

竺老多次出国访问和参加国际会议，多次到全国各地考察或视察。对他来说，旅途是考察工作的重要组成部分。每次旅途，都比其他人更有收获，但也更辛苦。大家都经历过旅途，刚开始往往兴趣盎然，凭窗远眺，但坚持不了多久，就会感到疲劳，失去兴趣。然而竺老在旅途中，一直在不知疲倦地观察与记录，这是他的独特风格。他把旅途作为积累物候资料和观察大自然的极好课堂，是获得第一手资料的大好机会。不是一次旅途，而是一生中每次旅途都如此，这恐怕不是仅凭毅力可以做到的。如前所述，这正是竺老科学精神、科学态度的体现，热爱科学、热爱生活的体现，也是兴趣所在。古今不乏游记问世，

---

① 陈汲《我的丈夫竺可桢》，载《纪念科学家竺可桢论文集》第 217-218 页。

那只是某人一次或几次的沿途记述。终生如此者，很可能前无古人，后无来者。

竺老每次外出前，都要认真做好准备工作，熟悉各种有关资料，如果到以前曾去过之处，还要翻阅当年的日记。他出差轻装出行，随身必带猎取大自然信息的四样东西：照相机、温度表、高度计和罗盘。考察或旅途中，随时测量与记录，对有价值的地理景观、景物风貌和文物古迹都要拍照下来。

每次考察回来，都亲自写考察报告，或著文发表。重要报告，或提交科学院院务会议，或送科学院党组，还有的直送中央领导。凡考察中所发现的问题，或受托向有关部门或领导反映的问题，回来后都认真汇报和反映，积极提出建议，以期得到解决。

那时是用胶卷拍照。经过一段时间，对胶卷集中冲洗，照片印出来还要择时整理，用蝇头小楷逐一标记。凡与他人合照的，或为他人特意拍摄的照片，标注好后径寄本人。竺老做任何事都这样，既规矩，又严谨，有条不紊，有始有终，即便是点点滴滴的小事，也从不敷衍，不轻视。

不论是参加会议，听取汇报，与人谈话，他都认真听取，随时记录，一丝不苟，记在随身携带的小本子上。在忙碌一天之后，必把一天所见所闻记入日记，这是雷打不动的"功课"。

竺老有时也展现他幽默风趣的一面。有一次出席浙江大学一年级师生联欢大会，他看到节目单上有"校长训话"一栏，觉得在联欢会上"训话"，实在很不合时宜。于是即兴说道：同学们，"训"字从言从川，我的训辞就是信口开河啊。联欢会上训辞，只能如此解释。大家听了，都被逗得哄堂大笑。

竺老生活很有规律。每天起床后，观测天气，记录气温、气压、风向、阴晴云雨，要是下了雪还要量一下雪的厚度。然后做早操或打太极拳，听新闻广播。每日中午坐在椅子上养神半小时，就算午休。每天晚上，不论当日活动如何繁忙、劳累，都坚持记完日记才休息。个别时候，或因事、因会议搞得太晚，或因旅途、因白天考察过于劳累，当天没能写，第二天一早也要补记。

他生活简朴。沈文雄在文章中记述："竺老一生不吸烟，不喝酒，没有任何嗜好，对饮食要求也很简单。早起，一般是面包加稀饭，到晚年时才改为牛奶一杯。中晚餐的菜肴均按市场供应选定，并没有特殊要求，也没有享受什么特殊供应。由于他和陈汲同志食量都小，做成的菜往往要连吃几天，就是待客，也从不铺张。"①

他酷爱读书。一有空闲，甚至是忙里偷闲，见缝插针，就捧起书本。除了专业书籍、杂志外，其他门类的专业书，甚至包括小说、名著，都在他的猎读之内。他读书读得非常细，对重要部分会做摘录或写"读书笔记"，记在日记中。有时还加以评论，这是他一贯的风格。

他喜欢体育运动，终生勤勉不辍。除每天早晨做早操或打太极拳外，还喜欢游泳、网球、爬山、滑冰、远足。在浙大时，曾忙里偷闲打网球。他喜欢观赏体育比赛，对比赛情形及优胜者都记入日记。他打网球到60岁，溜冰到70岁，游泳到76岁，坚持早操到逝世前不久。

竺老平易近人，和蔼可亲，始终把自己和普通大众乃至他的学生，置于平等的地位。凡是收到来信，不论来信人身份如何，不论是有名望者还是普通青年，不论相识与不相识，都及时回复。外出时，对所遇到的普通群众和服务人员都以礼相待。

珍惜时间，讲求效率。如1966年从罗马尼亚访问回来，途经莫斯科。趁转机的空闲时间，组织访问团各位成员讨论如何分工写访问报告，他身为团长，也毫不例外承担部分撰写任务。

公私分明，廉洁奉公。他晚年不避年事已高，上街自乘公共汽车，而不乘专车；"文革"中，他与吴有训副院长主动减薪三分之一，两人合用一辆公车。

关心爱护身边的工作人员。后来我调回家乡工作，仍然书信往来，他还将再版的《物候学》及《中国近五千年来气候变迁的初步研究》单行本寄给我。我不幸受重伤住院，竺老与师母得知后及时写信安慰。可是后来读到他的日记才知道，他那时受肺气肿的困扰，身体相当虚弱，已"手无缚纸之力"，但还在关心别人。

---

① 沈文雄《于细微处见精神》，载《纪念科学家竺可桢论文集》第227页。

竺可桢以他特殊的方式关心子女的成长。一年数次亲自给孩子逐个量身高、称体重，并且把这些数字记在日记里，密切"监测"子女们的身体成长情况。子女们上中小学时，每学期的成绩，他都要逐一听取汇报，也记在日记本上，不时进行比较分析，对子女们的学习情况跟踪关注。这些事情看起来很小，持之以恒地做下去却不容易。

竺师母曾深情地回忆："他关心孩子全面发展，有意识培养孩子锻炼身体的习惯，每次外出锻炼总把孩子带上，教他们游泳、滑冰、爬山，同时让孩子识别树木、花草、鸟类和岩石、地质等。1966 年前科学院院部在文津街，我家住在地安门，他经常不坐小车，而是穿过北海步行上班，这不仅能够观察物候，亲自得到河冰开冻、鸟鸣、始花等第一手资料，而且达到锻炼身体的目的。为此还买了北海公园的月票，冬季下午下班从前门进入北海冰场，让小女儿下午放学从后门进入北海冰场，教孩子滑冰，这是他挤时间进行锻炼一举三得的妙法。"[1]

对叔伯侄子的教育和深造也很注意；对寡嫂、寡姐、业师的老年赡养，都尽力而为。虽有时自己经济情况亦不宽裕，但总是设法资助，使他们有的能受教育，有的安度晚年。

乐于接待与探视老友，珍重友谊，与老友保持往来。他每次去广州，必去看望老同学、历史学家陈寅恪，看望老朋友、数学家姜立夫。

竺老在生活中尽量做到劳逸结合。如果节假日或周日没有急待处理的工作，往往偕子女或同事或游园，或郊游，或滑冰，或爬山，总要到户外去呼吸新鲜空气。他喜欢看电影、戏剧及听音乐演唱，又每每在日记中予以评论，有时又从一个地理学家的角度挑剔其中有违科学规律之处。

竺老有着崇高的人格、高尚的情操、纯净无瑕的精神世界。他没有任何个人欲望，与人无争，与世无争。尽管他的人生也有坎途，备尝失去亲人之痛，但他健康而坚强的精神世界，使人生旅途充满阳光，始终以国家与事业为重。

---

[1] 陈汲《我的丈夫竺可桢》，载《纪念科学家竺可桢论文集》第 220 页。

竺可桢的三大精神遗产，为编写《年谱长编》提供了极为丰富、数量庞大的史料。

《年谱长编》主要以24卷《全集》为基础，尤为重视搜寻《全集》未收入的文稿，同时辅以多年来广泛收集的相关资料，加之所阅览到的近些年来一些学者、研究者的研究成果，所挖掘的相关史料及留学期间的档案等资料，力求全方位展现竺可桢的生平与三大精神遗产。除了文字外，并配以他本人相关的墨迹与摄影、收藏照片，以及搜集到的相关墨迹与照片。

撰著《年谱长编》，将遵循"求实"准则，主要依据《全集》[①]及其他第一手原始资料进行，做到言必有据，力求客观地反映谱主一生的全貌和人生轨迹，包括：科学成就、社会贡献、重要经历；在现代科学、教育发展中的地位；科学精神、社会责任感；重大科学、科研组织和社会活动；深邃的思想、深刻的见解与论述；高尚品格、风范的形成与演化；与各界人物的友谊与交往；家庭、亲友、师生与社会人脉，等等。

不同于《竺可桢年谱简编》[②]，本谱在反映谱主科学成就的同时，附以著名学者的评述；在反映谱主参与的学术活动及重要科学、教育与社会活动的同时，对出席活动的关联人物也有所记载，以将竺可桢置于当时精英人物群体之中加以记述，展现精英人物的群体画面，在共同参与的重要活动中表现谱主，也可增加本年谱的史料价值；尽可能详细反映谱主的足迹行踪。

鉴于资料数量巨大，《年谱长编》将分卷出版，各卷的时间划分以竺可桢重要经历转折为依据，兼顾各卷文字数量的大体均衡。1890—1927年的经历为第一卷，为幼年、求学、执教时期。1928—1935年的经历为第二卷，为中研院气象研究所时期。国立浙江大学时期（1936年至1949年4月29日离开浙大）分三卷出版，即第三、四、五卷，竺可桢直至1946年才完全辞去气象研究所所长，此前仍兼任所长，故在第三、四、五卷中有相当篇幅是反映他领导、处理

---

① 对引用的《全集》内容，舍弃了部分错误的图片，订正了若干编者注释。
② 李玉海编著，气象出版社，2010年。

气象研究所重要事务的内容。第五卷的终止时间为 1949 年 4 月 30 日。

如同《全集》一样，编写《年谱长编》也是一项庞大工程。在樊洪业辞世后，需要多方聚力合作进行。本人与潘涛统筹第一至第五卷《年谱长编》工作。中国气象局气象干部培训学院青年教师张改珍参与第二卷的《年谱长编》工作。第三、四、五卷的《年谱长编》将与浙江大学李杭春老师合作完成。这里多说一句，第六卷及以后部分为中国科学院时期的《年谱长编》将由该院组织编写。

"谱前"为樊洪业早在 2009 年所撰写，陈学溶阅后提出意见。

潘涛对"前言"本人所撰写部分多有修改与增补，谨致谢忱！

《年谱长编》首卷正式出版，预计将在明年（2024 年），刚好是竺可桢逝世 50 周年，这仿佛是一次绝佳的安排。将在很有纪念意义的年份出版《年谱长编》，以此缅怀竺可桢先生，是对他最有意义的纪念。在此也对樊洪业为《全集》所作出的突出贡献，表示崇高敬意与深深怀念。

李玉海

作于二〇一九年十月

定稿于二〇二三年十一月

李玉海先生在上面提及，"据统计，截至 2014 年，多达九百余篇（部）"。我在这里略作补充。现据张改珍基于数据库的统计，更新如下：

数十年来，对于竺可桢先生的纪念和研究持续不断。据不完全统计，截至 2024 年 3 月，已出版的竺可桢著作、文集等有四十余种，以"竺可桢"作为讨论主题的各种类型的文献总计一千两百多篇，其中"纪念、宣传、研究竺可桢的相关书籍"有七十多本，纪念、研究文集有七种（收文一百八十多篇），

"以竺可桢为讨论主题的期刊文章"有六百六十多篇，报纸文章至少有三百余篇，学位论文至少有三十多篇。

研究性质的文章愈益增多，研究领域不断拓宽。竺可桢研究（"竺可桢学"）更加趋于深入、全面，利用《全集》资料深入进行科学史及历史人物等的研究文章不断涌现，还有利用《全集》资料进行经济领域某一侧面的研究文章，令人耳目一新。凡此种种，皆充分显示《全集》作为科学、文化、历史、社会研究的宝库，在发挥着广泛的应用价值。

关于竺可桢年谱的编纂构想，其实早已有之，至少要追溯到四十多年前的 20 世纪 80 年代初。直至李玉海编《竺可桢年谱简编》于 2010 年 3 月由气象出版社出版，才真正开始实现。

1982 年秋，《竺可桢传》（上册，浙江大学校史编辑室编著，毛正棠执笔，扉页左上角注明"供内部研究参考"）编就。王国松 1982 年 8 月撰写的"序言"坦言："校史编辑室的同志，经三年半时间的努力，将藕舫先生的生平事迹和大事年谱编写成册，留于后世。"附录《竺可桢年谱》（上，1890—1949）共 100 页。"编者叙言"言明："本年谱主要依据《竺可桢日记》编写。一九三六年以前部分则根据目前尽可能收到的史料及编者的采访记录编写。本编内所引用的文字，如未注明出处，皆系引自《竺可桢日记》。著作系年基本上依据《竺可桢文集》附录的著作目录。对竺可桢先生的学术贡献和重要著作的评价，则大多参照许良英和施雅风同志合撰的《竺可桢传略》。竺可桢先生早年的史料比较缺乏，因此，本编仅为关心竺可桢先生事迹的同志提供一个比较详细的生平大略。仅供内部研究参考。同时，恳切希望国内外的同志补订，以便使竺老年谱编得更详尽准确。"该年谱 1—14 页，为竺可桢 1890—1927 年（即《年谱长编》第一卷的时段）的"生平大略"。

1985 年 10 月，《竺可桢年谱》（1890 至 1949 年）有过一个油印稿，编写人：竺安、竺宁、许国华、吕东明，未见正式出版。

1990 年 2 月,《竺可桢传》(《竺可桢传》编辑组著,国家自然科学基金资助项目)由科学出版社出版。"谨以此书纪念竺可桢诞辰 100 周年"。附录《竺可桢生平年表(1890—1974)》为 331-368 页。该书"前言"指出:"为了系统地介绍竺可桢的生平事迹和业绩贡献,竺可桢研究会从 1984 年起开始筹备编写本书,在许多崇敬竺可桢的老同志积极参加、支持下,调查搜集资料,编订年谱。""本书附录《竺可桢生平年表》由林巧丐参照竺宁、竺安、许国华、吕东明、邓爽所编《竺可桢年谱》(1890 至 1949 年)及其它资料编写。"

1994 年 12 月,《先生之风 山高水长——竺可桢逝世 20 周年纪念文集》(中国科学院南京分院、南京竺可桢研究会编)由中国科学技术大学出版社出版。该书附录《竺可桢生平大事记略》为 203-237 页。

以上,从学理方面看,尚不能算是真正的"年谱",至多是"年谱"的雏形和前身。不过,为后来的年谱编写初步积累了资料,搭建了基本的骨架。

早在 1982 年,中国科学院于强、施雅风、过兴先、沈文雄等发起筹备摘编《竺可桢日记》第 III、第 IV、第 V 三册,参加编选的二十人中就有李玉海(《竺可桢日记》第 V 册,第 645 页)。《竺可桢日记》第 V 册附录一,即为《大事记要(1950—1974)》(646-676 页)。

《全集》编纂于 2001 年启动,李玉海在参与的同时,在樊洪业的安排下,经过十五六年锲而不舍的坚持,完成了竺可桢任职浙大及以前部分的年谱初稿。2010 年 3 月,《竺可桢年谱简编》(国家自然科学基金委员会专项基金项目"竺可桢早期学术思想研究"资助)由气象出版社出版,足足有 36 万字。此书充分吸纳了前人的成果,成为真正意义上的竺可桢年谱,可谓"竺可桢学"研究中的里程碑。

竺安 2010 年 1 月在该书"序"中指出:"自 1974 年竺可桢逝世以来,他的传记已经出版了六七种(也许更多),而概括他一生经历的年谱却还没有,这对于研究竺可桢和现代中国科学史的人来说,是很大的遗憾。目前,二十余卷《竺可桢全集》的编纂出版工作接近尾声，相信等它完全出版之后，会有更多的人去研究竺可桢，同时也更希望有一本《竺可桢年谱》。"

李玉海在该书"后记"里声情并茂地写道："在我有生之年，能有三年多时间伴随在竺老身边；在他身后能得以参与《竺可桢全集》的编纂和《竺可桢年谱简编》的编写，是人生的机缘，难得的荣幸。坐在电脑前，随着手指在键盘上的移动，竺老的音容笑貌不时地会出现在眼前……"

早在 2000 年，《竺可桢全集》编纂启动之前，樊洪业先生就跟我（当时是《全集》的策划编辑兼责任编辑）多次交流过，希望在《全集》完成后，能够开展《竺可桢年谱长编》的编撰。①

历史，有时候有种难以尽言的奇妙。2004 年，《全集》第 1—4 卷出版，在中国科技会堂召开座谈会。2008 年，我敦请樊先生对《辞海》（第六版）中的竺可桢相关条目（"竺可桢""任鸿隽""中国科学社"等）内容进行编纂修订。2014 年，煌煌 24 卷《全集》出齐，在国家图书馆召开座谈会。

科技史家王作跃早在 2007 年就为美国出版的《新科学传记辞典》（*New Dictionary of Scientific Biography*）撰写过竺可桢专条（ZHU KEZHEN）。《竺可桢全集》出版后，他在长篇书评中指出："阅读竺可桢足本日记里所记载的丰富多彩的内容，就如同在读者面前展现了一幅幅宏伟生动的画卷。读者可以跟随着竺可桢的脚步，行走在时间的长河中，目睹战争与革命的动荡，历经近现代中国科学、教育、社会和政治的变迁，体会在这个特殊年代的人生历程。无论是考察中国的科学史、技术史和教育史，还是中国近现代社会、经济和政治史，或者中国与其他国家（尤其是美国、俄国、英国和印度）的科学交流史，都可以在这些日记中挖掘、提取数据。他在日记中记录的谈话、演讲、著述，涉及相当广泛的人脉关系，既有如蒋介石、毛泽东和周恩来这样的政治人物，也有国内和国外最顶尖的科学家及学者，甚至还包括很多普通人，比如他在中

---

① 潘涛《春蚕吐丝　一丝不苟：略记跟樊洪业先生的五度精诚合作》，载《科学文化评论》2020年第 17 卷第 5 期，第 18-26 页。

科院的司机。"

王作跃还指出："李玉海和樊洪业还利用日记的资料，编辑了一本带注释的竺可桢所摄抗战照片集（竺可桢是一个摄影爱好者）（樊洪业和李玉海2015）。同样，浙大的一位年轻学者李杭春在日记中检索出有关浙大的部分，结合了其他档案馆中的有关资料，编辑了一部有价值的竺可桢年代浙大年谱（李杭春2017）。"

"上穷碧落下黄泉，动手动脚找东西"（傅斯年语）。李玉海先生在参与《全集》编纂的同时，经过近二十年的艰苦爬梳、地毯式搜索，不仅为《年谱长编》奠定了雄厚的资料基础，而且基本编撰完成了《年谱长编》（1890—1949）的初稿。理念相通，行动一致，当年我们合作编《全集》，如今我们再次合作，齐心协力编《年谱长编》，在初稿基础上进一步增补、校订、完善。充分利用如今的数据库、互联网、微信群等优势工具，加上多年积累的学术人脉，予以拾遗补阙。

我们邀请李杭春老师（著有《竺可桢与国立浙江大学年谱》）加盟编撰团队，负责《年谱长编》1936—1949年时间段的内容增补、修订。

需要说明的是，《年谱长编》有别于《简编》，尽量搜罗、汇集相关史料。为体现历史现场感，保留历史原貌，不同时段、来源的资料对同一人名（含字、号）、地名、机构名、会议名、术语（含译名）、事件等的称谓不一，引用、转述时一仍其旧，不作硬性统一，希读者明鉴。

感谢浙江大学出版社总经理金更达、启真馆总经理王志毅、责任编辑孔维胜、伏健强，他们高度重视、积极支持、大力推动《年谱长编》的编撰和出版。

2024年，为纪念竺可桢逝世50周年，《年谱长编》第一、二卷行将面世。如今可以告慰樊洪业先生，他以及众多读者的愿望《年谱长编》终将实现。

潘　涛

2023年12月12日

# 编　例

一、除非必要，正文叙事一般省略主语（谱主姓名）。在特定语境、照片说明及脚注中，则直呼其名。

二、谱主存世可供编纂年谱资料颇为浩繁，故本谱按卷编撰，各卷时间划分，以谱主重要经历转折为依据，兼顾各卷文字数量的大体均衡。

三、本谱纪年，采用公历。年份后注明干支、清代或民国纪年。所收资料，按发生时间依次排列。

四、每年国内外重大事件，尤其科学、教育、政治、文化、出版、社团等方面的大事纪要，以发生时间为序列出，置于各年度正文首端。

五、正文述谱主本事。以年为单元，按年月日之时序排列，周日者尽量标出。日不可考者，系旬或月（或上、下半月）；月不可考者，系季（春、夏、秋、冬）或暑期；季不可考者，系年（或上、下半年）。凡知年而月、日不可考者，置"是年"下；知月而日不可考者，置"是月"下。年月冬季跨年，有时以农历置之。日期模糊者，以"约""初""末""前""前后"等表示。发生在某段时间者，以"×× 期间"或"×× 时期"表示。

六、引文尽量使用谱主著述原稿、原件，其他史料尽可能引用第一手资料。引文均注明出处。稀见引文，一般原样照录，或采用图片形式，以呈现历史原貌。

引用频率较高的资料文献，采用简称。《竺可桢全集》简称《全集》，《第四中山大学教育行政周刊》简称《教育行政周刊》，《国立中央研究院院务月报》简称《院务月报》，《国立中央研究院气象研究所集刊》简称《集刊》，《国立浙江大学校刊》简称《校刊》，《国立浙江大学日刊》简称《日刊》；中国科学社档案资料整理与研究成果《赛先生在中国——中国科学社研究》《发展历程史料》《董理事会会议记录》《年会记录选编》《书信选编》《〈社友〉人物传记资料选编》分别简称《赛先生》《发展历程》《董理事会》《年会记录》《书信》《人物》；《纪念科学家竺可桢论文集》简称《论文集》，《竺可桢诞辰百周年纪念文集》简称《纪念文集》，《竺可桢逝世十周年纪念会论文报告集》简称《报告集》。

为便于查找，引自谱主日记者，同时采用两种方式标注。为简约起见，以六位数字表示年、月、日，如1949年10月1日的日记记为：日记491001。该日日记载于《竺可桢全集》11卷220页，引用是日日记时出处则表示为：（日记491001，《全集》第11卷，第220页），一般随文标示，不作脚注。

七、所涉出现次数较多的人物，在各卷正文（不包括引文）首次出现时一般在名后标出字或号以及生卒年，系于括号中，如任鸿隽（叔永，1886—1961）。其后出现，则不拘名、字、号。谱主子女及关系密切的亲属，有时会按原始资料采用昵称或仅以号称之。人物首次出现时，以及个别属于具有某种意义或需要特别交代者，尽量标示出其时任职务或任事机构，如"中国科学社社长任鸿隽"。

八、任职日期，系指被任用时间或任职开始时间。

九、对资料中的外文，属谱主著述篇名者，给出中文译名，置于（　）中；其他照录，酌情注译文。

十、本谱中人物、事件或其他需要介绍、说明、考证、纠误者，以脚注形式处理。

十一、对谱主某些重要学术著述的介绍、评价，以转录相同学术领域权威人士的评述意见为主。

十二、在各年要事所载中外人名，其时段仅限于竺可桢任职浙江大学时期及这之前。

十三、引用资料按原文照录，采用如下编订符号：

□表示内容缺失、残缺或无法辨认之字。

〈　〉表示其中的字，系原文中的赘字，可删除。

〔　〕表示编者随文注。

〔　〕表示其中的字，系编者为原文所加的漏字。

〈　〉〔　〕表示将〈　〉中的字，改为〔　〕中的字。

十四、除书影及引自网络者外，其他图片尽量注明来源。

# 第一卷说明

　　本谱第一卷，起于谱主出生的 1890 年，止于 1927 年中央研究院气象研究所成立前夕。为谱主的幼年、求学与执教时期。

　　涉及其幼年资料，大部取自竺可桢本人的《思想自传》、日记中对早年的记述和族亲晚辈的回忆。其家乡坊间所传幼年故事，凡无从考证者皆未收入。

　　竺可桢 1890 年 3 月 7 日出生于浙江绍兴东关镇（今属绍兴市上虞区）。

　　1905 年在家乡毓菁学堂小学毕业，先后到绍兴东湖法政学堂、上海澄衷学堂、上海复旦公学、唐山路矿学堂求学。

　　1908 年，母亲去世。

　　1910 年，考取第二批留美"庚款生"，是竺可桢人生最重要的转折点。先入伊利诺伊大学农学院学习农学，后入哈佛大学研究院攻读气象学。1918 年获得哈佛大学博士学位。

　　留学后期加入中国科学社，成为该社的第一批社员和《科学》杂志的早期编辑，发表了一批我国最早的科普文章。

　　留美期间，二哥、大哥、父亲相继去世。

　　1918 年完成学业回国，在国立武昌高等师范学校任教。1920 年夏应校长郭秉文之聘，转至国立南京高等师范学校（以下简称"南高"或"南京高师"）

任教。自 1921 年起，在国立东南大学（以下简称"东大"）创建地学系，任创系主任，亲自担任地学通论、气象学、世界地理、世界气候等课程的教学，并带领学生多次进行野外考察。

1919 年末，与张侠魂在上海结婚。长子竺津（希文）、长女竺梅、次子竺衡、次女雪涛（早夭）分别于 1920 年 11 月、1922 年 5 月、1924 年 7 月、1926 年 2 月出生。

1920 年至 1925 年在南京高师、东大任教与担任系主任，是执教生涯中尽展才华的时期，将东南大学地学系办得有声有色。他先后聘请白眉初、曾膺联、徐韦曼、谌湛溪、徐渊摩等学者为学生讲授各种新式课程；亲自编写《地理学通论》和《气象学》两种讲义，成为中国现代地理学和气象学教育的奠基性教材；不遗余力推进岩石标本陈列室与矿物实验室建设。每次率领学生野外考察，都十分注意采集岩石矿物和古生物化石标本，带回置于陈列室，还向国内外相关部门和公司索取与购买标本。几年之间，陈列室日趋扩充，达到了较大规模，岩石、矿物、古生物等标本已琳琅满目；早在 1921 年春，竺可桢就在校内设立了气象测候站，作为学生实习基地。当时东大气象观测记录之完整，研究成绩之突出，在国内各大学中绝无仅有。

在担任繁重教学与行政工作的同时，仍保持着科学家对科学事业的饱满热情，坚持从事科学研究和科学传播。其研究涉及气象学、历史气候学与历史时期气候变迁、农业气候、地质学、水旱灾害、历法、大中小学教育等领域。这批学术论文，有的属于开创性的研究，有的成为经典之作，得到很高评价与赞誉。这些文章是在做好教学、行政工作的同时，利用业余时间与节假日完成的。其中历史时期气候变迁等论文需要进行计算，包括绘制表格与制图，工作量繁重，没有助手，竺可桢以一己之力独自完成，乃是非凡毅力铸就的"呕心沥血"之作。

在这一时期，竺可桢的突出学术成就，开利用文献古籍资料研究我国历史时期的气候变迁的先河。1924 年与 1925 年是他一生中在这一领域研究的第一次高潮。《南宋时代我国气候之揣测》《中国历史上气候之变迁》《中国历史上之旱灾》三篇研究论文和介绍性文章《日中黑子与世界之气候》，均发表于1925 年。

除了学术论文以外，竺可桢发表的《气象学发达之历史》《我国地学家之责任》《论我国应多设气象台》《地理对于人生之影响》《庚子赔款与教育文化事业》等文章，都是科学性、思想性、针对性很强的具有现实意义的力作。

在竺可桢的精心培养下，南高、东大在地理和气象两个学科中，为国家造就了第一批专家学者。竺可桢本人不仅是东南大学地学系的奠基人，也成为我国地理学、气象学的一代宗师，南京则逐渐成为我国南方的地学教学和研究中心。

1925 年 1 月，东南大学发生"易长风潮"，竺可桢于夏天离校，到上海商务印书馆（以下简称"商务"）编译所任史地部部长。是年 12 月，全家移居上海。1926 年 9 月，离开商务，赴南开大学（以下简称"南开"）任地理学、气象学教授。1927 年夏，复回南京。

1925 年到 1927 年夏这段时光，是竺可桢的人生低谷。在商务虽身为编译所史地部部长，但终究离开了他所热爱的教书育人岗位，离开了他付出无数心血不断完善、发展的东大地学系；而在南开他只是一个普通教授，失去了展现才华、发挥才能的舞台，又远离亲人与情感深厚的多年老友，孤身一人北漂天津。但有失有得，开启了一段学术创作、研究的高潮。他在商务潜心著述，接连发表了《论江浙两省人口之密度》《北宋沈括对于地学之贡献与纪述》《论以岁差定〈尚书·尧典〉四仲中星之年代》等重要文章。1926 年在南开期间，就地取材撰文《直隶地理的环境和水灾》，还撰写了《泛太平洋学术会议之过去与将来》《取消学术上的不平等》《日本气象学发达之概况》等著述。是年 4月，"Climatic Pulsations During Historic Time in China"（《中国历史上气候之变迁》）发表于 *The Geographical Review*。10 月至 11 月又赴日本东京，出席第三次泛太平洋学术会议，提交论文《中国东部天气之种类》。好在低谷时间不长，不久就迎来了他人生的重大机遇与转折。

1927 年夏竺可桢回到南京，被聘为第四中山大学（原东南大学，后改称中央大学）筹备委员，又复任该校地学系主任。11 月被新成立的中国大学院（院长蔡元培）聘为观象台筹备委员会委员，担负起筹建气象研究所的重任。从此踏上人生新的旅途，回归所挚爱的气象事业，开启不同凡响而又向往已久的峥嵘岁月。

1927 年 12 月，在中国科学社第十二次年会上当选第四任社长。

本卷所涉时期，竺可桢除参加中国科学社的年会等很多活动外，还于 1922 年 7 月赴济南出席中华教育改进社第一次年会，任地理教学组分组会议主席，主持地理教学组分组会议。1926 年作为中国科学社的代表赴日本东京参加第三次泛太平洋学术会议，与我国代表一起积极争取，使大会通过了中国科学社为我国的代表机关加入太平洋科学会议之行政委员会，使我国在该委员会中占得一席。

在 20 世纪 20 年代初期，竺可桢在国外学成归来不久，即在我国教育界、科学界声名鹊起，备受瞩目。

本卷部分内容，王扬宗、张藜、李杭春、张剑、王作跃、宋广波、钱永红、胡宗刚、张九辰、储朝晖、陈正洪、林伟、牛力、王传超、曾点、吴慧、张稷、江增辉、董虹、张仲民、邹振环、张改珍、刘骁、潘一骁、陆伊骊、胡潮晖等曾经帮助提供新见史料，或提出修改建议，或提供照片，在此深表谢忱。

本卷由李玉海完成初稿，"谱前"为樊洪业于 2009 年所撰，陈学溶阅后提出意见；由潘涛进行增补、校审；由李玉海、潘涛共同定稿。

# 目　录

谱　前

# 先 世

按《竺氏宗谱》①，汉明帝永平二年（公元59年）竺氏远祖居于河北（今山西芮城县西）。传二世至竺钟，汉顺帝永和四年（公元139年）拜都尉。钟子名康，桓帝延熹二年（公元159年）为陈留太守。传五世至竺鼎，在晋元帝大兴间，父子同为御史，迁河东（今山西夏县西北禹王城）。又传八世至竺衡，唐中宗间为翰林学士。衡有四子，长子竺敬世守河东。至十二世竺南金，任河南卫辉教授。其次子宝登由进士而授官黄门给事中，配章氏，生宜用，字仁夫。宜用之子名简。

竺简，字文甫，年十五登大观三年（公元1109年）进士，宋徽宗以女南阳公主妻之，封淮宁伯。绍兴年间随宋高宗南渡，举家从河东竺家巷徙居于越，居牛步（今嵊州牛埠）②。是为《竺氏宗谱》所载第一世。六世竺汝显，任嘉州司户参军。十世排序"浩"字一代，兄弟有九，以行序取名。竺浩二以下，传至竺可桢之一脉如表1：

① 全称《古虞牛步竹氏续修宗谱》，道光丁未重修。关于竺氏先世宗谱的文献，竺可桢在1947年11月间做过查考，对直系近祖部分做过整理。（日记471119，471123，471124，471125，471126，471127，471217，《全集》第10卷，第588页、第591-595页、第612页；日记480126，《全集》第11卷，第23页）

② 对《竺氏宗谱》，《东海竹字渊源序》（《东海竺氏家谱》旧序）云："余竺氏本系风姓，伏羲第九子封于东海天竺国，汉明帝永平二年进瑞芝，策来朝，称竺氏，遂居于河北，……至十二世南金任河南卫辉教授，配金氏，生宝淳、宝登。……宝登由进士官黄门给事中，配章氏，生宜用，字仁夫，因其子简招驸马，赠宁夏伯。简字文甫，十岁能文，十五登大观三年进士，宋徽宗以女南阳公主妻之，封淮宁伯。绍兴间随驾南渡，自河东竺家巷徙居于越。"（日记471124，《全集》第10卷，第592-593页）另朱熹撰有《宋驸马淮宁伯文甫竹公行状》（乾道四年）云："公生于绍圣二年二月十八日，薨于乾道四年七月二十日，次年三月十五日葬于闹水之原，公主葬于虞邑十六都牛步盘龙山中。"（日记471125，《全集》第10卷，第594页）

表 1　竺浩二以下至竺可桢世系表 ①

| 世序 | 十 | 十一 | 十二 | 十三 | 十四 | 十五 | 十六 | 十七（一） | 十八（一） | 十九（一） |
|---|---|---|---|---|---|---|---|---|---|---|
| 名 | 浩二 | 可五 | 森二 | 和三 | 籫五 | 仁一 | 太一 | 贵三 | 吉十 | 大学 |
| 世序 | 二十（一） | 廿一（二） | 廿二（二） | 廿三（十） | 廿四（十） | 廿五（一） | 廿六（三） | 二廿七（三） | 廿八（三） | 廿九 |
| 名 | 万春 | 仲达 | 子述 | 圣瑞 | 君德 | 世昌 | 继高 | 大江 | 嘉祥 | 可桢 |

　　其中十六世太一公从牛步迁移至绍兴保驾山，是为竺氏保驾山一支之始。宗谱中对这一支的记述，不似远祖中多有入宦者，且取名少文人之雅致，大致可推断竺可桢近祖世代务农。

　　由竺可桢上溯，父嘉祥公，祖父大江公，曾祖继高公。曾祖以下之族系如图 1：（日记 480126，《全集》第 11 卷，第 23 页）

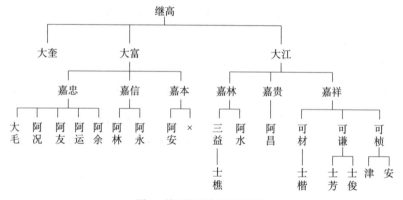

图 1　竺可桢的曾祖以下世系

---

① 表中括号内数字指第几分支

# 父母与兄姊

父亲竺嘉祥（1851—1916），字吉甫，小名开祥，幼时居保驾山，长成后只身到绍兴东关镇经营米摊生意，后开办"承茂米行"，又与人合办烛行[①]，晚年承茂倒闭。（《全集》第4卷，第329页）

母亲顾金娘（？—1908），"是一位不识字而相信念经拜佛的虔诚女子"。（《全集》第4卷，第87页）

父母亲育三男三女[②]。竺可桢为幼子。

大哥竺可材（承祖）（1876—1914），小名阿甲，光绪年间秀才，曾做塾师、小学国文教员。一度到武昌谋生。

二哥竺可谦（明祖）（1878—1911），小名阿贤，曾做店员、账房。一度到上海谋事。

大姐阿桂（？—1958），适何姓。

二姐银姑（生卒年不详），适冯姓。

三姐竺美凤（竺可桢称霞姊）（1884—1969），适范姓。（日记440821，接霞姊函；日记441115，接霞姊函）

竺系亲属，见表2[③]：

---

[①]　合办者为"源泰米行"店主何顺瑞，系竺嘉祥好友。
[②]　表2中桂姑为异母妹，适陈姓。
[③]　表中楷体字表示女方。另见：《竺可桢家系人物表》，《全集》第6卷，第669页。

表2　竺可桢家系人物表

| 同辈 | 子辈 | 孙辈 |
|---|---|---|
| 大姐阿桂—何姓 | 何元晋、何元成 | |
| 大哥竺可材（承祖）—大嫂 | 竺兰英（兰姑）—姚寿臣 | 姚维钧、姚维明、姚月美、姚竺绍（杏仙） |
| | 竺士楷—潘波若 | 竺乃超、竺乃贤、竺乃刚、竺乃飞、竺乃宜、竺乃珏、竺乃恺 |
| | 竺瑛（珍姑）—丁祖炎（荣南） | 丁功祺、丁×× |
| 二姐银姑—冯华亭 | 冯文沛 | |
| 三姐竺美凤（霞姊）—范姓 | 范惠康 | 范国梁、范再良 |
| | 范惠成—徐氏 | |
| | 范惠森 | |
| | 女—杨其泳 | 杨鹤坤、杨鹤峰、杨秀娟 |
| 二哥竺可谦（明祖）—丁氏 | 竺士芳—易绍先 | 竺庆（乃胤） |
| | 惠姑—金家声 | 金克南 |
| | 莼姑—丁士元 | 丁应豪（思福） |
| | 芬姑 | |
| | 竺士俊—过郁芬 | 竺瑜、竺瑾、竺珊、竺玲、竺碚、竺平、竺西、竺庆 |
| 竺可桢（烈祖）—张侠魂 | 竺津（希文）—孙祥清 | 竺明芝 |
| | 竺梅—胡鸿慈（陶煦） | 陶渴平、胡思梅 |
| | 竺衡（希平） | |
| | 竺安（彬彬）—傅婉芳 | 竺天舒、竺为群 |
| | 竺宁—郭应章 | 竺友朝、郭友军 |
| 竺可桢（烈祖）—陈汲 | 竺松—黄峰 | 黄珞、黄亮 |
| 桂姑—陈姓 | 陈阿毛 | |
| | 陈春生 | |

# 年　谱

# 1890 年（庚寅　清光绪十六年）　1 岁

3 月　中英签订《中英会议藏印条约》。

4 月　美国国会宣布在芝加哥举办世博会。

7 月　江南制造局工人罢工。

10 月　曾国荃创办江南水师学堂。

是年　美国圣公会约翰书院开始设置大学课程。

　　　日本爆发第一次经济危机。日本首相山县有朋在国会提出"大陆是日本生命线"的侵略理论。

　　　美国大学设第一个地理学教授席位，台维司（W. M. Davis，1850—1934）任哈佛大学自然地理学教授。

　　　张之洞兴建汉阳炼铁厂。

　　　清政府修关内外铁路。

　　　严复任天津水师学堂总办。

　　　傅兰雅（John Fryer，1839—1928）译《光学图说》刊行。

是年　梅光迪（1890—1945）、陈布雷（1890—1948）、陈寅恪（1890—1969）、姜立夫（1890—1978）出生。

是年　利玛窦（Matteo Ricci，1552—1610）去世 280 年。

是年　李希霍芬（Ferdinand von Richthofen，1833—1905）57 岁。埃利奥特（Charles W. Eliot，1834—1926）56 岁。拉采尔（Friedrich Ratzel，1844—1904）46 岁。爱迪生（Thomas Edison，1847—1931）43 岁。台维司 40 岁。奥斯本（H. F. Osborn，1857—1935）33 岁。杜威（John Dewey，1859—1952）31 岁。麦开地（Alexander G. McAdie，

1863—1943）27 岁。斯文·赫定（Sven Hedin，1865—1952）25 岁。华德（Robert DeCourcy Ward，1867—1931）23 岁。孟禄（Paul Monroe，1869—1947）21 岁。葛利普（Amadeus William Grabau，1870—1946）20 岁。罗素（Bertrand Russell，1872—1970）18 岁。亨廷顿（E. Huntington，1876—1947）14 岁。伯希和（Paul Pelliot，1878—1945）12 岁。爱因斯坦（Albert Einstein，1879—1955）11 岁。乔治·萨顿（George Sarton，1884—1956）6 岁。

容闳（1828—1912）62 岁。颜永京（1838—1898）52 岁。马相伯（1840—1939）50 岁。严复（1854—1921）36 岁。张相文（1867—1933）23 岁。蔡元培（1868—1940）22 岁。梁启超（1873—1929）、杜亚泉（1873—1933）、蒋维乔（1873—1958）17 岁。白眉初（1876—1940）、张伯苓（1876—1951）14 岁。高鲁（1877—1947）13 岁。郭秉文（1880—1969）10 岁。马君武（1881—1940）9 岁。蒋百里（1882—1938）8 岁。钱崇澍（1883—1965）、蒋丙然（1883—1966）、马一浮（1883—1967）7 岁。张默君（1884—1965）6 岁。任鸿隽（1886—1961）、蒋梦麟（1886—1964）、秉志（1886—1965）、张准（1886—1976）4 岁。丁文江（1887—1936）、钱基博（1887—1957）3 岁。王琎（1888—1966）、王云五（1888—1979）2 岁。翁文灏（1889—1971）、李四光（1889—1971）1 岁。

**3 月 7 日（阴历二月十七日）** 生于浙江绍兴东关镇（今属绍兴市上虞区）。东关镇位于旧绍兴城东约二十公里，人口约一二万，附近盛产稻米，镇中米行林立。（《全集》第 4 卷，第 87 页）父亲开设的"承茂米行"位镇西的米市街西头。（《竺可桢传》第 4 页）母亲"是一位不识字而相信念经拜佛的虔诚女子"。（《全集》第 4 卷，第 87 页）老家保驾山（又名牛步山）在东关镇西约五公里。

谱名烈祖，又名兆熊，乳名阿熊。学名可桢，字藕舫。英文名 Co-Ching Chu 或 CoChing Chu（ZHU KEZHEN，*DSB*，p.402）[1]。

王作跃为《新科学传记词典》（英文版，2007年）专门撰写的"竺可桢"词条，述："Zhu was a founder of modern meteorology and geography in China who made significant contributions to the studies of typhoons, rainfall patterns, phenology, geographic regions, and, especially, historical climate change of China. He also played a prominent role in science policy, higher education, natural resources surveys, the history of science, and popularization of science in China in the twentieth century."

王作跃2018年在《东亚科学、技术与社会》撰文指出："Zhu Kezhen is best known as a pioneering meteorologist who occupied important positions in Chinese science and education during his long and distinguished career. He was also a trailblazer in the historical studies of science and technology in China after whom some of the major awards in the field are named. Born in Shaoxing, Zhejiang, amidst rapid social changes in the late Qing, Zhu was among the first generation of Chinese to receive a Western-style education before going to the United States in 1910 and enrolling at the University of Illinois at Urbana Champaign to study agriculture as one of the Boxer Rebellion indemnity fellows. He shifted to meteorology when enrolling as a graduate student at Harvard in 1913 and received his PhD in 1918 with a thesis on typhoons in the Far East (he also attended lectures on the history of science by one of its founders George Sarton, at Harvard)."[2]

**是年** 竺家双喜临门，既喜生幼子，又建新宅。（日记451213，《全集》第9卷，第585页）新宅位于东关镇西大木桥头，在米市街小河北岸，面临市河、坐南朝北，为一偏院式住宅。两层楼，大门北向，占地四分一厘。南屋

---

① Wang, Zuoyue. "Zhu Kezhen." In *New Dictionary of Scientific Biography*, edited by Noretta Koertge, 402–405. New York: Charles Scribner's Sons, 2007.

② Wang, Zuoyue, Book Review of *Zhu Kezhen Quanji* (*The Complete Works of Coching Chu*), *East Asian Science, Technology and Society*, vol. 12, no.2 (June 2018): 201.

楼房上下四间，西侧楼房上下六间，平房三间。人称"竺家台门"①。(《竺可桢传》第5页）

自述："绍兴东关镇南岸大木桥下房屋，系我父亲嘉祥公所造，据说是我生的那年造的（1890）。在绍兴（现上虞）东关十三都二图号字楼房一座，南屋上下四间，西侧屋上下六间，平房三间，四门壁，占地号字19号，地二分二厘三。号字20号占地一分八厘七。"(《全集》第18卷，第337页）

新屋造价为一千元。(日记431210，《全集》第8卷，第685页）

竺士楷（培华）②对家中长辈尝有回忆曰："我的祖父嘉祥公在上虞县东关镇开设承茂米行，家就住在河的北岸，和米行只一河之隔，有木桥可通，来回比较方便。

"祖父母生三子三女，我的父亲可材公排行第一，三叔可桢公最小。三个姑母先后出嫁，祖母主持家务，由我母亲和二叔母协助。以后大家庭的人口增至十余人，再加店员四五人，烧饭买菜雇一老保姆帮忙。祖父经商，父亲在本地小学任课，二叔在自己家的米行里当店员。经济收入有限，而开支不小，幸祖母勤俭节约，勉力维持。"(竺士楷《三叔可桢公对我的培养和教育》，载《一代宗师竺可桢》第157页）

图2　竺可桢故居——竺家台门③

图3　上虞东关镇竺可桢故居——竺家台门天井

①　今辟为"竺可桢故居"，为当地文物保护单位。另，在保驾山后山亦有"竺家台门"。(日记480404，《全集》第11卷，第80页）
②　竺可材之子。
③　图2至图7皆为樊洪业存。

# 1891 年（辛卯 光绪十七年） 2 岁

6 月　清政府批准在青岛设防。

　　　清政府北洋舰队访问日本。

8 月　法国与俄罗斯签订防御联盟。

　　　康有为《新学伪经考》刊行。

12 月　爱迪生取得收音机的专利。

是年　美国气象局划归农业部。

　　　中国掀起反洋教的风暴，扬州、芜湖、丹阳、武穴、宜昌等地发生教案。

　　　康有为在广州长兴里创办万木草堂。

是年　胡明复（1891—1927）、陶行知（1891—1946）、胡适（1891—1962）、饶毓泰（1891—1968）、王世杰（1891—1981）、唐钺（1891—1987）出生。

是年　郭嵩焘（1818—1891）去世。

# 1892 年（壬辰　光绪十八年）　3 岁

4 月　《万国公报》刊载李提摩太译《回头看纪略》。

8 月　爱迪生获得双向电报的专利权。

12 月 孙中山在澳门开设"中西药局"。

是年　清政府选派第一批留美幼童 20 周年。

　　　美国制定《排华法案》（*The Chinese Exclusion Act*）10 周年。

　　　《格致汇编》（1876—1892）终刊。

是年　胡刚复（1892—1966）、钱宝琮（1892—1974）、郭沫若（1892—1978）、郑宗海（1892—1979）、赵元任（1892—1982）出生。

是年　徐光启（1562—1633）诞辰 330 年。


**是年**　天资聪慧，开始识方块字。竺士楷回忆："祖母在时，常给咱们孙儿们讲，说三叔自幼爱学习，两周岁就开始认方块字。有时祖母抱在怀里喂奶，一听祖父叫他认字，他下地跟着祖父就走，从不迟延。到三岁时，他已认识街道上不少店名字号。祖母要咱们好好向三叔学习。"（竺士楷《三叔可桢公对我的培养和教育》，载《一代宗师竺可桢》第 157 页）

# 1893 年（癸巳 光绪十九年） 4 岁

5 月 芝加哥世博会开幕。

11 月 张之洞奏请清政府创办自强学堂。

公共租界举行"上海开埠五十周年纪念"。

12 月 《中英藏印续约》签订。

是年 哥白尼（Nicola Copernicus, 1473—1543）诞辰 420 年。《天球运行论》出版 350 年。

郑观应《盛世危言》刊行，主张变法图强。

华蘅芳译《地学浅释》出版 20 年。

上海电力公司创设。

是年 杨杏佛（1893—1933）、舒新城（1893—1960）、朱家骅（1893—1963）、潘承圻（1893—？）、陈建功（1893—1971）出生。

是年 丁铎尔（John Tyndall，1820—1893）去世。

# 1894年（甲午 光绪二十年） 5岁

1月 朝鲜爆发"东学党"起义。

6月 清政府应朝鲜政府要求派兵朝鲜。

日本军队入侵朝鲜。

7月 英国和日本签订《日英通商航海条约》。

中日甲午战争爆发。

8月 中日两国互相宣战。

9月 甲午黄海海战爆发。

10月 日军入侵辽宁。

11月 孙中山在檀香山组建兴中会。

日军占领旅顺。

是年 美国强迫清政府签订《限禁来美华工保护寓美华人条约》。

是年 慕维廉《地理全志》（1854）出版40年。同康庐《中外地舆图说集成》出版。李提摩太翻译《泰西新史揽要》出版。

台维司编写的教材《初级气象学》（*Elementary Meteorology*）出版。

是年 叶良辅（1894—1949）、曾昭权（1894—1952）、舒鸿（1894—1964）、孟宪承（1894—1967）、胡先骕（1894—1968）、吴定良（1894—1969）、丁绪宝（1894—1991）出生。

# 1895年（乙未　光绪二十一年）　6岁

1月　日军在山东荣成登陆。

2月　日军攻占山东文登，进攻威海卫北洋舰队，北洋海军全军覆没。

3月　日军攻占牛庄、营口和田庄台。

4月　日军攻陷辽阳、鞍山。

　　　李鸿章与伊藤博文签订《马关条约》，中国被迫承认朝鲜"完全独立"，割让台湾及所有附属岛屿、辽东半岛，赔款二万万两白银。

　　　沙俄、德、法"三国干涉还辽"。

5月　康有为上清帝第二书，提出变法步骤

　　　清政府派出李经方为"割台大臣"。台湾爆发反割台武装斗争。

2月至5月　严复在天津《直报》发表《论世变之亟》《原强》《救亡决论》等文。

7月　清政府在圣彼得堡签订"俄、法洋款"合同，向俄、法银行团借款4亿法郎，36年还清。

8月　康有为等在北京成立强学会。

9月　麦开地在《大众科学月刊》（*Popular Science Monthly*）发表关于降水形成和冰雪凝结触发的论文。

10月　日军占领台南，台湾陷落。

11月　中、日订立《交收辽南条约》，以3000万两白银"赎回"辽东半岛。

　　　康有为在上海成立强学会分会。

　　　兴中会第一次武装起义（广州）失败。

是年　马可尼发明无线电。

是年　朱庭祜（1895—1984）、钱穆（1895—1990）、金善宝（1895—1997）出生。

是年　赫胥黎（T. H. Huxley，1825—1895）去世。

**是年**　长兄竺可材中了秀才，被聘为一所私塾的师爷。私塾设在前华天寺，即以后开办毓菁学堂的地方。父亲安排竺可桢随大哥到私塾读书，兄弟同进同出，晚上大哥悉心辅导弟弟。可以说大哥是竺可桢的第一位启蒙老师。( 上虞县竺可桢研究小组《竺可桢的启蒙老师和毓菁学堂》，载《一代宗师竺可桢》第 164 页 )

# 1896年（丙申　光绪二十二年）　7岁

1月　康有为在上海创办《强学报》。

慈禧下令查禁《中外纪闻》，封闭北京强学会，解散上海强学会。

3月　清政府被迫与英、德银行团签订"英、德洋款"合同，借款1600万英镑，36年还清。

清政府派遣第一批赴日留学的学生。

6月　李鸿章在莫斯科与沙俄政府签订《御敌互相援助条约》（"中俄密约"）。

法国迫使清政府签订广西龙州至云南镇南关铁路合同，取得铁路修筑权。

8月　黄遵宪、汪康年等在上海创办《时务报》，梁启超为主笔。

9月　《中俄合办东省铁路公司合同章程》签订。

10月　孙中山"伦敦被难"，脱险。

12月　德国向清政府提出长期"租借"胶州湾。

是年　斯万特·阿雷纽斯（Svante August Arrhenius，1859—1927）提出二氧化碳对地球气温的可能影响。

是年　张芷谋（1896—1947）、傅斯年（1896—1950）、陈源（1896—1970）、李熙谋（1896—1975）、茅以升（1896—1989）、张侠魂（1896—1938）[1]、卢守耕（1896—1989）出生。

---

[1]　China's Female Flyer, Zhang Xiahun (1895–1938)。出自季家珍（Joan Judge）的专著《民国镜像：早期中国期刊中的性别、视觉和经验》（*Republican Lens: Gender, Visuality, and Experience in the Early Chinese Periodical Press*. Berkeley: University of California Press, 2015）第212页。

# 1897 年（丁酉　光绪二十三年）　8 岁

1 月　谭嗣同撰成《仁学》一书。

2 月　夏瑞芳、鲍咸恩、鲍咸昌、高凤池在上海集资，创设商务印书馆。

　　　《知新报》在澳门创刊。

4 月　上海南洋公学开学。

　　　《湘学新报》在湖南创刊，后改名《湘学报》。

5 月　廖寿丰、林启等在杭州创办求是中西书院。

　　　罗振玉等在上海创办农学会，创刊《农学报》。

7 月　黄庆澄在温州创办《算学报》。

8 月　《新学报》《实学报》《经世报》创办。

　　　德皇威廉二世与沙皇尼古拉二世就侵占中国胶州湾问题举行会谈。

10 月　严复在天津创办《国闻报》，连载严译《天演论》。

　　　　长沙设立时务学堂，梁启超任总教习，唐才常、谭嗣同等任分教习。

11 月　山东巨野发生教案，德国派军舰强占胶州湾。

12 月　俄舰强行开入旅顺湾，强占大连。

是年　牛顿（Isaac Newton, 1643—1727）去世 170 年，《自然哲学的数学原理》出版 210 年。华蘅芳、金楷理《测候丛谈》出版 20 年。

是年　罗家伦（1897—1969）、蔡堡（1897—1986）、俞大维（1897—1993）出生。


**是年前（幼年）**　对父母祭祖印象深刻。清楚记得，年幼时见父亲、母亲常祭天地祖宗。（日记 440122，《全集》第 9 卷，第 16 页）父母祭祖都要在腊底廿六、廿七、廿八这几日。天未明即起，全家吃年糕，这是小孩最快活之一天也。（日记480209，《全集》第11卷，第35页）

每到过年前，母亲异常忙碌。过年前要包粽子，舂年糕。幼年时，家中开承茂米行、源泰烛淘，过年时腊月十六七即煮粳米石余，舂年糕数千条，并制为牛、羊、马、犬等象形。二嫂与母亲及一老女仆包粽子，有数千个之多，还要送亲友。（日记410127，《全集》第8卷，第9页）

对"绍兴吃年糕用沙糖"记忆深刻："绍兴所谓沙糖，乃一种胶质之流体也。"（日记480205，《全集》第11卷，第31页）

幼年时胆小怕鬼，曾有记述："我个人从小因为在乡下，听到许多鬼的故事，所以很怕鬼，而且七八岁到十岁怕黑。以后进学校读了理科，才认为这是迷信。"（日记690828，《全集》第19卷，第489页）

**是年** 家中设塾馆。为了满足小儿子的求知欲望，竺可桢父母商量决定在自家开设私塾，把自家天井南端那间堆放杂物的小屋腾出来，作为竺可桢的"书屋"，聘请先生来家开办私塾。（越地《少年时期的竺可桢》，载微信公众号"浙江越生 大书房"，2018年11月13日）塾师为朱伯农①，后来大哥继任。（日记360829，《全集》第6卷，第136页）

图4　竺家正厢房仓库

图5　在家里办私塾时，竺可桢用过的桌椅

---

① 在越地《少年时期的竺可桢》一文中称竺家请章景臣来家执教。在《竺可桢日记》中从未谈及章来家执教，但明确说"当时教读者为朱伯农先生，厥后大哥继续教课"（日记360829，《全集》第6卷，第136页）；"在家请朱伯农主持私塾"（日记620505，《全集》第16卷，第257页）。故越地及家乡坊间传说章为竺可桢塾师说，编者持疑。

"可材要去湖北当师爷，父母不放心可桢独自一人去前天华寺读书，加上当时家境尚好，便商量在家里开个私塾。由于东关镇上一时找不到合适的老师，父亲就托人到离东关镇十五里远的道墟镇上找到章镜尘先生，请他来执教。镜尘早年做过师爷，在道墟、东关一带颇有名声，附近有五六个富家子弟也慕名到竺家台门来读书。在竺可桢的幼年时代，章镜尘是影响最深的一位启蒙老师①。"（上虞县竺可桢研究小组《竺可桢的启蒙老师和毓菁学堂》，载《一代宗师竺可桢》第 164 页）

来读书的同学有，杨渭庭（仙靖）、杨渭川（守白）、杨竹侯（日记620505,《全集》第 16 卷，第 257 页），沈国宪、沈国宾（日记 360829,《全集》第 6 卷，第 136 页）等。

---

① 编者对此说存疑。

# 1898 年（戊戌　光绪二十四年）　9 岁

1 月　康有为向光绪皇帝递《应诏统筹全局折》，提出变法维新。

2 月　谭嗣同、唐才常等在湖南创办南学会。

3 月　清政府被迫与德国订立《胶澳租界条约》，胶州湾租给德国，租期 99 年。

　　　清政府与沙俄签订《旅大租地条约》。

　　　朱志尧在上海创办《格致新报》。

　　　张之洞《劝学篇》刊行。

4 月　清政府与美国签订《粤汉铁路借款合同》。

　　　康有为发起组织"保国会"。

　　　赫胥黎著、严复译《天演论》出版。

5 月　清政府与沙俄签订《续订旅大租地条约》。

　　　清政府与英国签订《中英拓展香港界址专案》，将九龙半岛租给英国，租期 99 年。

6 月　光绪帝颁《明定国是诏》，宣布变法。

7 月　光绪帝命在北京设京师大学堂。

　　　清政府被迫签订中英《订租威海卫专条》。

9 月　慈禧太后再度"训政"，戊戌变法失败。"戊戌六君子"就义。

10 月　义和团运动兴起。

是年　舒斯特爵士（Sir Franz Arthur Friedrich Schuster，1851—1934）把周期图分析法引入气象学。

郭任远（1898—1970）、丰子恺（1898—1975）、罗宗洛（1898—1978）、李寿恒（1898—1995）出生。

**是年** 一甲子后，对幼年往事曾有如下记述："今日为阴历戊戌元旦，离康梁变法甲子一周。记得那时废科举，我的大哥方中秀才不久，因父亲教他去上海学英文，跟一英国人学习，不三个月光绪帝被废，逐康梁出走，科举复元，大哥又从上海带了许〔多〕石笔石板回来作我的玩具。"（日记580218，《全集》第15卷，第35页）

**约是年** 从大哥习八股。述："我大哥名竺可材，比我大十四岁，在我幼年时代已经进了秀才，补了廪生。他就教我做八股去应试。"（《全集》第4卷，第87页）

东关镇与大哥同中秀才者，还有冯馥棠、鲁佩青、杨韵侯（杨竹侯兄）。大哥获第五名。案首是马一浮（福田）①，时年十五六岁。（日记620505，《全集》第16卷，第257页）

---

① 马一浮，后来成为国学大师。竺可桢长浙江大学后，三次请其至校讲国学。

# 1899 年（己亥　光绪二十五年）　10 岁

1 月　《清议报》开始连载谭嗣同遗著《仁学》。

4 月　清廷总税务司赫德与德国驻华公使海靖签订《青岛设关征税办法》。

7 月　康有为在加拿大成立保皇会。

8 月　诏自次年始，改科举，废八股取士，试中国政治史论。废武科。

9 月　美国国务卿海约翰（John Hay）照会英、法、俄等国，提出对中国的"门户开放"政策。

11 月　清政府与法国签订《广州湾租界条约》，租期 99 年。

是年　张相文在南洋公学讲授地理学。

是年　达尔文（Charles Darwin，1809—1882）诞辰 90 年，《物种起源》发表 40 年。

是年　程天放（1899—1967）出生。

**是年秋**　入毓菁学堂读书。为该校第一班学生。（日记 370124，《全集》第 6 卷，第 239 页）

受维新思潮影响，在当地一些开明人士倡导与资助下，东关镇历史上第一所新式学堂——绍兴毓菁学堂正式成立。（王华伟《百年毓菁》，载《上虞日报》2012 年 7 月 24 日）毓菁学堂选在前天华寺，经过改建而成。取名毓菁，意毓材。（日记 401113，《全集》第 7 卷，第 479 页）该校由袁绪钧、章叔皋诸人发起。当时每年学费十六元。（日记 361215，《全集》第 6 卷，第 197 页）

图 6　毓菁学堂教室

　　是年秋，毓菁学堂正式开学。竺可桢在私塾结业后，以优异的成绩考入毓菁学堂，成为该校的第一届学生。那时毓菁学堂设初小四年，高小二年，共读六年。毓菁学堂第一次在东关招收学生一百余名，这些学生以前一般都接受过私塾的启蒙，六年以后，这百余名学生取得高小毕业文凭的还不到十人，可见毓菁对学生的要求相当严。（上虞县竺可桢研究小组《竺可桢的启蒙老师和毓菁学堂》，载《一代宗师竺可桢》第 164 页）

图 7　毓菁学堂一角

　　把大哥视为偶像，时大哥任毓菁国文教员。"到我十一岁那年科举废除了①，

---

① 竺可桢所指可能"壬寅学制"，1902 年清廷颁行，时竺可桢 13 周岁。此处疑似竺记忆有误。

我就进了镇上小学[①]，我大哥做了学校国文教员。在那时他成为我的偶像，我事事要模仿他。"（《全集》第 4 卷，第 87 页）

**小学期间** 授业师先后有：谢景荪（寿慈）、姚小谷、孙仁山（日记 361215，《全集》第 6 卷，第 197 页），章景臣（琢）（日记 620505，《全集》第 16 卷，第 257 页），王恕常（秋潭）（日记 370910，《全集》第 6 卷，第 366 页），任元炳（葆泉）（日记 471212，《全集》第 10 卷，第 608 页），王子裕（日记 451020，《全集》第 9 卷，第 545 页）等。

同学有：王家镛、袁绪英、王懋修、杨渭庭（仙靖）、杨渭川（守白）、高祖楠、何建文、章亮熙（定安）、金维震（日记 620505，《全集》第 16 卷，第 257 页），任文炳（黔生）（日记 361215，《全集》第 6 卷，第 196 页），穆藕初（湘玥）（日记 400412，《全集》第 7 卷，第 335 页），邵佐清（日记 471212，《全集》第 10 卷，第 608 页），沈国宾（亮臣）（日记 360815，《全集》第 6 卷，第 129 页），章钰（日记 471002，《全集》第 10 卷，第 547 页），钱贯一、周开基（日记 380421，《全集》第 6 卷，第 508 页），金如松、徐六修、王萍州（日记 451020，《全集》第 9 卷，545 页）等。年薪资，谢景荪先生二百四十元，孙仁山先生一百二十元，小谷先生一百元，大哥八十余元。（日记 361215，《全集》第 6 卷，第 197 页）

同学中，最喜欢王懋修。（日记 620505，《全集》第 16 卷，第 257 页）

竺士楷回忆："三叔稍长，随我父亲进本地小学学习，同去同来，每晚兄弟同一书房，一个备课，一个复习功课，习以为常，有时学习到深夜才睡。我

---

① 竺可桢此处谓 11 岁入小学，疑有误。第一，1937 年 1 月 4 日日记记述："自毓菁开办以来，只余算头一班"，毓菁学堂成立于 1899 年，竺可桢时年应为 10 岁。第二，如按 11 岁入小学算，应为 1900 年入小学，与毓菁学堂成立于 1899 年不符。第三，如按 11 岁入小学算，15 岁小学毕业，小学仅读 4 年，与一般小学 6 年常例差两年，似不可能。第四，入小学的适宜年龄是 8、9 岁，这是正常情况。11 岁入小学则属于非正常情况。竺可桢聪明好学，何会迟到 11 岁才读小学？故推定竺可桢《思想自传》此处的自述有误。经查，将竺可桢《思想自传》编入《全集》依据的是一份手抄稿复印件，并非竺可桢手书原件，故疑很可能是抄录过程中不慎发生抄录错误所致，一般说来本人对自己入学时年龄不会出现记忆错误。本谱按竺可桢 10 岁入小学记述。《竺可桢传》之附录"竺可桢生平年表"中载竺可桢入毓菁学堂时间为 1899 年；电视文学剧本《竺可桢》之附录三"竺可桢简明年表"中所载入毓菁学堂时间亦为 1899 年。

母亲常劝父亲对三叔不要督促太严，因三叔年幼体弱，万一休息不足得病，会被祖母批评的。父亲回说：'母亲望子成龙，弟弟又爱学习，我不过指导而已。'母亲还不放心，有时遇到三叔又说：'你们兄弟两人读书，深更半夜不睡，怕身体吃不消吧？'三叔毫不犹豫地回答说：'一寸光阴一寸金，寸金难买寸光阴。'一笑了之。"（竺士楷《三叔可桢公对我的培养和教育》，载《一代宗师竺可桢》第157页）

# 1900 年（庚子　光绪二十六年）　11 岁

2 月　清政府悬赏十万两白银缉拿康有为、梁启超。

4 月　袁世凯镇压山东义和团。

5 月　俄、英、美、日、德、法、意、奥八国联军侵华战争爆发。

6 月　义和团进驻北京。

　　　八国联军攻占大沽炮台。

　　　慈禧向列强宣战。

7 月　海约翰向德、英、法、俄、意和日本等六国发布第二次"门户开放"
　　　照会。

8 月　俄军入侵东北。

　　　八国联军攻入北京，慈禧、光绪出逃。

9 月　英军占领山海关。

　　　慈禧宣布"痛剿"义和团。

10 月　李鸿章抵北京，与八国联军谈判。

12 月　清廷接受十一国列强提出的《议和大纲》十二条。

是年　杜亚泉在上海创设亚泉学馆，发刊《亚泉杂志》。

　　　柯本（Wladimir Köppen，1846—1940）提出气候分类型的原则，按
　　　气候与植物界的关系制作世界气候分类。

是年　李约瑟（Joseph Needham，1900—1995）出生。

　　　向达（1900—1966）、张其昀（1900—1985）、夏承焘（1900—
　　　1986）、郭洽周（1900—1987）、王焕镳（1900—1982）、林风眠

（1900—1991）、沈思玙（1900—? ）出生。

**是年**　继续在毓菁学堂就读。

# 1901 年（辛丑　光绪二十七年）　12 岁

1 月　清廷在西安下诏宣布"预约变法"。

2 月　清廷发布"罪己诏"。

　　　俄国向杨儒提交东三省交地约稿。

　　　《申报》发行第一万号。

3 月　清廷向沙皇请求归还东北三省。

　　　上海举行拒俄集会。

4 月　张元济请求盛宣怀开设南洋公学特班。

　　　上海澄衷学堂开学。

5 月　列强确定中国赔款数额。清廷答应赔偿白银四万万五千万两。

　　　秦力山等中国留日学生在东京创办反清革命刊物《国民报》月刊。

　　　罗振玉、王国维在上海创办《教育世界》。

6 月　梁启超提出"预备立宪"主张。

7 月　列强就中国赔款财源问题达成一致。

8 月　章太炎在《国民报》发表《正仇满论》一文。

　　　清廷命令各省选派学生出洋留学。

夏　　盛宣怀选北洋学堂毕业生王宠惠等 8 人赴美留学。

9 月　西奥多·罗斯福（Theodore Roosevelt，1882—1945）成为美国第
　　　26 任总统。

　　　清政府与德、奥、比、西、美、法、英、意、日、荷、俄十一国公
　　　使签订《辛丑条约》。条约规定，清政府向西方列强赔款白银四亿

五千万两，其中美国获赔二千五百万两，要求 39 年连本带息 "还清"。是为 "庚子赔款"。

清政府发布《广派留学谕》。

10 月　慈禧表示提倡新政。慈禧、光绪从西安启程返京。

《清议报》刊发梁启超《国家思想变迁异同论》一文。

刘坤一、张之洞设局编译教科书。

杜亚泉主编《普通学报》创刊。

浙江设立各级学堂。

11 月　蔡元培、张元济等在上海商务印书馆创办《外交报》。

廖寿丰奏请浙江求是书院为大学堂。

12 月　诺贝尔奖在瑞典首次颁发。

是年　苏林（R. Suring）和贝尔森（A. Berson）乘坐自由气球进行高空气象观测。

是年　虞辉祖、钟观光（1868—1940）在上海开设科学仪器馆。

项兰生创办《杭州白话报》。

张相文编著《初等地理教科书》出版。

严复译《原富》出版。

梁启超发表《欧洲地理大势论》。

潘雅丽（Alice S. Parker）编译、谢洪赉述《训蒙地理志》由美华书馆出版。

《亚泉杂志》停刊。《清议报》停刊。

是年　胡焕庸（1901—1998）、陈训慈（1901—1991）、周承佑（1901—1983）出生。

是年　李鸿章（1823—1901）、徐建寅（1845—1901）去世。

**是年**　继续在毓菁学堂就读。

# 1902 年（壬寅  光绪二十八年）  13 岁

1 月　慈禧、光绪返回北京。

京师大学堂恢复。

京师同文馆并入京师大学堂。

2 月　美国提出对东三省要"机会均等"。

梁启超在日本创办《新民丛报》，开始连载《新民说》。

4 月　蔡元培等在上海集议发起成立中国教育会。

章太炎、秦力山等中国留日学生发起"支那亡国二百四十二年纪念会"。

沙俄与清政府签订《交收东三省条约》。

5 月　袁世凯在保定创立直隶大学堂。

张之洞改两湖书院为两湖大学堂。

6 月　天津《大公报》创刊。

上海澄衷学堂获光绪帝御书匾额。

7 月　清廷宣布接受各国公使交还天津条件。

8 月　清廷颁行《钦定学堂章程》，史称"壬寅学制"。

9 月　《中俄交还关外铁路条约》签订。

10 月　清廷下令各省督抚选派学生留学欧美。

梁启超在日本创办《新小说》，开始连载《新中国未来记》。

11 月　黄兴、陈天华在日本创办《游学译编》杂志。

爱国学社在上海成立，蔡元培被推为总理。

蔡元培等在上海成立爱国女学。

12 月　孙中山自日本到越南河内，建立兴中会分会。

《大陆报》（月刊）在上海创刊。

是年　梁诚任中国驻华盛顿特使。

　　　罗振玉在上海设立东文书社。

　　　杜亚泉主编《中外算报》（月刊）在上海创刊。

　　　陈独秀编著教科书《小学万国地理新编》由商务印书馆出版。

　　　湖南留日学生杨度、黄兴创设湖南编译社。

是年　蔡邦华（1902—1983）、吕炯（1902—1985）、王国松（1902—1983）、
　　　陈乐素（1902—1990）、贺麟（1902—1992）、顾毓琇（1902—2002）、
　　　苏步青（1902—2003）、陈立（1902—2004）出生。

是年　华蘅芳（1833—1902）去世。


**是年**　继续在毓菁学堂就读。

**是年前后**　应童生试，曾考八股一次，策论一次。（日记400908，《全集》
第 7 卷，第 433 页）述："我十二岁考科举，那〔时〕做五言八韵或四韵，一
定做得不成话。"（日记581021，《全集》第 15 卷，第 218 页）

回忆父亲时，尝记述谓："父亲嫌他自己没有功名，很愿意〈化〉〔花〕钱
培植我们兄弟三人去应试考举。"（《全集》第 4 卷，第 87 页）

**是年前后**　生意艰难，家境日衰。"就在竺可桢小学毕业前的几年，竺家
也只有几年的工夫，彻底破产了。真是世事沧桑，时势多故。"（上虞县竺可桢
研究小组《竺可桢在家乡》①，载《求知》1986 年第 1 期，第 66 页）

---

① 正文标题为《有杕之杜，其叶菁菁——竺可桢在故乡时期的十六年》。摘自孙建立、俞铭灿的
　调研论文《竺可桢在家乡时期》，1985 年 11 月在杭州召开的首届全国竺可桢研究会年会论文。

# 1903年（癸卯　光绪二十九年）　14岁

1月　李书诚等湖北留日学生在日本东京发刊《湖北学生界》。

2月　直隶留日学生在日本东京创办《直说》月刊。

　　　蒋百里等中国留日学生在日本东京创办《浙江潮》月刊。

3月　马相伯在上海创办震旦学院。

　　　蔡元培、杜亚泉等设立绍兴教育会。

　　　钟观光等在上海创办《科学世界》。

4月　俄国向清政府提出在东三省享有特殊权益的七项无理要求。上海各界、留日中国学生相继召开拒俄大会，反对沙俄侵占东三省。

5月　陈独秀等在安庆集会呼吁拒俄。

　　　章士钊任上海《苏报》主笔，刊发反清言论。

　　　邹容《革命军》在上海出版。

　　　陈天华《猛回头》《警世钟》在日本出版。

6月　章太炎等被租界当局拘捕。

7月　《苏报》被租界当局查封，邹容入狱。

8月　章士钊等在上海创办《国民日日报》。

　　　孙中山在东京青山设立革命军事学校。

9月　孙中山在《江苏》杂志发表《支那保全分割合论》。

10月　浙江掀起保卫矿权风潮。

　　　《浙江潮》编辑所出版日本辛德秋水著《社会主义神髓》。

　　　清廷饬令施行出国留学生约束、奖励及自行立案章程。

12 月 英军入侵西藏。

　　孙中山发表《敬告同乡书》。

是年 严复译《群己权界论》《穆勒名学》《社会通诠》由商务印书馆出版。

　　马君武译《达尔文物竞篇》《达尔文天择篇》单行本出版。

　　鲁迅发表《中国地质略论》。

　　范忱石编译《普通百科全书》由上海会文学社出版。

　　《美洲游学指南》印行。

是年 黄翼（1903—1944）、贺昌群（1903—1973）、张孟闻（1903—1993）、朱福炘（1903—2006）、贝时璋（1903—2009）出生。


**是年**　继续在毓菁学堂就读。

# 1904 年（甲辰　光绪三十年）　15 岁

1 月　孙中山在檀香山组建中华革命军。

　　　清廷颁布《奏定学堂章程》，即"癸卯学制"。

　　　清廷兴修北京观象台。

2 月　日俄战争在我国东北爆发，清廷宣布"局外中立"。

　　　华兴会在长沙正式宣告成立。

　　　陈独秀在芜湖创办《安徽俗话报》，创刊号发表《瓜分中国》一文。

　　　蔡元培创作的幻想小说《新年梦》在《俄事警闻》连载。

3 月　《东方杂志》由商务印书馆创刊。

4 月　英军侵占西藏江孜。

5 月　《美洲留学报告》由新作社出版。

6 月　狄楚青等在上海创办《时报》。

7 月　宋教仁等在武昌成立反清革命组织"科学补习所"。

8 月　英军侵占西藏拉萨。

　　　日俄辽阳大战。

9 月　外务部、学务大臣拟定《游学西洋简明章程》。

10 月　武昌科学补习所被查封。

　　　三江师范学堂在南京开学。

11 月　蔡元培等在上海成立光复会。

　　　清政府发布《两广学务处派游学规约》。

12 月　清廷派出使美国大臣梁诚令订中美和衷条约。

是年　美国国会续延《排华法案》。

　　　詹姆斯（Edmund J. James）任伊利诺伊大学校长。

　　　严复译《名学浅说》由商务印书馆出版。

　　　马君武译《物种由来》夏颂菜的开明书店出版。

　　　《科学世界》停刊。

是年　杭立武（1904—1991）出生。

是年　翁同龢（1830—1904）去世。


**是年**　继续在毓菁学堂就读。

**是年前后**　有说媒者，竺可桢拒之。竺士楷听长辈说过："上虞县过去有早婚的风俗，邻居得悉三叔聪明好学，纷纷挽人来说媒。祖母以言试探，三叔起初避而不答，祖母认为他害羞，一再追问，三叔轻声回说：'只怕功名不就，哪怕妻子没有。'祖父母都认为他有远大理想，以后就不再提此事。"（竺士楷《三叔可桢公对我的培养和教育》，载《一代宗师竺可桢》第 158 页）

**毓菁学堂期间**　学习刻苦努力。在毓菁学堂就读的六年里，几乎每天清晨五点钟就起床，独自在天井西端读书，待别家的子弟吃罢早饭来喊他一起上学时，他往往已能背诵一篇课文了。晚上回到家中，一定要做完老师当天布置的作业。（上虞县竺可桢研究小组《竺可桢在家乡》，载《求知》1986 年第 1 期，第 64 页）

在毓菁学堂，打下了古典文学的深厚基础，在以后的科学研究中，他能旁征博引，论古谈今，大量引用中国的古典诗文，这与他少年时期刻苦学习是分不开的。（上虞县竺可桢研究小组《竺可桢的启蒙老师和毓菁学堂》，载《一代宗师竺可桢》，第 165 页）

**是年**　父亲家将东关镇南岸大木桥下房屋典与昌记何人才。"由昌记转典，典价最初 1000 元。四至：东至孙姓屋，南和西至万风金姓屋，北至河埠踏道。"（《全集》第 18 卷，第 337 页）可见，家境已逐渐衰落。

# 1905 年（乙巳　光绪三十一年）　16 岁

1 月　留美学生提出粤汉铁路收回办法。

2 月　《申报》进行全面改革。

　　　岳王会在安徽芜湖成立，陈独秀任会长。

3 月　上海震旦学院解散，马相伯筹设复旦公学。

　　　日俄奉天大战结束，日军攻占奉天。

　　　《警钟日报》被查封。

4 月　柔克义（William W. Rockhill）接任美国驻华公使。

5 月　上海总商会发起抵制美货的反美禁约运动。

6 月　宋教仁等中国留日学生在日本东京发行《二十世纪之支那》杂志。

7 月　孙中山由法国抵日本，筹建同盟会。

　　　江浙绅商为抵制英国掠夺苏杭甬铁路主权，创设商办浙江铁路公司和江苏铁路公司，引发"保路"抗争。

　　　李登辉、颜惠庆等在上海创办寰球中国学生会。

8 月　中国同盟会在日本东京成立，章程中确定"驱除鞑虏，恢复中华，创立民国，平均地权"十六字纲领为宗旨。

　　　中国从美国合兴公司收回粤汉铁路。

9 月　清廷发布上谕，自丙午年为始，所有乡试、会试一律停止，科举制度废除。

　　　日俄两国在美国签订《朴次茅斯条约》，日俄战争以俄国战败宣告结束。

《醒狮》在东京创刊。

复旦公学开学。

10 月 京张铁路开工，詹天佑任总工程师。

11 月 日本文部省公布《取缔中国留学生规则》，引发留日学生抗议，部分学生回国在上海创立中国公学。

同盟会机关报《民报》在东京发刊。与《新民丛报》就革命与（立宪派）保皇思想展开激烈论战。

孙中山在《民报发刊词》中正式提出"民族、民权、民生"的三民主义。

清廷下令严拿革命党人。

12 月 陈天华为抗议日本歧视中国留学生而蹈海自尽。

是年 俄国爆发革命。

爱因斯坦创立狭义相对论，是为"爱因斯坦奇迹年"。

是年 陈天华《中国革命史论》《狮子吼》发表。

商务印书馆在北京设分馆及京华书局。

严复译《天演论》出版。

《湖北农会报》在武昌创刊。

《北直农话报》在保定创刊。

是年 张荫麟（1905—1942）、费巩（1905—1945）、谢幼伟（1905—1976）出生。

黄遵宪（1848—1905）、邹容（1885—1905）去世。


常驻地迁移：东关镇—绍兴—上海

**约是年春** 小学毕业，各门功课全优（《竺可桢传》第 7 页），名列第一。

毓菁学堂的校史册上曾记录了竺可桢这段历史。（上虞县竺可桢研究小组《竺可桢在故乡》，载《求知》1986 年第 1 期，第 64 页）

家境虽日趋艰难，远不如鼎盛时期，但仍可勉力供给竺可桢继续求学。①

图 8　送章师母火熜

**约是年春**（东关镇—绍兴）　离开东关镇，考入当时绍兴一所有名望的学校——东湖法政学堂②，读了约半年多。该校前身是著名的东湖书院。（上虞县竺可桢研究小组《竺可桢在故乡》，载《求知》1986 年第 1 期，第 66 页）

"竺可桢在东湖法政学堂读书期间，成绩也比较突出，但他的生活非常简朴，吃得最差，穿得最旧。"（同上，第 37 页）

**是年秋**（绍兴—上海）　离开东湖法政学堂，赴上海。在东湖法政学堂读了半年多以后，感到这里的教育内容对他不适合。该校毕业后所从事的是法官律师方面的事务，与自己学自然科学的志向不符，也觉得自己不具备能嘴善辩的本领，故毅然离开绍兴，奔赴上海，投考澄衷学堂。（同上）这是竺可桢在求学路上作出的第一次正确选择。

**是年秋**（上海）　考入上海澄衷学堂。（《全集》第 4 卷，第 87 页）澄衷

---

① 关于外出求学，一说是父亲"只好找几个朋友，约了一个'会'，临时筹集了一笔钱，送儿子出门"（《竺可桢传》第 8 页）；另一说源自上虞竺可桢研究小组，通过走访、调查，得出当年是在老师章镜尘（《日记》中记为"景师"、"景臣先生"）资助下外出求学的（高山仰止　景行行之，载百度：《浙江日报》官方账号 2019 年 9 月 24 日）。两种说法在《日记》中皆未见记载。但长浙大后与景师常有书信来往；1936 年 12 月，去绍兴时首先拜谒景臣先生（日记 361215）；1939 年 10 月，景臣先生病故后曾送丧礼 6.80 元（《全集》第 7 卷，第 257 页）。中学五年的费用都由家里提供，远多于一次付出费用，故两说皆无充分根据。1904 年父亲将房屋典与他人，似为竺可桢中学时期的费用来源。
② 在竺可桢日记中，有李浩培为东湖法政学堂先后同学的记述。（日记 470707，《全集》第 10 卷，第 480 页）

学堂由宁波富商叶澄衷（成忠）出资创办。学堂监督时为章一山[①]，总教是白振民。（胡适《四十自述》，第 95 页）

当时澄衷学堂依据考试成绩进行分班与分配宿舍。澄衷学堂校舍分十二斋，成绩最好的为一班，在东一斋，成绩次之为二班，在西一斋，东二斋为三班，西二斋为四班，以此类推。(《胡适自传》第 5 页）

竺可桢考试成绩相当不错，入学后被编入西一斋。（日记 571027,《全集》第 14 卷，第 678 页）同班同学有胡洪骍（适之）、郭传治（虞裳）、陈受昌（梓传）、陈钟英、葛文庆、张秋元（日记 430107,《全集》第 8 卷，第 481 页），俞仲华（日记 490822,《全集》第 11 卷，第 507 页），贾占鳌、刘宁一（姙）、许承矶、张镜丞、陆鸿勋（日记 571027,《全集》第 14 卷，第 678 页），刘宁炷（日记 630624,《全集》第 16 卷，第 541 页）等。

澄衷学堂是一所有名的中西融合的新式私立学校。“建校之初，晚清进士、学界巨擘刘树屏、蔡元培先后执掌学堂，他们开西学风气之先，将新式教育理念带入澄衷学堂。课程设置门类齐全、中西兼容。竺可桢入读时，已开设修身、国文、历史、理科、算术、地理、外文、画图、体操等学科。当时的澄衷学堂办学是比较开放的，教员既有宿学通儒，又有新学才俊；教材既有自编讲义，又有编译教材；教学既有课堂学习，又有课外活动。”（胡志金《竺可桢与澄衷学堂》，载《中华读书报》2019 年 9 月 18 日）

胡适对澄衷学堂状况有颇为详细记述，曰：“澄衷共有十二班，课堂分东西两排，最高一班称为东一斋，第二班为西一斋，以下直到西六斋。这时候还没有严格规定的学制，也没有什么中学小学的分别。用现在的名称来分，可说前六班为中学，其余六班为小学。澄衷的学科比较完全多了，国文、英文、算学之外，还有物理、化学、博物、图画诸科。分班略依各科的平均程度，但英文、算学程度过低的都不能入高班。”[②]“澄衷管理很严，每月有月考，每半年有大考，月考大考都出榜公布。”“澄衷的好处在于管理的严肃，考试的认真。

① 章一山，即章梫（名正耀，字立光，号一山），著名学者、教育家、书法家。
② 竺可桢一进入澄衷，即被编入西一斋，大致相当于现在的高中。

还有一桩好处，就是学校办事人真能注意到每个学生的功课和品行。""因为考试的成绩都有很详细的记录，故每个学生的能力都容易知道。天资高的学生，可以越级升两班；中等的可以半年升一班；下等的不升班，不升班就等于降半年了。"（胡适《四十自述》，第 95-96 页、第 109-110 页）

图 9 澄衷学堂教学楼[①]

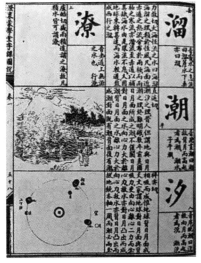

图 10 澄衷学堂的语文教材
《澄衷蒙学堂字课图说》内页 1

图 11 澄衷学堂的语文教材
《澄衷蒙学堂字课图说》内页 2

---

① 取自《澄衷学堂的故事》，载微信公众号"上海市澄衷高级中学"，2020 年 5 月 26 日。

竺可桢 1937 年 3 月 13 日应邀回澄衷视察并发表演讲《享受与服务》，讲约一小时。在日记里尝忆及当年之母校："余入校犹能忆卅年〔前〕之景象，如钟楼、大教室一如昔日。大教室下有瞿鸿机、振贝子等光绪十六年所书字，至今一如昔，惟大楼前叶澄衷之象乃民十年新建者。"（日记 370313，《全集》第 6 卷，第 265 页）

澄衷学堂有一批思想激进的老师，对学生"传播进步思想，宣扬民主革命"，对竺可桢产生深远影响。"当时的澄衷学堂有一些力主排满、思想激进的教师，如杨天骥、白毓昆、杨荫杭、蔡元康等。他们常在课堂教学和课外活动中传播进步思想，宣扬民主革命。国文老师杨天骥，是同盟会会员、南社社员，早期民主革命的鼓吹者。他提倡新学，将严复翻译的赫胥黎的《天演论》作为读本推介给学生，以传播新知，开启智识。史地教师白毓昆，是著名的爱国学者，早年在蔡元培的鼓动、感召下，加入了光复会、同盟会，积极投身反清民主革命活动，后成为中共创始人李大钊的老师。杨荫杭是著名女作家杨绛的父亲，在澄衷任教时就积极从事反清革命活动，后遭清政府通缉，被迫出国。蔡元康是蔡元培的堂弟，光复会、同盟会成员，在澄衷任教数学，兼教国文，常在学生中宣扬革命。在这些思想超拔、意志坚定的老师影响下，竺可桢赞同'排清灭满'的政治主张，支持孙中山领导的民主革命。与此同时，竺可桢阅读了梁启超在《新民丛刊》发表的《新民说》系列文章，此文强调'新民为今日第一急务'，意在唤起知识青年'作新民'的觉悟，被黄遵宪誉为'惊心动魄，一字千金'。在此影响下，竺可桢的民族观念与爱国思想得以形成，求新进取意识越加强烈，焕发出蓬勃向上的生命激情。"（胡志金《竺可桢与澄衷学堂》，载《中华读书报》2019 年 9 月 18 日）

1961 年自述："我十五岁那年到上海进了澄衷学校，才知道有所谓革命和立宪的争论。在理论上我赞成排清灭满，应该站在孙中山这边的，但是我的立场是要向上爬，所以对于梁启超在《新民丛报》所做的文章却极欣赏。"（《全集》第 4 卷，第 87 页）

这段话反映了竺可桢在澄衷开始对政治与社会发展的关心。这里的自我批判"立场是要向上爬",不免是具有时代性政治色彩的语言。

**入上海澄衷学堂后**　知父亲为了让自己求学,将东关镇南岸大木桥头房屋典出,遂发誓要勤奋攻读,不负父母厚望。他在床头贴上一张"醒来即起"的纸条,用来时时刻刻激励自己。(胡志金《竺可桢与澄衷学堂》,载《中华读书报》2019年9月18日)

# 1906年（丙午　光绪三十二年）　17岁

1月　《民报》介绍马克思及其革命理论。

　　　《新民丛报》开始刊载梁启超《开明专制论》。

　　　《农学报》停刊。

2月　杨枢奏请严定选派留学生章程。

3月　清廷准学部奏，宣示以"忠君、尊孔、尚公、尚武、尚实"为全国教育宗旨。

　　　学部下达《通行各省选派游学限制办法电》。

5月　中国同盟会总部改订《中国同盟会总章》。

　　　学部奏定该部官制及职责。

6月　日本强行设立"南满洲铁道株式会社"。

　　　天津北洋女子师范开学，傅增湘为监督。

　　　《寰球中国学生报》在上海创刊。

7月　学部奏准各省教育会章程。

　　　学部公布小学教科书审定办法。

8月　日本在东北设置"关东都督府"。

　　　伯希和率远征队到新疆进行考古发掘。

　　　学部奏准限制游学。

9月　清廷颁诏预备立宪（"仿行宪政"）。颁诏严禁吸食鸦片。

10月　学部奏定颁行《考验游学毕业生章程》。

11月　薛蛰龙在上海创办《理学杂志》。

12月 同盟会本部在东京举行《民报》创刊周年庆祝大会，孙中山阐述三民主义及五权宪法。

"萍浏醴起义"爆发。

秋冬间 孙中山与黄兴、章太炎等在东京制定同盟会《革命方略》。

是年 詹姆斯致函美国总统西奥多·罗斯福，提议退还"庚子赔款"作为中国留美学生的奖学金。

《留美中国学生月报》创刊。

是年 学部公布一批审定中小学教科书，有《世界地理学》（吴启孙译）。

陈树藩译编《最近中学地理教科书地文之部》由中国留学生会馆出版。

康有为撰《物质救国论》由上海广智书局出版。

顾琅与周树人（鲁迅）合编《中国矿产志》，由上海普及书局出版。

是年 涂长望（1906—1962）、李浩培（1906—1997）出生。


常驻地：上海


继续在澄衷学堂西二斋就读。各科教师（时称教习）为：

国文 杨千里；英文 丁莲伯；理科 吴荫阶；算术 郁耀卿；

图画 朱仲玙；唱歌 吴柳甫；体操 郑子通。（《胡适一九〇六澄衷日记》，载《胡适日记全集》第一册，第4页）

3月19日 上午第二节课为体育课，做体操训练。全班学生先列一长蛇阵，继蜿蜒呈螺旋线，复又伸展开来，仍成一字线。离合变化，颇饶趣味。（同上，第5页）

3月20日 西一斋上英文、历史前，读 Peter Parley's *Universal History*，"此书为宗教家所言，上古史皆传会神鬼。如 God、Angel 之类充塞纸上。"（同上，第6页）

4月17日 因近季考，西一斋下午先考"默书"（Dictation）、"拼字"（Spelling）。（同上，第18页）

**4月18日** 澄衷近日改月考为季考。因已届第一学期考试之期，故下午二时考英文"会话"一科（Conversation），三时考绘画。（同上）

**4月20日** 上午考算术，计六题。下午考英文"阅读"（Reading）及"文法"（Grammar）。（同上，第19页）

**4月21日** 上午考历史、伦理、地理。下午考英文、历史。（同上）

**5月26日** 明日开校运动会，各职员做准备，如划定运动场、来宾席位、铺设座次等，故今日未上课。（同上，第35页）

**5月27日** 是日开第一次运动会。运动员三十余，来宾四百人。有十种运动项目，其中以"大班跳高"、"撑杆跳"等最引人瞩目。（同上）

**5月31日** 杨千里老师患喉病，故国文科无功课。（同上，第39页）

**6月2日** 上海第一次举行征兵令。应征者绝少，征得六十人。（同上，第41页）

**6月3日** 在学宫开欢送征兵大会，澄衷同学于十一时半整队出发，一时至，三时开会。会后送新兵登舟，各校扬旗，呼"中国万岁"、"陆军万岁"而散。（同上，第42页）

**是年上半年** 身材瘦小体弱。听到胡适评自己的不雅言辞，立志锻炼身体。述："那时我身体瘦弱，我同班有一个同学胡洪骍（后改名胡适）①，在背后告人说：竺某人一定活不到二十岁的。这时我就立意要锻炼身体，每天大早起来做早操，这习惯一直保留到今天。"（《全集》第4卷，第87页）

**中学时期** 均以善于数学著称，成绩一贯优异。（日记440202，《全集》第9卷，第23页）

---

① 胡适于1906年从东二斋升入西一斋（胡适《四十自述》第96页），于是年暑假后离开澄衷（胡适《四十自述》第110页）。由此推断，竺可桢与胡适同班仅约半年。

# 1907 年（丁未　光绪三十三年）　18 岁

1 月　孙中山号召各地举行起义。

2 月　康有为发起成立国民宪政会。

　　　徐锡麟请秋瑾到绍兴主持大通学堂。

3 月　孙中山被日本政府驱逐出境。

　　　学部奏准《女子师范学堂章程》《女子小学堂章程》。

　　　江苏、浙江等地发生"抢米"风潮。

4 月　于右任等在上海创办《神州日报》。

5 月　潮州黄冈起义爆发。

6 月　美国国务卿罗脱（Elihu Root）照会中国驻美公使梁诚，拟将庚子
　　　赔款中的 1078 余万美元退还中国，用于发展文化事业。

　　　惠州七女湖起义爆发。

7 月　徐锡麟、秋瑾起事失败。

　　　《日俄密约》签订。

8 月　同盟会会员在日本成立共进会，张伯祥任会长。

9 月　钦州、防城起义爆发。

10 月　汤寿潜等主持召开浙江铁路公司股东大会，表示"款本足，无待借，
　　　路已成，岂肯押"，成立"浙江国民拒款会"，公开向民间招股。

11 月　江苏、浙江、安徽爆发收回筑路权运动。

12 月　孙中山、黄兴离河内，镇南关之役爆发。

　　　张竹平主办《时事报》在上海创刊。

是年　学部呈递《奏请选派弟子分送各国学习工艺折》。

曹祖参等在上海创办《科学一斑》。

是年 赵九章（1907—1968）、束星北（1907—1983）、严群（1907—
1985）、王淦昌（1907—1998）出生。


常驻地：上海


继续在澄衷学堂就读。

**约春季** 升入东一斋。

**约5月** 以其勤奋刻苦的精神和优异的学习成绩获银章一枚。该奖章由
清廷大员、新任粤督岑春煊到澄衷学堂视察后决定颁发。该大员对澄衷颇为满
意与嘉悦，特设奖章，面嘱监督堂董择优奖励学生。"该校于春季考试后，由
监督蒋志范君察核，先尽最优等前列，又详核各科学平日功课分数，与各教员
公同认可，然后给奖，以昭公允。……得银章者，中学班竺可桢，绍兴会稽
人。"（《澄衷学堂核给奖品》，载《申报》1907 年 6 月 3 日 ① ）

图 12 《申报》对澄衷学堂获奖学生进行报道

① 标题为"澄衷学堂核给奖品"。原文繁体字竖排、无标点。节录如下："新任粤督岑宫保前次
莅沪时曾临虹口澄衷学堂视察一切颇为嘉悦留奖金章三银章七面嘱监督堂董择优奖励现闻该
校于春季考试后由监督蒋志范君察核先尽最优等前列又详核各科学平日功课分数与各教员公
同认可然后给奖以昭公允计得金章者中学班余承任常州阳湖人杨锡仁苏州震泽人高等小学班
张宏祥甯波慈谿人得银章者中学班竺可桢绍兴会稽人"。

**10月上旬** 在毕业前三个月，所在东一斋发生换教员风潮。时为副班长，被卷入风潮中心。

所在班画图教员不按学科教学章程规定，只教授毛笔画，不教器物画，引起同学不满，担心日后与高等学堂功课不对接。于10月3日公推郭传治和竺可桢为班长，代表全班同学请求蒋姓校长予以解决。蒋起初答应每周教器物画两课时，易以几何画，继而又改每周一课时授几何画，一课时仍授毛笔画。同学们觉得前后异词，难以理解，又推郭、竺二人询问其故，蒋谓"校中命令出自校长，何人可以干预！"且以极无理之辞斥之。越一日，蒋复呼郭、竺，大呵责之，训斥东一斋学生"故意好事"，责令郭回家省过。竺可桢只得和同学们上书学校董事，请予调解，并停课等待答复。不料，校方午后忽然悬牌云："东一斋学生无理要求，借端挟制校长、堂董，劝诫竟不感悟，将扰事者一律开除，共十三人。"各斋学生以同学之谊恳请校长挽回，并多次与校长、堂董交涉，请求收回牌示。然校方又忽悬牌云："一切事务，校长自有权衡，他人不得干预，违者立即开除。"学生们愤愤不平，纷纷签名，以示抗议。签名者包括中学全体，高等、初等小学亦占多数。并将禀请提学宪与江苏教育总会调查是非，还以公道。但此事还是以"违章哄闹尤甚"的十名同学被学校开除告终，竺可桢首当其冲。

10日晨，竺可桢带领其他被开除同学拜谒校主叶公澄衷的神像，三次作揖，并为告词曰："维光绪丁未年九月四日本校中学暨高等小学被屈无告之学生将出校，敢呼吁于澄衷先生之灵曰：伤哉！学生去矣！学生屈已极矣！本校名誉亦扫地尽去矣！伤哉！先生死有灵乎！安知十年前之愿力、精力、财力，一旦破败于今之校长手也！学生感先生之德泽者，或五六年或三四年，无日不思保全本校名誉，恢张先生鸿业，以成先生之志，报先生之灵。乃自有今之校长，无才无行，自利自私，锢人聪明，禁人言论，至欲挽回既败之名誉于万一，亦不可得。背先生志，隳先生名。学生不幸，本校大不幸，岂先生之幸哉？伤哉！学生不自惜，而为本校〈借〉〔惜〕；不自哀，而为本校哀。先生死有灵乎！其将除恶务本，推陈图新，慎遴其人，畀以大任。异日本校之成

51

立，必自今日之破坏，即异日本校成立之一大纪念也。伤哉！去矣！耿耿寸心，伏维神鉴。"谒毕出而复至讲堂，与同学各一揖话别而去。(《澄衷学堂风潮始末记》，载《申报》1907 年 10 月 15 日、16 日、18 日、19 日<sup>①</sup> )

"我在澄衷离开毕业只差三个月的时候，我们这班为了要换图画教员，推郭传治（虞裳）和我为班长，和姓蒋的校长闹翻了，就罢课，因此全班停学，没有能够毕业。从这次风潮后，澄衷学校的中学部就停办了好多年。"(《全集》第 4 卷，第 87 页 )

**是年**　东关镇南岸大木桥下房屋"由平粜局转典与胡姓"。(《全集》第 18 卷，第 337 页 )

**是年前后**　父亲与长兄一度到武昌谋生。( 日记 590207,《全集》第 15 卷，第 318 页 )

---

① 原文无标点。

# 1908 年（戊申　光绪三十四年）　19 岁

是年初　浙江旅沪学会在上海组织"上海浙江保路会"。

1 月　学部奏定《游学毕业生廷试录用章程》。

2 月　清廷悬巨赏缉拿孙中山。

3 月　清政府不顾全国反对，令外务部、邮传部与中英公司签订《沪杭甬铁路借款合同》。下令解散"国民拒款会"。

6 月　美国国会参、众两院联合决议，将美国庚子赔款数 10 785 286.69 美元"退还"中国。

7 月　美国驻华公使柔克义将"退还"部分"庚款"决议照会清政府外务部。

外务部和学部会奏以美国"减少"赔款，自翌年起每年派赴留美学生 100 名。

8 月　清廷颁布《钦定宪法大纲》，定预备立宪期为九年。

9 月　学部奏请严核游学毕业生资格。

清廷重申东沙群岛是中国领土。

10 月　日本警视厅封禁《民报》。

11 月　光绪帝、慈禧太后相继去世，以溥仪为嗣皇帝，载沣为摄政王。

清政府谕准赴美留学生按省分派。

12 月　清帝溥仪即位，时年不满三岁。

湖北军队同盟会在武昌改组为群治学社。

是年　盛宣怀上《沪杭甬铁路存款章程》。

留日学生编译社在日本京都创办《学海》。

张相文编写《地文学教科书》由商务印书馆出版。

华德著《气候学及其与人生之关系》（*Climate: Considered Especially in Relation to Man*）出版。

是年　孙诒让（1848—1908）去世。

常驻地：上海

**1月6日**　《神州日报》刊载《澄衷学堂职员学生浙路认股报告》，其中载明“竺可桢五股”。原文为竖排繁体。（《苏浙拒款运动》，载《神州日报》1908年1月6日）

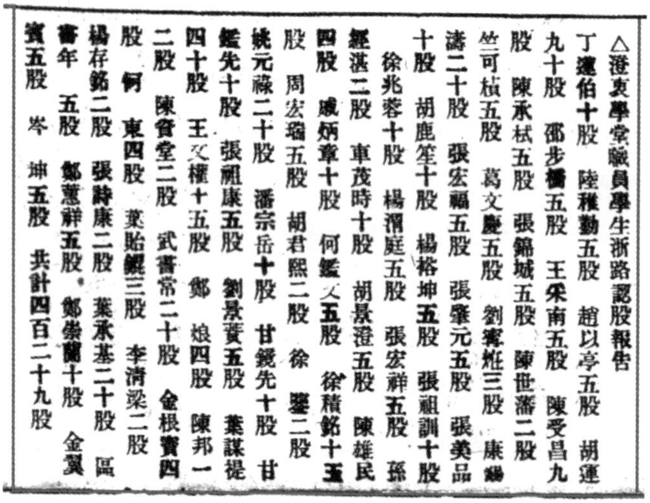

△澄衷學堂職員學生浙路認股報告

丁達伯十股 陸稚勤五股 趙以亭五股 胡運九十股 邵步瀛五股 王采南五股 陳受昌九股 陳承栻五股 張錦城五股 陳世濂二股 竺可楨五股 葛文慶五股 劉寄烇三股 康錫濤二十股 張宏福五股 張肇元五股 張美品十股 胡鹿笙十股 楊裕坤五股 張祖訓十股 徐兆蓉十股 楊渭庭五股 張宏祥五股 孫經湛二股 車茂時十股 胡景澄五股 陳雄民四股 戚炳章十股 何鑑乂五股 徐積銘十五股 周宏瑞五股 胡君熙二股 徐 鑾二股 姚元祿二十股 潘宗岳十股 甘鏡先十股 甘鑑先十股 張祖康五股 劉景賁五股 葉謀提四十股 王乂權十五股 鄭 娘四股 陳邦一二股 陳賓堂二股 武壽常二十股 金根寶四股 何 東四股 葉貽鋭三股 李清梁二股 楊存銘二股 張詩康二股 葉承基二十股 區壽年 五股 鄭蕙祥五股 鄭崇蘭十股 金翼賓五股 岑 坤五股 共計四百二十九股

图 13 《神州日报》对澄衷学堂学生认股浙路的报道

**戊申正月**　入复旦公学[①]。复旦大学档案馆所藏《江苏省宝山县公立复旦学堂一览表》及珍藏档案丁班学生姓名册，载明竺可桢等人的字号、年龄、籍

① “笔者同样没有在复旦公学任何一次的录取名单备案中发现陈先生的同班同学、著名科学家竺可桢的名字，他入读复旦公学的情况可能与陈寅恪类似，同样没有经过正式的考试，亦没有到毕业就提前离校了。”（《叶落知秋》，第49页）

贯、曾祖父及祖父父亲名、住址、入校时间等信息："陈寅恪，十九，江西义宁，伟琳、宝箴、三立，南京中正街，乙巳七月；高丙炎（嵩山），二十四，江苏丹徒，士洪、同庚、汝楫，扬州苏唱街，丙午正月；钱智修（经宇），二十六，浙江嵊县，宏道、谟楷、崇鼎，长乐镇，乙巳七月；竺可桢（烈祖），十九，浙江会稽，宏毅、大冈、嘉祥，东关镇，戊申正月；任传鹤（守梅），二十，江苏震泽，振勋、酉、兰生，同里镇，丁未七月……"（《叶落知秋——清末民初的史事和人物》，第 54 页）

**是年春** 离澄衷后，春季开学时入了复旦公学[①]丁班（甲班、乙班、丙班、丁班为高等部，即大学预科），全班二十一人。当时的学校监督是严复（几道），总教习是李登辉[②]。同班同学有陈寅恪、曾昭权和钱智修等。（《全集》第 4 卷，第 87 页；《复旦大学百年纪事（1905—2005）》，第 6、8 页）

图 14 复旦公学旧址[③]

**5 月前** "入校不数月，几道先生即去职，故虽名为及门弟子而实未得亲聆教诲。仅忆当时复旦学生均敬畏先生，尤珍什先生之墨迹。每有先生书布

---

① "1905 年马相伯创立了复旦公学。复旦公学是在'癸卯学制'推出之后建立起的高于中学堂而又低于京师大学堂的公立高等学堂或大学预科学校。"（邹振环《马相伯与〈拉丁文通〉》，载《复旦学报（社会科学版）》，2005 年第 6 期，第 117 页）
② 李登辉（1843—1947），教育家，1913—1936 年任复旦大学校长。
③ 取自《上海红色地图—复旦公学旧址》，载微信公众号"上观新闻"，2022 年 2 月 9 日。

告，数日后辄不见，盖为学生擭之去矣。"（日记480427，《全集》第11卷，第98页）

**5月** 严复辞复旦公学监督，由夏敬观（剑丞）[①]继任。（《复旦大学百年纪事（1905—2005）》，第8页）

**6月19日** 吴淞复旦公学（FUN TAN COLLEGE WOOSUNG）《考试等第名册》上刊出乙、丙、丁、戊、己、庚各班夏季期考成绩。丁班生陈寅恪九十四分二，列该班第一；丁班生竺可桢八十六分六，列第四。（《复旦大学百年纪事（1905—2005）》，第8页）

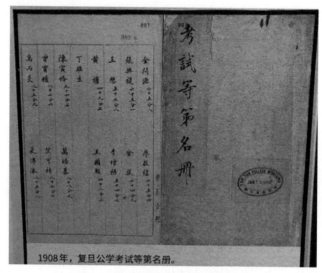

图 15　1908 年复旦公学《考试等第名册》[②]

**7月30日** 报考江海关税务学堂，在新关总会进行初试。（《考生须知》载《申报》1908年8月4日、5日）

**8月4日** 报载：报考江海关税务学堂初试已通过。学堂招考处要求6、

---

① 夏敬观（1875—1953），江西派词人。曾入张之洞幕府，办两江师范学堂，任江苏提学使，兼复旦公学第三任校长。
② 潘涛摄于马相伯故居。

7、9、10 号等 4 天前往该处领取准考凭单，定于 11 号进行复试。①（同上）

**是年冬**　母亲病危。当时父亲和大哥均在武昌。父亲得知母亲胃病回家，带回人参半篮，又自己开方给母亲吃，结果至于不起。（日记 590207，《全集》第 15 卷，第 318 页）

母亲病故。另一处记载，母亲病故时间为 12 月。"余于光绪卅四（1908）年十二月母亲去世之前夕，梦母亲被人害死，晨起非常懊丧，至上午即得二哥通知，谓母亲病重，即日赶回，而母亲已去世矣。"（日记 471218，《全集》第 10 卷，第 613 页）"我和二哥回家时，只见大毛哥在劈棺材，知是母亲已故，但并不知是什么病。"（日记 590207，《全集》第 15 卷，第 318 页）"在 1908 年 10 月，我母亲在东关去世，其时我在上海复旦读书。一晚恶梦我母亲被嫂子所害，醒后起床见右边鞋子上盖了一根白带（是挂帐子用的），使我心大动。到上午十点左右，我二哥（在上海河南路杂货店做帐房）来告我，说母亲病危，即和二哥从上海回绍兴，到东关母亲已去世。"（日记 690828，《全集》第 19 卷，第 489 页）

母亲丧事毕返回上海，在途经宁波时不慎失足落入江中，幸被一锡箔厂老司务救起，免遭一劫。竺可桢记述："我在复旦读书时即 1908 年的冬天，我母亲在东关去世，我在上海，奔丧回家。待丧事毕，由余姚换船至宁波往上海。其时余姚到宁波的船称埠船，在宁波上岸时，须〈延〉〔沿〕船边只一尺宽的边缘而行。冬天早晨船沿上有霜，我前行时失足落入江中，幸而我手提了一把洋伞，落水时举伞在水上。在我后面走的一位锡箔厂老司务就一手抓住伞

---

① 原文如下："（考生须知）

照得西暦七月三十號在虹口乍浦路第九十九號新關總會考試稅務學堂各生茲已評定甲乙開列於後西本月十一號爲覆考稅務學堂各生之期屆時仍在原處自早七點半鐘起各盡一日之長所有後開各生應於六七九十等號四天内自上午十點鐘起至下午四點鐘止親至本關報名處領取准考憑單以便應試勿誤爲要〇計開　李　啓　李鴻飛　黎錦波　林拱恩　高國華　劉順發　蕭廷鈞　李達韶　謝永欽　黃兆彬　徐楚岑　羅煥基　沈世偉　張仁麟　黃小陽　王國華　張叔宜　潘承炯　戴新之　李耀璧　嚴祖述　葉昕瀾　李　駿　竺可楨　徐士清　詹紀鳳　顧兆恆　董世楨　傅松麟　邵　華　葛　衷　吳連生　吳駿棣　程錫□　金振烈　仇光耀　朱繼聖　陳祖柸　羅柱朝　潘勉洪　王文瑞　江海關稅務學堂招考處白"。《申報》后来并无复试情况的报道，疑并未进行复试。江海关税务学堂本年有无招生，因缺乏史料，不详。

柄把我从江中提了起来，还送我到他厂，把我衣服烘干后，次日才去上海。这使我对这位老司务感恩不尽，到复旦后还和他通过几次信。"（《全集》第 4 卷，第 87 页）

**是年与次年** "光绪卅三四年虽曾经杭州，均由西兴过江，直至拱辰桥坐轮赴沪，不至西湖也。"（日记 480208，《全集》第 11 卷，第 34 页）

**在复旦公学求学期间** 与陈寅恪同桌读书。（日记 580421，《全集》第 15 卷，第 79 页）又与梅光迪（迪生）相识。（日记 460127，《全集》第 10 卷，第 27 页）

# 1909 年（己酉 宣统元年） 20 岁

1 月 美国政府决定，第一批庚子赔款开始"退还"。

清廷谕令罢斥袁世凯。

2 月 陆费逵主编《教育杂志》在上海商务印书馆创刊。

3 月 载沣重申实行"预备立宪"。

张之洞与德华银行订立湖广铁路借款合同，借款 300 万英镑。

4 月 孙武、焦达峰等在汉口设立共进会总部。

5 月 学部奏准变通初等小学堂章程，将初等小学堂分为五年制之完全科、四年制之简易科、三年制之简易科三种。

于右任在上海创办《民呼日报》。

学部通咨各省统一高等学堂外国文课程。

6 月 清政府与英、德、法三国财团签订《湖广铁路借款条同》。

7 月 清廷颁行《遣派游美学生办法大纲》。游美学务处在京师设立。清廷颁布《考试毕业游学生章程》。

浙路保存会召开保存大会。

8 月 江浙自办的沪杭铁路全线通车。

9 月 学部奏准筹建京师图书馆，缪荃孙为监督。

游美学务处在学部衙门举行第一次留美生考试。梅贻琦、胡刚复、金邦正、秉志、张子高、王琎等 47 人被录取。

外务部奏准游美学务处于北京西郊清华园建游美肄业馆。

张相文在天津创设中国地学会，任会长。

10 月　首批"庚款生"赴美留学。

11 月　各省咨议局要求清政府速开国会，于上海组成国会请愿同志会。

　　　　各地不断发生"闹捐抗税""抢米""教案"风潮。

是年　外务部与学部会奏《为收还美国赔款遣派学生赴美办法折》。

　　　　丁绪贤等在英国伦敦发起成立中国科学会。

是年　容闳《西学东渐记》（*My Life in China and America*）在美国出版。

是年　谈家桢（1909—2008）出生。

是年　张之洞（1837—1909）去世。

常驻地迁移：上海—唐山

**是年春**（上海—唐山）　复旦公学成立不久，管理不严。不喜欢这种学习环境，决定离开复旦公学，投考唐山路矿学堂，学习土木工程。述："那时的复旦公学管理不严，有的同学到校一年不上课，学校也置之不闻。我看到这种情况，决计要换学校。因为我喜欢理科，所以在复旦一年便转到唐山路矿学堂（即今唐山铁道学院）。"（《全集》第 4 卷，第 87 页）入第三班，同校同学有庄俊（达卿）、茅以升（唐臣）、稽铨（日记 500423，《全集》第 12 卷，第 80 页）、钱崇澍（雨农）（日记 651229，《全集》第 17 卷，第 628 页）、金咏深（日记 380806，《全集》第 6 卷，第 560-561 页）等。离开复旦公学入唐山路矿学堂，是大学预科时期作出的又一正确选择。

　　唐山路矿学堂建成于清末，是中国第一所铁路交通高等学府，也是国内最早的理工科大学之一，在国内外享有盛名。①

---

① 《唐山记忆：这里曾经有一所很牛的大学》，载微信公众号"南湖畔"，2023 年 11 月 15 日。来源于《路南发布》。

图16　北洋政府教育总长范源濂特奖的一方匾额①

唐山路矿学堂具有国内一流的教学设施和管理水平，是一所优秀大学。"唐山路矿学堂创办时期的两任校长梁如浩和周长龄都是第三批赴美留学幼童，先后入读哈德福中学与史梯芬工学院。梁如浩在担任唐山路矿学堂总办（校长）前曾任袁世凯的幕僚，北宁铁路总办。周长龄在担任唐山路矿学堂总办前曾任天津招商局总办、京奉铁路总办及清外交部大臣，官至二品。他们都是清政府的官员，都具有高深的学问和世界视野。他们的身份地位和学识眼界使这所学校在建筑设施、教学的管理等各方面都具有国内一流大学的水平。"②"据当时英国《工程师报》报道，至1911年前后该校教学实验设备之精良，图书资料之丰富，不仅排名于全国高等学校之前列，而且也不逊色于当时的香港大学，从而被誉为当时全国四大实业学府之一。"③

① 《唐山记忆：这里曾经有一所很牛的大学》，载微信公众号"南湖畔"，2023年11月15日。来源于《路南发布》。
② 刘利民《唐山路矿学堂初建纪事（三）》，搜狐网2017年7月26日
③ 《河北最牛大学，"老交大"回来了》，河北新闻网2013年10月10日

图 17 唐山路矿学堂校门 ①

图 18 西南交大南门背面写有"唐山路矿学堂" ②

  该校于 1907 年 2 月 12 日，建校工程大体竣工，共计建成校舍一百一十余间。除了满足最基本需要的学生宿舍、教学楼、食堂、教职工公寓外，还有为专家提供的住所，一个实验室，一个发电所，几间公寓。为了吸引学生，也为了学生锻炼身体，使学生有个强健的体魄，学校建有一个大游泳池。有一次在学生中爆发了脚气病，校方感觉到有建立医院的必要，于是建立了校医院和配套的医护人员公寓。1909 年 7 月，校医院开门营业，校医院的领导是

---

① 取自《探寻唐山交通大学》，载微信公众号"信路南网"，2023 年 12 月 20 日。材料来源：路南区档案馆。

② 取自唐山路矿学堂网络百科。

Moorhead 医生。医院医护人员的住所也已经竣工，并开始有人居住。学校所有的建筑都供电供暖。除了校园内的校舍建设之外，还铺设了一条学校通往唐山市区的路。在路的东侧，建了一座墙，墙高 8 英尺（约 2.44 米），长 5 200英尺（约 1 584.96 米）。学校的建筑设施在当时是很先进的，为学生营造了良好的学习和生活环境。（同上）

图 19　唐山路矿学堂东讲堂 ①

　　唐山路矿学堂招生很严格。"招生考试在天津、上海和香港三地进行。后来为了方便，统一到北京参加考试。整个招生过程都很规范严格。报考学生必须在 20 岁左右，体格良好，无不良记录，有毕业文凭或应届毕业，精通英文、算术、代数和几何。有意参加考试选拔的学生提前到指定地点登记姓名、住址、毕业学校等信息，之后等待考试通知。招生办主任指定考试的时间和地点，并在报纸上公布。各地由招生办主任监督学生的考录。所有报考的学生必须参加体检，要求身心健康、无重大疾病史、无痨病、无淋巴结核、无梅毒等，这是非常重要的第一关，查出问题直接淘汰。体检过关的学生接下来参加文化水平的考试。考试的科目有：算术、代数（考核至二次方程式的解法）、几何（包括平面几何）、自然地理学和世界地理、基础物理、基础化学、英语写作（命题作文或是自主命题作文，主题是'铁路'、'煤矿'或类似主题，注意书写及语法）、

① 取自《"老交大"回来了！西安交通大学唐山园区开园》，载微信公众号"长城网"，2023 年
10 月 11 日。

图 20　唐山路矿学堂关防[1]

中文写作、英译汉及汉译英（从英文和中文报纸中提取练习素材）。要通过考试，学生必须每科分数达到满分的40%。通过考试的学生可以收到招生办主任授予的证书副本。这些学生需要先缴纳保证金，并提交证书副本，这样可以换来免费前往天津的车票。首届招收学生120名，分土木工程专业和采矿专业，根据入学考试分数分班。学校于1907年1月开学。被录取的学生享受比较优厚的待遇，学校所有的开支，包括学生的饮食，都由铁路部门发放。另外，每位学生每个月还会有四两银子的衣着补助。"（同上）所以考入唐山路矿学堂的学生都是德智体全面发展，学习成绩突出优异者。竺可桢在唐山路矿学堂受到良好的教育，为他后来考取二批"庚款生"进一步打下坚实基础。

述："唐校成立于1905，是受帝国主义的侵略压榨，那时英国人要在开滦采煤，所以办路矿。所有学员设备统来自英国，甚至教科书均用英国〔的〕。英国教师：总教务师Chatby，余有Thomas、Addley等。因为英国人不能〔识〕中国学生姓名，所以每个学生有一个号，我的号是127（？），如监狱之囚犯相似。唐校那时只二三百学生。"（日记600515，《全集》第15卷，第661页）

"我去唐山路矿时正值唐校闹风潮之后，新来的校长名熊崇知，是美国留学生，教数、理、化和土木工程的教员全是英国人。他们不但不识中国字，连学生的英文名字也不肯记。每个学生有一个号数，像监狱里囚犯一样，我记得我的号数是127。上课时不用翻译，全讲英国话，也不管学生能不能听懂，这初次使我尝到半殖民地教育的味道。"（《全集》第4卷，第88页）

在唐山路矿的号数为228号。述："水利局林友龙工程师偕金咏深来，为借澄江小学房屋事。林系唐山毕业。据云，第二班号数为126，余谓余之号数为128，但林云，系228，乃余之误忆。林比余高一班，向在铁路局办事，最

---

① 邱鼎汾《唐山路矿学堂之由来》，原载《唐院季刊》1934年第6期，转自微信公众号"唐院春秋"，2022年12月21日。

近至江西水利局云。"（日记 380806,《全集》第 6 卷，第 560-561 页）"十一点半，余至南池子 28 号庄达卿处，与稽铨、茅唐臣谈。稽系唐山第一班毕业，No. 65，余及达卿第三班，No. 228 与 222，唐臣第六班。"（日记 500423,《全集》第 12 卷，第 80 页）

图 21　唐山路矿学堂①

**7 月 10 日**　清政府学部、外务部奏请以美国退还的庚子赔款用以选派留美学生，并决定在北京设立游美学务处。（《中国百年留学全纪录》第 2 册，第 852 页）当日即得宣统朱批：依议。钦此。（《留学教育》第 1 册，第 173 页）

游美学务处成立后，清政府命外务部丞参周自齐（子廙）为总办，学部郎中范源濂（静生）、外务部主事唐国安（国禄）为会办。同时在美国设立留学生监督处，由容揆负责。游美学务处先是设在北京侯位胡同，后迁史家胡同，其首先开展的工作便是挑选赴美留学的青年。（《中国百年留学全纪录》第 2 册，第 440 页）

游美学务处的职责为：1. 专司考选学生；2. 管理肄业馆；3. 选任游美学生监督。（《留学教育》第 1 册，第 148 页）游美学务处成立后于当年考选了第一批留美庚款生，录取王世杰（雪艇）、梅贻琦（月涵）、金邦正、秉志（农山）、胡刚复、张准（子高）、王琎（季梁）等 47 人赴美留学。（《近代中国的留美教育》第 78-80 页）

---

① 取自《唐山记忆：这里曾经有一所很牛的大学》，载微信公众号"南湖畔"，2023 年 11 月 15 日。

# 1910 年（庚戌　宣统二年）　21 岁

1 月　《民报》在东京复刊。

清廷批准京师大学堂设新学科。

日、俄强烈反对美国提出的满洲铁路中立计划。

2 月　广州新军起义爆发。

3 月　张相文在天津创办《地学杂志》。

孙中山在旧金山成立美洲同盟会总会。

4 月　学部颁发《各省考选游美学生办法》。

6 月　《时报》《神州日报》等发起，在南京成立中国报界俱进会，推举郭定森为主席。

7 月　游美学务处举行第二次留美学生考试。赵元任、竺可桢、胡适、钱崇澍、胡明复、周仁等 70 人被录取。

8 月　第二批留美"庚款生"赴美。

《少年中国晨报》在旧金山创刊。

9 月　振武学社在武昌成立。

10 月《民立报》在上海创刊，于右任为社长。

全国农务联合会成立，张謇为会长。

12 月 资政院奏请清廷批准《著作权律》。

清华学堂建成。

是年　华德任哈佛大学气候学教授。

常驻地迁移：唐山—美国伊利诺伊州厄巴纳

**1月—约7月上旬**（唐山） 继续在唐山路矿学堂就读本科一年级。

**在唐山路矿学堂求学期间** 有一次和同学们登唐山，山顶高度不及百米，但竺可桢至山巅时气喘不止，可知他年青时身体的孱弱。（日记600515，《全集》第15卷，第661页）

在学校学习非常勤奋，成绩优异，尤其喜欢数学。述："余在澄衷、复旦及唐山，均以善于数学著称。"（日记440202，《全集》第9卷，第23页）在唐山路矿那时每次的考试成绩，都要张榜公布，竺可桢在唐山读本科一年半，考了五次统是全班第一。那时最大的愿望是出洋到欧美留学。（《全集》第4卷，第88页）这是竺可桢给自己确定的奋斗目标，并为之不懈努力。这无疑是他人生中做出的最正确选择。

学习的课程有：代数、平面几何、立体几何、物理学、化学、地文学、地质学、绘图、通史、英语、德文、国文。值得注意的是学习了地文学、地质学两门地学课程。尽管这两门课程都是作为土木工程专业的基础课开设的，但这使竺可桢在留学前就接触到地学课程，也可以视为他在大学阶段学习地学课程的起点。（林伟《知识的跨国流通：竺可桢对哈佛大学地理学传统的继承与发展》，载《自然科学史研究》2023年第42卷第3期，第331页）

在唐山时候的趣事："余生平未见鬼，但在宣统二年在唐山读书时，中夜月明如洗，起如厕，即立洋楼台坡上小便，初见一人如同学仰天望月，香烟啣口，待小便终，其人已不见，不知其果为人也。"（日记460604，《全集》第10卷，第131页）

**3月11日（宣统二年二月初一）** 学部上奏"学部札各省提学使考选学生及考送游美学办法（附章程）"。奏定遣派游美学生办法大纲，提出第一格与第二格学生如何进行考选。后附《考选学生办法》及《各省提学使考选学生办法》。《考选学生办法》的主要内容介绍如下：

《办法》[①]共五章。"第一章 招考学生学额"："第一节 本年招取第一格

---

① 该办法行文采用旧式句读标点，引文的标点符号系编者所加。

学生，遵照奏案，一面在京招考，一面由各省提学使招考。录取合格学生，不拘额数，送京复考。"

"第二章　招考学生程格"："第一节　凡报考第一格学生，以年在十五岁以上，二十岁以下者为限。报考第二格学生，以年在十二岁以上，十五岁以下者为限。第二节　各生均须身体坚实，体格完全，身家清白者。第三节　各生均须自量能力志愿，不至中途辍业者。"

"第三章　招考学生学科程度"。关于招考第一格学生学科程度："一中文论说，二英文论说（作文翻译），三历史（须曾读过普通史，其并读过希腊、罗马、英国、美国专史者尤佳），四地理（普通地理学），五算学（须曾习英文代数、平面几何、平面三角，其并习过高等代数、立体几何、解析几何等学者尤佳），六格致（中等理化学、动植物学、生理学），七德文或法文（二者中须曾习一门能作文翻译，其曾兼习拉丁文者尤佳）。右列学科，自第二项至第六项，均用英文考试。其第七项之德文或法文，如有未曾习过，而其他各科学，均能合格者，亦准与考。"

"第四章　报考规则"："第二节　在京投考各生，限于五月二十七日起至六月初二日止［系阴历——编者］。旗籍取具佐领图片，汉籍取具同乡京官印结，到史家胡同游美学务处报名，听候考试。第三节　咨送及投考各生，均应亲到学务处填写报考书，并缴四寸相片二张。第四节　各生填具报考书后，由学务处发给准考凭照一纸，随带入场。"（《学部札各省提学使考选学生及考送游美学生办法文 附章程》，载《教育杂志》第 2 年第 4 期，第 23-27 页）

**是日**　学部奏请对主持留学事务官员的选派。前署外务部左丞右参议兼学部丞参上行走周自齐，充学务处总办，业经奏明在案。学部郎中范源濂、外务部主事唐国安，充学务处会办，驻美使署参赞候选道容揆，充驻美学生监督。得到奏准。(《又奏请派学部郎中范源濂等充游美学务处会办等片》，载《教育杂志》第 2 年第 4 期，第 27 页)

**4 月 15 日**　《学部札各省提学使考选学生及考送游美学生办法》颁布。(《中国百年留学全纪录》第 2 册，第 852 页)

4—5 月　学部下令禁止留学生在学习期间与外国人订婚、结婚。(《中国百年留学全纪录》第 2 册，第 852 页)

6 月　清政府在北京设立游美学务处。成立之初租居于东城侯位胡同一所民房办公，后迁入东城史家胡同。(《清华大学校史稿》第 7 页)要求第一格学生应限六月初十［阳历 7 月 16 日——编者］以前到京。(《游美第二格学生展期复试》，载《教育杂志》第 2 年第 4 期，第 46 页)

7 月上旬　游美学务处先行招考第一格学生。要求："凡身家清白，身体质壮，实年在十五岁以上二十岁以下，中西学科能合下开程度者，定于六月初三［阳历 7 月 9 日——编者］起，至初十日止，每日上午八点钟至下午五点钟，旗籍取具佐领图片，汉籍取具同乡京官印结，并各携带四寸相片二张。前赴东城史家胡同本处，亲笔填写报名书，听候考试。"(《教育杂志》第 2 年第 7 期，第 56 页)竺可桢恰好实年（即周岁）二十岁。

约 7 月中旬（北京）　从唐山来到北京。到游美学务处报名，参加第一格留学考试。(同上)

7 月 21 日（阴历六月十五）（北京）　外务部会同学部在法政学堂考试游美学生，第一场投考者共 434 人。(《外学两部考试游美学生》，载《申报》1910 年 7 月 28 日)上午考中文，题为"不以规矩不能成方圆说"，系从《孟子》第四章而来。(《赵元任生活自传》第 77 页)下午考英文作文，题为"借外债筑路之利弊关系论"。考试时英文又加文法题五条，"原出牌示英文只有论说一篇，今忽然又加文法五则，凡未经预备者，皆不免手足无措也。"(《外学两部考试游美学生》，载《申报》1910 年 7 月 28 日)

7 月 25 日（阴历七月初一）（北京）　发榜，初试录取 272 人。第一场考试凡平均分数及格者悉予录取。竺可桢榜上有名，列第 137 位。胡适列第 10 位，赵元任（宣仲、宣重）列第 24 位，钱崇澍列第 63 位，周铭列第 214 位，胡达（后改名胡明复）列第 238 位，周仁（子竞）列第 269 位。要求被录取者于 20 日起至 22 日每日上午六时前，赴法政学堂听候考试各种科学。并于 23 日上午八时检查体格。(《考试留美学生草案》，载《申报》1910 年 8 月 5 日)

第二批庚款留美学生初试录取272人名单①。

| | | | | | | | |
|---|---|---|---|---|---|---|---|
| 傅骕 | 朱进 | 张福运 | 陈延寿 | 陆守经 | 张元恺 | 易鼎新 | 戴芳澄 |
| 程延庆 | 胡适 | 吴康 | 林斯鋆 | 王预 | 张江林 | 成功一 | 陈天骥 |
| 宋庆瑞 | 朱篆 | 谭颂瀛 | 陆懋德 | 杨锡仁 | 程闿运 | 苏明藻 | 赵元任 |
| 徐仁镐 | 胡宪生 | 金振 | 邓鸿宜 | 何斌 | 沈艾 | 张景芬 | 叶建柏 |
| 郑达宸 | 许先甲 | 孙庆藩 | 梅光迪 | 江山寿 | 胡继贤 | 李松涛 | 区其伟 |
| 席德炯 | 王谟 | 卫挺生 | 沈溯明 | 郭守纯 | 刘寰伟 | 张谟实 | 谭德圣 |
| 刘崇勤 | 徐中晟 | 邝翼堃 | 王绍礽 | 史宣 | 施璿 | 周厚坤 | 邬忠桢 |
| 黄宗发 | 施赞元 | 韩作霖 | 柯成楙 | 邓树声 | 计大雄 | 钱崇澍 | 裘维堃 |
| 徐志芗 | 王松海 | 卓文悦 | 周象贤 | 吴家高 | 陈福习 | 徐志诚 | 陈茂康 |
| 徐墀 | 沈祖伟 | 陈藩 | 杨维桢 | 解显宗 | 许世箴 | 周开基 | 李蔚芳 |
| 顾维精 | 周明玉 | 张传薪 | 虞振镛 | 胡眙榘 | 郭尚贤 | 施鋆 | 何运煌 |
| 高崇德 | 顾宗林 | 王文元 | 杨光弼 | 李平 | 许彦藩 | 陆元昌 | 罗邦杰 |
| 谭其蓁 | 胡宣明 | 霍炎昌 | 陆鸿棠 | 张彭春 | 孙学悟 | 邓宗瀛 | 杨哲 |
| 陈雄飞 | 赵毅 | 王景贤 | 稽铨 | 过宪光 | 李录骥 | 吴宪 | 廖烈 |
| 孙恒 | 黄国栋 | 邱崇彦 | 陈器 | 严昉 | 高大纲 | 钟心煊 | 乐森璧 |
| 司徒尧 | 车志成 | 陈长蘅 | 史泽宣 | 马官敬 | 郑辅华 | 黄材勋 | 赵文锐 |
| 黄明道 | 侯学成 | 宗建勋 | 杨伯荟 | 梁杜蘅 | 杨炳勋 | 叶建梅 | 杨孝述 |
| 竺可桢 | 高建壁 | 蔡翔 | 丁恩溥 | 吴观光 | 王鸿卓 | 胡博元 | 王承熙 |
| 张贻志 | 殷源之 | 何传骢 | 鲁邦瞻 | 凌启鸿 | 孙士俊 | 包锡年 | 刘乃予 |
| 张宝华 | 赵喜森 | 解尔康 | 金剑英 | 刘长卿 | 侯襄 | 孙星詹 | 杨景松 |
| 陆汝匡 | 叶其菁 | 刘大成 | 梁基泰 | 康榕赓 | 陈承拭 | 吴宾驷 | 徐书 |
| 朱德展 | 龙夷 | 杨丙吉 | 顾振 | 吕信之 | 李祖光 | 程拱宸 | 盛廷元 |

---

① 这是一份具有史料价值的资料，特附录于此。表中最后列入方括号内的二人，是《申报》发表的录取名单中漏掉者。名下标有圆点者，为复试后被录取的第二批留美庚款生。参见：李玉海《第二批庚款留美学生考选经过及相关问题》，载《中国科技史杂志》2009年第30卷第4期，第482-486页。

| | | | | | | | |
|---|---|---|---|---|---|---|---|
| 欧阳燿 | 朱 禧 | 卓乐思 | 何 穆 | 原廷桢 | 江鸣歧 | 陆品琳 | 戈 中 |
| 胡国兴 | 孙继丁 | 张竹恒 | 崔有濂 | 钱治澜 | 李盛豫 | 李锡之 | 陈福祺 |
| 吴大昌 | 谌 立 | 周中砥 | 谢维鳞 | 王湛中 | 廖虑慈 | 许 珍 | 胡仕鸿 |
| 盛 柱 | 周伦元 | 张霭裕 | 马仙峤 | 王克权 | 刘祖乐 | 朱颂明 | 陈明寿 |
| 王福坚 | 鲍锡藩 | 董邦霖 | 朱起蛰 | 徐乃莲 | 周 铭 | 沈德先 | 周文勋 |
| 何庆曾 | 陈庆宗 | 郭 翔 | 庄 俊 | 陆费埠 | 费宗藩 | 郝叔贤 | 严宏谟 |
| 申致坤 | 路敏行 | 董成武 | 黄 拓 | 毛文钟 | 祝 方 | 姜蒋佐 | 鲍锡瓒 |
| 过科先 | 倪征旸 | 陈荣鼎 | 陈 树 | 史泽波 | 胡 达 | 孙慎修 | 黄衍钧 |
| 陆凤书 | 柴春霖 | 刘兆声 | 王家樑 | 薛次功 | 蔡业修 | 吴寿山 | 王元懋 |
| 朱 铭 | 章元善 | 顾景升 | 戴芳澜 | 钟文滔 | 程宗阳 | 阮宝江 | 陈嘉勋 |
| 徐宝谦 | 马祈善 | 简焕华 | 张承隆 | 王大猷 | 唐天民 | 程绍伊 | 符宗朝 |
| 徐 震 | 王 夏 | 陈德芬 | 彭嘉滋 | 周 仁 | 王裕震 | | |

〔周均〕〔胡明堂〕

（《考试留美学生草案》，载《申报》1910 年 8 月 5 日）

**7 月 26 日**（北京） 复试。上午考代数、平面几何。下午考希腊史、罗马史、德文、法文。除德文、法文外，皆要求用英文答卷。（《中国百年留学全纪录》第 2 册，第 488 页）

**7 月 27 日**（北京） 考物理、植物、动物、生理、化学、三角。亦要求用英文答卷。（同上）

**7 月 28 日**（北京） 考试因雨延期次日举行。（同上）是日黎明大雨倾注，内外城街巷水溢奔流，沟满渠平，马路积水深至一二尺不等。前门西城根一带水深至五六尺。是日各署堂司官员皆未能进署办公。（《顺天时报》1910 年 7 月 29 日）

"到了八时左右，四百三十考生只有一百人左右到场。那时一个斋役手中拿着告示牌，写着考试因雨延期于明天举行。"（《赵元任早年自传（二）——"杂记赵家"第二卷》，载《传记文学》第 40 卷第 6 期，第 32 页）

**7 月 29 日**（北京） 考高等代数、立体几何、英国史、美国史、世界地

理、拉丁文。(《中国百年留学全纪录》第2册，第488页)

8月2日（北京）发榜，录取赴美学生70名[①]。第一名杨锡仁，竺可桢升列第28位。同榜中赵元任列第2位，钱崇澍列第16位，胡适列第55位，周仁列第67位。(《游美学务处第二次考取赴美学生名单》，载《北京日报》1910年8月3日）杨锡仁考79.24分，竺可桢考63.8分。考取第二批庚款生，是竺可桢一生宏图伟业的起点。

第二批庚款留美学生录取的70人名单

| 杨锡仁 | 赵元任 | 王绍礽 | 张谟实 | 徐志芎 | 谭颂瀛 | 朱 箓 | 王鸿卓 |
| 胡继贤 | 张彭春 | 周厚坤 | 邓鸿宜 | 沈祖伟 | 区其伟 | 程闿运 | 钱崇澍 |
| 陈天骥 | 吴家高 | 路敏行 | 周象贤 | 沈 艾 | 陈延寿 | 傅 骕 | 李松涛 |
| 刘寰伟 | 徐志诚 | 高崇德 | 竺可桢 | 程延庆 | 沈溯明 | 郑达宸 | 席德炯 |
| 徐 墀 | 成功一 | 王松海 | 王 预 | 谌 立 | 杨维桢 | 陈茂康 | 朱 进 |
| 施赞元 | 胡宣明 | 胡宪生 | 郭守纯 | 毛文钟 | 霍炎昌 | 陈福习 | 殷源之 |
| 符宗朝 | 王裕震 | 孙 恒 | 柯成楙 | 过宪先 | 邝翼堃 | 胡 适 | 许先甲 |
| 胡 达 | 施 鎏 | 李 平 | 计大雄 | 周开基 | 陆元昌 | 周 铭 | 庄 俊 |
| 马仙峤 | 易鼎新 | 周 仁 | 何 斌 | 李锡之 | 张宝华 | | |

（《取考留美学生》，在《教育杂志》第2年第8期，第64页）

---

[①] 《北京日报》与《申报》刊登的名单都是69名，漏掉第17名陈天骥。

表3 第二次考取庚子赔款留美学生榜[1]

| 名次 | 姓名 | 年歲 | 籍貫 | 學堂 | 平均分數 |
|---|---|---|---|---|---|
| 1 | 楊錫仁 | 一八 | 江蘇震澤 | 上海南洋中學 | 79 7/20 |
| 2 | 趙元任 | 一九 | 江蘇陽湖 | 江南高等 | 73 2/5 |
| 3 | 王紹曾 | 一九 | 廣東南海 | 唐山路礦 | 71 17/20 |
|  | 張謨賢 | 一九 | 浙江鄞縣 | 約翰書院 | 69 3/4 |
| 5 | 徐志愷 | 一八 | 浙江定海 | 約翰書院 | 69 9/40 |
| 6 | 譚頌瀛 | 二〇 | 廣西蒼梧 | 上海南洋中學 | 69 1/10 |
| 7 | 朱鑅 | 一九 | 江蘇金匱 | 東吳大學 | 68 2/5 |
| 8 | 王鴻年 | 一九 | 直隸天津 | 家塾 | 68 7/20 |
| 9 | 胡鵬賢 | 一八 | 廣東番禺 | 嶺南學堂 | 67 1/20 |
| 10 | 張彭春 | 一八 | 直隸天津 | 天津私立中學 | 67 3/5 |
| 11 | 周厚坤 | 二〇 | 江蘇無錫 | 唐山路礦 | 67 29/40 |
| 12 | 鄧得宜 | 一八 | 廣東東莞 | 嶺南學堂 | 67 19/40 |
| 13 | 沈祖偉 | 一八 | 浙江歸安 | 約翰書院 | 66 9/40 |
| 14 | 區其偉 | 一九 | 廣東新會 | 嶺南學堂 | 66 11/20 |
| 15 | 程闊運 | 一九 | 浙江山陰 | 東吳大學 | 66 1/20 |
| 16 | 錢崇樹 | 二〇 | 浙江海寧 | 直隸高等 | 66 17/20 |
| 17 | 陳天驥 | 一七 | 浙江海鹽 | 約翰書院 | 66 3/5 |
| 18 | 吳家高 | 一九 | 江蘇吳縣 | 美國加厘福宜大學 | 66.5 |
| 19 | 路敏行 | 二〇 | 江蘇宜興 | 復旦公學 | 66 11/20 |
| 20 | 周學賢 | 二〇 | 浙江定海廳 | 上海高等實業 | 66.5 |
| 21 | 沈艾 | 一七 | 福建侯官 | 家塾 | 65 39/40 |
| 22 | 陳延壽 | 一七 | 廣東番禺 | 長沙雅禮大學 | 65 27/40 |
| 23 | 傅驌 | 一九 | 四川巴縣 | 復旦公學 | 65 2/5 |
| 24 | 李松濤 | 一九 | 江蘇嘉定 | 約翰書院 | 65 1/5 |
| 25 | 劉寰偉 | 一八 | 廣東新寧 | 嶺南學堂 | 64 19/20 |
| 26 | 徐志誠 | 一九 | 浙江定海 | 約翰書院 | 64 7/20 |
| 27 | 宋崇德 | 一九 | 山東棲霞 | 山東廣文學堂 | 64 |
| 28 | 竺可楨 | 一九 | 浙江會稽 | 唐山路礦 | 63 4/5 |
| 29 | 程延慶 | 一九 | 江蘇震澤 | 約翰書院 | 63 2/5 |
| 30 | 沈淵明 | 一九 | 浙江烏程 | 浙江兩級師範 | 63 7/10 |
| 31 | 鄭達宸 | 一九 | 江蘇江陰 | 復旦公學 | 63 9/40 |
| 32 | 席德炯 | 一七 | 江蘇吳縣 | 上海實業 | 63 1/5 |
| 33 | 徐燦 | 二〇 | 廣東新寧 | 唐山路礦 | 63 1/10 |
| 34 | 成功 | 一一 | 江蘇江都 | 東吳大學 | 62 9/40 |
| 35 | 王松海 | 一九 | 江蘇丹徒 | 約翰書院 | 62 1/5 |
| 36 | 王預 | 二〇 | 江蘇杭源 | 江南高等 | 62 13/20 |
| 37 | 湛立 | 一九 | 貴州平遠 | 家塾 | 62.5 |
| 38 | 楊維楨 | 一八 | 四川新津 | 復旦公學 | 62 2/5 |
| 39 | 陳茂康 | 一九 | 四川巴縣 | 重慶廣益中學 | 62 2/5 |
| 40 | 陳樹人 | 一九 | 江蘇金匱 | 東吳大學 | 62 1/5 |
| 41 | 施贊元 | 一九 | 浙江慈谿 | 約翰書院 | 62 |
| 42 | 胡宣明 | 一九 | 福建德化 | 約翰書院 | 61 17/20 |
| 43 | 胡憲生 | 一九 | 江蘇無錫 | 約翰學館 | 61 19/40 |
| 44 | 郭守純 | 一九 | 廣東潮陽 | 約翰書院 | 61 9/20 |
| 45 | 毛文綬 | 一九 | 江蘇吳縣 | 直隸高等工業 | 60 17/20 |
| 46 | 霍炎昌 | 一九 | 廣東南海 | 嶺南學堂 | 60 9/10 |
| 47 | 陳福習 | 一九 | 福建閩縣 | 福建高等 | 60 9/20 |
| 48 | 陳際之 | 一九 | 安徽合肥 | 約翰書院 | 60.5 |
| 49 | 許宗朝 | 一八 | 江蘇江都 | 兩湖中學 | 60 2/5 |
| 50 | 王裕震 | 二〇 | 江蘇上海 | 美國加厘福宜大學 | 60 2/5 |
| 51 | 孫恆 | 一九 | 浙江仁和 | 杭州育英書院 | 59 9/40 |
| 52 | 柯成林 | 一七 | 浙江平湖 | 上海南洋中學 | 59 1/20 |
| 53 | 過崇焜 | 一九 | 江蘇金匱 | 上海高等實業 | 59 1/20 |
| 54 | 鄺翼堃 | 一九 | 廣東番禺 | 約翰書院 | 59 1/4 |
| 55 | 胡適 | 一九 | 安徽績溪 | 中國新公學 | 59 7/40 |
| 56 | 許先甲 | 二〇 | 貴州貴筑 | 四川高等 | 58 1/2 |
| 57 | 胡遇 | 一九 | 江蘇無錫 | 高等商業 | 58 1/10 |
| 58 | 施堂 | 一九 | 江蘇吳縣 | 上海高等實業 | 57 29/40 |
| 59 | 李平 | 一九 | 江蘇無錫 | 江蘇高等 | 57 7/20 |
| 60 | 計大雄 | 一九 | 江蘇南匯 | 高等實業 | 57 1/40 |
| 61 | 周間基 | 一九 | 江蘇吳縣 | 上海南洋中學 | 56 19/20 |
| 62 | 陸元昌 | 一九 | 江蘇陽湖 | 上海高等實業 | 56 |
| 63 | 周銘 | 一九 | 江蘇泰興 | 上海高等實業 | 55 1/10 |
| 64 | 莊俊 | 一九 | 江蘇上海 | 唐山路礦 | 55 1/20 |
| 65 | 馬仙嶠 | 一八 | 直隸開州 | 保定高等 | 53 2/5 |
| 66 | 易鼎新 | 二〇 | 湖南醴陵 | 京師財政 | 53 2/5 |
| 67 | 周仁 | 一九 | 江蘇江寧 | 江南高等 | 51 1/10 |
| 68 | 何誠 | 二〇 | 江蘇嘉定 | 浙江育英高等 | 51 1/40 |
| 69 | 李錫之 | 一九 | 安徽合肥 | 安徽高等 | 50 23/40 |
| 70 | 張寶華 | 二〇 | 浙江平湖 | 美國加厘福宜大學 | 50 1/5 |

**8月3日（北京）** 竺可桢等被录取的留美学生，到外务部恭听训话与办

---

[1] 摘自《胡适日记全编（1931—1937）》第6册，第353-357页。此榜文为竺可桢所存，1934年胡访竺时见及，即托竺抄一份寄给他，后记入日记中。

理各种手续。执事官首先向大家表示祝贺，并介绍将带领他们赴美的三位领队（监督）：唐孟伦（贻典）、严智钟、胡敦复。又谈到了到上海的联络地点、出发安排。特别反复叮嘱三点：要带一面大清帝国的黄龙旗，不许革命；不许信洋教；不许娶洋婆。（《中国百年留学全纪录》第 2 册，第 489 页）随后游美学务处周自齐、范源濂、唐孟伦与全体人员合影留念，三人坐在中间，留美学生皆立于其后。（日记 470427，《全集》第 10 卷，第 430 页）最后，分头办理各种事宜，然后各领取 300 元装箱费中的 50 元。（《中国百年留学全纪录》第 2 册，第 489 页）

图 22　1910 年 8 月 3 日第二批"庚款生"于北京合影[①]

中坐者左起：范源濂、周自齐、唐孟伦

立者第一排左五为竺可桢，第三排左一为胡适，后数第三排有箭头者为赵元任

**8 月上旬**（北京—天津—上虞东关）　由北京至天津，然后换海轮南归家乡[②]。到家第二天即至保驾山，来到母亲坟前祭拜。（同上）

---

① 取自《赵元任年谱》。

② 《竺可桢传》第 12 页则谓：竺可桢"由于时间紧迫，来不及回家看望。"对竺可桢是否曾回家探望说法不同，又都未给出出处与依据。本谱姑且采用《中国百年留学全纪录》第 2 册的记述。

**8 月约上中旬**（上虞东关—上海） 在家仅住三天，即乘夜行船赶回上海。（同上）

**8 月约上中旬**（上海） 到美国驻沪领事馆办理入境手续。又到花旗银行取钱，购置旅行装备、制作西装。至理发店剪掉辫子。（同上，第 489-490 页）

**8 月 13 日**（上海） 先到电报局集合。由唐孟伦、严智钟、胡敦复带领，唐露园陪同前往领事家。领事与大家谈话，还进行了游乐活动。（同上，第 490 页）

**8 月 16 日**（上海—美国） 在唐孟伦、严智钟、胡敦复带领下，第二批"庚款生" 70 人乘"中国"号轮驶向美洲。（《赵元任生活自传》第 79 页）

**8 月 16 日—9 月 10 日** 途经长崎（8 月 18 日），神户（8 月 20 日），横滨（8 月 23 日），檀香山（9 月 3 日）。（韦季刚《美国国家档案馆藏前三批庚款留美学生入境美国资料》）

船长还是去年送第一批赴美庚款生的 Daniel E. Friele。8 月 13 日发自香港，8 月 16 日自上海启航，搭载着第二批留学生，于 9 月 10 日抵达旧金山（同上）

"ON AUGUST 16, 1910, in Shanghai, Zhu Kezhen boarded the SS *China* to embark on a journey that would change his life. Less than a month before, he had passed a rigorous national examination and earned one of the seventy Boxer fellowships for studying science and engineering in America that year. Standing on the deck as the ship prepared to leave port, Zhu, still a diminutive figure at age 20, certainly recognized the significance of the moment as he and the other Boxer students bade farewell, if only temporarily, to a homeland on the eve of radical transformations.

"If there was one desire that united this group of Boxer students, it was a dream of saving China through science and technology. Convinced of the fundamental importance of farming for China, Zhu had decided to study agriculture at the University of Illinois."

"As Zhu and his fellow Boxer scholars sailed for America on the SS *China*, they had no idea that once they returned to China, their faith in science and technology would be severely tested in successive waves of revolutions, wars, triumphs, and tragedies. They could not know that many of them would become prominent figures in modern Chinese history: Zhu Kezhen, for example, as a meteorologist, geographer, and science and education administrator, and Hu Shi, as a philosopher, intellectual, and diplomat. Neither could they realize that the informal ties they started to form with each other aboard the ship would blossom into the Science Society of China, an association destined to play a significant role in Chinese science, society, and politics during the first half of the twentieth century."

"What happened to the Science Society of China and its members' dream of saving their country through science is the topic of this case study of science and civil society in modern China. The experiences of Zhu and several other leaders of the Science Society will be used to illustrate the collective aspirations and struggles of the first generation of modern Chinese scientists." [Wang, Zuoyue. "Saving China through Science: The Science Society of China, Scientific Nationalism, and Civil Society in Republican China." *Osiris* 17 (2002): 291–322.]

**在"中国号"轮上** 赵元任对船上生活有如下记述:"我们于八月十六日启程,搭的船名为'中国'号,一万零二百吨。我们须坐小火轮到'中国'号停泊的地点。……吃饭以敲锣为号,由于餐厅面积有限,必须分两次吃,先是中国旅客,第二批是西方人。我们发觉念菜单和学外国吃法,颇不容易,对我们来说,无异是上了一课。那天在海上航行时间不多,所以我们都兴高采烈离开中国驶向美洲。"(《赵元任生活自传》第 78—79 页)

留学生们时常谈论专业的选择。"赵元任在船上与带领他们出洋的胡敦复进行了有关文科和理科之区别的交谈,得到指点后,他坚定了选择理科专业的信念,所以,他进入康奈尔大学修读的是数学专业;胡适对此也有印象,赵元任等人在船上'总是同胡敦复在一块谈天',他偶然听到过,'知道他们谈的是算学问题.'"（曾点《竺可桢的"伊利诺伊岁月"——早期留美教育经历及其回响》,载《自然科学史研究》2023 年第 42 卷第 2 期,第 218 页）

**9 月 10 日**（旧金山） 抵达美国旧金山。入境填表时,每人都签了自己的中文名。在"意欲前往的学校"一栏,他们与其他初次赴美的学生一样,都填了"未知"（Don't know）,尚没有史料可以确认:他们只是在填表时从众,还是真的要重新选择学校? 档案中只见到胡适、赵元任等部分"庚款生"的签名,未见到竺可桢的签名。

在游美学务处呈送的第二批庚款留美学生名单中,列出了移民局档案及本人签名等信息,见下表。

表 4 第二批庚款留美生至美入境时的相关信息[①]

| 中文名 | 移民局档案 | 乘客名单 | 签名 |
|---|---|---|---|
| 李松涛 | Li Soong Dau | Li Soong Dan | 李松涛 |
| 席德炯 | Hsi Te Chung | Hsi Te Chung | 席德炯 |
| 胡达 | Hu Dah | Hu Dah | 胡达 |
| 李用超 | Lee Yung Qin | Lee Ying Chiu | 李用超 |
| 杨锡仁 | Yang Sih Zung | Yang Sih Zung | 杨锡仁 |
| 符宗朝 | Fu Chung Chio | Fu Chung Chio | 符宗朝 |
| 马仙峤 | Ma Tieu Kio | Ma Sieu Kio | 马仙峤 |
| 成功一 | Cheng Gung Yi | Cheng Gung-yi | 成功一 |
| 王裕震 | Wong Yu Chen | Yu Chen Wong | 王裕震 |
| 胡宪生 | Hu Hsien Sung | Hu Hsien Sung | 胡宪生 |
| 王预 | Wong Yu | Wang Yu | 王预 |
| 路敏行 | Loo Ming Ying | Loo Ming-ying | 路敏行 |
| 胡敦复 | Hu Tunfu | Hu Tun Fu | 胡敦复 |
| 唐焘 | Tang Yi Mun Lun | Tang Yi | 唐焘 |
| 严智崇 | Yen Chi Chun | Yen Chi Sung | 严智崇 |
| 陈廷寿 | Chen Yen Shou | Chin Yen Shou | 陈廷寿 |
| 程凤运 | Dzung Kai Yung | Drung Kai Yung | 程凤运 |
| 郭守纯 | Kwauk Sen Zung | Kwank Sen-zung | 郭守纯 |
| 沈艾 | Shen Nye | Shen Nye | 沈艾 |
| 施赞元 | Sze Phillip T. | T. Philip Sze | 施赞元 |
| 徐志诚 | Zee Ts Znn | Zee Ts Znn | 徐志诚 |
| 计大雄 | Kyi Da Yong | Kyi Da Yong | 计大雄 |
| 王松海 | Wang Song He | Wang Song He | 王松海 |
| 易鼎新 | Yeh Ting Shien | Yeh Ting Shien | 易鼎新 |
| 王鸿卓 | Wang Hung Chuek | Wang Hung Chueh | 王鸿卓 |
| 许先甲 | Shu Seng Jah | Shu Seng Jah | 许先甲 |
| 李平 | Lee Ping | Lee Ping | 李平 |
| 郑达宸 | Cheng Dah Cheen | Cheng Dah Chnn | 郑达宸 |
| 过宪先 | Kuo Shih Shin | Kue Shih Shin | 过宪先 |
| 傅福 | Foo Ming | Foo Min | 傅福 |
| 陆元昌 | Loh Yuen Chang | Loh Yuen Chang | 陆元昌 |
| 毛文钟 | Mao Wen Chnng | Mao Wen Chnng | 毛文钟 |
| 谌立 | Sen Li | Shen Li | 谌立 |
| 施肇 | Sze Ying | Sze Ying | 施肇 |
| 周锴 | Chow Ming | Chow Ming | 周锴 |
| 周厚坤 | Chow Hou Kun | Chow Hou Kun | 周厚坤 |
| 胡适 | Hu Suh | Hu Suh | 胡适 |
| 陈福习 | Shin Fu Shi | Chun Fu Shi | 陈福习 |
| 徐志郴 | Zee Ts Hsiang | Zee Ts Hsiang | 徐志郴 |
| 沈祖伟 | Shen Tsu Way | Shen Tsu Way | 沈祖伟 |

| 赵元任 | Chao Yuen Ren | Chao Yuen Ren | 赵元任 |
|---|---|---|---|
| 胡宣明 | Woo Sien Ming | Woo Sien Ming | 胡宣明 |
| 邝翼堃 | Kwong Yih Kim | Kwong Yeh Kim | 邝翼堃 |
| 何斌 | Woo Ren Pin | V. Pin Woo | 何斌 |
| 徐墀 | Hsu Chih | Hsu Chih | 徐墀 |
| 周开基 | Chow Kai Chee | Chow Kai Chee | 周开基 |
| 陈茂康 | Chen Mang Kang | Tsen Mong Kang | 陈茂康 |
| 李锡之 | Li Sing Sze | Li Sing Dji | 李锡之 |
| 刘袭伟 | Lau Hou Wei | Lau Waan Wai | 刘袭伟 |
| 吴家高 | XXX XXX Kao | Wu Chai Kao | 吴家高 |
| 张宝华 | Chang Pao Han | Pao Hua Chang | 张宝华 |
| 高景郷 | Kao Teung Te | Kai Tsung Te | 高景郷 |
| 殷源之 | Ying Yuen Tsi | Ying Yuen Sze | 殷源之 |
| 庄俊 | Chuang Tsin | Chang Tsin | 庄俊 |
| 张彭春 | Chang Pang Chun | Chang Peng Chun | 张彭春 |
| 孙恒 | Sun Hyni K | Hyoe K. Sun | 孙恒 |
| 周象贤 | Chow Liang Yian | Chow Ziang Yien | 周象贤 |
| 朱进 | Chu Chin | Chu Chin | 朱进 |
| 陈天骥 | Chnn Tien Che | Chnn Tien Che | 陈天骥 |
| 霍炎昌 | Fok In Chinng | Fok Im Chnng | 霍炎昌 |
| 周仁 | Chow Jen | Chow Jen | 周仁 |
| 竺可桢 | Chu Co Ching | Chu A Ching | 竺可祯 |
| 王绍玓 | Voong Chao Ying | Wang Shao Ying | 王绍玓 |
| 程延庆 | Tsung Yien Chang | Drung Yien Chnng | 程延庆 |
| 钱崇澍 | Chin Sung Sln | Chnn Sung Slm | 钱崇澍 |
| 朱鋈 | Tsu Lob | Tsu Lob | 朱鋈 |
| 李鸿飞 | Lee Hung Fei | Lee Hong Fee | 李鸿飞 |
| 王彦祖 | Wong In Tso | Wong Intso | 王彦祖 |
| 张谟实 | Chang Mo Shih | Chang Mo Shih | 张谟实 |
| 邓鸿宜 | Tang Hung Yee | Tang Hung Yee | 郭鸿宜 |
| 区其伟 | Au Kei Wai | Au Kei Wai | 区其伟 |
| 谭顺鑫 | Tan Toone Wing | Tan Tsone Wing | 谭顺鑫 |
| 柯成栋 | Ku Chin Min | Ku Chen Min | 柯成栋 |
| 胡增贤 | Woo Kau It | Woo Kau It | 胡增贤 |
| 杨维桢 | Yang Wei Tsang | Yang Wei Tsing | 杨维桢 |
| 汪溯明 | | | |
| | | Lee Hong Fee | 李鸿飞 |
| | | Wong In Tso | 王彦祖 |
| | | Lee Yung Chiu | 李用超 |

时正值加州庆祝于 1910 年加入联邦纪念日。留美学生蒋梦麟（孟邻）等

---

① 韦季刚《美国国家档案馆藏前三批庚款留美学生入境美国资料》。

来接。蒋是加州大学四年级学生。第二批"庚款生"下船后，曾一起合影留念。留美学生还引导新来的"庚款生"去游览旧金山的景色，包括 1906 年大地震尚未清除的废墟。

图 23　第二批留美"庚款生"抵旧金山与前来迎接的留美学生合影[①]
右二排后仅见面部者为竺可桢

其后，70 名"庚款生"被分成数个小组，分别被送往各大学。（《赵元任早年自传（三）》，载《传记文学》第 41 卷第 1 期，第 87 页）移民局档案显示，三名随行官员要去的不是同一个地点，唐孟伦（唐彝）的目的地是纽约，胡敦复要去康奈尔大学所在地，纽约州的旖色佳（Ithaca），严智崇则与学生中的大部分人一同去波士顿。"（韦季刚《美国国家档案馆藏前三批庚款留美学生入境美国资料》）

这批与第一批不一样，没有欢迎仪式，所以没有全体去华盛顿。除了西海岸的外全去波士顿集合，然后奔赴各自学校。（元亨利《庚子赔款留美学生入境记录（第一第二批）》，微信公众号"西学东渐精选"，2020 年 3 月 31 日）竺可桢与庄俊、钱崇澍等乘火车东行先到了芝加哥，然后换车南行，去了位于厄巴马的伊利诺伊大学。（《民国时代赴美留学生：改变中国的一代人》，微信公众号"文艺"，2014 年 08 月 29 日，文章来源：《看历史》杂志）

---

① 载《教育杂志》第 3 年第 3 期。

**约 9 月上中旬**[①]　伊利诺伊大学对竺可桢在唐山路矿学堂的成绩做了入学学分（entrance credits）的评估和转换，共列出 12 门课程的学分，分别是代数（1/2 学分）、平面几何（1 学分）、立体几何（1/2 学分）、英语（3 学分）、法语[②]（1 学分）、历史（1 学分）、自然地理（1/2 学分）、物理（1 学分）、化学（1 学分）、地质学（1/2 学分）、绘图（1 学分）、中文（3 学分）。达到了进入伊利诺伊大学的条件。（曾点《竺可桢的"伊利诺伊岁月"——早期留美教育经历及其回响》，载《自然科学史研究》2023 年第 42 卷第 2 期，第 207-208 页）

**9 月 20 日**（厄巴纳）　正式入学伊利诺伊大学农学院[③]。（同上，第 207 页）直接入读伊大农学院二年级学习[④]。（林伟《知识的跨国流通：竺可桢对哈佛大学地理学传统的继承与发展》，载《自然科学史研究》2023 年第 42 卷第 3 期，第 331 页）竺可桢的成绩单注明："Admitted from Tonshang Engineering College September 20, 1910." 入学成绩单列出竺可桢唐山路矿学堂就读的科目，依照原序如下：代数（Algebra）、平面几何（Plane geometry）、立体几何（Solid geometry）、英语（English）、德语（German）、通史（Gen. History）、地文学（Physiography）、物理（Physics）、化学（Chemistry）、地质学（Geology）、绘

---

① 竺可桢于 1910 年 9 月 20 日入学，该时间是编者据此日期推测的。

② 林伟指出，曾点在《竺可桢的"伊利诺伊岁月"——早期留美教育经历及其回响》（载《自然科学史研究》2023 年第 42 卷第 2 期，第 208 页）一文中"误将德语课录为法语课"。（林伟《知识的跨国流通：竺可桢对哈佛大学地理学传统的继承与发展》，载《自然科学史研究》2023 年第 42 卷第 3 期，第 331 页）

③ 校长詹姆斯（Edmund J. James）是一位伊利诺伊州本地人，从德国取得政治经济学博士学位。1904 年成为伊利诺伊大学校长，直至 1920 年退休。他对于 20 世纪初的中美关系，有着独特的思考，认为美国可以通过教育与中国建立紧密的联结。1906 年，他致信时任美国总统罗斯福，提议退还中国对美"庚子赔款"的一部分，作为奖学金，支持中国学生赴美留学。（曾点《竺可桢的"伊利诺伊岁月"——早期留美教育经历及其回响》，载《自然科学史研究》2023 年第 42 卷第 2 期，第 206 页）

④ 竺可桢在上海澄衷读到东一斋差三个月毕业时，不得不离开而转到上海复旦公学。澄衷分为十二斋，编者推测东一斋即相当高中三年级。唐山路矿是分专业学习，至少相当于大专学校。因此编者采信林伟所述"是以转学（TRANSFER）的方式直接入读伊大农学院二年级"。（林伟《知识的跨国流通：竺可桢对哈佛大学地理学传统的继承与发展》，载《自然科学史研究》2023 年第 42 卷第 3 期，第 331 页）

图（Drawing）、国文（Chinese）。[1]

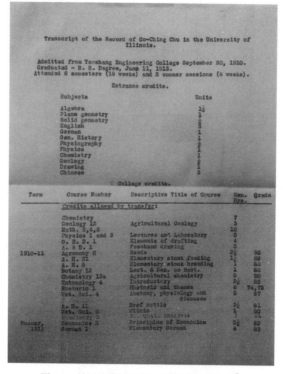

图 24　竺可桢在伊利诺伊大学时的成绩单[2]

对选择学农学的缘由，有如下自述："我是宣统二年 1910 年被庚子赔款送到美国留学的。那时清华方筹备成立，1910 年考取的正取生于九月即乘 S. S. China '中国'号轮船出国，但备取生在清华校内一年后方出国的。那时 20 岁以上的人不准考，又无人指导，进什么学校读哪一科，统是乱点鸳鸯谱。我和钱崇澍等统是读工的。我在唐山读完一年半，就以为农是立国之本，所以改读

---

① 竺可桢在伊利诺伊大学三年所学课程、学分、任课教师、考试分数等情况，详见：曾点《竺可桢的"伊利诺伊岁月"》，载《自然科学史研究》2023 年第 42 卷第 2 期，第 206-225 页。根据竺可桢在伊利诺伊大学的成绩单，竺可桢在唐山路矿所修读的 12 门课程，伊大承认并转换为相应的学分，故他得以免修部分课程，在伊大学习三年后获得科学学士学位。详见：林伟《知识的跨国流通：竺可桢对哈佛大学地理学传统的继承与发展》，载《自然科学史研究》2023 年第 42 卷第 3 期，第 331 页。

② Transcript of the Record of Co-Ching Chu in the University of Illinois [R]. Student Folder (C. C. Chu), Harvard University Archives, UAV 161.201.10, Box 19.

农了。雨农、胡适之也读农的。"(日记 600325,《全集》第 15 卷，第 621 页）"那时我们全是二十岁左右的青年，除少数已到过美国者而外，对于美国大学情形全不知道，又没有人指导，所以选择课目和学校全是盲目的。当时我在唐山读土木工程，满以为中国以农立国，万事农为本，就改习农。和我同时考取的唐山同班同学钱崇澍、庄俊等，入伊利诺夫大学，钱崇澍和我一样也改学了农。"（《全集》第 4 卷，第 88 页）

按国内标准来说，庚款留美学生的待遇是很不错的。每人每月可得到奖学金 60 元。每月付房东的膳食费为 3.5 元，伙食相当不错，早餐还可以吃到牛排大菜。从同学们的通信得知，其他学校也大致如此。留美学务处的监督每月上旬把钱汇给他们，通常只拿出 20 元左右来使用，把 40 元存入银行。（《中国百年留学全纪录》第 2 册，第 493 页）

**10 月** 学校准备开展军训。外籍学生可以免训，校方征询竺可桢的意见，他觉得一切都很新鲜，很想完完整整地体验一番美国学生的生活，就报了名，并按规定做了军训用的制服和军帽，买了白手套。军训作为一门课程，两三周才上一次课，除了操练还讲军事学，竺可桢觉得费时不多，但很长见识。（同上）

**12 月 25 日** 在房东家度过到美国后的第一个圣诞节。还为房东及他们的孩子准备了圣诞礼物，出乎房东一家人的预料，一家人高兴不已。（同上，第494 页）

**是年冬** 学会了溜冰。（同上，第 493 页）

**是年** 与吴家高、庄俊、钱崇澍一起受洗。述"余在美国初入伊利诺时即受洗礼，当时 Urbana Methodist Church 之 Pastor Jones Baker 之影响甚大，与吴家高、庄俊、钱雨农四人同时受洗，但入 Harvard 后，即罕去做礼拜，回国以后更鲜。对于《新约》亦从未加以深切之研究也。"（日记 450823,《全集》第 9 卷，第 494 页）

# 1911年（辛亥　宣统三年）　22岁

1月　文学社在武昌成立，蒋翊武为社长。

2月　沙俄提出扩大对华侵略的六条新要求。

3月　商务印书馆创办《法政杂志》，林长民为社长。

4月　黄兴等在广州起义，旋即失败，72位牺牲者被葬于黄花岗，史称"黄花岗七十二烈士"。

清政府使用美国"退还"的部分"庚子赔款"设立清华留美预备学堂。《清华学堂章程》颁布。

万国防疫会议在奉天举行，伍连德任会长。

5月　清政府批准成立"皇族内阁"。

6月　清政府将川汉、粤汉铁路"收归国有"，出卖筑路权。

湖北、湖南、广东、四川掀起"保路"风潮。

海外留学生纷纷通电、集会，声援国内保路运动。

各省谘议局联合会反对"皇族内阁"。

7月　宋教仁等在上海成立"中国同盟会中部总部"，谋划在长江流域发动起义。

8月　学部奏准拟定"单级教授办法"。

成都举行万人保路大会。

游美学务处从清华园高等科考录吴宪、姜立夫、章元善、梅光迪、杨孝述等63人，是为第三批庚款留美生。

9月　任鸿隽在上海《民立报》发表《川人告哀文》《为铁道国有告国

人书》。

川路股东大会发布《川人自保商榷书》。赵尔丰血腥镇压四川保路运动，制造"成都血案"。川西"同志军"起义。

湖北文学社、共进会于武昌成立指挥机构，筹划武装起义。

10 月　革命党人在武昌起义，"辛亥革命"爆发。

湖北军政府成立，推黎元洪为都督。

黄兴自香港经上海抵武汉，被推为革命军总司令。

11 月　清政府宣布解散"皇族内阁"，颁布《宪法信条》十九条，任命袁世凯为内阁总理大臣。

袁世凯组织"责任内阁"。

康有为、梁启超推行"虚君共和"。

12 月　《中华民国临时政府组织大纲》颁布。南京为临时政府所在地。孙中山等抵上海，与各省代表商讨组织临时政府。

孙中山在南京当选中华民国临时大总统。

是年　留美中国学生总会成立。

是年　谭其骧（1911—1992）、钱学森（1911—2009）出生。

是年　汪康年（1860—1911）去世。


常驻地：厄巴纳


继续在伊利诺伊大学农学院就读。

**2 月 15 日**　胡适日记有如下记载：

"无忘威尔逊教授之讲演！

"［1933 年补注］气象学教授威尔逊先生是日在班上说：'世界气象学上有许多问题所以不能解决，皆由中国气象学不发达，缺少气象测候记载，使亚洲大陆之气象至今尚成不解之谜。今见本班有中国学生二人，吾心极喜，盼望他们将来能在气象学上有所作为。'大意如此。此条所记即指此。于今二十余年，我与同班之王预君皆在此学上无有丝毫贡献，甚愧吾师当年之期望。所可喜者，近年有吾友竺可桢君等的努力，中国气象学已有很好的成绩了。（一九三三年十二月廿二夜记）"（《胡适日记全编》第一册，第 120 页）

**是年上半年**　入学后，了解到美国农业状况后对学农感到失望，曾提出改学理科，未得到使馆批准。述："美国行大农〔业〕制，与中国情形迥不相同，而且那时美国农科的科学水平极为低落。入校半年我们就觉到学农不感兴趣，再想转到理科。向华盛顿使馆留美学生监督黄佑庭请改选理科，没有得到许可，只好硬〔着〕头皮读到毕业。这三年工夫，从现在看来等于虚度了。"（《全集》第 4 卷，第 88 页）"到了美国，知道美国的农科功课非常粗放，大失所望，留学生监督 C. T. Wang 黄佑庭又不准改，所以三年毕业后才改读气象的。"（日记 600325，《全集》第 15 卷，第 621 页）

**是年夏**　偕同学张文廷、陆次兰、杨永年到美国南方旅行考察。（日记 420607，《全集》第 8 卷，第 349 页）述："到美国第一个夏天，我和三个学农的中国同学到美国南方路易斯安娜省和得克撒司省旅行，察勘种水稻和甘蔗的情形。眼看见黑色人种的被歧视和虐待，举凡学校、住宅、车站、车厢，有色人种均与白种隔离。黑种人名义上是美国公民，但实际都被剥削了选举权，才知道美国人所乐道的平等自由，完全是骗人的。"（《全集》第 4 卷，第 88 页）在路易斯安娜州的一小城，与张文廷、陆次兰、杨永年第一次到天主教堂做礼拜。（日记 420607，《全集》第 8 卷，第 349 页）

**1910—1911 学年**　共修读了 13 门课（包括 1911 年暑期学期的两门课），总计 37 1/2 学时。本年度课程的平均成绩是 85 分，每学时的平均成绩则是 83.7 分。

第一学期学了 9 门课程：畜牧学 3 门课，植物学、化学、昆虫学、修辞学（是文、理、工、农专业学生的必修课）各 1 门课，兽医学 2 门课。课程名称、分数如下：Seeds（种子），86 分；Elementary stock feeding（初级家畜饲养），88 分；Elementary stock breeding（初级家畜繁殖），88 分；Lect. & Dem. On Bact.（细菌展示），88 分；Agricultural Chemistry（农业化学），90；

Introductory（经济昆虫学导论），85 分；Rhetoric and themes（修辞与主题，两个学期），74 分，72 分；Anatomy，physiology and diseases（家畜的解剖、生理与疾病），87 分；Beef cattle（肉牛），81；Clinic（兽医诊所），90 分；El. Qual. Analysis（初级定量分析），84 分。

第二学期只修了 4 门课程，如下：修辞学 1 号课（Rhetoric 1）、兽医学 6 号课（Vet. Sci. 6）贯穿整个学年；农艺学 6 号课（Agronomy 6），86 分；化学 13a 号课（Chemistry 13a），90 分。

表 5　竺可桢 1910—1911 学年课程表

| 第一学期 | | |
|---|---|---|
| 课程 | 每周学时 | |
| | 前 9 周 | 后 9 周 |
| 基础育种 | 2 | （2） |
| 基础喂养 | | 5 |
| 肉牛的市场类别和等级 | 3 | （3） |
| 细菌展示 | | 2 |
| 性质分析 | 3 | |
| 经济昆虫学导论 | 5 | |
| 修辞与主题 | 3 | |
| 家畜的解剖、生理学与疾病 | 5 | |
| 兽医诊所 | 0.5（周六 10：00—12：00） | |
| 每周合计学时 | 21.5（16.5） | 18.5（23.5） |
| 第二学期 | | |
| 课程 | 每周学时 | |
| | 前 9 周 | 后 9 周 |
| 作物种子：质量、保存、发芽与生长 | 5 | （5） |
| 农业分析 | 5 | |
| 修辞与主题 | 3 | |
| 兽医诊所 | 0.5（周六 10：00—12：00） | |
| 每周合计学时 | 13.5（8.5） | 8.5（13.5） |

1911 年暑期（6 月 20 日—8 月 19 日）只修读了 2 门课程，成绩单如下：Principles of Economics（经济学原理），82 分；Elementary German（初级德

语），83 分。( Transcript of the Record of Co-Ching Chu in the University of Illinois [R]. Student Folder (C. C. Chu), Harvard University Archives, UAV 161.201.10, Box 19；曾点《竺可桢的"伊利诺伊岁月"——早期留美教育经历及其回响》，载《自然科学史研究》2023 年第 42 卷第 2 期，第 209–210 页 )

表 6　竺可桢 1911 年暑期学期课程表

| 课程 | 每日学时 | 每日合计学时 |
|---|---|---|
| 经济学原理 | 1<br>（周一至周五） | 3 |
| 初级德语 | 2<br>（周一至周六） | |

图 25　1910—1911 年伊利诺伊大学读本科时期中国学生俱乐部会员合影，三排右二为竺可桢[①]

**是年**　二哥因肺病去世。( 日记 590207,《全集》第 15 卷，第 318 页 )

---

① 引自林伟《美国大学所藏竺可桢档案漫谈》，未刊文，以下简称林伟《漫谈》。谨致谢忱。

# 1912年（壬子 民国元年） 23岁

1月 中华民国成立。孙中山在南京宣誓就任临时大总统。通电各省，中华民国改用阳历。发表对外宣言书。提出六路北伐计划。

蔡元培提议，南京临时政府参议院决议设立中央观象台。

南京临时政府教育部颁行《普通教育暂行办法》。

中华民国实业协会在南京成立，推举李四光为会长。

陆费逵创立中华书局。

2月 清帝溥仪下诏退位。清王朝宣告终结。

袁世凯制造北京兵变。

孙中山宣布辞去临时大总统。

吴稚晖、李石曾等发起"留法俭学会"。

3月 中国同盟会在南京召开大会，举孙中山为总理。

袁世凯在北京宣誓就任第二任临时大总统，任命唐绍仪为国务总理。

孙中山在南京颁布《中华民国临时约法》。

胡敦复在上海创办大同学院。

5月 京师大学堂改名北京大学，严复任校长。

教育部颁布《审定教科书暂行章程》。

《民立报》刊登《留法俭学会缘起及会约》

6月 唐绍仪辞国务总理职，陆徵祥继任。

7月 教育部重订学制，史称"壬子学制"。

蔡元培辞去教育总长，范源濂继任。

上海《新世界》杂志译载恩格斯《理想社会主义与实行社会主义》。

浙南发生"壬子年大水"。

8 月　孙中山在北京湖广会馆出席国民党成立大会。

9 月　教育部公布《学校系统令》《小学校令》《中学校令》《师范教育令》。

陆徵祥辞国务总理职，赵秉钧继任。

10 月　临时稽勋局遣送杨铨、任鸿隽、宋子文等 25 人作为首批"稽勋生"
赴五国留学。

教育部公布《专门学校令》《大学令》。

严复辞去北京大学校长，章士钊继任。

清华学堂改称清华学校，唐国安任校长。

陈焕章等在上海发起成立孔教会。

11 月　孙中山宣告中国铁路总公司成立。

中央观象台在北京建国门古观象台遗址建立。

12 月　孙中山发出"救亡策"通电。

袁世凯颁布《戒严法》。

章士钊辞去北京大学校长。

是年　魏格纳（Alfred Lothar Wegener，1880—1930）提出大陆漂移说。

是年　王承绪（1912—2013）出生。

是年　容闳（1828—1912）去世。


常驻地：厄巴纳


继续在伊利诺伊大学农学院就读。

**是年夏**　被选为伊利诺伊大学国际俱乐部会员。述："第二个夏天我到美国乡下农人家做了两个月帮工，觉到美国乡下农民倒是坦白率直，不像大城市里美国市民那么歧视有色人种。回校后我就被选为伊利诺大学的国际俱乐部的会员，住在俱乐部宿舍里。这俱乐部是在校的外国学生所组织的，里面有印度、日本、拉丁美洲各国学生，以及德国种和犹太种的美国学生。我们一致对于美国人的歧视外国学生、有色人种和犹太人表示不满。"(《全集》第 4 卷，第 88 页)

**1911—1912 学年** 共修读了 9 门课，总计 35 学时。这个年度课程的平均成绩是 85 分，每学时的平均成绩则是 84.4 分。

第一学期的课程修读了 6 门课，成绩单如下：Soil Physics（土壤物理学），87 分；Landscape gardening（景观园艺），71 分；Gymnasium and hygiene（体操与卫生），100 分；Introductory zoology（动物学导论），80 分；Introductory，83；Logic（逻辑），85 分；Desc. Prose（描述性散文），81 分。体育课，得满分。

第二学期修读了 5 门课，成绩如下：Fertilizers etc.（土壤肥力、肥料与轮作），91 分；繁育学 1 号课（Threm. 1）应用演化（Applied evolution），88 分；德语 4 号课（German 4）德语导论（Introductory），83 分；体育课由上学期延续下来。( Transcript of the Record of Co-Ching Chu in the University of Illinois [R]. Student Folder (C. C. Chu), Harvard University Archives, UAV 161.201.10, Box 19；曾点《竺可桢的"伊利诺伊岁月"——早期留美教育经历及其回响》，载《自然科学史研究》2023 年第 43 卷第 2 期，第 212-213 页 )

表 7 竺可桢 1911—1912 学年课程表

| 第一学期 | | |
| --- | --- | --- |
| 课程 | 每周学时 | 每周合计学时 |
| 土壤物理学与管理学 | 5 | |
| 叙述性与描述性散文 | 4 | |
| 园林景观 | 3 | |
| 健身锻炼 | 0.5 | 20.5（15.5） |
| 个人卫生讲座 | | |
| 逻辑学 | 3 | |
| （普通动物学） | （5） | |

续表

| 第二学期 | | |
|---|---|---|
| 课程 | 每周学时 | 每周合计学时 |
| 土壤肥力、肥料与轮作 | 5 | 14.5（19.5） |
| 健身锻炼 | 0.5 | |
| 家养动植物改良中对进化原理的应用 | 5 | |
| 描述性与历史性散文 | 4 | |
| （普通动物学） | （5） | |

**约是年**　成为中国学生俱乐部会员。担任俱乐部中英文秘书。（1913年毕业生《伊利诺大学同学录》)

**是年底**　《中央观象台官制》发布，设历数、气象、天文、磁力（即地磁）四科。（陈长河《国民党政府中央气象局组织概述》，载《民国档案》1986年第3期，第129页）

# 1913年（癸丑　民国二年）　24岁

1月　巴尔干同盟会议破裂。

　　教育部公布《大学规程令》。

　　范源濂辞教育总长职。

2月　教育部召开读音统一会议，通过注音字母方案。

　　教育部公布《高等师范学校规程》。

3月　宋教仁在上海遇刺。

4月　蔡元培《世界观与人生观》发表于《东方杂志》。

　　袁世凯与英、法、德、俄、日五国银行团签订"善后借款"合同。

5月　上海各党团体声讨袁世凯。

6月　北京大学发生学潮，袁世凯电令镇压。

　　孟禄（Paul Monroe）来华。

7月　沿江各省爆发讨袁"二次革命"，遭到袁世凯镇压。

　　孙中山发表通电，敦促袁世凯辞职。

　　蔡元培发表《敬告全国同胞》书。

　　李四光、王世杰等作为第二批"稽勋生"出国留学。

8月　孙中山再次流亡日本。

9月　教育部公布《经理留美学生暂行办法》。

10月　袁世凯"当选"大总统。

11月　袁世凯下令解散国民党。

　　中俄签署《中俄声明文件》。

国立武昌高等师范学校开学。

12月 北洋政府成立农商部，张謇任第一任总长。通令全国各地农林试验场和农林学校，设立气象观测所。

是年 阿德湖任哈佛大学自然地理学教授。

麦开地被哈佛大学聘为阿博特·劳伦斯·罗奇气象学教授（Abbott Lawrence Rotch Professor of Meteorology），兼蓝山气象台（Blue Hill Meteorological Observatory）台长。

是年 詹天佑等人发起创建欧美同学会。

蒋丙然创办《气象月刊》。

罗振玉撰著《殷墟书契》出版。

泰戈尔（Rabindranath Tagore，1861—1941）获诺贝尔文学奖。

是年 江希明（1913—1990）、钱三强（1913—1992）、李国豪（1913—2005）出生。


常驻地迁移：厄巴纳—波士顿


从伊利诺伊大学毕业，转到哈佛大学读书。

3月4日 据《益力诺大学中国学生农学会述略》（留美学生穆湘玥）载：我国至伊利诺伊大学的留学生人数，自1907年以来已骤增数倍，至1911年已达48人。1910年由蒋守柏、张镜人等发起成立农学会。作为该会会员，介绍称"竺可桢（藕舫），绍兴，森林学"。该会月凡两聚，开展讲演活动。《益力诺大学中国学生农学会述略》全文照录如下：

去紫加角城百六十英里，有益力诺大学者，中美著名大学之一也。教科严密而周详，仪器精良而完备。经费充足，岁有美余。执事热心，职无旁贷。故其名誉之优隆，成绩之完美，虽东美最著名之大学相与并衡，亦未尝稍让者也。大学分科，各别为校，校各有特点，而以农科、机械科两分校为尤着。大学之成，实基乎是。农校之卓有声誉者，曰土质学，曰畜牧学，盖主要之科目也。施教于是校者，理想与实验并重；卒业于是校者，学问与应用皆优。然则农科分校之有功于世亦大矣，益力诺大学之名亦盛矣。而丁未之前，我国人未闻大学之名，有志之士尝未得修业之地者，果何哉？盖由学界诸君，未尽知农学之益，局步面墙，无以介绍于国人耳。自丁迄辛，我华之留学于是者，骤增数倍。今年且达四十八人众，有女生二人焉，自檀岛至。吾道不孤，有朋远来，洵至乐也。顾农学浩如烟海，教科奚止百数，尝谓侨美十年断难卒读。欲达融会贯通之境，必先集思广益之功。况乃祖国山河，荒芜不治；愚氓遍野，游惰无方。以自古重农之国，而农业之窳腐也如此；以沃野千里之国，而农业之凋零也如此。即斯一端，已难与列强并驾，又奚言商战、工战也哉！同人等识惭子产，志切樊迟，爰于庚戌之季，由蒋君守柏、张君镜人等，发起农学会于益力诺大学。月凡两聚，以促进行。教员或会员登坛演讲，必从实理；国人及他界问讯，答复尤不厌求详。前以资造就，后以分担负。国之热心君子，其亦不我遐弃欤。兹将本会会员姓字籍贯，表列左方，以便考察。蒋柯亭（守柏）（已回国），宁波，普通农学、植棉学。欧毅峰（华清）（会长），广东，土质学。张文廷（镜人）（英文书记），无锡，土质学。邹应宪（树文）（会计），苏州，昆虫学。吴维勋（秋孙），广东，畜牧学。陆宝淦（次兰），常熟，土化学。杨永言（季荦），嘉定，普通农学。沈文郁（景周），山东，同上。杨伯罗（权绪），广东，同上。竺可桢（藕舫），绍兴，森林学。穆湘玥（藕初）（中文书记），上海，畜牧学。钱崇澍（雨农），海宁，普通农学。虞振镛（谨庸），慈溪，农机学。梁杜衡，广东，普通农学。赵士坤，广东，同上。汪德章（启愚），苏州，同上。[①]

（《申报》1913 年 3 月 4 日）

**约是年春** 虽身在美国，但不时想起背诵诗词。述："1913 年左右在美国 Urbana 厄巴纳做学生时，春天早上叠床念唐诗'回首忽见杨柳绿'，顾宗林忽入房内，便续曰'悔教婿夫觅封侯'。此事忽忽已四十年，宗林已去世，但其事犹如在目前也。"（日记 520405，《全集》第 12 卷，第 593 页）

图 26　1912—1913 年伊利诺伊大学读本科时期中国学生俱乐部会员
个人照片拼图，第一排左二为竺可桢[②]

**是年上半年** 1913 年毕业生的《伊利诺伊大学同学录》有如下介绍：竺可桢（Co-Ching Chu），籍贯中国绍兴（Shoa-Hing, China），专业农学（Agriculture），国际俱乐部（Cosmopolitan Club）资深会员，中国俱乐部（Chinese Club）会员。在中国俱乐部担任英文秘书（English Secretary）。（1913 年毕业生《伊利诺伊大学同学录》[③]）"余在校时所购毕业年鉴 Illio 1914 于日人

① 另见：穆家修等编著《穆藕初年谱长编》，上海交通大学出版社，2015 年，第 59-60 页。
② 引自林伟《美国大学所藏竺可桢档案漫谈》。
③ 该同学录于 1914 年出版。

来时已丢失，适 Roberts 有两本，赠余一本。"（日记 470517，《全集》第 10 卷，第 444 页）

图 27　伊利诺伊大学同学录（1913 年毕业生）[①]
上方照片中间为竺可桢　第二段文字是介绍竺可桢

---

① 引自林伟《漫谈》。

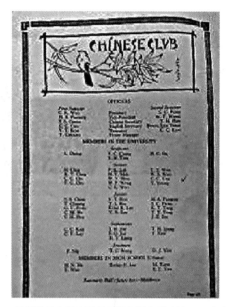

图28　伊利诺伊大学国际俱乐部会　　图29　伊利诺伊大学中国俱乐部会员名录（约 1913 年）[2]
员名录（约 1913 年）[1]

图30　伊利诺伊大学国际俱乐部全体会员合影（约 1913 年）[3]

第三排左一为竺可桢

**1912—1913 学年**　修了 13 门课（包括 1913 年暑期学期的两门课），共 47 学时。课程平均成绩为 85 分，每学时的平均成绩则是 83.2 分。

---

① ②　原竺可桢研究会藏。

③　引自林伟《漫谈》。

第一学期的课程修读了至少 6 门课，可能另外还修了 1—2 门课。成绩单如下：Invest. and Fertility of soils（土壤肥力研究），85 分；Breeds of sheep（绵羊育种），82 分；Morphology（植物形态学），71 分；Milk（牛奶），89 分；Introd. to Literature（英语文学导论，两个学期），70 分，83 分；Animal Nutrition（动物营养学），93 分；Spec. Work in soil physics（土壤物理），88 分；Gym. and swimming（体操与游泳），100 分。体育课，再次得满分。

第二学期成绩单如下：Plant breeding（植物育种），87 分；Poultry（家禽），88 分。（Transcript of the Record of Co-Ching Chu in the University of Illinois [R]. Student Folder (C. C. Chu), Harvard University Archives, UAV 161.201.10, Box 19.）

表8 竺可桢 1912—1913 学年课程表

| 第一学期 | | |
|---|---|---|
| 课程 | 每周学时 | 每周合计学时 |
| 特殊土壤的肥力研究 | 2 | 14（22.5） |
| 绵羊：育种，饲养与管理 | 3 | |
| 动物营养学原理 | 3 | |
| 植物形态学 | 2.5 | |
| 高等牛奶检测 | 3 | |
| 健身锻炼 | 0.5 | |
| 个人卫生讲座 | | |
| （土壤物理学专题） | （4.5） | |
| （主流英语作家） | （4） | |
| 第二学期 | | |
| 课程 | 每周学时 | 每周合计学时 |
| 特殊土壤的肥力研究 | 2 | 25.5（17） |
| 家禽：类型与品种 | 5 | |
| 植物形态学 | 2.5 | |
| 植物育种 | 2 | |
| 植物繁殖学 | 5 | |
| 健身锻炼 | 0.5 | |
| （土壤物理学专题） | （4.5） | |
| （主流英语作家） | （4） | |

**1913 年暑期学校** 成绩单：数学 S7 号课（Math S7）Diff. Calculus（微

积分），92 分；政治学 S3 号课（Pol. Sci. S3）Comparative government（比较政府），80 分。（曾点《竺可桢的“伊利诺伊岁月”——早期留美经历及其回响》，载《自然科学史研究》2023 年第 42 卷第 2 期，第 214-215 页）

**1913 年暑期**（6 月 20 日—8 月 19 日） 竺可桢其实已经毕业，但他仍修了 2 门课——数学和政治学，分别得了 92 分与 80 分。（同上）

表 9　竺可桢 1913 年暑期学期课程表

| 课程 | 每日学时（周一至周五） | 每日合计学时 |
| --- | --- | --- |
| 微分学 | 2 | 3 |
| 初级德语 | 1 | |

**在伊利诺伊大学求学期间** 曾与钱崇澍同住一个宿舍。（日记 660227,《全集》第 18 卷，第 48 页）大学的同学还有：陈载华、屠慰曾（日记 360323,《全集》第 6 卷，第 43 页），穆藕初（日记 450415,《全集》第 9 卷，第 377 页），张文廷（镜人）、陆宝淦（次兰）、杨永年（季犖）（日记 420607,《全集》第 8 卷，第 349 页），吴清度、朱维傑（日记 460911,《全集》第 10 卷，第 204 页），欧华清（日记 450507,《全集》第 9 卷，第 395 页），陈慕唐、徐稚、梁度衡、沈文郁（景周）、顾宗林（日记 460929,《全集》第 10 卷，第 216 页），邹树文（应宪）、吴维勋（秋孙）、杨伯罗（权绪）、虞振镛（谨庸）、赵士绅、汪德章（启愚）（穆湘玥《益力诺大学中国学生农学会述略》，载《申报》1913 年 3 月 4 日）。

与严家驺（“畏友之一”）两度同学。述：“新聘哲学教授严群来谈，询知为严家驺同学之大公子。其父亲与余在 Illinois 及哈佛二次同学，余认为畏友之一。自剑桥分手后，渠初至唐山，后至福建、山西盐务，无缘再见一面。余以此次在 Urbana 所得之 Illio 照相纪念簿相示，则犹三十年〔前〕少年时代模样。”（日记 470729,《全集》第 10 卷，第 495—496 页）“民初余至美国入伊利诺大学与哈佛大学，两度均与孟群君之先翁家驺兄同学，日相过从，更得知几道先生为学之谨严。民五与家驺兄握别于剑桥。”（日记 480427,《全集》第 11 卷，第 98 页）

与同班林天吉为好友。曾记：林"在 Urbana 厄巴纳时以工读毕业，甚可钦佩，与余颇相亲。"（日记441006，《全集》第9卷，第196页）"同学年余，颇相得。"（日记450507，《全集》第9卷，第395页）

念及昔日同学："今日在严群处得其父亲所遗留之伊利诺中国学生会1910年之照片一张，余于1910年始到美国，故余亦在照片内也。计照片内卅三人，已知死亡者十一人，计有吴家高、张文廷、黄荣吉（？）、严家驹、陈庆尧、杨熙仲及其夫人陈吉芬、许宗汉，另一山东许〔某〕、沈文郁、杨永年等。不知姓名者四人，大抵为广东华侨。知姓而不知名者三人。不通音问者四人，计施莹、吴维岳、蒋柯亭及周厚坤，偶一通音问者八人：王景春、朱维杰、吴清度、任传榜、邓家彦、欧华清、陈楗、林天吉。常通音问者三人：庄俊、钱雨农、陆宝淦。自1910年迄今，卅八年中变迁大矣。"（日记480212，《全集》第11卷，第37-38页）

**在伊利诺伊大学期间** 亲历过挑牛粪马粪，锄地播种等劳作。（《全集》第2卷，第400页）

身形一直比较瘦小，在大学时有一次称体重为112磅（50.6千克），身高为1.63米。（日记590326，《全集》第15卷，第345页）

学习的主要专业课有：农业地质、农业化学、农艺学、植物学、昆虫学、动物学、解剖学、基础制图学等专业课程。（张九辰《竺可桢与东南大学地学系》，载《中国科技史料》2003年第24卷第2期，第113页）

三年中课程数量多、学时大、负担重，致使他闲暇甚少，没有多余的时间去参加课外活动，听讲、写作业和考试成为他生活中的主要内容。修读的课程大部分都与农学相关，涵盖了畜牧学、动物学、昆虫学、兽医学、饲养学、乳品学、植物学、农艺学、园艺学、化学等学科，涉及的其他学科则有修辞学、德语、英语、经济学、政治学、数学、哲学、体育。他这些课程的平均成绩是85分，每个学时的平均成绩则是84分。（曾点《竺可桢的"伊利诺伊岁月"——早期留美教育经历及其回响》，载《自然科学史研究》2023年第42卷第2期，第208页）修读的课程还有种子学、家畜饲养、家畜繁殖、土壤物理学、绵羊饲养等专门课程。还在选修制的规定下学习了3门德文课程，以及经济学、逻辑学、文学和政治学方面的导论课程。还修读的2门体育课（体操与卫生、体操与游泳）均得到了满分10分，可见他当时的身体素质相当不错。总体来看，在伊大的成绩良好，有2门课程得分在80—90分，仅4门课程在70—80分，另有7门课程得分在90分以上。（林伟《知识的跨国流通：竺可桢对哈佛大学地理学传统的继承与发展》，载《自然科学史研究》2023年第42卷第3期，第331-332页）

在三年里修读的农艺学和畜牧学课程最多，均是6门。农艺学的课都在85分以上，其中1门肥料学的课分数最高是91分；畜牧学的课中，动物营养学的课分数最高是93分，还有3门课是88分，另外两门则为80分出头。在2门化学课中，"农业化学"拿了90分，另一门课是84分。植物学分数略低，两门课中有一门70分出头，另一门课虽有88分，但仅是演示课——较容易。与植物学关联较近的园艺学也成绩也不高，2门课中，一门70分出头，一门80分出头。其他的一些理科科目都基本只有一门课，其中，除动物学的课为80分外，大都拿了85分以上的成绩；而"微分学"更得了92分的高分。文科的几门课则普遍成绩较低，均在85分以下，且涉及英语的都不满80分。这三年的学习直接奠定了他在哈佛大学攻读气象学博士学位的知识基础。（曾点《竺可桢的"伊利诺伊岁月"——早期留美教育经历及其回响》，载《自然科学史研究》2023年第42卷第2期，第217页）

曾点对竺可桢在伊利诺伊大学的三年学习状况做了比较深入的研究，有如下概括："竺可桢1910年至1913年在伊利诺伊大学的学习生涯是忙碌且任务繁重的，虽然由于国情差异及专业不匹配，他的成绩表现不突出，但他勤奋、刻苦、努力。尽管在伊利诺伊大学的学习体验不佳，竺可桢却由此打牢了随后进入哈佛大学深造的知识基础，这三年的学习也实打实地影响了他后来人生中的科学研究和管理工作。"（同上）

林伟认为："总体来看，竺可桢在伊大的成绩良好，有24门课程得分在80—90分，仅4门课程在70—80分，另有7门课程得分在90分以上。"（林伟

《知识的跨国流通：竺可桢对哈佛大学地理学传统的继承与发展》，载《自然科学史研究》2023 年第 42 卷第 3 期，第 332 页）

图 31　伊利诺伊大学 1912—1913 年中国学生俱乐部会员合影，
第一排左三为竺可桢（The Illio, 1914: 430）[1]

图 32　22 岁的竺可桢，
此照是集体照裁图[2]

**6 月 11 日**（厄巴纳）Graduated-B.S. Degree，June 11，1913.（Transcript of the Record of Co-Ching Chu in the University of Illinois [R]. Student Folder（C. C. Chu），Harvard University Archives，UAV 161.201.10, Box 19.）

**是日**　在伊利诺伊大学农学院毕业，获理学学士学位。（《全集》第 4 卷，第 89 页）同时毕业的，还有穆藕初。（日记 430924，《全集》第 8 卷，第 642 页）

在伊利诺伊大学毕业，取得的是理学学士学位（B. S.）。三年内，一共参加了 6 个学期的课程，每个学期是 18 周；此外，还参加了两个暑期学期的课程，每个暑期学期则是 8 周。在 6 个常规学期外加两个暑期学期中，一共修读了 35 门课程，总计 $119\frac{1}{2}$ 学时。（曾点《竺可桢的"伊利诺伊岁月"——早期留美教育经历及其回响》，载《自然科学史研究》2023 年第 42 卷第 2 期，第 207-208 页）

---

[1]　取自林伟《知识的跨国流通：竺可桢对哈佛大学地理学传统的继承与发展》，载《自然科学史研究》2003 年第 42 卷第 3 期，第 326-347 页。本书中竺可桢在哈佛大学的照片及成绩单，除另有标注者外，皆取自林伟文章，不再逐一标注。
[2]　引自林伟《美国大学所藏竺可桢档案漫谈》。

图 33　竺可桢 1913 年从伊利诺伊大学毕业时留影（The Illio, 1914: 464）[①]

**约 9 月**（厄巴纳—波士顿）转入哈佛大学文理研究院，注册于地质学与地理学系，以气象学和气候学为主要研究方向。（林伟《知识的跨国流通：竺可桢对哈佛大学地理学传统的继承与发展》，载《自然科学史研究》2023 年第42 卷第 3 期，第 326 页）。

述："我在伊利诺大学三年，对于同学、老师和所读课程统没有起什么好感。那时校长名 Edmund J. James 詹姆氏，就是〈创议〉以庚子赔款作为文化侵略的创议人。一九一三年夏天，我就离开伊利诺到了哈佛大学。"

"在伊利诺大学毕业以后，我就有自由可以选择我自己所喜欢的科目了。但是因为已经化了三年时间在农业课程上，所以只想选和农业相近的科目，当时我所想到的是森林或是气象，结果我选了气象。那时在美国只有哈佛大学的研究院有气象课程，所以我就转到哈佛大学的地学系。哈佛大学是私立大学，是美国最古老的大学之一，学费也最贵，素有富人子弟学校之称。他的风尚和美国新起省立大学略有不同，对于外国学生的歧视没有那么明显。同时在研究院里学生数目本来比大学少，读气象的学生更少。所以我和我的老师华德

---

[①]　引自林伟《漫谈》。此图为载于《伊利诺伊大学同学录（1913 年毕业生）》照片的放大照，是竺在美国拍摄的第一张单人照，也是目前所见到的最早单人照。

Robert Des Ward 和麦开地 Alexander McAdie 以及几个美国同学处得相当熟悉，因此也发生了感情。"（《全集》第 4 卷，第 88-89 页）

**是年秋** 入读哈佛的第一个学期，便在华德的"气候学通论"课上学习了气候变化问题。汉恩的《气候学手册》和华德的《气候学及其与人生之关系》都是课程指定的教材。另外，华德的档案中保留了竺可桢参加的"气候学通论"期末考试的试题，七道题目中有两个跟气候变化问题有关。一个问题是："你认为人类已经在多大程度上掌控他所身处的气候环境？请以具体的例证来说明你的观点。"另一个问题是："你对于地质时代和历史时代气候'变化'的观点是什么？以及，你如何看待已有的解释前者的相关理论？"由此可见，正是通过华德的教学，竺可桢得以系统地了解到当时欧美学界有关气候变化的各种学说，并对这个问题产生了长久的兴趣。（林伟《知识的跨国流通：竺可桢对哈佛大学地理学传统的继承与发展》，载《自然科学史研究》2023 年第 42 卷第 3 期，第 339 页）

**9 月 27 日** 申请加入哈佛大学中国生俱乐部，撰申请书[①]提交于俱乐部秘书长。中译文如下：

哈佛大学中国学生俱乐部秘书长：

本人申请加入哈佛大学中国学生俱乐部，完全遵守其章程。

签 名 Co-Ching Chu

中文姓名 竺可桢

本院所属学院 ［未填——编者］

本校地址 28 Mellon St.

1913 年获伊利诺伊大学本科学位

（译自林伟《漫谈》演讲稿，原件藏于哈佛大学档案馆）

---

① 英文件取自林伟《漫谈》。未收入《全集》。

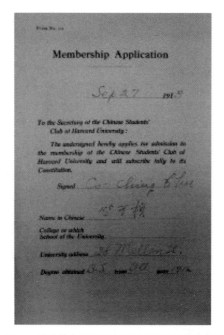

图 34 致哈佛大学中国学生俱乐部秘书长申请书

**12 月 4 日** 致裴昌运明信片一封。内容如下：

Address：Mr C. Y. Chiu Livingston Hall Columbia University, New York

Thank you for your card, glad to know your safe arrival at New York. Please give my sincere regards to Messrs P. K. Loh and C. K. Wu.

Your sincerely

C. Chu

译文如下：

纽约哥伦比亚大学，列文斯通舍，裴昌运收

谢谢你寄送的卡片，知道你安全抵达纽约我很高兴。请代我向陆宝淦和吴家高两位致以诚挚的问候。① （张凯、薛宸宇《竺可桢留学期间佚文一则》，载《浙江大学学报（人文社会科学版）》2022 年第 52 卷第 3 期，第 33 页）

---

① 裴昌运、陆宝淦是第一批庚款留美学生，吴家高是第二批庚款留美学生。竺可桢与陆、吴同为伊利诺伊大学学生。裴虽与三人不同校，但与竺、陆均为学农；裴与竺又为同期赴美，彼此相熟。本函未收入《全集》。

**是年** 在坎布里奇住 28 Mellon 一年，后移居牛津街 64 号。（日记 470315，《全集》第 10 卷，第 397 页）

**1913—1914 年** 住在 28 Mellon Street。（林伟《漫谈》）

# 1914年（甲寅　民国三年）　25岁

1月　袁世凯下令解散国会。

教育部公布《修正审定教科用图书规程》。

2月　袁世凯通令全国，一律举行祀孔典礼。

孙中山在日本东京创立政法学校。

3月　北京政府设清史馆。

4月　北京政府颁布《报纸条例》。

教育部发布审定教科书令。

5月　袁世凯颁布"新约法"，废止《临时约法》。

《甲寅》杂志在东京创刊，章士钊任主编。

6月　任鸿隽在《留美学生季报》发表《建立学界论》。科学社（Science
Society）由任鸿隽等在美国绮色佳康奈尔大学发起，发出《科学社
招股章程》。

7月　奥匈帝国向塞尔维亚宣战，第一次世界大战爆发。

中华革命党在日本东京举行成立大会，孙中山就任总理，号召革命
党人"协力同心，共图三次革命"。

8月　北京政府宣布对欧战严守中立。

日本对德宣战。

9月　日本借口对德作战，派兵强占胶济铁路沿线及青岛，宣布接管德国
在山东的势力范围。

10月　日本强迫中国同意将青岛税关改用日人管理。

11月　日军攻陷青岛。青岛沦为日本殖民地。

12 月　中华革命党制定《革命方略》。

　　　　杨铨在《留美学生季报》发表《科学与中国》。

　　　　国会修正《大总统选举法》，规定总统任期改为十年，且可连选连任终身。

是年　柯本发现大型天气现象可能有 11 年周期。

　　　　中华博物学会《博物学杂志》创刊。

是年　刘奎斗（1914—2009）出生。


常驻地：波士顿


继续在哈佛大学研究院就读。

**6 月 10 日**　美国绮色佳城康奈尔大学中国留美学生任鸿隽（叔永）等发起编辑《科学》月刊[1]，"决意先从编刊《科学》杂志入手，以传播科学提倡实业为职志"（《中国科学社概况》第 1 页）。"《科学》月刊的发起实为科学社的前身。因此，《科学》月刊的发起人实际上正就是科学社的发起人。"[2]（《科学救国之梦——任鸿隽文存》第 723 页）任鸿隽等发起创建科学社，最初仅是一个股份公司形式的团体，主要目标是集股创办传播宣扬、普及科学的《科学》杂志。（张剑《竺可桢与中国科学社》，载《文景》2005 年第 1 期，第 2 页）

**7 月**　中央观象台刊行《气象月刊》，刊载有关气象学译著，介绍一般气象学原理，并附载每月北京气象观测成绩简表及东亚各地气象状况。（蒋丙然《二十年来中国气象事业概况》，载《科学》1936 年第 20 卷第 8 期，第 624 页）

**9 月**　新学年开始后，做了《科学》月刊编辑，成为中国科学社最早一批

---

[1] 胡适在康奈尔大学留学时，曾在日记中记载："此间同学赵元任、周仁、胡达、秉志、章元善、过探先、金邦正、杨铨、任鸿隽等，一日聚谈于一室，有倡议发刊一月报，名之曰《科学》。以'提倡科学，鼓吹实业，审定名词，传播知识为宗旨'，其用心至可嘉许。"（《胡适留学日记》，载《藏晖室札记》卷四，第 152 页）赵元任在 6 月 10 日日记中写到："晚间去任鸿隽房间热烈商讨组织科学社出版月刊事。（《赵元任早年自传（三）》，《传记文学》第 41 卷第 1 期，第 90 页）

[2] 在《科学月刊缘起》上签名的人是：胡达、赵元任、周仁、秉志、章元善、过探先、金邦正、杨铨、任鸿隽，即为科学社的发起人。（《科学救国之梦——任鸿隽文存》第 723 页）

社员，并陆续不断为《科学》撰稿。述："我在哈佛大学时代有二三十个中国留学生，大多数是在研究院学理科的。这时在康纳尔大学的中国留学生创设了一个科学社，出了一种月刊叫《科学》。科学社的重要发起人任鸿隽、杨铨、赵元任、胡明复，于一九一四年统转到哈佛大学，《科学》月刊编辑部就也搬到剑桥，我也做了《科学》月刊编辑人之一。当时国内政局极为混乱，我们提出了科学可以救国的口号。"（《全集》第 4 卷，第 89 页）

**是年冬** 患盲肠炎，在 Infirmary 住进医院动手术。（日记 470225，《全集》第 10 卷，第 383 页）

**是年冬** 跟导师麦开地商议硕士论文课题，确定为"中国雨量研究"。因为雨量异常而造成的旱涝，是中国最重要的自然灾害。随即开始忙于到各图书馆查阅有关资料。波士顿、剑桥大图书馆多，藏书丰富，为他泛舟学海提供了条件。（《中国百年留学全纪录》第 2 册，第 499 页）

**11 月 17 日** 向哈佛大学提出硕士学位申请，同时提供一份就读于伊利诺伊大学期间的成绩单。（曾点《竺可桢的"伊利诺伊岁月"——早期留美教育经历及其回响》，载《自然科学史研究》2023 年第 42 卷第 2 期，第 207 页）

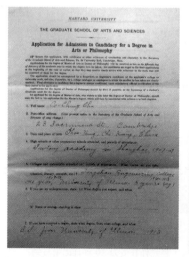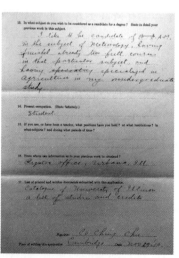

图 35　1914 年 11 月 17 日竺可桢填写的硕士学位申请表首位两页①

---

① 引自林伟《漫谈》。

竺可桢填写的硕士学位申请表，英文原文及中译文 [①] 如下：

THE GRADUATE SCHOOL OF ARTS AND SCIENCES

APPLICATION FOR ADMISSION TO CANDIDACY FOR

A DEGREE IN ARTS OR PHILOSOPHY

** Do not fill the blanks below.

NAME *C. C. Chu*

DATE *Nov. 1914*

DEGREE AFFLIED FOR *A.M.*

SUBJECT *Geology*

COLLEGE *Univ. of Illinois*

RECORD-Book, vol.　Page

YEARS IN RESIDENCE

DEGREES RECEIVED

REMARKS

except for French.

HARVARD UNIVERSITY

THE GRADUATE SCHOOL OF ARTS AND SCIENCES

Application for Admission to Candidacy for a Degree in

Arts or Philosophy

Return this application, with certificates or other evidences of scholarship and

---

① 张改珍译。

character, to the *Secretary of the Graduate School of Arts and Sciences*, No. 24 University Hall, Cambridge, Mass.

Applications for the degree of Master of Arts or Doctor of Philosophy will be received as late as *the fifteenth day of January* of the academic year in which the degree is to be taken; but candidates are urged to file their applications at the beginning of the year or earlier, so that they may receive timely advice with reference to the work that will be expected of them for the degree.

The application should be accompanied by a Recorder's or Registrar's certificate of the applicant's college or university work, and also, if possible, by a college catalogue or catalogues in which the studies he has taken are clearly marked. Final admission to candidacy for a degree is always conditional upon satisfactory official certification of the facts stated in the application.

Applications for the degree of Doctor of Philosophy should be filed, if possible, *at the beginning of a student's Graduate work for the degree.*

An applicant for the degree of Master of Arts, who wishes to take later the degree of Doctor of Philosophy, should state the fact in his application for the Master's degree, which will then be considered with reference to both degrees.

1. Full name  *Co-Ching Chu*

2. Post-office address. (Give prompt notice to the Secretary of the Graduate School of Arts and Sciences of any change.)

*23 Sacramento St., Cambridge*

3. Date and place of birth  *Shao Xing, Chi-Kiang, China*

4. High schools or other preparatory schools attended, and periods of attendance

*Fu-tang academy in Shanghai 1907-09*

5. Colleges and universities attended and periods of attendance.

What course did you take (classical, literary, scientific, etc.)?

*Tangshan Engineering College one year 1909-1910, University of Illinois 3 years 1910-1913 (ag)*

6. If you are an undergraduate, state: (a) What degree you expect, and when

(b) Rank or average standing in class

7. If you have received a degree, state what degree, from what college, and when

*B.S. from University of Illinois 1913*

8. If you have been a Graduate student at any college or university, state where; when; in what subjects; and name your principal teachers in those subjects

9. Honors or other evidences of high scholarship awarded to you

10. For what degree (or degrees) do you wish to be a candidate in the Graduate School of Arts and Sciences, and when?

*A.M. June 1915*

11. Of the following branches, underscore once those which you have studied in college, and twice those in which you have done advanced work. This information should be supplemented by a carefully marked and annotated catalogue or calendar.

| | | |
|---|---|---|
| Hebrew | Government | Physics |
| Sanskrit | Economics | Chemistry |
| Greek | Sociology | Botany |
| Latin | Philosophy | Zoology |
| English Composition | Education | Geology |
| English Literature | Fine Arts | Physiography |
| German | Architecture | Mineralogy |
| French | Music | Mining |
| Italian | Mathematics | Anthropology |
| Spanish | Astronomy | Subjects not classified |
| History | Engineering | above (agriculture). |

12. (a)State which of the languages named below you have studied, and how

111

long in each case

German                    √ *two years*      Greek

French                    √                 Latin

Any modern foreign language other than German and French

(b) Do you know German and French well enough to be able to consult works on your subject in these languages?

*Yes in German, and taking French.*

13. In what subject do you wish to be considered as a candidate for a degree? State in detail your previous work in this subject.

*I like to be candidate of A.M, in the subject of Meteorology, having finished already two full courses in that particular subject, and having specialized in agriculture in my undergraduate study.*

14. Present occupation. (State definitely.)

*Student.*

15. If you are, or have been a teacher, what positions have you held? at what institutions? in what subjects? and during what periods of time?

16. From whom can information as to your previous work be obtained ?

*Registra office, Urbana, Ill.*

17. List of printed and written documents submitted with this application.

*Catalogue of University of Illinois   a list of studies and credits*

Signature *Co-Ching Chu*

Place of writing this application Cambridge Date Nov. 1914

文理研究生院

文科或哲学学位

候选人申请

** 不要填写以下空格

姓　　名　竺可桢

日　　期　1914年11月

申请学位　硕士

专　　业　地质学

学　　校　伊利诺伊大学

记 录 簿，第　册 第　页

就读年限

所获学位

备注

法语除外

## 哈佛大学文理研究生院
## 文科或哲学学位候选资格入学申请

　　请将此申请表与各类证书或其他奖学金和品格证明一起，寄回马萨诸塞州坎布里奇24号大学楼文理研究生院秘书处。

　　文科硕士或哲学博士学位申请的截止日期，是申请学位学年的1月15日；我们希望各位候选人在学年初或更早的时候提交申请，以便能及时收到有关学位要求他们完成的工作的建议。

　　申请应附有申请人在学院或大学工作的记录或注册的证书，如果可能，还应附有一份或多份学院目录，即其中清楚注明申请人所修课程的目录。学位申请是否最终通过的条件，始终取决于校方对申请表中所提供事实的认证。

　　如果可能，哲学博士学位的申请应该在学生的研究生学位工作开始时提交。

　　文科硕士学位申请人，如果以后希望获得哲学博士学位，应在申请硕士学位时说明这一事实，据此将在以后被视为同时申请这两个学位。

1. 全名

竺可桢

2. 邮政地址。( 如有任何变动，应立即通知文理研究生院秘书处。)

坎布里奇萨克拉门托街 23 号

3. 出生日期和地点

中国浙江绍兴

4. 就读的高中或其他预备学校及就读时间

1907—1909 年，上海复旦公学

5. 就读过的学院和大学以及就读的时间。

你学过什么课程（古典、文学、科学等）？

唐山路矿学堂 1 年 1909—1910 年，

伊利诺伊大学 3 年 1910—1913 年（农科）

6. 如果你是本科生，说明 :(a) 你期望获得什么学位，何时获得

(b) 在班上的名次或平均排名

7. 如果你获得了学位，说明是什么学位，从哪所大学获得的，什么时候获得的

1913 年，获伊利诺伊大学理科学士学位

8. 如果你曾在任何学院或大学读研究生，请注明时间、地点；什么专业；说出这些专业的主要老师的名字

9. 获得的荣誉或其他高级奖学金的证明

10. 你希望在文理研究生院获得哪个或哪些学位，什么时候获得？

硕士，1915 年 6 月

11. 在下列科目中，你在大学学习过的在下面划一条线，在你做过深入研习的科目下面划两条线。这些信息请加以仔细标记和备注目录或日历。

| 希伯来语 | 管理学 | 物理学 |
| 梵语 | 经济学 | 化学 |

| | | |
|---|---|---|
| 希腊语 | 社会学 | <u>植物学</u> |
| 拉丁语 | <u>哲学</u> | <u>动物学</u> |
| 英文写作 | 教育 | <u>地质学</u> |
| 英语文学 | 美术 | <u>自然地理学</u> |
| <u>德语</u> | 建筑学 | 矿物学 |
| <u>法语</u> | 音乐 | 采矿 |
| 意大利语 | <u>数学</u> | 人类学 |
| 西班牙语 | 天文学 | 其他科目 |
| 历史 | <u>工程学</u> | （农业） |

12. (a) 说明你学习过下列哪一种语言，学习了多长时间

| | | |
|---|---|---|
| 德语 | √两年 | 希腊语 |
| 法语 | √ | 拉丁语 |

除了德语和法语以外的任何现代外语

(b) 你的德语和法语是否足够好，是否能够运用这些语言在你的专业领域开展工作？

是的，德语够用，法语正在学。

13. 你希望在哪个学科获得学位？请详细说明你以前在这个学科方面的工作。

我想成为气象学的硕士候选人，我已经完成两门该领域的课程，并在我的本科阶段专修过农业。

14. 现在的职业。（明确陈述。）

学生。

15. 如果你是老师，或者曾经是老师，你担任过什么职位？在什么学校？在哪些科目上过课？具体在什么时间？

16. 从谁那里可以得到关于你以前工作的信息？

伊利诺伊州厄巴纳注册办公室。

17. 随本申请书提交的印刷及书面文件一览表。

伊利诺伊大学课程表 学籍和学分列表

签名 竺可桢

填写地点 坎布里奇 时间 1914 年 11 月 17 日

**1913—1914 学年** 竺可桢在哈佛大学的成绩单（课程、授课教师、得分），如下：Physiography（introductory course）（自然地理学导论），Professor Atwood（阿德湖教授），B（得分）。Differential and Integral Calculus（微积分），Associate Professor Bouton（布顿副教授），C。Meteorology（introductory course）（气象学导论），Professor Ward（华德教授），B。Climatology（general course）（气候学通论），Professor Ward（华德教授），B。Climatology of South America（南美洲气候学），Professor Ward（华德教授），B。Meteorology（research course）（气象学研究），Professor McAdie（麦开地教授），A。Elements of Thermodynamics（热力学基础），Assistant Professor H. N. Davis（戴维斯助理教授），B。Surveying（测量学），Associate Professor Hughes（休斯副教授），C+。

表 10 竺可桢 1913—1914 学年成绩单 [①]

| 课程门类及编号 | 课程名称 | 授课教师 | 得分 |
|---|---|---|---|
| 地理学 A | 自然地理学导论 | 阿德胡 | B |
| 数学 5 | 微积分 | 布顿 | C |
| 气象学 1 | 气象学导论 | 华德 | B |
| 气象学 2 | 气象学通论 | 华德 | B |
| 气象学 3b | 南美洲气候学 | 华德 | B |
| 气象学 21 | 气象学研究 | 麦开地 | A |
| 物理学 6a | 热力学基础 | 戴维斯 | B |
| 工程学 4a | 测量学 | 休斯 | C+ |

---

① 林伟《知识的跨国流通：竺可桢对哈佛大学地理学传统的继承和发展》，载《自然科学史研究》2023 年第 42 卷第 3 期，第 335 页。

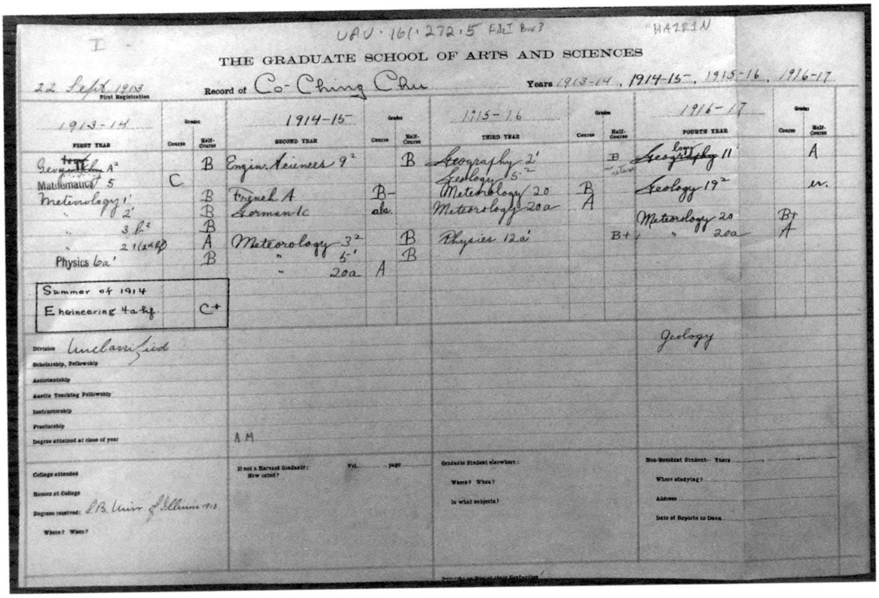
UAV·161·272·5 File I Box 3
THE GRADUATE SCHOOL OF ARTS AND SCIENCES
22 Sept 1913 First Registration
Record of Co-Ching Chu
Years 1913-14, 1914-15, 1915-16, 1916-17

| 1913-14 FIRST YEAR | Course | Half-Course | 1914-15 SECOND YEAR | Course | Half-Course | 1915-16 THIRD YEAR | Course | Half-Course | 1916-17 FOURTH YEAR | Course | Half-Course |
| --- | --- | --- | --- | --- | --- | --- | --- | --- | --- | --- | --- |
| Geography A² | | B | Engin. Sciences 9² | | B | Geography 2' | | B | Geography 11 | | A |
| Mathematics 5 | C | | French A | B- | | Geology 5² | | | Geology 19² | | |
| Meteorology 1' | | B | German 1c | abs. | | Meteorology 20 | B | | Meteorology 20 | B+ | |
| 2' | | B | Meteorology 3² | | B | Meteorology 20a | A | | 20a | A | |
| 3 | | B | 5' | | B | Physics 12a' | | B+ | | | |
| 21 | | A | 20a | A | | | | | | | |
| Physics 6a' | | B | | | | | | | | | |
| Summer of 1914 Engineering 4a hf. | | C+ | | | | | | | | | |

Division Unclassified
Degree attained at close of year: A M
Geology
Degrees received: S.B. Univ. of Illinois 1913.

图 36 竺可桢在哈佛大学研究生院的成绩单（1913—1917）[①]

**是年** 大哥去世，恐是伤寒。（日记 590207,《全集》第 15 卷，第 318 页）

**是年** 曾报名参加军事训练。述：“我在美国大学里不但没有学过政治的课目，连政治、经济书籍也少看的，我对于时事的知识完全靠美国报纸和期刊。对于第一次大战，我是完全同情于协约国方面。当美国还没加入战争的时候，大学里已经有军事训练，我也报名加入了。”（《全集》第 4 卷，第 90 页）

**1914—1915 年** 住在 23 Sacramento Street。（林伟《漫谈》）

① Transcript of Co-Ching Chu [A]//Harvard University Archives, UAV 161.272.5, File Ⅰ, Box 3.

图 37　1914 年哈佛大学中国学生俱乐部会员合影 ①

第三排右二为竺可桢

① 转自林伟《知识的跨国流通：竺可桢对哈佛大学地理学传统的继承与发展》，该文刊于《自然科学史研究》2003 年第 42 卷第 3 期第 332 页。原载 *The Chinese Students' Monthly*, Vol. 9, No. 8, June 1914：604。

# 1915年（乙卯 民国四年） 26岁

1月 日本驻华公使向袁世凯提出"二十一条"要求，被中外媒体披露。全国掀起反对"二十一条"浪潮。

《科学》杂志创刊号在上海发行，发表任鸿隽《说中国无科学之原因》，刊发赵元任谱曲《和平进行曲》。

2月 中国留日学生集会反对"二十一条"，决定成立留日学生总会，推选李大钊为文牍干事。

3月 任鸿隽、杨铨在《留美学生季报》发表《中国于世界之位置》、《介绍〈科学〉与国人书》。

4月 《科学》杂志推出"战争号"。

杨铨在《科学》发表《战争与科学》。

5月 袁世凯接受日本提出的"二十一条"。

中国留美"庚款生"就"二十一条"爆发笔战。

6月 蔡元培等在法国巴黎发起组织勤工俭学会。

7月 教育部中央观象台主办《观象丛报》在北京创刊，高鲁任主编。

杨铨在《科学》发表《学会与科学》。

8月 杨度等在北京发起组成"筹安会"。

上海徐家汇观象台开始逐日发布气象报告。

9月 陈独秀在上海创办《青年杂志》，新文化运动发端。

10月 中国科学社在美国由股份公司改组为学术社团，任鸿隽任社长。

任鸿隽在《科学》发表《科学与工业》。

11 月　爱因斯坦创立广义相对论。

12 月　袁世凯"称帝"，宣布建立"中华帝国"。

孙中山发表《讨袁宣言》。讨袁护国运动兴起。

蔡锷在云南组织"护国军"，宣布云南独立。

是年　中央观象台开始绘制天气图。

容闳《西学东渐记》由商务印书馆出版中译本。

中华书局出版《中华大字典》。商务印书馆出版《辞源》。

常驻地：波士顿

继续在哈佛大学研究院就读，开始攻读博士学位。

**1 月 19 日**　在哈佛饭厅偶遇来波士顿的胡适。(《胡适留学日记》第 359 页)

**1 月 20 日**　是夜，在红龙楼宴请胡适。同席有郑莱、张准（子高）[①] 等。聚宴中谈及国内设国立大学、学会、公共藏书楼、博物馆等话题。(《胡适留学日记》第 360 页)

**正月**　《科学》月刊第 1 期（创刊号）在上海出版发行，由朱少屏[②] 任总经理。(《赵元任早年自传（三）》，载《传记文学》第 41 卷第 1 期，第 90 页) 任鸿隽为主要发起人。(《科学救国之梦——任鸿隽文存》第 768 页)《科学》在发刊"例言"中强调"以传播世界最新科学知识为职志"，"求真致用两方面当同时并重"。《科学》是我国出版物中实行文字横排和引用西方标点符号的第一家。(《欢迎赛先生》第 115 页)

---

① 张准，时就读于麻省理工学院化学系。

② 朱少屏，时任《太平洋报》经理，并在《生活日报》《中华日报》等处任职。

图 38 《科学》创刊号封面

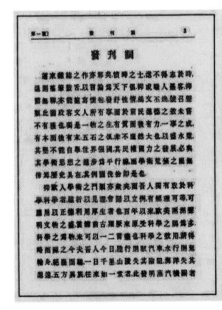

图 39 《科学》创刊号上的《发刊词》与《例言》首页

《例言》曰："文明之国，学必有会，会必有报，以发表其学术研究之进步与新理之发明，故各国学界期报实最近之学术发达史。而当世学者所赖以交通智识者也。同人方在求学时代，发明创造，虽病未能，转输贩运，未遑多让，爰举所得就正有道。他日学问进步，蔚为发表新知创作机关，是同人之所希望者也。

"本杂志虽专以传播世界最新科学知识为帜志，然以吾国科学程度方在萌芽，亦不敢过求高深，致解人难索。每一题目皆源本卑近，详细解释，使读者由浅入深，渐得科学上智识，而既具高等专门以上智识者，亦得取材他山，以资参考。

"本杂志印法，旁行上左，兼用西文句读点乙，以便插写算术、物理、化学诸方程公式，非故好新奇。读者谅之。"（《科学》第 1 卷第 1 期，第 1 页）

**是年夏**　在哈佛大学研究院获硕士学位。硕士论文 Rainfall in China，1900—1911（中国之雨量：1900—1911 年）在麦开地、华德两位教授共同指导下完成（牛力《从地学到地理学：竺可桢与中国近代大学地理学系的构建》，载《南京大学学报（哲学·人文科学·社会科学）》2023 年第 5 期，第 130 页）。系利用上海徐家汇气象台编于 1914 年的《中国十一年来之雨量（1900—1911）》之资料进行分析研究后撰写的。

**是年夏**　为了继续深造，向使馆申请延长三年，得到同意。（《竺可桢传》第 11 页）此后开始在哈佛攻读博士研究生。

**9 月 21 日**　入股科学社。"科学社股东姓名住址录"载：社员号 101，姓名：竺可桢，西名：C. C. Chu，入股时间：四年九月，股数：〔空缺——编者〕，地址：30 1/2 Mellon St. Cambridge, Mass.。（《发展历程》第 16 页）

**10 月 25 日**　科学社由股份公司改组为学术社团，中国科学社成立，名称上加冠"中国"二字，英文名为：Science Society of China。《中国科学社总章》第二章《宗旨》载明："本社以联络同志，共图中国科学之发达为宗旨。"（《科学社总章》，载《留美学生季报》1915 年冬季第 4 号，第 83 页）后于 1922 年第七次常年大会修改总章，以"联络同志，研究学术，共图中国科学之发达"为宗旨（《发展历程》第 33 页），以"格物致知，利用厚生"为社铭。(《中国科学社概况》，载《申报》1948 年 10 月 9 日）定每年 10 月 25 日为中国科学社成立纪念日。(《科学救国之梦——任鸿隽文存》第 724 页）公推任鸿隽、赵元任、胡明复、秉志（农山）、周仁为第一届董事，杨铨（杏佛）为编辑部部

长。(《全集》第22卷，第284页）任鸿隽为董事会会长（中国科学社社长）(《科学救国之梦——任鸿隽文存》第768页）

中国科学社社徽浮雕图案上的三段文字分别为"格物致知"、"利用厚生"、"中国科学社"。社徽中的图案由远及近分别为山峦、讲台、天文望远镜、天平、图书，蕴含了关于农林、矿产、地理、天文、物理、生物等诸多科学领域的学术研究之意，而讲台与图书则表示传播科学、普及知识、启智民众。社徽上的书写者为中国科学社董事、书法家、国民党元老吴稚晖。（张剑《档案整理中的新发现——中国科学社的学术评议与奖励》，载《文汇报》2015年6月12日）

图40 中国科学社社徽

任《科学》月刊分编委主席，具体负责一年中四个月的编务。从此时起，即是该社的中坚和实干家。"这时科学社的影响，即使是在留学生中也不算很大。需要努力工作，以发挥更大作用。他们几个核心人物，一边攻读，一边编这样一本篇幅不小的月刊，的确够他们忙碌。除了编稿，还得自己撰不少稿件。竺可桢作为哈佛研究院地学系的博士研究生，依然主攻气象，课程虽紧，但轻车熟路，因而对科学社贡献不少。"（《中国百年留学全纪录》第2册，第502-503页）

"中国科学社等团体对'科学救国'的宣扬，正切合了当时国内文化革命与文化建设的需求，在一定程度上可以说为陈独秀的'德、赛'先生吁求提供了坚实的基础，成了以《新青年》为旗帜的新文化运动的先导，并最终共同扛起了'科学''民主'的大纛。"（《从格致到科学》第54页）

**1914—1915学年** 成绩单如下：Elementary Bacteriology（初级细菌学），Dr. J. W. M. Bunker（邦克博士），B。French A 之 Elementary Course（初级法文），Dr. Whittem（惠特姆博士），B-。German Scientific Prose（德文科学文献），免修。Climatology of North America（北美洲气候学），Professor Ward（华德教授），B。

Climatology of the Eastern Hemisphere（东半球气候学），Professor Ward（华德教授），B。Meteorology（research course）（气象学研究），Professor McAdie（麦开地教授），A。

表 11　竺可桢 1914—1915 学年成绩单

| 课程门类及编号 | 课程名称 | 授课教师 | 得分 |
|---|---|---|---|
| 工程学 9 | 初级细菌学 | 邦克 | B |
| 法文 a | 初级法文 | 惠特姆 | B- |
| 德文 1c | 德文科学文献 |  | 免修 |
| 气象学 3 | 北美洲气候学 | 华德 | B |
| 气象学 5 | 东半球气候学 | 华德 | B |
| 气象学 20a | 气象学研究 | 麦开地 | A |

**1915—1916 年**　住址为：12 Sumner Road, Cambridge, MA。与梅光迪同住于此。其位置紧邻哈佛校园。（林伟《漫谈》）

图 41　竺可桢 1915—1916 年所住小楼[1]

———————

① 取自林伟《漫谈》。

# 1916 年（丙辰 民国五年） 27 岁

1 月 袁世凯改元洪宪。

陈独秀在《青年杂志》发表《一九一六年》。

任鸿隽在《科学》发表《科学精神论》。

2 月 农商部地质调查局成立。

陈独秀在《青年杂志》发表《吾人最后之觉悟》。

3 月 袁世凯被迫取消帝制，取消"洪宪"年号，仍自称"大总统"。

教育部呈准《管理留美学生事务规程》。

4 月 孙中山偕廖仲恺、戴季陶由日本返上海。

5 月 孙中山在上海发表《第二次讨袁宣言》。

《民彝》杂志在东京创刊，李大钊为编辑部主任。

6 月 袁世凯去世。黎元洪继任大总统。

孙中山发表规复《临时约法》宣言。

7 月 中华民国军务院撤销，护国战争结束。

8 月 《晨钟报》于北京创刊，李大钊为主编。

《旅欧杂志》于法国都尔创刊，蔡元培为主编。

9 月 《青年杂志》改名《新青年》，刊发陈独秀《新青年》、李大钊《青年》。

陈独秀《当代二大科学家之思想》在《新青年》发表。

中国科学社第一次常年会在美国菲力柏学校举行。

10 月《新青年》刊发陈独秀《驳康有为致总统总理书》、胡适致陈独秀书《论文学革命》。

赵元任、任鸿隽、胡明复、秉志、周仁在《科学》刊发《本社致留美同学书》。

教育部颁定《选派留学外国学生规程》。

黄兴在上海去世。

11 月　蔡锷在日本去世。

12 月　丙辰学社由留日中国学生发起，在东京召开成立大会。

是年　商务印书馆出版梁启超《国民浅训》《饮冰室丛书》。

教育部公布《管理留美生事务规程》。

常驻地：波士顿

在哈佛大学研究院继续攻读博士。

**1 月**　在坎布里奇的通信处为："30 1/2 Mellon St., Cambridge, Mass. U.S.A."（《中国科学社社友录》，载《科学》第 2 卷第 1 期，第 137 页）

**是年初**　开始为《科学》撰稿。发表于《科学》上的文章，本年有五篇，1917 年多达十篇。1918 年主要时间都用于撰写博士论文，直到回国后才有暇继续撰稿发表科普文章。（《全集》第 1 卷，第 1-64 页）

张剑研究指出："《科学》是竺可桢言说和发表科研成果的主要阵地，通过《科学》他在学术上逐步走向成熟与成功，《科学》也在一定意义上可以看作他学术成长过程中重要通道与平台之一。"（张剑《竺可桢与中国科学社》，载《文景》2005 年第 1 期，第 9-10 页）

**2 月**　以硕士论文改写的《中国之雨量及风暴说》一文在《科学》第 2 卷第 2 期发表，是为以中文发表的第一篇研究论文。篇首言明："本篇系译自作者英文原著，略加改饰。"

述："当气象学未明之时，风雨雷霆，视为天庭不测之象，下至野蛮种族，至有崇拜雷电者。欧美自十八世纪中弗兰克林（Benjamin Franklin）倡风暴移行之说，十九世纪末弗赖尔（Ferrel）作风为地动之论，而后知风也雨也非偶然而来，乃各有因果者也。至今日世界各国岁费巨万之金，为气象台之用，而风雨之预报益以确，气象之学术益以明。"

"中国沿海四千余英里，飓风（typhoon）为患，岁必数十起，而东西航驶艇舶，均赖上海徐家汇气象台之报告而定进退。国内洪水泛滥，饥馑岁必数告，淮河工程为水防萌芽，然不知各地雨量之多寡，入手甚难。由以知气象台之不能不设立，而观测雨量之不容缓也。"

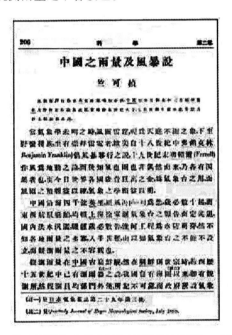

图42 刊于《科学》上的《中国之雨量及风暴说》一文首页

"中国雨量之分布及多寡，视乎三因子而定，三者为何：（一）信风（monsoon）之强弱；（二）地形之高下；（三）风暴之径路。"

"以雨量而论，则中国本部可分为三部：（一）黄河流域，其雨量在50至100厘米之间。（二）扬子江流域，其雨量在100至150厘米之间。（三）两粤、闽浙沿海，其雨量在150厘米之上。"

文中将中国雨量与美国雨量作了比较，指出"同点甚多。美国风暴取水于东面之大西洋，而中国之信风则得之太平洋。美国雨量由东南而递减至西北，在中国亦如此。所不同者则以美国西界太平洋，故雨泽甚多。而中国则界于蒙、藏，接近沙漠，故涸燥。在美国一岁中风暴之数，较中国为多。然因美洲面积远小于欧亚大陆（Eurasia），故信风不甚发达，而夏季雨泽反较少也。"

最后强调："本篇凡关于雨量之多寡，风暴之次数，多赖于上海徐家汇气象社及其分社之报告。其成绩经时不过十年，而雨量风暴之数，岁差月异。欲得一良善之结果，非有五十年或百年之成绩不可。时间之短促既如此，而观测所为数过少，分配不均又如彼，则知所论未必皆能确当。

"设政府能遍设气象台于全国，加以数十年之看护观测，然后全国之雨量风暴，始能明了如指掌。"（《全集》第1卷，第1-8页）

图43　徐家汇观象台旧址（现为上海气象博物馆）

高由禧[①]评述："竺可桢在1916年发表的《中国之雨量及风暴说》一文中就指出，'因陆地和海水之比热不同，大陆为较海洋为易热亦易冷，是故在夏季则大陆较海洋为热，冬季则反是。海陆冬夏有如此的变更，而接近之空气亦因而随之。大凡空气热则上升。夏季水冷于陆，近陆之空气浮升，海面稍冷之空气群趋之，故其风常自海而陆。冬季则陆冷于水，在大陆之气压较在海面者为高，故其风常由陆至海。此季风之所由来也。'同时又指出，'季风在各大洲均有之，惟在亚洲则其发达经极点'，这也就是说，所有海陆分布的地方，都

①　高由禧，气象学家，中国科学院院士。曾任中国科学院兰州高原大气物理研究所所长。

应该有季风，只是强度、明显性不同而已。由于西伯利亚位于中高纬度的大陆内部，因此'西伯利亚虽有季风，但具虚名而已'。"（高由禧《关于竺可桢在中国季风研究方面的贡献》，载《报告集》第 142 页）

章基嘉[①]评述："至 1924 年，由于军阀割据，连年征战，中央观象台和各地仅有的几处测候所，因经费短绌而相继停顿。当时在我国的国土上，有法国经办的上海徐家汇气象台，德国在青岛设立的气象台，英国建立的香港皇家天文台及日本在台湾和东北经管的气象台，共有四十多处测候所。但这些都操纵在外国人之手，为帝国主义侵略和掠夺我国服务。

竺可桢同志面对中国气象事业的这种状况，十分愤慨与焦虑，他早在1916 年留学美国时期，撰写了《中国之雨量及风暴说》一文，文中呼吁'中国沿海 4 000 余英里台风为患，岁必数十起，而东西航驭艇舶，均赖上海徐家汇气象台之报告而定进退。国内洪水泛滥，饥馑岁必数告，淮河工程为水防萌芽，然不知各地雨量之多寡，入手甚难。由以知气象台之不能不设立，而观测雨量之不容缓也。'回国后，他又于 1921 年发表《论我国应多设气象台》一文，文中批评当时政府道：'德之割青岛，英之据香港，法之租徐家汇，其始焉即着手组织气象台。虽至今日，而我国滨海各处台风所经之地，全赖香港及徐家汇气象台之探测。各国轮舶之寄泊于我国沿海各港者，其进退行止，往往须视香港或徐家汇气象之报告而定。夫英法各国，非有爱于我也。徒以为其本国之海运谋安全计，不得不有气象台之设置耳。我国政府社会既无意经营，则英法各国，即不能不越俎而代谋。欧美人士常訾我为半开化之民族，岂足怪哉。即我国腹地，凡外人足迹所至之处，亦多设有气象测候所。故徐家汇气象台能于每日综合各处报告，而制为中国气象图。今日之气象图，于翌晨即能邮递各处。夫制气象图，乃一国政府之事，而劳外国教会之代谋亦大可耻也。'他在文中还缕述了气象台与农业、航业（包括航海、航空）等的关系，强调建立气象工作的重要性。"（章基嘉《我国近代气象事业的创始人——竺可桢》，

---

[①] 章基嘉，气象学家，中国工程院院士。曾任南京气象学院副院长、中国气象学会理事长、中国气象局副局长。

载《报告集》第 71 页）

冯秀藻[1]、闵庆文[2]评述："早在 1916 年，竺老还在美国求学，发表的第一篇气象论文就提到：'北方雨量虽小，然 62% 降在夏季，农夫得以树艺五谷，然大概岁只能一获而已。大江以南，则因温度较高，雨泽较多，播种收获岁多至四、五次者。'明确指出我国多种熟制的形成，是由于各地温度、雨量不同所致。"（冯秀藻、闵庆文《竺可桢与我国农业气象学和物候学的研究》，载《报告集》，第 150 页）

**5 月 25 日** 《朝鲜古代之测雨器》发表于《科学》第 2 卷第 5 期，文末署名"可"。

述："昔德人亥尔曼（Hellmann）作《气候学器械沿革史》，言测雨器之发明，首推意人加斯对里（Benedetto Castelli）。在西历 1639 年六月十八日，加氏寄友人加利雷倭（Galileo）书中，说及彼方从事试验测量雨泽，其器系一圆柱，长一寻（spanne），内径半寻，是实为近世气象台测雨器之滥觞。

"近日人和田雄治（Dr. Y. Wada）在朝鲜搜览古籍，博罗旧时测雨器，则知韩国测雨器之发明，实在李朝世宗二十四年，即西历 1442 年，先于意人加氏之创造几二百年。世宗生当中国明洪武之际，为李朝惟一明主，有'黄金时代'之称。在位三十二年，创设字母以便通行教育；建筑沟渠以为水利；立天文台数处，其器械多购自中国；独测雨器则为朝鲜土制，一览朝鲜古代文籍，足以知其底蕴矣。"（《全集》第 1 卷，第 9-10 页）

席泽宗[3]对竺可桢的科学史著作有如下评述："竺老是巴黎国际科学史研究院院士，从 1916 年发表《朝鲜古代之测雨器》到 1974 年 2 月 7 日去世，共发表科学史文章约五十篇，占他全部著作的六分之一。从天文、地理到气象、航空，人事物都有，中外古今齐全，真是：资料丰富，领域辽阔，观点鲜明，数量众多。"（席泽宗《竺可桢与自然科学史研究》，载《论文集》第 52 页）

---

[1] 冯秀藻，农业气象学家。
[2] 闵庆文，农业气象学专家。
[3] 席泽宗，天文学家和天文学史家，中国科学院院士。

**7月1日** 截至是日，中国科学社司选委员会对所提出的 1916—1917 年董事候选人共收到 77 张选票，有效票为 74 张。各候选人得票数分别为：任鸿隽 73，胡明复 71，赵元任 70，秉志 69，周仁 68，竺可桢 50，钱治澜①46，严庄 37，孙洪芬 27。（《科学》第 3 卷第 1 期，第 76 页；《年会记录》第 7 页）

**7月29日** 硕士论文 Rainfall in China, 1900—1911（中国之雨量，1900—1911 年）（标题下注明收稿日期 Dated: Cambridge, Mass., Mar. 21, 1916.）刊于 *Monthly Weather Review*（每月天气评论）第 44 卷第 5 期，是为发表在国际学术刊物上的首篇学术论文。题注如下：A study offered as part of the requirements for the degree of A.M. at Harvard University in 1915; prepared under the direction of Prof. A. G. McAdie and R. DeC. Ward.（《全集》第 5 卷，第 1-14 页）

**是日** THE CHINESE WEATHER BUREAU（中央观象台）（标题下注明收稿日期 Dated: Harvard College, Cambridge, Mass., June 22, 1916.）发表于 *Monthly Weather Review* 第 44 卷第 5 期。谓："With the establishment of the Chinese Republic and the adoption of a constitution by the first Parliament in the years 1911 and 1912, a national weather bureau was officially instituted under the Board of Agriculture, with branch stations in various Provinces. Owing, however, to the lack of funds and men the organization has not progressed as we wished.

At present, there are two meteorological observatories in Peking. The one under the Board of Agriculture is located in the Central Agricultural Experimental Station. The other is called the 'Central Meteorological Observatory' and belongs to the Board of Education. The latter observatory has already issued several bulletins, besides publishing a monthly magazine. The magazine had its start in the Fall of 1913, articles on astronomy, seismology, and earth magnetism have been published, as well as meteorological treatises. Each issue contains about 60,000 words (in

---

① 钱治澜，即钱天鹤。

Chinese)."（《全集》第 5 卷，第 15 页）<sup>①</sup>

**8 月**　《地理与文化之关系》刊于《科学》第 2 卷第 8 期。开篇即谓："自伏羲画八卦、仓颉造书契，而东亚文明，崭然露头角，如一道曙光，直射坤舆。唐虞三代，以及战国，人才迭兴，百物俱举。农商安业，黎民庶富。言哲学则有孔孟老庄，言政治则推周召管晏。文学斑然可观。指南针、火器亦相继发明于当时。春秋列国，聘酬往来，礼节彬然，较之今日欧洲各国，有过之无不及。当此之时，我国执世界文化之牛耳，印度、埃及，曾莫与京，英、德、日本，尚为荒芜，何论南北美哉。"

论述了气象要素（温度、雨量及湿度、风向及风力）与地理环境（河流湖泽、海滨、山脉高原）对人类生活、生产、居住、文明发展的影响，分析了渔猎、游牧、农耕、制造四种职业的特点及与地理环境的关系。指出渔猎对环境的破坏性和对资源的掠夺性，是对资源环境问题的最早关注。

谓："子舆子曰：'天时不如地利，地利不如人和。'由今观之，则天时因地理而异，实为地理之一要素，是故欧美各大学以气象学列入地文学一门。而地理天时与人种之发达均有直接关系，亦不能断孰为轻，孰为重也。地理之现状极为复杂，今试分析之为下数门。

"（Ⅰ）天时（a）温度；（b）雨量及〈温〉〔湿〕度；（c）风向及风力。

"（Ⅱ）地势（a）河流湖泽；（b）山岭高原；（c）海滨及沿海线。

……

"欲知一国一洲文化之兴替，必先察其天时，考其地势，自根本著手，方为允当……所谓天然者，何也？盖人类乃天演之骄子，能改天然本来之面目。如牛羊豕马，昔之野兽也，人乃驯之以供驱使。除在沙漠寒带而外，荆棘森林满天下，人乃刈除之以播种五谷。始皇筑长城，隋炀凿运河，丰功伟烈，至今犹可目睹。图中凡关于人工，概不顾问，盖人力究不敌天工。我国之长城，埃

---

① 上述二文的题目下方，皆注明了收稿日期，分别为 1916 年 3 月 21 日、1916 年 6 月 22 日，发表日期皆为 7 月 29 日，分别为同一期杂志 276—281 页、289 页，《全集》第 5 卷第 14 页、15 页皆注为 5 月，编者似乎把第 5 期理解为该月刊的 5 月号，从而误认为 5 月发表。

及之金〔字〕塔，数千载不加修峻，陵败不堪。若更加以年月，终必夷为平地。当欧人至南美时，携马至福克岛（Falk Island），后以天时不宜，弃马而至他，至今岛上马类，均含野性，不复驯良。夫长城、金〔字〕塔、驯马尚如此，他更无足论矣。是故箕子过殷，有禾黍之感。五胡乱国，荆棘铜驼。所谓江山依旧，面目全非。人力止，则天然复古矣。"

"渔猎为破坏之职业。盖业此者，尝不时入山林，涉沟壑，破窠以盗禽，竭泽以枯鱼，鱼禽尽而不思所以补救之，其结果必同归于尽而后已。是故渔猎者，多在赤道一带，草木畅茂鱼禽野兽众多之区。或在寒带，冬猎夏渔，无歼灭禽兽之虞。

"游牧者则不然，其所饲养者，均系家畜牛羊马驼等类。其乳可为茹饮，肉可为珍馐，皮骨毛发亦可为帐帏衣饰之用。是故主事者，保养而善待之，不遗余力。屠弱老毙而后，即有壮健幼稚者继之，以相承袭。是故游牧非为破坏之职业，特起居无定，欲牛羊之茁壮，必须择地而处。如在西藏、蒙古及雨量稀少之区，一处之稚草既尽，则必徙而之他。坐席未暖，即须驾辙，奔走迁移，如五日京兆，不复思所以垦种其土地，装潢其居室。

"业农者依地为生，无奔走之劳。且地各有主，则勤良者刈削耕耘，日谋所以培植其禾黍，肥润其土质。偷惰者放弃职业，阡陌中莠草满目而苗枯，继至废弃，而入他人之手。且数武之内，而土质不齐，或宜五谷，或宜森林。山间采茶，园中拾菜。江南之橘，至江北为枳，苦不适口。所获既有不同，于是以其所有，易其所无，而贸易生焉。世界农业之地，多在寒热两温带。农耕之缺点，则在于农人固执物守，尝有步不出里门，至死不相往来者。无车轮以致远，无机器以运重，故虽有贸易，而商业不兴。

"自近世机器发明而后，昔之用人工者，今以电工代之。昔之用马力者，今以汽水代之。昔日之轻车骏马，今日反以为缓。昔日之强弓竞弩，今日反以为弱。通都大邑，棋布星列。千金之子，视为穷措。且机器愈复杂，则所以驾御之者愈艰难。于是而专门教育兴焉。陶朱、石崇满天下，而普通教育乃能实行。是故渔猎也，游牧也，农耕也，制造也，世界人类进化史之四大阶级也。

"近者耶尔教员亨丁顿氏，遗书于各国巨公名士，令各作一世界文明分配图。经数年之讲求，费数十人之心血，乃成世界各大洲文明分配图（视第四图、第五图——此处从略。编者）。世界文明之分配，其原子如本篇所论，极为复杂，断非数十人所能断定。故其图视为一地理学上之材料，供吾人之研究则可，不能据此为金科玉律，贬褒各国，信口雌黄也。

"今日之世界，一制造世界也。凡一国之欲执商战场中之牛耳者，除聪颖之人种外，必具有三要素：曰物（Raw Material），曰工（Labor），曰力（Power）。我国地大物博，煤炭等物质冠天下。人数过三万万，而勤朴耐劳。国内机器电汽之力，亦日新月盛。是故英国著名地理家赫勃生曰：'欧美而外，其能在此制造世界与英德法美相颉颃相角逐者，其惟支那乎！'"（《全集》第1卷，第11-22页）

**9月2—3日**　出席中国科学社在美国麻省安陀卓（Andover, Mass.）菲力柏学校（Philips Academy）举行的第一次常年会，向年会提交三篇文章：《朝鲜古代之测雨器》《地理与文化之关系》《钱塘江怒潮》。周仁、竺可桢、钱治澜被选为任期一年董事，任鸿隽、胡明复、赵元任、秉志被选为任期二年董事。（《科学》第3卷第1期，第76页；《年会记录》第7页）

"依第二次通告中申明分期法，则任胡赵秉四君被选为任期二年董事，周竺钱三君当选为任期一年董事。此结果由第三次通告通知被选七人，请其互选董事会职员。结果如下：

（1）社长

任鸿隽　五票　赵元任　一票　竺可桢　一票

（2）书记

赵元任　四票　竺可桢　二票　任鸿隽　一票

（3）会计

胡明复　六票　竺可桢　一票

当选者如下：

任鸿隽　社长

赵元任 书记

胡明复 会计

司选委员邹秉文、赵元任、陈藩启"(《年会记录》第7-8页)

竺可桢此后一直是中国科学社的骨干与领导成员之一,先后当选物算股股长、副会计、图书馆委员会委员、书记、董事、南京社友会理事长等,多次当选为理事、常务理事、《科学》月刊编辑,还被选为第四任社长。

图44 中国科学社第一次常年会之讲演会所——古物所(Archeology Building,在美国安陀阜)[①]

图45 中国科学社第一次常年会合影[②]

第一排左起:竺可桢(左一)、赵元任(左四)、任鸿隽(左五)、陈衡哲(左六)

**9月** 《五岳》发表于《科学》第2卷第9期,文末署名"可"。介绍了东岳泰山、西岳华山、中岳嵩山、北岳恒山、南岳衡山的地理位置与高度等情

①② 取自《科学》第3卷第1期。

况。(《全集》第 1 卷，第 23 页)

**10 月 28 日** DISTRIBUTION OF PRECIPITATION IN CHINA DURING THE TYPHOONS OF THE SUMMER OF 1911（1911 年夏季台风期间中国雨量的分布）一文（标题下注明收稿日期 Dated：Cambridge,Mass., June 22, 1916.）刊于 *Monthly Weather Review* 第 44 卷第 8 期，是竺可桢关于台风研究的首篇著作。(《全集》第 5 卷，第 16-27 页)

**10 月** 《钱塘江怒潮》刊载于《科学》第 2 卷第 10 期。对浙江潮有生动、精彩的描述："浙江潮，中国之奇观，亦世界之奇观也。""潮汐之由来，本杂志中言之已详，故不赘述。所谓怒潮者，实潮汐中之最足惊异；大抵成于沿海河口，顺大潮而来。凡潮浪自海中进行至大陆时，若海边或河口之水过浅，则其进行之速率顿减。速率减，则海中之新潮浪骤进相遇，因而堆积增高，其结果则潮浪之水面乃迥高于河中之水面。水乃自河口内行，两岸相距愈近，则潮浪愈高，卒至成为飞沫怒涛，有奔腾澎湃，万弩齐发之势，是为怒潮。俟河口水面逐渐增高，潮浪之速率复原，怒潮乃止。"

"凡江中之有怒潮者，必具有以下之三要素：（a）河须滨海。河之流入湖沿者，不能有怒潮。（b）河口必须箕形，外口极阔，内行逐渐狭减。（c）河口必须甚浅，且须有沙礁（bar）横梗口外。潮退时，沙土暴露水面上，然河中水流宜甚速。"

赞钱塘江怒潮之雄伟："是故怒潮由于河海中水面不均而生，无足怪者。以钱塘怒潮之雄伟，虽足以起文人之诗潮，开俗子之胸襟；然若能以人力、机械，改作电力，则所赐当益不浅。"(《全集》第 1 卷，第 24-26 页)

**11 月** 《古谚今日观》刊登于《科学》第 2 卷第 11 期，文末署名"可"。以现代的科学知识对"神龙见首不见尾""海市蜃楼""月晕而风，础润而雨"之古谚做了通俗易懂的解释。

"《易》曰'云从龙'，其实龙即云也。读者疑吾言乎，请试论之。凡两地之气压不平均，则生风。凡空气上升，体积增长，温度低降，则生云。湖、海上之水龙（water spout）（即神龙），实为一极低之气压而成，其初生也，海上有旋转之风。旋涡之中，离心极大，气压因而低减，海面之空气因而上趋。旋转愈力，中间之气压愈低，而自海面及四周之风趋之愈捷。因而黑云层积。且新来之风，一入低气压，体积即增大而生云雾。是故其云愈降愈下，卒至极近海面。临岸观之，如第一图，不啻黑云中有怪物下降。且气压极低时，其力足以吸水上升，至水升过高，则复喷散于空际。无怪乎村夫乡老见之，惊骇怯走，不敢逼视，而群称之谓'龙上水'也。知水龙之所由来，则其有首无尾之理可以之解矣。"（《全集》第 1 卷，第 27-29 页）

**12 月** 由司选委员钟心煊、唐钺、王文培协商，拟定民国六年（1917—1918 年）科学社候选董事如下：过探先、邹秉文、竺可桢、陈藩。（《科学》第 3 卷第 2 期）

**1915—1916 学年** 在哈佛大学的成绩单（课程、授课教师和得分）如下：Glacial Geology（冰川地质学），Professor Atwood（阿德湖教授），B。Historical Geology（历史地质学），Associate Professor Woodworth and Assistant Professor Raymond（伍德沃斯副教授、雷蒙德助理教授），B。Climatology（research course）（气候学研究），Professor Ward（华德教授），B。Meteorology（research course）（气象学研究），Professor McAdie（麦开地教授），A。Electric Conduction in Gases and Radioactivity（气体与放射性物质的导电现象），Professor Lyman（莱曼教授），B+。（林伟《知识的跨国流通：竺可桢对哈佛大学地理学传统的继承与发展》，载《自然科学史研究》2023 年第 42 卷第 3 期，第 335-336 页）

表 12 竺可桢 1915—1916 学年成绩单

| 课程门类及编号 | 课程名称 | 授课教师 | 得分 |
|---|---|---|---|
| 地理学 2 | 冰川地质学 | 阿德胡 | B |
| 地质学 5 | 历史地质学 | 伍德沃斯、雷蒙德 | B |
| 气象学 20 | 气候学研究 | 华德 | B |
| 气象学 20a | 气象学研究 | 麦开地 | A |
| 物理学 12a | 气体与放射性物质的导电现象 | 莱曼 | B+ |

**农历丙辰年冬**① 父亲在东关镇病逝②。后来记述："父亲的病我也不知道，去年问霞姊说是吐血，今天兰姑讲是血管破，但有一年之久。我想血管破是事实，但不会到一年之久。"（日记590207，《全集》第15卷，第318页）

**约是年或次年圣诞节前夕** 时住剑桥城牛津街64号。去波士顿买了一张意大利Caruso唱的《圣母颂》唱片，拟送房东。那天地铁甚挤，火车到站停靠时，唱片被前面的人挤破。时思量："这事我既不能怪挤我的人，也不能告房东。"此事多年后仍记忆犹新。（日记670603，《全集》第18卷，第500页）

**是年** 寄钱回家，并让侄竺士芳（二哥之子）到上海澄衷学校读书。（《全集》第4卷，第328页）

**是年** 竺可桢选修了著名科学史家乔治·萨顿在哈佛开设的科学史课程（《中国科技史料》2003年第24卷第2期，第115页），从此对科学史产生了兴趣，因而和萨顿的交往长久不断。（日记470412，《全集》第10卷，第417页）

**在哈佛期间** 有一年曾与梅迪生同住一室。当时梅批评竺可桢是 very matter of fact。（日记460127，《全集》第10卷，第27页）

常于晚间出鼻血，后经美国医生将血管以电烧去一段，此患始止。（日记411208，《全集》第8卷，第198页）

**1916—1918年** 住在64 Oxford Street。（林伟《漫谈》）

---

① 具体月日不确，故以农历置之。
② 关于父亲去世时间，竺可桢有两种说法，一是1916年，一是1917年，可能系因农历之冬跨公历两年之间而具体月日不确之故。

# 1917 年（丁巳　民国六年）　28 岁

1 月　蔡元培任北京大学校长。

中华农学会在上海成立。

胡适、赵元任在《科学》发表《先秦诸子之进化论》、《中西星名考》。

胡适在《新青年》发表《文学改良刍议》。

2 月　陈独秀在《新青年》发表《文学革命论》。

3 月　中国科学社正式在教育部立案，呈准为法人团体。

俄国爆发二月革命，推翻沙皇政府。

4 月　毛泽东在《新青年》发表《体育之研究》。

美国正式对德宣战，加入协约国集团。

5 月　黄炎培等发起的中华职业教育社在上海成立。

6 月　任鸿隽在《科学》发表《实业教育观》。

7 月　张勋、康有为等拥立溥仪，在京复辟。12 天后失败。

陈衡哲在《科学》发表《说行星轨道》。

8 月　北京政府对德、奥宣战。

9 月　孙中山在广州宣誓就任中华民国军政府海陆军大元帅。

护法战争爆发。

中国科学社第二次常年会在美国布朗大学举行。

10 月　孙中山通电否认北京段祺瑞政府。

11 月　俄国十月革命爆发。

孙中山发表时局通电反对南北调和。

是年　蒋丙然在北京大学讲授气象学。

《农学杂志》在上海创刊。

华德任美国地理学者协会（Association of American Geographers）会长。

常驻地：波士顿

继续在哈佛大学研究院攻读博士。

**2月、5月**　《微苏维火山之历史》分两次发表于《科学》第3卷第2期、第5期（《时报》1917年9月13日、14日转载）。介绍了火山之形成、分类与全球分布。着重介绍微苏维火山的爆发历史、对附近城邑的影响与爆发时的惨烈景象。

述："世界天然之胜景，如名山大川、飞瀑、冰山，皆足以开胸夺目，动人之奇异心，起人之冒险心。但其为状之雄瑰，情形之惨恶，盖莫火山敌，崇山峻岭不崇朝而夷为平地，沧海渊谷未转瞬而成为大陆。'高岸为谷，深谷为陆'，火山发动之时，盖所常见也。我国南北，虽有火山数处，然均系数万年前之遗迹，至今则如秋日寒蝉，噤不作声。仅余尘泥，足为地质学家之考究而已。世界火山之最著名者，莫如意大利南方那波尔（Naples）相近之微苏维（Vesuvius），欲知其历史，非一察火山之来原，及其在各国各洲之分布不可。"（《全集》第1卷，第30-35页）

**3月**　《字赖施奈豆〈中国植物学〉短评》刊于《科学》第3卷第3期。谓："德国医学博士字赖施奈豆（E. Bretschneider），尽十余载心力，在我国北方考求植物学。并博搜群览，上自经子，下及方言。我国古籍之关于农、医、博物者，盖如汗牛充栋。而举国学子，热心科名，凡一切所谓玩物丧志之书，束之高阁。至今则除《尔雅》、《本草》、《山海经》而外，关于农医博物之书，鲜有为世所道者。字氏搜集此项书籍，都凡1148种，可为盛矣。"（《全集》第1卷，第36-38页）

**是月** 《中外茶业略史》载于《科学》第 3 卷第 3 期，文末署名"可"。曰："饮茶之习，现虽通行世界文明各国，然推原其始，实起于中国，当唐德宗时，政府征设茶税，足知当时我国人已有饮茶之癖矣。自海洋航行兴盛而来，此习遂盛行欧美。而茶乃为商业场中之一要品，在十九世纪中叶，我国执世界茶业之牛耳，有垄断一切之概。近二十年来印度茶、锡兰（Ceylon）茶之消〔销〕行，日增月盛。而我国固有之茶业，因农户不利用机器之发明，商家不为招徕广告之计，遂著著失败。至今在欧美各国之中国茶，犹以纸包盛之。此不但不足以行远御害，若与彼英人所制光艳夺目之茶瓶，同陈并列，未免相形见绌。彼欧美士人，虽非买椟还珠之辈，能不为皮相所欺乎。"

"英人茶癖渐深而后，以此项每岁漏卮甚大，乃想所以抵制之。英伦三岛，于茶气候不宜，故约瑞夫·泮克（Joseph Bank）1788 年创议，在印度垦种。自后英人之在印度研求植茶者，颇不乏人，迄未有所成。至十八世纪中叶，福君斯（Robert Fortunes）乃单身游历苏浙皖闽各省。察其土地气候之宜，故视其种植、割取、制备之法，研求数年，乃尽得中国茶业之底蕴秘密。归时携老于茶业者数人至印度，为教导师。其用心不可谓不苦矣。然有志者，事竟成。自此而后，印度茶业之发达，乃蒸蒸日上。"

"中国茶在英国市场中为印度茶与锡兰茶所掠夺，所窘败，盖明如指掌。近者，英人欲设法招徕，消行印度茶于俄国。此事若成，则我国茶业，将无立足之地矣。"（《全集》第 1 卷，第 39-41 页）

**是月** 译文《说风》发表于《科学》第 3 卷第 3 期。"本篇系译自英文棣力（R. M. Deeley）风说（Theory of Wind）。原文见英国 *Philosophical Magazine*，1915 年七月份，略加修改。"（《全集》第 22 卷，第 1-10 页）

**是月** 中国科学社呈准教育部立案，认为法人团体。（《全集》第 22 卷，第 284 页）

**4 月** 与中国科学社董事会其他董事任鸿隽、赵元任、胡明复、秉志、周仁、钱天鹤（安涛）联合署名发布《中国科学社修改总章草案通告》，刊于《科学》第 3 卷第 4 期。全文如下：

敬启者，本社总章就历年经验颇有与社务进行窒碍之处，急宜修改。除去年常年会提议修改各节，已见《科学》三卷一期79至82页外，今后由董事会委任陈藩、任鸿隽两君，草拟其他应行修改各节，并照总章第五十九条之规定，已得有社员五分之一（四十七人）以上之连署。谨据总章第六十条，将所连署之提议各节通知各社员，以便在本常年会中表决。常年会程序通告一并附上。即此，顺颂

学祉

中国科学社董事会　任鸿隽　赵元任　胡明复　竺可桢

秉　志　周　仁　钱天鹤

谨启

（《全集》第22卷，第11页）

**是月**　《四川自流井盐矿》刊于《科学》第3卷第4期。对四川盐井概况及自流井开矿方法作了介绍。

述："自流井在成都府之南，离省会约三百余里。人口几百万，均以采盐为业，盐矿富而且众。游子初抵此者，闻各处盐井机械丁当之声，以为身入欧美工厂矣。此在我国固罕见而在内地直不啻凤毛麟角。矿中机械，如掘井之钻凿以至曝盐之釜，无一非旧制者。器虽拙陋不堪，然以我国人工，供过于求，亦非失计。掘盐之法，蜀人已发明于千余年前，但后人拘守旧法，不加改良，故今日掘盐之法，犹是千余年前之法也。"（《全集》第1卷，第42-44页）

**是月**　从《科学》第3卷第4期起，负责新添设的"卫生谈"专栏，"由哈佛大学习医诸君及赵元任、竺可桢诸君担任"（《科学社要紧启事》，载《科学》第3卷第1期，扉页），为专栏撰写的文章有《卫生与习尚》《中国人之体格》《论早婚及姻属嫁娶之害》《中国人之体格再论》《食素与食荤之利害论》等。（《全集》第1卷，第45-59页）其中有多篇为《东方杂志》等刊物所转载。

**是月**　《卫生与习尚》刊于《科学》第3卷第4期，文末署名"可"。

述："我国官吏之腐败，贿赂公行，豺狼当道，此世界所公认也。我国兵勇之不足恃，多数招则为兵，散则为盗，此亦吾人所素知也。惟其知之，斯思

所以补救之，而尚有一线之希望。特我国上等社会书生学子，其体育之微弱卑
靡，极可寒心；而吾人反司空见惯，恬不为怪者，何哉？曰习尚为之也。谚
有之曰'书生手无缚鸡之力'，曰'弱不胜衣'，曰'文质彬彬'。所谓君子者，
除诗文书画之外，均为门外汉，不特入水不能扬帆游泳，在陆不能驾御射鹄。
但使步行十余里，即神昏目眩，如入五里雾中矣。试问以此等奄奄一息之士
子，而与英日德法之纠纠雄夫，角逐于今日之弱肉强食之世界，岂非以螳臂当
车乎？今日欧洲之战，兵士均掘沟而居，风雨寒雪，所不计也。行军时，负重
致远，昼夜百里。试问今日少年学子，能此者有几人哉？"

"昔人有言，上有好者，下必有甚焉。苟文人学子，不惮以一己之生命，
为国牺牲；农工商各业之闻风而起者，何患无人。若吾人之心理中，尚存一
'好铁不打钉，好男不当兵'之意念，则民国军事之前途无望矣。是故学子之
所以宜讲求卫生，操练体魄者，非徒为一己之幸福而已，亦所以预防将来为国
御敌，而尽国民惟一之天职也。"

"难者又曰：劳心者役人，劳力者役于人。张子房貌如处女妇人，而能运
筹帷幄，决胜千里。文人学士要当役人，而非役于人者也。曰唯唯否否。夫智
育固宜重，而体育尤不可忽。貌如处女之张子房固能助汉高祖策定天下，然伟
丈夫之张子房未必与樊哙、绛灌为伍，或者且能与刘、项逐鹿中原也。今日
之世界，一专门世界也。生有涯而学无涯。欲长于一技，精于一术，非刻苦攻
求，夜以继昼不可。然欲下帷苦攻，而能无伤于体育，非讲求卫生不可。"

"在中国则文人学子之微弱与妇女等，而其体育远逊于小工农夫，此其故何
哉？盖千金之子，保护而珍惜之。诸凡用力之工作，均使童仆为之。偶有躬自洒
扫者，则目为习下流。子舆子曰：'人生于忧患而死于安乐。'体魄亦然，运动者
强，怠惰者弱。夫所谓运动者，非必入操场踢球、赛跑也。游泳，运动也。取楫
驭舟，亦运动也。即登高、行远，入山而樵，沿河而渔，以至汲水，负重，何莫
非运动也。苟于课余之暇，每日能费一二句钟，专心体育，则不但可强健体魄，
其对于智育及德育上亦有善良之影响也。若终日闭门读书，凡关于工作之事，均
不屑为；则血脉不灵，胃败肺弱，又何怪乎。"（《全集》第1卷，第45-46页）

图 46　竺可桢为《科学》杂志开辟　　　　图 47　《青年杂志》第 1 卷第 2 号上刊登的
新专栏"卫生谈"首页　　　　　　　　　　《科学》广告

**5 月**　译文《中国之煤矿》刊于《科学》第 3 卷第 5 期，原文为英文，作者丁文江。"本篇除序言而外，译自《远东时报》（*The Far Eastern Review*）1916 年六月期 "The Coal Resources of China"，著者 V.K.Ting。"

文前有"译者识"如下：

今日之世界，一煤铁之世界也。一国之文化财用及其在全球所占之势力，几视其耗用煤铁之多寡而定。不观乎英伦三岛乎，两世纪前，一世界无足轻重岛屿之国耳。自纺绩机器发明以来织造呢布之厂林立，曩日千夫之力，一人为之而有余，百日之工，一朝夕而就，是故呢布各货，供过于求，不得不销行于国外。适汽机之用大明，轮舶与铁道立，交通大便，商业益盛。商业盛，而不得不有兵力以为后盾；于是而海军兴也。国既富而强，遂乃鲸吞懦弱之国，如印度其鱼肉也。灭绝野蛮之人种，如澳洲美洲之土著，其明证也。英国之所以有今日者，机器为之也。然厂中机械，及轮舶车轨，均以钢铁为之；而各种机器之运行，又非煤不为工。设英伦三岛无煤铁之矿，则其不能有今日也可必矣。

　　返观吾国，储藏煤炭之多，除美国、坎拿大而外，为各国所不及。而铁矿之富，与巴西、美国，同为列强所美妒。若吾人能利用此无量天赐之宝藏，则中国前途，诚足庆慕。但事处今日，不得不借材求资于异域。夫非我族类，其心必异，而东邻小国，其勃勃之野心，尤不可问。自日俄战争而后，南满各处之煤铁矿，既入其囊橐。值我国革命，人心未暇他顾之时，而汉冶萍煤铁矿，又入其掌中，此吾人所最足寒心者也。此文为我国政府地质测量局长（Director of Chinese Geological Survey）著，见《远东时报》去岁六月期，急译之以飨同好。

　　　　　　　　　　　　　　　　　　（《全集》第 22 卷，第 12–16 页）

　　**是月**　《中国人之体格》发表于《科学》第 3 卷第 5 期，原文无署名。

　　述："中国人之体育，与世界他种人类之体育相较，居于何等之地位乎？此一极有趣亦极重要之问题也。曩日英、德陆军官之受聘于我国政府而操练兵士者，莫不称许我国兵卒之任勇耐劳，能负重致远而不疲。戈登之言曰：'于战场之上，枪林炮雨之中，临阵决胜，中国之兵，若加以良善之节制教练，其勇果不亚于泰西各国之兵'。是吾国人体育高昂虽不及英俄德美诸国，而矫健则有过之无不及矣。今日商、学界之多羸弱憔悴者，盖由自暴自弃所由取耳，岂先天有以使然哉。"

　　"一国人民体育之强弱，不特视个人体格之修短巨细轻重，尤视其耳目之灵敏，心肺之作用，肠胃之壮健，以及抵御疾病之能力。惟体格之修短轻重，易于测求。而心肺胃肠行运之善良，难定标准。此所以各国体育家之砣砣于测量体格也。我国于体育素不注重，故除少数学校而外，鲜有体格测量之成绩。校中学生又多未及冠者，虽有成绩，亦不能概全国。"

　　文中引美国康奈尔大学中国学生 1908 至 1912 五年中入校时体格之成绩，与该校美国学生入学时体格列相比较，结论是："我国人之体格，未免相形见绌矣。盖平均美学生较高于我国学生者 2.5 英寸，而较重 23 磅。最可惊者，则彼等目力之佳也。美国学子近视者仅百分之 19.4，而我国乃至百分之 61。"

"夫学生之体格不足以代表全国固矣，十二学子不能代表学生全体更明甚。特巧妇不能为无米之炊，所以不能不借材异域。还望吾国之教育家体育家之急起而谋，庶乎商、学各界体育缺点，可以表白出之，而求其救济之方。"（《全集》第1卷，第47-49页）

**7月**　《科学》杂志"中国科学社纪事"栏刊发"改选分股长之结果"：竺可桢当选中国科学社物算股股长。"现在住址"为"Harvard, M.A., 64 Oxford St. Cambridge, Mass."。（《科学》第3卷第7期，第817页）

**9月5—7日**　出席中国科学社在美国罗岛省普罗维屯斯城（Providence）勃朗大学（Brown University）举行的第二次常年会。邹秉文、竺可桢、周仁当选董事，任期两年。选举张謇（字季直，号啬庵）为名誉社员，伍廷芳（字文爵，号秩庸）、唐绍仪（少川）、范静生（源濂）[①]、黄炎培（字任之，号楚南）[②]为赞助社员，蔡元培（孑民）[③]为特社员。（《科学》第4卷第1期，第48-55页）

图48　出席中国科学社第二次常年会全体代表合影[④]

第一排右六为任鸿隽，任身后为竺可桢

"司选委员长钟心煊君宣告1917年选举董事结果。照社章第二十九条每

---

① 范静生，时任中华民国教育总长。
② 黄炎培，是年联络教育界、实业界知名人士在上海发起成立中华职业教育社。
③ 蔡元培，时任北京大学校长。
④ 取自《科学》第4卷第1期。

单数年改选董事三人，今年为1917年故应改选董事三人。初由司选委员提出竺可桢、邹秉文、陈藩、过探先四君为候选董事，及选举董事通告既出，复由社员照社章五十条及五十一条提出周仁、苏鉴两君为候选董事。合前四人共得候选董事六人。未几陈藩君坚辞不预候选之列，故至最后投票时候选董事仅有竺可桢、周仁、邹秉文、过探先、苏鉴五君。其得票数如下：

邹秉文　51　竺可桢　50　周　仁　42　过探先　36　苏　鉴　31

"以上当选者为邹秉文、竺可桢、周仁三君，合去年选举之任期二年董事任鸿隽、赵元任、胡明复、秉志四君共得七人。据社章三十条各董事互选董事会职员。其结果如下：

（1）社长：任鸿隽四票　周　仁两票

（2）书记：赵元任四票　竺可桢两票

（3）会计：胡明复四票　邹秉文两票

当选者如下：

任鸿隽（社长）　赵元任（书记）　胡明复（会计）"（《年会记录》第20页）

**9 月**　当选中国科学社新一届物算股长。

《科学》杂志刊发《中国科学社启事》，宣布新分股委员会成立。

各分股长改选互选之结果，本届分股委员会职员如下：

| | |
|---|---|
| 分股委员长矿冶股长 | 孙昌克 |
| 物算股长 | 竺可桢 |
| 化学股长 | 邱崇彦 |
| 工业化学股长 | 侯德榜 |
| 机械工程股长 | 杨　铨 |
| 电机股长 | 欧阳祖绶 |
| 土木工程股长 | 郑　华 |
| 生物股长 | 钟心煊 |
| 农林股长 | 邹秉文 |
| 副 | 钱天鹤 |

| 医药股长 | 吴旭丹 |
| 生计学股长 | 王毓祥 |
| 普通股长 | 郑宗海 |

各股交代均已办理清楚，分股委员长孙君，亦已受职任事矣。

（《科学》第 3 卷第 9 期，第 1027 页）

**9 月** 《论早婚及姻属嫁娶之害》发表于《科学》第 3 卷第 9 期。后转载于《东方杂志》第 15 卷第 9 号。

云："我国风俗之有碍于卫生者甚多，而婚姻之弊其一焉。依礼则男三十而娶，女二十嫁，所以防早婚之弊，其制诚善。自孟轲创'不孝有三，无后为大'之说，而后世无知之徒，遂以为人生唯一之目的，在于嫁娶生养，唯一之幸福，在于含饴弄孙。夫为父母之愿，男有家而女有室，人情也。使人类而无男女生养之大欲，则百年以内，行将灭迹于全球矣。特必以延嗣为人生惟一之目的，则误矣。"

"欲子孙之繁盛而早婚之弊以生。男未及冠，女未及笄，即已洞房花烛。甚至髫龄弱冠，正宜下帷苦攻，或则乘风破浪之年，乃亦画眉于阃内。子子孙孙，成为习俗，司空见惯，恬不为怪。此不但于个人卫生有关，即于少年之志愿前途亦一大障碍也。'好花堪折便须折，莫待无花空折枝'，此仅为采花者设想耳。若欲其花之实也，宁可摧之残之乎。"

"人生至十四五而男女之情欲生，是为发育期（Puberty），为一生极要之关键，盖于此时若无长老朋友之善导，必且丧身失节也。在此期苟能善自保养，则男女之体魄，长育极迅速。"

"我国婚娶多在男女发育期及成长期〈之期〉。当此之时，正如花之将放，宜培之，植之，厚养之，以期其涣发。不然则安能望花之畅茂，而果之丰润乎。谓〔早〕婚之害，泰西古代哲学家多能道之。……我国实业工厂发达而后，势亦不得不步各国之后尘。特恐社会迷信已深，欲祛除旧习，非一朝一夕事也。报纸为传播新知识之机关，而近时执笔者，尚有鼓吹男至二九，女至二八，即须为佳人才子之撮合之论，斯可叹焉。"

"早婚与人口之蕃盛，亦有密切之关系。英人亭兰氏（J. O. P. Bland）曰：'中国财政如此之窘迫者，人口蕃盛为之也'。而推其人口蕃盛之故，则早婚其一焉。

"姻属嫁娶之害，昔人知之甚悉。是故有同宗不婚之例。盖以血脉甚近之男女，互相嫁娶，则其子孙多有冥顽不灵者。特后世数典忘祖，遂以为同姓者虽秦越异地不可以稍假借，而王谢累世联姻则反引为佳话。试问姊妹兄弟，同为骨肉，其于血脉之远近，有何同异哉？"（《全集》第1卷，第50-51页）

**10月** 《中国人之体格再论》刊载于《科学》第3卷第10期，文末署名"可"。谓据英人克络克（A. H. Crook）氏在香港大学所之调查结果，我国幼年男童高度，与菲列滨年龄相等者不相上下。而较之日童高16厘米（六英寸）至5.6厘米（约二英寸）不等。但较之美国同龄男童，则相形见绌。（《全集》第1卷，第52-53页）

**约是年秋** 与华德教授商议，博士论文的选题为"远东台风研究"。选题既定，竺可桢决心向这个科学问题发起冲刺，在1917年末到1918年夏这半年多时间里，拿出像样的成果来。（《中国百年留学全纪录》第2册，第504页）

图49 华德教授（1867—1931）[1]

---

① 取自林伟《漫谈》。

**12 月** 《食素与食荤之利害论》发表于《科学》第 3 卷第 12 期，后转载于《东方杂志》第 15 卷第 11 号，《时事新报》（上海）1918 年 11 月 8 日、9 日。

曰："蔬食与肉食之利弊，实科学之问题，而非宗教与道德之问题也。吾人好生恶杀，孔子之远庖厨，齐宣王之见牛觳觫，而欲以羊易牛，此非掩耳盗铃之举，乃人之常情。然由今日观之，则牛羊有生灵者也，禾黍五谷亦有生灵者也，甚至蝼蚁微菌何莫非有生灵者也。佛曰'超度众生'，然拈花微笑，已不免摧残果实矣。夫画饼不足充饥，甘露宁能果腹，苟持极端好生恶杀之义，其不至率人类同为饿莩者几希。昔美人弗兰克林专尚蔬食，一日观人割鱼，剖腹而小鱼被吞者见，乃叹曰，弱肉强食，彼同族乃相残杀如斯，何怪渔夫之以罟入水乎。是故今日之问题，非为吾人自道德上观之，有否食鱼豕鸡羊之权利，而为自卫生学上观之，食荤与食素之孰为益孰为损耳。"

"蔬食二字，有狭义，有广义。所谓广义者，则谓凡物之除五谷、果、菜而外，概不得食。所谓狭义者，则谓凡物之非肉类，如虾、鱼、油、蛋、牛奶，尽可佐餐。蔬食与肉食之范围，既有如此之差异，今请以例之世界各国，则欧美诸国肉食国也，印度蔬食国也。惟我国与日本则介乎其间。曹刿曰：食肉者鄙，则当时之不重肉食明矣。实则吾国除少数之士大夫能食前方丈而外，多数人民均蔬食。夫舍少数妇女之因佞佛而蔬食者，吾国蔬食如是其多者，非为菜味胜于肉味也，亦非有鉴于卫生而择菜弃肉也，实由于生计程度低，肉贵蔬贱，势不得不群趋而蔬食。使吾国人之生计程度与欧美不相上下，将见吾人群趋而肉食矣。"

"主肉食与蔬食者，既各持一说，势不得不折衷于科学上之研究。试问今日之科学家能为一言之断定乎？曰未也。然吾人所可继言者，则（一）蔬类食物中之养料，虽较逊于肉类食物中之养料，然以其富于炭轻化物，其养料之成分，以百分计，反较肉类中养料成分为多。如米与麦，其重量百分之 87.5，可以为资养之料。而牛豕羊肉，则其养料成分，仅为其重量百分之 36 至 50 。盖其余百分之 64 至 50 均为水也。蔬类中如豆者，则其养料实不亚于肉类。而肉类中如炒猪肉，则消化极不易。（二）蔬类与肉类并用，于卫生上无甚妨碍。特肉类不能用之过丰，过丰则不利于胃肠之作用。惯于食肉者忽令戒荤，则其身体重量必骤降，然数月而后，习惯既成，则不但无恶感，且可以健身也。（三）各国人口，百载而倍之。苟无战争疠疫以消灭其赢余，无殖民地以散布其子孙，则欲饱食暖衣，势不得不尽垦畜牧场以树艺五谷棉麻等。是故世界今日之趋势，为自肉食而进于蔬食也。故维耳休（Virchow）曰：'将来之世界，一蔬食世界也。'"（《全集》第 1 卷，第 54-59 页）

**是年**　获 1917—1918 学年哈佛大学文理研究院提供的乔治·爱默生奖学金（George H. Emmerson Scholarship）。每年有 400 美元资助。（林伟《漫谈》）经导师华德推荐，当选美国地理学会会员（Fellow of the American Geographical Society）。（《中国百年留学全纪录》第 2 册，第 503 页）

*George H. Emerson*
CO-CHING CHU,
JOSEPH PETER CONNOLLY.

*Virginia Barret Gibbs*
CLEVELAND SYLVESTER SIMKINS.

*Thayer*
WILLIAM MOORE CRAIG.
ROBERT FRANCIS KELLEY.
GEORGE EARLE WILSON.
CHARLES HENRY WOOLBERT.

THE GEORGE H. EMERSON SCHOLARSHIPS; three, with an income of four hundred dollars each. GEORGE H. EMERSON's residuary bequest, part of which is in the hands of the Trustee under his will, $20,656.20 having been paid to the College in 1905, became available in 1903, when it was valued at about twenty-five thousand dollars, for the establishment of these scholarships. Mr. EMERSON's will provides that the income shall " be divided into four equal portions to be devoted to the establishment of four scholarships in the Lawrence Scientific School, one in each of the departments of Zoölogy, Geology, Mineralogy, and Chemistry; the condition of this bequest being that these scholarships shall be open only to needy and meritorious students who are not paid assistants in, and are regular graduates of, one of the aforesaid departments and who are desirous of continuing their studies in either of such departments, such scholarships to be granted at the discretion of the Faculty of the said Lawrence Scientific School, and any surplus income which may accumulate by reason of the vacancy of any of said scholarships to be added to the principal of this bequest." For the present three of these scholarships are assigned to the Graduate School of Arts and Sciences, and one to the Bussey Institution.

图 50　竺可桢等获爱默生奖学金的档案记录 [①]

①　引自林伟《漫谈》

**是年** 曾报名从军做英文翻译。述："到一九一七年美国加入战争，许多美国学生统去从军，学校里就现出战时景象。那时中国虽没有派兵到欧洲，联合国却招募许多山东省工人到法国后方工作。留美中国学生基督教青年会征求中国学生去法国为工人做英文翻译。我那时虽正在预备博士论文，却自告奋勇地报了名。""可是因为我和中国青年会方面没有渊源，我没有被选去法国当翻译，结果我还是在哈佛读完了我的博士学位。"（《全集》第 4 卷，第 90 页）

**是年** 亲历了美国大学生应征入伍与战亡的情形。述："当民国六年欧战正到紧急关头，英法联军声嘶力竭，美国加入战争的时候，笔者正在美国某一大学做一个学生，亲眼看见美国学生一天少似一天，留校的学生也都武装起来，预备东征。原来的电机实验室改作临时无线电训练班，原来的学生宿舍住满了穿深蓝色水手衣服的士兵。民国六年那班六百多个学生，毕业后加入海陆空军的占了百分之九十，只留下些眼睛近视，牙齿不良，或是两足不能远行的人们去避免兵役。全班百分之五十以上的人横渡大西洋，直接参加战役。到民国七年十一月战事结束，这民六抗战年毕业班的学生，死亡于炮火、飞机和前方所染疫疠的人，占了全班人数百分之二十八。到如今，这二百数十人的照片还是挂在笔者母校礼拜堂的一个墙角上，作为第一次世界大战的纪念品。这无非是举一个例。当时美国其他大学的情形也相仿佛，英德各国大学生，因为抗战时期更久，所以牺牲更大。"（《全集》第 2 卷，第 551 页）

**1916—1917 学年** 在哈佛大学的成绩单（课程、授课教师和得分）如下：Microscopical Investigation of Ores（矿石显微镜分析），Professor Graton（格拉顿教授），A。Seismology（地震学），Associate Professor Woodworth（伍德沃斯副教授），B+。Climatology（research course）（气候学研究），Professor Ward（华德教授），未登记成绩。Meteorology (research course)（气象学研究），Professor McAdie（麦开地教授），A。（林伟《知识的跨国流通：竺可桢对哈佛大学地理学传统的继承与发展》，载《自然科学史研究》2023 年第 42 卷第 3 期，第 336 页）

表13　竺可桢1916—1917学年成绩单

| 课程门类及编号 | 课程名称 | 授课教师 | 得分 |
|---|---|---|---|
| 地质学11 | 矿石显微镜分析 | 格拉顿 | A |
| 地质学19 | 地震学 | 伍德沃斯 | 未登记成绩 |
| 气象学20 | 气候学研究 | 华德 | B+ |
| 气象学20a | 气象学研究 | 麦开地 | A |

**在哈佛求学期间**　校长是 Abbott L. Lowell（罗惠耳）。（《全集》第4卷，第89页）老师有 Dr. Atwood，W. W.（阿特伍德）（日记470313，《全集》第10卷，第395页），Robert Dec Ward（华德）、Alexander McAndie（麦开地）（《全集》第4卷，第89页），George Sarton（萨顿）（日记470412，《全集》第10卷，第417页），天文家教授庇克灵、化学教授立且特、地理教授台维司、地质教授达米（《全集》第4卷，第89页），医生是 M. F. Chung（日记470604，《全集》第10卷，第457页）等。

"阿特伍德是美国地理学界的后起之秀，他十分重视野外实习和中小学地理教育。……竺可桢在哈佛学习期间即从师于阿特伍德学习自然地理学。他还通过罗伯特·华德吸取了尤利乌斯·冯·汉恩的描述性气候学的思想，采纳了气候条件对人类的影响的观点。在气象学专业课程中，华德的《气候与人类的关系》被定为气象专业的教科书之一，该书的观点对竺可桢影响很大。"（张九辰《竺可桢与东南大学地学系——兼论竺可桢地学思想的形成》，载《中国科技史料》2003年第24卷第2期，第118页）

哈佛大学地质学与地理学系[①]开设有普通地质学、经济地质学、地理学与自然地理学、气象学与气候学、岩石学、矿物学等专业课程。竺可桢选修的课程不仅仅限于气象学，还有地质学和地理学等。他主修了天气与天气预报、气候与人类、北美气候、东半球气候、气象学与气候学的研究课程、历史地质学、冰川沉积学、地震学、区域地理等诸多课程。（同上，第115页）

主要师从华德、麦开地、阿德湖（阿特伍德）等教授，以气象学、气候

---

① 地质学与地理学系即地学系，隶属于哈佛研究院。

学方面课程为主修，同时兼习自然地理学、地质学、物理学等自然科学领域课程。（牛力《从地学到地理学：竺可桢与中国近代大学地理学系的构建》，载《南京大学学报（哲学·人文科学·社会科学）》2023 年第 5 期，第 130 页）

归国后在武昌高师、南京高师—东南大学均开办气象台，日后主持中央研究院气象研究所，在南京北极阁建立气象台，倡导在全国广设气象站。这都跟他在哈佛大学期间在蓝山气象台的观测经验有直接的联系。（林伟《漫谈》）

# 1918年（戊午　民国七年）　29岁

1月　《新青年》改用白话和新式标点符号。

　　　任鸿隽在《科学》发表《发明与研究》。

2月　苏俄政府公告废除中俄不平等条约。

3月　日本政府与段祺瑞政府互换《中日共同防敌军事协定》。

4月　毛泽东、蔡和森、何叔衡等在长沙组织新民学会。

　　　侯德榜在《科学》发表《中国油业之前途》。

　　　教育部公布《学术审定会条例》。

5月　北京大专院校学生游行示威，反对中日"共同防敌"密约。

　　　孙中山宣布向非常国会辞大元帅职。

　　　鲁迅在《新青年》发表《狂人日记》。

　　　陈独秀等在《新青年》批判灵学。

6月　《大中华报》全文刊登中日军事密约。

7月　蔡元培在《新青年》发表《新教育与旧教育之歧点》。

　　　教育部法定每年选派大学教授赴欧美留学。

8月　中华职业教育社在上海成立中华职业学校。

　　　孙中山在上海发出《告海外同志书》。

9月　安福国会选举徐世昌为大总统。

　　　中国科学社第三次常年会在美国康奈尔大学举行。

10月　徐世昌就任中华民国第二任大总统。

　　　北京大学新闻研究会成立，推校长蔡元培为会长。

　　任鸿隽在《科学》发表《何为科学家》。

11 月　德国战败投降，第一次世界大战以协约国胜利宣告结束。

　　李大钊发表演说《庶民的胜利》。

12 月　蔡元培发表《科学社征集基金启》。

　　李大钊、陈独秀、胡适等发起《每周评论》在北京创刊。

是年　中国科学社办事机构迁至国内，在上海、南京设中国科学社事务所。

　　李四光在伯明翰大学通过答辩，获硕士学位。

是年　程开甲（1918—2018）出生。


常驻地迁移：波士顿—武昌


　　2 月　SOME CHINESE CONTRIBUTIONS TO METEOROLOGY（中国对于气象学的贡献）在 *The Geographical Review* 第 5 卷第 2 期[①]上发表，是为涉足中国气象学史研究并向国际学术界介绍中国古代科技成就的最早文献。述："Before the introduction of the western sciences, meteorology in China never advanced beyond the stage of prognostication by proverbs. Although meteorological instruments had been invented (some of them preceded the western discoveries by several centuries), yet they were never made use of on a large scale, and were looked upon rather as curiosities than as instruments to be utilized for human benefit."（《全集》第 5 卷，第 28-32 页）

　　王鹏飞[②]对竺可桢气象学史的研究成就有过全面评价，谓："竺老自 1916 年到 1974 年所写的气象学史的论文，可分为思想及方法论、自然气象史、气象人物史、气象通史、气象分科史等多类。"

　　"在气象史方法论方面，竺老强调要归纳法与演绎法并用，认为治学态度

---

① 《全集》第 5 卷第 32 页，未注明期号。
② 　王鹏飞，大气物理学家，南京气象学院现为南京信息工程大学教授。

要'知之为知之，不知为不知'；研究科学要不盲从、不附和，以理智为依归；宜虚怀若谷、专心一致、毫不苟且；科学知识既取之于民，要用之于民；应与工业和农业相结合，还应重视培养科学史人才。"

"竺老本身在历史、古文、外文方面，造诣很深，所以在气象史研究上能凭借其学贯古今、知融中外的条件，高屋建瓴地综观全局，从而能真知灼见地且左右逢源地处理史料，写出具有高水平的气象史论文来。"

"竺老在气象分科史方面写了十多篇论文，包括气象资料史、物候史等，他还对我国古气候谚语有精辟的解释。"

"竺老在中国气象史文章中所引用的文献十分丰富，计有 150 种以上，重视'语必有据'，处理问题相当谨慎，很少草率从事。他发表文章的报纸杂志，也达数十种之多。既有中文的，也有外文的，他的许多观点为中外学者所赞同。例如英国李约瑟在其《中国科学技术史》中，多次提到竺老对此一巨著的帮助，并在不少地方采用了竺老的观点。"

"竺老是个中国气象科学史上有划时代意义的人，他不仅属于曾直接接触过他的人（即其友生），他是属于中华民族科学界长期需要纪念的人物。"（王鹏飞《竺可桢和科学史研究》，载《先生之风 山高水长》第 98-103 页）

**3 月 3 日** 杨杏佛致函赵志道，述："《科学》编辑会于十时开，书记一职删去，由部长总理一切，重新组织。以前之纠葛皆由一人而起，今此人已删去，办事当不如前棘手矣，惟吾事稍多耳，然有唐、程、饶三君为帮手，亦未必视前多劳也。将此半年混过，或移归国，或仍在此，皆当别一天地，不如今之苦也。……今日会后与唐、饶、程、竺同至醉香楼食中国饭，饭后在 Conant Hall 办《科学》至四时……"（《啼痕》第 283 页）

**是年春**（波士顿） 始与张侠魂[①]通信。张侠魂系张默君之胞妹。张默君（原名昭汉，字漱芳，英文名莎非亚），中国同盟会会员，1918 年曾到哈佛考察

---

[①] 张侠魂（1896—1938），原名振亚，湖南湘乡人。父张通典，母何承徽（晚年尊称"仪孝老人"），二姐张默君（适邵元冲），三姐张淑嘉（适蒋作宾，男女一起排行第五，习惯称"五姐"）。

教育，时任上海神州女校校长。1938 年张侠魂病逝后，张默君撰《竺夫人张侠魂传》，以为纪念，曰："民七春，予衔教部命之欧美考察教育，遇竺君藕舫于东美哈佛大学，由王君伯秋之介，知为品高学邃，精气象地理，留学界有数之士；方治其博士论文，行将归国；且犹未婚，遂托伯秋为侠魂绍介，藕舫大喜。旋乞予书访侠魂春申，一见倾心，乃订盟。"（张默君《竺夫人张侠魂传》，载《竺夫人纪念册》第 5 页，竺可桢藏）吴宓自编年谱有述："在哈佛医院病室中，与宓病床相联者，左为曹丽明，右为竺可桢。竺可桢君，字藕舫，习地理及气象学，已得博士学位。1919 春，张昭汉（默君）女士来波城，为妹择婿，得竺君'年少美才'，甚喜。商谈结果，竺君与张妹订婚。竺君今年回国，任国立东南大学地理系教授兼主任，与张妹结婚。虽未见面而订婚、结婚，结果亦甚圆满也。（竺君先宓入医院，又先宓出医院。）"（《吴宓自编年谱（1894—1925）》，吴宓著，吴学昭整理，生活·读书·新知三联书店，1995 年，第 202 页）

**1917—1918 学年** 哈佛大学的成绩单（课程、授课教师和得分）如下：Climatology（research course）（气候学研究），Professor Ward（华德教授），A。Meteorology（research course）（气象学研究），Professor McAdie（麦开地教授），A。History of Physics in the Eighteenth and Nineteenth Centuries（18 至 19 世纪的物理学史），Dr. Sarton（萨顿博士），旁听。（林伟《知识的跨国流通：竺可桢对哈佛大学地理学传统的继承与发展》，载《自然科学史研究》2023 年第 42 卷第 3 期，第 336 页）

表 14　竺可桢 1917—1918 学年成绩单

| 课程名称 | 授课教师 | 得分 |
|---|---|---|
| 气候学研究 | 华德 | A |
| 气象学研究 | 麦开地 | A |
| 18—19 世纪的物理学史 | 萨顿 | 旁听 |

**5 月 1 日** 在华德指导下完成博士论文 A NEW CLASSIFICATION OF THE TYPHOONS OF THE FAR EAST（远东台风的新分类），并顺利通过了答辩。论文答辩委员会成员为华德、约翰·沃尔夫（John E. Wolff，地学部主

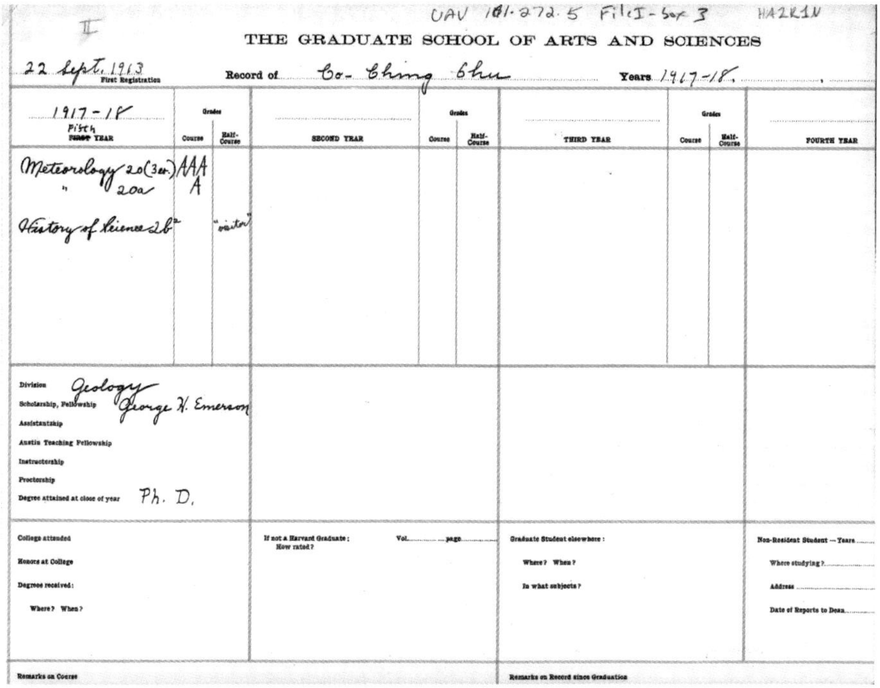

UAV 161.272.5 File I - Box 3　HARKIN

II

THE GRADUATE SCHOOL OF ARTS AND SCIENCES

22 Sept. 1913 First Registration　Record of Co-Ching Chu　Years 1917-18.

| 1917-18 Fifth ~~FIRST~~ YEAR | Grades Course | Half-Course | SECOND YEAR | Grades Course | Half-Course | THIRD YEAR | Grades Course | Half-Course | FOURTH YEAR |
| --- | --- | --- | --- | --- | --- | --- | --- | --- | --- |
| Meteorology 20 (3 cr.) | AAA | | | | | | | | |
| " 20a | A | | | | | | | | |
| History of Science 2b² | | "visitor" | | | | | | | |

Division Geology
Scholarship, Fellowship George H. Emerson
Assistantship
Austin Teaching Fellowship
Instructorship
Proctorship
Degree attained at close of year Ph. D.

College attended
Honors at College
Degrees received:
Where? When?

If not a Harvard Graduate; Vol. ...... page ......
How rated?

Graduate Student elsewhere:
Where? When?
In what subjects?

Non-Resident Student — Years ......
Where studying? ......
Address ......
Date of Reports to Dean ......

Remarks on Course

Remarks on Record since Graduation

图 51　竺可桢 1917—1918 学年成绩单①

任、地质学教授)、杰伊·伍德沃斯（Jay B. Woodworth，地质学副教授)(林伟《漫谈》) 论文首页题目下方记有：

A THESIS SUBMITTED

TO THE

FACULTY OF ARTS AND SCIENCES OF

HARVARD UNIVERSITY

IN PART FULFILMENT OF THE REQUIREMENTS

FOR THE DEGREE OF DOCTOR

OF PHILOSOPHY

IN GEOLOGY.

(《全集》第 5 卷，第 33-84 页）

① Transcript of Co-Ching Chu [A]//Harvard University Archives, UAV 161.272.5, File Ⅰ, Box 3.

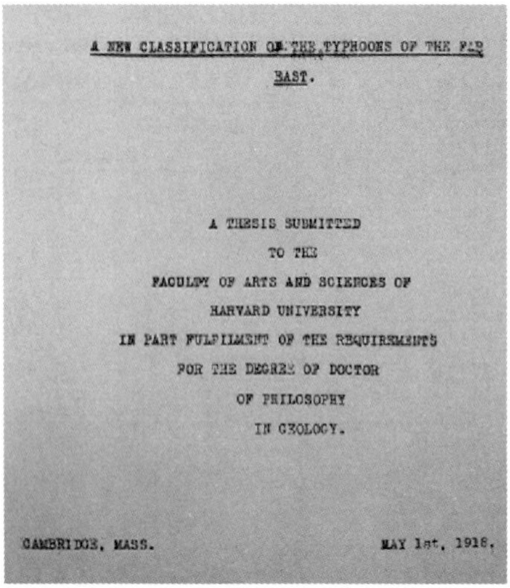

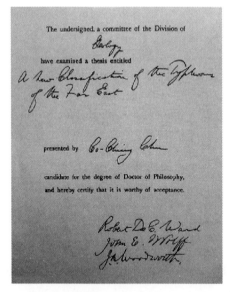

图 52　竺可桢博士论文英文打印稿封面[①]

图 53　博士论文答辩委员会通过答辩的评定意见书[②]

博士论文后来分三部分，发表在 *Monthly Weather Review* 上。一是以 SOME NEW FACTS ABOUT THE CENTERS OF TYPHOONS（台风中心的若干新事实）为题发表在 *Monthly Weather Review* 第 46 卷第 9 期（1918 年 6

①②　原竺可桢研究会藏。

月 15 日收稿，12 月 7 日发表）[1]（《全集》第 5 卷，第 85-90 页）；二是以 A NEW CLASSIFICATION OF TYPHOONS OF THE FAR EAST（远东台风的新分类）为题发表在 *Monthly Weather Review* 第 52 卷第 12 期[2]（《全集》第 5 卷，第 94-117 页）；三是以 THE PLACE OF ORIGIN AND RECURVATURE OF TYPHOONS（台风的源地与转向）为题发表在 *Monthly Weather Review* 第 53 卷第 1 期[3]，发表时内容稍有修改（《全集》第 5 卷，第 118-130 页）。博士论文首次对东亚台风进行全面、详细研究的学术论述，由此使他成为东亚台风研究的权威人士。

叶笃正[4] 评述："竺先生的台风研究也有创见。1918 年在《台风中心的若干新事实》一文中，他就首次指出台风眼的高温是下沉气流造成的。"（叶笃正《竺可桢先生——我国近代气象学、地理学的奠基人》，载《先生之风 山高水长》第 6 页）

陶诗言[5] 评述："在《台风中心的若干新事实》（1918）一文中他指出'台风中心，温度多突增高，湿度则剧烈低减，故必有缓和之下沉气流存在。云雨消散与风速之衰减即系于此。'这是当时的创造性新概念。在《远东台风的若干新分类》（1924）和《台风的源地和转向》（1925）两文中，他根据 1904—1915 年 247 个台风的资料，详细分析了远东台风活动中心的季节特征、发源地、移动路径以及转向的地点等问题，评论了当时徐家汇天文台、香港天文台和马尼拉气象台所作台风分类法的缺点，提出他自己的台风分类法。"（陶诗言《竺可桢先生对中国近代气象学的贡献》，载《院史资料与研究》2000 年第 4

---

[1] 《全集》第 5 卷第 90 页注释为 1918 年 9 月，编者似乎将第 9 期误认为 9 月号。

[2] 《全集》第 5 卷第 117 页注释为 1924 年 12 月，编者似乎将第 12 期误认为 12 月号。英文原标题下方注明发表日期 1925 年 3 月 6 日。

[3] 英文标题下方注明 1925 年 3 月 31 日发表，落款单位为 "National Southeastern University, Nanking, China"。

[4] 叶笃正，气象学家，中国科学院院士。曾任中国科学院副院长。获 2005 年度国家最高科学技术奖。

[5] 陶诗言，气象学家，中国科学院院士。曾任中国气象学会理事长。

期（总第 57 期）[①]，第 20 页）

束家鑫[②]以近期的研究成果与竺可桢当年的研究加以对比，作了长篇详尽评述：

"中国近代气象科学和地理学的奠基人竺可桢博士，是受人敬仰的当代科学巨匠之一，向以学识渊博著称于世。他的兴趣是多方面的，诸如天文学、生物学、自然科学史、地质学、地形地貌学等等，均有一定的贡献，在气象学上的造诣更是广博精深，台风就是其中之一。据不完全统计，他从 1918—1936 年的 19 年间发表或涉及有关台风方面的论文有 12 篇之多。"

"我国是全世界少数几个受台风影响最严重的国家之一。早在 1916 年，竺老就恳切地提出建议说，'中国沿海 4 000 余英里台风为患，岁必数十起，……由以知气象台之不能不设立，而观测雨量之不容缓也。'"

"一、关于台风的源地问题

"台风源地分布在西北太平洋广阔的低纬洋面上。根据洋面上热带扰动发展为台风的初始位置，在经、纬度方面都有相对集中的地带。这一事实，竺老根据 1904—1915 年有限的资料，对台风的源地作了较系统的研究，明确指出下述二点：

"（1）西北太平洋的台风源地有三个，即南海，发生的次数最少，占 10%；菲律宾群岛以东附近海面，占 73%；145° E 以东的加罗林群岛、马里安纳群岛附近洋面，占 17%。

"（2）根据 1904—1915 年 303 个台风的统计，其中 253 个主要集中在 8—20° N，占全部的 85%，最低纬度在 2° N，最高在 25° N，并随季节而有南北位移。

"在台风探测手段齐备和资料相当充实的今天，对照竺老当年揭露的事实，仍有其现实意义。根据 1949—1976 年的统计，热带扰动发展成台风，仍相对集中在竺老当年所指出的三个海区。至于三个台风源地所占百分比，作者

---

[①] 系中国科学院院史文物资料征集委员会办公室主办的内部资料，该期为"纪念竺可桢诞辰 110 周年专辑"。

[②] 束家鑫，气象学专家，曾任上海气象台副台长、上海气象局总工程师。

根据 1949—1973 年间 25 年资料的统计，按台风出现在不同海域，将影响我国的台风划分为三个海区［图 1 略——编者］。在南海发生的台风占 5%（不包括太平洋进入南海的），菲岛以东附近海面的占 18%，加罗林群岛、马里安纳群岛附近洋面占 77%。和竺老当年的统计相对照，出入不大，只是南海源地相差 5%，那是因为竺老把从太平洋进入南海的台风，也算作南海源地的缘故。另外，作者的菲岛以东洋面范围划得较小，竺老把这一区域划得较大，如果相对平衡一下则竺老和作者的源地划分相差无几[1]。

"至于台风发生密集区的纬度随月份有明显变化的事实，和竺老当年的结论大同小异，绝大多数发生在 10—20° N 之间，最北和最南分别在 30° N 和 2° N 左右［图 2 略——编者］。

"二、台风的移速及转向纬度

"竺老在《台风的转向与源地》一文中，对当时多伯克（W. Doberck）算得的台风移速为 21 公里 / 时提出异议，认为这个数字过小。他对 1904—1915 年 247 个台风移速进行计算，得出各纬度的平均移速为 28 公里 / 时。这个数字和上海中心气象台同作者计算的数值很相近。上海中心台对影响我国的西太平洋上的台风移速，计算得出转向前后平均为 24 公里 / 时；作者根据 25 年（1949—1973）较精确的台风路径资料，以日为单位，量取台风移行纬距，折算为公里 / 时，求其每天的平均值，即为这次台风的平均移速。不分转向前后，每次统计到温带气旋为止，得出台风平均移速为 25 公里 / 时。

"转向台风的转向点随大气环流的季节变化呈现有规律的变动。夏季 6、7、8 三个月转向纬度最偏北，都在 20° N 以上，2 月转向最偏南。这和竺老在六十年前提出的，'夏季比冬季有更多的台风在纬度 20° N 以北转向的论点'完全相吻合。

---

[1] 在束文中，台风的源地在菲律宾群岛以东附近海面，引用的竺文数据为占 73%，束家鑫的数据为占 18%；145° E 以东的加罗林群岛、马里安纳群岛附近洋面，引用的竺文数据是占 17%，而束家鑫的数据为占 77%，然束的结论是"出入不大"。经查，竺文记述："从全年平均情况看，有 17% 的台风其源地在 145° E 以东"，说明对竺文的引文无误，故疑束引用时将自己的数据颠倒了。

"三、台风移动天气气候规律的研究

"台风移动路径一向是台风科研和业务中最引人注目的问题。它的运动受到各种复杂因素的影响，其活动规律涉及到大气环流调整、台风机制和台风能量及其作用力等一系列基本问题，也是长时期的研究任务。竺老在1924年①就根据当时很有限的资料，首先研究台风的活动规律，开辟了我国台风路径气候规律研究的新纪元。

"1. 西太平洋台风路径分类

"历史上从没有两条完全相同的台风路径，但可以根据一定的标准和原则，概括出某些有代表性的、典型的路径，以便掌握其活动规律，竺老就是这样做的。他把东亚台风分为中国、日本、印支、菲岛、太平洋和南海六大类，其中日本和太平洋类是在130° E以东和以西的转向台风；南海和印支类是在南海生成或自太平洋移入南海；菲岛类台风部分进入南海，部分在太平洋活动；中国类则主要登陆于我国沿海地区。竺老的这种分类法奠定了我国台风分类的基础。此后几十年间，出现了各式各样的分类法，但万变不离其宗，并未突破竺老分类的范畴。根据1884—1974年台风路径资料，结合台风移动过程的环流特点，西太平洋台风路径主要分为三类：（1）西移路径，在南海生成或由太平洋经菲岛以东一直向偏西方向移动；对我国两广、福建、台湾等省影响很大；（2）转向路径，台风主要在洋面上转向，我国近海转向或登陆转向；（3）西北路径，台风从菲岛以东向西北西移行，在我国台湾省、福建省一带登陆；或西北移经琉球群岛，在浙江或上海市沿海登陆，登陆后在我国消失。它对华东地区或台湾省影响很大。把竺老分月的六类路径进行归并，则和上述三类综合路径基本一致 [图3略——编者]。

"2. 台风对我国的影响

"前已述及，我国是世界上多台风的国家之一。31年的资料（1949—

---

① 1924与1925年发表的 "A New Classification of Typhoons of The Far East" 与 "The Place of Origin And Recurvature of Typhoons" 皆属于1918年博士论文的部分内容，除有个别文字修改外，并未补充新的资料。故确切地说，此处之时间应为 "1918年"。编者以为，出现这种情况，是在2005年《全集》第5卷出版之前，国内学者不大有机会见到竺可桢当年的博士论文之故。

1979）表明中国海岸全线及其附近海区都有台风活动。中国内陆除西北地区及西南部分地区外，也都在台风直接或间接袭击范围之内。每年平均有 20.2 个台风进入附近海区，频率最高的是南海，占总数 60.4%［表 1 略——编者］。中国每年平均约有 7.4 个台风登陆。而华南沿海居首位（58.1%），其次为华东沿海（37.5%）［表 2 略——编者］。登陆台风出现在 5—12 月，其中 7—9 月占全年登陆台风总数的 76.4%。因此，7—9 月是台风袭击中国的高频季节。

"上述台风对我国沿海的影响情况，竺老当年已作了较深刻的分析，他所得出的结论和今天研究结果大体相似。

"根据 1904—1915 年的统计，西北太平洋上的台风总数共有 247 个，平均每年 20.6 个［表 3 略——编者］。至于在我国登陆的台风数，根据 1904—1934 年的统计为 138 个，平均每年 4.5 个。这较现在统计的为少，可能是当年资料不足之故。在温州以北登陆的有 21 个，占总数的 11%，温州以南登陆的为 117 个，占总数的 89%，这表明华南沿海受台风影响最大。如将在温州以南的浙江省及福建省登陆的台风加在华东区，则登陆两广的台风百分比相对减少，这就和近年来的统计数相差无几。台风影响我国的范围，竺老通过研究得出，自北京经宜昌至越南老开一线的东南部为受台风袭击区，这和近年来的研究结果基本一致。台风袭击中国的高频季节，近年来的统计为 7—9 月，和竺老确定的 7—10 月只相差一个月。

"3. 台风路径的天气型

"鉴于台风灾害的严重性，台风路径预报是竺老研究的重点之一。主要贡献表现在，台风天气型的建立。天气型亦称环流分型或概念模式，是从天气预报经验出发，借助天气动力学规律而提炼的预报模式。竺老是我国研究天气型最早的气象学者。早在 1927 年，他就卓有见识地写道，'天气状况的变化决定于这些气旋和反气旋的发展和移动。它们相对的位置是各日各季在变化着的，因而天气型也不断发生变化。……研究这些天气型的变化，无疑地要比处理每年、每月各种气象要素的平均值更有兴趣和富有生命力。……为了说明和观测一定地区的天气变化，有许多研究方法，其中包括天气型分类。'为此，他根据徐家汇观象台从 1901—1911 年共 11 年资料，把发生在我国的风暴按其路径分成六类。其中就有近海和太平洋台风二类，同时给出海平面图上的台风型模式，在这一天气型下的天气特点是，全国盛行好天气，高温。这种天气型易持续几天，甚至一星期，占天气型总数的 13%。通过天气分型，目的在于得出天气过程的特点［图 4 略——编者］。"

"四、在台风结构探索上的贡献

"台风是深厚的低值暖心涡旋。其中心温度比周围热带大气可高出 10—15℃，暖心的温度结构是台风最明显的特征之一［图 5 略——编者］。台风的三维风场结构如图 6［该图略——编者］所示。在台风眼中，由于低层的空气被眼壁外的上升气流卷夹上升，所以在眼中出现较弱的下沉气流，导致眼内强烈的下沉逆温，使眼内云消雨散。台风中心的稳定层是台风的又一明显特征。

"我们今所揭露的上述台风特征，早已为 60 年前竺老所认识。他精辟地描述道，'台风中心，温度多突增高，湿度则剧烈低减，故必有缓和之下沉气流存在。云雨之消散与风速之衰减即系于此。'当然云团发展成台风还要求对流层里存在着弱的风速垂直切变，这样才能通风小、水汽和热量易于集中而损耗小，云团得以保持高的水汽含量和热量。观测资料表明，几乎所有的热带云团都在对流层中上层的 500—200 毫巴间产生正温度距平，据认为再往上是冷心。台风中心的温度场结构迄今还在研究探讨之中。

"以上简要地论述了竺老在台风科研和台风业务上的贡献，我们今天正是沿着当年竺老开创的道路前进的。"（来家鑫《竺可桢与我国的台风研究》，载《报告集》第 160-170 页）

施雅风[①]评述："1924 年《远东台风新分类》和 1925 年《台风的源地与转向》二文主要取材于他的博士论文，……提出了将台风分为六大类（中国台风、日本台风、印度支那台风、菲律宾台风、太平洋台风和南海台风）和 21 个副类的新分类法，概括了各类台风的活动特点，指出台风这名词应专指在远东发

---

① 施雅风，地理学家，中国科学院院士。

展完好的风速在蒲福六级及其以上的热带风暴。连同 1918 年发表的《台风中心的若干新事实》论文所指出的台风眼中温度剧烈升高是由于下降气流所致的新观点，'奠定了本世纪 20 年代竺可桢对台风研究的权威性，闻名于当时东亚各国的气象界。'"（施雅风《南高东大时期的竺可桢教授》，载《纪念文集》第 81-82 页）

**6 月 8 日** 即将离开波士顿，特摄单人照一张。

图 54　摄于波士顿[①]

**是年夏** 获哈佛大学博士学位，完成学业。是在哈佛大学获得哲学博士学位的第二位中国留学生，也是美国大学在气象学和气候学领域授予博士学位的第三人。（林伟《知识的跨国流通：竺可桢对哈佛大学地理学传统的继承与发展》，载《自然科学史研究》2023 年第 42 卷第 3 期，第 333 页）一些大学和研究单位欢迎他去从事科学研究工作，但他回国决心已定。（《中国百年留学全纪录》第 2 册，第 505 页）

① 竺可桢藏。

图 55　竺可桢博士照①

图 56　1918 年哈佛中国学生俱乐部全体会员合影②

第三排右一为竺可桢，第一排右一为梅光迪，第二排右四为胡刚复，第二排左二为赵元任。

　　"那时美国大学很少教气象一科的，只有哈佛大学有一位华特教授是有名

---

①　樊洪业存。

②　引自林伟《知识的跨国流通：竺可桢对哈佛大学地理学传统的继承与发展》，载《自然科学史研究》2023 年第 42 卷第 3 期，第 333 页。

气候专家。所以竺先生于民国二年就进哈佛大学，足足在哈佛留了五年。这新兴而又有趣的科学很快地引诱了他年青的热情，他成为'风，雨，霜，雪，云，雾'的爱好者，甚至向它们奉献了半生的心血，但这，仍是在一个不变初衷的理想的招致下：为中国农民服务。"（胡滨《中国气象学家——竺可桢》，载《科学时代》1948 年第 3 卷第 1 期，第 18 页）

哈佛五年影响至深。1961 年在《思想自传》对此有所记述，谓："哈佛大学那时校长是罗惠耳 Abbott L. Lowell，他是有名的政治学教授，在校素来以学术自由相号召。前任校长是伊里阿特 Charles Eliot，伊里阿特是过去中国各大学所通行选课制的创始人。他做了四十年的哈佛校长，把一个只有中学程度的学校，在他在任时变为世界有名的学府。他那时虽已退休，但尚住家在剑桥，时时出来演讲。他是有名的改良主义者，他的威望，在美国尚在前总统企奥陀·罗斯福之上。那时哈佛又有不少名教授（如天文家教授庇克灵、化学教授立且特、地理教授台维司、地质教授达米等）引起我对哈佛的崇敬心。哈佛的校训是'真理'Veritas，无论在哈佛校刊上，或是波斯登城的日刊上，常把哈佛校训相鼓吹。……我认哈佛为我的母校，我回国以后在大学里教书或是办行政，在研究院办研究所，常把哈佛大学做我的标准。哈佛大学便成了我的偶像。"（《全集》第 4 卷，第 89 页）

**在哈佛求学期间** 在哈佛就读的五年，每年均修读麦开地教授开设的"气象学研究"课程。这门课是在蓝山气象台进行的，以气象观测和研究为主。（林伟《漫谈》）蓝山气象台在当时是美国乃至全世界范围内设备最先进，观测数据最全面的气象台之一。在蓝山气象台学生们得以利用先进的仪器进行实际操作和训练。（林伟《知识的跨国流通：竺可桢对哈佛大学地理学传统的继承与发展》，载《自然科学史研究》2023 年第 42 卷第 3 期，第 330 页）竺可桢当然包括在内，这些利用先进仪器进行实际操作和训练，使他在气象学理论学习与实际操作相结合方面打下牢固基础。

图 57　哈佛大学蓝山气象台<sup>①</sup>

　　林伟的研究指出："在竺可桢就读期间，哈佛大学的地学部（Division of Geology）隶属于文理学部（Faculty of Arts and Sciences），其下又分为两个系：地质学与地理学系（Department of Geology and Geography）、矿物学与岩石学系（Department of Mineralogy and Petrography）。在地质学与地理学系当中，开设有 5 个门类的课程：一般地质学、经济地质学、古生物学、地理学、气象学与气候学。正因为建构起了系统的地学学科，哈佛大学成为当时美国可以在地理学和气象学领域授予博士学位的两三所大学之一。竺可桢亦因此有机会通过五年的学习，成为在哈佛大学获得哲学博士学位的第二位中国留学生，也是美国大学在气象学和气候学领域授予博士学位的第三人。"（林伟《知识的跨国流通：竺可桢对哈佛大学地理学传统的继承与发展》，载《自然科学史研究》2023 年第 42 卷第 3 期，第 333 页）

　　林伟的研究将竺可桢在哈佛大学期间修读的课程归纳为四类："第一类，华德、麦开地讲授的气象学与气候学课程，包括从基础到高级的全部课程。其中，在哈佛的五年期间每年都选修了两门研究性的气象学课程，一是华德主持的'气候学研究'，以讨论会、报告和论文为主；二是麦开地主持的'气象学研究'，在蓝山气象台进行，以实地观测和探究为主。第二类，阿德湖所讲授的两门自然地理学课程：'自然地理学导论'和'冰川地质学'。第三类，三门地质学课程，包括伍德沃斯的'历史地质学'、'地震学'，以及格拉顿的'矿石显微镜分析'。第四类，其他相关领域的一些课程，包括两门理学课程'热

---

① 取自林伟《漫谈》。

力学基础'、'气体与放射性物质的导电现象'都与大气物理学有关；另外两门
工程学课程'测量学'、'初级细菌学'也与地理学有联系。除了这些课程以
外，还在最后一学期以旁听生的身份选修了乔治·萨顿（George Sarton,1884—
1956）的一门科学史课程。"（同上，第 336-337 页）

　　林伟强调："根据华德所留存的授课记录来看，竺可桢所修读的基础课
程'气象学导论'有 18 名学生，修读高级课程的学生较少，面向研究生开设
的课程则如竺可桢回忆的，仅有包括他在内的几个人修读，例如'气候学通
论'（4 名学生）、'北美洲气候学'（2 名学生）、'东半球气候学'（2 名学
生）。在如此小班授课的条件下，竺可桢可以得到华德的悉心指点。"（同上，
第 337 页）

　　**1916—1918 年**　在《科学》杂志上发表多篇文章，其主题和内容几乎
都与华德的授课内容和人类气候学主张存在直接的联系。例如，他开设"卫
生谈"专栏，而卫生问题正是华德重视的议题之一。竺可桢在 1916 年发表的
《地理与文化之关系》中，直接引用了华德的《气候学及其与人生之关系》一
书。林伟认为："竺可桢在《科学》杂志上发表的文章是他最早用中文发表的
学术成果，故此或可将这些文章视为他在青年时期继承其师华德，在人文地理
学领域的尝试之作。"（同上，第 338 页）

　　林伟的研究从知识跨国流通的研究的视角出发，对竺可桢在他自身专业
领域的学术贡献进行了评述，认为：竺可桢"在他所从事的气象学、人文地
理学和历史气候学等方面的研究中，都可以明显看到他青年时期在哈佛求学
五年所产生的深远影响。然而，竺可桢并没有在哈佛地理学的范式中因循不
前。一方面，他是一位具有世界主义精神与视野的学者，不仅对美国，也对
欧洲的学术前沿有及时的了解和跟踪，重视推动近代中国科学跟国际学术前
沿交流；另一方面，在历史气候学等领域，竺可桢还系统整理了中国古代典
籍中丰富的气候材料，做到了以中国科学家之立场贡献于世界学术。"（同上，
第 344 页）

　　**约 8 月**　第一次至纽约，住郑宗海（晓沧）哥伦比亚大学宿舍。（日记

470212，《全集》第 10 卷，第 372 页）

**8 月 30 日—9 月 2 日**　中国科学社与中国工程学会联合年会在美国康奈尔大学（Cornell University）举行。此为中国科学社第三次常年会，为中国工程学会第一次常年会。任鸿隽等八人当选为 1918 至 1919 年董事，竺可桢等三人为未满任期董事，合共为董事十一人，其他十人为：邹秉文、周仁、任鸿隽、胡明复、唐钺（擘黄）、赵元任、陈藩、孙洪芬、钱天鹤、孙昌克。职员互选结果，当选副会计。（杨铨《中国科学社、中国工程学会联合年会记事》，上海市档案馆藏件 Q546-1-226；《年会记录》第 31-36 页）

**约 8 月**　离美国启程返回中国。（据《申报》1918 年 9 月 5 日所载推算）

**约 8—9 月初**（太平洋中）　在轮上曾偶遇一日本人并与交谈，1921 年在《我国地学家之责任》一文中述曰："当记者自新大陆归国时，于舟次遇一日本某男爵之子，渠方漫游欧美半载而归，与外人交谈，辄称中国政府社会之腐败，谓日本人之知中国胜于中国人之自知，外人苟欲知中国之内容者，询日人斯可矣云云。同舟北京协和大学校董司密司君，闻之愤不能平，因以告记者。记者以其言之狂妄也，一笑置之。"（《全集》第 1 卷，第 340 页）

**9 月初**（日本东京）　轮至东京遂上岸，至书店果然见到有许多关于中国的书籍在出售。"入东京之书肆，则所陈列书籍之关于中国者，如鳞次栉比，《支那省别大全》也，《中国旅行指南》也（英文，专为欧美人游中国者著），以及矿产调查、地质报告等等。至于著述之关于我国之蒙满者，更指不胜屈。即杂志日报，亦满载中国政治、商业、物产之调查。因以知某日人之言为不谬，而叹日人之知我国，实胜于我人之自知也。"（同上）

**9 月 4 日**（抵上海）　乘日本"皇后"号轮抵沪，寰球中国学生会特派密歇根大学硕士刘大钧为代表到埠欢迎。同船到达的还有哥伦比亚大学教育硕士郑宗海等。报载，竺可桢回国前已允就武昌高等师范学校。（《学生会招待留学生之忙碌》，载《申报》1918 年 9 月 5 日）

**9 月 5 日**　《民国日报》刊登消息《学生会招待忙》，也对竺可桢回国作了报道。

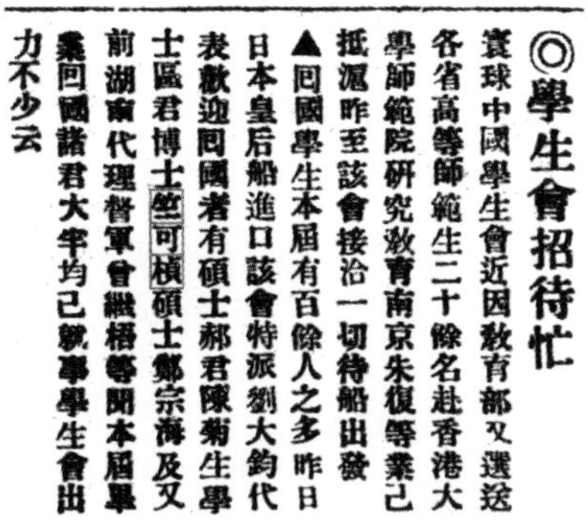

◎學生會招待忙

寰球中國學生會近因教育部又選送各省高等師範生二十餘名赴香港大學師範院研究教育南京朱復等業已抵滬昨至該會接洽一切待船出發

▲回國學生本屆有百餘人之多昨日日本皇后船進口該會特派劉大鈞代表歡迎回國者有碩士郝君陳菊生學士區君博士竺可楨碩士鄭宗海及又前湖南代理督軍曾繼梧等聞本屆畢業回國諸君大半均已就事學生會出力不少云

图 58 《民国日报》对寰球中国学生会接送留学生的报道

对第二批庚款留美学生回国工作情况，有如下记述：“我们一班 69 人（连一个自费的 70 人[①]），十分之八是读理、工、农，大家迷信科学救国。回国后学矿的人无矿可开，学林的人无林可造，所以统到学校教书，许多是改行，极少数只一二人是做了洋行买办了。我们去时剪了辫子去的。次年即辛亥革命了。”（日记 600325，《全集》第 15 卷，第 621 页）

**9 月**　回绍兴东关看望亲友、老师和到父母坟前悼祭，尤为感慨时事之变迁。“看到幼时的店面、住房[②]都已易主，两兄的遗孤待抚[③]，父亲葬地过低可能受淹，颇有感慨，萦萦于怀。”（《竺可桢传》第 13 页）

**是月**　入职武昌高师[④]：“九月，……添聘竺藕舫先生授天文、气象学。”（《国立武昌高等师范学校己未同学录》第 34 页）

武昌高师设有史地部，但竺可桢却是在博物部教授“地理通论”，在数理部教授“气象学”和“天文学”。（牛力《从地学到地理学：竺可桢与近代大学地理系的构建》，载《南京大学学报（哲学・人文科学・社会科学）》2023 年第 5 期，第 130 页）

---

① 指 1910 年赴美的第二批庚款生。

② 此时东关镇老屋并未易主，是 1921 年由竺可桢典出的。

③ 竺可桢婚后定居武汉时，将长兄之子竺士楷带到武汉读书。移居南京后也将竺士楷带到南京入中学，又将次兄之子竺士俊带到南京入小学。

④ 国立武昌高等师范学校，1913 年成立，为武汉大学前身。

"1918 年秋天回国后，我只有两条路可走，一是到中央观象台工作，一是到大学教书。其时北京观象台规模极小，且无振作气象，故回国后决计到大学教书。""我回国时南京高师① 和武昌同时约了我，因为武高薪水大，我就了武高。"(《全集》第 4 卷，第 90 页 )

图 59　国立武昌高等师范学校全景图②

图 60　国立武昌高等师范学校校门③

---

① 国立南京高等师范学校（简称"南高"）成立于 1915 年，1921 年在南高基础上，建立国立东南大学（简称"东大"），为中央大学及今南京大学、东南大学前身。
②③　取自《国立武昌高等师范学校己未同学录》。

**10 月** 《学生之卫生》发表于《科学》第 4 卷第 2 期。

述："学生之卫生，异于他项职业之卫生。他项职业，如农夫，则不患新鲜空气之不足；如铁匠，则不患其肩臂之软弱。且劳心者与劳力者，其所需食量之多寡，睡眠时间之长短，各有不同。大概劳心者较劳力者宜少食而多睡。少食盖因供不宜过于求，劳心者多拘守一室，其胃肠之消化断不及劳力者之佳。多睡，则因劳力者终日奔波，四肢疲倦，故至暮则合目即睡。劳心者则多尘思之烦扰，合目不能即睡；即睡亦不能如劳力者之浓也。"接下来从空气、运动、睡眠、衣服、食饮起居五方面，论述了学生卫生最宜注意之事项。"我国学生近视者极多，在美中国留学生近视者多至十分之五，良可慨也。此由于在中国时，或在黄昏时读书用眼力过度，或则因在晚中所用灯光不佳，书中字号太小，种种原因，皆足以伤目力，而遗害无穷也。"（《全集》第 1 卷，第 61-62 页）

**是年秋**（武昌） 用工整的小楷题签后，寄照片给张侠魂。

图 61 竺可桢赠张侠魂之个人照[1]

---

[1] 樊洪业存。

**11 月 2 日** 是日为武昌高师五周年校庆。此前一日,武昌高师教职员在一张白布(或白纸,不详——编者)各题一句寄语,以资纪念。竺可桢题欧几里得名言作为寄语:"Let none ignorant geometry enter my door." —Euclid(不懂几何学者勿入吾门。——欧几里得)。欧氏此言曾被悬挂于柏拉图的阿卡德米学苑门口。(《遗事 054:武汉大学极简史》,载微信公众号"珞珈山遗事",2021 年 6 月 14 日)

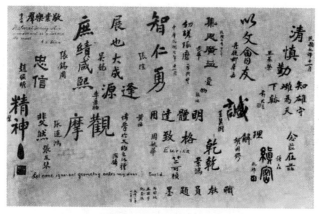

图 62　1918 年武昌高师五周年校庆"教职员寄语题墨"①

**11 月** 《摩利逊博士(Dr G E Morrison)之藏书楼》刊载于《科学》第 4 卷第 3 期,文末署名"可"。

介绍了该藏书楼之始末:"摩利逊氏在中国二十年,以政府顾问官之职,而兼任英国伦敦《泰姆斯报》之访员。当其 1879 年初至北京时,都中无所谓藏书楼者。文渊阁所贮,多系中国诗文。其关于博物、地质、磁器、歌乐等书,已寥若晨星。美术、科学之文,直等沧海一鳞。既无藏书目录,检阅匪易。至于欧文书籍之关于中国者,更属绝无仅有。故摩利逊至中国后,即极意购置各种欧美书籍之关于中国者。……至日俄之战时,其所藏书已盈万卷。其后美人搜书者来东亚,以重金罗致要书,而欧文书籍之关于中国者乃骤贵。特摩利逊所贮藏者已多,即关于中国一门,已非欧美各藏书楼所能望其项

_____

① 取自《国立武昌示范大学同学录》(1924 年)。

背矣。摩氏复岁有增购焉。近十年来凡欲决疑问，欲著新文之涉及中国之博物、地质、磁器、美术者，几无不登摩氏藏书楼之门以物色材料。即如沙惠培（Sowerby）之《中国北部之禽兽》（*Fur and Feather in North China*），威廉氏（Mrs. E. T. Williams）之《宋代磁器》（*The Keramic Wares of Sung Dynasty*）等书，皆得力于摩利逊氏之藏书楼不少。昔美国哈佛校长爱立厄游中国时，见摩利逊氏之藏书房亦称羡不置，足以知摩利逊藏书楼之价值矣。"

"摩利逊氏所藏书，约共二十万卷。举凡各国文件书籍之关于中国者，无不穷搜广罗。上自天文地理，下至妇女衣裙形式之图样，莫不具备，而尤以书之关于科学地理美术者为尤足多焉。好学者造其室，如入宝山，但苦不尽耳。其所藏书不胜枚举。……要之，摩利逊之藏书房，实为我国科学家、古物学家、美术家之宝藏也。"

"摩利逊氏以不久将离东亚，欲将其藏书楼售诸一知音者。虽美国人之垂涎与此者，颇不乏人。特摩利逊颇不欲令其经年血力西迁美洲，故欲觅一相当之中国人而估之。特以其价甚高，无敢过问者。袁世凯当政时，曾欲设法购买，自复辟事败，袁氏崩殂而此事亦中止。至民国六年夏，乃为日人（Iwasaki）以三拾五万日金所购去矣。"（《全集》第 1 卷，第 63-64 页）

**是月** 《中国留美学生月报》（*The Chinese Students' Monthly*）报道：

Co-Ching Chu, Ph.D. (Harvard) wrote on "A New Classification of the Typhoons in the Far East" as his doctor's dissertation.

Ta Chen and Hua Huang, W. T. Yu and C. C. Lee are in the Harvard Law School.

F. Chang, C. C. Chu, Miss Li-Tsung Chang, Miss Tsung-Pau Pan, Miss Kao have all returned to China.

（*The Chinese Students' Monthly*, VOL. XIV, NO. 1, Nov., 1918, 71）

**12 月 7 日** SOME NEW FACTS ABOUT THE CENTERS OF TYPHOONS（台风中心的若干新事实）（标题下注明收稿日期 Dated：Cambridge, Mass., June 15, 1918.）发表于 *Monthly Weather Review* 第 46 卷第 9 期。《全集》第 5 卷，

第 85-90 页）

**是年** 到武高开始执教生涯。在武高博物地学部任教授,讲授地质、地理、天文、气象学。(《武汉大学历史人物选录》第 10 页)"竺可桢到校时,博物地学部本科第一班开课,由竺可桢主授地理;同时为原数学物理部毕业班讲授天文气象课。天文气象列为一课,尚未脱离旧时窠臼,原用教材为《观象台实用气象学》,亦显陈旧。……学校将博物地学部地理课交付竺可桢,竺可桢亦有意按新的地理学观点组织安排教材,试编讲义。第一年所承担的两门课程虽只 12 课时,但编写讲义却需费数倍的精力。当时的学生大都属湘、鄂籍,得到所编内容新颖,论叙丰富的讲义,减少了对这位新来的绍兴老师的语音隔阂,甚为满意。而学校教务方面有人却以油印讲义费钱,学生学习不主动为由,认为是印发讲义的弊端。竺可桢除授课外,还曾带领学生去大冶旅行参观实习。平时经常参加校内博物学会、数理学会的活动,作学术讲演,并捐赠书籍、款项支持学会活动。学年终了,学校负责人对竺可桢教学成绩和负责精神甚为重视,续聘竺可桢为专任教员,月薪从 200 元提为 250 元,为当时校内专任教员(除为外籍教员)中的最高待遇。"(《竺可桢传》第 13-14 页)

图 63 武昌高师图书馆

**是年** 中国科学社办事机构由美国移归国内,在上海、南京设中国科学社事务所，执行社务。(《全集》第22卷，第284页；《发展历程》第206页)在南高校园内设立总事务所，南高俨然成为"中国科学社的大本营"。当时在南京任职的科学社社员，多达三十余人。(牛力《道不同不相为谋：论东南大学时期郭秉文和杨杏佛的关系》，载《民国档案》2019年第2期，第113页)

图64　中国科学社在南高内的临时社所①

**是年至次年秋**　武高校长是张渲（绥青）。(《竺可桢传》第13页)

**在武昌高师执教期间**　同事有汪孔祁（采白）、张珽（镜澄）、陈梅僧②、薛良叔（德堉）、艾一情、吴子穆（日记430313，《全集》第8卷，第526页）以及王其澍、黄任初、王长青、林立、吴保之、沈溯明、周越华、陈辛恩等。受业学生有辛树帜（先济）、章伯钧、周其勋、郑鹤声（萼孙）、杜佐周（日记491128，《全集》第11卷，第577页）等。

---

① 取自《赵元任与中国科学社》，载微信公众号"飞刀看书"，2023年6月23日。
② 《全集》第11卷第577页，记为"陈梅笙"。

# 1919年（己未　民国八年）　30岁

1 月　巴黎和会开幕。

　　　杨铨在《科学》发表《实业难》。

　　　北京大学创办《新潮》、《国民》杂志。

　　　陈独秀在《新青年》发表《本志罪案之答辩书》，提出拥护"德先生"、"赛先生"。

　　　陈独秀、李大钊在《每周评论》相继发表《除三害》、《兴三利》。

2 月　范源濂发表《为中国科学社敬告热心公益诸君》。

　　　中国代表在巴黎和会公布中日各项密约。

　　　李大钊在《晨报》发表《青年与农村》。

　　　《时报》创刊《教育周刊》，陶知行发表《教学合一》。

3 月　共产国际第一次代表大会在莫斯科举行，宣告列宁领导的第三国际成立。

　　　教育部公布《全国教育计划书》。

　　　《每周评论》刊载《共产党宣言》节译。

　　　邹秉文在《科学》发表《科学与农业》。

4 月　巴黎和会非法决定将德国在山东的权利让予日本。

　　　《新教育》出版"杜威号"。

5 月　北京大学等校学生举行游行示威，五四运动爆发。

　　　蔡元培辞北京大学校长职。

　　　杜威抵达上海，开始为期两年的访华讲学活动。

　　　李大钊主持《新青年》出版"马克思主义研究"专号。

6 月   巴黎和会中国代表团拒签对德和约。

全国各地纷纷展开"三罢"斗争。

7 月   毛泽东在长沙创办《湘江评论》。

蔡元培发表《告北京大学学生暨全国学生书》。

李大钊、王光祈等在北京发起成立少年中国学会，创办《少年中国》月刊。

苏俄政府发表《苏俄第一次对华宣言》。

8 月   中华职业教育社开办的中华职业学校开学。

中国科学社第四次年会在杭州举行。

李大钊在《每周评论》发表《再议问题与主义》。

9 月   周恩来等在天津成立觉悟社。

章士钊发表演讲《新时代之青年》，引发"文化调和"问题的争论。

10 月   孙中山在上海改组中华革命党为中国国民党。

南京高等师范学校文史地部地学研究会成立。

11 月   财政部呈准拨给中国科学社以南京成贤街文德里为社所。

12 月   胡先骕在《科学》发表《细胞与细胞间接分裂之天演》。

是年   施雅风（1919—2011）出生。

是年   詹天佑（1861—1919）去世。


常驻地：武昌


**1 月 19 日** 《杏佛日记》<sup>①</sup>记述："晨八时起，初拟与志道、阿旅<sup>②</sup>乘公司

---

① 《杏佛日记》1918 年 10 月 10 日自序："来美之初曾作杂记，越二年乃成一小册。"是年自美回国途中，恢复记日记。历经劫难，杏佛日记保留下来仅 3 本：1918 年 10 月 14 日至 11 月 13 日；11 月 14 日至 1919 年 2 月 28 日；3 月 1 日至 5 月 14 日。这三册日记内容，2008 年皆收录于《啼痕——杨杏佛遗迹录》一书。

② 杨杏佛、赵志道 1918 年春在美国留学期间秘密结婚，10 月同船回国，12 月 20 日在武昌生幼子，乳名阿旅，学名杨小佛。

小轮至汉口，继因收拾不及，至十一时始步行至武圣庙过渡。抵青年会，竺藕舫与赵文锐①两君已先在，遂同至群宴楼午餐，入座甫定，顾宗林君②亦来，餐毕与竺、顾及志道、阿旅同至幼梅表兄家。幼梅已出，遂与竺、顾至其后园聊寄轩打球。四时，竺、顾辞去。"（《杏佛日记》，载《啼痕——杨杏佛遗迹录》第175页）

1月30日 "下午三时，竺藕舫由武昌来访，同参观各厂，五时半同归伯牙台③。"（同上，第176页）

1月31日 上午与杨铨游伯牙台。（同上）

2月1日 十二时与杨铨游归元寺。"寺为湖北名刹，民国成立后复由黎元洪总统等捐资重建，中有僧八百人，供如来、观音、五百罗汉诸像，地颇幽敞，惟今日来者众，仍不免拥挤耳。出寺至铁厂访顾介眉，已去汉口，见李习之君，稍谈。至晴川阁，阁上为洋人驻所，不得入，遂至东门送藕舫渡江。"（同上）

2月16日 《杏佛日记》记述："午餐后渡江访藕舫，并参观高等师范学校。校舍为中国式屋宇，有红梅、腊梅数株，地颇幽洁，惟不类学校耳。此校共有学生三百人。"（同上，第177页）

3月23日 竺可桢订婚宴。《杏佛日记》记述："今日为小礼拜，厂中例不放假，惟因须至汉口赴藕舫约，下午复有黄金涛④君请晚餐，遂请假一日。晨十一时半出门，抵万国春已十二时半。初拟先购物，藕舫与赵君文锐已在楼头相招，遂先赴宴是者。到者三十余人，伯庄⑤、明寿、介眉诸君皆与焉。藕舫此宴原以宣告订婚，故席上有红彩，到者均以不言而喻，竟不劳唇舌矣。"

---

① 赵文锐，1911年公费留美，回国后入欧美同学会。
② 顾宗林，字逸亭，又字介眉，曾和竺可桢在伊利诺伊大学同窗。时为汉冶萍煤铁公司会计。"顾君为浙人，识竺可桢。"（《杏佛日记》1918年11月2日，载《啼痕》，第156页）11月26日日记："晨九时，至汉冶萍公司见凌潜夫君，云公司经理已允聘吾为汉阳铁厂会计处成本科科长，十二月一日起任事。"（同上，第163页）
③ 伯牙台5号，即12月19日日记所记"伯牙台新居"。
④ 黄金涛（1888—1957），字清溪，时任汉阳铁厂技师。曾留学美国哥伦比亚大学。
⑤ 陈伯庄（1888—1987），字延寿，早年留学美国哥伦比亚大学、哈佛大学。

（同上，第180页）

**3月30日** 《杏佛日记》记述："今日为大礼拜。上午十一时，藕舫来。十二时半，伯庄与明寿同来，略坐，至球场掷球。二时午餐，餐毕同观鲁肃墓，至鹦鹉洲访祢衡墓……抵鹦鹉洲时，绿野佳云远处可见。伯庄曰：'芳草萋萋，古人不诬我也。'既至则为稻田，相与大笑。藕舫曰：'安知今之种稻者，古时非芳草萋萋之所耶？'沧海桑田且属常见，以草易稻益为情理中事，细味其言良是。归时由西门外行，极近，不过三十分钟抵伯牙台。五时五十分，藕舫、伯庄等皆别去矣。余亦倦极，入室就枕，眠至夜九时始起夜餐。今日运动，谈笑极似在美学生时代之光景，在中国能有此乐者，一年中恐不数见也。"（同上）

**3月29日—4月4日** 报载《科学通论》由科学社出版，竺可桢被列为负责经售人士之一。

"中国科学社为灌输正确科学观念起见，特刊行是书，其要目有如：科学精神论、科学方法论、科学之分类、科学与教育、科学与德行、科学与农业、科学与林业、科学与工业、科学与商业等，足见之体用兼赅，巨细不遗，其余各篇亦复精深绝伦，诚出版界之明星。有志科学者，不可不人手一编也。书印无多，请速购阅。经售处：上海商务印书馆、科学书局、群益书社、锦章书局、中华图书馆、上海亚东图书馆、北京大学出版部、重庆商务日报馆、蓝锐甫君南京高等师范、武昌高师校竺可桢君、奉天高师校程延庆君。"[①]（《申报》1919年3月29日、3月30日、4月1日—4日）

---

① 原文无标点。现标点为编者所加。

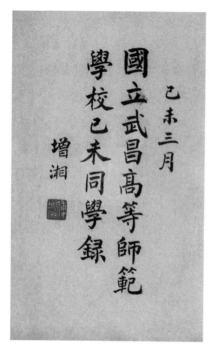

图 65 《国立武昌高等师范学校己未同学录》　　图 66 《国立武昌高等师范学校己未同学录》
封面　　　　　　　　　　　　　内页，左上为竺可桢

**4月2日**　"下午，藕舫遣人送 Dewey Index System（杜威索引系统）来，编物料索引制需此参考也。藕舫明日将往大冶参观。"（《啼痕》，第 181 页）

**4月20日**　"上午电话武汉竺、陈处寻叔永踪迹，均不得。下午三时至汉口大旅馆询问，则云已迁去。惘惘归厂，莫知所为。岂蜀通已离汉耶？何叔永乃不告而行耶？下午四时半，叔永忽来吾办事室，始知已迁至汉口青年会，昨今两日陈、竺均在此处，故吾遍觅无消息也……晚与叔永在吾家晚膳，膳后伴渠回汉口青年会。陈、竺已先在，谈至十一时始归，抵家已十二时许矣。"（同上，第 183 页）

**4月**　《空中航行之历史》第一部分，发表于《科学》第 4 卷第 8 期。述："不翼而飞，古人称奇。然公输班造木鸢以攻宋，已见《墨子》。而希腊古书亦相传兑达拉斯（Daedalus）能以鸟羽膏臂，飞腾空中，往来自如。降及中世，罗球·倍根已预料人生将来之能航行于空中。足知吾人天赋比重虽较空气大至

数百倍，然其冲霄之志，欲登青云而直上，则由来然矣。

"特以上所述，不过哲学家之幻梦耳。画饼充饥，尚未能见诸实行也。空中航行实始于十五世纪之末叶，而盛于十八世纪之中叶。〈1166〉〔1766〕年英国著名化学家卡文迭施（Cavendish）发明轻〔氢〕气。自后翱翔空气，出入浮云，遂易如反掌。按空中航行之利器约可分为两种：（1）飞船（airship），徐伯林飞船其尤著者也，（2）飞机（aero plane），如寇的斯（Curtis）双翼飞机。飞机犹鸟，其比重远大于空气，所以能行空致远者，全赖机械运行之力。飞船则不然，其本身之比重，实较空气为轻，故其上升犹舟之浮于水。飞船、飞机科学之理既异，故进化之历史各殊。"

后在《科学》第 4 卷第 12 期与第 5 卷第 2 期相继作了连载。该文从气球、飞船、飞机三方面介绍了空中航行之历史及飞机与飞船在军事、商业上的应用。（《全集》第 1 卷，第 65-77 页）

**是月** 中国科学社发出通告三，被推为该社国内方面征求委员之一。全文如下：

本社社务日渐殷繁，尤赖广集同志，共负重任。凡我社友，均有征求之责。本社为促进其事起见，每年均推请数人为本社征求委员。本届美国方面之征求会员，已发表。兹又加请以下社员数人为国内及欧洲、日本方面之征求委员。其姓名住址如下：

英国　李寅恭　S Walkworth St Cambridge England

法国　何　鲁　54 Ave Le Noaille Lyon France

日本　高　铦　东京帝国大学工业化学科

北京　胡　适　北京大学

北京　金邦正　北京农业学校

天津　王　健　天津青年会转

上海　胡敦复　上海大同学院

南京　杨允中　南京河海工程学校

汉口　杨　铨　汉阳伯牙台铁厂洋房五号

武昌　竺可桢　武昌高等师范学校

南昌　程时煃　江西教育厅

西安　刘宝濂　陕西实业厅

重庆　蓝兆乾　重庆夫子池

福州　段育华　协和大学校

（《科学》第 4 卷第 8 期）

王作跃认为："The single most important cultural change in the Republican era was the May Fourth Movement of 1919. It started as a nationalist protest against Western and Japanese encroachment on Chinese sovereignty at the Versailles treaty negotiations but eventually evolved into a far-reaching intellectual revolution. The so-called New Culture Movement that was a part of the May Fourth Movement has often been termed the Chinese Renaissance or Chinese Enlightenment. Leaders of the movement, mostly literary figures but also a few scientists, called for the introduction of 'Mr. Democracy' and 'Mr. Science' into China to reform its traditional pattern of culture and politics. It was against this backdrop of national crisis that Zhu's and other Chinese scientists' aspirations for science as a means to national salvation played out." ( Wang, Zuoyue. "Saving China through Science." *Osiris* 17 (2002): 295. )

**6 月以前**　缴足永久社员费，依章成为中国科学社最初四位永久社员之一，另外三人为胡敦复、任鸿隽、胡明复。（"本社社章规定，凡社员一次缴满银百元者，或在美社员缴满美金五十元者，得为本社永久社员，以后永免缴年费。"）（《科学》第 4 卷第 10 期，第 1032 页）

**6 月**　武昌高师因五四运动，遵教育部令"提前放假"。得离汉赴杭。

**是年夏**（杭州）　在杭州西湖住三个月，走遍西湖。（日记 480208，《全集》第 11 卷，第 734 页）与赵德华（文锐）同寓西湖宋庄者月余。赵离西湖后，竺可桢仍寓宋庄，凡三月。尝徒步登北高峰。（日记 360520，《全集》第 6 卷，第 77 页）此间读书同时游遍西湖，并加以详细观察，研究考证西湖生之成因。

后写成《杭州西湖生成的原因》一文。（《全集》第 1 卷，第 92-95 页）

忆："民国八年余与德华同寓西湖宋庄，时余与侠订婚未娶而德华则尚未订婚也，不图十九年后之今日，德华夫妇均已物故，而子女五人名列墓碑，展念故人，能不悲哉。"（日记 370620，《全集》第 6 卷，第 322 页）

**8 月 15—19 日**（杭州）　出席中国科学社第四次年会[①]，系该社在国内举行的第一次年会。到会有胡明复[②]、邹秉文[③]、杨铨、孙昌克、胡刚复[④]、胡敦复[⑤]、过探先[⑥]、郑宗海[⑦]、钱天鹤[⑧]、胡先骕（步曾）[⑨]、周仁[⑩]、金邦正（仲藩）、苏鉴、贺懋庆（勉吾）、钱崇澍[⑪]等。

**15 日**　下午欢迎会，任主席并致开会辞，"略谓此会虽为科学社第四次年会，而在国内则为第一次。末谓廿世纪文明为物质文明，欲立国于今之世界，非有科学知识不可。欲谋中国科学之发达，必从（一）编印书报，（二）审定名词，（三）设图书馆，（四）设实验研究所入手，此皆本社之事业也。"（《年会记录》第 37 页）

**16 日**　晚，出席审查名词办法讨论会。与胡刚复、周仁、杨孝述（允中）[⑫]、罗英（怀伯）[⑬]被推为起草员，胡刚复为委员长，负责名词审查有关事宜。（《科学》第 5 卷第 1 期，第 106-115 页；《年会记录》第 40 页）

《会计报告》"基金募集之经过"，包含"杨杏佛、李孟博、竺藕舫、薛绍清等代募"部分。（《发展历程》第 118 页）

---

① 本谱中，凡竺可桢出席、主持的会议，在与会者名单中一般将其名字省略。
② 胡明复，时主持大同大学数学系。
③ 邹秉文，时任南京高师农科教授兼主任。
④ 胡刚复，时任南京高师物理系教授、主任。
⑤ 胡敦复，时任大同学院院长。
⑥ 过探先，时应华商纱厂联合会之聘，主持棉产改进工作。
⑦ 郑宗海，时任南京高师教授。
⑧ 钱天鹤，时任金陵大学农科教授兼桑蚕系主任。
⑨ 胡先骕，时任南京高师植物学教授。
⑩ 周仁，时任四川炼钢厂总工程师。
⑪ 钱崇澍，时任金陵大学教授。
⑫ 杨孝述，时任河海工程专门学校教授。
⑬ 罗英，时任河海工程专门学校教授。

《民国八年司选委员报告》（甲）董事选举报告："本年任满董事为竺可桢、过探先、周仁、邹秉文、孙昌克、钱天鹤六君。"（同上，第126页）

**18日** 下午二时半，开第二次社务会，到者18人，胡明复博士主席。"竺可桢君动议停荐，周仁君副议。"（《年会记录》第41页）

图67 参加中国科学社第四次年会代表合影①

站立者左二为竺可桢

**8月下旬**（杭州—上海） 由杭州至上海。（《申报》1919年8月31日）

**8月26—30日**（上海） 偕张侠魂前往参观寰球中国学生会所举办的美术展览会。到场参观的知名人士还有：张继（溥泉）夫妇、章伯寅、钱新之、杨润身等。（《美术展览会开会详纪》，载《申报》1919年8月31日）

---

① 载《申报》1919年8月21日

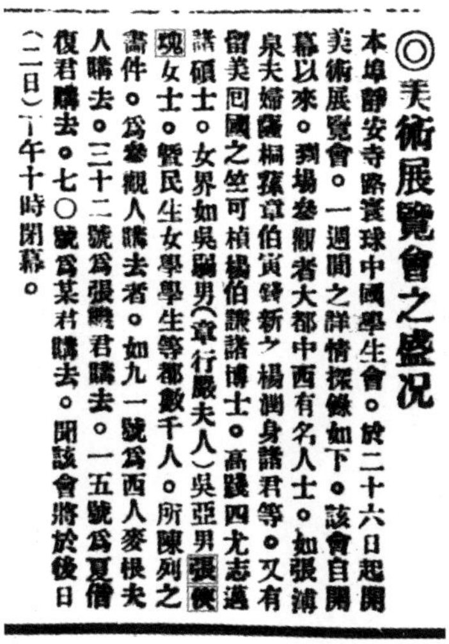

◎美術展覽會之盛況

本埠靜安寺路寰球中國學生會。於二十六日起開美術展覽會。一週間之詳情探錄如下。該會自開幕以來。到場參觀者大都中西有名人士。如張溥泉夫婦薩桐孫章伯寅錢新之楊潤身諸君等。又有留美回國之竺可楨楊伯謙諸博士。高踐四尤志邁諸碩士。女界如吳弱男（章行嚴夫人）吳亞男張俠魂女士。暨民生女學學生等都數千人。所陳列之書件。爲參觀人購去者。如九一號爲西人麥根夫人購去。三十二號爲張織君購去。一五號爲夏僧復君購去。七〇號爲某君購去。聞該會將於後日（二日）下午十時閉幕。

图 68 《民国日报》(上海版) 亦报道美术展览会之盛况

**10 月 1 日**　南高地学研究会成立。(《南京高师文史地部第一级会纪念刊》第 71 页)

**是年秋**(上海—武汉)　秋季开学前回到武高，始知张渲校长已离校，继任校长为湖北籍谭锡恩，感到不可久留。“新任校长曾留学日本，对‘五四’运动持与前任不同的态度。此事使竺可桢颇有‘西山不可久留’之感，因为有聘约在先，本年原数学物理部无毕业班，仅博物地学部一、二年级两班地理课，可集中精力编写地理讲义，只得继续留下。”(《竺可桢传》第 14-15 页)

**11 月 19 日**　国立武昌高等师范学校教育学术研究会成立，竺可桢与艾华、黄际遇、张珽等 9 人当选为演讲主任。(《本会大事记》，载《国立武昌高等师范学校教育学术研究会杂志》1920 年第 1 期，第 105-106 页)

**11 月**　由科学社呈准财政部，拨给南京成贤街文德里官产为该社社所。次年 3 月，迁入社所。(《全集》第 22 卷，第 284 页)

**12 月 27 日**　在上海与张侠魂完婚。张侠魂之父张通典，子伯纯，号天放楼主，晚号志学斋老人，湖南湘乡人。辛亥武昌起义爆发后参加光复苏州之役。南京临时政府成立，任内务司长，旋任临时大总统秘书。中年病逝，复遭大火，家境中落，遗四女三子。(《竺可桢传》第 15 页)

"母何承徽，幼承家教，有'女才子'之称，后出任长沙某女校校长，力抚子女成人。"晚年自号"仪孝堂老人"。工诗，有"海内女师"之称，著有《仪孝堂诗集》。

图 69　仪孝堂老人在南京沙塘园留影①　　图 70　《仪孝堂诗集》书影，由蒋作宾题签②

《民国日报》、《时报》、《申报》、《时事新报》、《神州日报》分别以《竺可桢张侠魂结婚》《竺可桢与张侠魂结婚》为题发布消息（内容相同）："今日为竺可桢博士与张侠魂女士于南京路东亚旅社举行嘉礼，预先索券观礼者颇多。盖侠魂女士为张伯纯君之季女，默君女士之妹。夙承家教，擅书画，能属文，曾毕业于神州女学画图专科。默君女士赴欧美考察教育时，女士代理校务，扩充美术专科，颇著成绩。前年女士于北京南苑演乘军用飞机，中西观者数万人，赞美不〈置〉[止]。后以风大机坏，堕伤足，幸获名医，得健步如常。黎总统嘉其勇，特颁头等奖章。此民国女界得奖之第一人，海内久艳称之。竺君为美国哈佛大学气象学博士，现任武昌高等师范之总教习，人品学术为留学界中有数人物。客秋

———————————

① 　约摄于 1935 年，竺安藏。

② 　取自"何承徽－百度百科"。

博士归国，由王伯秋、蒋雨岩①二君介绍，佳士名媛竟成美眷。今日大礼，闻者莫不羡双方福慧并修云。"（《民国日报》[上海版]，1919 年 12 月 27 日）

图 71 《民国日报》（上海版）对竺可桢与张侠魂结婚的报道

婚庆时，穆藕初曾送银环四只，以示祝贺，竺可桢一直保留到 1967 年。（日记 670827,《全集》第 18 卷，第 572 页）婚后住武昌石灰堰四号，凡半年。（日记 380708,《全集》第 6 卷，第 545 页）

图 72 竺可桢与张侠魂在上海结婚时合影②

---

① 蒋作宾，外交官，曾出使德、日，国民革命军一级上将，是第一个在国际会议上用汉语演讲的中国人。1917 年 9 月出国考察，先后到美国、法国、东欧、土耳其、希腊等地。1919 年 2月返国到广州。

② 竺可桢藏。

1938年张侠魂不幸病逝，张默君曾撰《竺夫人张侠魂传》。谓："侠魂姓张氏，湖南湘乡人，革命先进伯纯公之季女，国立浙江大学校长绍兴竺可桢之元室，默君之妹也。原名振亚，字侠魂。民元后，以字行，赋性直率，倜傥有大志，自幼豪于胆，好技击，尝同弟元祜、元群习拳术，缠铁鞋足间，顽跳若猿猱。人怪而询之，曰：'吾技成，将尽除国贼也'。先公每顾而心许之。清末肄业秣陵养正学校，与同学义宁陈散原翁二女康晦新午善，时过从。散翁见其课艺，异之。尝谓先君曰：'兄不独有人妇（谓吾母仪孝老人），且多才女子，至足羡焉'。后复偕姊楚，负笈润州承志女校。在校病喉，将就宝盖山医院施刀圭，予方治学淞滨，特假往护视之。自后喉瘵而耳微失聪，百计求疗不已，辄引为大戚。然其好学孟晋之志，不因是稍懈。

"辛亥秋，吾党举义武汉，先公方率门人蔡锷等主持党务于桂，兼督办柳州垦业，闻而遄归。至沪率予返苏，与吴中湘籍将领章驾时、朱熙等，密筹光复苏州，策应鄂沪。时吾已先徙吴会矣。予以髫龄侍先君，擘划其间。侠魂年尤稚，以平日承庭训，得知改革澄清之旨，乃雀跃从予后，乐观厥成。事已定，都督程雪楼命予创办江苏《大汉报》于沧浪亭可园，兼总笔政，是为中国女子主办革命日报之发轫。侠魂力请与俱，遂试界以书记，任写专载文稿，昕夕据案，目不旁瞬，手不停挥。驻馆三月，不取薪酬，于所事未尝后时，主笔傅熊湘叹为难能。嗟乎！其幼年服公尽职已如此。继予以总理孙公中山赞助之沪，创办神州女校，侠魂入校专修文学及绘事，经四年毕业，成绩冠其曹。嗣后任授小学教科，间助理校务，以操行正直，教师同事同学交相推许；学子尤敬惮之。尝曰：'小张先生年小而人格大，不可侮也。'其治业神州时，每为文洋洋数千言，气韵遒劲，有古人风，先君颇赏之。一日，校中举游艺会赈灾，侠对众作：'儒文侠武'四擘窠书；并'皓天舒白日，灵景曜神州'一联。沪报竞载，评为笔飞墨舞，矫矢若龙。其书，初习北魏，继稍及晋唐，惜工力不深，未成一家耳。于古诗词，极嗜读，顾未学为，谓不欲受其格律之束缚也。"

"民五七月侠魂省蒋氏姊疾于宛平，适军部飞机演习南苑，偕姊丈雨岩往观礼。一时豪兴飚发，请飞航；于是高骞云衣，绕旧京数周，散彩花如雨，中西观者逾二万人，掌声雷动，殆以此为中华女子飞行之嚆矢也。乃风势陡变，机堕，折一足，几丧生。幸平有希腊名医史普绪者，以其回天之术，疗二月而良于行。前总统黎元洪壮之，特赠以奖章。后美女飞行家史天孙氏戾平，求见侠，并同留一影，当时空界隽闻也。"（《竺夫人纪念册》第 3-5 页，竺可桢藏）

图 73　张侠魂巡空时的惊险场面[①]

张侠魂 1916 年在宛平乘机飞行之举，一时间引起轰动，《妇女时报》第 20 号（民五年十一月发行）曾以《中国之女飞行家》为题作了报道，该期同时登载了张侠魂之彩色插页照片，为飞行前所摄，照片下题"中国之女飞行家张侠魂女士"。（《妇女时报》1916 年第 20 号，第 81-83 页）

图 74　张侠魂彩色照片（1916 年）[②]

①②　刊于《妇女时报》第 20 号。

**12 月** 《阴历阳历优劣异同论》刊于《科学》第 5 卷第 1 期,《观象丛报》第 6 卷第 4 期转载时,注名"选录".《神州日报》1920 年 1 月 26 日转载。

述:"宇宙间各天体之循环变化,最足触人目者莫如太阴之盈亏。是故中外各国,其始也均以一度朔望之期为定岁时之标准。在我国自羲和造历,以三百六十六日为一岁,置闰月以定四时,夏商周秦汉因之。虽岁首不同,夏以建寅为正,商正丑,周正子,秦正亥,汉初仍秦故制。至武帝时始复以建寅为正,而以月绕地球纪月,定岁时太阳太阴并重,则一也。但一度朔望之期,为时约二十九日半,吾人既以一日为单位,则各月中不能有同一之日数也明矣。此所以阴历一月中,或则二十九日,或则三十日也。且地球绕太阳,自春分点向东行回至春分点,须时三百六十五日五小时四十八分四十五秒。阴历若以十二月为一岁,六〔个〕月大,六〔个〕月小,则为时仅三百五十四日耳,与地球绕日之期,相差至十一日之多,苟不纠正此谬误,则数十年而后,夏至将在腊月,而六月飞霜矣。此所以阴历数岁之内,必须增加一月,即所谓闰月(Intercalary Month)是也。阴历加闰之法,间岁而加一月,如第一年无闰月,则第二年应有闰月是也。然固如是,则阴历两岁中将有七百〈八十三〉〔三十八〕日,较地球两度春分点多七日半,未免矫枉过正矣。是以阴历八年中仅有三闰也。"

"泰西旧历之讹误,既为每一百二十八年多一日,即约每四百年多三日,则欲矫其弊,于此时期中,少置三闰日可也。泰西新历之订定,即本此意,新历与旧历相同,每四年而一闰,凡年数之能以四相除者,均为闰年。特依新历则至每世纪之末年,惟其年数之能以四〔百〕相除者为闰年,余则不闰。如西历 1700 年,1800 年,1900 年,皆非闰年,而西历 2000 年则为闰年是也。但新历一岁中,日数与太阳年尚有相差之处,特相差之数为甚微渺耳。试列表如下:

泰西新历每四百年中之日数 = 400 × 365+97=146,097 日

太阳年四百年 = 400 × 365.2422=146,096.88 日

四百年中相差 = 0.12 日

一年中相差 = 0.0003 日

"是故依新历，其岁时与太阳年相差不过每年二十六秒耳，必须俟至三千三百三十三年以后乃始有一日之差，阳历较阴历之为精密也于此可见矣。"（《全集》第 1 卷，第 79-81 页）

**是年前后**　国学大师黄侃（季刚）时在武昌高等师范学校任教。一次他在教室楼梯之间偶尔邂逅青年竺可桢，突然眼睛一亮，说一声："这小子倒还不错！"他惊鸿一瞥，断定眼前这个青年将是个不同凡响的人物。（刘季友《黄季刚先生对革命的贡献》，载《量守庐学记续编》第 103 页）

# 1920 年（庚申　民国九年）　31 岁

1 月　《凡尔赛条约》正式生效，国际联盟成立。

廖仲恺在《民国日报》发表《国民的努力》。

《少年中国》发表蔡元培在少年中国学会的演讲词《工学互助团的大希望》。

何鲁在《科学》发表《科学与和平》。

2 月　利群书社在武昌创办，恽代英任经理。

3 月　中国科学社迁入南京成贤街文德里社所。

李大钊在北京大学发起成立马克思学说研究会。

4 月　马克思、恩格斯著、陈望道译《共产党宣言》在上海出版。

杜威到南京高师演讲。

俄共（布）代表维经斯基来华。

5 月　南高文史地部"地学研究会"改称"史地研究会"。

陈独秀在上海发起组织马克思主义研究会。

6 月　孙中山等决定移设军政府。

王琎在《科学》发表《中国古代金属原质之化学》。

7 月　地质调查所由矿政司划归农商部直辖，改名农商部地质调查所。

直皖战争爆发。

8 月　粤桂战争爆发。

李汉俊、陈独秀在上海创办《劳动界》周刊。

毛泽东等在长沙发起组织俄罗斯研究会。

共产党早期组织在上海《新青年》编辑部成立。

中国科学社第五次年会在南京举行。

9月 苏俄政府发布《第二次对华宣言》。

杨铨在《科学》发表《战后之科学研究》。

马君武译《达尔文物种原始》由中华书局出版。

10月 罗素抵达上海,开始为期九个月的访华讲学。

李大钊等在北京成立"共产党小组"。

11月 孙中山、伍廷芳等在广州恢复军政府。

周恩来等赴法勤工俭学。

任鸿隽在《科学》发表《爱恩斯坦之重力新说》。

12月 教育部公布国音字典。

万国鼎在《科学》发表《机会世界》。

是年 萨顿在哈佛大学开始讲授科学史。

阿德湖任克拉克大学校长,兼地理学院院长。

商务印书馆出版蔡元培、蒋梦麟、陶孟和主编《世界丛书》。

是年 陈述彭(1920—2008)、徐规(1920—2010)出生。


常驻地迁移:武昌—南京


**1月5日** 偕夫人张侠魂自上海回武昌。(《寰球中国学生会周刊》1920年1月10日)

忆:"当民国九年余与侠结婚后来武昌高师,住石灰堰四号凡半年。迄今已将十九载,经其处,竟不识其何在矣。往年至剑桥觅 Oxford 牛津街 64 号亦无着落,至于西湖之宋庄、上海天通庵 193〔号〕,屋虽在而人物全非,徒增感慨而已。新成〔立〕之武汉测候所即在石灰堰,离余辈昔之寓所当不远也。"(日记 380708,《全集》第 6 卷,第 545-546 页)

**3月** 《气象学发达之历史》发表于《科学》第 5 卷第 3 期。《观象丛报》

第 5 卷第 11 期全文转载，内容略有差异，注名"选录"。《神州日报》1920 年 4 月 22 日转载。

述："气象学者，乃研究地球上大气中各种现象之科学也。其起源之早，除天文学而外，当首屈一指。盖地无论海陆，均有大气充塞其间，吾人无往而不受其感能影响。是故在我国尧歌庆云，舜操熏风，实为气象学之起点。《诗》曰：'月离于毕，俾滂沱矣'；《老子》曰：'飘风不终朝，骤雨不终日'；谚云：'月晕而风，础润而雨'。当时虽科学未明，但人生而有气象预报之欲望也，于此亦可见一斑矣。在泰西，气象学之肇始也亦独早。西历纪元五百年前，欧美医学鼻祖雪颇克拉蒂（Hippocrates）著书曰《坤舆水土气候志》，是实为泰西气象学之开端。"

"气象学可分为四种，依其难易而先后列举之如下：（一）气象力学（dynamical meteorology），（二）气象光学（optical meteorology），（三）气象热学（thermodynamical meteorology），（四）气候学（climatology）。前三种气象学，实在物理学范围之内，惟第四种气〈象〉〔候〕学则与物理学无甚关系，而属于地文学（physiography）。凡专叙述地面上各处之温度、气压、雨量、风力等等，而不深究其所以然者，即为气候学。气象学之发轫虽甚早，然常囿于迷信，无足称道者。至近世赖天文、地文、物理、化学诸科之新发明，而气象学乃始日增月进，而自成为科。其取材于他科者颇不少。如地系球形，自希腊天文学家安纳息慢特（Anaximander）以至柯波尼克（Copernicus），凡历二千载而其理始显。关于光学者，如晨昏薄明时之日光（twilight），由于光线之〈近〉〔反〕射，乃十二世纪时阿拉伯天文学家阿尔哈善（Alhazen）之发明。以光学理说明晕珥虹霓，首创之者，为阿列斯多德（Aristotle）。至十七八世纪赖牛顿、赫琴司（Huygens）、弗拉司奈（Fresnel）、哀埃莱（Airy）、叶益（Young）诸物理学家研究之功，其理乃大明。海市蜃楼（Mirage）自昔以为怪诞不经之语，奈端、开白儿（Kepler）二人乃证明其为空气密度大小不同，日球光线回光之作用。"

"自十八世纪以来，气象学虽仍不能不借材于他科。受物理家之赐者，更数见不鲜，如芳汉姆贺尔訾（Von Helmholtz）对于流质旋转运动之研究，恺尔文气象热力学上各种之发明，此其有功于气象学，彰明较著，为不可没者也。但近世之气象学家能独树一帜者亦颇不乏人，如福莱尔（Ferrel）以风论著于世，倍求克疑（Bjerknes）气象力学之研究，阿司碑（Espy）'云雾组织说'是也。

"气象台之设置虽在十七世纪中叶，已肇其端于意大利。然自 1854 年至 1856 年俄土战役（Crimean War）而后，列强政府始知有气象台筹备之必要。俄土之役，英法联军助土耳其攻俄，集两国海军于〈地中海〉〔黑海〕，适遇风暴，波涛狞恶，全军几将瓦解，事后知风暴中心未达联军舰队以前一二日，西班牙及法兰西西部，已先受其影响，设当时欧洲沿大西洋一带设有气象台，则即可以电告英法舰队，使为未雨之绸缪，而得以有备无患矣。

"欧美各国自 1870 年以来，赖科学之鼓吹，政府之信任，至今气象台皆网布全国，即日本、印度、菲列滨各处，亦均岁耗巨费，为预报晦明晴雨及飓风踪迹之用。东亚气象台设立之最早者，当首推吕宋之马尼拉气象台（Manila Observatory），成立于 1865 年。1873 年法国教士考轮倍（Colombel）创上海徐家汇气象台。日本中央气象台则成立于 1875 年。自民国初年以来，我国政府乃始着手于设备气象台。"（《全集》第 1 卷，第 82-83 页）

**3 月**　中国科学社正式迁入南京成贤街文德里社所。（《发展历程》第 206 页）

**4 月 9 日**　南京高等师范学校（有时简称高师）召开校务会议，由校长郭秉文提出筹备国立大学的议案，出席者一致赞成。遂拟具大要计划，由郭秉文校长与张謇（季直）、蔡元培、王正廷（儒堂）、蒋梦麟、穆湘玥、沈恩孚（信卿）、黄炎培（任之）、江谦（易园）、袁希涛（观澜）诸先生再加讨论，拟具改办大学计划书、预算书。郭秉文于 9 月 25 日偕黄炎培、蒋梦麟两先生入京，约同蔡元培往见范静生总长，范总长深表赞同，然以国计支绌，未得财部通过。郭校长再次赴京陈述，遂得于国务会议通过，并定名为国立东南大学。11 月教育部复张謇等，议以高等师范之教育、农、工、商四专修科改归大学，高

师仍留，各本科赓续办理。(《国立东南大学生活概况》第 60-61 页;《国立东南大学概况》第 1 页)

4 月 25 日　《论夏季拨早钟点之利弊》刊于《东方杂志》第 17 卷第 8 号。《观象丛报》第 6 卷第 3 期全文转载，内容略有差异，注名"选录"。

曰:"以大概而论，此制行之于工业国则利胜于弊，行之于农业国则弊甚于利。欧西各国，如德意志、比利时、英吉利工业之国也，故行此制而收成效。美国近虽工厂林立，有一跃千丈成为制造国之势，然因其地大物博，近年出产品中仍以农产为最要，人民业农者亦复不少，故夏季拨早钟点对于美国实利弊参半。去冬虽以农民之反对，下议院已否决续行此制，但至今春大城市如芝加哥（Chicago）、费城（Philadelphia）仍继续进行。悍然置下议院之议案于不顾，由此亦可见美国农工两界舆论之不一矣。加拿大则因其为农业国，故夏季拨早钟点之制，不能施诸实行。

"纬度之高下，与施行夏季拨早钟点之胜利与否，亦有密切之关系。……纬度之高下既相悬殊，则夏季拨早钟点之利害自有不同矣。"

"今试反而观诸我国，则工业之盛不但不能与英德相颉颃，即较之美国亦叹望尘莫及，盖我国固为农业之国也。以纬度而论，则我国本部在北纬四十度与二十度之间。冬夏日长，相差无几，夏季无拨早钟点之必要。且我国与欧美情形尚有不同之处，欧美各国施行拨早钟点，则全国一致。在我国则仅试行之于一二商埠耳。是故去年上海用新时，而沪宁、沪杭车站则仍用旧时。因沿沪宁、沪杭铁道一带之车站，仍沿用旧时也，于是一城之中而有新时旧时之别。自民国以来新旧历并用，已觉其不便，吾人方欲解决此问题而苦于无术。今乃于夏季复加以新时旧时之别，其为扰孰甚焉。"(《全集》第 1 卷，第 84-88 页)

5 月 13 日　南京高师文史地部地学研究会更名为史地研究会。召集全体大会，通过简章。增聘指导员，筹划日有进益。敦请校内外名人选有演讲，开展地质、气象诸端之实验等。

6 月 20 日　南京高师史地研究会改选第二届职员，以陈训慈为总干事。

7—8 月（武昌—南京） 应郭秉文（鸿声）校长之邀，受聘南京高师任地理学教授，由武昌迁南京。时南京设文史地部，刘伯明为主任，下设文学、历史、地理、哲学四系。(《南京高师文史部第一级会纪念刊》第 28 页) 南高下学期地理教授只有竺可桢一人。(同上，第 50 页)

图 75　南京高师校舍全景 [①]

图 76　南京高师、东南大学并存时的校门

---

① 载《南京高师文史地部第一级会纪念刊》(1923 年)。

因其绍兴口音学生难于听懂，决意离开武高。述："一九一八年秋天回国后，最初两年在武昌高等师范学校（即武汉大学前身）教地理和气象。其时校长为天津人张绥青，同事几全数为日本东京高等师范毕业生。校中同学以湖南人为最多，次为湖北人。我的绍兴口音下江话，大家不懂，因此我得从早到晚编讲义。"（《全集》第 4 卷，第 90 页）亦有意按新的地理学观点组织安排教材，试编讲义。（《竺可桢传》第 13-14 页）

是为第一位在我国高等学校讲授近代地理学的教师。（《蔡元培传》第 294 页）

初到南高，在文史地部教气象学，同时还为理化部学生讲授微积分，为农科学生讲授地质学。（《南京大学史》第 52 页）

家移南京时，住马府街。（竺士楷《三叔可桢公对我的培养和教育》，载《一代宗师竺可桢》第 158 页）

牛力的文章有如下介绍：竺可桢以"哈佛大学地理科博士"的头衔来到南京高师，他的到来可谓雪中送炭。该学年，竺可桢在南高开设了地学通论、世界地理和地质学三门核心课程。1920 年秋，南高实行选科制，文史地部内的学科差异进一步凸显，学生"兼修文史地三种科目，势所难能"，部内乃分为文、史、地三系。（牛力《从地学到地理学：竺可桢与中国近代大学地理学系的构建》，载《南京大学学报（哲学·人文科学·社会科学）》2023 年第 5期，第 131 页）

张剑指出："团聚数千学术精英的中国科学社也为竺可桢的事业团聚了大批的人才，为他结成了一个广泛的社会网络。1920 年夏离开武昌高师来到南京，这是社友们声气相求的结果。在这里，他如鱼得水，在教育事业上取得成功，创建东南大学地学系，培养了大批人才。"（张剑《竺可桢与中国科学社》，载《文景》2005 年第 1 期，第 10 页）

**夏** 南京高师在全国率先开办了暑期学校，第 1 期学员 1041 人。竺可桢等南京高师、东大的著名教授志愿义务授课。（《东南大学史》第 64-65 页）"演讲员"表格里"姓名、字、经历、演题"栏分别填有介绍："竺可桢，藕舫，美国伊力诺大学学士，哈佛大学地理科博士，前武昌国立武昌高等师范学校地质学校教员，现任本校教员兼江苏省立第一女子师范学校教员，《谈天》。(《南高第一届暑期学校概况》第41页)

7月10日 《二童争日解》刊载于《东方杂志》第17卷第13号。

云："二童争日。甲童曰：'中午日光猛，晨昏日光弱，故中午日近。'乙童曰：'不然，中午日小，晨昏日大，故晨昏日近。'二者相持不下，乃求决于孔子，而孔子不能解其惑。此虽寓言，实为科学上一极有趣之问题也。然则依现在科学上之见解，其是非曲直果安在乎？曰：皆非也，试分论之。"文章随后以天文学与气象学原理做了论证。

结论："要而言之，则乙说固不足取，甲说虽持之有理，但其所用方法，亦不适于解决科学上之问题，其结语虽与事实偶合，然其为谬误则与乙等耳。且乙说之误在于观测上之不精密，其弊小。甲说之误在于方法上之不完备，其弊大。我国学者观察天然界现象之方法，专恃演绎逻辑，此中国学者方法之误，所以无科学之发明也。美国哈佛大学前任校长爱理阿氏(Charles Eliot)尝曰：'中国之贫弱，由于科学之不发达，而科学之不发达，则由于缺少归纳哲学。'非虚语也。"(《全集》第1卷，第89-91页)

7月10日 与胡适、王琎等15人为《科学》月刊编辑员。名单如下：

| 胡　适（哲学）北京大学 | 何　鲁（物理）南京本社转 |
| 竺可桢（气象）南京高等师范 | 孙洪芬（化工）浮桥洋房 |
| 王　琎（化学）南京大仓园一号 | 周　仁（机工）高等师范 |
| 杨孝述（电工）大仓园一号 | 王毓祥（生计）暨南学校 |
| 原颂周（农学）高等师范 | 钱崇澍（植物）金陵大学 |
| 孙昌克（矿冶）上海大同学院转 | 金邦正（森林）北京农业专门学校 |
| 秉　志（昆虫）南京本社转 | 李　协（土木）南京河海工程学校 |
| 郑宗海（教育）高等师范 | |

(《科学》第5卷第7、8期，封底)

7月 本月印行的《中国科学社募集基金第一次报告》显示，"三、永久社员基金（甲）已缴清者"如下：

| | |
|---|---|
| 胡敦复君 | 中银一百元 |
| 任鸿隽君 | 中银一百元 |
| 胡明复君 | 中银一百元 |
| 竺可桢君 | 中银一百元 |

……

（《中国科学社募集基金第一次报告》第35—36页）

8月15—21日（南京） 出席"在南京成贤街旧文德里新社所内"召开的中国科学社第五次年会。①

图77 文德里中国科学社社所南楼②

---

① 《申报》刊发消息《中国科学社年会先声》："本報訊　中國科學社今年在南京成賢街社所舉行第五次常年大會所籌設之科學圖書館亦將於是時成立開會時間定一週内分社務會學術演講會通俗演講會論文討論會交際游覽等學術演講有蔡孑民王寵佑汪精衛任鴻雋諸君擔任通俗演講有竺可楨博士錢天鶴君擔任論文今年已達二十餘篇亦最有情彩中如謝恩增趙元任顏伍光胡剛復竺可楨經利彬諸博士及丁文江任鴻雋錢天鶴過探先黄昌穀段子樊何魯諸君等之著作均極有價值將印成專號以饗閱者現距八月十五號該社正式開會之期不遠社員預備佈置社屋招待社員邀請來賓等均極形忙碌想屆時必有一番盛況也"。（《申报》1920年8月12日）
② 取自《中国科学社概况》。

图 78　文德里中国科学社社所北楼 ①

**16 日**　上午出席社务会，被推举为查账员。

**18 日**　晨，专程从美国回来参会的赵元任来到科学社文德里社所。他在当天的日记里兴奋地写道："万岁！中国科学社！美丽的大门和两旗帜，很漂亮的楼房……瞧，这里都是谁？胡明复、胡敦复、任鸿隽、陈衡哲、胡刚复、胡适、竺可桢、邹秉文等。"（飞刀看书《赵元任与南京中国科学社》，载微信公众号"飞刀看书"，2023 年 6 月 23 日）

上午 9 时宣讲论文《西湖造成原因》。后以《杭州西湖生成的原因》为题，发表于《科学》第 6 卷第 4 期。

其论文对西湖成因，依据地质学、地理学理论作了深刻分析与判断。"竺可桢博士言凡湖之成因有三：一由地层之陷落；一由风与水之侵蚀；一由海湾所变成。西湖为第三种。西湖之形势，三面环山，一面为平原。上古时代，系一海湾，后经淤淀作用，自三角洲一变而成冲积平原。此平原成，而湖遂与钱塘江隔断，不复为海湾矣。冲积作用，仍继续进行。若无历朝政府疏浚之力，则悉西湖为冲积平原矣。竺博士又言湖水最深而清之处，在断桥与西泠桥，因

---

① 取自《中国科学社概况》。

其水流甚急也。至于西湖之寿命，由博士依据法国之伦河与意大利波河三角洲变迁远近之推算法，决定西湖之成约在一万二千年前。吾人聆此新说，知彼丽如佳人之西湖，已享此不老之上寿，欣快不可言喻。且历代文士诗人纪咏西湖者众矣，若科学家则自竺博士始，实足为湖山放一异样色彩也。"（《中国科学社第五次年会纪事》第 18 页，上海市档案馆藏件 Q546-1-223；《年会记录》第 65 页）

施雅风评述："竺可桢于 1921 年发表《杭州西湖生成的原因》，判断西湖是由钱塘江冲积堵塞湾口的泄湖演变而成。1975 年的钻孔资料，证实竺可桢的判断是正确的。"（施雅风《南高东大时期的竺可桢教授》，载《纪念文集》第 87 页）

图 79　中国科学社成员合影（1920 年 8 月）[1]

**20 日**　上午出席年会中第三次社务会，当选为司选委员；"竺可桢博士报告查账结果无讹，全体通过会计报告"；晚上八时作通俗演讲"火星通信之研究"。（《中国科学社第五次年会指南》，上海市档案馆藏件 Q546-1-61）

出席年会的有任鸿隽[2]、杨铨[3]、赵元任、胡明复、钱天鹤、王伯秋（纯

---

① 赵元任摄，载《好玩儿的大师——赵元任影记之学术篇》第 131 页。
② 任鸿隽，是年受托为在四川建立钢铁厂而赴美国考察和采购设备。
③ 杨铨，时任南京高师教授。

禼）①、胡刚复、过探先、颜任光（耀秋）②、谢思增、茅以升③、何鲁（奎垣）④、黄昌谷、李寅恭⑤、孙洪芬⑥、赵元任⑦、经利彬（燧初）、邹秉文⑧、陈衡哲（莎菲）⑨、陈鹤琴⑩等。（《中国科学社第五次年会纪事》，上海市档案馆藏件 Q546-1-223）

**8 月中下旬** 偕张侠魂与张默君、王伯秋、李殿春等泛舟玄武湖。（默君《九年秋孟偕伯秋侠魂藕舫殿春泛玄武湖》，载《时报》妇女周刊 1920 年 10 月 6 日）

**8 月** 被南京第一女子师范学校聘为教员。"聘请留美哥仑比亚大学教育硕士郑宗海为教务主任，教育硕士陈鹤琴、留美哈佛大学气象及地质学博士竺可桢、法学硕士王伯秋、留美西拉扣大学音乐学士梅经香、日本东京女子美术专门学校毕业李殿春……等为教员。"（《本校大事记（九十两年度九年五月至十一年四月）》，载《宁一女师十周纪念》第 15-16 页）

**9 月 25 日** "下午召集师范中学、保姆小学全体教职员会议，并举行茶话会，提议改进校务各端：（一）筹设图书馆，组织筹备委员会，推举王伯秋、冯顺伯、蒋息岑、梅经香四君担任；（二）增购理科仪器，组织整理仪器委员会，推举竺藕舫、蔡松筠二君担任；（三）改造本校前进礼堂为大会堂，组织筹备委员会，推举竺藕舫、陈鹤琴二君担任……"（同上，第 16 页）

**9 月** 与柳诒徵（翼谋）⑪、徐则陵⑫等同由南高文史地部史地研究会聘请为该会第二届指导员。聘期至 1921 年 1 月。（《史地学报》第 1 卷第 1 号）被

---

① 王伯秋，时任南京高师教授。
② 颜任光，时任北京大学物理学教授。
③ 茅以升，时任交通大学唐山学校教授、副主任。
④ 何鲁，时任南京高师教授。
⑤ 李寅恭，时在安徽中等农业学校林科任教，并任林科主任。
⑥ 孙洪芬，时任南京高师理科主任、化学教授。
⑦ 赵元任，时任清华学校教授。
⑧ 邹秉文，时任南京高师农科教授兼主任。
⑨ 陈衡哲，时任北京大学西洋史教授。
⑩ 陈鹤琴，时任南京高师教育科教授。
⑪ 柳诒徵，时任南京高师史地部教授。
⑫ 徐则陵，时任南京高师史地部教授。

聘为指导员后，积极参与研究会活动，先后赴雨花台、栖霞山、燕子矶、龙潭等地考察。(《南京高师文史地部第一级会纪念刊》第71页) 史地研究会之组织如下图：

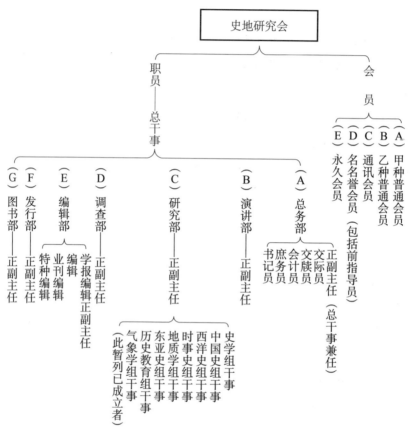

图74　南京高师文史地部史地研究会组织系统 ①

**9月**　被推举为中国科学社编辑部新编辑员。"中国科学社记事"栏报道：编辑部新职员亦于上月举定，编辑长杨铨，副编辑长赵元任，书记何鲁，新增驻美副编辑长一人，由美国社友会选举。此外复举定编辑员十二人，驻宁者为王琎、竺可桢、李宜之、徐乃仁、孙洪芬、胡刚复六君，驻各地者为胡明复、任鸿隽、黄昌谷、经利彬、曹梁厦、茅以升六君。(《科学》第5卷第10期，

---

① 刊于《南京高师文史地部第一级会纪念刊》第75页。

第 1068 页）

**是月** 南京高师校方制定了《改南高为东南大学计划和预算书》，将全校分为文理科和专门科两大类。文理科下分中国文学、哲学、史学、英国文、心理、物理学、化学和数学八系。地理学和地质学都没能纳入大学最初的学科规划。而在文史地部下已设立地理系。（牛力《从地学到地理学：竺可桢与中国近代大学地理学系的构建》，载《南京大学学报（哲学·人文科学·社会科学）》2023 年第 5 期，第 131 页）

**10 月 14 日** 中午十二时在宁科学社全体社员在复成桥地方公会公宴罗素。罗素于下午二时在成贤街社所发表演讲，讲题为《爱恩斯坦引力新说》（Some Aspects of Einstein's Theory of Gravitation）。胡刚复主席并致欢迎辞。（《罗素在南京中国科学社演讲》，载《申报》1920 年 10 月 25 日）

图 81 《申报》对罗素在南京中国科学社演讲的报道

图 82 中国科学社大门 ①

图 83 在南京的"柳门"前
罗素（左五）、勃拉克女士（左六）、赵元任（右一）与大家合影
右五为竺可桢 ②

①② 取自《赵元任影记》。

**10 月 27 日**　作为史地研究会第二届指导员，为会员演讲《月蚀之原理及其推算》。

"史地研究会本为地学会，地学会成立于八年之秋，故史地会实为本校各研究会之最后起者。本学期自原有柳翼谋先生外，又有新指导员徐则陵先生、竺可桢先生，会员亦较前大增。本学期已于十月十七日开第一次大会讨论进行方法，决定本会此后自指导员演讲外，由会员自由择题讨论，以收实际研究之效。……十月二十七日，史地会又以是日适值月蚀，因在东操场开第二次会，请竺可桢先生演讲'月蚀之原理及其推算'，又指示星辰之位置，如北极、牵牛、织女、五车诸星，并详释各星体之原理。后又由会员提出关于月蚀及天文诸问题，无不得满意之答复。是日八时二十五分初蚀，会员迭用天文镜观察至九时二十八分月蚀。既而同学犹有未尽问题与竺先生讨论。九时四十分，竺先生以时迟回去，始散会。"（《南京高师日刊》1920 年 11 月 5 日，载《南京大学校史资料选编》第二卷，第 657 页）

**10 月 30 日**　《高等以上学校课程改良的商榷》一文刊于《国立武昌高等师范学校教育学术研究会杂志》第 1 期第 35-39 页[①]。全文如下：

自欧战以来，欧美各国教育的政策，大生更动。如英国牛津、剑桥诸大学，向取保守主义的，到现在渐趋解放，务期与世界潮流相接近。美国的教育界，受欧战影响尤大，从华盛顿大学教授 Padelford 所著的《将来之美国大学》篇（《新教育》二卷三期译出），就可以晓得美国教育界舆论的一斑了。

美国大学的弊端，在于"天性不向学问之学生既多，物质上之教育又不足贵，两因相并，转而造成发扬学校表面上之活动，而大学亦竟以此等活动代高等之教育。青年学子对于数小时之研究，课室中之学程，莫不头昏欲裂，苦恼非常……"

犯上说弊端，不但是美国大学。近年来我国的高等学校，也传染了这个

---

① 该期封面署"中华民国九年七月三十一日发行"，而版权页署"民国九年十月三十日出版（第一期）"。此文未收入《全集》。

病，不过变本加厉就是了。现在要救济这个弊端，只能从改良课程及教授法入手，以期唤起学生的新趣味，新精神。我国高等学校课程及教授法应该商榷之处〈狠〉〔很〕多，以记者个人所见及分别言之。

（一）选科问题　选科制度是美国哈佛大学前任校长 Charles Eliot 所创出来的。这个制度的生产，离今不过三十年，到了现在，不但风行欧美，就是北大与南京高师，也要仿行起来。行选科制度的利益，最要的有两层。（甲）没有选科制度以前，各班各级的〈工〉〔功〕课，是死定的，当年终大考的时候，若一门或两门功课不及格，就要降班降级。不但不及格的功课，再要重读，就是其余及格的也要重读一遍，这岂不耽误时候么。行选科制度，就可以除这个弊端，（乙）行选科制度，则可各择所好，课程既能从心所欲，则求学之心自当愈益猛进。

但是选科制度，并不能行之有利而无弊的。美国学校，自从通行选科制度以来，便觉得学生有避难趋易的倾向。科目难一点，教员严一点，这一科便无人顾问。反之，若科目容易，或教员取放任主义，一般学生趋之若鹜。有一种学生，专选容易科目 Snap Courses 来读，读得相当点数以后，便可毕业（凡行选科制度毕业之期限以点数为标准，读完一科便可得若干点数）。

因为这个缘故，所以美国学校对于选科制度的限制，渐渐〈的〉〔地〕加严起来。如以哈佛大学现行制度而论，当学生进来的时候，就要认定读那一科，如理财科、政治科、数学科等。从入学以至毕业时所读的科目，四分之一是普通科，如英文、外国语等，无论认定那一科的学生统要读的。四分之二是专门科，从认定一科中所选出的。其余四分之一，方是随意科。但就是随意科中的科目，亦不能任意选择，其分配法亦必有预先的规定。所以照这样看来，所谓选科者，非绝对名辞，乃比较的名辞也。

（二）考试问题　废除考试的问题，主张的人〈狠〉〔很〕多，但从来没有说明那一种考试应该废除的。因为考试的种类〈狠〉〔很〕多，有口试，笔试，各个的考试，全班的考试，临时试验，定期试验等等。若要把所有的考试一概废除，这不但是现在各国教育界所没有，就是将来也〈狠〉〔很〕难做到的。

考试有两种用意，第一是狭义的，第二是广义的。所谓狭义的考试，就是每到年终考试一次，以定升班留班，或毕业不毕业的区别。所谓广义的考试，就是随时教员、学生互相问答。在教员一方面，可以揣知学生各个的性情本能，以改良其施教的方针。在学生一方面，可以得互相切磋的益处。从狭义的考试，便养成平常不读书，急来抱佛脚的习惯。从广义的考试，可以引起学生研究学科之趣志，而显其本能。所以我们应该从积极方面着想，不要在消极一方面着想。废除狭义的考试，就是消极的办法。实行广义的考试，就是积极的办法。

（三）发印讲义制度　发印讲义制度，是我国学校的特点，世界各国所没有的。欧美、日本大学的教授，在讲堂上口演，把所讲题目要紧的大纲，指出来，学生就把大纲记下，到了下课的时候，到藏书楼自己阅参考书，依所记的大纲，来研究种种问题。譬如以美国大学而论，教授一点钟的口演，学生在外总须要两点钟的预备。所以学生在藏书楼自修室所得的利益，比在讲坛上所得的利益还多。

照现在中国的办法，教员发给讲义与学生，学生得了讲义，就奉以为圭臬，至于讲义以外的问题，就不去研究了。所以学生除了讲义以外，所得的利益〈狠〉〔很〕少。现在要破除这个制度，先要晓得这个制度成立的原因。印发讲义的制度原是不得已而设的，因为（甲）中国各处方言不同，教员口演时所讲的话，学生未必尽人能解。（乙）我国学校藏书楼参考书〈狠〉〔很〕少，除了讲义以外，学生要研究问题，苦无材料。

方言这个问题，非一时所能解决的。但现在所通用的普通话，受高等教育的学生应该懂得，就是从穷乡僻壤来的学生，在预科一年以后，也应该能了解。至于我国学校的藏书楼，大都有名无实，非极力的整顿不可。外国学校的藏书楼，不但所藏的书籍丰富，就是空气、光线，也〈狠〉〔很〕考究。所以自旦达暮，虽则室中毫无声息，而座上差不多没有虚席的。较之我国一般藏书楼，入其室则阒焉无人，其气象真不啻天壤呢。

所以发印讲义这个制度，虽则一时不能废除，但现在急应译著各种高等教科书，扩充学校藏书楼，以为淘汰这个制度的预备。

（四）钟点问题　这个问题，同第一个及第三个问题有密切的关系。因为一班一级的上课是死定的，除了教授钟点以外，学生用不着〈狠〉〔很〕多的工夫来研究，来参考，所以我国高等以上学校，每周〈点钟〉〔钟点〕差不多总在三十小时以上，每天平均有五六小时。下课以后，已是精倦力疲，再加预备上课的钟点，那有时候再来研究科学上、哲学上各种问题，于是就犯了学而不思则罔这个病。受高等教育的学生，不但应予以良好的教授，而且要使有发展研究学术思想的方法同余地。所以将来一方面应该仿行选科，减少授课的〈点钟〉〔钟点〕，一方面废除发印讲义制度，增加自修钟点，以发展学生研究学术的能力。

（五）夏季补习科问题　近年来学潮层见迭出，究竟罢课是不是救国的一种方法，还是一极大的问题，但是耗费难得的光阴，是不可挽回的。世界各种学术进步，非常迅速，生有尽而学无穷，安可不努力加鞭及时猛进。

夏季补习科，是一种惜阴的计划。我国高等学校暑假的期限，总在两月以上，若在欧美工厂林立，就可以进厂作工，为一种实验的练习。就不入工厂，各处的城邑、村落统有藏书楼，这两个月工夫不至于白费。中国工厂既少，藏书楼在大都城邑里尚不多见，村落中更不消说了。所以就有〈狠〉〔很〕用功的学生，这两个多月的工夫，也是虚掷流水，岂不可惜呢。

学校里边设了夏季补习科，就可以利用这两个月的光阴，来做种种事业。（甲）各种实地测量，以及采集标本，常须到外面去旅行，这种旅行，若在学期中举行，与别科时间相冲突，有不便的地方。夏季补习科，所习的科目，只有一种或两种，可任意为长期的旅行。（乙）中学小学的教员，在学期中没有时候，再来受学，到暑假的时候，就有空闲进补习科。因为现在学术思想，日精月异。做中小学的教员，决不能长守旧法去教授，必有新学术思想去灌输，方能应世界的新潮流。不致受天然的淘汰。（丙）年终考试的时候，如有一科不及格，这一科就可以在夏季补习。（丁）夏季日长，上课时间不妨移前至上午六小时。至十小时或十一小时，温度过高，即可下课。下午即可用以习练各种运动，如网球、游泳等等，以提倡体育。

图 84 《国立武昌高等师范学校教育学术研究会杂志》

第一期封面

**10 月前**　被推为中国科学社图书馆委员会委员。主任：胡刚复；委员会：李协、孙洪芬、竺可桢、过探先。(《科学》第 5 卷第 10 期，封底)

**11 月 4 日**　长子竺津（希文）出生。

**11 月 25 日**　报载：向山西旱灾救济会捐款三元。(《申报》1920 年 11 月 25 日)

**山西旱灾救济会敬谢诸大善士慨捐台衔列后**

南京第一女子师范学校职教员、学生、校役一百二十元三角二分铜元二千六百二十文　南京第一女子师范学校学生表演三百元　南京暨南学校职教员、学生三百元　南京国立高等师范学校学生表演助五百元　南京

国立高等师范学校教职员张士一君十元　梅光迪君十元　林天兰君二十

元　林青君五元　李玛理女士十元　夏之时君十元　叶振纶君一元　汤

士谦君二元　钱兆和君二元　吴德彰君二元　涂羽卿君十元　孙昌克十

元　熊雨生君五元　何奎垣君十元　孙光远君一元　郑涵清、张清远、叶

吉廷君共二元　孙洪芬君二元　胡刚复君二元　竺藕舫君三元　徐志艻君

二元　邹秉文君十元　原颂周君四元　孙恩庆君五元……

**11 月**　与胡刚复、李仪祉[①]一同主持中国科学社图书馆编制书目诸事。
（《科学》第 5 卷第 11 期，第 1180 页）

**12 月 6 日**　东南大学筹备处正式成立[②]。（《南京高师文史地部第一级会纪
念刊》第 12 页）教育部委任郭秉文兼任国立东南大学筹备员。（《国立东南大
学生活概况》第 60-61 页）

**12 月 16 日**（南京）　为南高史地研究会演讲《彗星》。（《史地学报》第
1 卷第 1 号[③]）该演讲后刊于《史地学报》第 1 卷第 1 号。

述："以其形似帚，故名。自古以来，彗孛飞流，皆以为不祥之兆。他邦
亦然，非仅我国已也。惟自天文镜发明以后，则彗星发现，实为天文上寻常之
事，即其轨道位置，亦可预测。其为数，则自有纪载以来，以至 1609 年间，
所发见者，共四百一十座。惟其间或有同一之彗星而再见者，则其数之确
否，殊难决定。"

继而从彗星之组织、彗星之质量、彗星之光线、彗星之轨道、彗星之运
命、彗星之危险诸方面做了介绍。

最后谓："彗星之大概，既如上述，今更推论世界之将来，以为斯篇结
论。法国天文家依'世界物质皆力之表现'之语，而谓将来之世界，皆将热消
质灭，而归于无形，所存者仅无可捉摸之力而已。实则太阳之热力不减，而其

---

① 李仪祉，原名李协，字宜之，时任南京海河工程专门学校教务长、教授。
② 《东南大学史》第 77 页记为是年 12 月 16 日 "东南大学筹备处" 正式成立，郭秉文任主任。
③ 《史地学报》封面、版权页标明为 "期"，内文标明为 "号"。

吸收之物质有加。热消质灭之说，殆未尽然也。即太阳热有消时，致使地球生物同归于尽，然太阳苟有时与他星相撞，不难重生热力。更由原子递进以至人类，若是周而复始，循环无已，则是世界将来终无已时也。"（《全集》第 1 卷，第 350—351 页）

**是年**　据文史地部 1923 届毕业生回忆，1920 学年该部"以性质分为四系：曰文学系，曰历史系，曰地理系，曰哲学系。各系并设系主任。"竺可桢作为地理系主任也是该系唯一的教员。但此处设置的系，不具有行政管理的职能，更多是课程系列的联合，各系仍置于文史地部之下管理。（牛力《从地学到地理学：竺可桢与中国近代大学地理学系的构建》，载《南京大学学报（哲学·人文科学·社会科学）》2023 年第 5 期，第 131 页）

**是年**　应江苏省立第一女子师范学校校长张默君之邀，兼职教授地理课。（日记 500330，《全集》第 12 卷，第 63 页）

关于兼课一节，1950 年日记有所回忆："接希文函，知其在南京二女中本学期教二十小时之英文，知二女中校长已换刘明水。她原任南京一女中校长，到竹桥后与希文讲说卅年前曾经吃过希文红蛋，因那时我在南京一女中教地理，希文初生，学生闹得要吃红蛋。此事余已早经忘却，事隔三十年，不料刘明水长校时希文去当英文教员也。"（日记 500330，《全集》第 12 卷，第 63 页）竺可桢在日记中还有记载："因下星期有人来询问刘明水（即刘令鉴）的历史，所以我查了 1939—1940 年日记。查刘令鉴，我于 1920 年在南京一女师曾教她一年地理。同班有刘学志、徐先志、戴凤娟、章德英，其时王伯秋、郑晓沧[①]等也均有课。"（日记 680621，《全集》第 19 卷，第 145 页）"来了解尚在 48 年前我在南京东南大学时代南京一女师一个学生刘令鉴（明水）。这时因为默君是一女师校长，所以我和郑晓沧、王伯秋、陈鹤琴统在女师兼了课。那时刘明水已是高年级，她同班的人以后常见的有刘学志、章德英、庄庆津、戴凤娟（晓沧好友）和徐先志（朱凤美太太）……"（日记 680626，《全

---

[①] 郑晓沧，时任南高教育学教授。

集》第 19 卷，第 151 页）

**是年** 教授地理学通论、气象学、世界气候和世界地理等课程。所编线装本《地理学通论》讲义刊印面世。（《全集》第 1 卷，第 97-256 页）其中《天文地理学》讲义部分，又另有单独刊印的线装本。（原书藏国家图书馆古籍部）

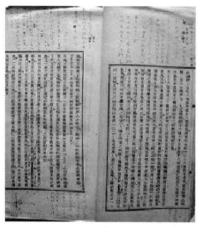

a　版本一

b　版本二

c　版本三

图 85　竺可桢在南高和东大期间编写的《地理学通论》讲义 [①]

"《地学通论》是竺可桢在地学系讲授的一门主课，相当于现在的普通自

---

① 樊洪业存。

然地理，不仅是地学系学生所必修，也是文理科各系共同的选修课。听讲者众多，几乎每年都开设，编有铅印讲义，分发给听课学生。"（施雅风《南高东大时期的竺可桢教授》，载《纪念文集》第 75 页）

胡焕庸[①]（肖堂）时师从竺可桢，尝有如下记述："在东南大学地学系中，竺先生主要担任地理和气象方面的课程，有地学通论、气象学、世界气候和世界地理等。

《地学通论》相当于今天的普通自然地理学，是文理科各系学生共同必修课目，学生很多，有竺先生编写的铅印讲义。竺先生讲授《气象学》也编写讲义，由商务印书馆出版。竺先生的世界地理教材，包括自然与人文两部分；在人文方面，特别联系各国时事与国际关系，有很多的统计材料。他还曾写过《欧洲战后之新形势》（《史地学报》 1 卷 1 期，1921 年）和《欧洲之现势与将来之危机》（《东方杂志》18 卷 9 期，1921 年）等文，并指导选习世界地理的学生分别从中、英、日文报刊摘录中外地理与各国政治、经济资料，经他审校编次印成《地理新资料》，此外又指导学生翻译鲍曼《战后新世界》一书，1923 年由商务印书馆出版[②]。"（胡焕庸《我国近代地理学的奠基人——竺可桢》，载《一代宗师竺可桢》第 54 页）

竺士楷当年曾由竺可桢带到武汉读书，他回忆曰："三叔回国后，先应武昌高等师范学校之聘，他带我到武昌进师大附中学习。每周和三叔见面一次，他关心我的学习，常加鼓励，使我知道不少书本外的知识。翌年，他改就南京高等师范之聘，我又跟他到南京进一中学习。那年三叔结婚成家，我就跟着住在马府街家中，早晚受三叔的言传和身教，一直到我在南京海工大学毕业后去工作，才离开三叔的家。"

"三叔除必要的应酬外，每日在家三餐，不吃零食，这和我祖母的家教有关，从小养成勤俭节约的风气。记得我们和三叔在宜山同住时，我爱人潘波若认为三叔终日为学校的事繁忙，同时来往客人较多，耗费精力，我俩私下商量

---

决定，除每日饭菜吃得好一点外，每天下午给三叔烧一碗银耳吃，以补不足。三叔见到银耳汤就对我俩说：'绍兴人爱吃补品，其实不如锻炼身体有效，以后不要再买银耳了。'他每日做保健操从不中断。"

"三叔非常关心下一代。他在学校教课时，备课认真，除深入钻研专业课外，常阅读我国古代学者著作，引证通俗，尤其是联系中国实际，使听者随教师意图逐步深入。有时带学生野外实习，登山采集标本，一马当先，年轻学生常叹不如。最突出的是能使学生明确目的，善于识别矿物，且能锻炼身体。有一次星期天，我随三叔去栖霞山采集矿物标本，使我深深体会到登山好处，只要目的性明确，既增长知识又锻炼身心。还有一次晚上满天星斗，我随三叔去东南大学操场和学生们一起观察天上的星，先由三叔向学生们讲天文知识，然后接着按次序讲各星斗的次序，清晰有〈绪〉〔序〕，听者赞叹不已。我从这一次就学会了大地测量中定正北的方向。

"我在大学读书时，每逢寒暑假，总想回老家探亲或以短期旅游为快。有一个暑假，我向三叔说明准备回老家探亲，三叔对我说：'探亲是需要的，但你还有更需要的事，知道吗？'我就问有什么事要我做？三叔说：'你的智力不算好，海河的功课比较紧，你在暑假里，可以预习下学期的新功课。到开学时，老师讲，你就等于读第二遍，比别人先走一步，体会得深，同时有许多习题利用假期做好，你在开学后就不忙了。'我听了非常高兴。从此我每逢寒暑假常集中精力把下学期的新课预习好，等开学时，我有余力做别的需要做的事，就觉心有余力，不会被动了。"（竺士楷《三叔可桢公对我的培养和教育》，载《一代宗师竺可桢》第 158、160-161 页）

**1920—1923 年** 极力为东大地学系引进地学教学人才。由于地学人才的缺乏，竺可桢开始到南高执教时，地学只有他一位教师，为使南高（东大）教学质量得以不断提高，当务之急是引进教学人才，他为之进行了切实之努力。据牛力的研究，"地学系最初引进的三位学者白眉初（1921）、曾膺联（1922）和王毓湘（1922）都是地理学教员，该学年地学系新开的四门课程全部是地理课程。南高、东大并无地质学基础，也没有专门的地质教员，自称对地质学是'门外汉'的竺可桢，在 1920 学年不得不亲自教授并不擅长的地质学课程。因'南高地质学教席迄仍虚悬'，竺可桢在 1922 年 8 月函请丁文江从'夹袋中之地质学专家'或新归留学生中为东南大学介绍地质学教员。直到 1923 年 3 月，毕业于伊利诺斯大学的徐韦曼来校教授地质测量和历史地质，东南大学地学系才有了真正的地质学教授。在 1920 到 1922 年三个学年，地学系共开设了 15 门课程，其中仅有 3 门课程属于地质学类。1923 年 9 月，曾在贵州、湖南等省担任矿师的谌湛溪来校教授成岩矿物和地学考察；1924 年，地质学者徐渊摩来校教授世界矿产和地质测量。随着多位地质学者来校，地学系'渐渐增设地质课程，以求完备'，地质学和矿物学的课程才逐渐丰富。1923 学年，地学系分设地理部和地质部。"（牛力《从地学到地理学：竺可桢与中国近代大学地理学系的构建》，载《南京大学学报（哲学·人文科学·社会科学）》2023 年第 5 期，第 133-134 页）

# 1921 年（辛酉　民国十年）　32 岁

1 月　新民学会在长沙召开新年大会。

茅以升在《科学》"年会论文号"发表《西洋圆周率略史》。

2 月　留法勤工俭学生到北京政府驻法使馆要求津贴。

罗素讲演《物之分析》开始在《科学》连载。

3 月　李大钊在《曙光》杂志发表《团体的训练与革新的事业》。

5 月　孙中山在广州就任中华民国非常大总统。

胡先骕译述《科学的返老还童法》在《科学》发表。

6 月　东南大学校董会成立，公推郭秉文为校长。

7 月　中国共产党第一次全国代表大会在上海召开。

竺可桢在《科学》发表《我国地学家之责任》。

教育部批准《东南大学组织大纲》。

8 月　中国劳动组合书记部成立。

杜威、罗素回国。

东南大学预科与南高本科同时招生。

毛泽东创办湖南自修大学。

9 月　中国科学社第六次年会在北京举行。

孟禄来华调查各地教育情况。

10 月　孙中山《实业计划》由上海民智书局出版。

11 月　太平洋会议在华盛顿开幕。

12 月　孙中山在桂林会见共产国际代表马林。

是年　美国参议员洛奇（Henry Cabot Lodge）提出第二次退还庚款余额议案，参议院通过，众议院未决。

商务印书馆出版《中国人名大辞典》。

是年　严复（1854—1921）去世。

常驻地：南京

**1月8日**　被选为东南大学文理科分科筹备员及农科分科筹备员。（《郭秉文与东南大学》第132-133页）

**是日**　《彗星 Comets 之界说》（竺可桢博士演讲，王玉章述）[1] 刊于《时事新报》"科学丛谈"栏。全文如下：

彗星发现，常人以为天昭不祥之兆，即西洋人亦有此迷信。爰考经籍所载，加以推究，有史以来，至一六〇九年，彗星之发现，约四百次，两肉眼所不能见及者，又不知若干枚。意大利天文学家楷主利乌 galileo（伽利略），于一六〇九年，发明望远镜，自是以后，彗星发见之数，逐年加多。自一六〇九年至现时，所发见者，亦复四百枚。然往昔所见之彗星，今或复见之，今时所见之彗星，日后更复睹之。近年来，发见彗星之数，每年可三四枚，但以平均而论，吾人肉眼所得见者，五枚中仅一枚耳。但彗星光芒，亦有甚显明者，如哈雷 Halley 彗星光芒之大，直与金星不相上下。日球而外之星辰，肉眼所得见者，可分为六等。详细考之，则寰宇之中，可区众星为二十一等。区分之法，以光之明暗为标准，如太阳为（-25.6）等量，金星为（-4.8）量，木星为（-2.5）量，水星之容量，—为（1.5）等量，火星为（1.3）等量，土星为（-0.4）等量。而恒星之中，光芒最大者，为天狼星，为（-1.8）等量。

彗星之组织可分写三部，即彗首 Coma，彗心 Nucleus，彗尾 Train 是也。

---

[1]　"王玉章述"似为王玉章依据记录整理成文之意。原文通篇采用旧式句读。此文未收入《全集》。

（一）彗首之直径，较日球之直径为长，日球之直径，约为地球直径之百倍，即八十五万英里，于此可目彗星之大。

（二）彗星距日，近则彗心可见，距日过远，则不见。

（三）彗尾之长，较日球距离地球为远，常达一万万英里以上。

德国天文学家开白儿 Kopler（开普勒）尝谓彗星往往背日，无论在东在西，在南在北，彗星之尾，总不向日球射发。欧洲英国物理学家麦可苏畔儿 Maxwell（麦克斯韦）、德国天文家乌道 Euler（欧拉）申明其理，佥谓日球光线中之负电子 Uon 注射彗尾，而感应生光，生光时，威力甚大，故强迫彗尾，向外发射。（近世科学家，证明光线，亦是物体之一种。）故彗星行近日球，则彗尾愈长可为左证。近世天文家，考察甚精，皆谓彗首，乃积气而成，往往见彗尾成弯弓形，大概彗星行走甚速，气体有变动所致。故彗星环行愈速，则彗尾愈曲，常见彗星之尾不弯者，因行走速率较缓故也。

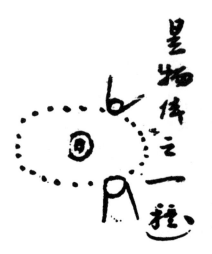

彗星容量　以首尾合计之，远过日球之容量，但其质量 mass 甚小，与地球相较，则反不□地球质量十万分之一。〈用〉〔如〕是偌大之星球，行走空中，不能吸引其他恒星或行星，而反为其他星球所吸取，斯物理定例 Physical Law，所谓物之体积大者，其吸引力大，小者其吸引力小，大者能吸引小者，而小者不能吸引大者故也。一八八六年，勃罗克特彗星 Brooks Comet 行近木星与木星之卫星之间（木星有卫星九枚，亦称为月），为木星所吸引。使三十年一周之轨道，缩小至七年一周之轨道。若其质〈星〉〔量〕果大，则行近木星时，吸引木星，决不为木星所吸取。今反被木星吸引循环，使改前道，可见彗星质量之鲜小，益明矣。

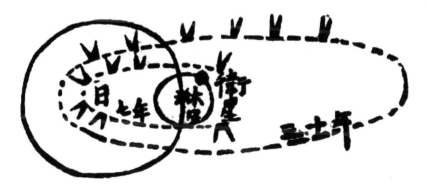

（木星之面有纹三，土星之面，有直条纹，可以相互识别而不混淆。）

彗星之轨道　弧线之种类，除圆形外，可分为三种，即椭圆线、抛物线、双曲线是也。而彗星之轨道，大凡皆椭圆形，倘彼之轨道使成为抛物线或双曲线，则所有彗星，地球上人仅能一见。今天空中彗星□多，按年循环，地球上人，亦能见其出没。可循之轨道决今世天文学家，测定彗星轨道之确为椭圆形者，凡七十五。据谓轨道周期之在百年以内者，凡六十枚，木星（绕日一周凡十二年）轨道旁，有彗星三十枚，其轨道皆成椭圆形云。近来丹麦京城天文台台长斯托罗葛林 Strormgen 报告，谓彗星轨道之不成圆形者，实由天空中为他星吸引所致，且云，彗星实为太阳系中本有之天体，非外来之客籍星也。

彗星之命运　彗星质量既轻，往往为他星所吸引，甚且引力过大，分决瓦解，由大体而散为小体，由小体渐归消灭，故天空彗星之数，日减一日。一八四五年，皮粒彗星 Biela Comet（每六年六月为一周）走进地球与月球之间，厥后此星骤然不见，天文台上以天文镜细细审之，则此星已剖分两星。盖引力过大，使星球上潮汐猛勇，而潮水之力量，据能使星体半解，至一八五八年，此星完全化为流星，傍落于杳冥之处，或地球面上。可知天空流星，半由于彗星之解体，据天文家考察，地球面上每年增多流星（生铁质）之重量，凡 20.000 磅；日球上则每年增多 300.000.000.000 吨。当流星入日球时，日球之温度增高（物理定例，物与物相击触，必增温度），故数亿万年来，太阳之热度，能不低减者，此亦一原因也。现时天文家所认为最著名之彗星，即哈雷彗星 Halley's Comet，人谓此星之光，亦渐减少，将来或有消灭之一日。

彗星之危险　世之无知者，常忧彗星行走无轨，或有一日，地球与彗星相遇，使地球磅礴土崩，再还为混沌寂灭之世。其实不然，彗星之密度，仅空气六千分之一，纵地球与彗星相遇，地球决不为彗星所撞破。盖密度厚者，岂为密度稀者所撞破乎。一九一〇年，即宣统末年，哈雷彗星 Halley's Comet 发现。哈雷 Halley 者，十八世纪天文家之名，死于一七四〔二〕年，此星所以称为哈雷彗星 Halley's Comet 者，非以哈雷 Halley 首先发现此星，乃因其预告此星将来发现之时期耳，故以人名名星云，彼会推算此星发现于一六八一年，一六〇五年与一五三一年，虽时间不同，实一星也。又预算一七五九年三月 March 十三号，又将发现，已而果然，因遂著名。此星之尾，长 37.000.000 英里。一九一十年时，此星距地仅 15.000.000 英里。当时天文台测知公布，一班人皆有忧色，然其尾竟扫过地球，而地球无纤屑之影响，惟月旁有大月晕而已。（月晕可分为两种，即 Halo 与 Corona 是也。Halo 直径 99 或 54 或 90，Corona 之直径，50—10 之间。）概气体浓厚，水分增加，故成为 Halo 大月晕耳。由哈雷 Halley 氏推测法推量之，则此后哈雷彗星 Halley's Comet 之发现，当在一九八五年，彗星之质量甚轻，最大彗星之质量，仅及地之十万分之一（100.000）然环走甚速，能于一秒钟走四十英里云。

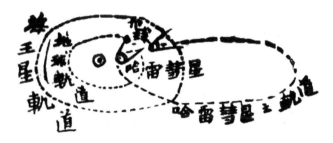

〈将来世界之〉〔将来之世界〕　人谓凡物皆热之结晶，厥后年代久远，物归于本，必然土崩瓦解，仅存热 heat 与力 energy 二者，游移于空冥之中。然据奈端定例 Newton's Law（牛顿定律）所云，谓万物皆有引力，故日球与地球，岁岁增加彗星之解体，一方减少，一〈少〉〔方〕增加，则日球与地球，安得消灭乎。纵有消灭，偌大天空中，辽漫穹阔，或有其他太阳系，骤然发现，而代此之太阳系。

（《时事新报》1921 年 1 月 8 日）

**1—2 月**　"寒假前"在中国科学社科学讲演会上讲演《南京地质》。(《科

学》第 6 卷第 3 期，第 340 页）

**1 月 26 日** 在东南大学筹备处职员会上，在杨杏佛和胡先骕的提议下，成立了全校性的教授会。（牛力《道不同不相为谋：论东南大学时期郭秉文和杨杏佛的关系》，载《民国档案》2019 年第 2 期，第 114 页）该倡议当时在校内仅得到部分教授的支持。（同上，第 117 页）

**1 月** 东南大学物理系胡刚复、熊正理和数学系何鲁三位教授提出了《筹备东南大学意见书》，其本质是体现了体量庞大的文理科与蒸蒸日上的农科之间系科之争。（牛力《分裂的校园：1920—1927 年东南大学治理结构的演变》，载《中山大学学报（社会科学版）》2017 年第 57 卷第 1 期，第 78 页）

**是月** 东大筹备处讨论东南大学组织系统时，教务主任陶行知第一次提出在东南大学设立"地学系"。他在会上说："行知所拟之表，系集众人之长，不能谓系个人之主张。"按照陶行知"集众人之长"的说法，此表应征求过诸多教授的意见。不仅如此，陶行知此前还向北大、北洋等校"索取最近章程"，以为筹备东南大学之借鉴，可见他有过充分的调研。陶行知没有照抄北大的地质系，也没有延续南高的地理系，而提出在东南大学设立地学系。这种另辟蹊径的做法不太可能是校方自上而下的主张，更应该是来自校内主要教授的意见。虽无法证实陶行知事前曾与竺可桢沟通过此事，但竺作为文史地部地理系主任和全校唯一的地理教授，显然是能够提出该项建议的唯一专业人选。（牛力《从地学到地理学：竺可桢与中国近代大学地理学系的构建》，载《南京大学学报（哲学·人文科学·社会科学）》2023 年第 5 期，第 131-132 页）

**2 月** 当时提出的《国立东南大学组织大纲》中即列有"地学系"。（《南大百年实录》上卷，第 113、121 页）《申报》也在披露的《国立东南大学组织大纲》中，明确新成立的大学将设置地学系。（《东南大学组织大纲之议定》，载《申报》1921 年 2 月 12 日）

**是月** 被南京高师文史地部史地研究会聘请为第三届指导员。聘期到本年 6 月。（《史地学报》第 1 卷第 1 号，第 2 页）

**是月** 指导地学系学生分工阅览中西文书报，摘要编辑并亲自校订而成的《地理周刊》第 1 期问世。(《史地学报》第 1 卷第 2 号,第 153 页)在地理课程教学中,对所见地理学上最新发现进行编译,其中包括国界变动、种族分布、地形测量、风俗观察、人口密度、交通发展、贸易比较、产业统计等,既可补充教材之不足,亦可供研究之参考。所撷之材料,一方结集成《地理周刊》,同时《史地学报》从 1 卷 2 期起,专辟"世界新闻"栏予以刊载。《地理周刊》,编发三期后,于 1922 年 11 月决定改称《地理撮要》,横排刊印出售。每期周刊皆由其总其成者。(《史地学报》第 1 卷第 2 号"世界新闻"第 1 页,第 2 卷第 2 号 153 页;《史地学报》第 2 卷第 3 号目录页后)学生分阅中外书报,不下三十种。(《南京高师文史地部第一级会纪念刊》第 73 页)

**3 月 1 日** 为中国科学社改选本年度董事(六人),与过探先、黄昌谷作为司选委员,发出第一次通告,推定金邦正等十一人为候选董事。(《科学》第 6 卷第 11 期,第 1176 页)

**3 月 15 日** 南高史地研究会全体议决,发行《史地学报》。3 月 17 日,首开编辑会议。6 月 17 日经本校出版委员会认可,以《史地学报》为本校丛刊之一。决由商务印书馆印行。11 月开始出版。后又改为月刊。是之为学报筹成时代。(《南京高师文史地部第一级会纪念刊》第 71 页)

**3 月 28 日** 教育部函聘张謇、蔡元培、王正廷、袁希涛、穆湘玥、江谦、沈恩孚、黄炎培等为国立东南大学校董,并委派司长任鸿隽为校董教育部代表。6 月 6 日开董事会成立会。(《国立东南大学生活概况》第 61 页)

**是年春** 被南高聘为地学系主任,将地质、地文、气象、古生物、政治地理各科,组成一个完全独立之地学系,隶属于文理科中。(《全集》第 22 卷,第 50 页)

有研究认为,竺可桢建议成立地学系,"得以深入了解哈佛大学地理学教育制度和文化,并在归国之后将这一学科模式适时地移植到中国大学当中"。所谓哈佛大学的地理学模式,即是以哈佛为代表的,地理学从地质学基础上发展而来,且在学科建制上地理学与地质学并立的大学地理学科模式。(牛力《从地学到地理学:竺可桢与中国近代大学地理学系的构建》,载《南京大学学报

（哲学·人文科学·社会科学）》2023 年第 5 期，第 130 页）

**是年春** 十分重视以现代科学方法积累气象观测资料的工作，在南高校内建气象测候所。"东南大学之有气象测候所，始于民国十年春。但当时仅为气象班练习之用，且司测候者每周易人，故当时报告有残缺不全之憾。自十年秋，聘鲁君直厚司其事，每日应时观测，无复间断。"（《全集》第 1 卷，第 378 页）1922 年起正式刊行《南京气象年报》。（《地理学报》第 2 卷第 3 期，第 115 页）

"于十年春创设气象测候所，而立测候场地于本校农场。惟其时仪器甚少，且仅为气象学班练习之用；故司测候者每周易人，而报告常有残缺不全之憾。地学系[①]主任竺先生有鉴于此，爰力谋所以扩充之。添置仪器以外，并于十年秋聘鲁君直厚任测候，按时无间。"（《南京高师文史地部第一级会纪念刊》第 55 页）

还另于学校东操场特辟场地一方，为测候所观测天气之用。场中有百叶箱，内有测温、测湿仪器；场中还置有雨量、测云、日照仪器。鲁直厚专司每日观测、记录、发电、编制报告等事。测候所总体工作由系主任竺可桢主持。鲁若偶或离校，则有主任指定地学系一同学代理之。（同上，第 56-59 页）

要求气象测候所观测员严守时间观测，严格执行操作规程。经常亲自查验、监督恶劣天气、夜间等容易失误情况下的观测记录；亲自分析数据，撰写报告，于翌年即编发《气象月报》。并与中央观象台、徐家汇天文台、军山气象台交换观测报告。同时，每月还向有关农业部门江苏省昆虫局、棉作研究室、滁县农事畜牧场及造林场发送报告。并在《新南京》周刊、《新江苏日报》及本校史地研究会出版之《史地学报》刊载。（《南京高师文史地部第一级会纪念刊》第 58-59 页）

**5月10日** 《欧洲之现势与将来之危机》发表于《东方杂志》第 18 卷第 9 号。述："自大战告终，国际联盟成立，世界之希望和平者，莫不额首称庆，

---

[①] 《南京高师文史地部第一级会纪念刊》在此处称"地学系"，而在第 29 页"三年来本部之学程数表"与第 30 页"三年来本部教授姓氏表"中则称"地理系"。

以为弱肉强食之说将废弃，而大同世界将实现矣。乃事有大不然者，凡尔赛和约之墨沈未干，而意大利与尤哥斯拉夫〔南斯拉夫〕（Jugoslavia）已以兵戎相见。因英美法三国之居间竭力调停，时逾二载，始得言归于好。于是而匈牙利、罗马尼亚之战争，波兰、俄罗斯之战争，接踵而起。长此以往，中欧将无宁日。其故何哉？曰无他，国家主义深印于欧洲各民族脑中为之也。

"观乎近百年来欧洲战争开衅之理由，不外下列五种：（一）因欲恢复曩日损失之土地，如法国之于亚尔萨斯－劳伦（Alsace-Lorraine）、意大利之于'未赎回地'是也；（二）自昔寄人篱下受异族之虐待而思独立，如希腊、塞尔维亚、保加利亚之于土耳其，意大利之于奥国，挪威之于瑞典，波兰之于俄、德、奥是也；（三）因人满为患而思廓张其势力，如德意志是也；（四）因竞争而生妒嫉，如英吉利是也；（五）欲压迫被征服之人民，使之一蹶不振，如土耳其之于巴尔干半岛诸国是也。

"要而言之，则欧洲各民族咸醉心于国家主义。虽微小之民族，亦蠢蠢欲动，思独树一帜。欧战告终而后，美国前总统威尔逊氏，复推波助澜，倡民族自决主义。于是各小民族国家主义之气焰乃益张，不特土、俄、匈、奥不旬日而豆剖瓜分，即今日执世界牛耳之英吉利，亦受其影响也。"

"综上观之，则今日欧洲各国，其国家主义之发达已臻极点。国际联盟诸强国，遂以人道主义相号召，而借口民族自决以重订各国之新疆界。然其私利之心曾不稍泯，凡事之有利于协约者，则民族固可自决，否则即不能也。如法之割亚尔萨斯、劳伦，波兰之占西普鲁士，罗马尼亚之据倍纳、脱兰适樊尼，皆其明证也。不知各民族中之国家主义，已澎湃不可抑制，以强权所厘定之国界，恐终将为其所打破耳。"（《全集》第1卷，第330-337页）

**5月26日**　为南高史地研究会演讲《欧洲之现势》。（《史地学报》第1卷第1号，第2-3页）

**6月1日**　赴教育研究会演讲《地理教授法》。（同上，第3页）

**6月6日**　东南大学校董会召开成立大会。第一次校董会公推郭秉文为东南大学校长。（《新教育》第4卷第2期，第286页）东南大学成立，定此日为校庆日。(《东南大学史》第78页)东南大学师资力量雄厚,许多有在国外留学背景,竺可桢是其中之一,详见下表。

表15  东南大学成立后部分教职员工名录[①]

| 学科 | 教职员(部分) |
|---|---|
| 文科 | 刘伯明、柳诒徵、王伯沆、李祥、蒋维乔、汤用彤、顾实、钱基博、姚永朴、陈钟凡、王愈、吴梅、陈衡哲、姚明辉、朱进、王易、陆志韦、卢锡荣、施学齐、宗白华、方东美、萧纯锦、陈逸凡、何志竟、夏之时、龚质斌、顾时、王伯秋、罗世真、李思纯、谢无量、李审言 |
| 外国文 | 张士一、楼光来、吴宓、梅光迪、李玛利、林天兰 |
| 理科 | 任鸿隽、胡刚复、竺可桢、孙洪芬、张准、熊庆来、熊正理、王琎、叶企孙、李寿恒、赵承嘏、张正平、路季讷、孙佩章、段调元、段育华 |
| 教育科 | 陶知行、郑宗海、徐则陵、廖世承、陈鹤琴、朱君毅、孟宪承、陆志韦、程其保、汪懋祖、陈志苇、艾伟、郭任远、程湘帆、赵叔愚、程锦章、董任坚 |
| 农科 | 邹秉文、秉志、胡先骕、过探先、陈焕镛、陈桢、常会宗、唐启宇、张景钺、胡经甫、钱崇澍、郝象吾、罗清生、张海珊、张天才 |
| 工程科 | 杨铨、茅以升、涂羽卿、沈祖玮、刘润生、陈荣贵、许乃仁、余谦六、杨举嫌 |
| 商科 | 胡明复、陈长桐、李道南、孙本文、潘序伦、邱光林、瞿季刚 |
| 体育 | 卢颂恩、张信孚 |

**7月3日(普门—上海)** 由普门返回上海。(《全集》第22卷,第17页)

**7月4日(上海)** 写明信片致杨铨[②],告《地文学》稿业已编就,惟插图尚未竣事。将于10号左右回校。(《全集》第22卷,第17页)

附:王云五7月22日致杨铨函

"科学丛书承足下致力,公私交感。现书局定九月一日开张,足下所交第一次书目计:叔永译斯宾塞《教育学》已完,竺可桢《地文学》上册九月前可完,秉志《动物学》九月底可完。以上诸书请将稿件掷下。"(杨小佛《记"中国科学社"》,载《中国科技史料》1980年第2辑,第76页)

---

① 引自网上文章:中国昌、白静倩《民国时期大学校长交往活动研究——以郭秉文为例》,教育研究官网,2022年3月8日。原载东南大学高等教育研究所编《郭秉文与东南大学》(东南大学出版社,2011年)第262-274页;郭秉文《美国十一年之高等教育》,载《新教育》1923年第2期。

② 杨铨,时任南京高师商科主任。

**7月13日**  教育部核准《东南大学组织大纲》。(《东南大学史》第78页)

**7月**  《我国地学家之责任》发表于《科学》①第6卷第7期，转载于11月1日创刊的《史地学报》第1卷第1号。指出地理要素及其调查对国家安危具有重要意义，呼吁我国地学家以调查全国之地形、气候、人种及动植物、矿产为己任。全文如下：

甲午之役，我国丧师失地，马关结约，割台湾澎湖诸岛一万三千九百余方哩之地，拱手而让诸东邻。而李鸿章于其日记中犹沾沾自喜，谓台湾荒僻瘴疠之地，荆棘未除，国家岁耗数百万金以抚番安乱，方患治台之乏术，而日人乃视若至宝，必欲攫之以去。当伊藤在和会中提议割台湾时，彼虽严辞拒绝，而心中则未尝不恐日人之改易初衷也云云。自台湾归日而后，日人经营不遗余力，其结果则岛上农矿各产，日增月进，迨至今日，则台湾实不啻日本之一宝库矣。即以糖业一端而论，当我国领台时，岁产不过七八十万担，自归日本而后，产额骤增，至民国六年，则已增至八百万担，其他茶、米、樟脑等出产，增加之速率亦称是。至于矿产之增加，则尤迅速。石炭〔煤〕之出产，日本领台之初，无足道者，现则已增至每年百余万吨。岛上石油之分布亦极广，际现时世界石油缺乏之时，其足以增进一国之富源，更可知矣。凡此种种，岂李鸿章初意所及料哉。

但世之弃天赋宝藏之区若敝屣者，正不止李鸿章一人也。且李鸿章逼于环境，其割台湾实出于不得已，日记所云，或解嘲之辞耳。欧美政治家有昧于地势，而贸然以极富之矿区，极要之天险，割让与他国者，亦不乏其人也。如北美洲西北有半岛曰阿拉斯加（Alaska），初属俄罗斯，其地虽气候寒冱，人民稀少，而沿岸渔业极盛，尤以腽肭（Seal）为最。徒以俄国吏治腐败，政以贿成，遂致政府不能坐享其利，而每年反须给津贴。且阿拉斯加富金矿、石油矿，而俄国政府懵焉不知。至西历1867年，美国政府以七百二十万金元购

---

①  此文标题，在《科学》封面、目录中皆作"吾国"，正文标题为"我国"。

得之，主其事者为国务卿西华（Seward）氏。兹事揭晓后，美国舆论大哗，咸誉西华之失策。但其地自归美而后，美人即从事测量，知其地藏金甚富，自1867年至1917年五十年中，半岛所产之金额，已达二万五千万金元，而藏于矿田中者尚有价值六万万元之金矿。故单以金矿一项而论，其价值已超过俄国之售价八千三百三十三倍〔？〕矣。

英国政治家素以能深谋远虑著称于世，于全球地理形势之分配了如指掌，如吉勃落尔泰（Gibraltar）、苏彝士运河、亚丁（Aden）、新加坡为大西洋、地中海、红海、印度洋及太平洋之咽喉，莫不先后归英国之版图。即大西、太平二洋交通之要道巴拿马运河，亦几入英人之掌握。但智者千虑，必有一失。因不谙地势而受损失，即在英国亦所不免也。在欧洲北海，中有小岛焉，曰黑尔哥兰（Heligoland），距德国易北（Elbe）河口不过三十四哩，而距英国海滨则有三百哩之遥。岛长一哩，广则仅三分之一哩耳。自十九世纪初，其〈块〉〔地〕即为英有。德皇威廉二世于1888年即位以后，具有囊括全欧，执世界政治（Weltpolitik）牛耳之雄心，乃筑基尔（Kiel）运河以联络北海与波罗的克海，使一旦有事，则二处海军得互相联络，有指臂之关系，不致假道损达（Sound）海峡，而仰他国之鼻息。因黑尔哥兰岛适当基尔运河出口之冲要，故必欲得之以为快。乃以厚利重饵英国，谓英国苟以黑尔哥兰岛予德者，则德愿割非洲东部之冉徐白（Zanzibar）岛以为偿。冉徐白岛面积凡一千零二十方哩，大于黑尔哥兰岛者几二千余倍。且黑尔哥兰为一荒岛，岛上全属不毛之地，英国政府须岁费一千二百五十金镑以经理之，而冉徐白岛则为世界丁香（Clove）出产之首区，英国执政者利令智昏，于1890年黑尔哥兰岛乃归德有。自是以后，德人经营不遗余力，岛之周围，筑石垣，铸铁砦，高凡二十五呎，置巨炮于其上。欧战以前，世界炮垒之强固坚劲，要莫能出黑尔哥兰岛之右者。是以欧战时，德国海军，论其战斗力，远在协约国之下，而其所以能安枕高卧于基尔运河中者，恃有黑尔哥兰之炮垒也。而英法海军之所以不敢越雷池一步，以攻击德国沿海者，亦以德国之据有此岛也。且黑尔哥兰岛实为当时德国徐柏林（Zepplin）飞艇与潜水艇之根据地。民国六七两年中，徐柏林以炮弹狙击英京伦敦几无完肤，而英人莫敢谁何。潜水艇则尤足以制英国之死命。欧战中英国轮舶为潜水艇所沉溺者，为七百七十五万七千吨，实占欧战以前英国轮舶总吨数之半。英为工业之国，粮食全赖北美及远东接济。若船只乏缺，则英伦三岛之人民，不将尽为饿莩乎。故当时苟非美国之加入战团，则德人在海上，已可操胜算，逼英人为城下之盟矣。黑尔哥兰，北海中蕞尔一小岛耳，而其有关于世界列强之胜败存亡，有如是者。

昔人有言，前车之覆，后车之鉴。俄得阿拉斯加而贫，美得阿拉斯加而富。台湾、黑尔哥兰二岛，李鸿章、克兰司顿（Gladstone）视若赘疣，以为徒足增国家之负担者也，一经日德两国之整理，一则成为无穷之宝库，一则变为天堑，作海军之屏障。此其故何哉？曰是在人为而已矣。反观我国今日之形势则如何，蒙藏新疆固犹我国之属地也，试问国人洞悉蒙藏新疆之气候、物产、地形、交通、人情、风俗，有逾于李鸿章时代之台湾乎？曰无有也。试问政府除岁耗若干之边防援库等等军费而外，于蒙藏新疆有丝毫之收入乎？曰无有也。俄日英法各国书籍之关于我国边疆各省者，汗牛充栋，而我国书籍之关于上述各处者，则反如凤毛麟角。至于能只身探险，或结队漫游，亲历目睹蒙藏诸地，以科学上之精神，详加考察，归而传诸国人，记之于笔者，更绝无而仅有矣。

蒙藏新疆尚可谓为我国之藩篱，试更进一步而观我国本部及满洲，则又如何？田赋为国税之所自出，而政府收入之大宗也。欧、美、日本以迄印度，其对于国内耕地、草地、森林多寡之分配，均有详细之调查，而我国各省则独付缺如。间或有之，则得自古籍之载记，略焉不详，且未免以误传误之讥。即新得之调查，亦未经精密之测量，不甚足恃也。试举例以实其说。湖北面积为六十一万一千九百方里，即为三亿三千零四十二万六千亩。但依某地学家民国八年所著之《大中华湖北省地理志》，则湖北全省田亩，为四千一百三十万零一百零四顷，即约四十一亿三千余万亩也。固尔，则湖北田亩之数超出全省面积至十二倍之多，世界宁有是理乎。又依《农商部第四次统计表》(民国六年出版),则本部十八省以及新疆、热河、察哈尔各区田圃所占之面积,为十三亿一千六百九十万零一千亩,仅占上述各该省总面积百分之拾而弱。夫欧洲瑞士为山脉错杂之地,然其耕地面积尚占全国面积百分之十五六,而谓素以农为本之中华民国,乃反望尘莫及。虽内蒙新疆多不毛之地,然亦殊未足以解惑也。

夫田赋为国家之命脉,而其不能精确尚如此,则其他更无论矣。如以本国地图而论,自前清康熙令南怀仁(Verbrist)测量全国,制为舆图以后,迄今二百五十年间,未闻政府更有大规模制图之计划。现时坊间所通行之民国舆图,其大部仍沿袭十七世纪时所测量之蓝本。而欧美日本政府学会,则先后派专家测量我国滨海沿江各处,近且兼及内地。当德人未据青岛以前,德国政府已先时遣人探测山东直隶沿海一带,比较其形势之优劣,一旦有所借口,则择肥而噬,攫胶州湾以去。近年以来,日人深入腹地,随处摄影制图,其用心叵测,言之尤足寒心。然吾人但能怪国政之不修,而不怪他人之越俎代谋也。

以上所举,仅荦荦大者。其他如户口、物产、气候、地形,国中均乏精确之调查。当记者自新大陆归国时,于舟次遇一日本某男爵之子,渠方漫游欧美半载而归,与外人交谈,辄称中国政府社会之腐败,谓日本人之知中国胜于中国人之自知,外人苟欲知中国之内容者,询日人斯可矣云云。同舟北京协和大学校董司密司君,闻之愤不能平,因以告记者。记者以其言之狂妄也,一笑置之。及舟抵日本,入东京之书肆,则所陈列书籍之关于中国者,如鳞次栉比,《支那省别大全》也,《中国旅行指南》也(英文,专为欧美人游中国者著),以及矿产调查、地质报告等等。至于著述之关于我国之蒙满者,更指不胜屈。即杂志日报,亦满载中国政治、商业、物产之调查。因以知某日人之言为不谬,而叹日人之知我国,实胜于我人之自知也。

测量地形,制为舆图,调查全国田赋、户口、气候、物产,此为政府之事固也。但吾人不得不警告政府,鼓吹社会,使人人知有测量调查之必要。近年以来,政府已有中央观象台及地质调查局之设立,此不得不为差强人意之处。但因限于经济，故其规模不能与欧美各国所设立者相比拟。不观乎美国之气象部（Weather Bureau）乎，岁耗费至二百余万元之多，国中头等气象台凡二百所，专以华盛顿中央气象台而论，其职员之数已达二百员。反观我国北京气象台，则其设备，乃不足与徐家汇气象台及香港气象台相提并论。沿海各处，每至夏秋之交即有台风接踵而来，往往覆轮舟，漂牲畜，没田庐。凡台风之来也，必由一定之路径，故气象台能于事先预告，使商人舟子，得以为未雨之绸缪，此与滨海一带之农商业关系极大也。而现时粤闽江浙各处，台风之预告，乃全赖徐家汇及香港二气象台，一则创自法国教士，而一则为英国政府所设者也。

但现时政府方愁接济军阀之乏术，安望其能有余力以资助发展气象台等等之机关哉。为今之计，惟有赖社会与国民耳。国家兴亡，匹夫有责。欧美日本地理学上之调查，亦非尽以政府为主动，以个人之苦心经营，或学会之协力互助而成书立业者，比比皆是。如我国南通军山之气象台，其明证也。即无巨万之资，凡吾人目所见，耳所闻，手所触，各种天然现象，皆有可记之价值。或持斧入野以探矿石标本，或以寒暑表测定空气之温度，日日而为之，则数年而后，其成效必可观矣。至于国内各高等学校及学会中之专心地学者，当不乏人，苟能组织机关，捐募巨款以调查全国之地形、气候、人种及动植物、矿产为己任，设立调查之标准，定进行先后之次序，择暑假或其他相当时期，结队考察，自十八省以至满蒙藏疆，庶几东邻不致再有秦无人之诮。此则今日我国地学家之责任也。

（《全集》第1卷，第338-341页）

**8月10日** 《论我国应多设气象台》刊于《东方杂志》第18卷第15号。详尽分析气象台建设与农业、军事、水利、海运、航空等各方面的密切关系，强烈呼吁我国至少应建立气象台百所。全文如下：

欧美各国之从事建设气象台也，发轫于十九世纪之中叶，为时不逾三十年。而气象台乃星罗棋布于全球，推其发达之所以如此迅速，盖有可得而言者。一八五四年，克里米亚之役（Crimea War），英法联合助土耳其而攻俄，集中两国海军于地中海，猝遇风暴，狂涛所向，军舰披靡，俄无出师动员之劳，而英法海军已将瓦解。事后知风暴未达联军舰队以前，法兰西及西班牙之西部，已先受其影响，风暴之来也，由西而东。设当时欧洲大西洋沿岸建有气象台，则事先即可电知英法舰队，使为未雨之绸缪，而有备无患。但亡羊补牢，未为晚也。欧美各国政府，鉴于克里米亚战争之覆辙，乃岁耗巨费，竞相建设气象台，至此次欧战而气象台之为用乃愈显。德人每下一城，即着手组织气象台，苟其地本有气象台，则改组之，无则创立之。军中晦晴风雨之报告，日必三起。举凡德军飞机之出伏，炮火之方位，毒气之攻发与守备，莫不视乎气象报告为转移。其当时之所以战必胜而攻必克者，良有以也。昔元世祖于至元十八年七月令阿剌罕遣精兵十万，战舰三千艘，渡东海以击日本，不幸适值飓风，全军覆没。苟有气象台满布中国沿海一带，则飓风之来踪去迹，不难预知。不特元兵无灭顶之忧，东瀛三岛或将入有元一代之版图，亦正未可知也。

虽然气象台之为用，正不止在战争时而已也。即世界承平之日，人类幸福所赖于气象台者，亦正匪浅鲜。试分述如下。

（一）**气象台与农业** 草木之所以能滋生，五谷之所以能长茂者，全赖气候之适宜。我国南人食米，北人食麦，闽粤产橙橘，燕鲁产葡萄，夫岂偶然哉。气象台之责，在于测量各省温度之高下，雨量之多寡，依其结果，不难分全国为若干区，或应植棉，或应产米，或利畜牧，或利森林。进而调查各区一岁中气候之变态，而定种植之时期，何时最宜播种，何时最宜收获。即同一地也，而各年温凉旱潦复不一致，故农夫播种而后，各区气象台宜注意本期之气候，是否适宜于所植农产之发育及生长。如美国中央气象台在农产种植时期内，每星期出有报告，叙述各种农产物发育之现状，而预料将来收获之丰歉。故五谷之丰登，不待龟筮而可以预卜。我国年来饥馑频仍，当局不能防患于未然，至饿殍载道而后，乃始创为赈饥。然杯水舆薪，何济于事，苟不着手于治本之法，则后患正未有艾也。

黄河大江，时有泛滥之虞，漂没田庐，沉溺牲畜，盖已屡见不鲜矣。防河之法，首在工程固也。但洪水之来，非一朝一夕之故，必先有连旬之淫雨，溪流沟壑之水暴涨而归纳诸江河，由支流以入本流，由上游以达下游。自山洪爆发，以迄下流河水陡涨，其为期常逾旬日。是故欧美各国气象台，于大河之上下游，若多脑河及密失士必〔密西西比〕河等，均置仪器以测雨量之多寡，河水之高下及河流之速度。流域内某处得雨若干吋，则其邻近河水增涨若干呎，上游河水增涨若干呎，则经若干日而后，其下游河水即有相当之增涨，其间种种关系，靡不推求详尽。美国密失士必河每当春冰解冻之时，其下游往往有洪水泛滥之虞。但气象台能于两周以前，预告河涨之日期及高度。使督河工者得乘间补苴罅漏，固其堤防，而附近居民，亦可满载所有，相率他徙，不致遭淹没之患。我国政府苟能在黄河流域为相当之设备，其造福人民，必非浅鲜也。

时届残秋，则露结为霜。霜之为物，能摧残果类，如橘柚之属，以及甘蔗、烟草等。但空气必须具有一定之征候，而霜乃能凝结，气象台能于事先通告农家，使为相当之防备。美国加利福尼亚省，以产佳橘著名于全球，一夕尝降严霜，幸得气象台之预告，而价值一千四百万金元之果实，乃以人工之护持而得告无恙。此外如酷暑严寒，暴雨狂风，气象台亦能于二十四小时前预告，其有畀于农业岂浅鲜哉。

（二）**气象台与航业** 每值夏秋之交，苏浙闽粤沿海一带，不时发现飓风之踪迹。此等飓风，其起源不在亚洲之中部，而在菲律宾群岛之东南，由此向西北而达台湾，间或殃及我国滨海各省，折向东北而往日本。凡飓风所经之处，海中浪高掀天，帆船无论矣，即巨大之轮舶，苟卷入旋涡中，亦鲜得幸免者。如行近苏浙闽粤各省，则港湾江口，船舶寄碇樯杆林立之处，若无事先之防备，一遇飓风，必互相击撞，以致沉溺。如清光绪〈三十〉〔三十一〕年（西历一九零五年九月一日）之飓风，行近崇明，使全岛均成泽国，损失财产以数千万计，舟子之遭淹毙者达数千人。民国四年七月二十八日之飓风，其中心亦逼近上海，航驶于宁波、上海间之甬兴轮，沉溺于扬子江口，遇难者二百余人。自吴淞某港至海关，距离不过一哩，而船只之覆没者至二十六艘之多。即以上海一隅而论，浦江之中，浮尸多至二百余具。民国八年八月二十六日之飓风，其中心掠闽粤沿海而过，福州港内飓风过后，不见片帆，徒有断桅碎板满浮水面，粤兵舰广元、广利、阳江均遭覆没。广庚、广海亦同时搁浅，其为害可谓烈矣。以上所举飓风，不过荦荦大者，实则一年中飓风之数，以平均而论，实有二十一次之多也。

此外，长江上下游一带，亦常起不测之风暴，此等风暴，来自西北部，虽与飓风殊途，而其为害则一。自重庆以下，帆舟往来如梭，偶一遇之，必难幸免。以记者所目睹，则有民国八年十一月二十三日之风暴。是日清晨，武汉之间，江平如镜，至十时左右，狂风忽扬尘而起，不五分钟而江涛如沸，帆船之遭覆没者以数十计。翌日观报，则知武汉以下，帆船之遭殃者亦类是，特为时较迟耳。苟滨海沿江一带，于气象测候有充分之设备，则于风暴未至以前，即可为未雨之绸缪，不致遭无妄之灾矣。

自本年七月以来，京济飞航业已告成。其航线不久即将展长至沪。气象与航空，其利害关系较之航海尤为密切，故气象台实为航空处必要之设备。如地面浓雾充塞，则驾驶者将有迷途之患；空中雷电交错，则飞机有兆焚如之忧。在大气中气圈（the hole in the air）尤数见不鲜。所谓气圈者，由于空气之上下交流，非谓其地实无空气也。飞机一入其中，即随气流而上下，或一落千丈，或直冲云霄。且气候之为物，一日之间，变态百出。往往飞机上升时天无片云，迨数小时之后，即浓云密布而降倾盆之大雨。凡此种种，均非赖气象台之报告不为功也。

（三）气象台与国体　昔人有言，人定胜天。今日世界各国文化之优劣，可以其国人控制天然环境之程度定之。因田野山林之满被丛林荆棘也，故持斧柯以戡平之。因江河湖海之足以阻绝交通也，故筑桥梁以连络，造轮舶而航渡之。因风云之变更不常也，故设气象台以窥测之。德之割青岛，英之据香港，法之租徐家汇，其始焉即着手组织气象台。虽至今日，而我国滨海各处飓风所经之地，全赖香港及徐家汇气象台之探测。各国轮舶之寄泊于我国沿海各港者，其进退行止，往在须视香港或徐家汇气象之报告而定。夫英法各国，非有爱于我也，徒以为其本国之海运谋安全计，不得不有气象台之设置耳。我国政府社会既无意经营，则英法各国即不能不越俎而代谋。欧美人士常訾我为半开化之民族，岂足怪哉。即我国腹地，凡外人足迹所至之处，亦多设有气象测候所。故徐家汇气象台能于每日综合各处报告，而制为中国气象图。今日之气象图，于翌晨即能邮递各处。夫制气象图，乃一国政府之事，而劳外国教会之代谋亦大可耻也。日本自战胜俄国而后，于南满及我国本部沿海，亦渐增设气象测候所。一览日本中央气象台所印行之日本气候表，则奉天、长春以及天津、南京、杭州与神户、大阪、仁川同列于一行，是则直以中国之气候，为日本之气候矣。

自民国以来，教育部即有气象台之设置，但以经费拮据，不能为充分之发展。美国面积亚于我国，而有气象台二百余，气象测候所四千五百。当民国四年时，岁费一百六十万金元。日本面积仅当我国十七分之一，而气象台之数乃多至五十六，其设备稍次及私人所设之气象台，尚不在其列。反观我国，则除中央气象台而外，惟南通张季直先生所设之军山气象台而已。苟以欧美日本为先例，则我国至少须有气象台百所。虽须岁耗百万之巨金，但农商各业，一岁中受其赐者，当倍蓰于此数。况足以增进国光，而有裨于全球之科学界耶。

（《全集》第 1 卷，第 342-345 页）

施雅风评述："当时我国自设气象台仅北京和南通二处，而帝国主义国家越俎代庖，在沿海和南满若干地点设立了气象台。而由法国设的徐家汇气象台综合各处报告，编制中国气象图，严重危害我国的主权。竺可桢列举军事、农业、水利、海运、航空等各方面的需要，强烈呼吁我国至少建立气象台百所（当时美国有两百余所，日本有 56 所）。这个建议在北洋军阀统治下是不可能实现的，以后在 30 年代建立气象研究所后部分实现。到解放后才完全以至超过竺可桢原来理想，建成了我国气象台站网。"（施雅风《南高东大时期的竺可桢教授》，载《纪念文集》第 84 页）

冯秀藻、闵庆文评述："1921年，他建议'我国应多设气象台'时，首先讨论的是气象台与农业。他认为'气象台之责，在于测量各省温度之高下，雨量之多寡，依其结果，……而定种植之时期，何时最易播种，何时最易收获。……各区气象台宜注意本期之气候，是否适宜于所植农产之发育与生长。'实质即要求从农业上合理利用我国丰富的气候资源。"（冯秀藻、闵庆文《竺可桢与我国农业气象学和物候学的研究》，载《报告集》第150页）

**8月26日**　东南大学预科、南高本科同时招生。（《东南大学史》第78页）

图86　考生入学考试情景①

**8月28日**　《本月江浙滨海之两台风》刊于1921年8月28日《申报》，又于9月4日、6日至8日，以《本月江浙滨海两台风之详释》为题，连载于《益世报》（北京）。翌年5月，又以《去秋江浙滨海之两台风》为题刊于《史地学报》第1卷第3号，并有"编者识"："按此文作于民国十年八月，适当江浙台风之后，曾载申报星期增刊。此事不但攸关吾国气候，且为两省最近灾

---

① 取自《国立东南大学生活概况》（1923年）。

困之主因，故特转载于此。"文中并补"去年八月两台风所取之途径"图一帧。
两台风对沿海渔业造成严重破坏，而我国自己却无气象台进行预报。"闽粤江
浙沿海台风为患，无岁无之。而农商各业所资以为警钟烽火者，在南则赖香港
天文台，在北则赖徐家汇气象台。二者一设于英，一设于法，国人其永愿处于
外人庇护之下乎？不然盍兴乎来。"(《全集》第 1 卷，第 346-349 页）

张其昀评述："民国〈十一〉〔十〕年竺可桢君方任东南大学（南京高等
师范改称）地理学教授，尝发表关于台风一文，其结语有云：'闽粤江浙沿海
台风为患，无岁无之，而农商各业所恃为警钟烽火者，在南则赖香港天文台，
在北则赖徐家汇天文台，二者一设于英，一设于法，国人其永愿处于外人庇护
之下乎，不然盍兴乎来。'此实中国气学（包括气象、气候二学）发轫时期登
高之一呼也。"（张其昀《近二十年来中国地理学之进步》，载《地理学报》第
2 卷第 3 期，第 115 页）

**8月31日** 杨杏佛致赵志道，述："昨得竺藕舫来书，云南高开学期已展
至九月廿三号……"(《啼痕》第 276 页）

**8月** 《中等学校地理教学法》刊于《教育汇刊》1921 年第 2 期，表达了
对中等学校地理教学的关注，并有独到之见。《河南教育公报》1923 年第 2 卷
第 13-14 期转载。

谓："教授中等学校的地理，和教授高等学校及初等学校的不同。在这时
期的学生，他们的年龄多半是在十三岁至二十岁之间，刚在成年时期。这时期
是过渡的时期，是由被动的进为自动的时期，也就是造成国民的时期。所以在
这时期教授地理时，也应当留意的。现在我对于这个讲题，分作三部讲：第
一，教授地理的目的；第二，教授地理的方法；第三，教授地理的材料。"

教授地理的目的，一是"使学生多得地理学上的常识"，二是"使学生能
用自己的眼光，观察一切"，三是"引起学生的爱国心"。

赞同德国地理学家加路德的主张。述："教授地理，当以人类为主体，而
不宜以地球为主体。就是应该讲明地球上各种要素相互的关系以及其和人类
的关系，而不必说地球上，如山脉、河流怎样来的，怎样去的，种种死的现

象也。所以他的教授法是启发的，不是注入的；是使人想的，不是使人记的……""说到这里，人要问了，说没有书怎样教呢？喂！不要着急，有法子，就是使学生自己去找寻材料，材料有了，再等上课时拿出来讨论。这样一来，学生会自己去找寻材料了，会自己去看杂志、报章、游记等关于地理的书了；不会机械的枯燥了，对于地理的兴趣也就勃发增加了。于此唯物的，或人生的地理，孰优孰劣，也就明白了。"

"对于养成学生观察的能力，可于平时随时地引导之，使留心于观察。"（《全集》第 22 卷，第 18-22 页）

**约夏末** 白月恒来函。谓：

藕舫仁兄先生鉴：[①]

梅雨连朝，槐风飘湿，北京景候宛似南京。回忆夏初假居贵校，梅庵煮酒，花径闲谈，其兴味常往复胸间，不能忘也。前蒙台端暨鸿昇先生殷挚函约，时因北京方面挽留甚力，故未克自断。今者国库空空，教潮将轩然复起，可称苦恼尽致。对斯惨况，颇拟南游，已不知广厦千间尚有余席否耳？因荷不弃，故敢直述鄙衷。教界情实固先生所了然者也。专此布达。顺颂

教祺。并候回示。

鸿昇先生代为致候

弟 白月恒 鞠躬

（《南京大学校史资料选编》第二卷，第 526 页）

**9 月 1—3 日** 中国科学社第六次年会在北京清华学校举行。提交论文《中国对于气象学之贡献》，由胡刚复在会上代读。（《科学》第 6 卷第 9 期，第 967-968 页；《年会记录》第 75 页）被推为《科学》月刊编辑部编辑员。

今年编辑员因改制伊始，仍由年会推出，计十四人如下

---

① 白月恒时任北京师范大学地理学教授。原函未署时间。本函存于中央大学档案卷中。1922 年 7 月曾与竺可桢同赴青岛之会，时已调入东南大学，故函中称"夏初假居贵校"当在此前一年，即 1921 年。

（美）　赵元任　梅贻琦　董　时　（北京）丁文江　金邦正　程瀛章

（上海）曹梁厦　何　鲁　胡明复　（南京）王　琎　竺可桢　杨　铨

（广东）黄昌谷

本年新职员已由编辑员投票选出，其结果为

编辑部长　王　琎　副部长　赵元任　胡先骕

书记　程瀛章　　　　　　　　　（《科学》第6卷第11期，第1177页）

**9月5日**　教育部电校董，准以郭秉文兼任东南大学校长。（《国立东南大学生活概况》第61页）

**9月23日**　东南大学正式开学[①]。（《新教育》第4卷第2期，第289页）

东大共有5科23系。（《南京大学史》第44页）

图87　从北极阁上摄取之东南大学全景[②]

**9月24日**　东南大学正式开课。（《南京高师文史地部第一级会纪念刊》第12页）此为东大成立纪念日。（《南京高师文史地部第一级会纪念刊》第19页）

---

① 南高学生依照所学科目，按新学生归入东南大学各科，南高延至1923年结束。
② 取自《国立东南大学生活概况》（1923年）。

图 88　东南大学部分教职员合影<sup>①</sup>

图 89　东南大学一字房<sup>②</sup>

---

① 取自《国立东南大学生活概况》（1923 年）。
② 取自《回顾百年前的南京高等师范学校》，载微信公众号"东南大学校友总会"，2015 年 9 月
　18 日。

图 90 东南大学教习房①

图 91 东南大学学生宿舍②

---

① 取自《回顾百年前的南京高等师范学校》，载微信公众号"东南大学校友总会"，2015 年 9 月
18 日。
② 取自《国立东南大学生活概况》（1923 年）。

**9月** 被南高史地研究会聘为第四届职员（聘期自 1921 年 9 月 26 日开学至 1922 年 1 月 11 日选出下届职员），续任指导员。指导员还有：柳诒徵、徐则陵、白眉初。(《职员录》，载《史地学报》第 1 卷第 2 号)

**10月10日** 东南大学发布各科主任名单，被委任为地学系主任。(《郭秉文与东南大学》第 247 页)

"竺可桢所倡建的新型地学系也于是年招生授课。竺可桢之所以创建新型地学系，是因为他认为原来的地学系还是传统意义上的'舆地'学科，专业狭窄，有碍发展。他的目的是要拓宽地学研究领域，增设地质、气象等新式课程，加强自然科学教学，培养众多'以调查全国之地形、气候、人种（类）及动植物、矿产为己任'的地学家。所以，该系包括地理、气象、地质、矿物几门学科，开设的课程有：地学通论、气象学、地质学、古生物学、中国地理、世界地理、世界气候、矿物学、地形测量、地图学、历史地质学、地质考察等。规定地学系学生均须修读上述课程。其中，'地学通论'是先生讲授的一门主课，它涵盖了近代地理学、地质学、气象学等学科的基本内容，是一门博大精深而又有机地糅合在一起的地学'综合课'。竺可桢独创性地将地理学分成天文地理、地文地理、生物地理、人类地理、政治及军事地理、商业地理六类。在东南大学时期以及他重回中央大学两次担任地学系主任期间，除教授'气象学'、'世界地理'和'世界气候'以外，他一直亲自教授'地学通论'这门课程，旨在为初学者阐述地学的基本观念和精要之处，由此亦可看出他对这门基础课程是何等之重视。竺可桢学识渊博（同期他还为理化部的学生讲授'微积分'，为农科的学生讲授'地质学'），讲课旁征博引，深入浅出，深受学生欢迎。"(《南京大学百年史》第 98-99 页)

1921 年下学期聘白月恒为地学系教授。1922 年下半年白月恒辞，聘曾膺联、王毓湘为地学系教授。(《南京高师文史地部第一级会纪念刊》第 29 页)1923 年起聘曾膺联（教授气象学及经济地理）、徐韦曼（宽甫）（教授地质学）、王毓湘（教授中国地理）为地学系教授，鲁直厚为测候助手，教授及助教共有五人。地学系专攻地学之学生，除预科以外，凡二十人。竺可桢除任地学系主任，还教授地文学、气象学及世界地理。(《全集》第 22 卷，第 50 页) 东大地学系将地理和地质两个学科统合于一系的组织方式，与哈佛"双名词系科"结构如出一辙。(牛力《从地学到地理学：竺可桢与中国近代大学地理学系的构建》，载《南京大学学报 (哲学·人文科学·社会科学)》2023 年第 5 期，第 133 页)

牛力还认为："1921 年秋东南大学成立，竺可桢顺理成章地出任地学系主任。这些也说明，地学系的筹划从一开始就是围绕竺可桢展开的。"

"民初学制将地理归入大学文科，高师地理课程也是史地合设，这样的学科设置让竺可桢很难认可。他在武昌高师时不在史地部而在数理部和博物部任教，在武高和南高教授的也都是自然科学的课程，与当时学制对于地理学的设定显然不同。竺可桢在东南大学创设之际，摒弃传统'地理'二字，而以'地学'为学系冠名，一方面是要强调该系的多学科性，可以将气象学、地质学等与地理学密切相关的学科整合在一个学系，另一方面是要强调地学系的科学属性，以近代科学的方法来廓清传统政治地理、沿革地理的弊端。"(同上，第 132-133 页)

"哈佛求学五年，竺可桢得以深入了解哈佛地理学教育的制度和文化，并在归国后将这种学科制度适时地移植到他所任职的大学。"(同上，第 130 页)

"竺可桢关注欧美地理学的学术潮流和学科体制，各国地理系科设置的多样性、第一次世界大战后人文地理学的勃兴、国际上地理学独立的趋势、融合自然地理和人文地理于一炉的发展思路，都成为他在构建中国大学地理学系时重要的思想资源和制度规范。这使他移植的学科制度有着更强的跨越国界的穿透性，中国大学地理学系的构建作为全球学科制度流动的产物，也成为全球性知识架构的组成部分。"(同上，第 143 页)

**10月11日** 致东南大学文牍处书[①]。谓：

致美国各大实业公司，请其赠送样本，以备陈列地理博物馆中。兹有四五种业已运到校中。国内各大实业公司方面，亦思设法请其送赠样本。仍乞尊处出函致下列各公司，嘱其将生货精制品及制造中所经各种步骤样本各寄一份，以备陈列展览之用。如有制造方法说明书，亦请其寄赠一份。如有其他公司，尊处以为有函询之价值而未列入下表者，亦请邮寄一份为荷。专此，敬托。

顺颂

公安

竺可桢 顿

十月十一日

美孚煤油公司

亚细亚煤油公司

马玉山制糖公司

南洋兄弟烟草公司

天津久大精盐公司

（原函影印件，载孔夫子旧书网）

---

① 原函无标点，未署年份与收信者。是年，竺可桢为东南大学地学系主任，凡属对外联系事宜，当须由学校出面，故推断本函系写给东南大学校部文书来往主管部门，即函中所称"尊处"者。据《国立东南大学生活概况》第 62 页所载"行政委员会分教务、事务、会计、文牍、图书、出版、体育、女生指导、医药卫生、建筑、介绍十一部"，故函中所称之"尊处"，应指该校"文牍处"。该函所藏之档案案卷封面署时间为"中华民国十一年二月"，据此推定本函年份为 1921 年。现标点为编者所加。前些年曾有一批东南大学档案被拍卖，其中含多通郭秉文函稿与竺可桢亲笔函，此函及后面的一批信函资料即为此次之拍卖品，编者由此获得影印件。本函未收入《全集》。

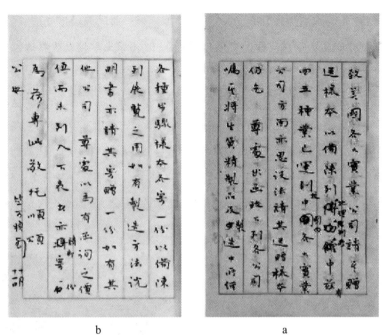

b           a

c

图92 致东南大学文牍处函（1921年10月11日）

是日 《南京高师日刊》载明:"九年度,……添聘教员梅光迪、竺可桢、陆志韦、徐则陵……诸先生分任各部教授"。(《南京大学校史资料选编》第二卷,第51页)

10月20日 出席东南大学评议会第一次会议。郭秉文主席,出席会员[①]:郭秉文、刘伯明、陶知行、邹秉文、刘承芳、孙洪芬、陈钟凡、张士一、林天兰、徐养秋、王伯秋、段育华、胡刚复、王季梁、郑晓沧、饶冰斯、过探先、葛敬中、汪启愚、张巨伯、秉农山、陈鹤琴、李仲霞、张子高、张企文、洪范五、罗世真、胡润德、曹岫青、俞子夷、金晓晚。(《南京大学校史资料选编》第二卷,第188页)

图93 出席东大评议会第一次会议会员合影[②]

10月22日 出席中国科学社在南京社所召开的职员会。与王伯秋、杨杏佛、秉志(农山)[③]、钱天鹤五人被推为演讲股委员。(《科学》第6卷第11期,

---

① 评议会第一次会议,系成立会,故完整列明"出席会员"。以后历次评议会会议,"出席会员"皆从略,详见《南京大学校史资料选编》第二卷。
② 取自《国立东南大学生活概况》(1923年)。
③ 秉志,时任东南大学生物系主任、教授。

第 1174—1175 页）

10月22日　《东南大学各科系主任名单》载明："地学系：竺藕舫"。(《南京大学校史资料选编》第二卷，第 69 页）

10月23日　出席中国科学社南京社友会第一次大会并聚餐。当选南京社友会理事长。(《科学》第 6 卷第 11 期，第 1177 页）

10月24日　报载东南大学评议会成立。竺可桢为地学系代表。(《民国日报》(上海版)1921 年 10 月 24 日)

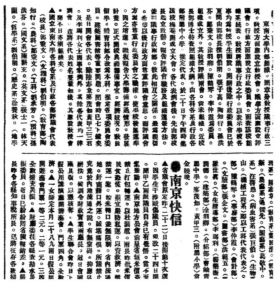

图 94　《民国日报》对东南大学评议会成立的报道

10月27日　南高史地研究会邀请东吴大学地质学教授摩尔来校率学生考察南京地质，并演讲《苏州之地质》。与南高史地研究会会员多人偕同赴紫金山考察。(《史地学报》第 1 卷第 2 号)

10月29日　东南大学行政委员会成立。郭秉文为当然主任，推定刘伯明为副主任。陶知行、张准、邹秉文、孙洪芬、陈鹤琴等为委员。(《国立东南大学生活概况》第 61 页)

10月　东南大学农事试验场农作物部成绩报告第一册印行，载明"试验场职员一览"：

| 郭秉文 | 哲学博士 | 校长 |
| 邹秉文 | 农学士 | 农科主任，植物病理技师 |
| …… | | |
| 竺可桢 | 科学博士 | 气象专门家 |
| 秉 志 | 科学博士 | 动物学专门家 |
| 过探先 | 农硕士 | 农作物改良技师 |
| 钱崇澍 | 科学学士 | 植物生理学专门家 |
| 胡先驌 | 农学士 | 植物学专门家 |
| 金善宝 | 南高农业毕业 | 农作物技术员 |
| …… | | |

（《农作物收支纪实》）

**11月2日**　出席东大评议会第二次会议。刘伯明主席。（《南京大学校史资料选编》第二卷，第192页）

**是日**　出席东大评议会第三次会议。校长郭秉文主席。（《南京大学校史资料选编》第二卷，第193页）

**11月5日**　以中国科学社社长任鸿隽自沪返成都途经南京，召集中国科学社南京社友会特举行欢迎会并任主席，到者约二十余人。任鸿隽报告北京社友会情形及募捐进行之计划后，讨论社务。决定以后社中各部办事机关，如图书部、编辑部、事务部等等，皆规定办公时间，每日各部皆有人轮流到社办公，以求事务进行能增效率云。（《科学》第6卷第11期，第1175-1176页）

**11月30日**　撰《本校急应在北极阁上建筑观象台①意见书》。此文后刊载于《史地学报》第1卷第2号。全文如下：

本校之欲建设观象台于北极阁上也，业已数载于兹。徒以种种困难，讫未见诸实行。但揆诸国内之需求，环境之状况，有不得不急应筹备建设者。故

---

① 此处所称"观象台"，即"气象台"，时称"观象台"。下文同，不另标注。

特胪列原由，以备评议会诸先生之讨论采择也。

（1）**历史上关系**　明史称北极阁为鸡鸣山或钦天山。太祖定鼎金陵，于洪武十八年（西历一三八〈六〉〔五〕年）置观象台于鸡鸣山巅，是实为我国观象台之鼻祖。盖有元一代，虽有郭守敬、王恂等人才辈出，在大都（即北京）研究天文，制造仪器，但元史无建筑观象台之明文。至明英宗正统二年（西历一四三〈八〉〔七〕年），因钦天监正皇甫仲和之奏请，始议建筑。清梅毂成所著《仪象论》，亦谓明于北京齐化门南倚城筑观象台。是则南京观象台之建设，早于北京凡五十年。迨明神宗万历二十六年（西历一五九八年），意大利人利玛窦重游南都，因参观钦天山观象台，当时台中仍有司天者在彼考察天象，终夕有人观测，用以报告朝廷。台上陈列有铜制天球、日晷、相风杆、浑天仪、简仪等各种仪器，颇觉伟观。各器结构之精巧，虽利玛窦（Mathieu Ricci）亦为首肯。至康熙七年，因钦天监奏请修整浑仪，遂将南京观象台仪器移入北京。而北极阁上只余空台矣。是以论创设之年月，则南京观象台早于英之格林聂书（Greenwich）观象台（创于一六七六年）、法之巴黎观象台（创于一六七一年）凡三世纪。至于近世各国政府所设之气象台，则更望尘莫及矣。是以苟能重辟旧址更建新阁，则南京观象台可称为世界最古之观象台。延古人已堕之绪，而增我国科学界之声色，其在斯举乎。

（2）**地理上关系**　本校校址适处鸡鸣山麓。揆诸近来本校发展情形，不久必有扩充校址之必要。北极阁地势既相毗连，且登山一望，全城在目，其山巅极适合于建筑观象台。即山坡各处，苟能蕃殖花草，广蓄鸟兽，亦未尝不可以辟作博物院也。如是则一方面可以增拓本校校址，而一方面又可为白下名胜增其声色，计良得也。乃近闻南京自来水公司筹议，欲在山上建筑水塔。此议若行，不将大煞风景乎。况卧榻之旁岂容他人鼾睡，将来足为本校校址扩充之隐患，又可断言也。夫自来水虽为今日南京之急务，但城内高丘比比皆是，亦何必以得北极〔阁〕为快哉。幸自来水公司尚未完全成立，建筑水塔计画亦未进行。若欲先人著鞭消患于未萌而止祸于无形者，此其时矣。

（3）**教育上关系**　我国向有雷公电母风伯雨师之称，见人触电则以为报应不爽，彗孛飞流，日蚀月蚀，则以为不祥之兆。南京素称文化之邦，而去年十月二十七〔日〕月蚀时，城中各处锣声震地，群讶以为天狗食月。南京如斯，他处更可知。故沪上英文报至嘲以为野蛮人之习惯。外国天文教科书中间，亦有以是为我国人诟病者。此等迷信皆由于常识之缺乏。盖风雨晴晦，事先实可预告。至于月蚀等现象则可预测于千百年以前，分秒不爽。若城内设有观象台，则即可先时报告广为传布。祛除迷信，此其一法也。校中现虽从事测量雨量、温度、气压等等，但设备简陋。为本校学生计，亦有扩充之必要也。

**（4）实用上关系**　欧人东渐，凡所至处，均设有观象台。法人之在徐家汇，英人之在香港，德人之在青岛，美人之在马尼拉，其明证也。近来日人亦往我国各处遍设气象测候所。诚以航业、水利暨农业、商业等，皆与气候有莫大之关系。今夏八月飓风自太平洋侵入我国沿海，幸徐家汇观象台于事先即发有报告，使各公司轮舶，沪宁、沪杭之火车，为未雨之绸缪，得以有备而无患。观象台之大有裨于社会，其一端也。此外如时刻之测定，地震之报告，以及各处温度之高下，雨量之多寡，我国在在皆倚赖外人所设之机关。昔人有言，人必自侮也，而后人侮之。我国人对于此种需要之设备，不能着着进行，则无怪乎外人之越俎代谋也。现时，我国人所设之观象台仅有北京中央观象台及南通军山观象台二处，与南京相距自数百里以至千余里，其无裨于南京也可知。本校之应设有观象台，为校中生色，为金陵人士造福，此又一重要原因也。

综上所举四端观之，则本校之急应着手设备观象台已可概见。至于进行手续，窃以为宜先由校中派代表与督军省长接洽，请其将北极阁（钦天山）拨归本校指用。如事属可行，即可由本校于临时经费项下，尽先拨用若干，作为建筑观象台及设备仪器之费。以上就鄙见所及，据实缕陈。至于计划预算，待大会公决通过时再拟定一切，请待公决。

地学系教授[①]竺可桢拟　　十.十一.三十

（《全集》第 1 卷，第 356-357 页）

---

① 竺可桢此处未署地学系主任职衔。

11 月 《欧洲战后之新形势》发表于《史地学报》第 1 卷第 1 号（创刊号）。述："按国际同盟组织，系分两部，一为议会（Assembly），一为行政会（Council）。行政会以五强国，及巴西、比利时、西班牙、中国（希腊内乱未得入，中国遂得代之）之代表组织之。诸国虽有代表，而行政方面，惟五强国之命是从。行政会具有左右议会之权，其不列席行政会诸国代表，徒为偶像而已。关于欧洲形势之讨论，五强中，美不愿过问，而日则不能过问，所余惟英法意三国。此三国者，又忘和约，视和约如废纸，绝不肯降志守约。例如上西莱西亚（Upper Silesia）问题，和会主自决为断。依本年三月之结果，大部归德，小部归波，斯已定矣。而波仍抱帝国主义，欲悉有其地，因往侵之，德亦举兵相抗。英法对此，各怀意见。法祖波兰，由于畏德，盖法与德为世仇。德强，法必不利。使德之工商业一蹶不振，永无再兴之望，法之私心也。法颇不愿德有上西莱西亚之巨矿者以此。英人则若祖德而抑波兰。然其所以祖德者，非果主持公道也，实亦由于自私之心耳。盖欧战以前，英亦畏德，因其商业勃兴，将与英争雄于世界商场中也。今德骤改昔观，迥非前比，战败以来，商业大衰，海外殖民，无复寸土，谅其决不能与英对抗，故亦不之忌也。但英德两国间，进出口货，为数极大，殆与英美相埒。故英昔忌其过强，今亦不愿其过弱，以其有影响于英本身之商务，故急望其恢复也。英法之各顾私利，即此可见，其蔑视和约，尤彰彰矣。

"土尔其之瓜分也，亦为和会所规定，但瓜分未匀，法忌英之得美索不达米亚（Mesopotamia），意忌希腊之得士麦拿（Smyrna），各国意见横生。意法两国撤退戍兵，还交所割之一小部，欲买好于土尔其。英亦恐领地中回教徒之怀恨，因亦赞成修改对土和约，以示与土结欢。惟希腊尚欲根据和约，以争士麦拿。协约诸国，袖手旁观，弗之过问。英法意之不能一致，和约之不能实行，此又其一端也。

"意与法意见亦有冲突。法畏俄德复强，故极力扶助波兰、捷克、巨哥［南斯拉夫］，使成俄德之劲敌。意则反是，意原为奥之一部，与奥为世仇。奥既瓜分，南斯拉夫新起，密迩意境，一旦强盛，亦将不利于己。意国贸然欲取阜姆（Fiume）者，职是故也。然美国反对于前，法国弗助于后。而阜姆卒归独立。综上以观，可知英法意各国，惟利是图，苟与本国利益有冲突者，虽破坏和约，亦在所不恤也。

"和会之上，五国雄长。欧人冀美之来，而美弗愿。日本纵思参问欧事，亦不之许。欧洲形势既为三国所把持，而三国者，又各不同其旨趣，欧洲将永无宁日矣。民族自决，既未全行，国际联盟中各国，又不能同等待遇。和会大权，惟操在少数国之手。外观美日若英，竞施军备，复无已时，世界永远和平之望，殆将绝矣。夫真谋世界永久和平，有三者最不可缺：（一）完全民族自决；（二）和会上各国平等；（三）销除兵备。观今之势，皆大相反，故绝无可冀。然吾闻地质家言，世界有冰河时期，地球上温度之减增，如波浪递相起伏。今后应渐归于冷，得毋下次冰河期乃睹和平欤。"（《全集》第 1 卷，第 352-355 页 [①]）

**12 月 1 日**  报载：因上海总商会商品陈列所审查员不足，由郭秉文代该所推荐担任该所矿产部审查员。（《商品陈列所宴请审查员纪》，载《申报》1921 年 12 月 1 日）

**12 月 6 日**  上海总商会商品陈列所科学仪器部开会审查，到会郭秉文、李耀卿、胡刚复、孙洪芬，提出"添请竺藕舫、秉农山加入担任审查"。（《商品陈列所审查会消息》，载《申报》1921 年 12 月 8 日）

**12 月 7 日**  将《本校急应在北极阁上建筑观象台意见书》提交校方，正式提出在钦天山观象台旧址建气象台的建议。经东大评议会（校务会议）讨论，获得通过。（《南京观象台之筹设》，载《史地学报》第 1 卷第 3 号，第 246 页）

此后，校方决定组织一委员会，专司此事，与柳翼谋、王伯秋同被选任委员。后因南京自来水厂亦选钦天山为厂址，彼此冲突，以致此事停滞不前。（《北极阁筹建观象台近闻》，载《史地学报》第 1 卷第 4 号，第 210 页）

---

[①] 《全集》第 355 页，编者注为"讲演时间不详"。应为 1921 年 5 月 26 日（《史地学报》第 1 卷第 1 号，第 3 页）。

图 95　1900 年南京北极阁远景 [①]

**是日**　乘夜车赴沪。将会同沪江大学孙昌克为商品陈列所审查矿产。(《申报》1921 年 12 月 9 日)

**12 月 7 日**　出席东大评议会第四次会议。郭秉文主席。会议讨论，北极阁建设观象台案。"主席请竺君藕舫报告。竺君谓北极阁设观象台，本校当从速进行。缘南京现拟开办自来水，设厂地点紫金山嫌太高，清凉山嫌不便，主其事者现拟设在北极阁，若然将来厂中机器振动与台上测验殊有妨碍。似宜乘自来水厂未设时，请移设他处。略加讨论，主席问北极阁建设观象台是否赞成，付表决通过。主席复声明本日决议，但为北极阁建设观象台议案之成立，至应如何进行、如何筹费系另一问题，当由行政委员会筹议。张君子高谓经费一层，将来可列入十一年预算。"(《南京高师日刊》1921 年 12 月 19 日，载《南京大学校史资料选编》第二卷，第 195 页)

---

① 取自《1909 年南京风景名胜老照片：观音阁、北极阁与两江总督西辕门》，载微信公众号"历史旧影"，2020 年 9 月 24 日。

**12 月** 东南大学农科"现有农学教授十六人，名誉教授二人，毕业于美国农科大学者十二人……"。其中，"竺可桢 科学博士 美国衣利诺农科大学及哈佛大学 气象学教授"。(《国立东南大学农科之基础与计划》，载《中华农学会报》1921 年第 3 卷第 3 期，第 62 页 )

**12 月 19 日** 呈请教育部将南京高等师范学校归并于东南大学。(《国立东南大学生活概况》第 61 页 )

**约 1920—1921 年** 所编线装本《气象学》讲义刊印面世，全书除"总论"外分 8 章。全面介绍了空气组成、太阳与空气之关系、各种大气现象及其成因、各种气象要素及其测定。该讲义比 1923 年正式出版的《气象学》一书在内容上更丰富，在物理概念和理论性阐述方面更为深刻。(《全集》第 1 卷，第 257-329 页 )

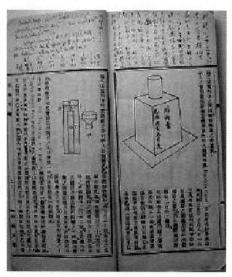

图 96 竺可桢在南高和东大期间编写的《气象学》讲义[①]

**1921—1922 年** 曾两寓南京大仓园 6 号。( 日记 450908,《全集》第 9 卷，第 510 页 )

**是年** 与沈光庆签订契约，将东关老屋典于沈光庆，于民国二十四年满

---

① 樊洪业存。

约可赎回[①]。(日记 431210,《全集》第 8 卷, 第 685 页)

是年 中国科学社"社员录"载明,"永久会员"(以"永久"之先后为序):胡敦复、任鸿隽、胡明复、竺可桢……(《中国科学社社录》,1921 年, 第 18 页)"普通社员"载明:

Chu, C. C., 竺可桢, 藕舫, A.B., M.A., Ph D., 气象, 地文, 教员

（永久）绍兴东关镇

（中）南京高等师范学校

（《中国科学社社录》,1921 年, 第 30 页）

---

① 竺可桢继续将东关老屋典出, 似表明归国后一段时间由于需要照顾寡嫂、寡姐, 帮助抚养年幼侄儿, 生活并不宽裕。东关老屋直到 1946 年才赎回。

# 1922 年（壬戌　民国十一年）　33 岁

1 月　香港中国海员大罢工。

中国地质学会在北京成立，章鸿钊任会长。

梅光迪、吴宓、胡先骕等在东南大学创办《学衡》杂志。

2 月　《新青年》封面刊出罗素头像。

美、英、日、法、意、中、荷、葡、比九国在华盛顿会议签订《九国公约》。

3 月　教育部公布《退款兴学委员会规程》。

4 月　第一次直奉军阀战争爆发。

杨铨在《科学》发表《科学管理法之要素》。

5 月　胡适、丁文江在北京创办《努力周报》。

蔡元培、李大钊等联名在《努力周报》发表《我们的政治主张》。

陆志韦在《科学》发表《评心力》。

6 月　中国共产党发表第一次《对于时局的主张》。

陈炯明指使部属在广州叛变，炮击总统府。

7 月　中国教育改进社在济南举行第一届全国大会。

中国共产党第二次全国代表大会在上海召开。

任鸿隽在《科学》发表《科学与近世文化》。

8 月　蔡元培为毛泽东所办湖南自修大学题词。

中国科学社第七次年会在南通举行。

中国科学社组织机构改组，原董事会改为理事会，另设一董事会主持政策方针。

中国科学社生物研究所在南京成立。

9 月　孙中山改组中国国民党。

梁启超在《科学》发表《科学精神与东西文化》。

10 月　长沙泥木工人举行罢工，毛泽东任工人首席代表。

中国天文学会在北京召开成立大会，高鲁当选会长。

11 月　蔡元培《安斯坦博士来校之准备》在《北京大学日刊》发表。

北京政府颁布《学校系统改革案》，史称"壬戌学制"。

陈独秀等出席共产国际第四次代表大会。

《科学》出版"教育号专刊"。

王岫庐在《科学》发表《中学之科学教育》。

12 月　苏维埃社会主义共和国联盟（苏联）正式成立。

中国政府正式从日本手中收回对青岛的管辖权。

蒋丙然在《科学》发表《青岛测候所视察报告书》。

《东方杂志》推出专刊"爱因斯坦号"。

爱因斯坦去日本讲学途中，11 月、12 月两次短暂访问上海。

罗素《中国问题》英文版出版。

是年　郑观应（1848—1922）去世。


常驻地：南京


**1 月 11 日**　出席南京高师史地研究会全体会员茶话会，与徐则陵、柳翼谋以指导员身份次第致辞，并报告北极阁建设观象台之计划与希望。总干事诸葛麒（振公）报告会务经过，总编辑缪凤林（赞虞）报告《史地学报》情形。（《史地研究会第四届纪事》，载《史地学报》第 1 卷第 2 号）

图 97　南京高师史地研究会全体会员合影（1922 年 1 月）<sup>①</sup>

第一排左七为竺可桢

推动史地研究会开展"气象实习""地质考察"，发挥重要带领作用。"气象实习"，"曾由竺可桢先生率会员轮流赴气象测候所实习。测候每日二人。报告随登学报中。"

"地质考察"，"分普通考〈查〉〔察〕与地质测量二种，分由竺可桢先生、徐韦曼先生率赴附近各地。如高资、牛首山、方山、龙潭等处。考察地质测量规定二星期一次。报告及所制地质图，拟陆续由学报发表。"（《南京高师文史地部第一级会纪念刊》第 77 页）

图 98　地质考察——燕子矶<sup>②</sup>

---

①　取自《史地学报》1922 年第 1 卷第 2 号。
②　取自《国立东南大学生活概况》（1923 年）

图 99 地质考察——高资①

2—7月 被聘为南高史地研究会第五届指导员（1922 年 2 月—7 月）。指导员名录如下：白眉初（中国地理）、竺可桢（世界地理）、柳翼谋（中国史）、徐则陵（西洋史）、陈衡哲（历史）、曾膺联（地质学）、萧叔絅（经济史）。（《指导员名录》，载《史地学报》第 1 卷第 3 号，第 267 页）

3月1日 出席东大评议会第六次常会。郭秉文主席。(《南京大学校史资料选编》第二卷，第 196 页）

3月7日 复俞智炜书②。谓：

手书敬悉。俞智炜制造厂所出硬铅既系模型铸成，轻重有一定，自难加以二斤之限制，仍请贵处另备一函，可由桢交事务处③寄出，购办拾一磅。同时桢当嘱事务处照原价拨寄。原函附奉。专此

敬问近安

竺可桢 顿

三月七号

（原函影印件，载博宝艺术网）

———————

① 取自《国立东南大学生活概况》（1923 年）
② 该函未署年份，无标点。据所附俞致东大函判断，此函为复俞函。年份系据俞来函时间确定。此函未收入《全集》。
③ 系东南大学事务处。

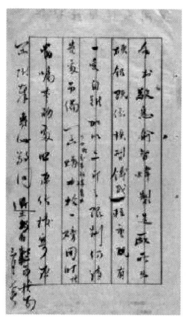

图 100　致俞智炜购硬铅函

（1922 年 3 月 7 日）

附：俞智炜致东南大学诸位先生书[①]

东南大学诸位先生钧鉴：

启者接奉大札，敬悉一是。本当将敝厂所制硬铅奉上，陈列贵〈院〉〔校〕，以供众览，并广销路，两有裨益，何乐不为。乃因自五四运动以来，同胞皆知提倡国货，因之陈列品展览会、博物院踵趾而设。且此种硬铅品质上等，价格不贵，故不能赠送。此硬铅敝厂定价每磅计大洋壹元。今为公益起见，原扣对折，每磅计大洋五角，于血本相亏无几。至于贵〈院〉〔校〕所定陈列品重量一节，此乃敝厂所无能为力者。因此铅由模〈形〉〔型〕铸成，非矿产可比，重量式斤与模〈形〉〔型〕不合，至少须拾壹磅半（作拾壹磅算）。倘与贵〈院〉〔校〕相宜，祈请将货价寄费汇下，当班回件不误。所有细目，

---

① 原函未署年份，无标点。在信笺右侧下方加盖有收函日期戳，时间为 1922 年 4 月 6 日，以此确定年份。现标点为编者所加。

容后再详。此覆，敬请

文安

俞智炜启（印章）三月二号

（原函影印件，载博宝艺术网）

附：俞智炜复函[①]

东南大学诸位先生钧鉴：

敬启者。前接回示，敬悉。并汇票一纸，计洋六元式角，收到无讹。委寄硬铅壹块，于四号由邮局寄呈，谅已收到，便望示下，以免盼虑。智此举系为提倡国货起见，故深望此铅能得贵校介绍之力，以期普及，足挽商权。倘品质有不良之点，祈望不鄙赐教。并祝贵〈院〉〔校〕成立纪念。智敬恳者，贵校大笔书一丈三尺横匾壹方，以资提倡，谅勿见却，亦望赐下。此后敝厂如有推陈出新之品，必当调换陈列，以求进益，而表微忱。

耑此，敬复。并颂

公安

俞智炜谨启（印章）

四月三十号

（原函影印件，载博宝艺术网）

**是年春** 在钦天山建设气象台的夙愿，得到校长郭秉文的极大支持。为早日促成此事，郭秉文亲自出面致函上峰，寻求帮助。"今年春由校长呈督长及其他机关，唯因南京绅商欲就北极阁建设自来水厂，致此事迁延未决。现闻国内名流，如熊秉三先生等，皆颇表赞助，已为代请当局。而南通佘山气象台[②]，亦颇愿援助。"（《地学界消息》，载《史地学报》第 1 卷第 3 号，第 246 页）

---

① 原函未署年份，无标点。此函加盖有条形收函日期戳章，为"中华民国十一年五月肆日"。

② 原文如此。疑为"军山气象台"。

郭秉文除呈函督军齐燮元（抚万）外，还呈函省长王瑚（字禹功，号铁珊）、金陵道尹蔡宝善（师愚）、地方公会会长仇继恒（俅之）[1]等，请赞助东南大学在钦天山设立观象台。

郭秉文各呈函转录如下：

一、郭秉文呈齐燮元督军函稿[2]

抚万督帅钧鉴：

敬启者。本城之北钦天山、或称鸡鸣山、或称鸡笼山，俗名通称北极阁。考诸志乘，前明之初，曾于山巅设置司天台，观测云物。有清康熙年间，将台中仪器，移置北京，台遂圮废。自后迭经兵燹，一瓴一甓，荡然无存，凭吊所经，辄弥感慨。秉又窃维象纬之学，与民生日用，至有关系。如时刻之测定，温度之高下，雨量之多寡，以及风灾、地震发生之朕兆，皆赖司天者豫为报告，使人民早为之备，借免患害。吾国象纬之学，近极销沉，以致司天之所应有事者，反赖外人所设之天文台，代司厥职，贻国之耻，莫此为甚。愚考校址与北极阁山麓堧地相接，拟将此山划归敝校，就钦天山观象台故址建设观象台一座，以期赓绍兴后，用为东南学术之光。凤钦督师对于提倡文化，具有盛心，为特敬陈厓略，恳请鼎力赞助，俾得进行无阻，易观厥成。

附呈拟就钦天山观象台故址建观象台启一〈分〉〔份〕。祇祈詧阅教正为幸。

专函，顺请

钧安

　　　　　　　　　　　　　　郭秉文 谨启

　　　　　　　　　　　　　　十一年三月八日（名章）

　　　　　　　　　　　　（原函影印件，载博宝艺术网）

---

[1] 在这批档案中，对仇继恒的字"俅之"之"俅"字，有时又记为"莱"或"涞"，编者未掌握准确史料，故暂按原文照录。

[2] 原件采用旧式句读标点，题为"致齐督军请赞助在钦天山设立观象台函"。函稿日期后注"十一日发"。

## 二、郭秉文致王瑚省长函稿①

铁珊省长钧鉴：

敬启者。本城之北钦天山、或称鸡鸣山、或称鸡笼山，俗名通称北极阁。考诸志乘，前明之初，曾于山巅设置司天台，观测云物。有清康熙年间，将台中仪器移置北京，台遂圮废。自后迭经兵燹，一瓴一甓，荡然无存，凭吊所经，辄弥感慨。秉文窃维象纬之学，与民生日用，至有关系，如时刻之测定，温度之高下，雨量之多寡，以及风灾、地震发生之朕兆，皆赖司天者豫为报告，使人民早为之备，借免患害。吾国象纬之学，近极销沉，以致司天之所应有事者，反赖外人所设之天文台，代司厥职，贻国之耻，莫此为甚。愚考校址与北极阁山麓壤地相接，拟将此山划归敝校，就钦天山观象台故址建设观象台一座，以期赓绍兴后，用为东南学术之光。前曾将此意请熊秉三先生转达。辱荷赞许，具见吾公对于提倡文化，具有盛心，曷胜钦佩。现此事正在委托专家，计划办法，一俟筹有端绪，当再请示办法，以利进行，先此奉闻。祗请

钧安

郭秉文 谨启

十一年三月九日稿（名章）

（原函影印件，载博宝艺术网）

## 三、郭秉文致金陵道尹蔡宝善函稿②

师愚先生台鉴：

敬启者。敝校之地与钦天山山麓壤地相接，拟请将此山划归本校，就明初司天台故址，建一观象台，观测云物，研究天象。曾于前日检同缘启，函请督军、省长赞助外，夙钦先生热心公益，对于此事想当乐观厥成，为特检奉，拟就钦天山观象台故址建观象台启一份，敬祈鼎力匡襄，俾得进行无阻，不胜

---

① 原件采用旧式句读标点，题为"致王省长请赞助在钦天山设立观象台函"。函稿日期后注"十一日发"。

② 原件未署标点，题为"致金陵道尹蔡宝善请赞助观象台事"。日期后注"三月廿三日稿"（名章），署"即发"。

祷祝。顺请

　　[后缺——编者]

（原函影印件，载孔夫子旧书网）

### 四、郭秉文致地方公会会长仇继恒函稿

侠之先生大鉴：

　　敬启者。本城之北钦天山、或称鸡鸣山、或称鸡笼山，俗名通称北极阁。考诸志乘，前明之初，曾于山巅设置司天台，观测云物。有清康熙年间，将台中仪器移置北京，台遂圮废。自后迭经兵燹，一瓴一甓，荡然无存，凭吊所经，辄弥感慨。秉又窃维象纬之学，与民生日用，至有关系，如时刻之测定，温度之高下，雨量之多寡，以及风灾、地震发生之征兆，皆赖司天者豫为报告，使人民早为之备，借免患害。吾国象纬之学，近极销沉，以致司天之所应有事者，反赖外人所设之天文台，代司厥职，贻国之耻，莫此为甚。愚考校址与北极阁山麓壤地相接，拟将此山划归敝校，就钦天山观象台故址建设观象台一座，以期赓绍兴后，用为东南学术之光。

　　金陵为名胜都会 [后文缺——编者]

### 五、郭秉文致朱文劭（劼成）厅长函稿 [①]

劼成厅长台鉴：

　　敬启者。敝校校地与钦天山山麓壤地相接，拟请将此山划归本校。就明初司天台故地，建一观象台，观测云物，研究天象。前曾将此意请熊秉三先生转达省座，极荷赞许。除正式致函省座及督帅外，务请执事从中襄助，俾得早观厥成，不胜厚幸。专此，奉恳祇请

公安

郭秉文　谨启

---

①　原件采用旧式句读标点，题为"致朱政务厅长请赞助观象台事"，原件日期后注"即发"。

十一年三月十一日（名章）

（原件影印件，载博宝艺术网）

附：朱文劭复郭秉文书①

鸿声先生大鉴：

接诵惠函并拟建观象台启，具悉一是。此事业由省座令饬金陵道尹查明在案。且俟道复到后，再行察酌办理。专此，复请

台安

弟　朱文劭　顿

三月十三日

（原函影印件，载孔夫子旧书网）

**3月22日**　郭秉文复函金陵道尹公署与仇继恒，相约前往北极阁察看②。

附：郭秉文复金陵道尹公署函稿③

径启者。顷准贵署公函内开"顷奉军、省署训令云云，即希查照，并盼见复为荷"等因，准此，秉文当遵于本月二十六日午后二时，会同贵道尹前往北极阁察看，准函前因，相应备函奉复。祗希，查照为荷。此致〔后文缺〕

中华民国十一年三月廿二日

（原件影印件，载雅昌艺术网）

附：郭秉文致仇继恒函稿④

---

① 原件未署标点与年份。在信笺右侧下方加盖有收函日期戳，为"中华民国十一年三月拾四日"。

② 此事似未能落实，故竺可桢后来约于6月2日又致函东南大学文牍处，约仇莱之至北极阁一起勘定地点。仇涞之、仇莱之、仇倈之，当为同一人。编者原样照录。

③ 原件采用旧式句读标点，题为"复金陵道署遵于本月廿六午后二时会同看北极阁公函"。从内容推定，发函者是郭秉文。

④ 原件采用旧式句读标点，题为"致仇倈之请于廿六日来校午餐同往察看北极阁函"。

涑之先生道鉴:

北极阁建设观象台［与］自来水塔问题，顷接金陵道尹公署来函，约于本月二十六日午后二时，同往察看，会商解决，并〈请〉［谓］已函达尊处。敝校业已函复照办。届日，务请台端于午前莅校小叙，以便联袂偕行，熟商一切。附束一帧，至祈察纳是幸。专此，祗颂［后文缺］

（原件影印件，载孔夫子旧书网）

**3月23日**　在梅庵出席讨论预算问题发言："地学系一无设备。现北极阁建筑天文台事，地址已有希望，第二步即为建筑及仪器，请注意。"（《南京大学校史资料选编》第二卷，第759页）

**3月26日**　带领东南大学地学系学生赴汤山温泉考察。考察报告为时东南大学学生郑鹤声撰。郑在考察报告前有记述："近年欧美之士，于地学最重考验，调查探险，成为专务。吾人重惩前弊，借证异邦，实当亟重乎此。本校地理教授竺藕舫博士有鉴于斯，爰于课暇常率诸同学考察调查，将以益其学而实其智。本学期所拟之地，为汤山、岩山、紫金山、栖霞山诸处，兹就各地考察之经过，以次纪之，成为地学考察报告。"（郑鹤声《地学考察报告》，载《史地学报》第1卷第3号，第249-253页）

**3月28日**　致东南大学文牍处书[①]。谓:

敬启者：北京农商部地质调查所近已集有矿物多种，专门为学校实验及博物院陈设之用，可否由贵处出一公函，请其赠送一份？如须购买，价目亦请其示及。又调查所出有《北京西山地质志》、《中国矿业记要》、《石雅》、《钻探术》、《地层测算法》以及《地质汇报》，亦嘱其惠赠一份。本校方面愿将历期所出《史地学报》及《地理周刊》赠送，以作交换。劳神之处，感谢无任。专此，顺颂

---

① 原函未署标点，个别处采用旧式句读标点；未署收函者及年份。收函者如前所述应为东南大学文牍处。在信笺右侧下方加盖有收函日期戳，为"中华民国十一年三月卅日"，以此断定年份。此函未收入《全集》。

公安

竺可桢 顿首

三月廿八

（原函影印件，载百度图片）

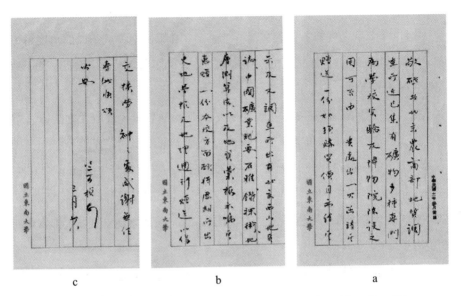

c　　　　　　　b　　　　　　　a

图 101　致东南大学文牍处请致北京农商部地质调查所函（1922 年 3 月 28 日）

附：东南大学致北京农商部地质调查所书①

敬启者。

敝校现因筹设博物院，拟广集国内矿产，制为标本，陈列院内，俾供众览，以期于吾国富藏之所在，咸长晓然。兹闻贵所集有矿物多种，专备学校实验及博物院陈列之用。拟请每种惠赐一〈分〉[份]，以便陈列。所有运费、寄费，可由敝校担负。如需备价购买，请即开单示知为感。再查贵所有《北京西山地质志》《中国矿业记要》《石雅》《钻探术》《地层测算法》及《地质汇报》等各种出版，拟恳惠赠一份，借资研究。敝校亦当将所出历期《史地学报》及《地理周刊》奉赠贵所，以作彼此交换。可否？祈并示复，无任盼幸。专此，

---

① 原件采用旧式句读标点，标题为"致北京农商部地质调查所请赠标本并交换出版物函"。

顺颂

公绥

大学 启

十一年三月卅一日

（原函稿影印件，载雅昌艺术网）

**3月** 《南京之气候》发表在《科学》第 7 卷第 3 期，从季风的角度讨论南京气候的特征，并注意地区的气候变化对农业的影响。是为中国最早关于地方性气候志的研究。

述："**一 绪言** 欲知一地气候之概要，则不得不知气候所含之要素。盖论气候者，必须将此等要素，逐一分析，而后始能明显也。是要素维何，即（一）气压（pressure）；（二）温度（temperature）；（三）雨量（rainfall）；（四）云（clouds）；（五）湿度（humidity）；（六）风（wind）是也。之六要素者，凡曾有气候学常识者，类能言之，兹不赘述。以下所述之南京气候，即据此而研究者也。

"**二 南京之地位** 南京居北纬三十二度五分，在普通所称为温带区域之内，而据气象学上所区分之地域言之，则南京之地位，适在副热带（subtropical）内。黑龙江等处，则属北温带地域矣。所谓副热带者，即自南北纬二十度迄三十五度间一带是也。

"**三 地位与气候之关系** 地位不同，气候亦异，此不易之理，人尽知之。然亦每省同一纬度而其气候之不同有若霄壤者，此则由于其四围种种环境之不同也。此所以观测气候者必须注明其观测地之种种情状也。在副热带亦何莫不然。同一纬度之气候，每有不同，则同一大陆气候之不同，亦意中事也。副热带之气候可大别为三：

"（一）在大陆西部者，为地中海气候（Mediterranean climate） 欧陆西岸及地中海沿岸一带气候皆属之，即美洲西部美国之加利福尼亚省（California）之〈氯〉〔气〕候亦属其范围。此带气候温度之较差甚小，而冬季雨量甚丰沛。

"（二）在大陆内部者，为沙漠气候 其位置大部居于大陆之腹地，若戈壁、波斯、阿剌伯等地是也。地多沙漠，鲜雨量，温度之较差甚大。

"（三）在大陆之东部者，为季风气候（monsoon climate） 冬季风自大陆趋入海洋，夏季则自海洋吹入大陆，气候冬严寒而夏酷暑，雨量多在夏季。若南京之气候，即属此带。

"**四 南京气候概论** 凡冬季风气候影响所及之地，其气压必冬高而夏低，而季风之所以成，每由于气压之不同也。故南京之气压，冬日平均为三十又十分之三吋，其时之风多来自西北也。至夏日之气压，平均则为二十九又十分之七吋，其时之风，多来自东南。此不仅南京为然，即我国北部之满洲等处，凡曾受季风之影响者，皆有若是之情状也。至其所以成如斯之现象者，则由于高气压处之空气，流向低气压处也。

"南京之气压，既为冬高而夏低，因以与其地之雨量亦生有莫大之影响，是以南京之雨量夏多于冬也。冬日少雨之原因，由于冬日〈气压高〉〔高气压〕在西伯里亚一带，风既自高气压吹往低气压，故冬日风来自西北。而自西北方面吹来之风，性极干燥，乏水分而寒冷，其结果造成南京冬日之高气压少雨量。夏日之所以多雨，其情形适与冬日相反，盖夏日之高气压在海洋，即东南方向，故风多来东南。东南来之风源自洋海，富水分而温暖，其结果则造成南京夏日之气压低雨量多。

"南京之地位，适处于长江山脉之上，其四围寡山岭，即有之亦不高峻，如紫金山高亦不过一千四百呎，是故冬夏季风，得以直入而无阻。设其地之西北有高峻山脉横梗，其温度必不如今日。而冬季比较为和暖，是因西北之山脉足以御西北来之寒风也。设其东南有高峻山岭者，则其雨量必不如今日之丰沛，此则以东南之山脉足以为东南满含水气之季风之障碍也。"

"美国西方加利福尼亚（California）省之生笛哥地方，其冬日之温度，较之南京则高摄氏九度有余，夏日之温度与南京较则低约达八度，是以其温度冬夏之较差不及南京之大，而其气候更变之剧，亦不若南京之甚也。然南京全年平均之温度，则较之生笛哥为低，故外人谓南京之气候当属热带者，不可信也。至二地冬夏之气候，有若是之不同者，则由于海洋影响之结果，南京居于大陆之东部，副热带中，故气候变更剧，生笛哥居于大陆之西部，为海洋气候带，故气候变更不剧。是以其在冬季，南京则寒风凛冽，手足僵冻，而生笛哥地方则犹玫瑰破绽含笑迎人也。

"若与美国中部台克杀司（Texas）省之爱儿柏梭相较，则亦冬为冷而夏为热。其全年温度之平均，则亦不及爱儿柏梭之高。然以上二地，生笛哥在美国之西部，而爱儿柏梭在美国之中部，虽与南京同一纬度之上而位置不同，气候亦因以异，有可说也。

"今再以与南京在同纬度而在美国东部之沙纹那相较，则南京亦冬冷而夏热，冬夏较差之大且益著。沙纹那居于美国东部乔治亚（Georgia）省，地滨海，纬度与南京相同，而温度则相差实甚。沙纹那冬日之温度，为摄氏九度又十分之九，较南京为高。夏日之温度，为摄氏二十六度又十分之九，较南京为低。其全年温度之平均，则为十八度又五分之三，亦较南京为高也。欧洲最南点在北纬 36°，无与南京同纬度之地，故不能相比。拟试以亚洲西部与南京相较，耶路撒冷为犹太国之旧都，地在地中海东岸之北纬三十一度四十八分之地。其气候之变迁，不逮南京之剧，而冬夏之温度之较差，亦不及南京之大也。故其温度较之南京实冬高而夏低，冬暖而夏凉。是则观上之比较，南京之气候可谓趋于极端矣。"（《全集》第 1 卷，第 358—368 页）

张其昀评述："各区域之气候可选择著名城市，详加说明，以作代表，如竺可桢君之于南京，蒋丙然君之于青岛，均有气候志之撰述。竺君著《南京之气候》一文，分气压、温度、雨量、云量、湿度、风向六项，逐一论述。"（张其昀《近二十年来中国地理学之进步》，载《地理学报》第 2 卷第 3 期，第 126 页）

陶诗言评述："竺先生开创了我国区域气候的研究，他 1922 年发表的《南京之气候》一文是我国最早的地方性气候志。他比较了南京与世界同纬度其他地点的气候，说明南京冬寒夏热的气候特点，他又从季风的角度讨论南京气候的特征，并注意地区的气候变化对农业的影响。"（陶诗言《竺可桢先生对中国近代气象学的贡献》，载《院史资料与研究》2000 年第 4 期，第 22 页）

施雅风评述："竺可桢极力搜集外国在南京领事馆和金陵大学等临时观测的气象记录，特别是 1907—1917 年日本领事馆的记录，整理总结为《南京之气候》一文，1922 年发表于《科学》7 卷 3 期，这是我国最早的一篇地方性气候志。通过南京与世界同纬度其他地区气候的比较，指出了南京冬寒夏热的特点。当时南京年降水量 1100 毫米，年平均温度 15.2℃，夏季平均温度 27.3℃高于同纬度带平均温度，而冬季平均温度 3℃远低于同纬度带的温度。以后随着观测资料的增加，竺可桢于 1928 年第二次、1932 年第三次以《南京之气候》为题，发表总结性的论文。"（施雅风《南高东大时期的竺可桢教授》，载《纪念文集》第 83 页）

**4 月 2 日**（南京往返江宁） 带领东南大学地学系学生赴江宁考察岩山十二洞，沿途随时为学生指认岩石、土壤等。当日返校。(《史地学报》第 1 卷第 4 号，第 217-223 页）

**4 月 8 日** 丁文江（在君）[1]由上海返回北京途经南京，中国科学社南京社友会举行欢迎会，同时欢迎来宁任事的新社员熊庆来（迪之）[2]、李拔峨、杨肇燫（季璠）[3]、刘承芳、贺康、葛敬中（运城）[4]。任欢迎会主席并致欢迎词。(《科学》第 7 卷第 4 期，第 405 页）

**4 月约 11 日** 致东南大学文牍处书[5]。云：

敬启者：本系曾膺联先生拟于下星期日赴沪。汉冶萍所寄标本，拟即嘱其于下星期带回。祈尊处出一公函，嘱渠取物时，面致汉厂为荷。此颂

公安

竺可桢 顿

（原函影印件，载雅昌艺术网）

---

① 丁文江，时任地质调查所名誉所长，北票煤矿总经理。
② 熊庆来，时来东南大学创办算学系。
③ 杨肇燫，时任南京高师工科教授。
④ 葛敬中，时任中国合众桑蚕改良会监理、总技师。兼任东南大学园艺系主任、教授。
⑤ 本函不属于前述被拍卖的东南大学那批档案中的资料。原函未署日期，无收函者。在信笺右下角加盖有收函日期戳，时间为"中华民国十一年四月拾壹日"，故暂将本函置于是日。如前所述，收函者为东南大学文牍处。未收入《全集》。

**4 月 14 日**　出席中国科学社董事会，讨论年会筹备事务。任鸿隽主席。与王琎（季梁）[①]、秉志、丁文江等同被推定为论文委员会委员。到会者任鸿隽、孙洪芬、胡明复、杨铨、王季梁、王伯秋、张准[②]、杨允中、钱崇澍。（《中国科学社董事会议录》[③]，上海市档案馆藏件 Q546-1-86；《董理事会》第 2 页）

**4 月 16 日**　带领东大地学系学生考察紫金山。郑鹤声在考察报告中对竺可桢边带领考察、边实地讲解教授经过，记述甚详[④]："四月十六日下午一时出发，经小营，傍覆舟山东行，覆舟山负城为固，与钟山支脉相属，即宋武帝破桓元处也，以行似覆舟故名。出太平门，……"途经一谷洼，"乃一涧涧，间滴泉溜。竺师指谓之曰：此即 V 字形河谷也。河谷（Valley）者，地面为河流或溪涧所剥蚀冲刷处也。故凡河流溪涧所在之地必有谷，而大小平险迥殊，河流溪涧，俱以夹沙带泥为本职，故其谷以愈浚而愈深，且能侵两岸岩层，以推广其面部。就河谷之横断面（Cross Section）观之，常由 V 字而变为 U 字形，地质学家用以知其河谷年代之久暂。此谷尚呈 V 字形，足征其年龄尚幼，迨青年之河谷（Young Valley）也。此等河谷，常以受河流溪涧之冲荡，而延长其上流，达分水岭而后已。如是者，地学家乃谓之永久分水岭（Permanent Divide）云。"

行至青龙山，山址石坚而色青，郡人多取为碑础。"竺师谓其山石灰岩质之佳，远过龙潭附近诸山。遥瞩东南白痕处，其灰岩也。天印山又名方山，通志在府东南四十五里，山周二十七里，高一百一十六丈，四面方如城，《丹阳记》云形如方印，故名天印。竺师言其上皆玄武岩，为昔时火山所喷出者也。火山岩江宁附近，惟此为著。向钟山南下，仄径崄巇，若鸟道羊肠，失足辄堕，其麓松阴竹影，弥漫满谷。东有灵谷寺，隐现山阿间；南有土阜隆起，阜之隈，绿树成荫，明孝陵在焉。山麓有石梁，架涧溪上，视其底积石之巨，则

---

[①] 王琎，时任东南大学化学系主任、教授。
[②] 张准，时任东南大学化学系教授。
[③] 从中国科学社的这次董事会记录始，直到 1923 年 3 月的第八次董事会记录，皆无标点符号。
[④] 郑鹤声文，每段内皆以逗号标注，唯每段之末标注句号。

可知山水发时，其势必宏，故能挟而俱下。溪之东，为孝陵卫城，颇雄壮，观麦于陇，秀色可餐。孝陵于清置守陵人，今仍之。中多清帝御碑，有石碑勒治隆唐宋四大字，高丈余，负以灵鼋，其外有碑勒英德俄法日意六国文字，乃禁碑也。进至享殿，供明太祖遗像，英气勃然。又进为祭坛，坛下有隧道，深邃而阴，建筑甚精。由隧上登祭坛，有塘若短堞可以眺望，盖离地平面已三百余呎矣，莽苍霞照，暮景颇佳。出陵，翁仲象卫，俱颓唐于荒草斜阳之外，不胜荆棘铜驼之感。惟自明数百年来，屡受风霜之侵蚀，而其像俱完好，足见其石质之坚，闻采自青龙山云。"（郑鹤声《地学考察报告》，载《史地学报》第 2 卷第 1 号，第 131-134 页）

**4 月上中旬** 自来水公司筹备处仇继恒聘请美工程师勃休君（Buch）来校查勘。"勃氏与本校竺教授谈话，知本校有兴建观象台之事，极表赞同。其调查结果，谓自来水厂可不建在山巅，故双方可以并立。"（《史地学报》第 1 卷第 4 号，第 210 页）

**4 月 19 日** 出席东大评议会第七次常会。郭秉文主席。（《南京大学校史资料选编》第二卷，第 197 页）

**4 月 20 日** 东南大学接金陵道尹公署来函，略谓："督军、省长批云，既据该道尹查明双方可以并立，应即如拟由该公司工程师会同东南大学天文［应为"气象"——编者］教授，详细测量妥为支配云云。"（《史地学报》第 1 卷第 4 号，第 210 页）

**4 月 21 日** 在史地研究会演讲。"四月二十一日开第三次会，请指导员竺可桢博士演讲'美国之情形'，并佐以幻灯表演。开会时会员及旁听到者共二百二十余人，自七时至九时散会。是日表演之片，共六十余张。其中以黄石公园（Yellow Stone Park）为主，园中温泉及其他景片共有四十余幅。其他如（1）纽约之自由像，（2）费拉特费之独立纪念碑，及（3）美国风土人情各种写真，又十余幅。竺教授皆详加说明。令人若亲历其地，而各种数字及学术上之解释，尤有助于增进美国地理之智识。"（《史地研究会第五届纪事》（续），载《史地学报》第 1 卷第 4 号，第 241 页）

**4月或以前** 佘山天文台主持之法人，对东南大学拟建观象台之建议，极表同情，曾函询东大建观象台一事，允该台成立后，愿将其全部仪器移拨，而将两地合并。对此，竺可桢认为："仪器虽得巨助，可省购置之费，而搬运及建筑台址，至少〈须〉需银十万元。如本校下学期经费能稍见充裕，当可于年内动工云。"（《北极阁筹建观象台近闻》，载《史地学报》第1卷第4号，第210页）

**4月** 《史地学报》新开辟"世界新闻"专栏。编者写道："本会地学同人，自去年之秋，受竺可桢教授之鼓励，每人各周轮观中西地学杂志，或报章一种。凡察见最近地理上之调查或变动，辄撮译别录。集合付印，名曰《地理周刊》。始业以来，未尝中辍，积累收采，共得四百余张。寻其类例则有最近国界之改划，种族之分布，地形之测量，风俗之观察，人口之密度，交通之发展，贸易之比较，产业之统计种种，颇足以补教材之不足，供学者之参考。窃谓史地之学，乃天下之至赜，亦天下之至动。吾辈研求之士，乌可不思高瞩周览，与时偕进乎。兹值本报二期发刊，特选其精要，公诸同好，专立一门，号曰'世界新闻'。吾辈意欲进行不息，尚望海内同志补其不足焉。"（《史地学报》第1卷第2号）

**是年春** 指导张其昀等八名学生翻译美国地理学家、曾任美总统顾问并熟悉巴黎和会的鲍曼名著《战后新世界》一书，1927年出版。张其昀在"译者序"中说："本书译事，始于民国十一年春，时吾辈肄业南京高等师范学校，竺师藉舫任世界地理讲座，辄以课余之暇，分事译述，而请竺师为之鉴定。此书付印，已历数年，惟民国十三年（1924）鲍曼博士新增第三十五章，题曰'美国之地位'，又于国际时事之变迁者，各加补注，都三万余言；同人因将补译之稿，刊入全书，稍免明日黄花之消。此书之成，任叔永、朱经农、程寰西三先生，皆尝惠予教益，实深感谢。本书译者则胡焕庸、王学素、陆鸿图、诸葛麒、吴文照、黄静渊、向达及余八人。登高北极，泛舟玄武，白下旧景，时来笔底也。"（《战后新世界》第11页）

**5月3日** 中国科学社社长任鸿隽偕夫人陈衡哲为实业教育事，途经南京回四川，南京社友于社所举行欢送宴会，出席者五十余人，竺可桢、赵正平、杨杏佛和任氏夫妇相继致欢送词和答谢词。(《南京社友会欢送任社长夫妇回川》，载《科学》第 7 卷第 5 期，第 519 页)

**5月6日** 赴成贤街中国科学社总部，演讲《地形之研究》。此为中国科学社春季演讲会"科学之宇宙观"四讲之一。中国科学社春季演讲，是该社为普及科学、传播新知，于每年春季围绕世界重要科学问题组织的系列演讲，行之有年，极为学界欢迎。"竺君言地理，则用图表多张，所论及俱有兴趣。"(《科学》第 7 卷第 5 期，第 518-519 页；《中国科学社之演讲》，载《申报》1922年 5 月 5 日)该演讲词，后以《地理对于人生之影响》为题发表于《史地学报》第 2 卷第 1 号。文章论述了气候与地理环境对于人类生活、农业生产、交通、人口分布、人类文明和文化发展的影响，以及水旱、台风等天气灾害的危害。从地理学的角度阐述了人类与自然环境的关系及灾害性天气的危害。

述："中国常有'人杰地灵'一句俗调，把人放在地的前面，这或由于尊人起见；但绳之以科学眼光是不合的。因为地灵随有人杰，我们何尝听见过南北两极和赤道里边出过人杰呢？"

"十八世纪以前的地理课本，都注重于形势、名胜、疆域一方面，换一句讲，地理两字，在那时候，全是政治地理的代名词，简直少有人讲及地理与人类的关系。十八世纪以来，研究地理的渐次转移他的目光到地理与人的关系上去。法国有孟德斯鸠(Montesquieu)，德国有 Alexander Von Humboldt 和 Carl Ritter，但人文地理的鼻祖要推德国地理家 Ratzel 了。他在十九世纪末叶，曾著《人文地理》(*Anthropogeographie*)一书，把地理与人生之关系，讲得很透彻。里面大意是：地面上有各种地形，各种气候；无论那一种地形或气候，对于人生必有一定的影响。人生因所处的地位不同，人的性情体格，不得不适应环境而变迁。因此便生出文化程度高低的差异。推其原因不外两种：一、环境关系，二、遗传性关系。"

"地形、气候二种对于人生的影响，很是显而易见。譬如我国本部人民同属汉种，但南方人与北方人的体格，已有不同。像粤东一带居民，其体格

〈少〉〔小〕，不如北方几省人伟大，且性情都比较好动，富冒险性，而缺耐久性。就是满洲人与西伯利亚之东胡人，虽属同种，但因为气候、地理上的关系，文化程度，差得很远。英伦三岛，以北方苏格兰人躯干为最伟大。上海之印〔度巡〕捕，看来很宏壮，但不得看作全印度人民都是这样，因为他们是印度北方本若省（或译旁遮普 Bunjab）人，印度南方人〈须〉〔却〕矮小得多。可见同种的人，在异样环境之下，久而久之，其性情体格，便会生出差别起来。"

其后，文章从山岭、平原、河流、海洋以及气候方面论述了地理环境对于人类生活、农业生产、交通、人口分布、人类文明和文化发展的影响，以及水旱、台风等天气灾害的危害。从地理学的角度阐述了人类与自然环境的关系及灾害性天气的危害。

文章最后谓："人类最初发祥地，当在南洋群岛爪哇一带（记者按：荷兰人种学家 Dublois 在此掘得最初人类的骸骨）。因为原始人类，既不能利用天然，更无能力生长在生物稀少的寒带，只有就近热带，凡事仰给于天然，才能度得无知无觉的快乐生活。但若要说到进化，这班人民早先失败，所以古代文化最发达地方，于非洲在他的北部尼罗河流域，于亚洲在黄河流域和小亚细亚。美国耶鲁大学的教授恒丁登（Huntington）说：一国文化高低，视气候而定。一个地方气候变化没有一定，那地文化才有进步，因为凡居这种环境之下，不得不想出种种方法，做'未雨绸缪'的预备。可见：环境在一方面逼迫人民劳其手足，困其心志，在他方面就叫你有发展地步，这才能在文化舞台上占一位置。我中国既为世界文化发祥地之一，而且地形、气候，统有保持文化先进国的优势，欲达到这个目的，只在人民努力做去。这责任不在别人，就在我们一辈子！"（《全集》第 1 卷，第 369—377 页）

**5 月 7 日** 长女竺梅出生。

**5 月** 《本年一月至三月南京气象报告》刊于《史地学报》第 1 卷第 3 号。文后附东南大学气象测候所 1922 年 1—3 月南京测候结果的报表。此后至 1924 年 2 月《史地学报》第 2 卷第 8 卷逐期刊载各月的南京气象报告，多署

"竺可桢教授编制"，也有无署名者。(《全集》第 1 卷，第 378-385 页 )

**是月**　《欧战后世界各国新形势》刊载于《史地学报》第 1 卷第 3 号，介绍美国鲍曼博士及其所著 *THE NEW WORLD: PROBLEMS IN POLITICAL GEOGRAPHY* 一书。

谓："美国地理学会主任干事鲍曼氏自一九一七年 ( 民国六年 ) 美国与德意志宣战后，即被美国外务部聘任为地理顾问；及一九一八年欧战告终，氏随美总统威尔逊至巴黎，复被举为厘定疆界委员长。是故德奥匈土诸国之领土，在和会中为五大国代表所豆剖瓜分，美国方面司宰割者虽为威尔逊，而运筹帷幄，实鲍曼其人也。

"氏于回国后，乃以其经历所得，著为是书，全书六百余页，其中三分之二，叙述欧洲现时之政局，六分之一分析亚洲诸问题。诚以国际问题多起源于欧亚两洲，而欧战后境界之变迁，在欧亚亦独多也。叙述之外，益以二百六十余幅之地图，六十余幅之照片。举凡和会中所划定之疆界，新国域内种族之分布，矿产农产之所在，靡不可按图索骥，一目了然，此尤足为本书之特色也。我国学者近方渴欲问悉世界之新潮流，各国之新形势，则是书实不可不人置一编。"(《全集》第 1 卷，第 386-387 页 )

**约 6 月 2 日**　致东南大学文牍处书[1]。谓：

敬启者：北极阁山顶省署既允本校建筑气象台，与自来水公司和衷进行，兹事急当着手与自来水公司接洽。请贵处出一公函与仇莱之先生，嘱其定一日期，两方共至北极阁勘定地点。该信写就后，即请王伯秋先生持信前往，与前途[2]接洽为荷。此颂

公安

竺可桢　顿

---

[1]　原函无标点，未署收函者及日期。按前面所述，收函者为东大文牍处，原件信笺右下加盖有收函日期戳，为"中华民国十一年六月二日"。按，已收入本谱的 1923 年 10 月 30 日地学系致校文牍处函，其末所署日期与收函章日期系为同一日。仿效此例，暂将本函置于约 6 月 2 日。未收入《全集》。

[2]　前途，指涉事的有关负责人员。

（原函影印件，载卓克艺术网）

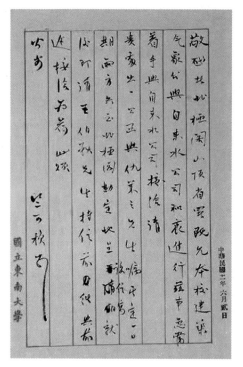

图 102　致东南大学文牍处请与仇继恒

约期至北极阁勘查函（1922 年 6 月 2 日前后）

附：东南大学文牍处书致竺可桢函稿[1]

藕舫先生大鉴：

　　径复者。接展台函，备悉一是。请仇涞之先生会勘北极阁事宜，以关系较大，且较复杂，拟俟校长回宁，再行函约。恐劳［后文缺］

（原函影印件，载孔夫子旧书网）

　　6 月 12 日　出席中国科学社董事会会议。到者：王伯秋、胡明复、杨铨、孙洛、王琎、张准、杨孝述。"组织委员：胡刚复、秉农山、竺藕舫。"（《董理事会》第 7 页）

_____

[1]　原件采用旧式句读标点，题为"复竺可桢请仇涞之会勘北极阁拟俟校长回宁再行函约函"。

6 月 《改良阳历之商榷》发表于《科学》第 7 卷第 6 期，转载于《史地学报》第 1 卷第 4 号。

述："吾国自改用阳历以来，迄今已达十稔，其利弊损益，记者于《阴历阳历优劣异同论》篇已略论之。盖改用阳历之利有四：（一）无论平年闰年均为十二月，且所差不过一日；故历年国家岁入岁出之多寡，商业进出口之增减，可以互资比较。即工资房租等每年均可以按十二月收付，不至如阴历闰年之有参差也。（二）阳历二十四节，均有定时，如清明必为四月五号，霜降必为十月二拾四号。即闰年偶有参差，相差亦不达一日。故以节候而论，民国十一年之通书，虽在数百年以后仍可应用。（三）阳历计年，较为精确，必须至三千三百三十三年以后，乃与太阳年始有一日之差。（四）世界各国均用阳历，我国若用阴历，则独特异议，在今日铁道轮舶交通时代，必致诸多不便。凡此皆改用阳历之优点也。

"而改用阳历之弊亦有二：（一）阳历之朔望与月之盈亏全无关系，滨海沿江之渔人舟子，其船只全视潮汐之涨落为进退，而潮汐之涨落则视太阴之盈亏为转移。故老于航业者，但知阴历月日，则潮汐之来可预期也。改用阳历则所谓'初二十六昼过平'等俗谚，均不适用矣。（二）我国数千年以来，沿用阴历，积重难返，欲全国通行阳历，非一朝一夕所能奏效；其结果必且阴阳二历，暂时并用，如目前之情形是也。

"综上所述，则知改用阳历，利浮于弊，民国反正以来，却毅然易朔，固不得称为失策。但阳历虽较优于阴历，而阳历自身亦不无可訾议之处，试详论之。

"阳历之缺点可分为两种：（甲）由于天然的，则为各种历法所共有。（乙）由于人为的，则为阳历所特有。"

"我国所采用之阳历制，固无上述种种之迷信，但其流弊仍所不免，特不如《才特克尔历书》之甚耳。其弊窦之要者有三，试分论之：（一）以七日为来复。七为奇〈教〉〔数〕，且每月（除二月外）每年所含之星期数，均非为整数。（二）阳历各月所含之日数多寡不同。（三）阳历元旦在时令上毫无命意。"

"综上所述，则知阳历实有改良之必要。试进而述改良阳历之方法。改良阳历之议，非创自今日，数百年以前，即有此等提议，并有施诸实行者。但对于改良之方法，众论纷纭，莫衷一是。泰西各国囿于宗教上之习惯，故大多数之计划多成画饼，即偶有见诸实〔行〕者，亦为社会所不喜，未几而即复其故态矣。"

"要而言之，则欲创造一新历，使毫无疵病，实为不可能之事。不得已而思其次，则惟有权衡利害，择其利多弊少者而从之。综观以上所述，则法兰西革命新历苟略事修改，实足当其选。其优点有三：一年中各月修短相等均为三十日，一也。废除七日星期制，以十日为一来复，凡每月之第十日，第二十日，及第三十日约为来复日，无岁岁改易之虞，二也。以一年分为四季，无格格不入之处，三也。惟以秋分为元旦，有划分农事工作期为二之弊，故不若代以冬至。届时农业生活既可告结束，且在历史上可绍黄帝建子为正之遗绪。国人往往奉孔子'行夏之时'一言为金科玉律，不知立春本不能称为孟春之第一日。吾人方笑外人之囿于习俗，而思有所更张，乃未几而即蹈其覆辙，不将为外人笑乎。"

"冬春夏秋四季，每季之长，非适为九十日，故若分年为十二月，月各三十日，而以冬至为岁首，以序四时，则四月（孟春）一号在春分后一日，七月（孟夏）一号在夏至以前两日，十月（孟秋）一号在秋分前五日。季候之正确固不如王清穆氏所提议之历法，但相差要亦无几。且冬春夏秋各季所含之日数，均非为整数，故即依王氏之计划，四季之首日与实际亦略有出入也。

"至于置闰之法，则一仍阳历之旧，盖现法实至简易也。我国既用阳历，迄今十一载，而大多数人民之行用阴历也如故。即改用新历，其不能奏效于一旦也亦意中事。即在欧洲欲推行格力阁莱历，于英国犹须时一百七拾余年，至于希腊、俄罗斯虽至欧战以前，仍用泰西旧历（即裘良历）。先入为主，中外如同一辙也。然我国旧历既有改良之必要，则与其为牛后，曷若为鸡口哉。"

（《全集》第1卷，第388-397页）

**约上半年** 以"地学系"名义致东南大学文牍处书①。谓：

南京城周围向标九十六里。本系近将陆军测绘学校制南京图及南京警察分区地图用仪器测绘，各仅得六十里，相差过远。请尊处函询陆军测量局，南京城周围究□若干里。如能将新测精密之南京图赐□，则更好。又日本领事馆向附设有气象测候所，现虽已停办，但一切纪录想尚存储馆中。祈尊处另出一函，乞其将自测候所开办以后历年各月平均雨量、平均温度抄寄一份。如该记录等已寄往日本，亦嘱其将保管该文件之处所相告。专此，顺颂

近祺

地学系 启
（原函影印件，载卓克艺术网）

图 103　东南大学地学系致东南大学文牍处函（1922 年上半年），系竺可桢笔迹

---

① 据函后署"地学系启"及函中所述，推定收信者为东南大学文牍处。该函系竺可桢笔迹。网上所载该函影印件前半部分系反置，个别字未能辨识出来，后半部分为正面。未收入《全集》。

**7月1日**（南京—济南） 赴济南出席中华教育改进社第一次年会。偕柳翼谋、王伯秋、白眉初[①]、韦润珊等至浦口，后转乘交通部为教育改进社特备的专车赴济南。是夜宿于车上。[②]（韦润珊《赴济南参与中华教育改进社纪游》，载《史地学报》第 2 卷第 1 号，第 91 页）

**7月2日**（至济南） 清晨至济南。下榻于鲁案善后督办处。安顿后即与柳、白、王、韦共游千佛山。韦润珊记述："吾与竺先生登历山之顶，考察地质。顶高于省城不过七百四十呎。约当紫荆山[③]之半，而山径险逼，鸟道难行。采石块二携归以为标本，均石灰岩也。"乘原车返城，至雅园午膳。

雅园边即大明湖。"乃出洋二元雇画舫游大明湖。"夜与韦商论地理教学组议案问题，子夜而睡。（韦润珊《赴济南参与中华教育改进社纪游》，载《史地学报》第 2 卷第 1 号，第 93-95 页）

**7月3日**（济南） 出席中华教育改进社第一次年会开幕典礼，任地理教学组分组会议主席。蔡元培致开会词，陶知行作社务报告。省长田中玉（蕴山）等致欢迎词。梁任公（启超）与黄任之发表演讲。（《中华教育改进社第一次年会开幕典礼纪事》，载《新教育》第 5 卷第 3 期，第 357-364 页，第 372 页）

**7月4日**（济南） 上午主持第一次地理教学组分组会议，讨论议案。到者有会员高鲁（曙青，号叔钦）[④]、邀请员蒋丙然（右沧）[⑤]、白眉初、竺可桢、韦润珊、彭国珍、张体方，及旁听员三四人。书记韦润珊。（《第十二地理教学组》，载《新教育》第 5 卷第 3 期，第 509-512 页）

---

[①] 白眉初，时任东南大学教授。

[②] 竺可桢等赴济南出席中华教育改进社第一次年会的往返见闻与游历，以及在济南期间的参观与游历，内容十分丰富，韦润珊先后撰写三篇游记文章，作了详尽记述。三篇游记篇名为《赴济南参与中华教育改进社纪游》、《泰山纪游》与《曲阜纪游》，前一篇刊于《史地学报》第 2 卷第 1 号，后两篇刊于《史地学报》第 2 卷第 2 号，皆采用旧式句读标点。竺可桢此间行踪，大部分取自该三文。

[③] 即紫金山。

[④] 高鲁，时任中央观象台台长。

[⑤] 蒋丙然，时任青岛观象台台长。

图104　中华教育改进社第一次年会地理教学组成员合影[①]
左起：白眉初、竺可桢、蒋丙然、高鲁

下午偕白眉初、韦润珊游趵突泉、金线泉。次参观齐鲁大学医科及病院，辞出而游广智院。此广智院犹如南京之通俗图书馆。（韦润珊《赴济南参与中华教育改进社纪游》，载《史地学报》第2卷第1号，第95-96页）

晚九时至十时半，出席科学谈话会。到会者有推士[②]、胡敦复、朱经农、吴承洛（涧东）[③]、胡适、丁文江、秦汾、汤孟若、何鲁。胡适7月3日日记："到梦麟处吃饭，饭后往见美国新来的推士（Twiss）先生，同见者在君、敦复、景阳、经农、何鲁、吴承洛、竺可桢。"

现将《科学谈话会纪事》转录如下：

丁　谓陶君[④]请到会诸君与推士共同组织一科学委员会，并介绍到会诸君，推士以为组织委员会最佳。

竺　问推何时到宁，并述说南高暑期学校情形，略谓有科学各科。

丁　谓最好提出讨论问题。

---

① 取自《中华教育改进社第一次年会开幕典礼纪事》，载《新教育》第5卷第3期。
② 推士，美国俄亥俄州立大学教授，当时应邀来华调查研究和指导科学教育。
③ 吴承洛，时任北京工业大学教授兼化工系主任。
④ 陶君，即陶行知，时任东南大学教授、教务主任。

推　若能在南京、北京两处设办事处，分配一半时间在北，一半时间在南，收集各种科学问题的材料，征求大众意见。

胡　谓博士来华重要意见，在调查中等学校之科学课程及其教学情形，南北两京及上海各专门学校、大学校皆中学校教师出产处，故高等学校乃必到之处。

推　求大家意见，如何进行调查及研究，如调查各中学校于事情上似可容易。

胡　调查各中学于事实上实不可能，关于组织方面，〈案〉〔按〕现在到会人数，上海、南京、北京都有，全在帮助研究科学教学问题。

推　能〈案〉〔按〕到会人组织委员会最佳。

丁　推士博士至少在华一年，不识博士将如何分配进行。

推　谓将先看学校，拟与科学教授讨论，随时讲演。

何　谓最好先与各科学教授作个人谈话，次到各中等学校调查。

胡　以为先看学校次讨论为佳。

推　亦以胡之意见为然。

竺　问科学范围，中等学校地理一科，是否可列入科学范围中。

推　多数的意见不同，地理一科不列入纯粹科学中。

胡　科学教科书多用英文，由于"学者或教授之'惰性'不将科学用汉文写出"。

丁　谓在华教授科学之各种困难中，缺乏教材是为最要的，教授科学没有材料及仪器，如何能教科学生效。

胡　科学教学的困难颇多，教师之困难，意见不一致，由教师之训练来源不同，有从美洲回来者，有从欧洲回来者，教授时的意见不免有些困难。

丁　报告明日演讲的题目并预备翻译者。

演讲题目：《科学与教育》。口译者朱经农先生。

推士的计划

（1）随时讲演，但不以此为要。

（2）考查学校，随作报告油印传观，附加救正意见。

（3）考察终止时，综合所得材料作一总报告，通盘筹划改良的方法。

（4）得一能速记者同行，将所讨论全行记下，翻为英文，以便参考。

（《科学谈话会纪事》，载《新教育》第 5 卷第 3 期，第 587-588 页）

7月5日（济南）　上午主持地理教学组第二次分组会议，继续讨论议案。下午偕柳翼谋、白眉初、韦润珊游黑虎泉。是晚应山东军警政商各界之邀请，聚饮于商场之公园，并观看活动影片。（韦润珊《赴济南参与中华教育改进社纪游》，载《史地学报》第 2 卷第 1 号，第 96 页）

7月6日（济南）　上午七时半至九时半，主持地理教学组第三次分组会议。（韦润珊《赴济南参与中华教育改进社纪游》，载《史地学报》第 2 卷第 1 号，第 96 页）经过三次分组会讨论，共议决议案八件。（《第十二地理教学组》，载《新教育》第 5 卷第 3 期，第 509-512 页）其中，提议或附议以下四案：

第一案　竺可桢与白眉初提议

（议案主文）　改良地理教授法

（理由与办法）

1. 地理一科，虽于国计民生关系最巨，然受教者常苦兴味少而记忆难。本案提倡今后全国小中高各级地理讲授，宜实行利用空白练习地图及照片幻灯，以增其兴味及记忆力。

2. 科学教育注重民生。现世潮流，趋向实业。本案提倡对于小中高各级教材，均宜注重经济地理，以期养成今后人民之常识。其地理上各方面材料之分配，拟如左表［原文为竖排］：

$$
\left.\begin{array}{l}\text{山川}\\\text{都邑}\\\text{气候}\end{array}\right\}\text{合占十之四}\qquad\left.\begin{array}{l}\text{生业}\\\text{交通}\\\text{社会状况}\end{array}\right\}\text{合占十之六}
$$

（《全集》第 1 卷，第 416 页）

第二案　竺可桢、白眉初提议

（议案主文）　调查蒙藏地理

（理由与办法）

1. 蒙藏幅员辽阔，为国藩篱。然其风土真相，非能朗印于国民脑海，遂生三种结果：（一）种族界限隔阂，（二）移民实边不行，（三）边地空虚，启外人窥伺。倘缘是而有失，则国运阻丧，莫此为甚。今欲从国民思潮，挽此厄运，宜于小中高级地理教授，对于蒙藏材料，特为饱满。然欲达此目的，非从实地调查入手不可。

2. 英俄日窥我蒙藏，探险之士，前后相望。夫以我国之土，彼却不惮险阻，卒能揭其真相以去。而我以主人翁之资格，反茫然无所知，宁非奇耻。所以本案提倡组织蒙藏探险团。

3. 蒙藏探险团，由中华教育改进社发起组织之。

4. 搜集外人调查蒙藏之游记，先事编译以为探险蒙藏者之参考。

5. 蒙藏探险团之经费，由政府之补助，学校之公帑，社会热心人士之捐助三种而成。

（《全集》第 1 卷，第 417 页）

第七案　竺可桢提议　王伯秋附议

（议案主文）　拟请教育部或中华教育改进社管理青岛观象台并加以扩充案

"本案由竺可桢说明充分之理由及具体之计划，全场一致赞同。"（《第十二地理教学组》，载《新教育》第 5 卷第 3 期，第 512 页）谓：

近年我国沿海一带，商业日见兴盛。但每岁飓风为患，足为航海之大障碍。幸此等台飓有一定之行程，若沿海一带设有观象台，则其来踪去迹，不难预料，而为未雨之绸缪。是故英人在香港，法人在徐家汇，均设有观象台。中外商人，受二台之赐者，实非浅鲜。如去年八月上海经两度飓风，而轮舶帆舟之覆没者无几，皆因得有预告，故可防患于未然。德人占据青岛以后，即设有青岛观象台，近来青岛既向日本收回，该台即应由我国人自己管理。青岛为我国北部沿海要港，商业日兴月盛，急应设有规模较大之观象台，以预告风雨。徐家汇及香港外人，既已越俎代谋，一误岂可再误。此我国人之所以急宜继续办理青岛观象台，并宜扩充之，使足与沪港二处英法所设立之观象台并驾齐驱。经费一节，可请青岛中外商人津贴若干，以资挹注。

（《全集》第 1 卷，第 418 页）

第八案　韦润珊提议　竺可桢附议

（议案主文）普通中学校应特设混合地理一门

（理由与办法）

1. 以自然与人文之关系为中心，否则无灵魂。

2. 以地势、山川、气候、生物、住民、宗教、政治、交通诸项为纲领，否则无系统。

3. 以世界各处属于地文上或人文上之事实，分门别类，用资例证，否则无确据。

地理一科，于人生最为切要，惟范围广泛，意兴索然，故初学者难之。然苟能精选教材，教授合法，则又能引起浓厚之兴味。但中学课程多至十数种，若非提纲挈要而讲之，必至茫无头绪矣。以极短之时期内，而欲举古今中外繁琐而不连贯之，地理智识尽纳之于儿童脑海中，亦势之所难能也。故于中学初年级课程，宜特辟混合地理一门。

混合地理云者，意谓同时合中国与外国之地文地理、人文地理，参互错综而讲之。而以数学地理开其端，务期于短时间内，灌输必要之地理知识，既读混合地理。斯地学之普通知识已具，将来专攻地学，不患无基础。专攻其他科学，亦不至对于地理茫无所晓也。

（《全集》第 1 卷，第 419 页）

上午十时至十二时，出席第一次全体学术会议。蔡元培主席并报告学术会议之目的。（《全体学术会议记录》，载《新教育》第 5 卷第 3 期，第 593 页）

下午参观图书馆历史博物展览会。后偕韦润珊拟乘胶济铁路一游黄台桥，然车票要用日本横滨银行钞票，如无则须在钱摊上换得之。二人愤然而回。（韦润珊《赴济南参与中华教育改进社纪游》，载《史地学报》第 2 卷第 1 号，第 96 页）

**7 月 7 日**（济南）上午十时，出席第二次全体学术会议，蔡元培主席，

报告地理教学组提案讨论情形。八组各案皆得大会通过。(《全体学术会议记录》,载《新教育》第5卷第3期,第593页)

**7月8日**(济南—泰山) 上午十时,出席第三次全体学术会议,蔡元培主席,各组代表报告议决案。(同上,第593-594页)

地理教学组议决通过案:

一,地理教授法案;二,调查蒙藏地理案;三,拟请每县择一中学或小学担任报告雨量及暴风案;四,拟请中学地理一科注重天文学案;五,组织地理教学研究会案;六,中学宜特辟混合地理一门案。另保留案一件:教授地理应废除以政治区划作主要观念的地理志案。(同上,第607页)

中午在百花村聚餐,同席者有柳诒徵、王伯秋、白眉初、胡适。席间谈笑风生,颇极一时之快。未刻返寓所。下午由田督军派兵护送至车站,偕柳、王、白、韦登车赴泰山。(韦润珊《赴济南参与中华教育改进社纪游》,载《史地学报》第2卷第1号,第97页)抵泰山后,恐力疲不能尽兴游览,每人各雇舆夫二人。上山时坐于皮担绳兜子上,俗称爬山虎者也。(韦润珊《泰山纪游》,载《史地学报》第2卷第2号,第59页)

**7月9日**(游泰山) 与柳诒徵、王伯秋、白眉初、韦润珊游泰山。旭日未升,即乘舆出发。先后行经岱宗坊、玉皇阁、关帝庙、万仙楼、斗母宫、羁云楼、高老桥、经石峪等景处。正午达中天门。餐后过十八盘、南天门、东岳庙而达玉皇顶。"玉皇顶上有观曰玉皇阁,旧名玉帝观,即古太清宫也。由岱庙派遣道士十二三人守焉。……游岱者得以度宿。吾辈即于此下榻焉。"

7点36分日殁地平线。韦润珊记述:"时值旧历五月十六日,入夜月明星稀。竺师昂首望天,为述星象大概,兴致勃勃。柳师戏为联曰:'逛湖船,白先生落水;登岱顶,竺博士谈天'。盖在济南时,一游大明湖,白先生失足自船侧入水,鞋袜尽湿,故云然也。"夜十时就寝。以榻位不敷,两人共一榻。入夜,忽闻扣门声。乃陈鹤琴、余子玉、陈鸿璧(原名陈碧珍)、张默君诸人而至。(韦润珊《泰山纪游》,载《史地学报》第2卷第2号,第59-64页)

**7月10日**(泰山—曲阜) 五更游者尽起,至日观峰观浴日。"吾等等候良久，达旦四点五十六分，日轮始上升于地平线。与平地上观日出无大异。"

"观日即毕，乃返玉皇阁盥洗。道士设素菜四盘，面包、绿豆汤为早膳。面包夹细沙，绿豆汤则其稀已甚，予以腹饥勉食之。一宿两餐，每人付洋一元。餐毕多纷纷下降，而柳师创议游泰山桃园，意盖指后石坞也。后石坞为泰山最胜处，故有泰山桃园之称。竺师亦愿往一游。余遂从柳、竺二师而游后石坞。后石坞在泰山之阴，俗呼后十五。""后石坞一带，岩石多石英岩及片麻岩。竺师携一锥一袋，属舆夫二人后随，采地质标本若干种以归。"

返抵泰安车站已四时许。又出游岱庙。七时返车站，乘八时车赴曲阜，两小时即达。董知事派兵一队在站欢迎，奏军乐举枪以示敬。是晚宿车中。（韦润珊《泰山纪游》，载《史地学报》第2卷第2号，第64-66页）

**是日** 为《史地学报》出版条件，函商王云五。陈训慈述：

《史地学报》年出八期之筹备。该学报以材料太多，编时甚难分配，阅者亦感繁重。又因与时间有关系之材料不宜相隔太远，故早有改多期数之筹议。迭经编辑会讨论，于六月大会时议决年出八期（每卷四期），每期减少容量及售价。此事已向商务交涉，惟商务方面以为八期系杂志性质，条件视前大变，故一面由该会再函交涉外，一面则已由指导员竺可桢博士私人函商该馆总编辑王云五先生，大致二月内必可订定新契约。

调查史地教学及各县情况。该会调查部成立后，先由会员归时分头调查各县状况，为本国地理之资料，业由调查部干事〈望〉〔王〕学素君拟具表格分发各会员，又备有介绍函件并函各中小学调查史地教学实况。其调查格式则为指导员徐则陵先生、竺可桢先生所拟云。

（陈训慈《史地研究会消息》，载《东南大学南京高师暑校日刊》1922年7月10日，收入《南京大学校史资料选编》第二卷，第668-669页）

**7月11日**（曲阜—南京） 游孔林、孔庙。"七月十一日晨，与柳翼谋、竺藕舫、王伯秋三先生共乘一驴车，自车站出发，游孔林。孔林距车站十八里，皆泥途也，凹凸不平，驴车过之，震荡酸骨。吾不能堪，下车步行。柳师曰：燕市街道皆铺石，驴车过之，激荡更甚。……渡泗水八里而至孔林，孔子坟墓之所在也。"

从孔林返城又谒颜庙与圣庙。返回车站时，四人共坐一车，两牛一驴曳之，费时三小时余。"车中无聊甚，柳、王二师为谈琐事数则，闻之捧腹。已乃月上东山，明月煌煌。竺师口讲指示，为述星象概要，曰某为牵牛星，某为织女星，言之津津有味。柳师戏为联云：'戴夫人驴车晕海，竺博士牛后谈天'，可谓善谑不虐者矣。驴车之振荡，令人脑昏。戴夫人生长欧西，自不惯坐此等笨重不稳之车，遂对人谓为晕海（sea sick）也。七时半到车站，八时开车南旋。"（韦润珊《曲阜纪游》，载《史地学报》第 2 卷第 2 号，第 67-71 页）

**7 月 12 日**（抵南京） 中午抵浦口，遂即渡江返校。（韦润珊《曲阜纪游》，载《史地学报》第 2 卷第 2 号，第 71 页）

**7 月** 《科学》载中国科学社职员名单，任南京社友会理事长、图书馆委员会委员、《科学》编辑部编辑。（《科学》第 7 卷第 7 期，封底前页）

**是月** 《气象与农业之关系》刊于《科学》第 7 卷第 7 期。关于气象与农业之关系，文章从气象对于农产之限制、气象与农产量之关系、以气象之预知而定农产量之大小三个方面进行了论述。

谓："气象与农业之关系，至重且要，在吾国古代虽科学不兴，然已知之矣。盖农产物之种类及产量，须视气象之变迁而定。气象在农业上实占重要之位置，而为从事农业者所不可不研究。"

"农作物之种类视乎气候而定，而以雨量、温度为最要。如热带之物绝不能移植于寒带，寒带之物亦不能移植于热带，即移诸温带，虽环境似无巨大之变动，然作物亦每生不良之结果，所谓天势非人力也。"

"农作物产量之多寡，视气象之变更而定，如雨量适宜，则农产丰，而吾人方能饱食暖居，否则〈肌〉〔饥〕寒流离，老弱转于沟壑矣。民国九年北方各省之旱灾，可谓烈矣，灾区包罗五省，死人数达数万。然各灾区是年之雨量几何，较往年减少几何，即无详确之调查。盖以无气象台为之记载也。据北京中央气象台报告，北京是年之雨量为二七·五糎（十一吋），而北京三十三年平均雨量，则为六二·四糎（二十五吋）。是二者之差为二倍余〔?〕，知此则北方旱灾之故可恍然矣。又十年秋季江苏之水灾亦由于雨量，是年南京八月之雨量为二十六糎半，往年平均八月之雨量则仅一十二糎半，是则多过一倍余也。使吾人能以气象之变更而测知水旱之将来，早为之备，急为之图，虽不敢称消〈缉〉〔弭〕天灾于无形，然定能减轻其灾害程度也。"

"气象与产量之关系，既如上述，则吾人实可根据气象之预告而推测将来产量之大小，未来先知，其此之谓矣。

"美国加省之大果树园，无不自设雏形之气象台，以测知天气之遽变，如暴风雨及霜、雹等之骤至，而早为之备。若美国各省规模宏大之气象台，就长久之经验，而得推测将来各种农产产量之多寡。故美国农部凡各种农产下种后即每周出有报告，以气候之优劣而预料产量之丰稔，及价目之高下。加拿大马尼陀稗省小麦试验场，以经验上设得小麦下种三月后，即可求产量之多寡，其方程式如后：

$$y = 0.434\left(m - \frac{r}{2}\right)\log\frac{1000p}{rm}$$

$m =$ 平均最低温度

$p =$ 雨量

$y =$ 小麦产量（bushels）

"故加拿大国本地之农夫，可以小麦下种后之气温、雨量情形，利用以上公式，在四五月间即可预定小麦未来之产量及其价值。"（《全集》第 1 卷，第 398-400 页）

黄秉维评述："研究气象、气候而经常注意到与人类生活和生产的联系在他一生的科学工作占有重要地位。由 1922 年《气象与农业之关系》及 1936 年《气候与人生及其他生物之关系》两文，就可以见到他在这一方向上所涉及的面是很广的，我国地理学界没有一个人能像他那样往返翱翔于气象、气候与其他有关领域之间。"（《我国地理学界的表率竺可桢同志》，载 1978 年第 2 期，第 5 页）

**8月8日** 致丁文江书，欲请刘季辰（寄人）[①]兼课南高，请代向所中交涉。谓："济南一晤，获亹聆高论，至快。并承招饮，高朋满座，名言隽语，颇为欢然，今犹令人追忆也。南高地质学教席迄仍虚悬，先生夹袋中地质学专家必不乏人，甚希鼎力为南高介绍一人，不然新归留学生之擅长斯学者，亦祈代为介绍，至感至盼。倘一时难得专门人才，闻地质调查所有驻宁所员刘君季辰者，当盼大力代向所中交涉，能否请其兼课南高。想先生前长所中，为人所钦，交涉必易为力也。"（《全集》第22卷，第23页）

**8月19日**（南京—南通） 晨七时，与在宁之科学社社员乘齐抚万督军特派之"利通"号兵舰赴南通。下午六时抵阜，时风雨甚大，年会委员长张孝若及各界代表冒雨相接，军警长官派队欢迎。晚宿南通俱乐部宾馆。（《中国科学社第七次年会纪事》，载《科学》第7卷第9期，第975页）

**8月20—24日**（南通） 出席中国科学社第七次年会。与会者张謇、梁启超、马相伯、胡敦复、胡明复、胡刚复、陶知行、王伯秋、秉志、胡先骕、邹秉文、过探先、杨孝述、柳诒徵、熊庆来、周仁、王琎、钟心煊（仲襄）[②]、钱天鹤、丁文江、杨铨及推士等四十人。

**20日** 午后，出席开幕式。名誉社员张謇任主席，致开会辞。张孝若致欢迎辞。梁启超、马相伯（原名马志德，以字行，又字湘伯）发表演讲。

**22日** 上午，与部分与会者参观南通军山气象台[③]。

**23日** 上午，出席社务会，讨论修改社章。

**24日** 上午，出席社务会，与唐钺、谭仲达当选为司选委员。选举张謇、熊希龄（秉三）、严修（字范孙，号梦扶）、齐抚万、韩紫石（国钧、亦字止石）、王拱沙（敬芳）、许秋骃、吴秋舫为赞助社员，马相伯为特社员。（《年会记录》第98页）主席胡明复提议，本年修改章程草案大体虽经通过，但文字尚待整理，且料理通告社员等事亦须有人负责，拟请由年会公举三人担任此

---

① 刘季辰，时任职于农商部地质调查所。
② 钟心煊，时任厦门大学教授。
③ 1930年1月19日陈泽渔致竺可桢函（中国第二历史档案馆藏件393-2885）中提及参观军山气象台往事，表明竺可桢在南通时曾造访该台。

事。众赞成，被推举者为王季梁、杨杏佛、熊雨生三人。

图 105　出席中国科学社第七次年会代表合影 [①]

第一排左起：杨杏佛、张孝若、张謇、推士、张睿、马相伯、梁启超、胡敦复、谭熙鸿、丁文江
第二排左三系黑领带者为竺可桢，第三排戴眼镜者为陶知行、四排左一为秉志

　　下午，演讲《飓风》。该演讲词，后以《说飓风》为题刊于《科学》第 7 卷第 9 期。"略谓空气流动则成风，空气何由流动，则因气压有高低。气压高处之空气必趋于气压低处，犹水之就下也。地球五带，赤道最热为低气压，南北两极最寒亦为低气压，故南北两温带之空气常趋赤道及两极。北温带空气之趋赤道者常为东北风，趋北极者常为西南风。南温带之趋赤道者常为东南风，趋南极者常为西北风，是曰贸易风，事之常也。至所谓飓风者乃非常之风《南越志》所谓具四方之风是也。其尤剧烈者曰台风，其较缓和者曰暴风，皆飓风之类也。其成因有二，一由发生低气压，致四方之风具备，二由地球上相反之风遇合。北太平洋、南太平洋、北大西洋等部皆飓风之发生地，多在北纬五度至十度及东经一百三十度至一百五十度之间。赤道虽易得低气压，而非飓风之

发生地也。吾国沿海之飓风，咸自菲律宾来，故各气象台飓风之预示，多得自菲律宾气象台之报告。其来也扬子江口及沿海各埠常蒙其灾，及沂江而上，至南京已鲜有之，若汉口、成都则绝无所谓飓风者矣。其时期及次数，据某观象家最近之考察，平均六月 2 次，七月 3.5 次，八月 3.5 次，九月 4 次，十月 3 次，十一月 2.5 次。"（《年会记录》第 100-101 页）

会议通过修改社章草案（《发展历程》第 33-41 页），改原有之董事会为理事会，专司执行事务。另设董事会，主持全社经济及大政方针。（《中国科学社概况》第 2 页）

**8 月 25 日** 离南通回南京。（《中国科学社第七次年会纪（四）》，载《申报》1922 年 8 月 28 日）

**8 月** 被推为正在筹办的杭州大学董事候选人之一。（《杭州大学筹备进行》，载《新教育》第 5 卷第 1、2 期合刊号，第 270-271 页）

**是月** 《四五两月南京气候报告》刊于《史地学报》第 1 卷第 4 号。[①]

**9 月 27 日** 出席东南大学南京高等师范学校评议会临时会。郭秉文主席。（《南京大学校史资料选编》第二卷，第 200 页）

**9 月** 竺可桢和数学系主任熊庆来向东南大学评议会提出"科学馆建筑计划中如数学地学尚未在内应请加入案"。东南大学科学馆是由美国洛氏基金捐建的重要建筑。此案后经有关学系所谓"浃洽妥善而撤销"。可以想见，竺、熊不得已而委曲求全。（牛力《分裂的校园：1920—1927 年东南大学治理结构的演变》，载《中山大学学报（社会科学版）》2017 年第 57 卷第 1 期，第 79 页）

**是月** 被聘为南京高师史地研究会第六届指导员（1922 年 9 月—1923 年 2 月）。指导员名录如下：白月恒（眉初）（中国地理）、王毓湘（中国地理）、竺可桢（藕舫）（世界地理、气象学）、柳诒徵（翼谋）（中国史）、梁启超（任公）（中国政治思想史）、徐则陵（养秋）（西洋史、教育史）、陈衡哲（西洋历史）、曾膺联（地质学）、顾泰来（欧战史、政治史）、萧纯锦（叔纲）（经济

---

① 《全集》第 1 卷第 385 页，编者注误为"三卷四期"。

学、经济史）。其中，竺可桢，藕舫，浙江绍兴，美国哈佛大学地理博士，现任本校地学系主任暨世界地理气象教授。(《史地研究会第六届情形汇纪》，载《史地学报》第 2 卷第 2 号，第 154-155 页）

**10 月 11 日**　为资遣留学生专攻地理事，致函郭秉文。谓：

敬启者：窃以我国地理人才缺乏，老成如屠寄、卢彤相继凋谢，张相文、黄郭复连袂入政界，留学生中鲜有专门地理者。实以美国著名大学，除克落克（Clark）、芝加哥、哈佛而外不设地理专科，而德、法诸国大学中，对于地理一科虽较美为注重，但我国留学者寥寥。故欲得专门人才，非由本校物色毕业生中成绩卓越者，资遣欧美专门地理不可。

9 年夏，北大曾选派毕业生赴欧，专攻地理，亦以人才缺乏之故。本届（明夏）文史地部毕业生中入地学系者，计共 6 人，其中有数人已决计将来转入大学。俟渠等毕业后，可否择优选派欧美，专习地理。斯议是否可行，务乞尊裁赐复。

专此，顺颂

公安

竺可桢　顿首

10 月 11 日

(《全集》第 1 卷，第 408 页）

**10 月 23 日**　任主席主持演讲会，中国科学社邀请翁文灏（咏霓）[1]公开演讲，题为《地层构造之研究》。谓翁文灏为中国学者得世界荣誉之第一人，并概要叙述翁文灏研究中国地质之成绩。(《翁文灏年谱》第 36 页）称"今特请翁君讲演，借聆高论"。(《欢迎翁文灏》，载《科学》第 7 卷第 10 期，第 1106 页）

**10 月**　南京高等师范学校《数理化杂志》第 1 卷第 2 期"复受罢课影响，迟期出版"，刊发"本会通告"：

---

[1]　翁文灏，1922 年任地质调查所所长。

本会本年十月敦请竺藕舫先生为指导员

**11月15日** 出席东大评议会第十三次常会。主席郭秉文。(《南京大学校史资料选编》第二卷，第201页)

**11月29日** 出席中国科学社第三次董事会，讨论生物研究所与图书部预算等事项。到会任鸿隽、王伯秋、张准、秉志、胡刚复、杨铨、胡先骕、王琎。(《中国科学社第三次董事会记录》，上海市档案馆藏件Q546-1-87；《董理事会》第11页)

**11月** 《地理教学法之商榷》发表于《科学》第7卷第11期，转载于《史地学报》第2卷第3号，篇末皆署"（未完）"。

文章指出："综观中外历史上英雄豪杰，当其盛时，有睥睨一世囊括天下之概，然卒至功败垂成，身亡名裂者，在我国则有项羽，在泰西则推拿坡仑。兹二人究其失败之原因，一则由于不谙地形，一则由于不稔气候。项羽之亡，非天亡之，乃地理为之，于拿坡仑亦然。但在昔日专制时代，一切外交军事之政策，均取决于君主，人民惟帝王之马首是瞻，斯时人民若无地理常识，尚不足以贻误大局。迨近今民权大张，政府仅为人民代表，一切政策均须取决于选民，苟选民对于其本国在世界上所占之位置，与夫世界各国之新潮流，茫无所知，则鲜有不偾事者，近今希腊在近来之失败，即其明证也。

"欧洲大战而后，世界舆图，顿改旧观。新国之成立，旧国之瓜分，殖民地之割让予夺，其疆界之厘定，莫不有地理学之原理为其背景。民国八年巴黎和会中五大强国均派有地理专家，即新兴诸国如波兰、南斯拉夫亦莫不有地理学家为之运筹帷幄，以遂其欲望。和会最高行政机关（Supreme Council），组织有地理委员会，其中委员即以五大强国之地理学家充任，举凡土地之予夺，矿产之割让，和会所用地图之审定，莫不须经委员会之讨论而始能见诸和约。厘定疆界问题至为复杂，往往一矿区之给让，一河口之分据，即足以断定二国之盛衰强弱。故各国地理委员，不特于地理学上各有所专长，且和议未成以前，即已着手研究各问题。如美国自加入战争以后，于纽约地理学会会所内即设有欧战地理研究机关，召集地理地质经济专家至二十余人之多。及巴黎和会开幕，此辈专家与其所搜集之材料，均随威尔逊以东渡，地理学在外交军事上之重要有如斯者。

"大战以后，欧美人士乃始恍然于地理之重要，一时英美各国之地理研究会会员，人数骤增，各大学地理教室类多人满为患，而地学专家则有供不应求之现象。

"我国地滨太平洋，人口之众为世界各国冠，而幅员之广，农业矿产之富，亦足与素称世界首富之美国相匹敌。欧战而后，我国已成为世界政治舞台之中心。是故欧、美、日本之来我国考察地质、天产、商务、交通者，络绎于途。近来华盛顿限制军备会议，以及檀岛之太平洋商务会议，我国均补邀列席。当此轮舶、铁道、飞机、无线电交通时代，重洋不啻庭户，虽欲闭关自守，已有所不能。则惟有一方审察世界之潮流，各国之需要，一方研究我物产交通在世界上之位置，与夫地形、气候对于农商各业之影响，以求应付之方。凡此种种，非一人一团体所能解决，必也全国公民对于地理具有常识而后可，欲达此目的则非教育不为功。"

"欲教授地理者不可不知何谓地理学？地理学者，乃研究地面上各种事物之分配及其对于人类影响之一种科学。在中小学则尤须注重于事物对于人类之影响，即人文地理是也。故专论地球上事物之分配而不及其对于人生之关系者，不得谓之为良善之地理学。如蒙古、西藏雨量稀少，潮汕、宁波地临海滨，此为地面上事物之分配。因雨量稀少，而蒙古、西藏之居民乃成游牧之族，因潮汕、宁波地临海滨，旁多岛屿，而海内外大商巨贾遂多潮汕、宁波人，此则事物之分配影响及于人生者也。我国中小学地理教师向多专述地面上事物之分配，而其对于人生之影响，毫未顾及，取其糟粕，遗其精神，地理学遂成为省县、山川、物产名称之字典，宜其干枯无味为学者所不喜也。是故欲使地理学成为多兴趣而有实用之科学，非一矫昔日之弊，而注意于地理对于人生之影响不为功。"

"盖人文地理在十九世纪初叶德人芳汉波（Von Humboldt，1769—1859）与列透（Karl Ritter，1779—1859）已开其端倪，但至十九世纪末叶雷剌儿

（Ratzel）之《人种地理学》（*Anthropogeographie*）一书出现以后，研究地理者乃如在迷津中骤得宝筏，一时英法学者，闻风景从。至此次欧战而后，人文地理之重要，愈益显著。如美国地理学家素不注重人文地理，近亦急起直追，即其明证。"

文章从地理之重要，地理学之定义、范围及其分类，中小学地理教授法原理大要三方面做了阐述。对国内中小学地理教学只注重记忆山川物产名物的死板方法给予了批评，强调地理环境对人类生活的影响是地理学的重要内容，应注意安排学生在课堂之外野外旅游、观察地形和气候观测。

文章特别指出："地理教材与教授方法，可分为四种。凡自因以及果者为归纳法（Inductive method），自果以推因者为演绎法（Deductive method），以村落为起点而逐渐推广至县省全国者曰综合法（Synthetic method），自全球入手而逐渐分析至于各洲各国省县城邑村落者曰分析法（Analytical method）。四者何去何从，若能并存，则何者应先，何者应后，均有研究之价值。在中小学地理可分为天然环境（Physical environment）及生活状况（Life）两部，已如上所述。教授地理之要旨，在能说明二者之关系。环境，因也；生活，果也。在如何天然环境之下，则得如何之生活状况。但教授地理时不能二者同时并重，必须略于此而详于彼。儿童对于生活状况，较之对于天然环境易于领悟。故教授地理，生活状况宜先于天然环境，迨儿童于寒温热各带之生活已知其大概，然后进而用归纳法教以天然环境上种种要素。换言之，即在小学时（高等小学）宜用演绎法，至中学时（新学制初级中学）则方用归纳法。"（《全集》第 1 卷，第 409-415 页）

施雅风评述："竺可桢不仅注意大学地理教育，也关心中学地理教育，1922 年在《科学》杂志 7 卷 11 期'科学教育专刊'上发表《地理教学法之商榷》一文，讨论了中小学地理教育的重要性，地理教育的选材范围，地理教学法原理和教学方法等。1929 年他将这篇文章补充修订，改名为《地理教学法》，重新发表于《地理杂志》上。成为指导中小学地理教育的重要文献。"（施雅风《南高东大时期的竺可桢教授》，载《念文集》第 86 页）

**是月** 《六七八三月南京气候报告》刊于《史地学报》第2卷第1号。

**第四季度** 致郭秉文书[1]。谓：

秉文先生左右：

北极阁观象台本学年难成事实，而为学生练习及测量气候起见，不得不即时设立测候所。虽日前曾在农场试办，而地点实不适宜。日内新购仪器抵校以后，其地更不敷用。故曾与先生商酌，请将东操场之东南角划出一部，作为测候所之用。如蒙俯允，祈即日赐复，以便进行。又"地质"与"地学通论"均有实验，现时与动植物合用一实验室极感不便，不特时间冲突，且室内陈列均系动植物标本，而矿物标本则远在史地陈列所。至于史地陈列所，本已有地图、古画、钟鼎、杂物多件，近复益以矿物、岩石标本斗方之室，而博物院、古物保存所、地图室、预备室四者兼而有之，实属拥挤不堪。明知现时口字房人满为患，断难腾出位置，俟明春图书馆落成以后，请将目前图书馆所占各室指派为地质实验室及博物馆之用，则不胜幸甚矣。专此，顺颂

公安

竺可桢 顿

（原函影印件，载孔夫子旧书网）

**是年冬** 中国科学社"选举马相伯、张謇、蔡元培、汪精卫（兆铭）、熊希龄、梁启超、严修、范源濂、胡敦复九人为董事，丁文江、竺可桢、胡明复[2]、王琎[3]、任鸿隽[4]、秦汾[5]、杨铨[6]、赵元任[7]、孙洪芬[8]、秉志[9]、胡刚复[10]

---

[1] 原件无标点，未署日期。函谓"明春图书馆落成"，而东大图书馆"1922年立基，1923年建成"（《回顾百年前的南京高等师范学校》，载微信公众号"东南大学校友总会"），依此推断本函写于1922年，又谓"北极阁观象台本学年难成事实"，表明本函写作时间已临近年末，故置于1922年第四季度。此函未收入《全集》。

[2] 胡明复，时任大同大学教授，兼任东南大学、南洋大学等教授。

[3] 王琎，时任东南大学教授。

[4] 任鸿隽，时任东南大学副校长。

[5] 秦汾，时任北京大学教授。

[6] 杨铨，时任东南大学教授。

[7] 赵元任，时在美国任教。

[8] 孙洪芬，时任东南大学教授。

[9] 秉志，时任东南大学教授、中国科学社生物研究所所长。

[10] 胡刚复，时任东南大学教授。

十一人为理事。"(《中国科学社概况》第2页)

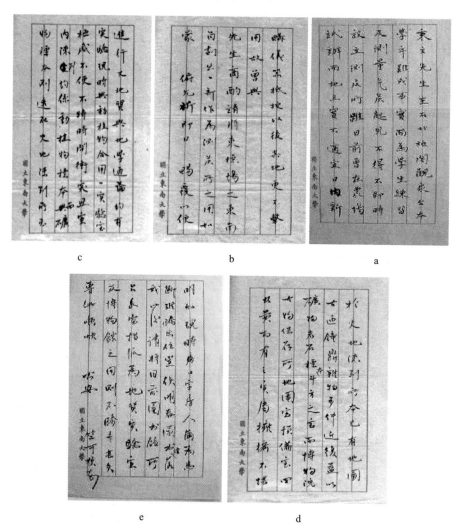

图106　致郭秉文函（1922年）

**12月9日**（南京—青岛）"山东省长兼督办熊炳崎氏，电本校地学〈家〉〔系〕主任竺可桢先生，前往襄助接收观象台事，而北京中央观象台，亦派人襄助。据闻该观象台自入日人之手，并不加以整理，且德国仪器，间有为所损害者，而日人之索我添置费，则达数万，即此一端，可见此次接收，其损失盖亦多矣。"（《青岛观象台之接收》，载《史地学报》第2卷第3号，第136-137

页）"接收测候所委员，主任蒋丙然，气象竺可桢，天文磁力高均。"（《青岛照约接收之情形》，载《申报》1922 年 12 月 20 日）于是日启程赴青岛。（《全集》第 1 卷，第 420-421 页）

12 月 10 日（抵青岛） 经济南转车前往青岛，于晚七时左右达埠。抵后先与蒋丙然了解情况及磋商。"余自本月十日至济南，即转车往青岛，于即晚七时左右达埠。铁轨两旁，向时碧瓦黄砖，层楼叠阁，其建筑之宏壮，风景之佳丽，素为中外人士所称道。余此次经其地，则气象迥殊，通衢各肆，强半闭歇，夜无灯火，行客寂寥。即以胶济路而论，二等车中之乘客，亦复稀若晨星，可见其萧条景色，有非言语所能形容者，实由土匪骚扰所致。是故百业停顿，居民他徙，风声鹤唳，一夕数惊，入夜稍深，即投宿求食而不可得。……然按诸土匪之所以如此猖獗者，非为无因，实由日人之暗相勾结。日人曾与该匪订约，于接收时行抢掠，惟以不妨日商为归。"

"测候所之接收，关于商舶进出之利害甚大，此台为德人所经营，其规模极大，足与世界著名天文台相颉颃，其情状略似徐家汇天文台。台长名入间田毅（Jrumata），此台自归日人掌管以来，仪器并无增添，而地震机为彼所坏。书报之存者，仅数百种。案之帐目，则估价达一万余元之多。测候台于十日中午正式接收，不过落日本国旗，而高悬我国国旗而已。初北京中央气象台蒋君，已与日人接洽，惟蒋君操法语而不谙英语，日台长操英语而不谙法语，故不能确切交涉。余抵埠后，先与蒋君磋商，知日本管理此台者，共十二人。我侪接收此台，至少须十人。当时曾拟电我校同事鲁君，召集地理系同志，抵埠襄办一切。但余以初抵埠，情形尚未熟悉，故决定俟次日往测候所观察后，再定进行方针。"（同上，第 421-422 页）

12 月 11 日（青岛） 晨往测候所与该台台长谈判。"其人操英语，极为支离。且言仪器可还，而房屋则属于公产委员会，当由该会接收，此时则不能归还。须知有器械而无房屋，何以贮藏，此拮据之事也。谈判至二三小时后，入间田毅始以王正廷在北京与日人所订条约相示。大意谓中国接收测候台之条约照下：

（1）中国接收测候台后，所有旧管理员，得仍留该地照旧观测，不受中政府报酬。

（2）至中国将来人材养成后，再行接收。

"条文上所谓'将来养成'等字，俱无着落。所订约全出日人意旨，其处心积虑，诚难以忖度。且日本保管此台之十二人，实无高深学识，仅技师耳。余与彼等言谈时，已察知其蕴底。然则所谓'养成人材'者，果何所据乎。中国虽无人材，然如彼十二人之技术者，尚不乏也，焉得谓'待诸将来'耶。虽然，此种情形实足为中国羞。王正廷结约时，不与委员会中专家预先商酌，实为大误。余等睹此情形，知大错业已铸成，与日人谈亦无益。迨下午往见接收副主任汪大桢，始知此中颇有隐情。盖非人材问题，实为经济问题耳。盖测候所纯为支出机关，办理此台，每岁须费自三万元至五万元。我国接收青岛无分文之预备，极不愿增此负担。然我国不愿耗此款项，而日人愿代我办理，且岁费此款者，岂无故哉。

（1）此台办事十二人，除薪水外，各有西式住宅一所，由公家供给。测候所既暂时保留，则住宅亦不能交还。

（2）此种合同，彼可在各报纸上宣布，示其雄长，而谓我国无人材，以蔑凌我国体也。

（3）日本冬季风暴，多起源于我国，故欲预测天气，非知我国气候情形不可。故留此以为通声息之机关。且测候所地极形胜，为接收无线电报最适宜之地。

"余睹此情形，知目前事无可为，因即于次晨离青岛。以余个人之意见，我国如不欲收回测候所则已，否则其经费必须独立指定，于埠头费项（每年九十万元）下年拨五万充用，则将来庶无中辍之虞。至于人材方面，就目前而论，立即可办到。接收手续，以余之观察，不出十日可了事也。"

"胶济路之金融状况，宛如日本境内，不用我国国币而用日币。且必得正金银行之钱钞，始得通行。若以国币兑换日币，每百元贴银二元。而彼兑换我之日币，杂用高丽钱币。余在胶澳时，欲购一地图，亦必以国币兑换日币，始得偿其物价。迨至济南，日人金融之势力顿减。以日币兑换国币，每百元中，亦必贴银二元云。

"自济南至青岛车中,欲购中国报纸一份,竟不可得。日文报则固随处有之。三等车中,我国乘客甚众,由此可觇其沿途居民教育程度之浅劣也。胶济路一带,匪类充斥,曾驻扎警士,以资防范。青岛附近有名四方者,闻该日官军与匪开战,击毙匪徒一名。则匪之狂暴,岂独青岛已哉。"

"要之,此次接收青岛,以余个人之观察,约有三点。即所谓政府事前无充分之准备,青岛住民之饱受惊慌,与夫日本人之用意太深是也。"(同上,第422-423页)

**12 月 15 日**(抵南京) 返回南京。是日晚七时,参加东南大学史地研究会会议,报告去青岛接收测候所之经过,也谈及于对其他方面之观察。(《史地学报》第 2 卷第 4 号,第 161 页)"余在青岛,为时甚促。而以个人之观察所得,约有三项感想。(1)我国政府之冥顽不灵。(2)青岛附近之风声鹤唳。(3)日人处心积虑及其手腕之强暴。"(《全集》第 1 卷,第 421 页)

**12 月 19 日** 出席中国科学社第四次董事会。为组织春季演讲委员会,会议推定秉农山、竺藕舫、王季梁三人为委员。到会杨杏佛、秉农山、张子高、王伯秋、王季梁、胡刚复。(《中国科学社第四次董事会记录》,上海市档案馆藏件 Q546-1-87;《董理事会》第 12 页)

**12 月 20 日** 东南大学评议会和教授会联席会议决定,将南高并入东南大学。先后议定归并办法五条,南高毕业生入东大补修学程办法四条,陈请于教育部,未得批复,1923 年 6 月 1 日,行毕业典礼时郭秉文校长正式宣布南高之并入东南大学及其理由。虽然未经批准,实际上已成事实。(《南京高师文史地部第一级会纪念刊》第 13 页)

**12 月 26 日** 东南大学评议会和教授会联席会议正式决定,南高并入东南大学。(《东南大学史》第 79 页)

**12 月 29 日** 出席中国科学社第五次董事会。被推为演讲委员会主任,主持进行事务。到会杨杏佛、胡刚复、孙洪芬、张子高、王季梁。(《中国科学社第五次董事会记录》,上海市档案馆藏件 Q546-1-87;《董理事会》第 13 页)

图 107　1922 年竺可桢全家合影 ①

左起：张侠魂、长女竺梅、长子竺津、竺可桢

<hr />

① 竺可桢藏。

# 1923 年（癸亥　民国十二年）　34 岁

1 月　共产国际执委会作出《关于中国共产党与国民党的关系问题的决议》。

　　　孙中山在上海发表《中国国民党宣言》。

　　　任鸿隽在《科学》发表《中国科学社之过去及将来》。

2 月　张君劢在清华学校发表关于"人生观"的演讲。

　　　杨铨在《科学》发表《工程学与近世文明》。

　　　京汉铁路全线罢工，吴佩孚制造二七惨案。

　　　范源濂任北京师范大学校长。

3 月　全国举行反日集会游行，要求取消"二十一条"。

4 月　丁文江在《努力周报》发表《玄学与科学——评张君劢的"人生观"》。"科学与人生观"论战（"科玄论战"）开启。

5 月　孙中山改组大本营。

6 月　丙辰学社修改社章，改名中华学艺社，社刊《学艺》改名《学艺杂志》，郑贞文当选总干事。

　　　《科学》出版"通俗科学演讲号"专刊。

　　　《新学制课程标准纲要》刊布。

　　　瞿秋白接任《新青年》主编，发表《新青年之新宣言》。

　　　中国科学社发出说帖和计划书，请求政府补助学术团体。

7 月　中国共产党发表第二次《对于时局的主张》。

8 月　范寿康在《学艺杂志》发表《论所谓"科学与玄学之争"》。

中国科学社第八次年会在杭州举行。

10 月　曹锟贿选就任总统。

　　　　廖仲恺等发表《国民党改组宣言》。

11 月　《科学与人生观》由亚东图书馆出版，胡适、陈独秀作序。

　　　　加拉罕宣布苏联政府同意将庚款俄国部分全部拨为中国教育经费。

12 月　东南大学发生火灾。

是年　商务印书馆出版汤姆生（J. A. Thomson）《科学大纲》（The Outline of Science）中译本。


常驻地：南京


1 月 1 日　《九十两月南京气候报告》刊于《史地学报》第 2 卷第 2 号。

1 月 24 日　出席东南大学教授、评议两会临时联席会议。郭秉文主席。表决通过"南高归并东南大学后应兴应革事宜拟设委员会从长计划案"。（《南京大学校史资料选编》第二卷，第 203 页）

1 月　《青岛接收之情形》发表于《史地学报》第 2 卷第 2 号。（《全集》第 1 卷，第 420-423 页）

是月　《气象学》一书作为"百科小丛书"第一种，由商务印书馆出版，后多次再版。本书共十一章：第一章　气象学之起源　气象学之范围；第二章　空气之由来　空气之成分　空气之高度；第三章　天色何以青；第四章　虹霓　晕珥　海市蜃楼；第五章　温度；第六章　气压；第七章　风；第八章　露　霜　雾　云；第九章　雨　雪　雹；第十章　风暴　台风；第十一章　雷雨。

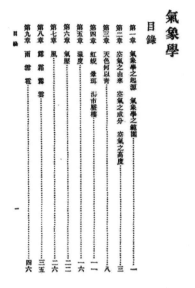

图108 《气象学》封面　　　　　　图109 《气象学》目录页

关于气象学之起源，谓："气象一门，起源特早，关于气象之歌谣，载在我国古书上者，不可胜数。如《诗》云'月离于毕，俾滂沱兮'。老子曰，'飘风不终朝，骤雨不终日'。至于《礼记·月令》一篇，全部几尽为时令节气之记事。盖自古以来，人类即已徜徉于大气之中，举凡耳之所闻，目之所见，皮肤之所感觉，如风雨雷电，云霞雪雹，寒暑燥湿，在在皆与气象有关，宜其常在古人心目中也。气象之起源虽早，但其成立为一种科学，则亦不过晚近五十年事耳。古人歌谣记载，多系个人观察所得，非经精确仪器之推算，团体详细之研究，虽其所说，往往与事理相吻合，然要不得谓之为科学也。自西历十七世纪初当我国明季末叶时，寒暑表、气压表相继为意大利人该列倭（Galileo）、托列纪赖（Torricelli）所发明，气象一科，乃日有进步。迨十九世纪中叶，欧美各国争先设立气象台，全球气候之形势，于是大明，而气象学乃始得自立一科矣。"（《全集》第1卷，第425-455页）

**是月** 时工资为220元。（《东南大学校史研究》第21页）住址为南京大仓园5号。（《郭秉文与东南大学》第266页）

**是月** 《数理化杂志》1923年第2卷第1期（南京高师、东南大学数理化研究会编辑，商务印书馆发行），刊登"指导员录"（以姓氏笔画为序）：

王琎　竺可桢　胡刚复　段育华　孙洪芬　张准　陆敏行　熊正理

熊庆来（以上在校内者）

何鲁　吴玉麟（以上在校外者）

**3月1日** 《十一十二两月南京气候报告》刊于《史地学报》第2卷第3号。

**3月—7月** 地学系下学期之课程有自然地理、中国地理、美洲地理、中国沿革地理、气候学、矿物学、地形测量学、绘地图学、地质历史及地质考察等科。（《全集》第22卷，第50页）

**1920—1923学年** 开设或参与开设课程，有9种：地学通论、地质学、世界地理、美洲地理、气象学、地图绘法、世界各国气候、欧洲地理、经济地理。（牛力《从地学到地理学：竺可桢与中国近代大学地理学系的构建》，载《南京大学学报（哲学·人文科学·社会科学）》2023年第5期，第134页）

**3月** 为张其昀所译《美国之地理学》一文撰写小序，介绍原著者Wallace W. Atwood之简历与学术贡献。曰："氏于地理教育提倡不遗余力，一生著作亦颇丰富，对于冰河时期之地质及汕黄（San Juan）山之地形，颇有所贡献。最近著《新地理学》(New Geography, Ginn Co. 出版)一书尤盛称于时。本篇对于美国地学界，痛下针砭，但美国政府所制地图之精，冠绝全球，即各大学地理之设备，亦不远逊于欧洲各国，而氏之言尚若此。我国人之有志于地学者，安得不闻风而兴起哉。"（《全集》第1卷，第456页）

**是月** 东南大学地学系之《地理周刊》改为《地理撮要》。"地学系中之地理学程，由竺教授之指导，分工阅览中西书报，摘繁提要，成为《地理周刊》，自〈九〉〔十〕年二月至今，共成三期，都六百余页。本学期会员任此事者加多，所阅之西文杂志亦增，改为横印，名曰《地理撮要》(Geographical Abstract)。竺教授及本会同人以此项摘录虽凌乱无序，而收罗新材料，颇可供人参助。本会屡接外界投函，以购阅周刊为请。故现拟将此项刊物发售，以求教当世云。"（《史地学报》第2卷第2号，第153页）

**是月** 中国科学社举行第八次董事会[①]。"关于'科学丛书'编辑，北京社友会讨论拟将丛书分成四类：一为标准科学书籍，二为名人巨著 Classics，三为科学史及科学方法，四为通俗书籍。经董事会讨论后决定先推举'科学丛书'委员会，先拟大纲及办法。遂推定委员九人如下：任叔永、翁文灏、秦景阳、胡刚复、秉农山、茅唐臣、饶毓泰、竺藕舫、过探先。""推定年会委员会五人，名列如下：熊雨生、黄复宪、竺藕舫、胡步曾、杨杏佛。"（《中国科学社第八次董事会记录》，上海市档案馆藏件 Q546-1-87；《董理事会》第15-16页）

**4月3日** 报载：向"旅绍新昌水灾筹赈会"捐款二元。"南京高等师范学校陈宗器、祝其乐、梁念萱三君，代募陈鹤琴四元，陆志韦、竺可桢、涂羽卿各二元，郑晓沧、丁康舟、杨季瑶、林杏卿、李拔峨、刘润生各一元，金翊文半元，共计十六元半。"（《旅绍新昌水灾筹赈会鸣谢诸大善士》，载《申报》1923年4月3日）

**4月** 东大第四期暑期学校"委员一览"："朱彬魁（主任）、李仲霞、孙洪芬、郑晓沧、陈鹤琴、周铭三、林天阑、王季梁、竺藕舫。"（《东大本届暑期学校计划》，载《时事新报》1923年4月6日）

**春** 《科学》杂志"中国科学社记事"栏刊发消息《重行春季学术演讲》，谓："本社在宁向有春季科学演讲之举，听讲者人数颇多。今岁仍继续举行。由理事会公推竺藕舫、秉农山、王季梁为演讲委员，竺藕舫君为委员长。顷由竺君邀请社友担任讲演，总题为'科学与近世文明'，分讲题为工业、农业及其他科学之影响对于近代文明者。"（《科学》第8卷第3期，第341页）

---

① 原记录稿未记会议的具体时间与出席者，无法断定竺可桢是否出席。

图 110　东南大学新建成之图书馆 ①

**5月1日**　《十二年一二三三月南京气候报告》刊于《史地学报》第 2 卷第 4 期。

**是日**　"且有教员竺藕舫君将一年薪俸悉数捐助"省立第一女子学校图书馆。(《一女师之新图书馆　募捐建筑费二万元》,载《时事新报》1923 年 5 月 1 日)

**夏**　在英国 *The Geographical Teacher*(《地理教师》)上发表 A NOTE ON THE DEPARTMENT OF GEOLOGY AND GEOGRAPHY, IN THE NATIONAL SOUTH-EASTERN UNIVERSITY, NANKING, CHINA(国立东南大学地学系简介),向国际同行介绍东大地学系的建立、教师、学生人数、课程设置、发展规划以及东大史地学会等情况。(《全集》第 5 卷,第 91-93 页)中译文《国立东南大学地学系进行概况》② 刊于《史地学报》第 2 卷第 7 号。全文如下:

南京之有国立高等师范,始于民国四年(1915)。当时无地学专科,地质、地理各课,当然付阙如之例。自民国八年秋(1919)部令改国文科为

---

①　取自《回顾百年前的南京高等师范学校》,载微信公众号"东南大学校友总会",2015 年 9 月 18 日。

②　译文中个别处对原文有所修改。如原文称 1921 年东南大学建成了,而译文谓:"各部筹备既竣";原文称将地质学、地理学、气象学、古生物学各科组成地学系,而译文谓:"遂将地质、地文、气象、古生物、政治地理各课,组成一完全独立之地学系";原文称 1921 年秋建立了测候所,而译文改为"测候方面,自民国十年起,便已大致完备。"据《全集》第 1 卷第 378 页记述,东大之有测候所,始于 1921 年春。另有艾素珍译注《东南大学地学系介绍》,载《中国科技史料》2002 年第 23 卷第 1 期,第 52-53 页。

文史地部，始有地学课程之设备。最初设者，为政治地理及沿革地理。其地质学、地文学、气象学各课，直至翌年（1920）秋季始渐次添设完备。开课之始，学生之研究地学者，实繁有徒。所选课程，属于地学基本知识者，有五六十人。属于较专门者，二三十人云。

比年以来，高师内容之发展，与时俱进，于是有倡改大学之议，以应时世之需要。而国立东南大学之设立问题，遂为政府所承认。〈九〉〔十〕年春季，各部筹备既竣。学校组织，遂将地质、地文、气象、古生物、政治地理各课，组成一完全独立之地学系，而隶属于文理科中。此时地学系之教授及助教，共有五人。而学生之专攻地学者，除预科以外，凡二十人，占全校总数二十分之一。其课程与教授之支配，略如下表。

（1）竺可桢（哈佛大学地学博士） 地文学、气象学，及世界地理教授，地学系主任。

（2）曾膺联（采矿工程师） 气象学及经济地理教授。

（3）徐韦曼（伊利诺大学学士） 地质学教授。

（4）王毓湘 中国地理教授。

（5）鲁直厚 测候助手。

民国十〈一〉〔二〕年（1923）度下学期之课程（三月至七月），则有自然地理、中国地理、美洲地理、中国沿革地理、气候学、矿物学、地形测量学、绘地图学、地质历史及地质考察等科。

以设备而论，此堕地未久之地学系，当然不能满意。而尤以书籍之简陋，与矿物标本之缺乏为最。书籍方面，除旧籍不计外，所有新出图志译著，不逾五百（中文居多）。标本方面，合岩石、矿产、化石，不逾七百。而此不逾七百之标本，见于陈列室中者，又大半为本系教职员学生，就近采集者。以如此简陋之设备，而欲谋本系教授之研究上有所进步，甚难甚难。此近日之所以力求扩充陈列品也。且也，地学系各种设备，既日谋其完善，则陈列室、实验室、讲堂、预备室等自不得不酌为扩充。然后于分析矿物，编制标本，测绘地形等事，得赖良好之工具，与适当之处所，而次第举行之。幸校中设施，日见发展，不久便有大规模之科学馆，矗立于东南校舍之中。吾人想像中之地学实验室、陈列室等等，届时得平分一席。则本系前途之发展，正吾人今日所馨香盼望者也。

图111　东南大学史地陈列室[①]

至测绘之学，中人素少留意。故坊间所出地图，类多疏略，不足供教育之辅导。本系鉴于此弊之不可不正，乃有纂绘中国地图之计画。既广征异籍，用资参考，复取陆军测量局所测之底本，校勘厘定。孤苦经营，所以利人，亦所以自勉。复以人口分布，无精确之图表，乃取历年北京内务部所调查之户口册，参以邮政局细心统计，图绘成册，佐以说明。斯二举者，虽不敢谓所据之料必极精确，所成之书万无一误，然于沉寂之中国学术界，亦可当一线之光明焉。唯刊定付印，在所需时，欲见成书，尚须少待耳。此外测候方面，自民国十年起，便已大致完备。日有专司其事者，报告温度之高下，气压之变动，雨量之多少，湿度之升降，以及风向之改变与风力之疾徐，云量之多少与云之种类等等，编为图表，揭示分送。每日有电报往来京宁间，与中央观象台交换记录。此项气候记录，将来须按年编制，以备研究气象之参考。第一期已着手进行。其已出版之《南京之气候》一文，亦曾将二十年来（自1903起）气候上种种变化，按年按月，平均比较。南京一地之气候，于此可窥见其概性。天文方面，近亦极力准备。校董会议已决请公拨鸡鸣山畔之北极阁，为建筑天文台

① 取自《国立东南大学生活概况》（1923年）。

之基地。该地本钦天台旧址。一俟规画告竣，行见规模宏大之观象台，复显于钦天山上矣。

此外自由研究机关，有史地研究会。创始于民国八年，迄今已四阅寒暑。会员合教员、学生、毕业生，共有七十三人之伙。每学期举行大会二次，研究心得。会务进行，皆于时讨论之。十年秋季，将研究论文发印季刊。近日扩充篇幅，改印月刊，即所称《史地学报》是也。

（《全集》第22卷，50-51页）

图112 东南大学科学馆，竺可桢曾经在这里工作过[①]

**6月1日** 举行东大、南高毕业典礼，校长郭秉文正式宣布将南高并入东大。（《南京高师文史地部第一级会纪念刊》第13页）

**6月3日** 胡适记载："杏佛告我：郭秉文明日出国去代表中国教育界出席万国教育会议。前日他离南京时，开一个行政委员会，有人（刘伯明、张子高等）说校中近来一切风潮及辞职，皆是杏佛所主使唆动。

"他们坚持要辞去杏佛。工科主任茅以坤反对，但无效（杏佛是工科教员）。

---

① 取自《南京大学校园变迁图片展（一）》，载微信公众号"南京大学校友总会"，2017年10月31日。

图 113　东大校园内的六朝松 ①

　　"今日发契约时，杏佛的契约竟没有了。杏佛得知此事内容，赶到上海；今日在'一品香'席上当面质问郭秉文，是否有这种控告？根据什么证据？郭秉文——国立东南大学校长，基督教中领袖人物——一口赖到底，说并无此会，也并未有提起杏佛的名字；回头对当日列席的茅以坤说，'是不是？我们近来那有这样的一个会？'这种行为，真是无耻！

　　"此次他临行时辞去的有名教员，有秉农山、竺可桢、柳翼谋等，皆是东南大学的健将。真是怪事！"（《胡适日记全编》第四册，第 65-66 页）

　　6 月 12 日　本年度中国科学社年会在杭州举行。是日，鸿隽致函杨杏佛，述："年会委员既定，当即积极进行。通俗讲演可分社员及社外请人两种，社员由藕舫担任组织，社外在上海约人当较易也。"（《啼痕》第 233 页）

　　6 月 27 日　任鸿隽致函杨杏佛，述："本社社员方面之讲演不知已有准备否？大概本年年会委员人数虽多，太嫌散涌，非有一得力之委员长不易集事。

————————

① 取自《南京高师文史地部第一级会纪念刊》。

藕舫如何？能担任否？"（《啼痕》第 235 页）

6月　本月印行的《浙江省立第一师范学校毒案纪实》本校毒案善后经费收入及支出报告载明："郑晓沧先生代募捐款　陶知行先生　捐洋十元　王季梁先生　捐洋五元　徐则陵　捐洋五元　竺可桢先生　捐洋五元　钱天鹤先生　捐洋五元……"（《浙江省立第一师范学校毒案纪实》第 38 页）

7月1日　《四月南京气候报告》刊于《史地学报》第 2 卷第 5 号。

7月　《南京高师文史地部第一级会纪念刊》出版。1919 年 9 月入学的南高文史地部第一级会同学于本年上学期完成学业，毕业前专撰《南京高师文史地部第一级会纪念刊》一册，全面记载四年中学校及本级同学各方面情况，并约校长、副校长、系主任以及教授等授业先生摄照载于纪念刊中。竺可桢将婚前在武昌高师所摄照片送上。该级同学中不少成为历史、地理教学与科研方面的重要力量，如张其昀、胡焕庸、陈训慈、王学素、王庸（以中）、周光倬（汉章）、诸葛麒、缪凤林、陆鸿图（展叔）、张廷休（梓铭）等。竺可桢对该级学生倾注甚多心血加以培养。

图 114　《南京高师文史地部第一级会纪念刊》书影　　图 115　摄于 1919 年 2 月前后的单人照片，收入《南京高师文史地部第一级会纪念刊》

图 110　南京高师文史地部第一级同学留影（1923 年 4 月）[①]

第一排左起：缪凤林（二）、张其昀（三）、王学素（九）、陆鸿图（十）、诸葛麒（十一）

第二排左起：陈训慈（五）、王庸（六）

第三排左起：胡焕庸（四）、张廷休（五）、周光倬（七）

表 16　1920—1923 年文史地部教授名表 [②]

|  | 国文系 | 西洋文学系 | 哲学系 | 历史系 | 地理系 | 政法经济系 |
|---|---|---|---|---|---|---|
| 民国九年（下半年）（本级第二年上学期） | 王伯沆<br>柳翼谋<br>顾铁生<br>周铭三 | 梅迪生 | 刘伯明<br>朱进之 | 柳翼谋<br>徐养秋 | 竺藕舫 | （未设） |
| 民国十年（上半年）（本级第二年下学期） | 王伯沆<br>柳翼谋<br>顾铁生<br>周铭三 | 梅迪生 | 刘伯明<br>萧叔絅（其时未设经济系） | 柳翼谋<br>徐养秋 | 竺藕舫 | （未设） |
| 民国十年（下半年）（本级第三年上学期） | 王伯沆<br>柳翼谋<br>顾铁生<br>陈斠玄<br>周铭三 | 梅迪生（此三学期内与国文系未分称文学系） | 刘伯明 | 柳翼谋<br>徐养秋 | 竺藕舫<br>白眉初 | 王伯秋（主任）<br>萧叔絅<br>杨杏佛 |

---

① 取自《南京高师文史地部第一级会纪念刊》。

② 载《南京高师文史地部第一级会纪念刊》第 29 页。竺可桢于 1921 年春即被聘为南高地学系主任，表中这一年漏注。

续表

|  | 国文系 | 西洋文学系 | 哲学系 | 历史系 | 地理系 | 政法经济系 |
|---|---|---|---|---|---|---|
| 民国十一年（上半年）（本级第四年上学期） | 陈斠玄<br>顾铁生<br>吴瞿安<br>陈佩忍 | 梅迪生（主任）<br>吴雨僧 | 刘伯明（主任）<br>汤锡予 | 柳翼谋<br>徐养秋（主任）<br>顾泰来<br>刘靖波 | 竺藕舫（主任）<br>白眉初<br>曾膺联 | 萧叔绚<br>黄叔巍<br>王伯秋（主任） |
| 民国十一年（下半年）（本级第四年上学期） | 陈斠玄<br>顾铁生<br>吴瞿安<br>陈佩忍 | 梅迪生（主任）<br>吴雨僧 | 刘伯明（主任）<br>汤锡予 | 柳翼谋<br>徐养秋（主任）<br>顾泰来<br>刘靖波 | 竺藕舫（主任）<br>王毓湘<br>曾膺联 | 王伯秋（主任）<br>梁任公（讲师）<br>江元虎（讲师）<br>黄叔巍<br>萧叔绚<br>刘靖波 |
| 民国十二年（上半年）（本级第四年下学期） | 陈斠玄<br>顾宾生<br>吴瞿安<br>陈佩忍 | 梅迪生（主任）<br>吴雨僧 | 刘伯明（主任）<br>汤锡予<br>蒋竹庄（讲师） | 柳翼谋<br>徐养秋（主任） | 竺藕舫（主任）<br>王毓湘<br>徐韦曼<br>曾膺联 | 萧叔绚<br>刘靖波<br>杨杏佛（主任暂缺） |

**8 月 1 日**　《五月南京气候报告》刊于《史地学报》第 2 卷第 6 号。

**8 月 10—14 日（杭州）**　出席中国科学社第八次年会，任年会讲演委员会委员和论文委员会委员。出席年会者任鸿隽、汪精卫（兆铭）、胡适、杨铨、胡明复、胡敦复、胡刚复、王琎、马君武（名和，厚山，号君武）、周仁、翁文灏、李熙谋（振吾）、吴承洛、钱天鹤、张乃燕（君谋）[1]、柳诒徵、郑宗海、何炳松（柏丞）[2]等。来宾有督办卢子嘉、省长张载扬等。在 11 日上午的社务会上，与唐钺、翁文灏当选为司选委员。宣读论文时，任主席。（《中国科学社第八次年会记事》，载《科学》第 8 卷第 10 期，第 1105-1112 页；《年会记录》第 107-108 页）

**8 月 16 日**　东南大学为便利较远省份考生应试起见，分别在天津、武昌及南京举行入学考试。武昌方面由竺可桢主持。（《东大新订招生办法》，载《申

---

① 张乃燕，时任北京大学化学教授，兼任北京高等师范学校及北京工业专门学校化学教授。

② 何炳松，时任浙江省立第一师范学校校长。

报》1923 年 8 月 16 日）

**是月** 《数理化杂志》1923 年第 2 卷第 2 期，刊登"指导员录"（以姓氏笔画为序）：

王　琎　竺可桢　胡刚复　段子燮　段育华　孙洪芬　张　准

陆敏行　熊正理　熊庆来　Orrin H. Smith（以上在校内者）

何　鲁　吴玉麟（以上在校外者）

**9 月 18 日** 为《南京气象年报》撰"序言"前半部分。[1] 谓：

东南大学之有气象测候所，创始于民国十年春。但当时仅为气象班学生练习之用，且观测者每周易人，故报告有残缺不全之虞，自拾年秋托地学系助教鲁君直厚兼司其事，每日应时观测，无复间断，以迄于今。但拾年度测候成绩，赓续不绝者既仅三月之久，故略而不录，本篇报告仅限于民国十一年度。

南京气象测候所成立在本所之先者，有二，鼓楼日本领事馆附设有气象测候所，创立于一九〇四年十一月，至一九一九年而停止。共积有十五年之成绩，对于气压，温度，湿度，雨量，雨日，云量以及霜雪之季候均有记录。其间惟一九一一年十月至十二月因民国光复，观测中辍，遂付缺如。其成绩之一部见诸于上海徐家汇气象台所印行之"La Pluie en Chine"及"La Temperature en Chine"两报告中。报告全部，现存日本中央观象台，其各月及全年平均温度，雨量，气压等等，则见诸大正七年三月中央观象台所刊行之日本气候表中。此外，金陵大学，亦设有气象测候所，开端于一八九五年。然旋停旋复，能赓续进行而不停者，亦近三四年事耳。

民国十二年九月十八 竺可桢

（《南京气象年报》1924 年第 1 卷，第 1 页）

对应的英文"序言"，全文如下：

PREFACE

---

[1]　此"序言"未收入《全集》。

The meteorological station of the Southeastern University was established in the spring of 1921. At first it was primarily for the purpose of giving practice to a class of students in Meteorology. The students took the readings of the instruments by turn, each being responsible for the observation during the period assigned to him. Since the autumn of the same year, Mr. C. H. Lu, an assistant in the Department of Geology and Geography, was asked to take charge of the station in addition to his school work, and make regular observations every day at 4 p.m., 120 E. Meridian time. This practice continued until the end of 1922. The present report embodies only the observations made during 1922; those taken in 1921, being incomplete, are not published.

Preceding to the establishment of our station, at least three different institutions had made meteorological observations in Nanking. Thus in 1905, the Zikawei Observatory in Shanghai established a branch station in Nanking. The service was, however, discontinued later. The rainfall and temperature data observed during those years are embodied in two works[①] published by the Zikawei Observatory.

Almost simultaneous with the founding of the branch station by the Zikawei Observatory in Nanking, the Central Observatory of Tokio, Japan, ordered meteorological instruments to be installed within the compound occupied by the Japanese Consulate, near the Drum Tower in the central part of the city of Nanking. Daily observations were made on temperature, pressure, rainfall, relative humidity and cloudiness. The observation covered the period from October 1904 to December, 1919, with one interruption, that occurred in October-December 1911, when owing to the Revolution it was impossible to continue the service. After fifteen years' service the observation at the Japanese Consulate was stopped. The result of the

---

① "La Pluie en Chine durant une Periorle de Onze Annees 1900-1911" and "La Temperature en Chine et a qulques Stations Voisines D'apred des Observations Quotidiennes."

observations appeared in "The Climatic Data of the Japanese Empire." [①]

The weather station maintained by the Nanking University came to its existence in 1895. But with the exception of a few years (viz. 1896, 1897, and 1919-1922), the records are not complete, and the service was suspended during the period 1911-1918. The station is located not far from the Japanese Consulate. It is still running at present.

Long before the establishment of any meteorological station in the modern sense, Nanking was well-known for its Observatory. For at the beginning of the Ming dynasty, in 1386, a Royal Observatory was erected at the summit of the Polaris Hill, which is just five minutes walk from the campus of the Southeastern University. In 1599, the Jusuit Father, Mathew Ricci, during his stay in Nanking, made a visit to the Observatory. He described in a letter to his friend the different instruments then installed in the Observatory. Among others, he mentioned a celestial sphere, a sun-dial and a wind vane. According to Father Ricci, the officials in the Observatory were obliged to make observations on astronomical and meteorological phenomena day and night. After the ascendency of the Manchu dynasty, the service was discontinued, and the instruments were removed to Peking.

The Polaris Hill is about 50 meters above the ground and is located immediately north of the Southeastern University. From the top of the Hill one can command a good view of the whole city of Nanking and the Yangtze River. It will therefore, be a fitting place for the building of a new observatory. With that in view, the University has already acquired the summit of the Hill which is now occupied by a temple.

CO-CHING CHU,

*September 18th, 1923.*

9 月 29 日　出席中国科学社第一次理事会。"讨论讲演计划。众主张时间

---

① 日本气候表 Published by the Central Observatory of Japan.

缩短，幻灯请竺藕舫向上海要，讲演约八次，以在十月、十一月为佳。""以后理事会会餐招待次序为：杨（杏佛）、胡（明复）、王（季梁）、孙（洪芬）、竺（藕舫）、秉（农山）。"到会秉农山、过探先、陈席山、王伯秋、杨杏佛、柳翼谋。（《中国科学社第一次理事会记录》[①]，上海市档案馆藏件 Q546-1-63；《董理事会》第 18 页）

**10 月 6 日**　《科学》编辑部召开本年暑假后第一次常会。推选出翁文灏等 7 名新编辑员。秉志、胡先骕、竺可桢、杨铨、曹梁厦、何鲁、胡明复、熊正理、赵元任、王琎等 10 名旧编辑员仍继续任事。（《科学》第 8 卷第 9 期，第 988 页）

**10 月 21 日**　出席中国科学社第一次理事大会。经新旧职员互相推举，丁文江（七票）当选社长，竺可桢（八票）当选书记。会议讨论了理事会办事细则、本社事业发展次第、经常费与临时费分配诸事。"竺解释地质提案（第十六）尽求合作之精神，经济上不力求辅助。"

关于南京社所需添建房屋，"丁在君动议组织建屋委员会执行此事，以过探先、竺藕舫、秉农山、胡刚复、杨杏佛五人为委员，众通过。"

"规定本社成立年日——众推杨杏佛查明本社第一次成立会之年月日，即以之为本社成立年日。嗣经杨君查出民国三年（一九一四年）六月十日。"

"社所保火险——由竺可桢君临时提出，众通过，由职员进行。"

出席理事任鸿隽、丁文江、秦汾（杨铨代）、胡明复、秉志、孙洪芬、王琎、胡刚复、过探先、杨铨。（《中国科学社理事会第一次大会纪事》，载《科学》第 8 卷第 9 期，第 986-988 页；上海市档案馆藏件 Q546-1-63；《董理事会》第 20-23 页）

张剑指出："竺可桢当选书记后，开始负责中国科学社的日常社务工作，逐步进入中国科学社的核心领导层。因社长丁文江远在北京，南京是社务中心，竺可桢作为书记不仅常常主持理事会，会后还要将理事会通过的决议诸如

---

① 从本次中国科学社理事会记录始及以后的历次理事会记录，直到 1927 年 12 月 9 日第 62 次理事会记录，皆无标点符号。

退还庚款的使用意见、江苏省拨付中国科学社款项减少解决办法、年会论文的征求等事无巨细地向丁文江报告，可见作为中国科学社理事会书记在文牍上之'烦劳'"。(张剑《竺可桢与中国科学社》，载《文景》2005 年第 1 期，第 4 页)

**10 月 26 日** 出席中国科学社理事会临时会议。"竺可桢提议，本社社所应即时保火险，众通过。"到会理事胡明复、王琎、秉志、孙洪芬、胡刚复、丁文江、秦汾（杨铨代）、任鸿隽、杨铨。(《中国科学社第一次理事大会临时会记录》，上海市档案馆藏件 Q546-1-63)

**10 月 27 日** 胡明复致函杨杏佛，述："社员录，请藕舫尽先进行。关于社员除名问题，自不便一概以付款为标准。"(《胡明复 1923 年 10 月 26 日致杨杏佛函》，载《啼痕》第 244 页)

**10 月 30 日** 东南大学地学系致东大文牍处书[①]。曰：

文牍处大鉴：

径启者：本校在北极阁建设气象台事，业经王伯秋先生商妥，由双方协同划定界址。兹烦贵处作函致仇涞之先生，请其预定日期通知敝处，俾各派代表偕至北极阁山上，实行划界，以利进行。事关□公，从速为妙。祇颂

公安

（国立东南大学地学系椭圆形公章）

十月三十日

（原函影印件，载博宝艺术网）

附郭秉文致仇继恒函稿[②]

涞之先生阁下：

敬启者：敝校拟于北极阁建筑观象台一事，曾于去年七月二十一日测绘地图，连同拟复蔡道尹函稿，托王君伯秋送请裁酌襄邀察阅。倾据王君云，日前与先生谈洽，蒙允约定日期，派员划界，至深感纫。现敝校急拟进行，敬恳

---

① 原函无标点，未署年份。在信笺右下盖有条形收函日期戳，时为"中华民国十二年十月卅日"。
② 原函采用旧式句读标点，题为"致仇涞之请约期划界函"，日期后署"即发"。

兄将前寄地图暨复蔡道尹函稿，拨冗赐还。一面请即开示日期，俾便推派代表，无任盼幸。专此，祗颂

道安

郭秉文 谨启

十二年十一月一日

（原函影印件，载博宝艺术网）

附仇继恒复郭秉文书 [1]

秉文先生阁下：

敬复者：接读来函，备悉。查贵校去岁寄到测绘北极阁地图，旋于是年夏历七月初八日经王伯秋先生前来取去。此复，籍颂

台绥

仇继恒 启

十一月三号

（原函影印件，载博宝艺术网）

附郭秉文复仇继恒函稿 [2]

涞之先生有道：

顷奉还章，祗悉一是。北极阁地图一幅，王伯秋先生向尊处取出搁置，致未接洽。敝校刻又重印数幅，特送陈一份，敬祈察存备阅。前请约定划界日期，仍请示复为幸。专此，祗颂［后文缺］

（原函影印件，载博宝艺术网）

**10 月** 汉译《科学大纲》（J.A. 汤姆生主编）第三册由商务印书馆出版。其中第 28 篇《气象学》由竺可桢译。（《全集》第 22 卷，第 24-44 页）

四卷本汉译《科学大纲》（英文原著 *THE OUTLINE OF SCIENCE*，作者 J. A. Thomson）陆续由商务印书馆出版。该书是当时畅销世界的综合性科普读物，

---

[1] 原函无标点，未署年份。在信笺右下盖有条形收函日期戳，时为"中华民国十二年十一月五日"，据此认定年份。

[2] 该函稿采用旧式句读标点，后缺。函稿题为："致仇继恒返北极阁图函"。此函为接到仇继恒 11 月 3 日函后之复函，推定其时间为 11 月 3 日之后数日。

译者多为中国科学社骨干社员。王云五"先生分约编译所内外各科专家，就其所长从事汉译，而以总编辑部之专任编辑任叔永主持编校"。(《王云五先生年谱初稿》)

**秋** 在郭秉文和行政委员会的推动下，主要由教授组成的最高议事机关评议会被取消，明确了校董会在大学治理体系中的核心地位。(牛力《道不同不相为谋：论东南大学时期郭秉文和杨杏佛的关系》，载《民国档案》2019年第2期，第118页)

**11月1日** 《十二年六月南京气候报告》(附七、八月)刊于《史地学报》第2卷第7号。

**11月6日** 主持中国科学社第三次理事会①，兼记录。讨论社所增加建筑计划等事宜。出席者胡刚复、王季梁、杨杏佛、秉农山、过探先、柳翼谋、孙洪芬。(《中国科学社第三次理事会记录》，上海市档案馆藏件Q546-1-63；《董理事会》第27页)

**11月17日** 主持中国科学社第四次理事会。通过蒋丙然等两人为本社普通社员。向会议报告：社屋保火险事，与永年火险公司经理英人Drysdale在社所视察，一周后该公司讨价每年每千两收费四两。"讨论结果，以东南大学校舍亦系该公司所保火险，而收费较廉，仍嘱竺君请该公司减少价额，一方在上海另行探询其他保险公司价目。"出席理事任叔永、胡刚复、过探先、杨杏佛、王季梁。(《中国科学社第四次理事会记录》，上海市档案馆藏件Q546-1-63；《董理事会》第28页)

**11月26日** 出席江苏教育实业联合会在南京召开的第三届常会，黄炎培、郭秉文、过探先、茅以升等一同到会。(《江苏教育实业联合会第一日开会情形》，载《申报》1923年11月28日)

**11月27日** 与各界知名人士袁希涛、黄炎培、穆藕初、郭秉文、邹秉

---

① 在竺可桢任书记期间，中国科学社理事会大部记录稿上只署出席者，未署主席。个别理事会由其他人为主席者，在记录稿其名下均标明主席二字。此间记录稿系竺可桢墨迹（只有个别记录是他人手迹），表明竺可桢兼任记录。社长丁文江时居北京，在南京召开的理事会多由竺可桢召集与主持，故此间记录稿中凡未注明主席者，均视为由竺可桢任主席。

文、过探先、张默君、王伯秋、茅以升、赵石民等联名在报端发表《赞成江苏征收卷烟营业税之宣言》。(《申报》1923 年 11 月 27 日)

**11 月 29 日** 致丁文江书 [1]。谓："[原件前文缺失]敬悉。尊章已刻就。社款五六两月始于日前领到。补助李济君调查人类学经费五百元,于上届理事会纪事中补入,想已见及矣。社屋保火险事,已与英商永年公司交涉,渠云以最惠条件 4‰(千分之四)出保,社中拟请其减至 2.5‰,尚未有结果也。明年年会理应着手筹备,惟郑公琦抵山东以后,历城空气颇不甚佳,或系报纸宣传作用亦未可知。吾兄在津当能洞悉也。江苏教实联合会 [2] 本届大会通过地质调查会添聘专任调查员,闻寄人不日来宁,当与商酌进行办法也。"(《全集》第 22 卷,第 45 页)

**11 月** 《科学发达略史》[3] 由中华书局出版。是书为张准于民国九年度下学期为教育专科教授"科学发达史"学程之教材,其中"地质学及三大问题"一节由竺可桢所讲授。

谓:"一、斯密士(William Smith 1769—1839)

"斯密士,英国地质学之鼻祖也,曾为土木工程师。渠研究岩石内之古生物学,而区分地层之时代,如此地层之古生物,与彼地层之古生物同,则断定其成立之时代亦同。因是,将英国地层条分缕析,制为图表。而后世地层学(Stratigraphy),遂策源于此矣。

"二、雷侠儿(Sir Charles Lyell 1797—1875)

"雷侠儿,英人,幼习文学,十三岁忽变更志愿,潜研地质学,后遂成为地质学之巨子。否认温诺岩石完全火成之说,而于水成岩、火成岩外,另加一种曰变成岩,谓此种岩石,因地面受极大之压力或温度而成。一八三〇年,著

---

① 丁文江以居北京不能主持在南京召开的理事会,会议的有关情况及中国科学社的重要事务,都是竺可桢通过信函向丁请示、汇报与沟通,故在竺可桢任书记期间与丁文江有过大量书信来往。

② 江苏教实联合会,全称为"江苏省教育实业联合会"。

③ 该书首页"记述者言"记述曰:"是书为南高教授张子高先生为民国九年度下学期为教育专科教授'科学发达史'学程之教材(其中'天演学说'一节为秉农山博士讲,'地质学及三大问题'一节为竺藕舫博士讲,均张先生所商请者)。"

《地质学原则》(*The Principles of Geology*)一书，整理古来所有之学说，而加以评骘，并抒发自己之主张；地质学上空前之杰作也。自一八三二至一八七一年，再版凡十一次，其受一般学者之欢迎，可想而知矣。

"三、达尔文

"达尔文，固以生物学名家，然地质学上亦大有其功绩。所著《博物学者之世界周游记》(*Naturalists Voyage around the World*)，详载南美之地质，及珊瑚岛之情况等等；《物种由来》中亦有数章言地质者（第十章言地质学考证之不足，第十一章言地质中生物相继之次序）。又著《火山区域内地质之察验》，亦当时仅见之书也。达氏于一八三八年充地质协会书记，与地质学大家雷侠儿为至交，互相探讨，互相穷究，彼此受益，均匪浅鲜云。"（《全集》第 22 卷，第 46-49 页）

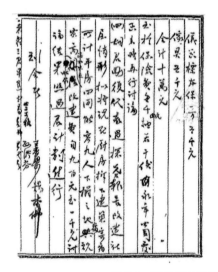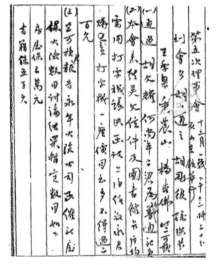

图 117　竺可桢记录手迹（1923 年 12 月 1 日）[①]

**12 月 1 日**　主持中国科学社第五次理事会，兼记录。"竺可桢君报告永年火险公司函催社屋保火险数目。讨论结果，暂定数目如下：房屋保三万元；书籍保五万元；仪器、标本保一万五千元；家具五千元。合计十万元。至于保险

---

① 藏于上海市档案馆。

费每千元抽若干，俟永年公司复函来时再行讨论。"到会胡适之、胡刚复、孙洪芬、王季梁、秉农山、杨杏佛。(《中国科学社第五次理事会记录》，上海市档案馆藏件 Q546-1-63；《董理事会》第 29 页)

**12 月初** 为晤仇继恒，接洽北极阁山上划界事宜，专请郭秉文校长致函介绍。("郭秉文致仇继恒函稿"影印件，载博宝艺术网)

附郭秉文致仇继恒函稿[1]

涞之先生阁下：

敬启者：兹有要事奉商，拟托敝校教授竺君藕舫，趋前接洽，先生何时有暇，请即示复，以便知照竺君，曷胜盼祷。专此，祗颂

道安

郭秉文 谨启

附仇继恒复郭秉文书[2]

[前文缺]示敬悉。日来贱躯小有不适，俟稍迟当奉约竺藕舫君来谈谭，先此奉复

秉文校长先生

继恒 谨启

**12 月 3 日** 《亨丁敦与海丁二博士来华后之感言》刊于《教育与人生》第8 期。全文如下：

当民国初年，美国哈佛大学校长爱利倭德 Charles W. Eliot 来华游历时，国人初不知其为美国教育界学术界中有数之人物也。不特报纸不为宣传，即各学校亦漠然处之，毫不注意其行动。爱氏在中国之所见所闻，几全赖外国商人、教士之居间指示，与中国国民无亲切之接触。结果爱氏对于我国当时现状，殊乏真确之印象。迨回国以后，痛诋我国。但其所言，颇多隔膜之处。此

---

① 原函采用旧式句读标点，题为："致仇涞之请约期晤谈函"。据下文"仇继恒复郭秉文书"，推定时间为 12 月初。
② 原函前缺，无标点，未署时间。信笺右下盖有条形收函日期戳，时为"中华民国十二年十二月七日"。

非爱氏之过，实由于无相当介绍机关为之引导，使得窥我国之真相也。在爱氏固得一谬误之印象，而在我国亦失一良师之针砭。

近年以来，国人对于外来之学者，一变向来之态度，极其欢迎崇拜之热诚，但时亦不免有矫枉过正之处。如杜威、罗素之声望素著者无论矣，甚至在欧美素非闻名之人，一至我国则声价拾倍。而真正学者，如奥斯庞 H. F. Osborne 氏，因乏相当之宣传介绍机关，其来踪去迹，乃反不为国人所注目。

最近瑞典地学家海丁博士 Sven Hedin，美国耶卢大学亨丁敦 E. Huntington 教授相继来游是邦。兹二人者，不特声誉卓著，且对于我国西藏、新疆边徼之地形、气候、人种、历史，多所供献。亨丁敦教授在塔里木河流域之研究，英法两国地理学会均赠予以极荣誉之奖章。海丁博士在西藏、新疆探险，瑞典、英国两国之政府，且予以经济上之赞助。则其为各国学术界所注目也可知。独至我国，虽二人之毕生事业，与我国有切肤之关系，而我国人乃反熟视无睹。国人不尝以疆域之广、天赋之厚自豪乎？五族共和几成为口头禅。但蒙藏新疆之形势、利源、人情、风俗，国人视同秦越，毫不顾问，反赖外人之越俎代谋，已属可耻。甚至彼国人士研究之结果，调查之人物，而懵无所知，岂不更可耻哉？前车之覆，后车之鉴，甚望我国学术界之能有以矫正之也。

（《全集》第 22 卷，第 52 页）

**12 月 12 日** 凌晨一时左右，东南大学口字房"突遭焚如，所有地学系一切仪器标本均付之一炬"。（《全集》第 22 卷，第 53 页）"至若竺可桢博士二十余年来之笔记[①]，及陆志韦博士之教育测验之调查表，张士硕士未刊行之英语语音学及其他著作，秉志博士之神经系之研究，柳翼谋先生之中国史大纲，皆费许多心血，或正在研究之中，或书成而未刊行，多者费十余年之力，少者亦有四五年，一旦焚没，斯真可痛息也。"（《南京东南大学口字房大火纪（三）》，载《申报》1923 年 12 月 15 日）

---

① 其中可能包括早年日记。

图 118 南京东南大学"口字房"

**12月14日** 致张其昀书[①]。谓:"校中迭遭变故,口字房于十二晨一时左右突遭焚如,所有地学系一切仪器标本均付之一炬。楼下惟图书馆得将西籍一小部分拿出,教务处案卷亦为同学救出。因火起在西南角楼上,而当时为东南风,故东南一角最后延烧也,损失物质方面尚属有限。因在永年保有拾四万六千元火险,故实际损失(除赔款外)不过六七万元。而精神方面,则数年来所费之精神心血,均归乌有,言之可叹。现工场、体育馆等均局部改为教室,大会堂成为公共办公处。新屋终非一年不能落成也。足下心肺不佳,极宜珍摄,晚中不能安睡,乃是劳心过度。刘继庄谓其友人夜中不能安卧,后在园中种菜灌花,日事工作,而疾自愈,诚为良法。来书犹以著书为言,桢意不如静养多运动为妙。天然环境,在在与地理有关,到处留心观察亦是一种工夫也。校中助教席本学期暂可不必辞去。至明年二月止,薪俸当嘱其照送。该时如病少瘥,望足下能回校也。教科书事,桢当与商务接洽,日后再告。"(《全集》第22卷,第53页)

---

① 张其昀,1923年6月毕业。后任商务印书馆编译所编辑。

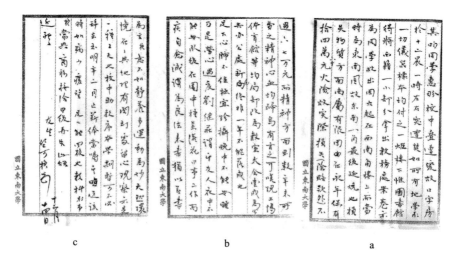

图 119　致张其昀"口字房"遭焚函（1923 年 12 月 14 日）①

**12 月 15 日**　主持中国科学社第六次理事会，兼记录。讨论通过永年火险公司保社屋火险条件，定保险费合共十万元。"过探先君报告：本月十二号东南大学口字楼房失火，本社本年一切账目被焚，十月以前账目已向上海报销。惟十一月份账除过君个人所能记忆者外，其余约差十余万元尚无着落。"讨论年会地点，任叔永谓天津南开大学科学馆新落成，饶毓泰（树人）②正式邀请到天津开会；竺可桢谓"今年为本社成立十周纪念"，主张在南京召开。讨论结果，议决征求外埠理事意见后定。任叔永提议致函北京地质调查所要求赠给古生物、矿物岩石全份，以为陈列之用，全体通过。到会者有胡刚复、陈衡哲、任叔永、杨杏佛、过探先、王季梁、孙洪芬。（《中国科学社第六次理事会记录》，上海市档案馆藏件 Q546-1-63；《董理事会》第 31-32 页）

**12 月 20 日**　致丁文江书。谓："前函想可早登记室。前次理事会通过本社函请地质调查所赠给矿物岩石、古生物标本全份，以为博物馆陈列之用。除直接函商咏霓兄外，务乞鼎力与前途一言，至感。北方各董事接洽如何结果，便中示及为荷。"（《全集》第 22 卷，第 54 页）

---

① 藏于浙江大学档案馆。

② 饶毓泰，时任南开大学教授。

**12 月 24 日** 致张其昀[1]书。谓："前后两书均接悉。足下《中国区域地理》稿及柳先生《中支那与南支那》一书均焚于火，未识《区域地理》文足下留有底稿否？柳先生处由桢说明可也。桢所有被焚之讲义参考均在，不难搜集材料，惟'苏浙湘各县人口密度表'测量极费时日，不识足下有否抄出？高级中学用《世界地理》教本已与前途接洽，俟接复后再告。《世界与人生》能早日脱稿，甚佳，可在商务'百科小丛书'出版。惟字数须在二万至四万之间，酬资约每千字五元。据桢意，书名若改为《地理与人生》似较为简明。惟命名当然须视内容而定耳。《中国区域地理》实为目前要图，虽中国自然地理吾人仅能窥一斑，然亦不可不着手编辑也。"（《全集》第 22 卷，第 55 页）

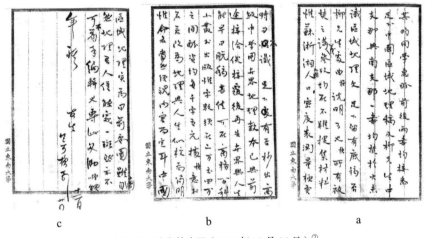

图 120 致张其昀函（1923 年 12 月 24 日）[2]

**12 月 26 日** 报载："东南大学口字房失慎之后，教职员、学生各方面，对于恢复校舍计划，积极进行。前经教职员公议，各捐薪水一月，以助学校经费，……二十六日教职员又在化学室开会，组织善后委员会，公举竺藕舫、秉农山、柳翼谋等七人为委员，协同行政委员会规划一切。即日内即须开会，讨论建筑新校舍入手之法云云。"（《东大教职员之善后委员会》，载《申报》1924

---

① 张其昀，时在上海为商务印书馆编辑中学地理教科书。
② 藏于浙江大学档案馆。

年1月1日）

**12月28日** 主持中国科学社第七次理事会，兼记录。通过高鲁、查德利、谢家荣（季骅）[①]为科学社普通社员。"过探先君报告江苏财政会议议决来年度预算须减少支出二百万元，已推定黄伯雨、史量才、黄任之等九人为委员，以司核减各机关预算之事。苏省补助本社每月二千元，此费若在被核减之列，本社各种事业将大受影响。讨论结果，一方推杨杏佛君赴沪恳请赵竹君先生出面与黄、史诸君磋商，一方函致丁在君先生，请其与黄任之先生接洽。"

"竺可桢君报告与南京青年会接洽在皇城附近购地建设博物院事，青年会干事吉礼泰不肯讨价，须由本社致一正式信与青年会董事会，函商此事。讨论后通过。"到会理事任叔永、秉农山、柳诒徵、王季梁、杨杏佛、过探先。(《中国科学社第七次理事会记录》，上海市档案馆藏件 Q546-1-63；《董理事会》第33页）

**是日** 致丁文江书。谓："前上两书想可早登记室。今晚开理事会，适过君探先由沪回，报告江苏财政会议结果，以收支不合，支浮于收数凡四百万元，明年度议减少支出二百万元，已推委员九人，黄伯雨、史量才为正副会长，黄任之为核减审查股长，于一月十三号开会[②]议决应核减之各机关。科学社津贴费若在被核减之列，则社中一切事业势必根本动摇，故今晚理事会议决推杏佛明下午赴沪，恳渠岳赵竹君先生出面与史量才君磋商，并报告科学社一切事业及本年度预算支配（已酌改，即将还基本金数除去，其余费均加倍），一方望吾兄函致任之先生，嘱其万弗核减科学社补助费为荷。"(《全集》第22卷，第56页）

**12月** "东大口字房失火后，校内教授组织火灾善后委员会，杨杏佛被推举为七位委员之一。当时与科学社关系密切的文理科教授，如胡刚复、竺可桢、熊正理、任鸿隽、柳诒徵、萧纯锦、汤用彤等人，常与杨杏佛引为同调，在校内形成一股重要的反对势力，并在 1925 年成为倒郭派的骨干。他们反对

---

① 谢家荣，时任职于农商部地质调查所。
② 《全集》编者注：疑为"一月二十三日"，参见 1924 年 1 月 23 日作者致丁文江函。

郭秉文，尤其是以校董会为代表的校外名流和以校长为代表的行政威权对于教授群体参与校务的挤压，其根本是对东南大学办学模式的不满。"（牛力《道不同不相为谋：论东南大学时期郭秉文和杨杏佛的关系》，载《民国档案》2019年第 2 期，第 118 页）"杨杏佛在校内倡导教授治校。那些杨杏佛引为同调的东大教授，均为当时中国学界之精英，后来在易长风潮中成为倒郭派的重要力量。"（同上，第 121 页）

# 1924 年（甲子　民国十三年）　　35 岁

1 月　美国成立科学史学会。

中国国民党第一次代表大会在广州召开，实现第一次国共合作。

列宁逝世。

孙中山下令筹办陆军军官学校，委派蒋介石为筹备委员会委员长。

2 月　中日定立以庚子赔款办理对华文化事业协定。

教育部公布《国立大学校条例》。

3 月　青岛成立观象台，蒋丙然任台长。

李四光在《科学》发表《几个普通地层学名词之商榷》。

4 月　蔡元培在《北京大学日刊》发表《对英国退还庚款规定用途之意见》。

孙中山发表《建国大纲》。

5 月　美国第二次退还中国庚款余额的议案在众议院、参议院获得通过，总统柯立芝（Calvin Coolidge）批准。

孙中山派邵元冲等兼任黄埔军校政治教官。

7 月　中国国民党发表宣言，反对以庚款筑路、导淮，主张应有教育团体组织委员会保管该款。

中国科学社第九次年会暨成立十周年纪念大会在南京召开，发表宣言主张庚款用于科学研究。

全国各地掀起废除不平等条约运动。

8 月　教育部拟停派留美官费学生。

9 月 江浙军阀爆发齐卢战争。

中国国民党发表《北伐宣言》。

中国共产党发表第三次《对于时局的主张》。

第二次直奉战争爆发。

中华教育文化基金董事会在北京成立，推范源濂为会长。

《科学》出版"理化号"专刊。

10 月 冯玉祥发动北京政变，推翻北京直系政府。

《科学》出版"地质号"专刊。

中国气象学会成立，选举蒋丙然为会长。

11 月 溥仪被逐出宫。

孙中山发表《北上宣言》。

中国共产党发表第四次《对于时局的主张》。

中华民国临时执政府成立，段祺瑞为临时总执政。

12 月 孙中山扶病入京，发表《入京宣言》。

常驻地：南京

**1 月 1 日** 《申报》刊发南京消息："东南大学口字房失慎之后，教职员、学生各方面对于恢复校舍计划积极进行。前经教职员公议，各捐薪水一月，以助学校经费，已志前报。二十六日教职员又在化学室开会，组织善后委员会，公举竺藕舫、秉农山、柳翼谋等七人为委员，协同行政委员会规划一切。闻日内即须开会，讨论建筑新校舍入手之法云。"（《东大教职员之善后委员会》，载《申报》1924 年 1 月 1 日）

**1 月 4 日** 主持中国科学社第八次（临时）理事会，兼记录。"（一）杨君杏佛报告在沪托赵竹君、周美权诸先生与各方接洽，并一切经过情形。杨君并提议由理事会正式函致周美权君在沪与社款有关各方说项。一致通过。"

“（二）本社各种计划急须积极进行，如上海方面置地建设科学馆，南京方面收地建设博物院，均宜即日着手进行。”上海宋园收地事，推定胡敦复、周仁为上海购地委员。南京方面一致议决：函呈江苏省长，将朝阳门附近青年会自官产处所领地由科学社收买，为建设博物馆之用。到会理事任叔永、杨杏佛、胡刚复、秉农山、王季梁、过探先。（《中国科学社第八次理事会记录》，上海市档案馆藏件 Q546-1-63；《董理事会》第 34 页）

**1月8日** 《民国日报》刊发消息，报道“中国科学社新发展计划”及本年度新职员与理事。该社本年新选出新理事胡刚复、杨铨、竺可桢、王琎、赵元任、秦汾六人，合留任理事任鸿隽、孙洪芬、秉志、丁文江、胡明复五人共十一人。举定社长丁文江、书记竺可桢、会计胡明复、副会计王琎。

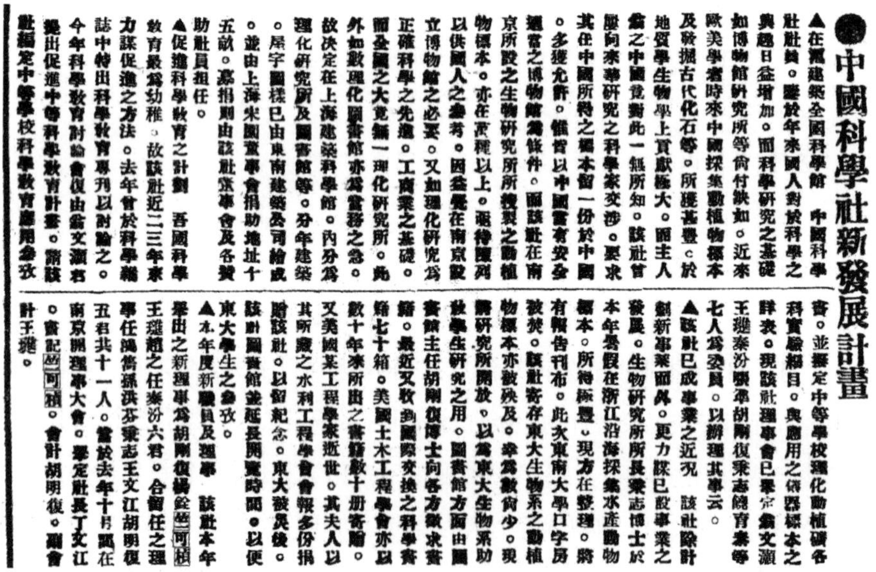

●中國科學社新發展計畫

▲在籌建築全國科學館　中國科學社社員。鑒於年來國人對於科學之興趣日益增加。而科學研究之基礎如博物館研究所等尚付缺如。近來歐美學者時來中國採集動植物標本及發掘古代化石等。所獲甚豐。於地質學生物學上貢獻極大。而主人翁之中國竟對此一無所知。該社曾屢向來華研究之科學家交涉。要求其在中國所得之標本留一份於中國。多獲允許。惟皆以中國當有妥適當之博物館為條件。而該社在南京所設之生物研究所所搜集之動植物標本。亦在萬種以上。亟待陳列以供國人之參考。因益覺在南京設立博物館之必要。又如理化研究為正確科學之先進。工商業之基礎。而全國之大竟無一理化研究所。此外如數理化圖書館亦為當務之急。故決定在上海建築科學館。內分為理化研究所及圖書館等。分年建築。屋宇圖樣已由東南建築公司繪成。並由上海宋園董事會捐助地址十五畝。募捐則由該社董事會及各贊助社員担任。

▲促進科學教育之計劃　吾國科學教育最為幼稚。故該社近二三年來力謀促進之方法。去年曾於科學雜誌中特出科學教育專刊以討論之。今年科學教育討論會復由翁文灝君提出促進中等科學教育計畫。而該社編定中等學校科學教育應用參致書。並擬定中等學校理化動植礦各科實驗綱目。與應用之儀器標本之詳表。現該社理事會已舉定翁文灝王璡秦汾楊銓胡剛復秉志饒育泰等七人為委員。以辦理其事云。

▲該社已成事業之近況　該社除計劃新事業而外。更力謀已設事業之發展。生物研究所所長秉志博士於本年暑假在浙江沿海採集水產動物標本。所得極豐。現方在整理。將有報告刊布。此次東南大學口字房被焚。該社寄存東大生物系之動植物標本亦被殃及。幸為數尚少。現將研究所開放。以為東大生物系助教學生研究之用。圖書館方面由圖書館主任胡剛復博士向各方徵求書籍。最近又收到國際交換之科學書籍七十箱。美國土木工程學會亦以數十年來所出之書籍數十冊寄贈。又美國某工程學家逝世。其夫人以其所藏之水利工程學會會報多份捐贈該社。以留紀念。東大被災後。該社圖書館並延長開覽時間。以便東大學生之參致。

▲本年度新職員及理事　該社本年舉出之新理事為胡剛復楊銓竺可楨王璡趙元任秦汾六君。合留任之理事任鴻雋孫洪芬秉志王文江胡明復五君共十一人。當於去年十月間在南京開理事大會。舉定社長丁文江。書記竺可楨。會計胡明復。副會計王璡。

图 121 《民国时报》报道中国科学社新发展计划

**1月9日** 出席东南大学教授会会议。郭秉文主席。（《南京大学校史资料选编》第二卷，第 213 页）

**1月上旬** 致张其昀书。谓：“四日来书接悉。所拟‘编辑凡例’，桢已阅过。对于欧亚两洲，破除旧习，毅然合而为一，自为正当办法。西人泥于历史上之习惯排亚之根性，往往截分欧亚为二，以致《俄国地理》两篇均载欧亚两洲，地中海沿岸亦划而为二，殊属有背自然。日本地处比邻，所占篇幅自宜较多。其人口之骤增，各国之排斥，有不得不向满蒙扩张之势，而非仅排日货所能抵制者也。地图表解以多为善，照片则印价甚贵，而揆诸往例，所印结果往往不甚佳，极宜加以选择。承赐目录，谢谢。所云 Johnston *The Outline of the World Today* 桢未见过，如尚佳，祈便中寄下一阅为荷。徐家汇 Richard 之《中国坤舆全志》再版上卷已出（法文）。"（《全集》第 22 卷，第 57 页）

**1 月 11 日** 主持中国科学社第九次理事会[①]。讨论在上海、南京两地接洽社款事。到会有孙洪芬、过探先、胡刚复、杨杏佛、秉农山、王季梁。（《中国科学社第九次理事会记录》，上海市档案馆藏件 Q546-1-63；《董理事会》第 35 页）

**1 月 14 日** 致张其昀书。谓："前书接悉。顷接商务总编辑王云五君来函（复任叔永[②]君信，任君东大已聘为行政委员会副主任，桢当时将足下原信寄往），关于编辑《世界地理》事，据云 '《高中地理》条件均可照办，字数以拾五万为限，但预支稿费一条不能行，须俟全稿或至少半稿交到始能开支，此系通例' 云云。未识足下对于上述条件以为何如？寄来《四明日报》已接悉，甚感甚感。司密司氏《人生地理》一书已嘱陈君带来，渠大约于旬日后始可返里也。关于《中国自然地理》方面，桢亟欲将雨量、温度两种材料重新整理，划全国为若干自然区域，但以上课及杂事太多，今年又加以科学社书记事，火灭后办理善后事情更多，竟无暇读书著述，更谈不到尝深了，自疚也。Little 书桢在美国时见过，系游记，无甚可采处也。Kropotkin 书徒闻其名而已，但 K 系地理学家，其书当有科学上价值。此外 Salisbury, Barrows and Tower 著 *Elements of Geography* 系 1912 年在 Henry Holt 出版，其中颇能将人文地文两方融会，多可参考之处，价在七八元左右。桢为东大在伊文思于二月购得一本，如需此书，可向上海一询。如上海无此书，桢于假中可将校中一本寄来。"

① 该记录稿前面大半部分，不是竺可桢手迹。
② 任鸿隽，于 1923 年冬离商务印书馆赴东南大学任职。

（《全集》第 22 卷，第 58 页）

**1 月 23 日** 致丁文江书。谓："财政会议已于今日议决，社款减去廿分之一[1]，其余如东大经费、地质调查费等等亦同等待遇。年会地点迄今未决。Grabau 可否有便时由吾兄介绍其为社员，且极望其于年会时能作论文也。科学社职员录、图书馆、生物研究所报告均印好，为开财政委员会用，已嘱白君[2] 寄奉一份矣。尊示接悉，所嘱恐不能胜任，勉强凑数则可。"（《全集》第 22 卷，第 59 页）

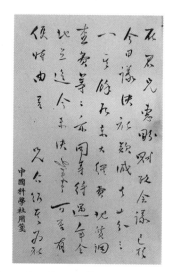

图 122 致丁文江函（1924 年 1 月 23 日）[3]

**1 月 25 日** 主持中国科学社第十次理事会[4]。"任叔永报告在沪上接洽社款经过，并报告苏省财政委员会会议结果，本社补助费裁去十分之一。"

"日本政府拟在中国设立对华文化事务局，科学社急应设法与之接洽。当议决一方致函教育部与日本文部省接洽，一方函请张溥泉、马君武二先生与文化局直接接洽。"

又讨论购买社外空地、收买朝阳门附近青年会所领地、年会地点等事项。

---

① 此处似有误，下文第十一次理事会记录中社款减去数目为十分之一。
② 即科学社文牍白伯涵。
③ 原件藏中国第二历史档案馆。
④ 记录稿不是竺可桢手迹，未署主席。

"年会委员推定柳翼谋、杨杏佛、竺可桢三君。"

"理事会请客次序抽定如下：柳翼谋、秉农山、竺可桢、胡刚复、王季梁、任叔永、过探先、杨杏佛、孙洪芬。"到会理事孙洪芬、王季梁、任叔永、杨杏佛、过探先、胡刚复、柳翼谋。"（《中国科学社第十次理事会记录》，上海市档案馆藏 Q546-1-63；《董理事会》第 36 页）

**1 月 27 日**　主持中国科学社第十一次理事会，兼记录。"（一）竺可桢君提议推定委员三人，办理前次议决与日本对华文化事业局接洽事情。当推定任叔永、杨杏佛、竺可桢三君。"

（二）对社中职员及各种社员之英文名称做出规定。

（三）由于苏省对科学社经费补助事提出"由教育厅派员前往视察，规定注重本省设施，以观后果"云云，当议决推定委员筹划各项事业，报告于下次理事会。其中"采习中等学校用动植矿标本，先从苏省着手，并印行博物实验说明，推定秉农山、竺藕舫二君为委员"，"测量苏省雨量，推定竺可桢君为委员"。到会理事胡刚复、过探先、王季梁、柳翼谋、杨杏佛、任叔永、孙洪芬（胡刚复代）。（《中国科学社第十一次理事会记录》，上海市档案馆藏件 Q546-1-63；《董理事会》第 37-38 页）

**1 月 28 日**　致张其昀书。谓："惠书接悉。商务编《高中地理教科书》事，已询任叔永君。据云商务无寄宿舍可以赁租，但与他人同租或独租一间为事甚易。馆中所藏书籍，当然可以参考，但恐地理方面为书无多。字数增加二三万言，亦无不可云云。合同已询王云五君，俟接复再告足下。东大十二、一月薪水已交陈训慈君寄来，想可收到。自一月份起各扣十二分之一，为火灭善后之用。"（《全集》第 22 卷，第 60 页）

**1 月**　汉译《科学大纲》（J. A. 汤姆生主编）第四册由商务印书馆出版，其中第 28 篇《地球之构成与岩石之系由来》，由竺可桢译。（《全集》第 22 卷，第 61-91 页）

**2 月 1 日**　《十二年九月南京气候报告》（附十月）刊于《史地学报》第 2 卷第 8 号。

**2月10日** 致张其昀书。谓："顷接手示，知足下不愿就商务专任编辑员，为玉体起见，桢亦以为然。云五先生〔处〕已去信辞复编辑事，足下抵沪后可与王君直接商酌。地学书籍尽已化去，近所购得者不过三数十份，日内即拟往欧美购买一百五十部左右。建设教室至今尚未着手，恢复原状恐非二年不为功也。贵邑张让三先生，桢耳其名久矣。犹忆拾八年前，在上海澄衷学校有同学张君美品，闻系乃郎，未识确否？张君如愿捐助珍藏图书，极所欢迎。"（《全集》第22卷，第92页）

**2月15日** 主持中国科学社第十二次理事会，兼记录。杨杏佛转述袁观澜（希涛）[1]拟请本社辅助苏省设施新学制中所规定之科学教育，任叔永主张将暑期科学讲习会事合并讨论，当即对听讲资格及所讲课程做了规定。到会理事孙洪芬、任叔永、秉农山、杨杏佛、王季梁。（《中国科学社第十二次理事会记录》，上海市档案馆藏件Q546-1-63；《董理事会》第39页）

**2月18日** 与任鸿隽代表科学社出席江苏省教育厅所召集的三团体（中华职业教育社、中华教育改进社、中国科学社）核减经费及审查苏省所施行事业会议。教育厅长蒋维乔（竹庄）主席，讨论如何使江苏得到三团体之利益。

与任鸿隽陈述中国科学社已办《科学》杂志及图书馆、博物馆、提倡科学教育、科学演讲皆与全国有关系，而以会所在苏之故，讲演调查，苏省较多。本年并拟在南京开一科学讲习会云云。江苏省教育会长袁观澜详述希望三团体于将来苏省教育十分帮助之点若干条。（《教育厅召集三团体会议》，载《申报》1924年2月20日）

会上各方对于科学社所办理之事业认为满意。"袁君对于科学社提出两种希望：（a）科学名辞审查会向赖教育部津贴，以资接济，近来业已停止，故年须亏一千五百元之谱。望科学社能补助一部分，以资维持。（b）科学社聘请一专任科学教育指导员，往苏省各中等学校视察科学教育，并指导改良方法。"（《中国科学社第十三次理事会记录》，上海市档案馆藏件Q546-1-63；《董理

---

[1] 袁观澜，时任江苏省教育会会长。

事会》第 40 页）

**2 月 19 日**　致张其昀书。谓："前寄一函（附合同两份）想可收到。顷接王云五先生寄来合同二纸，其中条件与商定者无差别，惟付款一层并未提及，因向例合同中本不能注定此项付款办法也。但有来往函件足为左证，想无问题也。合同如合尊意，祈径寄王君。渠函又托另觅一人史地、笔业、中英兼佳者，为常任编译员。桢拟请陈君训慈或唐君兆祥往任此职，陈君月薪大约照旧（七十元），如尚在籍，祈于便中一询，并示及为荷。"（《全集》第 22 卷，第 93 页）

**2 月 20 日**　主持中国科学社第十三次理事会并任记录。与任鸿隽报告 2 月 18 日出席教育厅所召集的三机关核减经费及审查苏省所施行事业会议情况。

会议对袁观澜在会议上所提两点意见进行了讨论。议决：（a）科学名辞审查会"日后如经费支绌，本社与其他各机关自当协同，量力补助。""（b）本年年会本社已设有科学教育委员会设施，此项事业拟即从江苏入手，分请各科专家先后往省立学校调查各科教授情形，以谋改良方法。一切办法由委员会计划进行。以上二项须函复袁观澜君。"

会议决定会后尚须作一正式报告，以及预算，一并交教育厅并请转呈省长，请省长交财政整理委员会核夺。当议决，报告应列入事项：（a）已成立或实行者，图书馆、生物研究所、《科学》杂志、通俗科学演讲、科学名辞审查、编辑"科学丛书"、采习动植物标本。（b）本年年会决定事项，科学教育委员会及工业咨询委员会所应施行之各项事业。（c）在计划之中者，采习中等学校用动植矿物标本（先从苏省入手）及编定试验说明、编定中等学校数理化实验课目及说明、组织科学巡环演讲团往苏省各处演讲科学、制造实验仪器模型、测量苏省雨量及经纬度、设立科学教授指导员。

关于太平洋协会将于本年 7 月杪在檀香山召开太平洋各国食物调查会议一事，该会干事已派任叔永为中国出席总代表，并望本社派代表出席。"讨论结果，经费方面尚需与各方接洽，接洽就绪，拟请秉农山君或竺藕舫君出席代表。"

到会理事任叔永、秉农山、王季梁、过探先、杨杏佛、胡刚复、柳翼谋（竺可桢代表）。(《中国科学社第十三次理事会记录》，上海市档案馆藏件Q546-1-63；《董理事会》第40-41页）

**2月29日** 主持中国科学社第十四次理事会并任记录。讨论年会各委员会名单及讲演者名单、年会地点与时间、办理免票、本社计划中各项事业预算等事项。到会理事过探先、孙洪芬、柳翼谋、任叔永、王季梁、杨杏佛、秉农山（杨杏佛代表）。(《中国科学社第十四次理事会记录》，上海市档案馆藏件Q546-1-63；《董理事会》第42-43页）

**3月10日** 致丁文江书。谓："昨函发后复接颁来快邮，知以前误会业已谅解。目前，朱、刘二君[1]既各有兼职，则专任苏省自难成事实。但弟意二君在苏时间必须规定，以免日后发生困难也。翌后尚未晤及，一切容后再述。"(《全集》第22卷，第94页）

**3月14日** 主持中国科学社第十五次理事会，兼记录。会议决定本月29、30两天在南京社所举行本年春季全体理事大会。又讨论安装无线电机及科学名辞审查会要求本社补助费经费事宜。到会者秉农山、过探先、柳翼谋、任叔永、杨杏佛、王季梁、胡刚复、孙洪芬。(《中国科学社第十五次理事会记录》，上海市档案馆藏件Q546-1-63；《董理事会》第44页）

**3月18日** 致丁文江书。谓："日前接手书，藉悉一一。苏省调查地质事，对于人才问题，弟等自初即无成见，徒以书邮往返，未免发生误会，甚足引以为歉。但目前各方既已谅解，兹事似可告结束矣。寄人现正赶制苏省五十万分之一图，一俟告竣，即可赴鄂。惟现正值苏省减政之际，委员会若不能于最短时期内作有成绩，经费一层殊无把握。故留宁委员日昨议定另方物色测量员，以便即日进行，未识尊见如何，尚希便中示及。科学社理事大会拟在本月廿〔九〕号在宁开会，现因各处减政，经费一项仍在恐慌之中，未识吾兄能到会否。"(《全集》第22卷，第95页）

---

① 朱、刘，指朱庭祜（仲翔）、刘季辰。

**3月21日** 为《南京气象年报》撰"序言"后半部分[①]。谓：

本报告编辑未竣，因授课忙碌而终止。乃本校口字房于十二年十二月十二日晨，突遭焚如，所有一切气象记录均付一炬。幸十一年度记录因正在编辑，故有副本一份，业已携出，十二年度除十一月十二月两月之报告外，均已石印，分送各处，尚可稽查。但两年中自记表所记之逐日气压、温度、湿度，则已与口字房同归于尽。十二年度十一月份及十二月一号至十一号之记录，亦同为余烬，无从恢复。无自记表之记录，则一日中温度、气压、湿度之变态，无从揣测。如八九两月，台风掠南京而过者达五次之多，因每日测候仅下午四时一次，故当台风经南京时，气压、温度之剧变，即无从悬揣。至于十二年度未经石印而焚化之记录，则使全年记录，残缺不全尤足引为遗憾。幸金陵大学方面对于气候亦有记录，虽所用之仪器、时间、所在之地点、记录之方法，各各不同。但以其所有，补其所无，亦他山之一助也，其详细情形，容于十二年度报告中述之。

本报告各日气候记录为鲁君直厚所测候，而校对抄录则由陆君鸿图董其事。本所设备简陋而系中诸人复无暇晷，专司其事，稿成仓卒付印，谬误之处知所不免，尚望读者有以教之。

民国十三年三月廿一日 竺可桢

(《南京气象年报》1924 年第 1 卷，第 1-2 页)

N.B.:—Before the present report could be finished, the University resumed its regular session, and no more time could be spared on it. A fire broke out on the morning of December 12, 1923, in the Main Hall of the University, and destroyed the office of the Department of Geology and Geography, where all the meteorological records were kept. Fortunately, a duplicate copy of the daily reading of the meteorological elements made during 1922 had been taken out and were thus saved. But all the records made in 1921, and part of the records made during 1923,

---

[①] 未收入《全集》。

with all the self-recording sheets were lost and could not be recovered.

The loss of the self-recording sheets is a great handicap, as the changes of the different weather elements during the passage of a typhoon or a cyclone, and the diurnal march of the temperature and pressure cannot be perceived from the single reading observed at 4 p.m..

On account of the fire and because of the fact that there was no one who could devote his whole time to the station, the report was unduly delayed in its appearance.

In conclusion I want express my thanks to Mr. L. S. Lu, who made the daily observation and to Mr. F. T. Loh who drew most of the charts in this report.

*March, 21 st 1924.*

3月29—30日　主持中国科学社春季理事大会（即第十六次理事例会），兼记录。29日下午开会。到会者[①]胡明复、胡刚复、秉农山（杨杏佛代表）、丁文江（竺可桢代表）、过探先、王季梁、孙洪芬。

"江苏教厅嘱本社于四月四日下午二时派代表至江苏教实联合会，出席讨论提倡科学教育事，当推定王季梁、张子高、胡刚复、秉农山、竺可桢、任叔永六君为出席代表。"

30日上午继续开会。到会者任叔永、胡明复、孙洪芬、杨杏佛、王季梁、胡刚复、丁文江（竺可桢代表）、秉农山（杨杏佛代表）、过探先。

"讨论任叔永君'派员赴檀香山太平洋食品讨论会'提案，议决暂时不派代表，但一方面征求论文仍可积极进行。当推定赵石民、秉农山、竺可桢三君为征求及审查联合太平洋食品讨论会论文委员。"

"任叔永君提议'变更预算案'，竺可桢君提议'测量经纬度案'及杨杏佛君'改本社理事会书记为主任干事及送生物研究所主任聘书案'，以均与预算有关，合并讨论。"讨论结果：

（甲）本社除原有之事业外，应积极进行下列各项事业：调查科学教育、科学讲习会、夏季采集动植物标本、监定江苏雨量、测定江苏各县经纬度、开

---

① 到会者漏掉杨杏佛的名字。

展巡回科学演讲。此外，卫生食品检查所及制造科学仪器模型两项俟筹有经费后进行。

（乙）生物研究所、图书馆及编辑部各部主任均改为聘任案，讨论后通过。

（丙）本社所雇职员概发聘书，每年送发一次。

（丁）理事会书记改为主任干事案，以与社章相抵触，必须修改社章方能更变，议决付审查。"当推定王季梁、任叔永、竺可桢三人为审查委员。"

（戊）本社本年度预算已有增修之必要，"推定胡明复、过探先、杨杏佛三君为修改预算委员。"

下午继续开会，讨论议决生物研究所招收研究生、修正通过增修预算委员会报告、因往各银行支取款项往往极费周折推定杨杏佛等三人为催款委员。（《中国科学社第十六次理事会记录》，上海市档案馆藏件 Q546-1-63；《董理事会》第45-46页）

**4月9日** 致丁文江书。谓："前惠书敬悉。前次理事大会各项提案因其均与预算有关，故在会中一并讨论，其结果为改正之预算。预算业已油印，偕科学社在苏省进行计划一同寄上，想可收到矣。近日为日本文化局事，南方各机关如科学社、东大及教育会等，于今日在沪集会，讨论将来推举评议员办法，社中已推叔永赴沪，并嘱明后就近出席。北方各团体对于此事未识进行至如何程度。日前服部过宁时社中曾请其参观，探渠口气，似京沪两机关业已决定，将来南京或可得设一博物馆。近闻日人朝冈又将北上，在宁将不作勾留矣，望兄能于便中往晤，否则乞转托景阳或咏霓为荷。"（《全集》第22卷，第96页）

**约4月上旬** 致丁文江书。谓："前示敬悉。《意见书》[①]已向各方征求同意并签名，附上两份，系托孙洪芬、查啸仙二君分头接洽者。弟所接洽之一份，因托友人在河海一方面签字，故迟数日始能寄奉也。叔永已于日前返宁，其在沪时，会议结果想叔永已函及。近闻南方诸团体已决定派代表至北京，于

---

① 《意见书》，指自然科学界人士联名发表对日本退还庚款在华设立自然科学研究所一事的意见，此时正在征求签名。

廿二号与北方各团体聚会交换意见，并组织一全国评议机关，袁观澜兼任之，拟不日北上。本社于日前开临时理事会，决定推吾兄及景阳二人为出席代表，届时务乞吾兄赴京出席，并邀景阳为荷。"

"又启者：东大会计处胡君，前在杭垣商业学校毕业，在东大任事业已多年，现闻中兴煤矿总公司会计处正在物色一会计员，嘱弟函吾兄代为设法。如固有相当机缘，乞示复为盼。事极琐屑，但因前途嘱托再□，故函及。"（《全集》第22卷，第97页）

**4月11日**　主持中国科学社第十七次理事会，兼记录。"胡刚复君报告：任鸿隽君在沪代表科学社，偕东南大学、全国教育联合会等代表，讨论日本文化局中国方面评议员之产生办法。"

"杨杏佛君报告：上海《中华新报》主笔张季鸾传来消息，谓日本文化局代表朝冈健极愿与科学社接洽，朝冈现已往北京，两星期后将来宁。当决定：致函日本驻南京领事林出贤，嘱于朝冈来宁时，先期通知本社，并约至社参观。"到会理事秉农山、王季梁、胡刚复、柳翼谋、孙洪芬、杨杏佛。（《中国科学社第十七次理事会记录》，上海市档案馆藏件 Q546-1-63；《董理事会》第47页）

**4月13日**　主持中国科学社第十八次理事会，兼记录。任鸿隽报告在沪出席南方各团体发起组织之对待日本文化事务局会议情形，当日到会者有东大、教育改进社、教育联合会及本社代表，议决组织一机关，定名为"中国对日退款文化事业协会"。该协会由具有资格的团体推代表组织之。拟于本月二十号以前召集会议。任鸿隽报告后讨论结果，"当以本社丁在君、秦景阳二理事现在北京，如各方赞同在北京开会，本社即可推丁、秦二君出席。"到会理事王季梁、任叔永、秉农山、胡刚复。（《中国科学社第十八次理事会记录》，上海市档案馆藏件 Q546-1-63；《董理事会》第48页）

**4月18日**　致丁文江书。谓："此次日本退款兴办文化事业，该政府已派朝冈健为调查中国文化之专使，现已赴京，且闻该使极愿与本社接洽。本社业与各团体组织一会，定名为'中国对日退款文化事业协会'，现在京师召集会议。兹经同人等公推先生出席，为本社代表参与是会，讨论文化一切进行事宜。"

"又者，此间社中诸人对于日本对支文化局意见，大致以为名称、组织均有未妥，如评议会应为全体的而非局部的，应为真正立法机关，能决定局中大政方针，而非徒负虚名之咨询机关。但欲发言有效，必先内部组织强有力之团体，能代表全国人说话而后可。近来为日本退还赔款事，国外包围使馆，国内要挟罢课，若各学术团体更欲谋把持一切，更足贻笑日人。科学社方面目前不望有特别之权利，但望将来能成立一机关，推举全国最适当之人办理研究推广事业。弟桢又及。"（《全集》第 22 卷，第 98 页）

**4 月 25 日** 主持中国科学社第十九次理事会，兼记录。"任鸿隽报告：日前晤袁观澜君，谈及在北京各团体对日文化局会议之结果（详见报端）并及年会时办免票事。"到会理事过探先、秉农山、王季梁、任叔永。（《中国科学社第十九次理事会记录》，上海市档案馆藏件 Q546-1-63；《董理事会》第 49 页）

**4 月 30 日** 主持中国科学社第二十次理事会，兼记录。杨杏佛报告在沪接洽理化研究所捐地募款事之情况。议决设立中国科学社上海理化研究所筹备处，并推定胡敦复等为委员，筹划一切进行事宜。到会王季梁、秉农山、任叔永、杨杏佛。（《中国科学社第二十次理事会记录》，上海市档案馆藏件 Q546-1-63；《董理事会》第 50 页）

**4 月** 为地质调查委员会事致函郭秉文。谓：

鸿声先生道鉴：

苏省补助本校地学系地质调查委员会本年度经费三千八百六十元，业已按月拨付。十三年度至十四年度经费虽有取消之消息，但近经张实业厅长在政务会议之疏通，该款业有恢复之希望。惟测量事业急待进行，现委员会拟聘地质调查员一人，月薪一百二十元，测量员一人，月薪五十元。调查员徐君厚甫自本月十六日起，业已来宁视事，不日偕测量员往外实测。惟该项合同，可否依据昆虫局前例，由学校出名聘任。委员会经济完全独立，有款按月发薪，无款校中不能接济。办法是否有当，祈尊裁示复为荷。此颂

近安

地学系主任 竺可桢 启

（《南京大学校史资料选编》第二卷，第308页）①

**5月9日** 主持中国科学社第二十一次理事会，兼记录。主要事项：（一）科学名词审查会来函，嘱本社派出医学、数学、动、植、矿5组代表，待该会召开年会时出席讨论名词，会议当即推出各组代表。

"（二）教育厅来函，请本社照原定计划派代表往苏省各省立中等学校调查科学教育。当以办法上尚有商酌之处，决定推任叔永君与蒋教育厅长接洽后再进行。"

"（四）社前空地地主索价每方六元，当请杨杏佛照价购买。"

到会理事杨杏佛、孙洪芬、任叔永、胡刚复、王季梁、过探先、秉农山。（《中国科学社第二十一次理事会记录》，上海市档案馆藏件Q546-1-63；《董理事会》第51页）

**5月11日** 致丁文江书。谓："惠书敬悉。教育改进社论文，弟因正忙赶科学社年会论文，无暇顾及，实属无以应命。师大史地主任白眉初著作丰富，吾兄不妨向前途征求也。科学社年会在即，询问社员到会与否之邮片不日可以发出，年会指南一星期内亦可以付印。惟免票事，近来进行达如何地步，尚乞于便中示及。又年会中展览事，拟征求各方科学仪器标本陈列。前咏霓已允将地质调查所中岩石矿物一份见赠，务望吾兄嘱其于年会前寄到（弟亦去信谈及）是荷。此外如他方有可陈列之品，亦望随时留神为感。年会时拟请范静生先生在十周纪念大会（七月二号）时演讲，未识渠能到会否，晤时亦请一询是荷。大会拟请演讲者除范外，尚有吴稚晖及咏霓接洽中之 Gherzi、Sowerby 等三人。对于人选如有高见，亦请函知。"（《全集》第22卷，第99页）

**5月11日** 致张其昀书。云："[前文缺失]即为推行正确之地学知识计，亦为善良之政策。盖坊间《初中地理教科书》虽汗牛充栋，错误杂出，犹其小事，其能懂得人文、地文两方之关系者，盖绝对无有也。去岁东大入学考试，

---

① 本函未收入《全集》。

选考地理者五百余人，诸如间岛在何省，片马在何处等常识问题，能答对者仅五分之一以至四分之一。可知平日开会游行全属一种冲动，苟不知间岛、片马之在何处，则其对我国国势上之重要更谈不到矣。欲祛其弊，则著良善之地理教科书，实为一法。惟著书不求其快，所谓欲速则不达也。北京《地学杂志》业已停刊，能支持最久一种出版〔物〕而任令中止，不禁为我国学术界叹。桢近在研究中国历史上气候之变迁，大致科学社年会前可以脱稿。《东方杂志》前虽应允作文，以事忙竟未着手也。所询《地质学》系谢家荣先生（北京地质调查所所员，现在湖北调查地质）著，年内当可出版矣。世界种族系统方面，桢素乏研究，不敢信口指定何种书籍为最精详。A. H. Keane *Man*：*Past and Present*，出版处 Cambridge U. Press，为言人种者所必备之书，*Britannica* 中人种一段当然亦可参考也。"（《全集》第 22 卷，第 100 页）

**5 月 14 日** 致丁文江书。曰："惠书接悉。白眉初君处，弟已去函征求论文，一俟得有复函，即当奉告。"（《全集》第 22 卷，第 101 页）

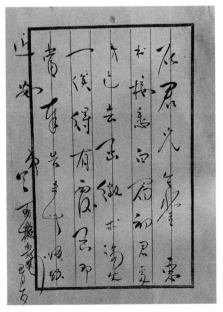

图 123 致丁文江函（1924 年 5 月 14 日）[1]

① 原件藏于中国第二历史档案馆。

**5月22日** 致丁文江书。谓："前上一函，想可达尊览。近为英美两国退还赔款事，弟与叔永、杏佛商酌，觉英美两国既拟用此款于文化教育事业，吾国学术界似应有相当之组织，对外可以取一致之态度，以免分头之接洽，对内则可以抵制政客利用之野心。此事下次理事会即当提讨论。刚复在沪时业与明复等商及，未识吾兄对于此事之进行组织意见如何，祈于便中示知为荷。"（《全集》第22卷，第102页）

**5月25日** 主持中国科学社第二十二次理事会，兼任记录。交通部、财政部已允拨与二等免票80张，为本社外埠社员赴年会之用。关于美国退还赔款事，科学社应设法与闻将来赔款之用途，决定推任叔永前往北京与美国公使接洽。到会理事过探先、孙洪芬、任叔永、王季梁、柳翼谋。（《中国科学社第二十二次理事会记录》，上海市档案馆藏件 Q546-1-63；《董理事会》第52页）

**约5月** 致丁文江书。谓："前上一札想可达尊览。年会到会社员以用沪宁、沪杭两路为最多，而两路返无免票。务请吾兄转商交通部，要求照例给予免票。如万不能，亦须办到半票。《年会指南》六月拾号以前当可发出，校董方面，俟指南印好后当函请赴会也。"（《全集》第22卷，第132页）[①]

**5月31日** 《对日本退还赔款兴办中国文化事业意见书》在《民国日报》《申报》发表，为联署人之一。全文如下：

自日本朝野有退还庚子赔款，兴办中国文化事业之表示，中国人士以此举为中日人民亲善之基，文化互动之始，深惧万一措施不当，不特有负日本退款之美意，抑且重增两国人民之猜疑。故各团体及个人曾一再宣言，以中国国民对退款兴办文化事业之希望与主张贡献日本当局，促其采纳，惟所言多类主张而少办法。今日本来华调查文化事业意见之专员服部博士及小村、朝冈两氏，皆屡有尊重中国人士主张之表示。最近美国议会复正式议决以庚子赔款全数退还中国，日本当局既建议于前，必不后人。则兹事见诸实施，当不在远。同人谨总合各方人士之意见，草拟简明办法若干条，以作吾人最后之忠告。

---

① 《全集》编者注为"1925年5月"，应为"1924年5月"。

（一）**事业性质与名称** 此举为纯粹文化互助事业，自应完全脱离两国之政治及外交关系，从前所用"对支文化……"名称，易起文化侵略之误会，万不易用。同人以为最切合日本退款诚意之名称，莫如"中国文化事业协进会"。退还赔款，虽出自日本，而所欲兴办之文化事业，则完全为中国人士而设，名正言顺，自以"中国文化事业协进会"为当。

（二）**主管机关** 中国文化事业协进会中设理事会，为处理此项事业之最高机关，其职权为保管退还赔款、主持大政方针、通过预算决算，由中日两国学者组织之，中国十一人，日本十人，由两国之学术团体推选，呈请两国政府聘任之。另设理事长一人，由理事就中国理事中选出之。文化事业纯属学术性质，自当由专家管理。不特此项机关不宜附设于任何政治外交组织之下，即政治外交之人物，亦不当选作理事，庶学术独立精神得以保持。

（三）**办事机关** 中国文化事业协进会，当先就北平、上海、广州三地设立图书馆、研究所等。每一地点，当自成一文化中心，图书馆、研究所同时并设。盖为研究科学计，二者实为不可分离之物。又各研究所亦不易按区域分科，自然科学、人文科学随在皆有研究之材料与需要，若属于一隅，结果反致偏而不全，不如各地并设，可收互助合作之效也。

（四）**职员及研究员** 图书馆、研究所之主任由理事会，就中国专门学者中选定聘任之；研究所之研究员由中国学术团体之选举，再经理事会之复选聘任之。研究所得设研究顾问，由理事会聘请外国学者担任之。各地图书馆、研究所为便利执行起见，得设立联席委员会，管理两机关公司事务。委员会以两机关主任及理事会指定之委员组织之。各机关职员及研究员之必用中国人者，一以避日本代办文化之嫌，一以收中国增进文化之实。日本以亲善为怀，自必力求中国之获得实益。不愿以租界政策施诸圣神的文化事业也。

（五）**组织系统** 兹更就上述各点，草成"中国文化事业协进会"组织系统如下：

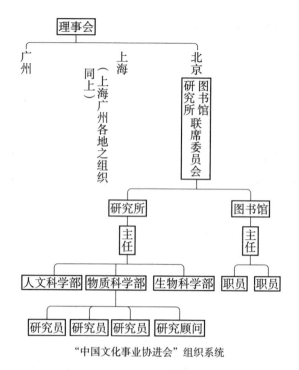

"中国文化事业协进会"组织系统

以上为所拟办法之大概，同人深盼日本朝野此次毅然决然退还赔款专办中国文化事业，树各国退还中国赔款兴办中国文化事业之先声，不特中日两国之友谊将因此日益浓厚，即世界永久和平之基，亦将由此奠定。苟假对支文化之名，行文化侵略之实，曰退还而仍不还，言亲善而终不善，则中国虽贫，何贵多此变相之同文书院，是弄巧反拙，欲亲转疏，既失信于中国，且贻笑于欧美，窃为日本不取也。谨贡所怀，幸日本人士鉴察而采纳之。

王云五、王琎、朱炎、朱楚善、朱经农、任鸿隽、吴玉麟、吴敬恒、杜光祖、余谦六、何尚平、何鲁、宋杏邨、宋梧生、汪兆铭、汪懋祖、竺可桢、秉志、周仁、胡明复、胡刚复、胡文耀、胡敦复、胡宪生、段育华、徐名材、徐佩璜、陶孟和、唐钺、梅光迪、茅以升、张廷金、曹惠群、张准、过探先、程瀛章、叶企孙、杨铨、熊正理、赵石民、郑宗海、谌湛溪。

（《民国日报》《申报》1924 年 5 月 31 日）

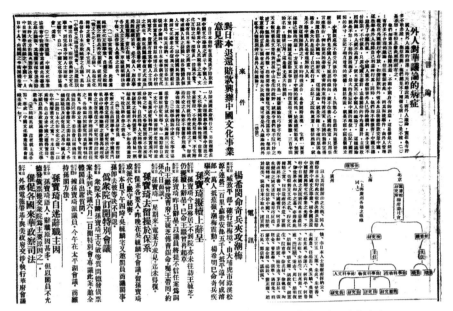

图 124 《申报》报道《对日本退还赔款兴办中国文化事业意见书》全文

**6月1日** 《数理化杂志》1924年第3卷第1期本日发行，刊登"指导员录"（以姓氏笔画为序）：

王 琎　竺可桢　胡刚复　茅唐臣　段子燮　查 谦　孙洪芬　张贡九

张 准　路敏行　熊庆来　熊正理　赵承嘏（以上在校内者）

何 鲁　段育华　Orrin H.Smith（以上在校外者）

**6月5日** 致丁文江书。谓："惠书接悉。沪宁、沪杭二路车票减半收价事，祈吾兄从速进行，以便转告到会社员。社员复函到会而需用两路车票者已达二拾五人，实数尚不止此。两路本有团体（拾人以上）来回半票办法，但最好能办到个人半票。如不能，则可由社中直接致函沪宁杭团体（公司要求）半票，谅可办到，但恐社员不能同出发或同时离宁，则团体票即不适用矣。开会在即，吾兄何日来宁，祈示知为盼。"（《全集》第22卷，第133页）[①]

**6月7日** 主持中国科学社第二十三次理事会，兼记录。"（一）关于英美各国退还赔款事，本社决定发表宣言，推定任叔永、胡刚复、杨杏佛三君为委

---

① 《全集》编者注为"1925年6月5日"，应为"1924年6月5日"。

员，草拟宣言。

"（二）年会新闻急应登入沪上中外各报，自本星期起即应每周送登新闻。当推定年会新闻委员杨杏佛、王季梁、竺可桢。

"（三）本社装置无线电接收机，官厅方面已有允可之意，应即着手建设。当推定张贡九、方子卫、胡刚复、周子竞、李熙谋五人（后又加入朱其清）为装设无线电委员。

"（四）本社社章有应修改之处，当推杨杏佛、胡明复、王季梁、任叔永、竺可桢五人为修改社章委员，拟定修改草案，提出年会。"

到会理事任叔永、杨杏佛、过探先、柳翼谋、王季梁、胡刚复、秉农山。（《中国科学社第二十三次理事会记录》，上海市档案馆藏件 Q546-1-63；《董理事会》第 53 页）

**是日**　致丁文江书。谓："快邮接悉。沪杭、沪宁票已嘱熊秉老[①]与当局交涉，甚感甚感。今日理事会决定，于七月二号上午开十周纪念会时拟请范静生先生作主席，乞吾兄先与接洽。渠如允诺，社中当正式去信也。关于各国赔款事，社中决定发一宣言，大致不外适之信中所说办法，但国立、省立及教会所办之教育机关似不应分润，未识吾兄以为何如。"（《全集》第 22 卷，第 103 页）

**6 月 16 日**　报载："中国科学社，新近装置无线电收音机一具，委员已推定张贡九、方子卫、胡刚复、周子竞、李熙谋五人，兹录其致委员会函如次。径启者。本社置无线电接收机，官厅方面业已谅解，应即着手建筑。兹经理事会公推先生为装设无线机委员。特此奉闻，并颂公绥。理事会书记竺可桢。"（《科学社研究无线电》，载《时事新报》1924 年 6 月 16 日）

**6 月 17 日**　中国科学社第九次年会筹备委员会发布年会职员公告："年会委员长任鸿隽，书记竺可桢，会计过探先，会程委员会丁在君、柳翼谋、任叔永、杨杏佛、竺可桢"。（《中国科学社年会预志》，载《申报》1924 年 6 月

---

① 即熊秉三。

17 日）

**6 月 19 日**　竺可桢、陈逸凡、胡刚复、叶企孙等十名教授也曾专门致函郭秉文，提出"修改组织大纲及改组评议会一案，迭经会议，推举委员会十一人起草。惟委员问题尚未决定。兹事关系甚大，不可久悬。谨以教授会章程第七条，以五人以上之提议，请即定期召集会议。"郭秉文在回复中以时近学期结束，校务异常繁忙为由，提议"俟下学期开学后，再行召集各会员，从长计议"。最后不了了之。（牛力《分裂的校园：1920—1927 年东南大学治理结构的演变》，载《中山大学学报（社会科学版）》2017 年第 57 卷第 1 期，第 83 页）

**6 月 20 日**　主持中国科学社第二十四次理事会及年会展览委员会、招待委员会，兼记录。经讨论，对年会指南上的时间安排有所更改。到会理事胡刚复、任叔永、秉农山、杨杏佛、徐韦曼（宽甫）、过探先、王季梁、赵石民。（《中国科学社第二十四次理事会记录》，上海市档案馆藏件 Q546-1-63；《董理事会》第 54 页）

**6 月 24 日**　《申报》刊发中国科学社第九次年会及十周纪念会上将宣读的社员之研究论文题目，其中有《中国历史上气候之变迁》（竺可桢）。（《中国科学社第九次年会近讯》，载《申报》1924 年 6 月 24 日）

**6 月中下旬①**　致丁文江书。谓："惠书接悉。致齐督军函已草就，不日寄李济之君。年会在迩，十周纪念（二号上午十时在金陵女大）秩序单已付印，范先生主席，叔永报告经过历史，齐、韩、袁、黄、马②演讲，最后即为吾兄之演讲及答辞。论文可靠者已有二拾余篇。沪、杭、宁票事尚无头绪，如一二日内办不到个人半票，只可由社中要团体免票也。对于赔款事，已拟定两宣言，一种个人出名，日内可以寄京；一种科学社出名，年会以前发表。上海理化研究所事，已积极进行。"（《全集》第 22 卷，第 104 页）

---

① 《全集》编者将本函置于"6 月下旬"，因函中称免票"尚无头绪"，似离年会召开时间过近，现改置于"6 月中下旬"。

② "齐、韩、袁、黄、马"指齐燮元（江苏督军）、韩国钧（江苏省长）、袁希涛、黄炎培、马君武。后来袁、黄两人未到会。

**6月下旬** 丁文江来函①。曰：

藕舫兄足下：

　　顷由景阳兄转下尊函，并附会员名单（甲）（乙）两张均悉。查（甲）单各人车券均已发齐，现在弟处。惟（乙）单中，尚有吴蔼宸、王子文、唐鸣皋、李寅恭四人之车券未曾发下，或系请票时未经列名之故。其余（乙）单各人车票共四张，兹遵命寄上，即请转发应用。又（甲）单券共十一张，及其他会员共二十张，均暂存弟处，以便随时转发也。兹将弟处现领车券人名另列一张附上，以备参考。何人需用，请即随时函弟处索取可也。匆匆即请

筹安

弟　丁□□　顿

　　附车券名单一张，车券四张。

　　车券清单　○记号［表示］随函寄上　　△记号［表示］径寄本人

○江泼　○江夫人　○董时　○董夫人　丁文江　○姜立夫　△顾世楫
○邱荣斋　○凌冰　△经利彬　○薛桂轮②　○徐允中　△杨培芳　○翁文灏
△饶育泰　○孙学悟③　○沈鸿翔　○卞肇新　○孙昌克　○罗英　○严仁
曾　△金秉时　○薛绍清（津浦、京奉共二张）　丁人锟（津浦及京奉共二张）
□□□

（中国第二历史档案馆藏件 3044-110）

**6月下旬** □□□④ 来函⑤。谓：

藕舫先生惠鉴：

---

① 原函稿未署日期，因年会开会日期为7月1日，故将此函稿置于6月下旬。原函后仅署姓氏，编者以□□表示缺失之名。
② 薛桂轮（志伊），时任南开大学教授、矿科主任。
③ 孙学悟，时任黄海化学工业研究社社长。
④ 复印件上缺失致函者。编者对缺失人名暂时以□□□表示，下同。
⑤ 该函稿存于前面丁文江致竺可桢函稿之后，所述内容相同，推测书写该函者似为具体办理车券事宜的工作人员。

敝处代发半价车券，除在津如甲单所列已送交外，其余或无确实地址或已他往，均无从探送。兹将一部分存券十八张开乙单，一并附奉，即乞察收，并祈尊处设法径投为荷。此颂

筹安

□□□

附单二件，半券十八张

甲、

江浚　江夫人　顾世楫　薛桂轮　邱崇彦　孙昌克　罗英　金秉时　饶毓泰

以上九位免票，已在津径送。

乙、

计开

杨培芳（津浦）　卞肇新（津浦）　薛绍清（京奉、津浦）　经利彬（津浦）廖慰慈（津浦）　窦维廉（津浦）　翁文灏（津浦）　严仁曾（津浦）　沈鸿翔（津浦）　熊梦宾（津浦）　顾璐（津浦）　丁人锟（京奉、津浦）　董时（津浦）　董夫人（津浦）　孙学悟（津浦）

以上十五位无从探送。

计附上免票共十七张。

（中国第二历史档案馆藏件 3044-110）

**6 月下旬**　致丁文江书。谓："昨接颁来快邮，悉玉体近颇不适，宁中同人闻之均极关心。开会在即，诸事均待主持进行，深望尊恙不日霍然，如期莅会，至盼至盼。"（《全集》第 22 卷，第 105 页）

**6 月 28 日**　报载中华教育改进社第三届年会筹备情形。年会定于 7 月 3 日至 9 日在南京举行。年会主任王伯秋，副主任任鸿隽、徐则陵。编辑组正、副主任分别为汪存典、程湘帆。讯问组正主任张子高，副主任郑晓沧、竺可桢。（《中华教育改进社年会之筹备》，载《申报》1924 年 6 月 28 日）

**6 月 29 日**　致张其昀书。谓："日前陈君叔谅返宁，得读近著《世界

地理》。桢以科学社年会在即，赶写论文，筹备一切，不及遍读，但觉取材甚富（为初中似过丰），而能贯通中外，极为欣慰。惟桢所见各部均为地文学 Physical Geography 或人生地理 Human Geography，而非世界地理 Political Geography，未识其后尚有几部？ Human Geography，桢意译'人生地理'似较善。天文与地文、人文绝对不能〔同等〕对待。'天文'自成一科，'地文'尚可独立，'人文学'无此名称。'地文地理'名称已近重复。新出之《人生地理学》（如 Huntington: *Principles of Human Geography*），其中包含天、地、人三者，不过以人生为主而阐明天地与人之关系而已。潜浦局所出之《杭州湾》书，关于钱塘潮极有参考价值。今晨又接惠书，知 Index 及表明参考书两层均已实行，甚善甚善。"（《全集》第 22 卷，第 106 页）

**7月1日** 与任鸿隽领衔，由二十七位学者联署《中国科学社对美款用途意见》于《申报》发表，主张美国第二批退还庚款用于筹办科学研究事业，成立基金会之前应该先对用途和保管方法订出大纲协定。全文如下：

中国科学社社员任鸿隽等关于美国退还赔款用途之意见云：退还庚子赔款之举，一九〇七年美国既实行于先，近且举其所余部分，一律退还。退还条件，除限定用于教育及文化事业外，不涉他项。其慷慨仗义之情，与扶植文化之意，皆吾人所同深感佩者也。唯自第二批退还赔款之消息传布以来，国内对此杯羹图沾余润者固不乏人，至对于此款用途及保管方法之讨论，则阒寂未有多闻，虑非友邦助我及吾人自助之意也。兹就寻同人管见所及提出两事，期与海内外学者等商榷之。

（一）**"赔款之用途"** 赔款用途，限于教育与文化方面，此已决之问题也。顾教育文化范围甚广，今欲此款用之得当而最有利益，不可不先定几个原则。①此款为数无多，不宜过分，分则力弱而效微。换言之，即不宜兼顾多种事业是也。此款宜用于学术上最根本最重要之事业，使教育文化皆能得有永久独立之基础。同人管见，以为合于上两个原则，莫如用于纯粹科学及应用科学之研究。而实施此种研究之办法，尤以设立科学研究所为最适于需要。其理由如下：（A）科学研究为吾国所最缺乏，而吾国各种事业如教育实业，皆有□

于科学之研究，故在吾国又为最根本而最重要。（B）科学研究之设备及维持，需费颇巨，断非今日民穷财匮之中国所能倡办。（C）科学真理，为世界的公共的，此种研究如有结果，世界人类悉受其福，最合于退款者发展文化之盛意。至此种研究所如何组织与设置，则当俟两国委员会决定，兹暂不及。

（二）**"赔款之保管"** 保管赔款，须设基金委员会。此事似亦有一致意见，无待赘言。显此委员会如何组织，职权若何，委员如何产出，则尚未有相当办法。同人之意，以为有此委员会成立以前，宜由两国政府征求两国学者及教育家之同意，规定办事大纲，将款项用途原则，及支配方法大略订定。而委员会则在规定之范围以内，行使其职权。此举亦有数善：①发展教育与文化，为两国永久共同举办之事，不可不博采两国之舆论，以定进行方针。②委员人数及分配虽属未定，以意揣之，中美人数必略相等。若于所办事业，漫无标准，恐争执之际，无所取裁。③有协定之大纲，则委员会办事有所依据。即政府与社会，亦得就其标准为相当之监督。至委员之资格务须从严，非研究学术确有心得及办理教育实业确有成绩之事业家，不克当选。国内团体已有先同人而言之者矣，或谓委员选举既得其人，则一切办法自可由委员会自行主持，似无先定大纲之必要，不知委员之产出如何而始称尽善。此问题之解决，似较协定大纲为尤难。况以千数百万之钦，百年文化之业，托之此委员会，贡任綦重，少有不当，流弊且至无穷，不独黄金虚牝已也，故与其听之少数人之临时决策，无宁付之多数人之详细讨论，事之孰得孰失，不待智者而后知也。

上列两端，（一）赔款宜以之筹办科学研究事业，（二）委员会未成立以前，宜先有事业之大纲协定，为同人对于此次美国退还赔款之用途及保管方法具体意见，谨披陈如右，唯海内外贤者察焉。

任鸿隽 竺可桢 王琎 秉志 胡敦复 周子竞 宋梧生 宋杏邨 何奎垣 沈星五 杨杏佛 朱经农 唐擘黄 段抚群 胡刚复 胡明复 钟心煊 张慰慈 张峻 曹梁厦 王云五 陶孟和 程寰西 何柏丞 叶元龙 陈淮钟 胡宪生

（《申报》1924 年 7 月 1 日）

**7月1—5日**　出席在南京举行的中国科学社第九次年会及成立十周年纪念会，任年会书记及会程委员会委员。(《年会记录》第112页)

**1日**　下午五时举行开幕式。由丁在君社长提议推举为主席，即登台略述本社主旨，及本届集会之特趣，谓计报名到会者一百余人，今日虽只到四十余人，大约明日尚有多人到会云。次由南京、北京、上海社友会代表致欢迎词。出席社员有任鸿隽、丁文江、翁文灏、胡刚复、过探先、徐宽甫、杨铨、熊庆来、王琎、王家楫[①]、杨孝述、孙洪芬、周仁、梅光迪[②]、张准、胡敦复、叶企孙、陈衡哲、胡明复、丁绪贤[③]、饶毓泰、姜立夫[④]等八十余人。(《中国科学社第九次年会及成立十周纪念记事》，载《科学》第10卷第1期，第142-143页;《年会记录》第113页)

**2日**　上午九时，赴金陵女子大学，出席十周年纪念大会。齐抚万督军、韩紫石省长到会。范静生主席致开会词，任叔永报告本社经过，齐、韩、马君武相继演说，丁在君致答词。

下午参加社务会，作《中国科学社理事会书记报告》，摘要代读美国分社报告。继又报告本年司选委员，以年会开会时期过早，故仅能发一次通告，以致有三位候选理事之名，未曾列入选举单中。如未投票或已投票而愿改投者，乞将选举票于明日投匦。杨铨临时提出对英美日退款用途之议案，议决用本社名义发表宣言，并委托理事会办理此事。晚五时与十时，董事会召集特别会议，讨论宣言内容。(《中国科学社第九次年会及成立十周纪念记事》，载《科学》第10卷第1期，第143-145页;《年会记录》第116页)

所做《中国科学社理事会书记报告》，从新事业之发展、发表对于各国退款用途之宣言、筹备设立理化研究所、太平洋科学联合会邀请本社出席、印行《中国科学社概况》、新社员统计、社所保火险等七方面阐述了社务工作。(《全集》第22卷，第107-109页)

---

① 王家楫，时任中国科学社生物研究所助理。
② 梅光迪，时任东南大学西洋系主任。
③ 丁绪贤，时任北京大学化学系教授、系主任。
④ 姜立夫，时任南开大学数学系教授、系主任。

图125　出席中国科学社第九次年会及十周年全体
代表合影[1]

**3日**　下午三时出席理事会并记录，丁文江主席。讨论明年年会地点与修改章程，推定下年度查账员与下届司选委员。

**4日**　上午出席宣读论文会。宣读《南宋时代我国气候之揣测》。文中研究了终雪日期和大寒年数，并和唐代、明代、现代作了比较，推断出南宋时代是历史上的一个寒冷时期；还分析了太阳黑子对气候变化的可能影响。该文1925年发表于《科学》第10卷第2期。（《全集》第1卷，第457-465页）

下午出席社务会，任鸿隽主席。通过北京大学古生物教授兼北京地质调查所所员葛拉布为特别社员，袁观澜为赞助社员。后讨论年会地点及组织编辑部问题。（《年会第四日记事》，载《科学》第10卷第1期，第147-148页）

叶笃正评述："1925年他发表了《南宋时代我国气候之揣测》，在这篇文章里他根据当时春季终了日期较迟和大寒年较多的历史记载，推测出南宋的气候比唐代、明代和现代要冷。此后，在我国历史气候变迁方面他又发表了数篇

_____

①　取自《科学》第9卷第4期。

有价值的文章。竺先生从经史子集、考古资料、方志、名人游记和日记等中，广为收集关于我国历史上有关气候的记载加以整理，经常年积累，建立了一套比较完整的中国历史时期气候资料。"（叶笃正《竺可桢先生——我国近代气象学、地理学的奠基人》，载《先生之风 山高水长》第4页）

施雅风评述："1924与1925年是竺可桢研究气候变化的第一次高潮，《南宋时代我国气候之揣测》、《中国历史上气候之变迁》、《中国历史上之旱灾》三篇研究论文和《日中黑子与世界气候》介绍性文章，均发表于1925年，其中《中国历史上气候之变迁》并用英文在美国《地理学评论》刊出。竺可桢广泛阅读而分析有关历史文献的形成条件，慎重鉴别，力求统计基础的良好可靠。他认为南宋时的气候较现代和唐、明两代为冷，黄河流域雨量减少而亢旱，长江流域雨雪丰盛，其原因可能在于风暴路线南移。分析我国二千年来的水旱资料，认为我国4、6、7世纪比较干旱，12至14世纪比较湿润，15世纪又较干旱。和欧洲、中亚、北美的气候变化资料比较，认为我国历史上的温度变化和欧洲同步。竺可桢还介绍了太阳黑子变化与气候变化相关比较，认为温度变化与日中黑子数成反比，但雨量变化在长江流域则随黑子数的增加而增加，在黄河流域则呈相反趋势。这一方法，目前仍为部分学者所采用，虽然其机理至今仍不很清楚。"（施雅风《南高东大时期的竺可桢教授》，载《纪念文集》第83-84页）

王鹏飞评述："在自然气象史方面，1924年他根据二十四史中降雪的记载，发现南宋降雪次数最多（134年内降雪41次），终雪日也晚，与同时的欧西，同属气候较冷时期，认为这是与那一时段太阳黑子多表证的风暴也多有关。"（王鹏飞《竺可桢和科学史研究》，载《先生之风 山高水长》第99页）

张家诚[①]评述："早在1925年他在《南宋时代我国气候之揣测》一文揭开了用我国丰富气候史料研究古代气候的序幕。在这篇论文里，他研究了终雪日期和大寒年数，并和唐代、明代、现代作了比较，推断出这是历史上的一个寒

---

① 张家诚，气象学家。曾任国家气象局气象科学研究所所长，气象科学研究院副院长。

冷时期。他还分析了太阳黑子对气候变化的可能影响。从此时起直至三十年代初期，他相继发表论文，整理并分析了我国东部 2000 年来的水旱史料。他认为我国气候是经历着干湿交替的变化和冷暖交替的变化，呈现着波动性。"（张家诚《竺可桢在我国气候学发展中的贡献》，载《报告集》第 92 页）

林伟的研究指出：出生于 1888 年的布鲁克斯跟竺可桢年龄相仿，研究兴趣也是在气象学和气候学方面。布鲁克斯长期就职于英国气象局，被认为"可能是他那个时代著述最为丰富的气候学家"。他在气候变迁方面的两部代表作《气候的演进》和《古代气候》分别出版于 1922 年和 1926 年。这个时期也正是竺可桢利用中国古代典籍中的相关材料，着手从事历史气候学研究的开始阶段。竺可桢与布鲁克斯都关注到了彼此的学术成果，并分别在各自的著述中引用并高度评价对方的研究。竺可桢从 1924 年发表的第一篇有关气候变迁的论文《南宋时代我国气候之揣测》到 1972 年的"毕生之作"《气候变迁》，几乎每一篇有关气候变迁的论文都会引用布鲁克斯的研究。他评价布鲁克斯在欧洲历史气候学领域是"20 世纪前半期最有成绩的作者"。竺可桢将自己从中国古代典籍中统计出的气候变化情况与布鲁克斯有关欧洲气候变迁的研究做对照，发现中国与欧洲有相似的规律，"二者不约而同，足可以互相印证"。（林伟《知识的跨国流通：竺可桢对哈佛大学地理学传统的继承与发展》，载《自然科学史研究》2023 年第 42 卷第 3 期，第 342-343 页）

**7 月 2 日**　出席中国科学社第二十五次理事会并记录，丁在君主席。"丁在君君提议，推秦景阳君为调查苏省科学教育及测定经纬度执行委员。"

对于美国赔款事，"大多数意见均以本社宣〈年〉〔言〕中应先将支配赔款用途原则说明，然后进而述组织中美委员会之方法，则将来委员会即可依原则支配款项。由丁在君君推杨杏佛君起草作一宣言，由理事会通过发表。"到会理事任叔永、胡敦复、胡明复、胡刚复、方子卫、宋梧生、王季梁、翁文灏、杨杏佛、周仁。（《中国科学社第二十五次理事会记录》，上海市档案馆藏件 Q546-1-63；《董理事会》第 55 页）

**7 月 6 日**　出席中国科学社第二十六次理事会并记录，任叔永主席。增推本社科学教育委员会委员及推定科学教育执行委员。议决社中设立征求委员会、设立职业介绍部、对编辑部除原有预算外每年补助 1 200 元作为特约论文酬资等事宜。司选委员何鲁报告任鸿隽等五人当选理事。到会者丁在君、翁咏霓、何奎恒、胡敦复、胡明复、胡刚复、王季梁、杨杏佛、过探先。(《中国科学社第二十六次理事会记录》，上海市档案馆藏件 Q546-1-63；《董理事会》第 56 页)

**7月8日**　出席中华教育改进社第三次年会地理教学组第五次会议。首先演讲《近来地理教学之趋势》，大旨谓教授地理宜注意于自然与人文之联络，方能化板为活，一洗枯燥之弊。继讨论议案。韦润珊主席。

议决案件：卢斐然提议之"倘以地理为高中必修科，选择教材之标准，应如何？"提议组织委员会，多数赞同。当即与卢斐然、韦润珊、谭廉、王益崖同被推举为委员。王郁文提议之史地名词急宜划一，以利教学案。经众表决，预设地学译名统一筹备委员会，与谭廉、卢斐然同被推为筹备员，刘崇铉（寿民）[1]、俞易晋（肇康）[2]为预备员。

分组会议散会后，招待各位参观东大地学系，并召开地学译名统一筹备会，被筹备委员推举为委员长。议决：请东南大学史地学会发起联络国内与地学有关之重要机关，组织"地学译名统一会"。详细办法，嗣后函达。(《第十四地理教学组》，载《新教育》第 9 卷第 3 期，第 566 页)

**7月13日**　次子竺衡（希平）出生。

**7月14日**　主持中国科学社第二十七次理事会，兼记录。杨杏佛报告"为交涉社所永远归为社有事，与官产处处长曾孟朴君商定两种办法，(甲)请军、民两长电财政部拨社所为本社所有，(乙)由两长拨给社所与本社，同时往财政部备案。讨论后结果：请曾君酌量进行。"

杨又报告丈量科学社门前田亩情形及价格问题，讨论后通过。

---

① 刘崇铉，时任南开大学历史系教授。
② 俞易晋，全国知名地理教师。

推定李熙谋、杨允中、杨季瑭①、周仁、裘维裕（次丰）②、叶企孙等为整理电机名词草案委员，李为委员长。到会理事王季梁、胡刚复、任叔永、秉农山、过探先、杨杏佛、孙洪芬（竺可桢代）。（《中国科学社第二十七次理事会记录》，上海市档案馆藏件 Q546-1-63；《董理事会》第58页）

**7月15日** 致丁文江书。谓："顷接快邮，悉景阳不能担任调查经纬度及科学教育事，同时并推人自代。但调查人选之所以难者，以不相干之两事须同时并举。若分头进行，弟个人虽亦赞成，但以经费及人选关系，势必在理事会搁浅无疑。且科学教育委员会方面业已推定景阳为调查委员，若另方物色，极难重选。且依社中环境而论，调查事业势在必行，为社中前途计，际此存亡危急之秋，景阳似亦应加以援手，除社中径函外，仍望鼎力劝驾是荷。人选解决后，社中即可备公文请齐督商参谋部借用北京仪器也。徐君拟购之昆虫局出版物，当商过探先君，嘱其不日寄上也。"（《全集》第22卷，第110页）

**7月16日** 发给菉家浜验磁台台长马德赉神父一张明信片。（图126，上海气象博物馆藏件）

图126 致马德赉神父明信片

**7月25日** 主持中国科学社第二十八次理事会，兼记录。对于秦景阳函

---

① 杨肇燫，字季瑭，1923年在北京德国西门子洋行任工程师。1925年到北京大学任物理系教授。
② 裘维裕，时任南洋大学教授。

辞苏省科学教育调查及测量经纬度委员一事，议决另方物色人才。到会理事过探先、杨杏佛、任叔永、王季梁。（《中国科学社第二十八次理事会记录》，上海市档案馆藏件 Q546-1-63；《董理事会》第 59 页）

**是日** 致丁文江书。谓："日前手书接悉。调查科学教育及测量经纬事，景阳既决意不干，社中只好另方物色人才，但对于人选问题颇为困难，今晚理事会讨论无结果。对于英美赔款宣言，已由杏佛拟就，不日由沪寄奉。Braban[①] 临行时所付旅费等九拾六元，社中议决只能认半数，余款如何办理，尚希尊酌。"（《全集》第 22 卷，第 111 页）

**8月1日** 主持中国科学社第二十九次理事会，兼记录。通过徐渊摩（厚孚）、马寅初为普通社员。推周仁为科学名词审查会基金监督团本社代表。议定函秦景阳嘱其推荐测量经纬度相当人物。决定发表杨杏佛所拟之本社对英美退还赔款用途之宣言[②]。到会有王季梁、秉农山、杨杏佛、过探先、任叔永。（《中国科学社第二十九次理事会记录》，上海市档案馆藏件 Q546-1-63；《董理事会》第 60 页）

**8月2日** 致丁文江书。谓："手示于昨下午接到，适于晚间开理事会，即议测量经纬度及调查教育事，决定分头进行，但对于请人专门测量经纬，叔永、农山颇多微辞，后以弟与杏佛坚持原议，始议定函景阳物色测量员，并嘱开具履历及所需月薪，一方并拟组织测量经纬度委员会，以襄助进行。但科学社若决计从事测量，自须用极精密之仪器及方法，所以人选方面极为各方所注意也。景阳处弟去信矣。对于英美赔款用途宣言，想已由沪上寄奉，不日当在上海各报社发表矣。闻美使休门，不日返美，社中拟请其在宁小作勾留，叔永已作函与适之，若适之在北戴河，乞一询。叔永已于今晨往牯岭，杏佛明日赴杭。东大工科业已取消，杏佛势必与东大脱离关系，弟等以杏佛身体于京沪均不相宜，兼之社务须一人奔走，揆诸公义私情，似不应任其离宁。昨晚商定，拟请其办理社务，酌量报酬，名称如何，现尚未定。弟俟东大考竣，须离

---

① 疑为 Grabau，即参加年会的葛拉布（葛利普）。
② 该宣言之英文稿刊登于 8 月 16 日《大陆报》（见本年 10 月 5 日致丁文江书函）

宁一二星期。"(《全集》第 22 卷，第 112 页）

**8 月 31 日**　杨杏佛致函赵志道，述："朋友到家者近甚少，因校中每日两次会，疲于奔命，更无暇高会家中也。军事皆见报章，近闻又有和议，不战不和再延数日，沪宁一带之人苦矣。此间日常见面者，为竺、胡刚、柳、任、熊 [ 指竺可桢、胡刚复、柳翼谋、任鸿隽、熊雨生。] 诸人。"(《啼痕》第 283 页）

**8 月中下旬**　致胡适[①]、丁文江书。谓：

适之、在君二兄台鉴：

惠书接悉。休门归程匆促，在宁未能稍作勾留。但闻孟禄[②]为接洽赔款事，不日（廿四号）行将抵京。社中已推定兄等及咏霓为代表，定期往晤，说明本社之历史、事业及对于支配赔款用途之意见。社中《概况》（英文）及对于赔款之《宣言》已寄咏霓处，望兄等与之接洽进行是荷。孟禄来宁时，望嘱其至社参观。叔永已于拾五号由牯岭返宁。杏佛下学期在商务另有编辑职务，但仍将常川驻宁为社服务，社中如何报酬，至今未定。测量经纬度，景阳已荐范春培君，闻住南京，社中已去询，未得复音也。专此，顺颂

秋安

弟 竺可桢 顿

（《全集》第 22 卷，第 113 页）

**9 月 1 日**　《对于中等学校地理课程之商榷》在《教育与人生》第 46 期发表。全文如下：

近两年来中等学校毕业生之投考东南大学者，均在一千五百人以上。其中选考史地公民学者，每年亦达八百余人。其成绩之优劣，虽不能以概论全国，然亦足以窥江浙诸省中等学校史地教育之一斑矣。关于地理方面，试题范围虽所包甚广，政治地理与地文地理二者兼而有之。但多数问题，均极浅近，竟有若干为初中、高小学生所应具有之常识。然考试结果，颇有出人意料之外

---

① 胡适，时任北京大学教授。
② 孟禄，美国教育家。1915—1923 年任哥伦比亚大学师范学院院长。时任中华教育改进社名誉董事，为美国在华代表。

者。苟依共和国之惯例，事事以众志为依归，使地理上之事实，而须取决于考生之意见，则片马将不在云南，月蚀由于日球行至月球与地球之间，而印度将移至南半球矣。夫千百人中偶有少数鲁鱼亥豕之答案，固不足为奇，但以吾国人近年来奔走呼号所力争之片马，而多数考生乃并不知所在之地点，则中等学校地理教育，洵有改良之必要也。

欲为补救之法，本文以限于篇幅，不能为详尽之讨论，举其荦荦大者，约可分为三端。

**一、中学地理钟点之应增加**　向来我国中等学校，注重国文、英文、数学三者。其余课程，等若赘疣。至近来鉴于科学之重要，始渐知注重理化，增加钟点，购置仪器，不遗余力，不可不谓好现象。但对于史地，则仍视若无足轻重。新式中学仅在初中一年级，有所谓混合地理，乃为必修科。苟不另选他科，则仅习此一年之地理，即能在高中毕业，其地理知识之不敷日后应用也可知。且混合地理不应在中学初年教授，因学生必须对于地学原理、本国地理与外国地理粗具常识，然后始可用演绎法，应用地学原理以观察中外各国地形气候，对于生物人类之影响。高小毕业生，对于地学尚乏基本知识，而贸然授以混合地理，中外杂陈，地文地理与人文地理并进，则听者将目眩头昏，而授者亦将无所措其手足。欲祛此弊，初中三年地理均应必修，予生以本国地理、外国地理与地学原理之基本知识。而混合地理，则在高中教授，与地文学、商业地理等，均作为选修课程。

**二、地理教授法之应革新**　地理一科，介于自然科学与社会科学之间，往往需仪器实验，及野外观测。而我国中等学校教授地理，竟有不备地球仪与世界地图者，分国分省地图无论矣。无怪学生之不辨印度之在南半球抑北半球也。至于地理材料，不患其缺乏，而患其所选不精。教地理学者，贵于能将地理上环境之影响及于人类与生物者，举而出之，明其因果。如东亚季候风，对于东亚农业之影响，雨量多少与人口密度大小之关系等等，斯方不失地理学之真谛。若纯为客观的描写，各国各省之面积、人口、山脉、河面、气候、生产、交通、都邑、风土、政治、宗教逐一叙述之，而不明其所以然，仅举毫无贯串之事实，而无线牵以联络之，则无怪乎闻者之索然寡趣，而视地理为琐屑繁芜之一种科目矣。凡遇与时事有关之地理上问题，如我国之旅大、片马，欧洲之鲁尔，教师讲授尤宜三致意焉。述其位置或出产之重要，明其争执之原因，使学生复按地图以明其行势，庶几一方可引起对于地学之兴趣，而同时授以国民应具有之常识。晚近收回旅大，已成为我国民之口头禅，但今年东南大学考试与试地理者凡八百三十七人，其中竟有十人谓旅大在直隶，三十八人谓在山东半岛，尚有一百三十六人，则谓旅大乃我国北方一个良好之军港也！

**三、教科书之应改良** 良好之中学课本，本不易得；而良好之地理课本则尤难。盖地理课本断不能如数学理化教科书之从事于翻译欧美、日本之名著，即以本国而论，适用于本部之地理教科书未必适用于满蒙，适用于长江流域者，亦未必适用于黄河流域也。盖在中等学校教授地理，必须自迩及远，自已知推而及于未知，始能收事半功倍之效。是故欲得理想上完美之地理教科书，实为事实所难能。

退而求其次，则地理课本亦须具有精确之事实与统计，适当之图表与地图，说明地学原理及其应用，指明各区地文地理与人文地理之关系。我国坊间所通行之地理课本，类多列举事实，而不加以解释。人文地文，判而为二。即所举事实亦有不甚精确者，而尤以地文地理为尤甚。如谓在地球上循一定之方向而行，能不回头而仍至原处（此为普通教科上地圆之一证）。夏季地球离日近故热，冬季离日远故寒。此等似是而非之说，几成为一般人士所公认之学理，则地理教科书之改良，又岂容缓哉！

（《全集》第 22 卷，第 114-115 页）

**9 月 10 日** 致张其昀书。谓："前寄一函，想可达览。兹日本赔款项下，一部已拨为遣派中国学生至日本考察之用。南京各校可合派二十人，东大得半数。派选以成绩为标准，文理科四人，农、教育各三人。桢与柳先生力荐足下，承东大当局允诺，不日当有正式函知。如足下愿赴日考察，即可从事预备，阳历十月间即须出发，与战事结果无关。领袖为王伯秋先生。此去虽在日不过一二月之久，但亦可为实地考察，并可搜罗日本新出之图书。桢意此机似不可失。闻川资每人五百日金云。"（《全集》第 22 卷，第 116 页）

**9月12日** 主持中国科学社第三十次理事会，兼记录。

科学社资金拮据。"因时局关系，江苏每月津贴之一千八百元，恐不能依时发给，本社经费不能不向他方设法。本社对于美国退款用途已发有宣言，并于上月推定翁咏霓、秦景阳二君出席于八月十九号北京所开之全国学术团体会议。该会议议决设立基金委员，美国在华代表孟禄业已赞成中美合组，中国九人，美国五人。全国十五学术团体在京选出中国代表十四人，请政府于其中选择九人。（十四人人名：蔡子民、范源濂、汪精卫、黄炎培、蒋梦麟、熊希龄、郭秉文、张伯苓、丁文江、袁希涛、李石曾、陈光甫、周贻春、穆湘玥。）政府方面减去蔡子民、汪精卫、张伯苓、丁文江四人，而加入顾少川①、施肇基、颜惠庆及陈光甫②四人。

"议决：本社对于政府所选中国方面之美国退还赔款基金委员表示不满，不赞成现任官吏之顾维钧、颜惠庆、施肇基加入其中。主张以票数最多之九人当选。一方面函知北京方面本社出席学术团体会议之代表，一方面函知上海胡明复君，于孟禄抵沪时与之商榷。"到会理事秉农山、王季梁、杨杏佛、任叔永、过探先。（《中国科学社第三十次理事会记录》，上海市档案馆藏件 Q546-1-63；《董理事会》第 61 页）

**9月14日** 致柳诒徵、杨铨书③。谓："弟因事明晨须往沪一行。交际部方面每日下午三时饬介往美国领事馆探消息，下午五时至金陵方面取日刊，乞嘱校役正常进行。若风声紧急时，弟已嘱女师学生现有四人（学生二人，职员一，小孩一）至杏佛兄处，望带至汇文为荷。""又者，本校特别生王素贞（现住鸡鹅巷四号）亦欲住汇文，弟亦函嘱其于风声紧急时访杏佛兄。"（《全集》

---

① 顾少川，即顾维钧。
② 陈光甫已列于前述十四人中，此处有误。
③ 1924 年，直系军阀齐燮元与皖系军阀卢永祥为争夺势力范围，于 9 月 3 日爆发了江浙战争。战争进行之时，南京方面形势十分紧张。9 月 15 日，竺可桢因事去上海，临行前致函柳翼谋和杨铨，托付杨当风声紧急时将女师学生等人带至南京汇文女中。

第 22 卷，第 117 页）

**9 月 15 日**（南京—上海） 由宁赴沪。（同上）

**9 月 19 日** 杨杏佛致函赵志道，述："十五日书悉，竺、熊先生来所带箱款已收到否？甚念！"（《啼痕》第 283 页）

**9 月 23 日**（上海） 出席江苏省教育会等四团体在沪举行的欢迎美国教育家孟禄（中华教育改进社名誉董事）的宴会。（《中国科学社第三十一次理事会记录》，上海市档案馆藏件 Q546-1-63；《董理事会》第 63 页）

**是日**（上海） 竺可桢夫妇与蒋作宾夫妇约邵元冲（翼如）[①]与郑晓沧[②]在东亚餐馆晚餐。邵、郑谈及往事，极为欢畅。（《邵元冲日记》第 58 页）

据《邵元冲日记》记载，竺可桢夫妇与邵元冲夫妇、蒋作宾夫妇关系密切、交往频繁。常常相互看访或请餐。有时招待朋友聚会也互请到场，出席者多是学界名士。每次聚会，皆言谈甚欢，其乐融融。聚会时所叙，在邵氏日记中从无关于谈及时政要事及彼此工作之记载，只有一次例外，是竺可桢出任浙江大学校长前曾前往邵寓征询意见。

蒋作宾与邵元冲均未邀竺可桢入党。述："我从一九一九年即认识了蒋作宾，一九二四年认识了邵元冲，但他们始终没有邀我入国民党，因为他们从我的态度看出来我是一个不问政治的人，不会入党。"（《全集》第 4 卷，第 92 页）

**10 月初**（上海—南京） 由沪返宁。（《全集》第 22 卷，第 118 页）

**10 月 3 日** 主持中国科学社第三十一次理事会，兼记录。"竺可桢君报告九月廿三号江苏省教育会等四团体在沪公宴孟禄及孟禄即席报告之经过。"到会理事任叔永、秉农山、过探先、胡刚复、柳翼谋、顾毓成、王季梁。（《中国科学社第三十一次理事会记录》，上海市档案馆藏件 Q546-1-63；《董理事会》第 63 页）

**是日** 王琎日记述："晚间科学社开理事会，到者为探先、藕舫、叔永、

---

① 邵元冲，字翼如，初名骥，字伯瑾，浙江山阴（今绍兴）人。1923 年 9 月与张默君结婚。时任国民党中央委员、国民党中央常委、中央政治委员会委员、粤军总司令部少将秘书长、黄埔军校政治教官、黄埔军校政治部代主任。

② 郑晓沧，时任浙江女子中学校长。

冀谋、农山、刚复及顾谷成君，所讨论者仍关于赔款用途事。顾君并报告在美国举行情形。讨论结果，仍为作文鼓吹提倡应用于科学事业，九时许散会。"（《文明梦——记第一批庚款留美生》第 77 页、第 133 页）

**10 月 5 日** 致丁文江书。谓："弟于前月中旬赴沪，日昨返宁，于报端见阁议已通过吾兄为美国赔款基金委员，此实为政府办理美国赔款事，差足慰人，望之仪举。对于过去种种，此间同人均极不满意，因（一）孟禄与江苏省教育会似有包办之嫌疑；（二）去蔡、汪而加入三外交官，未足以餍舆论。社中对于美款用途之意见，已发表中西报端，并印成单行本，英文登八月十六号《大陆报》，其单行本已于昨日寄奉十本。Baker、Greene 等外国董事，因弟不知其名（Initials）及住址，望吾兄代寄一份。此外，中国董事如蒋、张、郭诸公，已由社中直接寄去。日前沪上四团体在卡尔登公宴孟禄时，弟亦列席，孟禄即席发表意见，所言与报端发表者略有不同。社中诸人对于孟禄个人之主张，亦有商榷之点，拟不日登诸报端（大约《教育与人生》及《大陆报》）。同时，社中拟草计划交委员会，对于办法及手续方面，望吾兄不时赐及北京方面情形，以及吾兄个人意见亦乞示知。社中应于本月开秋季理事大会，但目前以时局关系，只好延期矣。宁垣现象尚好，东大于今起上课。"（《全集》第 22 卷，第 118 页）

**10 月 10 日** 由高鲁、蒋丙然、竺可桢发起的中国气象学会在山东青岛胶澳商埠观象台召开成立大会，与凌道扬、高均（平子）[①] 等当选为理事。蒋丙然当选为会长，彭济群为副会长，陈开源[②] 当选为总干事。公推胶澳商埠督办高恩洪（定庵）、南通气象台台长张謇、北京中央观象台台长高鲁为名誉会长。（《成立会纪略》，载《中国气象学会会刊》第 1 期，第 96 页）中国气象学会是我国最早成立的全国性自然科学学会之一。

---

① 高均，时任青岛观象台天文磁力科科长。
② 陈展云（开源），时任职于青岛观象台。

图 127    中国气象学会诞生地——青岛观象台 ①

　　王鹏飞评述："1924 年中国气象学会在青岛成立时，竺可桢的学术识见已出现鹤立之势。因为他已在武昌高等师范学校、南京高等师范任教，培养了中国最早的一批地理学家和气象学家。自 1918 年到 1923 年，竺可桢在中外杂志上发表的论文共计已有四十余篇，平均每年发表七篇，当时著名的地学方面及气象方面的杂志以及有影响的科学或文化方面的刊物，如《东方杂志》、《科学》、《地学杂志》、《史地学报》，国外的如 *Monthly Weather Review*、*Geographical Review*、*Geographical Teacher* 等，都有他的论文。因此他在国内外地理及气象科学界中，知名度已很高，使蔡元培对竺可桢的才华和能力的了解，更深刻了。"（王鹏飞《竺可桢与蔡元培的关系点滴》，载《先生之风　山高

① 取自翟盘茂等《风雨兼程九十年　齐心协力续新篇——纪念中国气象学会成立 90 周年》，载中国气象学会官网 2014 年 11 月 2 日。

水长》第 183-184 页）

**10 月 12 日**　张其昀发来一函，并附《人生地理》样本四张。（《全集》第 22 卷，第 120 页）

**10 月 17 日**　主持中国科学社第三十二次理事会，兼记录。决定延期举行理事大会。到会者有任叔永、赵石民、王季梁、秉农山。（《中国科学社第三十二次理事会记录》，上海市档案馆藏件 Q546-1-63；《董理事会》第 64 页）

**10 月 18 日**　中国气象学会理事会召开第一次常会。与高鲁、凌道扬、蒋丙然等被推为编辑委员。（《理事会纪事》，载《中国气象学会会刊》第 1 期，第 97 页）

**10 月 27 日**　致丁文江书。谓："接十一号手书，藉悉一一。社中在战争期内仅领到维持费一千元，但此区区已费尽大力。目前只能顾旧有事业，各种新计划都成画饼。但江浙战事已平，目前北京政变若能和平了结，最好能在一二月内开一理事大会，解决各项问题。总干事一职，最好能嘱杏佛去干，因彼于各方较有联络，且可奔走接洽也。对中华文化基金委员会请款事，亦须即日着手拟稿。曹派政府已倒，未识委员会中之颜、施、顾三人有否更动之希望。新政府对于汪、蔡二人当不致如旧政府之深〈塞〉〔闭〕固拒矣。八月中美国 *Nature* 报中颇有鼓吹美款一部作为科学研究之论调，但其中多误会之处。弟拟去一信稍有所辨正。近日政变，津方想亦必受影响。一切尚均便中示及为荷。"（《全集》第 22 卷，第 119 页）

**10 月**　致张其昀书。谓："十二日手书并《人生地理》样本四张均接悉。该书印刷尚佳，惟照片不甚清楚，错字亦不免。此则印刷界我国近来虽有长足之进步，但究不足与欧美相抗衡也。日本旅行亦犹走马看灯，欲得十分精密观察实不易，惟在日本或可物色几本有价值之图书，且可一换空气耳。现木已成舟，亦可无容提及矣。今秋恐尚不能成行，或须俟至明春也。足下之地理教本计划甚佳，惟中国地理不如区域地〔理〕等四篇，其中如何能避免重复之处，宜注意。所询夏之时编 *Comprehensive Geography of China*，以桢所知，尚未出版，但不妨向徐家汇、震旦一询，*Geog. Review* 系 American Geographical

Society，Broadway at 156 St.，N. Y. City，U. S. A.。"（《全集》第 22 卷，第 120 页）

**11 月 7 日**　主持中国科学社第三十二次理事会[①]，兼记录。过探先报告社中经济状况，决定本年度 4 月以通知书向官厅方面催发。推定胡刚复、秉农山、叶企孙、曹梁厦、周仁、杨杏佛为请款委员，拟一计划，向中华教育文化基金董事会要求津贴，该计划须于 12 月底拟好。到会者有秉农山、任叔永、王季梁、柳翼谋、胡刚复、过探先、叶企孙。（《中国科学社第三十二次理事会记录》，上海市档案馆藏件 Q546-1-63；《董理事会》第 65 页）

**11 月 21 日**　主持中国科学社第三十三次[②]理事会，兼记录。通过潘光旦（仲昂）[③]、吴有训（政之）[④]等八人为普通社员；议定对谢家荣《地质学》一书（"科学丛书"第一种）的报酬办法。到会有胡刚复、王季梁、秉农山、过探先。（《中国科学社第三十三次理事会记录》，上海市档案馆藏件 Q546-1-63；《董理事会》第 66 页）

**11 月**　张其昀撰"初级中学教科书《人生地理》编辑大意"称："本书之编辑，得益于吾师竺可桢博士与美国亨丁敦（Huntington）博士者尤多，特郑重申谢。"（新学制初中教科书《人生地理》第 8 页）

**12 月 4 日**　报载位于南京的安徽公学"函请专家担任指导　该校校长陶知行君、副校长姚文采君近与教职员公同议决，组织校务、教学、训育等委员会，各就所担任之功课与职务，分组研究，以谋改进，并函请国内外专家，如孟宪承、梁任公、胡适之、朱经农、徐则陵、竺藕舫、段育华、张子高、孙洪芬、洪范五、秉农山、郑章成、程湘帆、廖茂如、张仲述、郑晓沧、朱君毅、麦克乐、克乃文诸先生，分任指导一切，现经先生等已先后函允矣。"（《南京安徽公学近闻两则》，载《时事新报》1924 年 12 月 4 日）

**12 月 5 日**　主持中国科学社第三十四次理事会，兼记录。议决本社社所

---

[①]　10 月 17 日与 11 月 7 日理事会记录都署为第三十二次理事会，应为编号有误，后者实际应为第三十三次理事会。本谱下文仍沿用上海市档案馆藏件的会议序号。

[②]　此次应为第三十四次理事会，即实际次数为将序号再加一。以后的理事会类同，不再另注。

[③]　潘光旦，是年在哥伦比亚大学研究院读研究生。

[④]　吴有训，是年在芝加哥大学读研究生。

保火险"仍照前订条件，续继一年"。"议决：于寒假中开理事大会"。目前情况，本年经费"到者尚只一千八百元，银行不肯发款，通知书等于废纸，故决定推过探先、竺可桢二君于明日见韩省长，商拨经费，以资维持"。到会理事任鸿隽、过探先、王季梁、胡刚复。(《中国科学社第三十四次理事会记录》，上海市档案馆藏件 Q546-1-63；《董理事会》第 67 页)

**12 月 16 日** 致丁文江书。谓："前由叔永处转来惠书已接悉。社中对于美国庚款请津贴事，已于日前议决，就现在已成立或进行之事业说话，大致分为四项，即图书馆、生物研究所、理化研究所及科学教育(包括杂志、演讲等等)，已推定委员拟稿，于寒假前拟就。本年理事大会拟于寒假中举行，即可讨论此事，惟对于日期(旧历新年前或新年后)及地点须征求吾兄及明复、景阳同意，望于便中示及为荷。宁中政局极为混沌，想于报端见及，兹不赘陈。"(《全集》第 22 卷，第 121 页)

**12 月 19 日** 主持中国科学社第三十五次理事会，兼记录。通过普通社员。到会者秉农山、胡刚复、过探先、王季梁。(《中国科学社第三十五次理事会记录》，上海市档案馆藏件 Q546-1-63；《董理事会》第 68 页)

**12 月 22 日** 邵元冲寄来年柬一通。(《邵元冲日记》第 91 页)

**12 月 25 日** 杨杏佛致函赵志道，述："廿一日书悉。宁地恐慌已见报章，但绝不至作战地，抢掠或不免耳，人之生命尤不致有危险，可告母亲等安心，如有来抢者听之可矣。吾临时曾托藕舫(竺)兄照料，并谓如有事发生可电告，今未得其电来，或尚无危险也。"(《啼痕》第 284 页)

**12 月 26 日** 致丁文江书。谓："前上一函，计可达览。阅昨日沪报，知孟禄于一月十五将抵沪，未识此行与赔款津贴各方事业有否关系。如社中计划须于一月十五以前赶交，希即示知，以便催交。目前苏事已成僵局，社中理事大会恐又难实现。尊意如何，请便中示复为荷。"(《全集》第 22 卷，第 122 页)

**12 月** A NEW CLASSIFICATION OF TYPHOONS OF THE FAR EAST (远东台风的新分类)发表于 *Monthly Weather Review* 第 52 卷第 12 期。(《全集》第 5 卷，第 94-117 页)

张家诚评述："他在《远东台风的新分类》（1924）和《台风的源地与转向》两文中，分析了1904—1915年的247个台风的季节分配源地，运行路径及转向地点，提出了台风分类的新原理，将台风分成六大类（中国台风、日本台风、印度支那台风、菲律宾台风、太平洋台风、南海台风）21个副类。这是我国最早的台风分类。"（张家诚《竺可桢在我国气候学发展中的贡献》，载《报告集》第93页）

**约是年** "乃忆及（1924—1925年间）四十年以前，我时在南京东大为教员，住大仓园六号。时希文、梅方在稚龄。方令孺新出嫁与安徽一富翁陈家。方是方苞之后，为安徽文学家之后。方令孺与其丈夫时方预备自费出洋，常与我家及陆志韦[1]、涂羽卿、陈鹤琴等来往。"（日记640223，《全集》第17卷，第51页）

**是年** 东南大学各科于教授功课外，特别注重研究事业。地学系拟制中国全国面积及人口密度图，观测南京及他处之气象。（《国立东南大学概况》第19页）在将来计划中提出应增设学科，分为地理学与地质系。（同上，第20页）

表17 东南大学地学系新设课程情况表（1920—1924学年）[2]

| 学年 | 课程数 | 地学类 | 地质类 |
|---|---|---|---|
| 1920学年 | 3 | 地学通论（竺）<br>世界地理（竺） | 地质学（竺） |
| 1921学年 | 7 | 气象学（竺）<br>地形测量（曾）<br>中国地理（白）<br>美洲地理（竺） | |
| 1922学年 | 15 | 中国地理总论（王）<br>沿革地理（王）<br>中国地理地方志（王）<br>地图绘法（竺）<br>世界各国气候（竺）<br>欧洲地理（竺） | 历史地质（徐）<br>地质测量（徐） |

---

① 陆志韦，时任东南大学心理学系教授、系主任。
② 表中（竺），即竺可桢；（白），即白眉初；（王），即王毓湘；（谌），即谌湛溪；（徐），即徐韦曼；（曾），即曾膴联该表载牛力《从地学到地理学：竺可桢与中国近代大学地理系的构建》一文。

续表

| 学年 | 课程数 | 地学类 | 地质类 |
|---|---|---|---|
| 1923 学年 | 20 | 经济地理（竺、徐） | 古生物学（徐）<br>工程地质学（徐）<br>成岩矿物（谌）<br>矿物学（谌） |
| 1924 学年 | 21 | | 世界矿产（徐渊摩） |

**是年** 《中国科学社概况》（民国十三年刊）"职员录"所载"理事会"成员如下：

丁文江　在君　社长　　天津意租界东马路三八号

竺可桢　藕舫　书记　　南京新华医院内

胡明复　　　　会计　　上海大同大学校

王　琎　季梁　副会计　南京东南大学化学系

任鸿隽　叔永　　　　　南京成贤街

杨　铨　杏佛　　　　　南京石板桥二号

胡刚复　　　　　　　　本社

秉　志　农山　　　　　本社

秦　汾　景阳　　　　　北京西城后泥洼十三号

孙洪芬　　　　　　　　南京东南大学文理科

赵元任　　　　　　　　美国

（《中国科学社概况》，1924 年，第 14 页）

# 1925 年（乙丑 民国十四年） 36 岁

1 月 全国教育联合会庚款委员会宣告成立。

2 月 广东革命政府举行第一次东征。

中华妇女协会在北京召开成立大会。

3 月 东南大学发生"易长风潮"。

孙中山在北京逝世。

4 月 北京临时政府决定为孙中山举行国葬。

5 月 上海发生"五卅"惨案，大规模爱国运动波及全国。

《科学》出版"经济号"专刊。马寅初发表《无确实抵押品之内外债问题》。刘咸发表《林耐传略》。

6 月 中华教育文化基金董事会在天津举行第一届年会，改选颜惠庆为董事长。

中华民国国民政府在广州成立。

7 月 《中国气象学会会刊》创刊。

8 月 廖仲恺在广州遇刺身亡。

中国科学社第十次年会在北京举行。

9 月 广州政府组织第二次东征。

10 月 浙奉战争爆发。

《科学》出版"无线电学号"专刊。

11 月 教育部与中华教育文化基金董事会合办国立京师图书馆。

12 月 毛泽东发表《中国社会各阶级的分析》。

《科学》出版"赫胥黎纪念号"专刊。

**是年** 恩格斯《自然辩证法》在莫斯科出版。怀特海《科学与近代世界》在剑桥出版。魏特夫《中国经济与社会》在莱比锡出版。

**常驻地迁移：南京—上海**

**1月8日** 被推定为东南大学临时紧急校务委员会委员。教职员会议记录：

地点：图书馆教员研究室

主席：任鸿隽

出席者：涂羽卿、程其保、赵叔愚、罗清生、洪有丰、张子高、陈兆鹏、胡执中、王季梁、卢颂恩、徐光祖、戴芳澜、陆志韦、李仲霞、王太一、夏景武、曹森、朱君毅、孙恩麐、李炳芬、秉志、竺可桢、姚文采、曾省、戴炳奎、韦润珊、王善佺、过探先、顾实、徐太清、贺喻筠、叶企孙、胡刚复、查啸仙、李儒勉、温德、麦克乐、孙宗彭、陈桢

任叔永报告：昨夜七时接郭校长来电，六日阁议免职，已电部促新任到校。未到校以前，校务进行商承校董办理。……

推邹秉文或任叔永赴申，会同校董代表赴京，并提议组织临时紧急校务委员会，对付目前问题及宣传、接洽等事务。推定陆志韦、孙洪芬、张子高、陈逸凡、过探先、秉农山、竺可桢、柳翼谋、李仲霞九人为委员。

（《南京大学校史资料选编》第二卷，第930-931页）

**1月9日** 主持中国科学社第三十六次理事会，兼记录。通过美国分社转来新社员萨本栋（亚栋）[①]、吴贻芳（冬生）[②]等十九人为本社社员。过探先报告社中经济状况。"讨论向中华教育文化基金董事会请款问题，当以该委员会在

---

[①] 萨本栋，时在美国麻省伍斯特工学院学习。

[②] 吴贻芳，时在美国密执安大学研究院学习。

五月间支配款项用途，而孟禄于本月十六抵沪，届时当开一预备会。本社急应将计划拟就，决请各委员从速草定计划。"到会理事任叔永、秉农山、王季梁、叶企孙、过探先、柳翼谋。（《中国科学社第三十六次理事会记录》，上海市档案馆藏件 Q546-1-63；《董理事会》第 69 页）

**1月16日** 致丁文江书。谓："昨接惠书，藉悉一切。请款计划先分作图书馆、生物研究所、理化研究所、科学教育四部分做，然后综合为一。现在四部大致业已拟就，只要连成一气（译成英文），阳历二月间当可竣事。届时当先寄津请吾兄赐阅，然后转递董事会。惟尊函所云尚志学社当与教育文化基金完全两事，若生物研究所向尚志学社请津贴，则赔款计划方面是否应有更变。农山已与谈及，渠当不日径函足下也。又南京年会纪事不日付印，吾兄报告乞便中赐下是荷。弟明晨赴沪，二月初始克返宁。"（《全集》第22卷，第 123 页）

附中国科学社书记处致丁在君书

在君先生台鉴：

本社第九次年会并十周纪念会之纪事、报告，行将付刊。关于社长方面之报告，请台端录出寄下，以便发表于年会报告中。用特奉恳，并颂

大安

中国科学社书记处 启

一月九日

（中国第二历史档案馆藏件 3044-110）

**1月17日** 晨赴上海。

**1月20日**（上海） 上午至邵元冲寓一谈。晚六时后偕侠魂复至邵寓，岳母及张淑嘉、王伯秋等先后至。共宴会中言笑极欢。十时后先后散去。（《邵元冲日记》第 107 页）

**1月21日**（上海） 偕夫人至岳宅看望岳母，遇邵元冲夫妇及张淑嘉。（同上，第 107 页）

**1月24日**（乙丑元旦）（上海）　至岳宅为岳母贺年。午后王伯秋、邵元冲先后到，彼此贺年。（同上，第108页）

**1月26日**（上海）　午后偕侠魂访邵元冲夫妇，遇周筠伯、王伯秋、张淑嘉等。留晚餐，九时顷回。（同上）

**是月**　与朱经农校订、张其昀编纂《新学制初中教科书人生地理》（上中下三册）由商务印书馆出版。

**2月初**（上海—南京）　从上海返回南京。

**2月4日**　主持中国科学社第三十七次理事会，兼记录。中国科学社要求将南京文德里社所改为永远营业，江苏官产处来函称财政部未允，但"准租用期满续租四年，仍免租金"。"议决：函复官产处，声明该函已接到。""议决：函询丁在君君本社对于英国退款办法应取之态度。"到会者秉农山、胡刚复、任叔永[①]、过探先、王季梁、赵石民。（《中国科学社第三十七次理事会记录》，上海市档案馆藏件 Q546-1-63；《董理事会》第70页）

**2月7日**　在东南大学全体教职员会议上发言。（《南京大学校史资料选编》第二卷，第944页）

**2月8日**　致张其昀书。谓："前月杪手书及所惠寄之《四明日报》均已照收，谢谢。宁波宜设省会理由虽充足，但难以见诸实行。我国面积之大，过于欧洲，中央集权断难实现，将来势必趋于省自治、县自治之一途。但我国一省，犹可比欧洲一国，将来行政区域，当仍以县为最要之单位也。足下所拟本年度著述计划，桢均甚赞成。政治地理在欧美中小学渐受淘汰，因其所包过广，且坊间所通行之书，又过于呆板，难以引起兴趣。近来（本年一月份）美国地学会所印行杂志 Geo. Rev. 中，有 Roxby 氏《中国人口与政治经济问题》（插图极多取自《中华归主》）一文，未识见过否？其中拟有一《中国自然区域并其他各种问题》，虽未必能与吾辈意见相合，然极有参考之价值。如商务方面尚未购置，东大方面现有两份（一份系送给地学系者），现沈君正在翻译，

---

①　任鸿隽，时任东南大学副校长。

已将告竣。如足下需用，当可寄去也。《人生地理》上卷校订已用桢名本无不可，前函云云系恐徒拥虚名，则问心实有未当也。桢于去岁腊底曾草《南宋时代我国气候之推测》一文，与寄《东方》文后半相类，但引征较详耳。桢对于人口问题颇欲有所作，但以各省人口密度尚未测竣，不欲下笔。所编译《气象学讲义》上卷，如能有暇，拟在本学期作科学社丛书出版。东大校长问题一时难以解决，但苟内部不发生冲突，本学期当可勉强维持。天津南开友人曾招桢北上，但目前东大尚能苟延残喘，尚不欲即时引去也。朱经农先生曾在沪上影戏园中邂逅，除道寒暄外无暇及他。未识足下所拟计划，彼愿首肯否，念念。"（《全集》第 22 卷，第 124 页）

**2 月 10 日**　《中国历史上气候之变迁》发表于《东方杂志》第 22 卷第 3 号。据此文改写的英文稿 CLIMATIC PULSATIONS DURING HISTORIC TIME IN CHINA 于 1926 年 4 月发表于 *The Geographical Review* 第 16 卷第 2 期[①]。（《全集》第 5 卷，第 131-140 页）

谓："去岁初冬，美国耶卢大学教授亨丁敦（E. Huntington）自澳洲返国，途次南京，演讲于东南大学史地学会，题为《新疆之地理》。其大旨谓新疆人民之生活习惯，完全受气候之支配，即昔日西域诸国之盛衰，莫不视乎天时为转移。于是进而谓我国历史上五胡乱华、元代灭宋、满清入关，莫不由于受气候上之刺激而发动。盖蒙满中亚一带，雨量不丰，居民稀少，乐岁终身苦，凶年不免于死亡。苟连年荒歉，则人民受饥寒之逼迫，势必铤而走险，四出劫掠，甚至夺人之国，据为己有。是故宋明两代社稷之所以覆没者，推其原，莫不由于满蒙中亚一带气候之变迁有以使之也云云。

"骤视之，亨丁敦氏之说似乏事实上之根据，不足以征信。但亨丁敦为美国地学界之巨子，著述等身，足迹遍天下。且曾两度至我国新疆，实地考察，新疆气候之时有变迁，雨量之忽增忽减，据氏调查，事迹昭然，证据确凿，断非臆想揣度之可比拟。其所举事实，具详《亚洲之脉息》（*Pulse of Asia*）一书

---

[①]　《全集》第 5 卷第 140 页 "编者注" 未注明期数。

中。依氏二十余年来研究之结果，谓世界人类之文化，完全受气候之支配。举凡罗马、希腊之盛衰，突厥之侵欧洲，中央亚美利加印第安人文化之忽起忽落，以及英德日美法诸国目前之所以称雄于世界者，莫不可以气候上之事实解释之。此等理论，虽未得地学家公共之承认，但亦颇得一部分之信仰，如英之白罗克（C. E. P. Brooks）、司堪狄那维亚之彼得升（O. Petterson）、美之达克勒（A. E. Doughlas），其尤著者也。

"欧美历史上气候之变迁，暂不具论。苟新疆一带之雨量，二千年以来，时有更变——在两汉时期，雨量较为充足，自东晋（第四世纪）以迄唐代，雨量骤减，至北宋（十世纪）及元代末叶（十四世纪）雨量又略增进，在南宋（十〈一〉〔二〕世纪）及明代中叶（十五世纪）天气又复亢旱，如亨丁敦氏所云：则我国本部地处比邻，当不无连带之影响。自两汉以来，我国史籍，汗牛充栋。若亨丁敦氏之说为不谬，则其间当不无蛛丝马迹之可寻。本篇之作，即思证明亨丁敦氏之说，是否与中国历史上之事实相符合，抑相背道而驰。

"气候之要素，厥推雨量与温度。但兹二者，我国历史上均无统计之可言，则欲研究气候之更变与否，实为极困难之问题。但雨旱灾荒，严寒酷暑，屡见史籍，此等现象，与雨量温度有密切之关系，虽不能如温度表、量雨计之精确，要亦足以知一代旱潦温寒之一斑也。

"欲为历代各省雨灾旱灾详尽之统计，则必搜集各省各县之志书，罗致各种通史与断代史，将各书中雨灾旱灾之记述一一表而出之而后可。但欲依此计划进行，则为事浩繁。兹为求简捷起见，明代以前，根据《图书集成》，清代根据《九朝东华录》，上自成汤"十有八祀"（西历纪元前一七六六年），下迄光绪二十六年（西历一九〇〇年），依民国行省区域，将上述二书所载雨灾旱灾次数，分列为表［表从略——编者］。其间惟《咸丰东华录》因一时不能罗致，故此十一年间雨灾旱灾次数暂付缺如。

"凡为良好之统计，必须有精确之数目。我国历史上旱灾与雨灾报告之是否可靠，实成问题。如农夫欲邀蠲免，则不妨报丰为歉。如海内兵连祸结，则虽有灾异，人亦遑恤。即认大多数之报告为事实，欲明气候之是否变迁，亦尚有困难之点，试分述之：

"（一）灾害之程度不同　史籍所载，或则仅书大雨大旱，为时甚暂；或则时亘数月，甚至饿莩载途，家人相食，二者不能并为一谈。

"（二）区域大小之不同　旱灾或则赤地千里，或则仅限于一州一郡。雨灾或则泛滥全国，或则山洪暴雨影响仅及数县，此其不可相提并列也明矣，若视同一律，则失轻重之分。

"（三）各省人口多寡、交通便利之不同　凡交通便利人口较多之处，略有潦旱，即登奏牍。若荒郊僻地，人口稀少之处，则非大旱大水，不以上闻。是故历代建都之省，其雨灾与旱灾之次数，均远较他省为多，如第一二两表［表从略——编者］所示，在东汉以河南为最，唐代以陕西为最，南宋以浙江为最是也，至明清两代始破此例。盖以长江下游诸省，为赋税粮食之所自出，故国家之垂注，亦不亚于首都所在之直隶也。

"（四）各朝记载详略之不同　历史上各种事实，大抵年代愈久远，则记载愈略。雨灾旱灾之记录，两汉以前甚少，历汉、晋、六朝至唐而渐多，至明清两代而更多。故各代旱潦之数实难互相比较。

"（五）水利兴废之不同　雨旱灾荒，固多由于天时，但亦视水利之兴废如何。昔刘继庄曾谓：'我国西北，自两汉以来之所以多旱潦者，由于刘、石云扰，以迄金元，水利废弛，由以致之'云云。且直鲁苏豫诸省之水灾，则又视乎黄河所取之道而定。自东汉明帝遣王景修汴堤，于是河复故道，由东北入海。自东汉迄唐，河不为患。自宋仁宗时，河决澶州，北流断绝，河遂南徙。迨明洪武二十四年，河决原武，始全入于淮，自此苏皖多事。洎咸丰五年，河决铜瓦箱，复夺大清河入海，而直鲁两省受祸又剧。此等变迁，虽足以增减各省水灾之数，而与雨量无甚关系。

"以上五点，固足使雨灾、旱灾统计之比较，发生困难。但《二十四史》中所记之灾害，苟非虚报，必有足述。至于灾区大小之不同，则本篇所列诸表，均以省为单位。如灾区甚广，则同一旱灾或雨灾，并见于诸省之下。若灾区限于一省，则在表中仅见诸该省。如此则灾区大小不同者，在表中亦自有别。（三）

（四）两点，雨灾与旱灾应受同等之影响。如因首都所在之地，见闻较详；或因年代较近，记录较多，则雨灾与旱灾之数，应照同一比例增加。至于潦旱之多寡，固有赖于水利，但其重要原因，尚在天时。苟天气亢旱，虽以今日工程智识之发达，亦不能施其技。反之，洪水泛滥，人力之补救，亦只限于一定程度之下。民国九年，北方雨量仅及平均百分之五十，而直、鲁、豫、晋、陕五省大旱。民国十一年夏季，台风屡至长江下游，而苏省大水。此特最近之例耳。且水利兴，沟洫通，固足以避免水灾，但同时亦可以减少旱灾之数。《图书集成》中水灾与雨灾分列，凡水灾之由于海啸河决，而不直接由于霖雨者，则不列入雨灾中。惟《东华录》中，雨灾与水灾常并为一谈。非引征各省志、各县志，不足以证明其为霖雨所成之水灾，抑系江河决口之水灾也。表中关于清代水灾，均行列入，故各朝之旱灾均多于雨灾，而清代则不然，职是之故也。

"由是观之，水利之兴废，记录之详略，交通之便利与否，对于一代雨灾与旱灾之数目，应有同类之影响。苟在一时期内，一区域之旱灾数骤增，而雨灾数反形锐减。则若无充足之理由，足以证明其数目之不精确，即足为该地在该时期内雨量减少之证。反之，若一时期内之旱灾数低减，而雨灾数增加，则又足为该地雨量增加之证也。"

"我国历史上虽无温度之记载，但降霜飞雪之迟早，草木开花结果之时期，在在皆足以见气候之温寒。昔刘继庄尝就南北诸方，以桃李开花之先后，考其气候，以觇天地相应之变迁，惜也其书不传。但以桃李开花为标准，不若以初霜初雪或终霜终雪为标准之精确。因同一地点，一岁中桃李开花时间之先后，常可以有旬日之差。而初霜初雪，实可以表示空气温度之达冰点也。

"但欲为精确之比较，亦殊非易易。因必须知当时霜雪之日期与地点，然后始能作比较，而历史上于二者往往略而不详也。南宋建都武林，于杭州之霜雪所纪特详，且均有年月甲子。计自高宗绍兴元年（西历一一三一年）起，迄理宗景定五年（西历一二六四年）止，一百三十四年间，在《宋史》共有〈四十〉〔四十一〕次春雪之记载，其日期可以确定。为与近代春雪日期比较起见，将阴历甲子依南京教士黄君所著《中西纪年合表》改为阳历月日，则知在南宋时，杭州入春降雪时期，较现时晚而且久也。

"凡气候愈冷，则春季最后降雪期亦愈晚。"

"最晚终雪之延迟，不特可以证明温度之低，而且可以表示当时风暴之途径。……在同一地理状况之下，风暴愈多，则雨量亦愈多。南渡而后，风暴若竟由长江流域以入海，则长江流域必将因之以多雨而使长江流域之雨灾增多也。"

"我国历史上之记载，似足以证明东晋与明代中叶，旱灾特别增多，南宋时代，黄河流域虽亢旱，而长江流域则时有风暴，雨雪丰盛。以温度而论，南宋及元似较低，而明代中叶则较高，与日中黑子之数成一反比。此实与亨丁敦氏新疆气候变迁之说相为表里，而知气候之并非固定矣。"

"近来美国达克勒氏（Douglas）发明以松柏类年轮之厚薄，定往昔雨量之多寡。盖在雨量不丰之处，松柏类年环之厚薄，与雨量之丰歉成正比例。欧美森林葱郁之处，苍老之松柏，有寿逾四千载者。达氏数年来于德意志、脑威及美国西部各处，搜集古松，截而验之，则欧美近二千年雨量之增减，不难按图索骥也。据达氏研究之结果，谓自西历四世纪以后，雨量骤减，至十世纪末，雨量稍有增进，然越五十年而又减，以至十二世纪末叶，至十四世纪初期，雨量又复加增，但洎十五世纪而又锐减，以迄十六世纪初叶云云。是则历史上气候之变迁，固不仅限于我国一隅矣。"（《全集》第1卷，第466-486页）

张其昀评述："中国气候与人生之关系，最切要者为救灾问题。水旱灾荒之具体研究，亦由竺可桢君开其端。民国十五年竺君将中国各地所发生之洪水大旱次数，博考文献，作成统计，明代以前之记录取之于《图书集成》，有清一代则从《东华录》得之。其结果自西历纪元至一九〇〇年，大旱九八四次，洪水六五八次，又以洪水与大旱之统计相较，则知第二、三、八、十、十二、十四诸世纪，为雨水较多之时代，与美国亨丁敦君（E. Huntington）由地质与气候所作之考证工作，结论颇相吻合。以旱灾论，以华北为烈，自东晋迄今，历史上所载旱灾，每百年平均四十九起，黄河流域各省平均每世纪有旱灾八次，长江流域各省每世纪仅五次。以水灾论，中国十八省自一世纪〈自〉〔至〕十九世纪水灾次数，河南省居第一位，河北第二，江苏第三，而皆为古来黄河迁流所及之区域也。"（张其昀《近二十年来中国地理学之进步》，载《地理学报》第 2 卷第 3 期，第 121-122 页）

图 128 发表于《东方杂志》上《中国历史上气候之变迁》一文首页

张家诚评述："在《中国历史上气候之变迁》（1925 年）一文中他引证了我国历史上各世纪（从第四到第十六世纪）记有日中黑子的年数表，并初步谈到黑子最多期（如南宋时期）长江流域雨量增加，而黄河流域雨量减少。在温度方面则黑子多的世纪温度偏低。"

"更有意义的是早在 1925 年，竺先生就在《中国历史上气候之变迁》一文中，发表了各省各个朝代（西汉至清）和各个世纪平均旱涝年数、全国从第九到第十六世纪各世纪的冬季的奇冷年数。……这一些气候数值序列都是从史书中定性的气候描述整理出来的。竺可桢的这个方法是以后整理气候史料的基本方法，对历史气候学的发展有重大意义。"（张家诚《竺可桢在我国气候学发展中的贡献》，载《报告集》第 95-97 页）

林伟研究指出："竺可桢有关中国历史气候学的研究成果能够在民国时期被国际学界认可和重视，实现知识的跨国交流，实在是一件难能可贵的事情。

究其原因，关键在于他特别重视对中国古代典籍中的气候学材料做系统的整理，将历史文献中气候学和物候学的记载与考古发现、气象观测等多方面的证据结合起来使用，同时亦注意参照国际上有关气候变迁研究的前沿成果，进而做到了将地方知识与世界知识融合起来。就利用人类古代文献中的相关记载来开展历史气候学研究的方法来说，这并非竺可桢的创造，而是国际历史气候学研究领域普遍采用的方法之一。他自己在研究中就曾述及，利用此方法研究欧洲历史时期的气候变迁，布吕克纳有开拓之功，布鲁克斯亦有杰出的成绩。竺可桢认为，中国科学家在历史气候学研究领域应当扬长避短，发挥中国古代文献中有较之其他国家更丰富的气候学材料的优势。"（林伟《知识的跨国流通：竺可桢对哈佛大学地理学传统的继承与发展》，载《自然科学史研究》2023年第42卷第3期，第343页）

**2月14日**　致丁文江书。谓："前月廿一所赐一书，弟在沪时由农山转达。社中请款计划大体业已拟定，总数为一百五拾万元之谱，分为图书馆，生物、理化两研究所，博物馆及科学、教育五部。此计划并非专对美款，系永久性质。社中将来募款无论向何方，均将用此计划，现正在修改文字。美款虽僧多粥少，希望无几，但只好死马当作活马医，未识尊意以为何如。闻董事会开会期又改在六月间，未识确否。计划应何时交入，尚乞示及。罗素致赵元任一函，对英国退款办法促我国人从速发表意见，想已见及。英款办法、人选、用途，我国人均无置喙余地，安得谓之退款？此间同人拟主张宣言否认，与日本退款一例看待，惟如何进行（单独抑联合各团体）尚未决定。吾兄意见如何，望赐复。理事大会因交通未复原状，拟暂时延期。本年大会地点及日期，目前亦不能决定也。"（《全集》第22卷，第125页）

**2月17日**　报载《东南大学任鸿隽等来函》，竺可桢为联署人之一。全文如下："上海时报馆转各界鉴。真日 ① 报载，东大校董会与商大委员会联席会议议决，请郭校长出洋考察教育，所有教务由联席会议合组临时委员会协助两

---

① 韵目代日，指11日。

校行政委员会维持，并推沈信卿、史量才两君为正副主任云。查大学校务，例应由教授主持。东日联席会议时，鸿隽亦曾列席。当时推定沈、史两君为临时主席，确未有以委员会主持校务之议。该函所云，意涉蒙混。窃恐有少数人意图乘机揽窃校长职权，干涉校内行政。某等为防微杜渐计，不能承认，特电声明。东大教授任鸿隽、秉志、竺可桢、王琎、徐韦曼、叶企孙、萧纯锦、胡刚复、汤用彤、柳诒徵、刘文海、熊庆来、段子燮、蔡瑞歧、徐渊摩、路季讷、熊正理等。元[①]。"（《时报》1925 年 2 月 17 日）

**约 2 月** 致丁文江书。谓："昨接十八号惠书，藉悉津沪邮递之濡缓。理事大会事，在前月杪南京诸理事提议，杏佛来宁来沪时谈及沪方诸人亦无异议。故弟于本月初赴宁〔返宁〕时，曾嘱白伯涵致函京、津、杭、厦各方征求同意，而白君误会，竟将通知发出。目前以时局关系，津京虽已通车，南北来往究属不便，理事大会自当展期举行（已嘱白君另函通知）。社中请款书与计划于月之中旬始克寄咏霓，未识何日可以抵京也。"（《全集》第 22 卷，第 126 页）

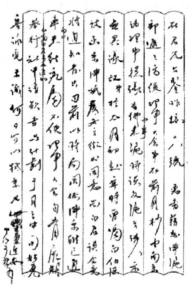

图 129 致丁文江函（1925 年 2 月前后）[②]

---

① 韵目代日，指 13 日。
② 藏于中国第二历史档案馆。

**2月**　《庚子赔款与教育文化事业》在《科学》第9卷第9期发表。

述："庚子一役，各国挟其战胜淫威，以武力迫我国人出巨大之赔款，总数计达四万五千万两，年息四厘，分三十九年还清。其数之巨，当什佰倍于各国实际之损失。迨民国六年，我国应协约〔国〕之请，向德奥宣战。德奥两国在庚子赔款总数所占百分之二十一，自此停付，同时协约诸国，亦允我国展期五年。在协约诸国以为通融办理，而实则赔款之数浮索甚多，自庚子以迄欧战，业已十有七稔，各国所得早已足偿其所失而有余。但其间除美国于1908年，在罗斯福总统任内，自动的允退还赔款超出余数一千一百万两外，其余各国绝无慷慨之举。迨欧战告终，英法诸国人民鉴于美国退还余款所得良好之印像，遂纷纷怂恿其本国政府，起而步武美国之后尘。且以教育文化事业为立国之基本，武人之所不能染指，而又最能得我国人之同情也，遂几为各国退还庚款之惟一用途矣。"

"庚款余数，以英美法日俄为最多，意大利、比利时次之，葡萄牙、瑞典以及荷兰、西班牙诸国，则为数甚微。英美法日俄已均有退还余款，用于中国之议，但法国以'发展远东之法兰西物质及精神安全事业'为名，而以恢复中法实业银行为实。中法实业亏负达二万万法郎，则所余以用于他种事业者已属无几，此所谓口惠而实不至者也。日本之对华文化事业，完全不顾我国人之舆情，一意孤行，我国人亦以不合作为消极之抵制。是日法二国庚款之用途，业已由该两国政府或其所属机关之指定，无复我国人置喙之余地，谓之为指定庚款用途则可，谓之退还庚款，则吾国人所断不能承认者也。"

"各国支配赔款用途之机关既不一，而用途之参差又如彼，推厥原因，实由于我国人乏健全之舆论，足以代表一般学术界之意见，明示各国以正当处理赔款之办法。夫既名之曰'退还赔款'（其间惟法国国会通过议案时无'退还赔款'名称），既名之曰中国教育文化事业，则以中国人之款，办中国人之事业，我国人之当为处置此款之主人翁也明矣。况美国第一次退款，用以建设'清华'，派遣留学，其主动实由于我。美国既开其先例，苟我国学术界能有强有力之组织，当各国退款将发动之际，为通盘之筹划，出而与各国人民政府相周旋，则或者易于就范。乃不此之图，各团体机关一闻某国之将退还赔款也，函电纷驰，均就其本身立论，不思团结，反从而互相排挤，甚至无名义可假借，则创立新机关以相号召。即使英日诸国极欲采访我国之舆论，处此情况之下，亦将无所适从。无怪乎英日诸国悍然不顾我国之舆情，而径行其是。昔人有言，人必自侮，而后人侮之，其此之谓矣。

"但亡羊补牢，未为晚也。窃以为我国学术界各团体，内对于政府，外对于诸国，仍宜有坚决之主张。而现时急宜见诸实行者有三：（一）日本退款办法，既为吾人所不赞同，已否认之于前，如英国处置庚款之组织，不予吾国人以相当之参与，学术界各团体急应加以警告；（二）处置赔款用途委员中不宜加入现任官吏，已成全国一致之主张。此次曹吴失败，安福当国，中华教育文化基金董事之一，几为政府所通缉，尤与吾人以良好之教训。吾人更可为进一步之主张，且不特现任官吏不能为委员，即已委定之委员，一为行政官吏，其委员资格即当消灭；（三）各学术团体，急应集合讨论吾国教育文化所应建设之事业，为全局之筹划，谋有系统的进行。不特已经指定用途美俄赔款，尚有商榷余地，即比利时、意大利尚未发动退还之赔款，亦应早日与之接洽也。"（《全集》第 1 卷，第 487—489 页）

**3 月 9 日** 东南大学"易长风波"中，发生"三·九事件"。目睹胡敦复昆仲被围受辱，不忍正视上前调解时反遭呼斥。对东大名誉学风竟致如此，极为痛心，翌日即提出辞职。

"3 月 9 日，胡敦复偕其弟刚复，乘马车入东大，即赴校长室，令文牍交出印章，于事前准备好之两张通告，一为就职视事，一为视职宣言，盖章后即予公布。心理系主任陆志韦教授见胡采取两面手法，自食其言，即愤而撕去。学生正在上课，闻讯一拥而出，包围校长室，有的学生对'两胡'饱以拳，唾其面，慑以声，逼令胡自写声明书——'为尊重全体公意，永不就东大校长职'，并以手印示信，拍下照片，复燃放鞭炮，着其就西门离去，以示驱鬼，举止甚不文明。竺可桢教授上前劝解，反遭呼斥，竺愤懑不已，写下辞职

书。此所谓'3·9 事件'。"(《东南大学史》第一卷，第 160 页)

"三月九日刚复陪乃兄前来东大就职，被学生包围，竺出于公心，上前劝阻，不意反受学生讥讽，十分痛心，至见学生对两胡之种种凌辱，乃愤懑不已，觉得'此地不可一日居'。翌日即递出辞呈，因众师生殷切挽留，以后就'但以教课为主，其余概不过问'。"(《东南大学校史研究》第 260 页)

报载："三月九日胡敦复先生，贸然来校，意见不同，拒之可也，但必为轨内之行动，乃一二教授及少数同学，纷拥至校长办公室，拳足交加，唾骂备至，胡敦复、胡刚复二先生，一并受伤，遂勒令签字，威逼指印，强拍照相。复燃〈边〉〔鞭〕炮，驱出后门，以示侮辱。当时同人以势甚汹汹，不可理论，未能制止，心窃耻之，以为非身授教育者之所为，而乃出于自称最高学府之东南大学，岂不令人齿冷。昨阅沪报记载，本校维持学校委员会通电，强词掩饰，行同滑稽，举动无耻，于斯已极。遂致教授解体，示不合污。哲学系主任汤用彤、教授蔡瑞歧，数学系主任熊迪之、教授段调元，地学系主任竺可桢、教授徐韦曼、徐渊摩，化学系主任王季梁，物理系主任胡刚复、教授叶企孙、熊正理，历史系主任柳翼谋、教授刘金波等诸先生，纷纷宣布罢教，停止授课。孙洪芬先生不负文理科责任，过探先先生辞去农科副主任，任鸿隽先生辞去校长办公处主任，生物系主任秉农山先生亦不到校。"(《国立东大易长风潮续志》，载《申报》1925 年 3 月 15 日)

3 月 10 日　向学校当局递交辞呈。(《东南大学校史研究》第 260 页)

3 月 14 日　致函《新闻报》编辑："阅本月十一号贵报教育新闻栏内载《胡氏被拒情形之别报》，有谓胡氏常请竺可桢教授向学生报告，谓胡氏绝不签字至通电及摄影事更不能辨云云。查三月九日东大事变，桢虽在场，但并未〔见〕胡君敦复为上述之报告。顺颂撰安、竺可桢、三月十四日"[①](《新闻报》1925 年 3 月 18 日)

3 月 16 日　张其昀来函。(《全集》第 22 卷，第 127 页)

---

① 本函未收入《全集》。

**3月17日** 东南大学行政委员会召开会议，议决挽留竺可桢、汤锡予[①]两教授。（《东大行政委员会挽留竺汤两教授辞职》，载《申报》1925年3月20日；《东大教授维持校务之办法》，载《大公报》（天津版）1925年3月22日）

**3月18日** 致张其昀书。谓："前接惠书，因校事蜩螗，未克即时答复，顷又接十六号一札。三月九号暴动，逌桢到场，胡君昆仲业被殴打，而学生千余人包围图书馆。在此情形之下，少数勇于为恶，而多数怯于为善，业已无可挽回。嗣后种种，皆为桢所目击，大足为教育前途痛心。现已辞去东大职务，日内拟往邓尉一游，聊以舒怀。本学期拟不离南京，著书以度日，亦一乐事也。"（《全集》第22卷，第127页）

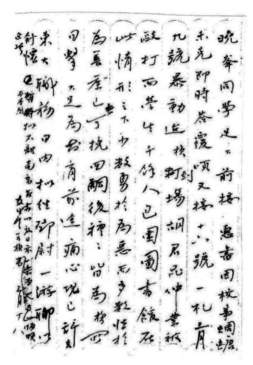

图 130　致张其昀关于"三·九"事件函（1925 年 3 月 18 日）[②]

**3月19日** 任鸿隽致函胡适："我现在很想家居几个月，努力著成《科学

---

① 汤锡予，即汤用彤。
② 藏于浙江大学档案馆。

概论》，正与你说的'摆脱一切专做自己的事'同一意见。这几天心里闷极，明天打算同藕舫往苏一探邓尉、天平之胜。"(《胡适来往书信选》上册，第318-319 页）

**约 3 月 20 日** 以地学系学生彷徨无所依归，复不忍地学系一旦瓦解，故复职任事。(《竺可桢传》第 23 页）

**3 月 26 日** 主持中国科学社第三十八次理事会[1]，兼记录。决定本年年会地点暂定北京，于 8 月下旬举行。科学社本年仅在交通银行支取三百元，以致经济极为拮据，"议决请过探先、竺可桢二君往见韩省长，请其转致银行拨给。"到会理事丁在君、胡刚复、秉农山、任叔永、王季梁。(《中国科学社第三十八次理事会记录》，上海市档案馆藏件 Q546-1-63；《董理事会》第71 页）

**3 月 28 日** 邵元冲由沪来宁，即雇车来碑亭巷新华医院附近寓所相晤。(《邵元冲日记》第 137 页）

**3 月 29 日（周日）** 与邵元冲夫妇至城外下关百利饭店访古应芬[2]、朱执信夫人。又晤李思辕、周少堂等。遂同驰车至鼓楼遥眺，又至鸡鸣寺俯视玄武湖，极平远之致，又至埽叶楼等处瞻眺。（同上）

**3 月 30 日** 约邵元冲夫妇、任鸿隽及胡润德[3]伉俪来寓晚餐，九时顷席散。（同上，第 138 页）

**3 月 31 日** THE PLACE OF ORIGIN AND RECURVATURE OF TYPHOONS（台风的源地与转向）发表于 *Monthly Weather Review* 第 53 卷第 2 期。(《全集》第 5 卷，第 118-130 页）

---

[1] 丁在君出席本次会议，在记录稿上其名下未署主席。
[2] 古应芬（湘芹），1924 年 9 月，任大本营财政部长、广东省财政厅厅长，兼军需总监。1925 年广东国民政府成立，古当选为国府委员，仍兼任广东省财政厅厅长。
[3] 胡润德，时任东南大学医药卫生部主任。

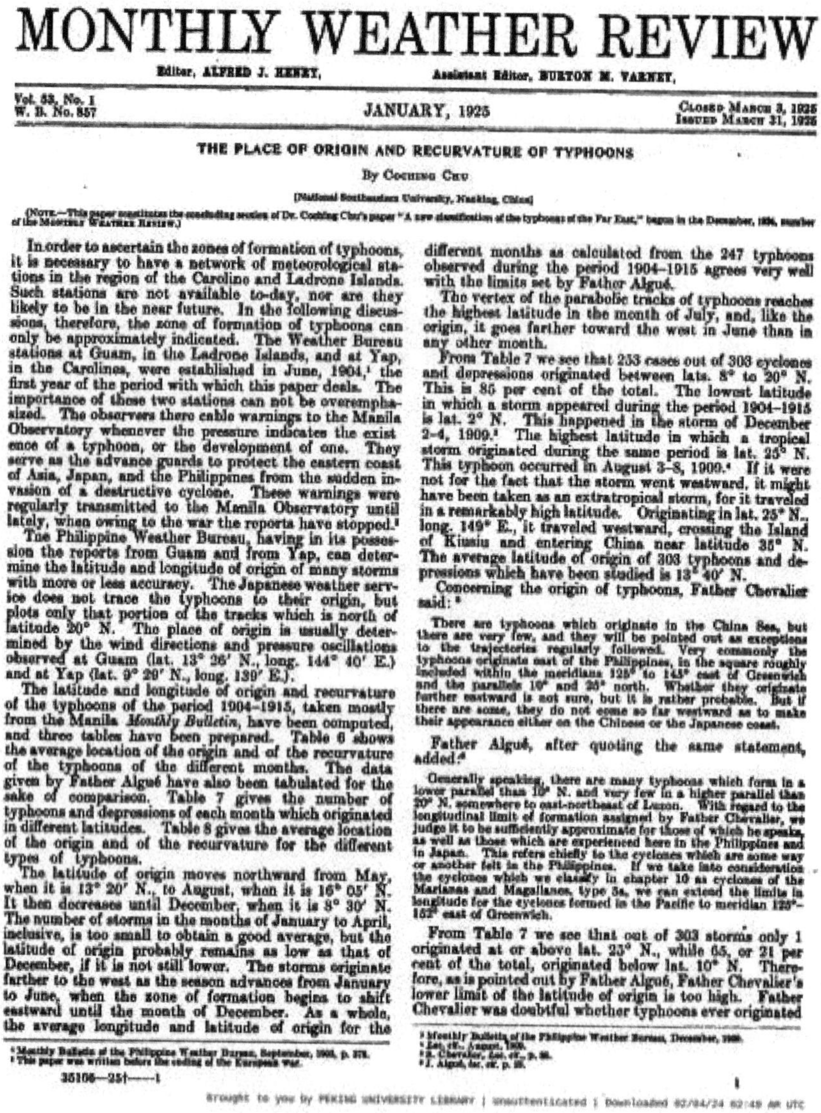

# MONTHLY WEATHER REVIEW

Editor, ALFRED J. HENRY,　　　　Assistant Editor, BURTON M. VARNEY,

Vol. 53, No. 1
W. B. No. 857

JANUARY, 1925

Closed March 3, 1925
Issued March 31, 1925

## THE PLACE OF ORIGIN AND RECURVATURE OF TYPHOONS

By Coching Chu

[National Southeastern University, Nanking, China]

[Note.—This paper constitutes the concluding series of Dr. Coching Chu's paper "A new classification of the typhoons of the Far East," begun in the December, 1924, number of the Monthly Weather Review.]

In order to ascertain the zones of formation of typhoons, it is necessary to have a network of meteorological stations in the region of the Caroline and Ladrone Islands. Such stations are not available to-day, nor are they likely to be in the near future. In the following discussions, therefore, the zone of formation of typhoons can only be approximately indicated. The Weather Bureau stations at Guam, in the Ladrone Islands, and at Yap, in the Carolines, were established in June, 1904, the first year of the period with which this paper deals. The importance of these two stations can not be overemphasized. The observers there cable warnings to the Manila Observatory whenever the pressure indicates the existence of a typhoon, or the development of one. They serve as the advance guards to protect the eastern coast of Asia, Japan, and the Philippines from the sudden invasion of a destructive cyclone. These warnings were regularly transmitted to the Manila Observatory until lately, when owing to the war the reports have stopped.

The Philippine Weather Bureau, having in its possession the reports from Guam and from Yap, can determine the latitude and longitude of origin of many storms with more or less accuracy. The Japanese weather service does not trace the typhoons to their origin, but plots only that portion of the tracks which is north of latitude 20° N. The place of origin is usually determined by the wind directions and pressure oscillations observed at Guam (lat. 13° 26′ N., long. 144° 40′ E.) and at Yap (lat. 9° 29′ N., long. 139° E.).

The latitude and longitude of origin and recurvature of the typhoons of the period 1904–1915, taken mostly from the Manila Monthly Bulletin, have been computed, and three tables have been prepared. Table 6 shows the average location of the origin and of the recurvature of the typhoons of the different months. The data given by Father Algué have also been tabulated for the sake of comparison. Table 7 gives the number of typhoons and depressions of each month which originated in different latitudes. Table 8 gives the average location of the origin and of the recurvature for the different types of typhoons.

The latitude of origin moves northward from May, when it is 13° 20′ N., to August, when it is 16° 05′ N. It then decreases until December, when it is 8° 30′ N. The number of storms in the months of January to April, inclusive, is too small to obtain a good average, but the latitude of origin probably remains as low as that of December, if it is not still lower. The storms originate farther to the west as the season advances from January to June, when the zone of formation begins to shift eastward until the month of December. As a whole, the average longitude and latitude of origin for the different months as calculated from the 247 typhoons observed during the period 1904–1915 agrees very well with the limits set by Father Algué.

The vertex of the parabolic tracks of typhoons reaches the highest latitude in the month of July, and, like the origin, it goes farther toward the west in June than in any other month.

From Table 7 we see that 253 cases out of 303 cyclones and depressions originated between lats. 8° to 20° N. This is 83 per cent of the total. The lowest latitude in which a storm appeared during the period 1904–1915 is lat. 2° N. This happened in the storm of December 2–4, 1909. The highest latitude in which a tropical storm originated during the same period is lat. 25° N. This typhoon occurred in August 3–8, 1909. If it were not for the fact that the storm went westward, it might have been taken as an extratropical storm, for it traveled in a remarkably high latitude. Originating in lat. 25° N., long. 149° E., it traveled westward, crossing the Island of Kiusiu and entering China near latitude 35° N. The average latitude of origin of 303 typhoons and depressions which have been studied is 13° 47′ N.

Concerning the origin of typhoons, Father Chevalier said:

There are typhoons which originate in the China Sea, but there are very few, and they will be pointed out as exceptions to the trajectories regularly followed. Very commonly the typhoons originate east of the Philippines, in the square roughly included within the meridians 125° to 145° east of Greenwich and the parallels 10° and 25° north. Whether they originate farther eastward is not sure, but it is rather probable. But if there are some, they do not come so far westward as to make their appearance either on the Chinese or the Japanese coast.

Father Algué, after quoting the same statement, added:

Generally speaking, there are many typhoons which form in a lower parallel than 10° N. and very few in a higher parallel than 20° N. somewhere to east-northeast of Luzon. With regard to the longitudinal limit of formation assigned by Father Chevalier, we judge it to be sufficiently approximate for those of which he speaks, as well as those which are experienced here in the Philippines and in Japan. This refers chiefly to the cyclones which are some way or another felt in the Philippines. If we take into consideration the cyclones which we classify in chapter 10 as cyclones of the Marianas and Magallanes, type 5a, we can extend the limits in longitude for the cyclones formed in the Pacific to meridian 125°–152° east of Greenwich.

From Table 7 we see that out of 303 storms only 1 originated at or above lat. 25° N., while 65, or 21 per cent of the total, originated below lat. 10° N. Therefore, as pointed out by Father Algué, Father Chevalier's lower limit of the latitude of origin is too high. Father Chevalier was doubtful whether typhoons ever originated

Monthly Bulletin of the Philippine Weather Bureau, September, 1908, p. 373.
This paper was written before the ending of the European war.

Monthly Bulletin of the Philippine Weather Bureau, December, 1909.
Loc. cit., August, 1909.
R. Chevalier, loc. cit., p. 92.
J. Algué, loc. cit., p. 59.

35106—25†——1

图 131　在美国《每月天气评论》上发表的
《台风的源地与转向》一文的首页

**3月下旬或4月上旬**　偕过探先往见苏省韩省长，请其转致银行允中国科学社支取经费。(《全集》第 22 卷，第 128 页)

**4月1日** 午后偕邵元冲、侠魂至城外太平门外钟山登览，形势雄峻，夹道桃李艳发，嫩柳蒸人，风日清和，为之快然。五时顷归。(《邵元冲日记》第138 页）

**4月4日** 致陈训慈[①]书。曰："三·九事胡君敦复固受耻辱，而东大名誉学风亦因之一落千丈。桢当日目睹按手印之怪现状，故极为痛心，觉此地不可以一日居，是以翌晨即提出辞职。后以地学系学生彷徨无所依归，复不忍地学系之一旦瓦解，于二星期前复职任事。但以教课为主，其余概不过问。"(《竺可桢传》第 23 页）

**4月10日** 主持中国科学社第三十九次理事会，兼记录。"决定本年年会于阳历八月廿三号至廿七号在北京举行。"去年大会修改社章以人数不足，所修改者不能生效。"今年尚须重新提出，当议决：于原有委员杨铨、胡明复、任鸿隽、竺可桢、王琎五君外，再加入胡刚复、过探先二君，将社章应修改之处重新厘定，于年会开会两个月以前通知各社员。"

"本社请款计划须于六月以前交与文化教育基金委员会，急应将中英文均行拟就。"到会理事王季梁、秉农山、任叔永、胡刚复、过探先。(《中国科学社第三十九次理事会记录》，上海市档案馆藏件 Q546-1-63；《董理事会》第72 页）

**4月14日** 致丁文江书。谓："别后业已两旬，弟已两度往见省长，均口惠而实不至，社中职员势难枵腹从公。日内当再偕探先或叔永往谒也。北京中行方面未识有否好音。生物研究所论文印刷业已积极进行。惟经费一层宁沪两方均已垫付巨款，难乎为继，望吾兄在津京各方设法。年会地点，上届理事会已正式决定在北京，日期八月廿三至廿七号，业已托明复、咏霓二兄在京、沪登报通知社员矣。今晚接上海明复转来天津启新公司请观现行水泥发明百年纪念典礼函并请帖，弟刻已去快邮答复，托吾兄代表本社出席。如届时有暇，尚望一往是荷。附启新来函及请帖，希察入。"(《全集》第 22

---

① 陈训慈，曾任浙江图书馆馆长、浙江大学史地系教授。

卷，第 128 页）

**4 月 21 日**　偕侠魂往约邵元冲来寓午餐。（《邵元冲日记》第 144 页）

**4 月 22 日**　应邵元冲夫妇约赴邵寓午餐，二时顷回。邵夫妇于晚来寓话别。（同上，第 145 页）

**是日**　主持中国科学社第四十次理事会，兼记录。推定翁文灏、丁在君、丁燮林（巽甫）①、张轶欧（肇桐）、饶毓泰五人为年会委员，翁为委员长。"美国赔款请款事急不容缓，函催上海急速进行。"到会理事任叔永、王季梁、秉农山（竺可桢代）、杨杏佛、过探先、胡刚复。（《中国科学社第四十次理事会记录》，上海市档案馆藏件 Q546-1-63；《董理事会》第 73 页）

**4 月 25 日**　在中国科学社春季第二次演讲会上演讲《日中黑子与世界之气候》，此文发表于《科学》第 10 卷第 6 期。

述："世界气候，时有转移，并非固定不变的。即以南京而言，今岁春季，雨量特少，各井枯涸，河干至底，而人民亦因之感受甚大之痛苦。历史上旱灾及水灾时有发生，自西汉以迄前清光绪二千年间，中国历史上旱灾共有一千一百次，雨灾有六百五十次。江苏一省自西汉迄今，每百年平均有五旱六涝，直隶有七涝七旱。普通一般人民以为旱涝乃神怪所使，此种论调，自科学眼光观之，只能作为迷信。地学家研究之结果，以为世界气候之变动，其最大之原因，即由于日球中有变动也。夜间较昼间为寒，由于无日光之映照。夏季须用电扇，冬季须用火炉以调剂温度，亦即因日光有斜正之不同。"

"黑子（sun spot）在日球之光层面上，其大小颇不一，小者直径五百英里，大者可五万英里。黑子本身，并非黑色，不过较他处为暗故显黑色。最初发〈显〉〔现〕日中之有黑子者为中国，在汉元帝永光元年，即有是项之记载。自汉迄明末，前后历史所载记录有九十二次。欧洲之发现，在 807 年，较中国迟八百五十年。而 Galileo 以天文镜寻出日中黑子则在 1610 年（明〈崇祯〉

---

①　丁燮林，时任北京大学物理学教授。

〔万历〕时代）。若欲见日中黑子，可以涂松烟之玻璃片，或照像所用之硬片（略经日光后，放于定影液中洗过者，用以窥日，则日光不至于触目），而日中黑子之大者可窥得矣。"

"日球温度既高，其大部均为气体与流体。黑子者，乃自内部冲出而至光层外部之物质。在日球上所见区域有一定之范围，多在日球赤道北三十六度至〔北〕六度，或南六度至南三十六度之间。黑子之数目，时有改易。最多至百余，少时不过数枚。二十世纪中，在 1901，1913，1924 数年内，黑子发〈显〉〔现〕极少。1905，1917 二年内则最多。考黑子数目之多少，有一定周期。约十一年一个月为一循环。黑子最初现于〈赤道〉〔南北纬〕三十六度，继起者浸渐趋向赤道，至赤道南北六度而不见。则复现于南北纬三十六度，再趋向赤道，如此循环不息。黑子之内部，亦常流动不息。美国天文学家 Hale 氏考察得黑子为日球上之风暴作用（cyclonic motion）。在黑子底部物质趋向外方，在其上部（在色层中）其运动为向内的。日球之旋转，即由观察黑子而得。吾人得知日球二十五天自转一周。以理论言，黑子愈多，则日球变动愈多，地面之温度，必因之而高，但实际则不然。自 1775 年起，黑子之数目，即每年有记载。德人 Köppen 氏以十九世纪一百年中之观察，得知日中黑子之多寡，与地球上温度有特别之关系。凡日中黑子多，则地面温度低降，黑子少则地面温度增高，并推算得在热带上因黑子数目之多寡，可使温度相差十分之六度，在温带相差为十分之四度。美国气象学家 Humphrey 氏曾将 1750 年迄 1913 年之记载研究之，亦得同样因果关系。故亦信黑子之多寡足以左右世界气候。即以香港之温度，与黑子之多寡相比，亦得同一结果。"

"黑子之多寡，亦与雨量有关系。日中黑子多，长江流域风暴多，故雨量亦多，黑子少，则风暴少，故雨量亦少。但黄河流域则相反。如今去两年南京雨量特少，民国二年南京亦极干旱，而民国二年及今去两年又适为黑子最少之时，其相符之巧当非偶然也。据大西洋中历年风暴之统计，则知黑子多至每年六十枚以上，可使海洋中风暴增加百分之十五，黑子减少至十枚以下，可使海洋中风暴减少百分之十四。据我国历史所载，中国黑子最少时期为唐（八世纪）及明初（十五世纪），最多为南宋时（十二世纪）。故明初之气候似甚和暖。而南宋时其都城杭县在清明节日不时降雪。此为近来所罕见，足见当时气候之冷（参观本志〔《科学》〕十卷第二期竺著《南宋时代〔我国〕气候之〈推〉〔揣〕测》文）。欧洲历史，在是三期亦有相同情形。中国人殖民异地之最多时期约可分为三：（一）唐；（二）明初；（三）现今。在唐与明初，交通并不若今之便利，而侨居若是之踊跃者，亦以气候有以使之然也。盖唐与明初时，黑子既少，则温度高，雨量少，而旱灾特多。人民受饥馑之逼迫，故另寻新大陆以谋生活也。"（《全集》第 1 卷，第 490-493 页）

张家诚评述："对于气候变化的原因方面他多次提到太阳黑子的影响。1925 年他曾发表《日中黑子与世界之气候》一文。在他多篇论述气候变迁的论文中都谈到了太阳活动的影响。"（张家诚《竺可桢在我国气候学发展中的贡献》，载《报告集》第 95 页）

**4 月**　《中国历史上之旱灾》在《史地学报》第 3 卷第 6 期发表。篇名下署"竺藕舫教授讲，庄奎璋笔记"。讲演时间、地点不详。

述："去秋亨丁顿（Huntington）先生来我校，对于气候与人生曾有一度演讲。大致谓二者关系綦切。中国历史上之外患内乱，大都可据此解释。如东晋时五胡乱华，北宋时契丹、女真寇边，明末满清入关，莫非中亚气候转旱为之主因。如 Huntington 氏此类之理想，不仅可应用于占世界一部分之中国，且可推而至于全球。创此说者非 Huntington，不过彼亦系此说中之主要人物而已。吾人固不能信此说为尽善，但确为近世地理学上另辟一新局面。欧美自经大战以来，有识人士，皆斤斤于求人类相互谅解。故研究地理者，亦一变以前之态度，对于人生与其环境特加注意，以期由其地理上之环境，而了解各地方人民之性情，以共臻于世界大同之域。美国麻省克拉克大学近且特设地理学学士研究院，从事于此类学问之研究。

"既聆 Huntington 氏之演讲，欲知其说之于中国历史之根据究竟如何，遂引起我对于本题之研究心。

"二年前，丁文江先生曾发表一文，题为'中国历史与人物之关系'，登诸《科学》杂志。将自汉〔以〕来历史上有名人物之籍贯，依省界排列，以观历来各地文化之消长。其结果为汉代以陕西、河南、山东一带人物独占多数。江、浙、闽等省仅一二见。自东晋以降，江、浙、闽人物逐渐加多。至南宋后，文化重心，已由中原而转至江左。其故盖由晋室东迁，宋都临安，中原人士，大都南下。丁先生虽非以气候解释历史，然确认地理与历史实有密切关系。

"地方人物消长，文化盛衰，非特为中国历史上特有之现象，即西欧亦然。今日欧西文化，源于古代埃及、巴比伦、叙利亚。一迁而至希腊，再迁而至罗马，近且由南欧而转入西欧。其迁移步骤，仿佛中国。唯彼则由南而北，而我国则由北而南，稍示有异。依 Huntington 氏之意见，谓此类文化迁移，大都由于气候变迁。"

"欲测古代气候，尚有一法，为美人 Douglas 所发明。美国加州产长松，名 Sequoias 者，其年龄有如《庄子》所称之大椿，往往达三四千岁，树高四百呎。Douglas 以数十年测验之经历，觉 Sequoias 年轮间阔度，实因雨量多少而有增减。因推算至纪元前五百年时，而计其历来雨量之消长。但树之滋长，除因雨量多寡而有不同外，又有幼年长速，老年长迟之分，故欲得准确之推算，须再加以此项之纠正。其结果为 Sequoias 树成长最速之期，在纪元前十二世纪，七世纪，五世纪，自纪元后四世纪以来，生长较缓，至纪元后十世纪而加速。十二世纪又复缓下。至十四世纪中叶，又复增速。至十五世纪末叶，乃复减退。由此亦足以推雨量之丰歉矣。"

"瑞典人 Hedin，于 1900 年在中亚发见汉代楼兰之故址。此地当宣元之际，有人口四万之众，附近足资屯田；于其居室废址中，尚觅得有五谷产量之统计；而今则其地已成不毛。此非气候变迁，足以影响于城邑存亡之证乎？此外则如里海水量之涨缩。当其水量最多时，Amur 河，Syr 河，皆其拼指；而今已转注 Ural 湖：盖因水量减少，沙碛廓张，河水不足以致远，而二河亦就近投归也。里海水面在纪元前五百年较今高一百三十五呎，至中国两晋、南宋、明末诸朝，则皆较前减少，此与美国 Sequoias 树之年轮，Huntington 氏之注释中国历史，同原于气候转旱，若合符节。

"余近将《图书集成》与《东华录》所载中国历来之旱灾，与 Huntington 氏之由地质与气候上考据相参证，以觇其适合与否。

"《图书集成》之纪载，自汉来较可靠。直至明末，则以《东华录》继之，止于清咸、同间。故本题之所谓中国旱灾，起自纪元前二百年，截至纪元后 1847 年（道光末叶），间有二千年。一经查考，觉困难叠出。困难之点，约可分为下列数层：

"（甲）历史上各时代，区域大小不一，范围愈广，则旱灾之数，势必愈多。

"（乙）交通不便，故偏僻处之旱灾，记录不详。

"（丙）京都附近记录特详。

"（丁）灾荒报告，常因帝王之好憎，而有所增减。

"以上数种，当以区域大小之困难为最甚。如当汉初，滇、川、湘、粤等省，犹仍荒域；虽有旱灾，亦不上闻，更无从记录。时至近世，区域渐广，旱灾记录，亦渐加多。除上数种困难外，又有书与书，与人与人之关系。如《图书集成》与《东华录》，其搜集材料标准，多有不同。故于旱灾次数，亦不能少无影响。又如编史者有则关怀灾荒，有闻必录；有则不加注意，忽略漏过。凡此亦足影响于统计之准确。

"虽有以上种种困难，然搜集既富，未始不能得其大概。各代旱灾次数，即不得谓之绝对精确，当亦有比较价值也。

"历代旱灾次数多寡，与区域加广作正比。如绘一弧线表示之则应作斜上状。而图表所得，殊与设想大异。盖非系斜上，斜上之中，殊有屈曲，而以东晋、六朝、南北宋、元初、明末低曲更甚，示以旱灾独多。与 Huntington 氏之解释颇相吻合；即与 Sequoias 之年轮阔度，里海水量之减退，亦不相上下。兹将中国自汉至清道光末叶间，每百年中之旱年最多者录左〔下〕：（另有《中国历来各省旱灾总计表》，《中国历代旱灾分布表》，与《中国西亚西美气候变迁比较表》，兹不详载。）

| 年 期 | 旱 年 |
| --- | --- |
| 100—200 A. D. （东汉时） | 35% |
| 400—500 A. D. （东晋、六朝） | 41% |
| 1200—1300 A. D. （南宋时） | 77% |
| 1500—1600 A. D. （明代） | 84% |

"总计自纪元前 206 年（西汉）至纪元后 1847 年（清道光末）止，旱灾之见于二书者共九五九次。

"自东晋迄今，历史上所载旱灾，每百年平均四十九起。黄河流域，每省每世纪平均有旱灾八次。长江流域诸省，旱灾较少。每省每世纪仅五次而已。

"中国每年雨量多少，与气压及温度之高低有关；而温度高低，又与日中黑子 sunspots 有关。据 Humphrey 之研究，谓当日中黑子多时，日光独强，其中 ultra rays 能变养气之一部为 ozone，以吸收日光热 insolation，结果地面温度转而低减，于是西伯利亚之高压 permanent high 特甚，太平洋湿风吹入陆地较少，旱灾就此酿成。兹以中国史上所载日中黑子次数最多时期，与所记旱灾最多时期列为一表以考之，觉多所吻合，于是知旱灾之来，于日中黑子未为无因。"

"中国历史上之旱灾，与 Huntington 氏之解释，Sequoias 树之年轮，里海水量之增减，既莫不相合；即与日中黑子之说，亦经一再证明矣。"（《全集》第 1 卷，第 494-498 页）

**5 月 4 日** 任鸿隽致函张奚若，谈及竺可桢："但在敦复未来之前数日，我尚有一种提议，要郭、胡两人都抛弃校长位置，另由教授会推举两人，呈请教育部择一聘任。这种办法，自信可贯彻教授治校之精神，也实为解决纠纷之一法。校中同人赞成这个主张者，也有不少的人（农科如秉农山、过探先等，教育科如赵叔愚、郑晓沧等等，理科如竺藕舫、胡刚复等）。不料此事还没有进行，就有'三·九'的事。"（《"东大风潮"的辨正》，载《现代评论》1925年第 1 卷第 26 期，第 17-19 页）

**5月8日** 主持中国科学社第四十一次理事会，兼记录。"中国名辞审查会函告，本年度定于七月五号起，在杭州开会，请本社推定各组代表。"当即推出各组代表。

"中美文化教育基金委员会已定于六月五日在京开会，本社计划急应拟就。现时各种报告均在沪上。议决：派竺君可桢赴沪征求意见，集合各方材料，拟定一计划，同时并向商务印书馆催其赶印报告，最迟于本月底印好。"到会理事任叔永、过探先、秉农山。(《中国科学社第四十一次理事会记录》，上海市档案馆藏件Q546-1-63；《董理事会》第74页)

**5月16日** 主持中国科学社第四十二次理事会，兼记录。"通过本社发展计划，计分三部：研究所、图书馆及科学教育部。""讨论修改章程，由修改章程委员会起草，通告社员。"

"决定推任叔永、竺藕舫二君于明日往见本社社董马相伯先生。"到会理事秉农山、王季梁、过探先、任叔永、叶企孙。(《中国科学社第四十二次理事会记录》，上海市档案馆藏件Q546-1-63；《董理事会》第75页)

**5月17日** 致丁文江书。谓："社中计划业已拟就，一二日内可付印，月杪当可寄奉。惟商务印刷品恐只能印一种（生物研究所论文）而已。孟禄于昨晚抵宁，今晨即乘轮赴汉口。社中经济极为拮据，中国银行方面望设法以救燃眉。韩[1]未去前，曾拨千五百，但只能还积欠。郑鸣之抵任[2]后，一二月内恐无能为力。拟乘马相伯先生在宁之便，邀郑来社一叙也。"(《全集》第22卷，第129页)

**5月20日** 主持中国科学社第四十三次理事会，兼记录。"北京新成立之中国教育学术团体联席会议议决，发宣言反对日本文化侵略政策，函征本社同意。当议决本社赞成此等宣言，列名加入。"

"正式通过本社发展中国科学计划书"。

"推定翁文灏、丁在君、任叔永、胡刚复、秦景阳、杨杏佛、竺可桢为年

---

[1] 系江苏省长韩紫石。
[2] 指郑就任江苏省长。

会会程委员。"到会理事任叔永、叶企孙、王季梁、过探先、秉农山。(《中国科学社第四十三次理事会记录》,上海市档案馆藏件 Q546-1-63;《董理事会》第 76 页)

**5月21日**　致张其昀书。谓"前后迭接二函,藉悉一切。云南高师所订条件,均甚妥洽。对于货币一层,尤宜注意,闻滇币百元汇至上海,需乙百五十元之贴水,今既于合同上订明,当无问题矣。商务方面著述教科书,于改良中小学地理教授虽有若干之影响,但为足下自身计,则经日枯坐,于体育上殊无益。滇道虽远,但一则可以换空气,二则可以广眼界。桢意足下应聘,于智育体育可称两得也。起程之期当在夏后矣。东大事当无转机。"(《全集》第 22 卷,第 130 页)

**5月下旬**　致丁文江书。谓:"前日寄奉一札,当可达尊览。社中发展中国科学计划业已印好,已于日昨邮递,想亦可收到矣。该计划非专为中美文化教育基金董事会请款而拟,系社中发展科学笼统计划。所以如此者,乃因社中对于各国庚款津贴之希望多少殊无把握,过奢过约均非所宜,故计划中始终未提及庚款。将来如往他方募捐亦可适用。该计划本由理事会于去冬推胡明复、曹梁厦诸君在上海起草,乃事隔四阅月迄未着手,迨中美委员会开会期近,始于两星期前由叔永与弟参照各机关报告仓促凑合而成。其间不妥之处必多,因时间迫促,是以未付印前不克寄津与吾兄一商,各董事方面亦未能征求同意。晤严、范诸先生,祈以此意相告,望鉴谅为荷。对于美款,宁中理事会诸人以恐吾兄在董事会中不便为社中多说话,故拟特推一人来津,但叔永以沙菲将分娩不能来,农山不愿来,弟则与各方素无接洽,来亦无用,故只能以书面请求。该函当于今日下午或明晨发出,由吾兄转达。社中《概况》、《社录》等当同时寄奉,务请转致董事会诸公。生物研究所及图书馆印刷品,则由沪上直接寄来。此外尚有生物研究所小计划,想农山已函寄矣。"(《全集》第 22 卷,第 131 页)

**5月**　中国科学社印行《发展中国科学计划书》,其旧事业之应行扩充者,有科学图书馆、生物研究所、《科学》杂志、科学演讲等等。新事业之应建设

者，有理化研究所、通俗观象台、博物院等等。(《中国科学社第十次年会书记报告》，上海市档案馆藏件 Q546-1-227）

**6月5日** 主持中国科学社第四十四次理事会，兼记录。"中美文化教育基金董事会在津应于今日开会，本社请求津贴事，虽有社长丁在君先生可为代表，但以丁君亦为董事之一，未便多说话，故议决：电丁君询问，如需派专人与会，当即派人北上。"到会理事叶企孙、胡刚复、秉农山、王季梁、过探先、任叔永。(《中国科学社第四十四次理事会记录》，上海市档案馆藏件 Q546-1-63;《董理事会》第77页）

**6月7日** 与汤用彤等十六位东南大学教授发表通电[①]，全文如下：

全国各报馆转各界公鉴：

连日上海英捕枪杀赤手空拳之市民、学生、工人，我工商学界既以罢工、罢市、罢课誓死力争。唯兹事体大，必划清范围，厘定步骤，始能持久而奏效。同人以为全体罢市罢工罢学，牺牲太大，宜分别凡与此次事变有关之国籍人、经商者勿与交易，食力者勿与服役，断绝关系，以示抵制。一面广筹基金，建设各种厂肆，为援助此次失业同胞之用。学界为知识阶级，尤宜爱国、求学，双方并顾，以备积极救国。至交涉标准，宜以惩凶手、撤苛律、赔偿谢罪为目前要求，以收回租界、恢复国权为最后目的。尤望我全国各界，上下一心，放弃内争，同御外侮，提倡国货，力戒浮奢，卧薪尝胆，矢志不渝，庶几人权可复，国耻可雪。临电迫切，敬祈明察。

东南大学教授汤用彤、叶企孙、王琎、熊庆来、顾实、段子燮、竺可桢、徐韦曼、戴芳澜、秉志、徐渊摩、胡刚复、过探先、熊正理、路敏行、陈去病。

(《南京东大教授代电》，载《申报》1925年6月7日）

**6月17日** 中国科学社董事马相伯于上午八时半至社参观。与秉志、胡刚复三人陪同，在生物研究所阅览一周，于十时左右离社。(《中国科学社第

---

① 原文采用旧式句读标点。

四十五次理事会记录》，上海市档案馆藏件 Q546-1-63；《董理事会》第 78 页）

**6 月 18 日** 致函张其昀，内附与陈叔谅一函，嘱便中转交。谓："前寄一函并附尊著，想可收到。Johnston: *The Outline of the World* 桢已阅竣，日内另封寄赵。该书文笔清健，照片尤丰富，极足引起一般读者之兴趣，特于自然地理方面殊嫌欠缺。且此类（《科学大纲》亦然）书往往流弊在于太泛，故在一部书内包罗各国地理，则非如 Mill: *International Geography* 之办法不行。Mill 之书如照相，Johnston 之书如油画，虽能引人入胜，但颇失真面目也。"（《全集》第 22 卷，第 134 页）

**6 月 19 日** 主持中国科学社第四十五次理事会，兼记录并报告董事马相伯曾于 6 月 17 日来社参观与接待情形。

"议决请任叔永君于下星期内往晤邓邦造政务厅长，接洽社款。"到会理事任叔永、王季梁、叶企孙、过探先。（《中国科学社第四十五次理事会记录》，上海市档案馆藏件 Q546-1-63）

**6 月 28 日** 与过探先上午往晤省长郑鸣之、教育厅蒋维乔及省署第三科科长朴仲厚。始悉苏省津贴本社经费每月二千元（九折一千八百元）已于前次政务会议时指定缓发。但同时指定缓发之职业教育社津贴，与指定取消之自治学院经费，则已拨归教育经费管理处得一着落。（《中国科学社第四十六次理事会记录》，上海市档案馆藏 Q546-1-63）

**是日** 主持中国科学社第四十六次理事会，兼任记录。与过探先报告是日上午往晤省长郑鸣之等情形。议决通知各理事磋商办法。到会理事秉农山、任鸿隽[①]、王季梁、叶企孙。（《中国科学社第四十六次理事会记录》，上海市档案馆藏件 Q546-1-63；《董理事会》第 79 页）

**6 月** 本月刊行的《中华教育改进社同社录》载明"个人会员"信息："竺可桢 藕舫 南京东南大学"。（《中华教育改进社同社录》第 47 页）将于"第四届年会修正"的"地理教学委员会"，成员如下：

---

① 任鸿隽，于 1925 年夏赴北京，任中华教育文化基金董事会执行秘书。

| | | | |
|---|---|---|---|
| 正主任 | 丁在君 | 文 江 | 天津义租界东马路北票公司三十八号 |
| 副主任 | 翁文灏 | | 北京西城丰盛胡同农商部地质调查所 |
| 书 记 | 李贻燕 | 翼 庭 | 青岛胶澳商埠督办公署学务科 |
| 委 员 | 白眉初 | | 北京宣武门内南闹市口回回营三号 |
| | 竺可桢 | 藕 舫 | 南京东南大学 |
| | 韦润珊 | | 南京东南大学附属中学 |
| | 袁复礼 | | 北京宣武门外南横街二十号 |
| | 高 鲁 | 曙 青 | 北京泡子河中央观象台 |
| | 徐秉钧 | 衡 甫 | 济南商埠东文学校 |
| | 郭业耜 | 雨 农 | 山东潍县城内郭氏学校 |
| | 张体方 | 效 堃 | 张家口土儿城实业学校 |
| | 彭国珍 | 凤 昭 | 武昌湖北教育厅 |
| | 廖立勋 | 西 平 | 武昌方言学堂街十九号 |
| | 刘玉峰 | 雪 崖 | 北京宣外琉璃厂东北园八十七号 |
| | 蒋丙然 | 幼 聪 | 青岛胶澳商埠观象台 |

（《中华教育改进社同社录》，第 172–173 页）

**7月上中旬** 致丁文江书。谓："迭接两函，因适将开理事会，是以不克即复。张公权抵沪后，社中为款事曾偕宋梧生往见，据云仍须与宁行商酌，而宁行则〈极〉〔绝〕对拒绝通融。兹将宋梧生及宁中行两函奉寄。现社中款项奇窘，连下役工资已一个半月未给，仍望吾兄与张君交涉，请其竭力筹措二千元以救燃眉之急。至于将来社款，正设法与苏省财、教两厅接洽，请将本社津贴拨归江苏教育经费管理，庶几日后不致落空。社中信纸信封业已嘱白君寄奉若干，想可收到矣。交通当局允特别通融挂专车赴会，自系难得之机会。惟目前调查赴会人数能否达二十人，殊无把握。宁中来会者不过八九人，沪上尚在调查，一俟接有复音，即当函达。"（《全集》第 22 卷，第 135 页）

**7月18日** 主持中国科学社第四十七次理事会，兼记录。"本社经费，据政务厅长邓邦造复任叔永先生函，谓已陈明省长转行财、教两厅，会同江苏教育经费管理处妥议复夺云云。议决：函财、教两厅，请依职业教员社津贴费前例，拨归教育经费管理处。"到会理事有任叔永、杨杏佛、秉农山（竺可桢代）。(《中国科学社第四十七次理事会记录》，上海市档案馆藏件 Q546-1-63；《董理事会》第 80 页）

**7 月 26 日** 致丁文江书。谓："日前所寄快邮，想可达览。昨晚复开理事会，因步曾（胡先骕）返国，共到理事七人，对于车票交涉，决请吾兄办理挂专车免费。如此层办不到，则援今年改进社例，要求个人免票。所以变更原议者，因依目前揣测，若以半价号召，恐不能拉拢二十人同时来京也。起程日期（在南京起程）决在念一号，如不便，改早亦可，但不能改迟。兹拟定人名单一纸，以为请个人免票地步。尚志学会款望汇明复处。"

"南京起程 任叔永（及夫人）、杨杏佛（及夫人）、王季梁、秉农山、叶企孙、竺可桢、赵石民、路季讷、熊迪之（及夫人）、熊雨生、徐渊摩、杨允中、张子高、茅唐臣。

"上海起程 胡明复、胡刚复、周子竞（及夫人）、曹梁厦、朱其清、何鲁、李熙谋、宋梧生、方子卫、唐钺、杜光祖、胡先骕。

"杭州起程 钱天鹤、郑宗海。"(《全集》第 22 卷，第 136 页）

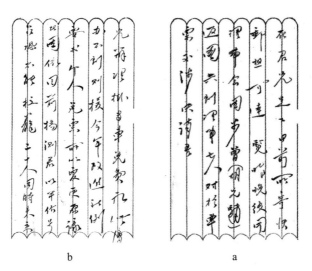

b a

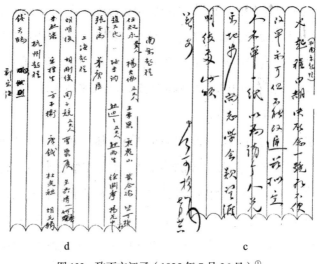

图 132　致丁文江函（1925 年 7 月 26 日）[①]

**7 月**　蒋维乔出任东大代理校长。牛力在其论文中述："3 月 9 日东大殴胡事件之后，校内教授群体公开分化。3 月 10 日，教育科主任徐则陵等三十四人发表通告，对萧、胡、柳等人运动官厅，意图变更学校组织的行为大加斥责，并声明评议会的废止在校内系出公意，程序合法。校董会也于 3 月 19 日召开紧急会议，并致函教育部和江苏省，声明评议会的废止符合程序，而董事会章程早已呈请教部核准。但在 4 月 6 日，柳诒徵等十五名教授再度发表宣言，声言'评议会之废止并未经校内正式合法之手续通过'，呈报的组织大纲也未经教育部'核准'。双方唇枪舌剑，势不两立。""倒郭派的主要人物柳诒徵、胡刚复、杨杏佛、萧纯锦、汤用彤、叶企孙、竺可桢、段调元等人，早对大学校务多有不满。倒郭派大部分来自文理科，而拥郭派则主要出身于教育科和农科。"由于蒋出任东大代理校长，"人多势众的拥郭派占据了主导地位。倒郭派教授风流云散，多人远走他方。其中文理科因广受牵连而成为'重灾区'，相继离职的教授包括柳诒徵、竺可桢、胡刚复、叶企孙、萧纯锦、熊正理、汤用彤等多人。"（牛力《分裂的校园：1920—1927 年东南大学治理结构的演变》，

---

① 藏于中国第二历史档案馆。

载《中山大学学报（社会科学版）》2017年第57卷第1期，第85页）

**暑期**  离开东南大学到上海，由商务印书馆编译所所长王云五聘为编译所史地部部长。（《商务印书馆与新教育年谱》第119页）主持翻译《大英百科全书》与主编"百科小丛书"。（胡焕庸《竺可桢先生与商务印书馆》，载《商务印书馆九十年》第307页）

图133  上海宝山路商务印书馆总厂内的编译所大楼①

图134  上海棋盘街商务印书馆总发行所大楼②

①②  取自《从老照片中回溯商务印书馆的120年》，载微信公众号"阳光悦读"，2017年2月20日。文章来源：澎湃新闻网（上海）。

自述："我在南高、东大凡五年。其时校长为郭秉文，教员同事是一个留美学生集团。虽是一个集团，里边矛盾还是很多的。这时方在'五四运动'之后，北方胡适、陈独秀方提倡白话文。东大刘伯明、柳翼谋、梅光迪则提倡复古，并创办《学衡》杂志，以和《新青年》相抗衡，这实在是一种违背时代潮流的运动。我虽没有参加《学衡》的小组织里，但并没有热烈地提倡白话文，多少也受了《学衡》的影响。当时理科和农科发达最快，为了争经费，理科教员和农科教员意见很深。校长郭秉文结纳江苏督军齐燮元，齐拨款予东大建筑图书馆，郭即以齐父之名名图书馆为'孟芳图书馆'。一部份教授不满意于郭秉文，我也是其中之一，当时我们提出了'教授治校'的口号。杨铨（杏佛）反对郭秉文最力，郭决心辞去杨，乃将商科停办。杨铨是民元国民党派赴美国留学的学生，素与国民党有渊源。到一九二四年中山先生到了北京，杨铨借国民党之力，于一九二五年春免郭秉文东大校长职务，而以胡敦复继任。事为拥郭教员和学生所不满，遂酿成拒胡敦复为东大校长风潮。经此风潮后，理学院教授一部分离开东大。我于此时到上海商务印书馆为编辑，一年后到天津南开大学教地理和气象。"（《全集》第 4 卷，第 90-91 页）

**在南高、东大执教时期** 学生有张其昀、邹钟琳、曾省、杨惟义、周拾禄（日记 630213，《全集》第 16 卷，第 451 页）、胡焕庸、王庸、向达（觉明）、袁见齐、吕炯（蕴明）、朱炳海（晓寰）（《南京大学百年史》第 99 页）、陈训慈（陈训慈《回忆竺师教学与办浙大的几件事》，载《竺可桢诞辰百周年纪念文集》第 12 页）、王勤堉（鞠侯）（《气象学讲话·自序》第 3 页）、王学素、陆鸿图、诸葛麒、吴文照、黄静渊（《战后新世界》第 11 页）、黄应欢（厦千）、张宝堃、沈孝凰（鸣雒）、沈思玙（鲁珍）、周光倬、凌纯声（字民复，号润生）、吴定良（均一）、黄逢昌（仲辰）、郑宽裕（子政）、徐近之（施雅风《南高东大时期的竺可桢教授》，载《纪念文集》第 80 页），曾省一度作竺可桢的助教（日记 630219，《全集》第 16 卷，第 455 页）。

先后聘任曾膺联、徐韦曼、谌湛溪、徐渊摩等专家为学生讲授各种新式课程。（《南京大学百年史》第 99 页）

教学中，竺可桢既重视校内实验室建设，也重视野外实习与考察。

"注意启发学生应用课堂知识自行观察并多采集标本，几年之间，地学系的标本室，包括岩石、矿物、古生物等标本已琳琅满目，并经向国外交换和购买而得到充实。"（《竺可桢传》第19页）

规定讲授地质通论和地质学的有关师生必须进行野外实习。他亲自带领学生去野外，足迹遍及南京附近的各个山岗。采集了许多矿物和古生物标本，加上向国外购买的部分标本，很快就建立了岩石标本室和矿物实验室。（《南京大学史》第52-53页）

胡焕庸回忆："竺先生首创东南大学地学系，很重视实验，不但设立了气象测候站，还建立了岩石标本室、矿物实验室等。他认为这不仅为地质矿物组所必需，对于地理组也是很重要的。他每次率领地理组同学进行野外考察时，十分注意采集岩石矿物和古生物化石标本，并向国外购买和交换一些标本，几年之间，标本室和陈列室具备了一定的规模。

"竺先生不但很重视室内实验，也很重视野外考察，他经常率领学生在南京附近进行野外实习，考察岩石性质、地质构造、地形发展、土地利用等现象，与讲课内容互相印证，借以培养学生观察和分析的能力。"（胡焕庸《我国近代地理学的奠基人——竺可桢》，载《一代宗师竺可桢》第54页）

精心培养学生，认真指导学生进行科学研究。在努力培养学生们的自学和研究能力中也不遗余力。他和著名历史学家柳诒徵教授等合作，指导学生组织史地研究会，发刊《史地学报》（1921—1925年），刊登当时师生的著译作品。他鼓励学生从中外报刊中摘录地理新信息，经他审校，编成《地理新资料》，在《史地学报》中刊出，以充实教学内容。（《竺可桢传》第22页）

学生著译文章，经他手的，无不认真校核，细心润饰修改。他重视学生的实际工作能力和平时的学习功夫，而不在于考试形式。对学期或学年结束时的大考，常是由先生写作某些专题代替。学生们议论说："同学自修，课外研究……策勉指导之助，得诸柳师（诒徵）竺师（可桢）者尤多。"（同上）

"在南高东大地理和气象两个学科中，为国家造就了一批专家学者，例如：胡焕庸、张其昀、王庸、向达、王勤堉、黄厦千、张宝堃、吕炯、沈孝凰、沈思屿、周光〈焯〉〔倬〕、凌纯声、吴定良、黄〈蓬〉〔逢〕昌、郑子政、诸葛麒、朱炳海、徐近之等等。竺可桢教授不仅是南京大学地学系的奠基人，也是我国地学、气象学的一代宗师。"（《南京大学史》第53页）

张其昀："民国四年又为南京高等师范学校成立之年，至民国九年是校聘竺可桢君为地理学教授，造就颇广，南京遂成为南方之地理学重镇。竺君尤精于气象学，以新方法研究天时，北方之地质学家则以新方法研究地利，由天时地利而推及人和，借自然科学为其基础，而解释人地相应之关系，中国人文地理学之研究，亦因此而面目一新。此皆民国成立以后学术上之新发展，实前古所未见也。"（张其昀《近二十年来中国地理学之进步》，载《地理学报》第2卷第3期，第93页）

陈训慈回忆："竺师以气象学专家，在南高东大即兼教世界地理，大致分亚洲大陆（大洋洲附）、欧洲及非洲、美洲地理三学程，我先后选读，笔记较完整，其讲课及课外作业，皆注重各国与国际形势的由来，地文与人文相互影响。时值一次世界大战后，对世界现势及其由来，着重以外文年鉴等新资料为补充。并指定诸生分任中西日文重要报刊，摘选各种新材料统计，我任选择英文期刊二三种，录成'地理新资料'，即作为系编《史地学报》之一内容。此方法，后来毕业生任中教者多采用，对学生印象颇好。至后我治史时多，而对国际关系由来，与近现代史关系，一直较多兴趣，了解较多，与老同学话旧，同认为出自师的教译。"

"竺师从前南京高师与东大任教五年……当时竺师专力地学系之发展，不问政治背景，主张校务民主，反对派系，当二派争辩纷纭中，他概不与闻。对学生受指使而拒校长，竟用暴力，则大为气忿不满。"（陈训慈《回忆竺师教学与办浙大的几件事》，载《纪念文集》第12-13页）

沈思屿[①]回忆："竺师是我国近代地理学和近代气象学的奠基人。1921年

---

① 沈思屿，曾任浙江大学代总务长、史地系教授。

竺师在东南大学创立地学系时，全国没有地学系，我就是这个系的第一届学生。1920年竺师在南京高师学生宿舍前设立气象观测站时，中国只有上海徐家汇由法国人掌管和日本人占领的台北两个观象台。竺师亲自编有每月出版的《气象月报》，寄给上海、台北这两个台及国外进行交换。我在读书时就在此站实习，毕业后在这个站担任过气象测候工作。1927年气象研究所成立，初在中大的梅庵内建立临时测候所，由张宝堃先生担任测候工作，后来才在北极阁建立气象研究所和观象台。"

"竺师首先是个科学家，又是教育家，在我国古今历史上是不多的。一个教育家必须具有渊博的学识。竺师除地理和气象外，对于天文、科学史、农业及文史等都有很好的研究。他治学严谨，博览群书，通晓古今中外。竺师的著作及论文非常丰富，给我们留下了极其宝贵的财富。"

"竺师友好中，交往较深的人，不少是品德高尚、学识渊博的著名专家和学者，例如蔡元培、马一浮、邵裴子、柳翼谋、李仪祉、杨杏佛、任叔永、胡适、赵元任、李四光、翁文灏、茅以升、蒋百里、谢家玉、曾昭抡、胡敦复兄弟等人。其中除了蔡元培和赵元任外，其他大多数人我都经竺师介绍认识。我亲眼见到竺师和他们交往中，对他们极为尊敬。由于我的工作关系，竺师吩咐我为他们中不少人给以工作和生活上的关心和帮助。"

"竺师在南高、东大、浙大、气象研究所及中国科学院，一生造就了许多人才，对于国家做出了不可估量的贡献。这些人有张其昀、胡焕庸、黄厦千、吕炯、张宝堃、王勤育、李海晨、郑子政、涂长望、赵九章、黄秉维、宛敏渭、么枕生、卢鋆、任美锷、李旭旦、朱炳海、李春芬、王维屏、徐近之、谢觉民、陶诗言、高由禧、严德一、施雅风、陈述彭及吕东明等，都是我国现代在地理和气象学上有名的学者。"（沈思玛《我在竺师身边工作的时候》，载《一代宗师竺可桢》第62、64-66页）

**7月** 《中国气象学会会刊》第1期出版发行。鉴于当时我国气象学还处于萌芽状态，《发刊缘起》还不可能树立更高的目标，但符合当时中国之现状；在气象学发展史上，创刊的本身就具有开创性意义。竺可桢是气象学会发起人及会刊编辑委员之一，但他担任东南大学地学系主任，而地学系基础十分薄弱，需要全力投入于地学系的建设，加速培养气象人才，还有教学任务在身；同时气象学会干事处及《中国气象学会会刊》编辑部都设在青岛，故在气象学会成立初始阶段，竺可桢只能发挥有限作用。他的领导作用主要是在担任气象学会会长之后。

《发刊缘起》全文如下：

中国气象学会既于去秋成立于青岛，而同志散在四方，各羁职务，欲求会集一堂，从容讨论，其事为甚难。不有刊布，何以通声气而贡所知。缘由理事会议决，发行会刊一种，记载吾同会诸人气象学术之研究，气象事业之建议，与夫会务进行之经历。窃念近世气象之学，范围日广，新法日出；而国中言此学之专刊犹付阙如。本刊创立伊始，寡陋之识，在所不免。倘吾同志，或以经验所得之记载，或以个人创获之新理，乃至气象学中偶见之现象，流传之谚语，写寄本刊，公之同好，俾本刊之精神日渐发皇，同志之研究益增性味，而此学之常识普及于国人，则其裨益岂浅尟哉！

中华民国十四年五月中国气象学会编辑委员会谨识

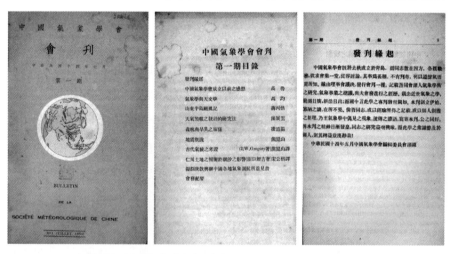

图 135 《中国气象学会会刊》创刊号封面、目录页、正文首页

**8月1日**（上海） 致丁文江书。谓："前函计可达览。沪宁两方同时来京

赴会者不过十余人，如个人免票（因时间促）不能办到，望仍照原议于特别快车挂专车（三等或二等），票价折半。赴会者虽不及念人，亦只可照念人付价，比之寻常购票尚为合算，且或者尚有达二十人之希望也。日期准在念一号，一切手续望示知。"（《全集》第 22 卷，第 137 页）

**8月4日**（上海） 致丁文江书。谓："顷奉手书，藉悉一切。尊函谓人数廿五人至卅人，惟苟临时人数不足，是否依二十五人票价算，抑另有办法，望即日示知，以便登报通知社员。又一切乘车公函票据亦祈惠下。叔永已于昨日晋京，想可晤及矣。"（《全集》第 22 卷，第 138 页）

**8月9日**（上海） 致丁文江书。谓："前后两快邮，想均在尊览中。沪杭宁一带赴年会者决难达二十人之数。车票事，京津尚有可设法之处否，即希示及，以便通告各社员。"（《全集》第 22 卷，第 139 页）

**8月24—28日**（北京） 出席中国科学社第十次年会。到会社员丁文江、任鸿隽、熊庆来、李济（济之）[1]、马寅初（元善）[2]、胡敦复、秦景阳、秉志、胡刚复、王琎、叶企孙、翁文灏、赵元任、李熙谋、蒋丙然、叶良辅（左之）[3]、谢家荣、赵笃明、钱宝琮（琢如）[4]、徐宽甫、赵石民等85人。（《中国科学社第十次年会纪事》，载《科学》第 10 卷第 10 期，第 1301-1304 页）

**24 日** 上午出席开幕式。下午出席社务会，任记录并报告本年重要事务，丁在君主席。熊迪之代表司选委员报告理事选举结果，与翁文灏、赵元任、杨杏佛、过探先、王季梁等一同当选为新理事。（《中国科学社第十次年会纪事》第 3-4 页，上海市档案馆藏件 Q546-1-227）

所作事务报告谓："去年一年度中，因江浙先后两次战争，牵延六月，始告结束。宁沪为本社总机关之所在，兼之苏省兵变而后，本社津贴不能源源接济，是以社务大受影响，各种事业，几于停顿，致过去一年度中，对于各种事业之进行，实属无可报告。"遂后从以下六方面做了陈述：（一）本社对于中

---

① 李济，时任清华学校国学研究院人类学讲师。
② 马寅初，时任北京大学经济系教授。
③ 叶良辅，时任职于农商部地质调查所。
④ 钱宝琮，时任南开大学数学系教授。

国科学事业之计划；（二）社中补助费裁减及计划之经过；（三）社员之增加；（四）科学丛书之出版；（五）本社南京社所租约之展期；（六）建设无线电台之提议。继提出当前应注意者，一是社员之联络；二是国内外其他科学团体之联络；三是外国科学团体之联络。（《全集》第 22 卷，第 140-143 页）

**25 日** 下午五时半，出席中国科学社第四十八次理事会，任记录。讨论事项：

"（一）通过钱宝琮等为新社员。"

"（二）丁在君提议将编辑部移往北京，推任叔永为编辑部长，并推定秉农山、王季梁、赵元任、竺可桢、翁咏霓、叶企孙①、叶元龙（卫魂）、鲍国宝八人为编辑员。讨论结果，以向例编辑部员由社务会推举，部长由部员选举，丁君提议须提出二十七号社务会讨论。"

"（三）目前投稿《科学》杂志者不特无酬劳，且单行本亦多有要求而不能照办，同时不出社费之社员则仍源源接有《科学》杂志。当由竺可桢君提议办法两条：（甲）凡社员不纳社费满一年者，于寄《科学》杂志时通知该社友，如不纳社费则将杂志停寄。发信后一月内如仍不将所欠社费缴清，则即实行停寄。（乙）依近年统计，社友纳费者不达二百人，《科学》杂志由商务印刷，每期送与本社三百份，是则除分送出社费之社友外，如厉行第一项办法，尚可多一百份，该一百份即印成单行本，五十份送给著者，其余五十份留存社中。以上两项办法讨论后通过。"出席理事任叔永、秦景阳、丁在君、秉农山、胡刚复、赵元任、王季梁。（《中国科学社第四十八次理事会记录》，上海市档案馆藏件 Q546-1-63；《董理事会》第 81 页）

**26 日** 上午，北京社友邀外埠到会社员游览名胜。中午，出席清华学校校长曹云祥、教务长张彭春邀请午宴并招待参观。（《中国科学社第十次年会续志》，载《申报》1925 年 9 月 4 日）

**27 日** 上午，赴南池子政治学会出席论文宣读会。中午，地质学会、工

---

① 叶企孙，时任清华学校副教授。

业化学会、经济学会、天文学会四团体在中央公园来今雨轩公宴与会社员。工业化学会会长张新吾（又名星五，曾用名奎）代表四团体致欢迎词，与丁在君各致答辞。

下午两点半，出席社务会并任记录，主席丁在君。最要事项为讨论修改社章。主席谓："今日到会者只二十四人，不足修改章程法定人数。""竺可桢君提议修改章程中，去年南京年会中已经提出，亦以不足法定人数而中止，今年情形复相同，但社章已有修改之必要，故只有在年会中讨论，将讨论结果，以通讯方式征求会员之同意。无异议，作为通过。"与会者随后对修改章程委员会所提出草案，逐条讨论。（《中国科学社第十次年会纪事》第 8-9 页，上海市档案馆藏件 Q546-1-227；《年会记录》第 126-127 页）

推举下届编辑员，当场推定任叔永、翁文灏、王季梁、秉农山、赵元任、竺可桢、叶企孙、叶元龙等八人，其余再由编辑部推选。

司选委员会熊迪之君报告理事选举结果，新当选之理事为翁文灏、赵元任、竺可桢、杨铨、过探先、王季梁六人。（《科学》第 10 卷第 10 期，第 1303-1304 页）

**28 日** 年会最后一日。上午在兵马司地质调查所宣读论文《中国天气之种类》，研究表明："依据天气图足以知晴阴晦寒凉温热变迁之由来。"（《科学》第 10 卷第 10 期，第 1304 页）

**是月** 致函胡适，告知彼当选为欧美同学会第十一届常年大会司选委员会委员长。（《全集》第 1 卷，第 499 页）

**是月** 《高中师范科师范后三年公用第一组选修科地学通论课程纲要》署名"竺可桢起草"，全文[①]如下：

（一）授课时间及学分 每周授课二小时。一学年（最好在第三学年）授毕。共四学分。

---

① 未收入《全集》。

（二）目的

1、融会贯通地文地理与人文地理之关系。

2、洞悉本国在世界上所处之地位。

3、了解世界各国地理上之优点及其弱点。

（三）内容和方法

地理一科所包甚广，教者不患材料缺乏，而患所选不精，地理学各要素如地形、气象、物产、人种等，若分别论之，皆自成为专科。所贵乎地理学者，在能说明各洲、各国或各自然区域内天然环境对于生物及人类之影响，若纯为客观的描写将各区之面积、人口、山脉、河流、气候、物产、交通、都邑、政治、宗教逐一叙述之，而不明其所以，仅举毫无贯串之事实，而无线索以联络之，不特闻者将索然寡趣，且所授者乃地质学、气象学、经济学、人类学各科之糟粕，不得谓之良善地理学也。

在初级师范或初级中学，地理均为必修科，故师范学校后三年生，对于政治地理及地文学，应已略知梗概。教地理通论时，可用演绎法。各自然区域情形虽不一致，但在同一地理上环境之下，人类与生物所受之影响，如出一辙。故学生若已知地理学各原则而后，即可以演绎法应用此等原则于各自然区域。其教授程序如下：

甲、叙述人文地理与地文地理各原则，说明人文地理与地文地理之关系如雨量多少与人口密度大小之关系，地形平险对于交通之影响，各种农产气候上限制等等，时间占全学程六分之一。

乙、以本国为起点，由近及远，依次述各大洲自然区域内人文地文各要素，而尤注重说明人文地文两方之关系。自然区域之分划，可依照英国赫白德律氏简略言之，如下列表：

1、冻土带。

2、山岳高原带

3、温带森林带。

4、温带草地带。

5、沙漠带。

6、半沙漠带。

7、副热带。

8、季候风带。

9、热带草地带。

10、热带森林带。

时间占全学程六分之四。

（附注一）如自然区域不适用时可用政治区域。

丙、学程将终时，作一总结束，将世界重要诸国国势与本国作简单的比较，如世界各强国之面积、人口、进出口、铁道船舶，以及重要出产如米、麦、煤、铁、制造品等，均可制为图表，以与本国相比较，并进而论其盛衰消长之原因。

（附注二）此处只能用政治区域，因各种统计均以政治区域为单位也。

时间占全学程六分之一。

教授地学通论时，宜令学生多制图表，最好学生方面多备石印或油印各洲各国以及本国各省之空格地图，每星期须令学生作习题若干。填写图表加以说明，即为习题之一种。我国各种统计，虽尚缺少，但近来北京农商部地质调查所对于矿产之调查，各埠海关对于进出口之统计，均尚可靠。此外中外杂志、日报所发表之调查报告，间亦有可选取，宜随时留意广为搜集。

（《新学制师范科课程标准纲要》第95-97页）

**9月1日—3日**　中国气象学会第一届年会在青岛举行，当选为副会长，并被推为编辑委员。"竺君原拟莅会，嗣因要事不克来青，遂将讲稿及图表邮寄来青，托蒋丙然君代为讲述云。"（《中国气象学会年会之第二日》，载《申报》1925年9月6日）蒋丙然当选为会长。会议第二天下午举行讲演会，由蒋丙然代为宣读《中国气压之分配》。（《第一届年会纪略》，载《中国气象学会会刊》第2期，第55-56页）

**9月2日**（北京—南京） 由北京返抵南京。（《全集》第22卷，第144页）

**9月6日**（南京） 主持中国科学社第四十九次理事会。通过袁复礼（希渊）<sup>①</sup>等新社员。到会理事王季梁、过探先、杨杏佛。（《中国科学社第四十九次理事会记录》，上海市档案馆藏件 Q546-1-63；《董理事会》第82页）

**是日**（南京） 致丁文江书。谓："京中别后，于二日抵宁。社中经费急应筹措，宁垣方面非有大力不能为助，幸杨氏不日履新，望吾兄再进一言，当可生效。本社补助费与职业教育社事同一律，而职业教育社费已拨归教育经费管理处，本社独形向隅，岂得为耳？本年理事京、沪、宁三处鼎足，将来理事会如何进行，似应商决（弟意三处似应分工进行，如京办编辑，沪办印刷等是）。"（《全集》第22卷，第144页）

**9月7日**（南京—上海） 至沪。应邵元冲约至其寓下榻，晚受邀至都益处就餐，并观剧于丹桂第一台。十二时半归。（《邵元冲日记》第193页）

**9月9日** 王伯祥日记述："圣陶告我，史地部长已易竺可桢，今明日即须移室办事。故明日我即拟入馆，藉有准备。据云，晓先亦已拨入史地部矣。"（《王伯祥日记》第一册，第288-289页）

**9月10日** "竺可桢已来，惟未坐定，大约尚未接洽就绪也。我席已移动，与晓先对坐，而与稼轩毗邻，初搬一切不定，终日坐看何炳松编译之《近世欧洲史》而已。"（同上）

**9月12日**（上海） 在邵寓晚膳，邵宴客，到者有右任<sup>②</sup>、烈武<sup>③</sup>、力子<sup>④</sup>、楚伦、焕廷、朴庵，并谈时事。九时后陆续散去，与邵元冲等谈。（同上，第194页）

**9月18日**（上海） 晚至邵元冲寓一谈，有顷回。（同上，第196页）

**9月19日**（上海） 下午四时，赴四川路青年会出席中国科学社上海社友会召开的临时会议，讨论要事。与任鸿隽均有报告。（《中国科学会社上海社友

---

① 袁复礼，时任农商部地质调查所技师。
② 右任，即于右任，时任国民党中央执行委员。
③ 烈武，即柏文蔚，时任国民党中央执行委员。
④ 力子，即邵力子（邵辉），时任《国民日报》主笔。

会开会》，载《申报》1925年9月19日）

**9月28日**　在《晨报副刊·新少年旬刊》（中国少年卫国团编辑）第9期发表《科学的精神》一文①。全文如下：

我们现在努力所摹仿之欧洲各文明国，在二十年前，一概以夷狄之邦视之；即欧洲人，从来亦很崇拜我国文明。元世祖时有意大利人马克伯罗到中国来，说中国文化胜于意大利；明末清初时，有南怀仁、汤若望到中国来了，对于中国文化，亦甚为推崇；一千八百三十年时候，英国落伯福司还说，中国文明不在欧洲之下。由此亦可知道欧洲现在的物质文明之发达，为时不久。

一千七百六十九年，英国人瓦特发明汽机，是实为欧洲物质文明之起点。从现在看起来，汽机这个东西，简单得很，不过在当时是很不容易发明的一件事。自汽〈车〉〔机〕发明以后，旁的东西，陆续的发明了许多。一千七百八十四年，有纺纱机器之发明，因为有纺纱机器，始有大宗棉花之需要，于是一千七百九十三年，乃有轧花机之发明。一种机器发〔明〕以后，生出他种机器之需要。而他种发明乃随之以起。英国煤很多，有了汽机，各种工厂慢慢成立，由是讲到交通，则有轮船、火车汽机；讲到烛夜之工具，则由煤油灯而电灯；通信机关则由电话、电报，而无线电、无线电话。物质文明发达，非常之快。推原其本，莫不归功于瓦特之发明汽机。

但是，近年欧洲有许多人提倡反对科学的论调，这是一时的反动，因为军阀利用机器杀人，如绿气炮、潜水艇、飞机、炸弹，皆为杀人最厉害的东西，都是科学发明的，所以归罪科学。殊不知这是科学的糟粕，不是科学的精神。我们要晓得我们所要的是科学的精神！不过何谓科学精神？所谓科学精神，就是用科学方法来求出真理，真理求出以后，就须宣传拥护，虽牺牲生命财产，亦所不惜。不晓得科学方法，不能有科学。知道科学方法，而无科学精神，这是坏科学，不是好科学。科学方法是我国向来没有的，科学精

---

① 原文题下署"竺可桢博士讲演　王三辛记述"。文末记"这是竺先生两年前到长沙的讲演，近因国中愈无是非，专讲利害，很没有科学的精神，特发表于此，以警迷误。—辛志　十四年九月二十六日"。

神是我国一向所有的。科学方法就是柳（翼谋）先生所讲的新思想；科学精神，就是旧道德（按柳先生讲演了新思想与旧道德）。我现在要讲何谓科学方法。科学方法是归纳方法，是很精密的，比如吃西瓜，我们到一家水果店买白皮的西瓜，觉到很甜，我们不能即刻下断语说，〈还〉〔凡〕是白皮西瓜统是甜的，一定要把长沙城内白皮西瓜试了许多许多，觉到统是甜的，到那时候，亦不过能断定现在长沙城内白皮西瓜是甜的。若是要断定所有白皮西瓜是甜的，那末，一定要把全世界的西瓜统试过了，而且要求出白皮西瓜所以甜的道理，用化学的方法来分析白皮西瓜的成分，用遗传学来断定白皮西瓜与糖之成分有密切之关系而后可。所以，用归纳方法来定出一公例，是很不容易的。一定要观察了许许多多事实之后，然后用公允的眼光下断语，才能定出一个公例来。

我国思想界，一面归纳方法是不大用的，譬如《诗经》内说"月离于毕，俾滂沱分"，这完全是根据一两次偶然的观察，并非由归纳方法得的。又如中国人，素以烧菜著名，但是中国人烧菜，是一种美术，并非用科学方法。欧美人烧菜，统有专书，原料应放多少，水的温度高低，时间的长短，都有一个定的，他们对于小事，尚是如此，可见注重科学方法了。

我现在要讲何谓科学精神。欧洲十五世纪时候，思想非常顽固，一切归之上帝所造。他们相信地球是在宇宙之正中，是世界之主体，太阳是绕地球的。后来哥白尼从精密的观察，著一本书说，太阳不是绕地球的，是地球绕太阳的，但是当时宗教思想非常专制，他就不敢将他的书出版，到死了以后，才印出来，然到处禁止发行，比近年各国之防御过激党，恐怕还要厉害些。后有意大利〔科学家〕将他的学说对公众宣传，主张地球绕太阳，结果，竟被烧死了。他为什么不怕死，为的是真理。意大利尚有一位著名的科学家，亦著了一本书，证明地球绕太阳的，老皇不但把他的书毁了，而且要他另外著一本书，说是太阳绕地球，他不肯承允，就被关在牢内，以后好久始行放出。

然而欧洲经过这些科学家奋斗后，思想渐渐解放，科学一天一天的发达，牛顿发明了许多公例，物理学就大受影响，瓦特发明汽机还是受牛顿之赐。以后达尔文发明了新思想与旧道德〔的〕进化论。他游历南美洲及太平洋诸岛，根据数十年的观察著《物种由来》一书。从前相信人是上帝造成的，而今知道是从下等动物进化来的。当时宗教家、道德家、哲学家都以为大逆不道，到而今无论何人，不能不承认了。欧洲所以有今日之文明，不能不归功于这一班科学家。他们牺牲生命，牺牲财产，不怕吃苦，大有"富贵不能淫，贫贱不能移，威武不能屈"之慨，这就是科学的精神。

这种科学精神，在中国亦有。我要举一个例，如明代王阳明，主张良知，各种事情，要用良知对付，不背良知，才合乎道德。其实良知就是真理。他发明良知，是一旦豁然贯通，并不用科学方法的，但是他发明良知以后，根据良知去作事情，完全合乎科学的精神。

现在中国一班人，是有利害，无是非，只向便利的方面走。我举一个例，南京有个测绘学校毕业生所测的地图，据地理教员说是很不正确。这位毕业生，本明白科学方法，因畏难不认真去作，就是没有科学的精神。

北京国会（按指十二年的国会）八百人，现在糟到这样，实在由于坏的少数人操纵多数。并不是八百个没有一个好的，是因为国会有了少数害群之马，大多数不敢本他良心的主张来说话，所以弄糟的，这就是因为缺乏科学的精神。

我看要救中国，一方面要学外国的科学方法，一方面要保守我国固有的科学精神。

（《全集》第22卷，第145-147页）

**9月30日**（上海） 晚至邵元冲寓一谈，十时后回。（《邵元冲日记》第200页）

**10月4日** 出席绍兴同乡会第十五届常年大会，并发表演讲。会长沈铭昌主席。首由学生唱欢迎歌。次理事曹慕管、裴云卿、校董章景丞、副会长徐乾麟等相继报告。曹慕管等提议筹设介绍部及因利局，经讨论通过。宋梧生演讲《家庭卫生》，竺可桢演讲《浙江潮成功原因》，与会者极感兴趣。五时许复由学生唱欢送歌，继摄影、茶点后而散。(《绍兴同乡会常年大会》，载《民国日报》(上海版) 1925 年 10 月 5 日)“会员医学博士宋梧生君演讲《家庭医生》，会员气象学博士竺藕舫君演讲《浙江潮成功原因》，均娓娓动听，极有兴趣。”(《绍兴七县旅沪同乡会学校十周年报告》第 20 页)

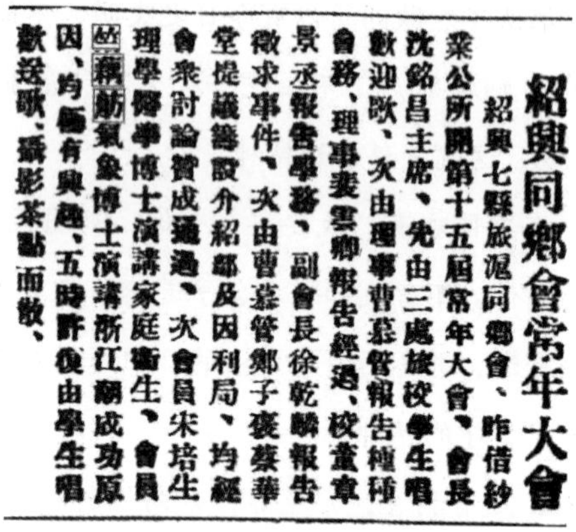
紹興同鄉會常年大會

紹興七縣旅滬同鄉會、昨借紗業公所開第十五屆常年大會、會長沈銘昌主席、先由三處旅校學生唱歡迎歌、次由理事曹慕管報告種種會務、理事婁雲卿報告經過、校董章景丞報告學務、副會長徐乾麟報告徵求事件、次由曹慕管鄭子褒蔡華堂提議籌設介紹部及因利局、均經會衆討論贊成通過、次會員宋培生理學醫學博士演講家庭衛生、會員竺藕舫氣象博士演講浙江潮成功原因、均極有興趣、五時許復由學生唱歡送歌、攝影茶點而散、

图 136 《民国日报》报道绍兴同乡会常年大会

**10 月 10 日**（上海） 午后邀邵元冲在东亚酒楼晚餐，餐后偕邵回寓一谈。(《邵元冲日记》第 202 页)

**11 月 5 日**（南京） 午后邵元冲来访，时恰外出，未遇。下午六时，邀邵来寓晚膳。(同上，第 208 页)

**11 月 12 日** 杨铨致函赵志道，述：“昨日赶车，到站始知并无九时半之特快车，乃至商务编辑所访王云五、朱经农与竺藕舫，谈至十一时半至站，乘十二时半车来沪〔宁〕。”(《啼痕》第 287 页)

**12 月 1 日** 报载：“中国科学社近闻。”“新职员录 该社理事计十一人，每年于双数年更举六人，单数年更举五人。新旧职员照章十月一日交替。今年满任之理事，计有六人。新选理事为翁文灏、过探先、竺可桢、王琎、赵元任、杨铨六人。理事互选之职员如下：(一) 翁文灏任社长,(二) 书记竺可桢，(三) 会计过探先，编辑部部长前为王琎，现已新选任鸿隽充任。翁君现任北京农商部地质调查所所长，竺君现任商务印书馆编辑所史地部主任，过君现任金陵大学农林科科长，任君现任北京中华教育文化基金董事会秘书。”(《中国

科学社近闻》，载《申报》1925 年 12 月 1 日）

**12 月 9 日**（上海—南京） 晚抵南京。(《邵元冲日记》第 218 页）

**12 月 10 日**（南京） 午前访邵元冲，告将徙宅于沪。谈少顷，即偕至科学社参观，其中以关于应用科学之图籍为多，告以绌于经济，不能随时添购新出图籍。以时促，草草巡览一过即毕。晚偕侠魂赴邵寓晚餐。邵又约胡春藻（庶华）[1]、王伯秋、舒楚石、马宗霍[2]、贺××、孙茂柏至其寓，共进晚餐。同席者除胡外，皆默君一女师同事，且多擅艺文，故谈笑殊欢。十时顷回。(同上，第 218 页）

**12 月 12 日**（南京—上海） 移居上海。偕侠魂乘十一时许火车赴沪，适遇邵元冲同车，七时半抵沪。(同上，第 218 页）到沪住闸北天通庵路[3]。(同上，第 225 页）后移居上海霞飞路霞飞坊 26 号。(《钦天山气象台落成纪念刊》第 47 页）

图 137 张侠魂单人照[4]

图 138 上海霞飞路霞飞坊 26 号（淮海中路 927 弄 26 号）旧居

**12 月 27 日**（上海） 上午邵元冲来访，午后三时顷回。(《邵元冲日记》

---

① 胡庶华（春藻），时任江苏省教育厅厅长。

② 马宗霍（承渊），时任江苏省第一女子师范学校国文教员。

③ 竺可桢 1938 年 7 月 8 日日记记为"上海天通庵 193（号）"。(《全集》第 6 卷，第 546 页）

④ 樊洪业存。

第 225 页）

**是年**　将 Thomas Francis Carter 著 *The Invention of Printing in China*（印刷术在中国之发明）一书介绍给向觉明，嘱其翻译成英文。该书后由哥大出版。（日记 490629，《全集》第 11 卷，第 470 页）

**是年**　上海密勒氏评论报发行的 *WHO'S WHO IN CHINA*（中国名人录）上，收录小传（英文），并配以在武昌高师执教时期所摄之小照。

图 139　*WHO'S WHO IN CHINA* 中收录的竺可桢小传与照片

小传全文如下：

Mr. Co Ching Chu

竺可桢

Chu K'e-Chen

Dr. Co Ching Chu, was born in Shao-hsin Chekiang, in 1890. He attended Ching Chong School, Shanghai, in 1906-1907, Middle School of Fut'an College in 1907-1908, and Tangshan Engineering College in 1909-1910. After finishing the freshman year in Tangshan Engineering College, he went to America on a Boxer Indemnity Scholarship during the summer of 1910 and entered the University of Illinois in the autumn of 1910, taking the degree of B.S. from the latter University in 1913. He was awarded the Emerson Scholarship at Harvard University in 1917. He received the degree of Ph.D. from the Department of Geology and Geography of Harvard University in 1918, his graduate thesis being on "The Typhoons of the Pacific Ocean." Upon returning to China he was appointed lecturer on Meteorology and Physical Geography in the Government Teachers' College of Wuchang during the academic years 1918-1919 and 1919-1920 and next year lecturer on Climatology and Meteorology in the National Southeastern University (former Government Teachers' College of Nanking) and head of the Department of Geology and Geography since 1921. He is a member of the Board of Directors of the Science Society of China, Fellow of the American Geographical Society (elected 1917), member of the Geological Society of China, co-translator of Prof. A. J. Thomson's "Outline of Science" (Commercial Press, Shanghai 1923), author of Rainfall Distribution in China (Monthly Weather Review, Washington D. C., 1916), "Chinese Contribution to Meteorology" (Geographical Review, New York City, 1917), "Meteorology" (popular series, Commercial Press 1923), and several other articles on meteorology, geography and allied subjects.

(*WHO'S WHO IN CHINA*, 1925, pp. 223-224)

**是年**　中国科学社（民国十四年至十五年）职员表，载明："理事会　翁文灏（社长）　竺可桢（书记）　过探先（会计）　王琎（副会计）　任鸿隽　胡明复　杨铨　丁文江　赵元任　秉志　胡先骕"。"图书馆　主任：胡明复　委员会：过探先　竺可桢　杨孝述　秉志　杨铨"。"编辑部　主任：任鸿隽　编辑：翁文灏　秉志　杨铨　程瀛章　竺可桢　王琎　叶元龙　叶企孙　鲍国宝　美国分社编辑：萨本栋"。"永久社员　胡敦复　任鸿隽　胡明复　竺可桢　温嗣康　孙洪芬……"（《中国科学社社录》，1926 年，第 31—34 页）社员录载明："普通社员　Chao, Y. R.，赵元任，A.B.，Ph.D. 哲学　（中）北京清华大学；Chao, Mrs. Y. R.，赵杨步伟，医　（中）北京清华大学；……Chiang, P. Y.，蒋丙然，沧海，气象　（中）青岛胶澳商埠观象台；……Chu, C. C.，竺可桢，藕舫，B.A.，M.A.，Ph.D.，气象，地文（中）上海商务印书馆编译所"（同上，第39-46页）

# 1926年（丙寅　民国十五年）　37岁

1月　国民党第二次全国代表大会在广州召开，责令邵元冲停止在中央党部的工作。

《科学》出版"地学专号"。翁文灏在《科学》发表《与中等学校教员谈中国地质》。

2月　上海良友图书印刷公司《良友》画报创刊。

秉志在《科学》发表《生物学与大学教育》。

3月　北京发生"三一八惨案"。北大学生罢课。

蒋介石制造"中山舰事件"。

北京国立编译馆成立董事会。

4月　浙江省科学院筹备处成立，蔡元培被推为主任。

6月　共产国际远东局在上海成立。

《科学》出版"中国科学史料号"。

7月　国民革命军在广州誓师北伐，攻占株洲、长沙。

中共中央发表第五次《对于时局的主张》。

8月　章锡琛在沪创办开明书店，夏丏尊、叶圣陶为总编辑。

中国科学社第十一次年会在广州举行。

《科学》出版"食物化学专号"。

10月　北伐军攻克武昌。

上海工人举行第一次武装起义。

翁文灏、竺可桢、李四光、任鸿隽等赴日本东京参加第三次泛太平洋学术会议。

11 月 教育部公布《国音字母拼音法》。

12 月 杭州各界联合会宣布浙江自治。

陶行知发表《中华教育改进社改造全国乡村教育宣言书》。

是年 谷超豪（1926—2012）出生。

是年 张謇（1853—1926）去世。


常驻地迁移：上海—天津


**1 月 10 日**　《论江浙两省人口之密度》刊于《东方杂志》第 23 卷第 1 号。
述："人口问题为目前全世界极重要之问题。自一八〇四年至一九二四年，一百二十年中，全球人口已自六万万而增至十八万五千万，平均计之，每年度之增加率为百分之〇·八六四。二十世纪初叶，人口增加之速度尤超过于十九世纪，计自一九〇六年至一九一一年六年中，每年度人口增加率为〔百分之〕一·一六。若依此速率增进不已，则六十年中，世界人口即可增加一倍。十八世纪末叶马尔塞斯所著《人口原则论》中谓'人口增加之能力，远过于地球上食物供应之能力'，其言至今而益信。据美国哈佛大学伊司脱（East）教授之调查，则知全球可以耕种之陆地不过一三、〇〇〇、〇〇〇、〇〇〇英亩，而目前已成阡陌，受人工之栽培者，达五、〇〇〇、〇〇〇、〇〇〇英亩。若世界人口依目前速率增加，则不出一百年，世界即有人满之患。是以欧美经济学家、地学家咸思设法以为未雨绸缪之策。如芳安格林则倡移中国人以开垦赤道带之议，汤姆魄生则谋生活程度之改进以求适于环境；至于生育限制，则已盛行于荷兰。凡此皆足以示欧美人之防祸于无形，以求有备无患之效也。

"反观吾国则目前即已人满为患，何需更待之百年以后。举凡内乱之频仍，饥馑之屡告，以及生活程度之所以低，乞丐盗贼之所以多，推其原，莫不由于我国人口之过多。但国人不但不设法以求补救之法，并人口调查而尚鲜如凤毛麟角。犹之治病然，必也知病根之所在，而后方能施术奏效。不然则虽病入膏肓，命在旦夕，而尚瞢然无知。是以人口之调查与研究，实为我国不容缓之事也。"

"世界人口之密称我国，而我国人口之密首推江浙两省。……但江浙两省人口之密，不但在我国首屈一指，即在世界各国亦无其匹。"

"一览江浙两省人口密度图，足知长江与钱塘下游，实为两省人口汇聚之处。长江以北，惟沿长江运河一带，浙东则惟甬江与瓯江下游人口较密，其余各县人口密度，鲜有能超出每方哩千人以上者。昔人有谚，'苏湖熟，天下足'（语见《吴都文粹》，又作'苏常熟'，或'苏松熟'）。又谓'上有天堂，下有苏杭'，则此区人口之所以密，有由来矣。依洛克司倍之《中国人口分布论》，则知苏杭一带人口之密，不特冠江浙而亦甲全国。今试以长江钱塘下游各县之人口密度，与英日荷比人口最密之各省县相比较。是四国者，其工商业远较江浙为发达，供给人生之衣食原料，不全赖于土产，名都巨邑，亦较江浙为多。则其人口最密之各县，似应较之苏松太杭嘉湖属之各县，更为稠密。而按之实际，则除一二著名大都会，如伦敦、大阪、东京所在之地点外，大谬不然。"

文中引入"比较密度""人口饱和点"概念，通过土地资源、每亩产量、工业化程度、生活水平等四方面分析，认为"江浙两省依现在之人口密度，苟不振兴工商业超轶欧美，则欲提高生活程度至欧西各国之平面实为难能之事也。"

向国人呼吁："综上所述，则知江浙两省以农业之区，而人口密度乃反超出于工业化之英荷比诸国。苟不设法以谋补救之方，则一般人民之生活程度，永无提高之希望。大多数人民均将过一种柯克司所谓'种马铃薯、吃马铃薯和死去'的生活。江浙两省，富庶甲于我国尚如此，则他省更可知。然则人口问题之研究诚为目前不可缓之举也。"（《全集》第 1 卷，第 503—519 页）

施雅风评述："对于人生地理的具体研究著作，竺可桢有《论江浙两省人口之密度》一文，指出从 1804 至 1924 年全球人口自 6 亿增至 18 亿，'人口问题为目前全世界极重要的问题'。我国人口 1926 年时已达 4.36 亿，密度每方英里 102 人，江苏人口 28,236,000 人，每方英里 732 人，浙江 22,043,300 人，每方英里 601 人，在世界上首屈一指。而每方英里 1000 人以上地区浙江有 14 个县，江苏除上海外有 21 县。竺可桢认为'我国目前已人满为患，生活水平很低，如不振兴工业，生活程度的提高困难的。'结合这篇论文，东大地学系分别编制了江苏和浙江两省人口密度图，具有二万以上人口的城市分布图。"（施雅风《南高东大时期的竺可桢教授》，载《纪念文集》第85-86页）

**1月11日**（上海）致张其昀书。谓："昨接手书，基金委员会中等地理教科书允编辑，甚为欣慰。声请书，叔永先生聘下时留下一份，兹特附寄。足下研究计划，桢已阅过。题目似嫌太泛（范围太广）。中山先生虽为全国景仰之人物，但值此统一尚未成就之际而依照《建国方略》研究，委员会中难免不引起误会。基金委员会系北方政府所派分，委员则为范静生先生所聘任，在北京开会，故此者须顾到也。题目似应改为某区域内，如长江下流或某某几省或某某几邑，某某问题之研究，因为年内断不能研究遍于全国也。题目既定，则研究之方法与程序亦可较为切实，未识尊意以为何如。寄稿附奉。"（《全集》第22卷，第148页）

**1月** 所译《欧西地理学发达史》一文刊于《科学》第11卷第1期。该文节译自法国地理学家马东（Emmanuel de Martonne，1873—1955）所著《自然地理学概论》一书。后以《欧西地理学发达史》为题，收于《新地学》。（《全集》第22卷，第149-162页）

图140 《新地学》书影

**是月** 《何谓地理学》发表于《史学与地学》第1期。全文如下：

自欧战以来，英美各国之地理学家，颇渐趋重于人生地理（或人文地理）。向之研究自然地理者，如阿德湖（Atwood）、赫丁敦（Huntington）、鲍曼（Bowman）、芳安格林（Von Engeln）辈，最近著述皆倾向于人生地理方面。诚以世界之大，山岳河流分布之不同，气候寒暑相差之远殊，在各个区域内，其天然环境之影响及于人生者，亦是有别。吾人苟分别研究各天然区域内住民之习惯、风俗、生活、文化，其应天然环境而产生，或囿于环境而受抑制者，比比皆是。由是世界各国，欲互谋谅解其人民之志愿、欲望、习尚、好恶，而永修睦好，则不得不有借于人生地理。我国挽近，人文地理教科书遂亦应运而起。此则顺世界之潮流，固为良好现象。间尝考其内容，则诸书中多罗列政治、经济、宗教、教育，以及海陆军等种种事实，不加以地理上眼光之鉴别，杂沓汇为一编。俨然若各地之政治、经济、宗教等等，与其天然环境，漠不相关。读者终卷而后，仍瞢然于人与地之关系。此则与近代欧美所谓人生地理之主旨，大相背谬，不可以不辨。

夫地理与政治、经济、宗教均有关系，固也。但不得谓政治、经济、宗教各科之材料，即地理学之材料也。试举例以明之。佛教之派别，各国所颁行之学制，宗教与教育上之好材料也。但苟非有地学上意义，则不宜见之于地理教科书中。即采入，亦当从简。盖地理学，并非政治、经济、宗教、教育各科综合之代名辞，乃独立之一科，有其特殊之范围、意义与观点。断不能与他科混为一谈。近代科学均以研究专精而进步迅速，吾人生也有涯而知也无涯，研究地理者欲探经济、政治、宗教，以及生物、人类各科之源，而尽其委，势有所不能。法国地学家白冷（Brunhes）至欲摈历史地理于地理学范围以外，人方以范围广泛为地学苦，而我乃欲以地学笼罩一切，抱此方针以研究地学，不亦南辕而北辙乎。

依美国地学家台维司（Davis）之定义，则"地学者，乃研究地之一种科学，尤其是研究地与人间关系之一种科学"。地理学之种类虽多，但大别可分为二。曰自然地理学（Physical Geography），乃专研究地之一种科学，地文学、数学地理（或称天文地理）属之。曰人生地理学（或称人文地理学）

（Human Geography），乃研究地与人（生物）间关系之一种科学，政治地理、经济地理等属之。是故人生地理之要素有二，曰地理之环境与其地之生物。概括言之，即地与人。缺一于此，则不成其为人生地理。若专谈地而不及人（或生物），则流为自然地理学。若专谈人而不及地，则并不能称之为地学。是故研究世界棉花产量之分布，各国人口密度之大小，可得称之为地学。但研究各国财政制度之不同，则不得称之为地学。以棉花之产额，人口之密度，直接受地理环境之影响，而财政制度则否也。

我国向所谓地理者，所包极广。举凡山脉、河流、海洋、气候、物产、交通、政治、宗教，尽纳于其中。近来始有人文、地文之分。以山脉、河流、海洋、气候等属诸地文地理，以物产、交通、政治、宗教等属诸人文地理。地文地理既为研究陆水气三界之一种科学，则人文地理自必为研究物产、交通、政治、宗教之一种科学矣？谁谓非逻辑哉？殊不知山脉、河流、海洋、气候，乃地理学上之基本，舍此更无所谓地理。地文地理固不能离乎此，即人文地理亦安能离乎地形、气候，而侈谈物产、交通、政治、宗教哉。我国人文地理之名，实假自东瀛。但日本关于此类书籍如长谷川贤一郎所著之《人文地理》等，均注意于人地之关系，深得欧美人生地理之意旨，断非我国所谓人文地理者所可同日语也。

地学一科在大学中应属理科抑属文科，往往引起疑问。在英国各大学中，自然地理属诸理科，而人生地理属诸文科。在法国大学中，则自然地理间有属诸文科者，如巴黎大学即其例（但同时巴黎大学理科中亦有自然地理），则以法国之治地学者，多从历史入手也。在美国大学，则人生地理亦间有属诸理科者，如哈佛大学、芝加哥大学即其例。则以美国之治地学者，多从地质、气象入手也。以性质而论，则自然地理之应归理科，似无疑义。人生地理之应归文归理，要视乎治此学者之眼光如何，正不必为硁硁之争执。但近来欧美地学家，多主张合二者于一科，庶几易于联络贯通，而地学乃能得美满之发达。是以近来美国克拉克（Clark）大学所设之地理研究院中，自然地理与人生地理即熔于一炉，无此疆彼界之分，实开地学界发展之一新纪元矣。

地理固得谓之科学欤？友人白君眉初曾为文肯定地学之为科学（见白君著《地理哲学》书中），其言洵为不谬。特白君所持理由，则甚有讨论之余地。白君之意，若谓地学与人生关系极为密切，包罗丰富，有其特殊之范围，故得称之为科学。实则科学之所以为科学，并不在乎其内容事实如何，而在乎入手方法如何。此则凡治科学者类能道之。庇尔升（Pearson）氏《科学规范》（*Grammar of Science*）一书，言之尤为明切。昔之点金术，即今之化学也，昔之风水，亦即今之地理也。事实虽未改，而方法则不同。此点金术与风水之只得称为迷信，而化学与地理之得以成为科学也。方法维何，即在于以客观的眼光测验事实，明其因果，辨其轻重异同，分门而类别之是矣。自然地理中，地形、气候诸要素之得能以经纬仪、寒暑表测定者无论矣。即人生地理，亦何尝不可以科学方法治之。试以我国而论，各省居室建筑之形式、材料、广狭、高下，各各不同，或用岩石，或用木材，或则穴土而居，或则依舟为业。此则与土壤之性质，森林之有无，雨量之多寡，气候之温寒，在在均有关系。若实地详为研究，作有系统的叙述，则其结果，必为良善之地学，亦即为良善之科学也无疑。至若剿袭他科之糟粕，作机械式的汇集，而不予以融会贯通，则是乃字典耳，否则年鉴耳，又安得谓之为地学，更又安得谓之为科学哉。

（《全集》第 1 卷，第 500-502 页）

文中，"竺可桢从地理学包含自然地理（地文学、数理地理和生物地理）与人生地理（研究地理与人的关系）出发，指出'自然地理可以专论地而不及人，人生地理必须论人地关系。如果专论人而不及地，不能称为地理学。'他还强调方法论的重要性，'科学之所以为科学，……在于入手方法如何，在于以客观之眼光测验事实，明其因果，辩其轻重得失，分门而别类之是也。'他的这些观点，对于当时帮助建立新的地理科学概念是十分必要的。"（《竺可桢传》第 21 页）

施雅风评述："在《何谓地理学》一文中批判我国当时流行的地理教科书'罗列政治、经济、宗教、教育以及海陆军事种种事实，不加以地理眼光的鉴别，杂沓汇为一编……与人类环境漠不相关，读者终卷而后，仍瞢然于人与地之关系。此则与近代欧美所谓人生地理的主旨，大相背谬，不可以不辩。'那么什么是科学的地理学呢？他翻译了法国著名学者马东著《地理学教程》第三版第一章《地理学的演化》，改名为《欧西地理学发达史》发表于1926年《科学》11卷1期，文内追溯近代地理学奠基人洪堡宣布的地理学二原则，即因果原则和综合原则，马东又补充第三个原则即范围原则。马东说：'地理学已成为一种科学，专门研究地面物质、生物与人生各种现象分布之状况，考求其因果与其相互间之关系。'地理学分为自然地理（地文学、数理地理和生物地理）与人生地理（研究地理与人的关系）。竺可桢指出自然地理可以专论地而不及人，人生地理必须论人地关系，如果专论人而不及地，不能称之地理学。他强调要使地理学成为一门科学，方法论特别重要。他说：'科学之所以为科学，不在于内容、事实如何，而在于入手方法如何。方法如何？[1] 即在于以客观之眼光测验事实，明其因果辨其轻重失得，分门而类别之是也。'上述这些观念是我国旧地理学所缺乏而建立新的科学的地理学所必需的。"（施雅风《南高东大时期的竺可桢教授》，载《纪念文集》第85页）

**是月** 范源濂复函。[2] 曰：

藕舫先生大鉴：

奉一月二十日来函，祗悉一一，科学救国具有同情。弟此次勉任敝会事务，即本服务社会之心，聊图千虑一得之献。辱承嘉言，远锡惠我，实多甚谢！科学社请款事，俟开会时自当照章提出，以便详加讨论也。专复

即颂

撰安

诸位先生均此，敬请转达为感。

（欧阳哲生主编《范源濂集》第435页）

**2月2日**（上海） 邵元冲于午前来寓，时值赴办事处未晤。（《邵元冲日

---

① 原文为"方法维何，"。此处引用有误。

② 本函未署时间。信封书：上海宝山路商务印书馆 竺藕舫先生。竺可桢于1925年夏到1926年9月在商务印书馆任职，其致范函为一月二十日，据此暂将本函置于"1926年1月"。

记——1926年1月至7月（上）》，载《民国档案》1981年第1期，第25页）

**2月4日**（上海） 访邵元冲。（同上）

**2月17日**（上海） 下午七时，赴爱多亚路联华总会，出席中国科学社上海社友会之新春会。马相伯、蔡元培、叶恭绰（誉虎，裕甫）均有演说。"演说毕，复移座举行音乐游艺"，与杨杏佛一同主持答问竞争。社员到会者还有周今觉（美权）[①]、凌鸿勋[②]、席鸣九、宋梧生、张乃燕、朱其清、王季梁、胡先骕等五十余人。

《申报》的报道颇为生动，兹转录全文如下：

### 中国科学社上海社友会之新春会

中国科学社上海社友会于昨晚十七日七时，假爱多亚路联华总会，举行新春宴会。社员到者，有马湘伯、蔡孑民、叶誉虎、周美权、凌鸿勋、席鸣九、宋梧生、张君谋、朱其清、王季梁、胡先骕等五十余人。来宾到者，有唐乃安夫人、唐瑛女士、朱懋澄夫妇、赵叔雍夫妇、葛成慧女士等四十余人。由社友会理事长周美权主席，马湘伯、蔡孑民、叶誉虎均有演说。马君谓："科学如路灯，为世界人类公有之光明，故人人当尽培植提倡之责。科学会社异于学校者，在于研究之外尤注重利用。今日中国人视科学机关不如乞儿，故求分余沥而不可得。欧美应用科学日益进步，吾人应当努力。"蔡君谓："宇宙万事，无不可纳之科学轨道。前知并非难事，宇宙皆科学的，而不以科学名者势力之普遍也。中国仅科学社以科学称，可见其余之不科学。"又谓："科学会社，不仅在能利用科学，尤在不知科用而仍研究。无为而为，求其心之所安。今日之宴会，谓为志在提倡科学，可谓为纯粹娱乐亦无不可，不必定有所为，亦此意也。"叶君则谓："物质与精神科学当并重。从前科玄之争，对此极多发挥，实二者则不可偏废。中国物质落后，当求运用科学以增

---

[①] 周今觉，时任中华邮票会会长，主持北京出版会刊《邮乘》。

[②] 凌鸿勋，时任交通部南洋大学校长。

进物质文明，而精神腐败尤当以科学精神为心理之改造。"演说毕，复
移座举行音乐游艺等事。音乐朱懋澄之凡阿林，胡筠秋、项竞吾之崑
曲，陈立廷夫人之披雅娜，游艺则有杨杏佛、竺可桢主持之答问，竞争
得奖者为胡先骕、何斗垣、徐志苓、周美权，各得儿童玩具一件。末由
到会者自由打文虎，系何斗垣昆仲所新制者，以为余兴。散会时，已近
十时矣。

**2月18日**（上海） 主持中国科学社第五十次理事会，兼记录。讨论主要
事项："（一）教育改进社、中华职业教育社与本社在苏省国库项下均得有津
贴，但依据报载，截至本年一月二十二号为止，三社所得数目按照预算颇有出
入，计改进社得原预算百分之二七·二七，职教社得百分之二四·七九，而本
社仅得原预算之一六·六六。三社性质相同，而拨款时显分轩轾。当由过探先
君提议，由社中函陈陶遗省长及教育经费管理处钟叔进君，嘱将以前欠款及以
后经费均须按照成分拨给，并推杨杏佛君往见陈省长，面达一切。讨论后一致
通过。"

（二）讨论聘王季梁为兼任或专任总干事事。"讨论后议决：兼任、专任
两种办法，由王君自择。"后来王"允依兼任办法主持社务"。

"（四）翁咏霓君自北京来函，谓清华学校、改进社、洛氏医社等三团体
发起于本年暑假中在京办理中等学校科学教员研究会，请科学社加入团体。渠
与任叔永、赵元任商榷后应允加入，请理事会追认。讨论后通过。"

"（六）本社生物研究所报告，向例社员须照价购买。竺可桢君提议，为
优待社员起见，凡社员购买生物研究所报告，应得折扣。讨论后议决：

"（a）凡社员直接向社中购买生物研究所报告，照定价五折，但以一份
为限。

"（b）生物研究所报告每种送著作者五十份。[1]

---

[1] 《董理事会》第 84 页，误为"五千份"。

"（c）如国内外学者或团体因交换出版品或他种关系，著作者认为应赠送，可提出研究所出版委员会通过后，由社中赠与。"到会理事过探先、胡步曾、王季梁、胡明复、杨杏佛。(《中国科学社第五十次理事会记录》，上海市档案馆藏件 Q546-1-63;《董理事会》第 83-84 页)

**2 月 23 日** 张其昀来函，同时寄来新学制初中教科书《人生地理》。(《《全集》第 22 卷，第 163 页)

**2 月 28 日**（上海） 十时顷，邵元冲来天通庵路竺可桢寓所，兼视新出生小女雪涛。(《邵元冲日记》第 260-261 页)留午餐，彼三时顷归。(《邵元冲日记——1926 年 1 月至 7 月（上）》，载《民国档案》1981 年第 1 期，第 29 页)

**3 月 1 日**（上海） 致张其昀书。谓："二拾三号一札已于月杪收悉。日昨接到所赐《人生地理教科书》，谢谢。附寄柳先生一份已饬人转交矣。是书材料丰富，插图亦极为醒目，惟有若干点为初级中学学生所不易解，幸字体分大、中、小三号，尚可有伸缩之余地。桢意最好足下能在初级中学即将该书试教二三年，则其间应增减之处当可立见，而该书重订以后更能适于实用。目前恐为事实所不许，但韦润珊、陈训慈诸同学不久必购用是书，一二年后不妨征求彼等意见，以期精益求精也。《少年史地丛书》浙江省部计划读悉，桢以不悉该丛书体裁，不敢遽下断语。据足下所拟，似为参考性质也。商务方面对于著作不计本身之价值，专视销路之广否，此为业营起见，不得不尔。但销路愈广，影响亦愈大，此点亦不可不注意。足下似不应以其浅近而不屑为。日前由英国寄到《教授初等地理之计划》*A Scheme for a First Course in Geography*，对于英国小学（抵我国初小至初中一二年级）地理教授之材料、步骤，言之极为详尽。足下如欲编《小学地理教科书》，颇足为参考之资料，兹特邮寄奉览，但望于二星期后寄还。所当注意者，则英系岛国，本土僻小，而属地遍于各洲，我国情形适与相反耳。所询商务邀足下进馆一节，桢于馆内情形颇为隔阂。但入馆以后，文字及时间上必将受种种之限制，而于经济方面则比较的有一层保障，望足下权其利害而审择之。"(《全集》第 22 卷，第 163 页)

3月15日（南京） 出席中国科学社春季理事大会（第五十一次理事会），任记录。翁咏霓主席。议决派人参与联太平洋科学会及万国植物学会。"推定本年年会委员汪精卫、孙哲生、张君谋、黄昌谷、邓植仪。"

"本社图书馆藏有旧杂志，急应装订，由胡刚复君书面介绍曾任职上海义兴印刷所的周梅根君堪以充任，惟须先由社派周君往上海至商务印书馆学习装订两三月后来图书馆任职。当推竺可桢君与商务方面接洽。"

"本社社所附近遯园系梅光远之产业，现有出售之意，如价格相当，本社拟可收买，以为扩充社址地步。当推定王季梁、杨杏佛、胡步曾三君为委员，调查遯园状况及售价。"

到会理事翁咏霓、王季梁、胡步曾、胡明复、杨杏佛、过探先。（《民国十五年理事大会记录》，上海市档案馆藏件 Q546-1-63；《董理事会》第 85 页）

报载："中国科学社，向例每年开理事大会两次，一次在春季，一在秋季举行。本年三月十五日，为举行春季理事大会之期，在南京社所开会，计自北京来者，有丁文江、翁文灏二君，上海来者有胡明复、杨铨、竺可桢三君，合在宁理事王琎、胡先骕、过探先三君，共到理事八人。"（《中国科学社春季理事大会纪》，载《申报》1926 年 3 月 21 日）

3月17日（上海） 午后邵元冲来寓一谈。（《邵元冲日记——1926 年 1 月至 7 月（上）》，载《民国档案》1981 年第 1 期，第 32 页）

4月9日（南京） 晚宿邵元冲寓。因张默君待产，张侠魂日前特从沪来宁。（同上）

4月10日（南京） 午后偕邵元冲、张侠魂至太平门外造林场散步，碧桃盛放，颇可留连。五时后归。（同上，第 36 页）

4月11日（南京—上海） 午后偕邵元冲乘特别快车赴沪。（同上，第 36 页）

4月28日（上海） 与商务印书馆编译所同人邝富陶、叶圣陶（秉臣）[①]、

---

① 叶圣陶，时在商务印书馆从事编辑出版工作。

郑振铎（西谛）[①]、何炳松[②]等三十六人联名致函张元济（菊生）[③]，对其辞职表示挽留。（《张元济年谱》第266页）

**4月29日**（上海）　岳母偕侠魂乘快车来沪，八时抵，去站相接。（《邵元冲日记——1926年1月至7月（上）》，载《民国档案》1981年第1期，第39页）

**4月**　《风暴成因之新学说》发表于《科学》第11卷第4期。文章介绍了挪威气象学家白裘克银（V. Bjerknes）所发明的极面学说（Polar Front Theory）。

曰："白氏之极面说，其长处在于能解释从前学说所不易解答之点。如风暴中狂风骤雨之原动力，旧说以为取给于水汽凝结时之潜热（latent heat），殊不足以应用。按新说，则此种原动力大部乃由于热流为寒流被逼而上升，寒流逐渐散布于地面，以是空气全体之重心力（center of gravity）下降，而昔日之潜力（potential energy）乃一变而为动力（kinetic energy）之故。"

"气象台预告天气之有赖于白氏之学说者，亦复不浅。自来预告天气之方法，多为经验式的（empirical），而不基于学理，视乎低气压中心之所在，以及各方气压增减之数目而定。极面说对于风暴之结构，实有极大之贡献。若知极面之所在，则天气之预告，较有把握。特欲应用极面学说，则气象测候所即有增设之必要。且所测候者，不仅限于地面，天空中一千米、二千米、四千米高度之处，其温度、湿度、风向、风速，亦在在所宜知。不然，则极面之地位，即无从悬揣。若欲应用极面说于中国，以预测天气，则全国应设测候所五千处，始能行之有效云。"

"特欧洲与我国，海陆分布之不同，影响及于气流之寒温已如上述，且欧西风暴多取源于大西洋，或远溯至于北美洲。其在大西洋中时，发达臻极点，迨至欧洲大陆，已成强弩之末，故风暴多在第三图［图从略。——编者］中囚锢时期。是以风暴中心之气温甚低，以其本为寒流也。我国之风暴，其确实取

---

[①]　郑振铎，时任商务印书馆编辑，《小说月报》与《公理日报》主编。
[②]　何炳松，时任商务印书馆百科全书委员会历史部主任。
[③]　张元济，时任商务印书馆编译所监理，后任董事长。

源之地点，虽不得而知，然大概在蒙、藏、西伯利亚一带，或更在其西方。当其经我国沿海而达日本时，往往增长焕发，其非在囚锢时期也可知。是以我国之风暴，要不能与欧西者作一概论也。至于我国风暴中心之气温，及极面之坡度，均有待于实验，无从悬揣。惟有一点足以注意者，即长江下游一带，风暴中心若由南而过，则雨雪交作，但若风暴掠长江以北而过，则虽有狂风怒吼，但极少雨泽。自极面学说之眼光观之，此殆由于我国江浙一带，论纬度已在副热带内，本为热流之范围，苟非风暴南下挟寒流以与之俱，则极面即无以成也。"（《全集》第 1 卷，第 520-527 页）

施雅风评述："在《风暴成因之新学说》一文中，竺可桢详细介绍了当时新兴的挪威学者白裘克银为首学派的极面理论，据此理论划分出极地气团、热带气团等多种气团，气团间交绥活动是各种风暴和天气的主要原因，这个理论在 30 年代大行于世。竺可桢最早将这个理论介绍和推行于我国。"（施雅风《南高东大时期的竺可桢教授》，载《纪念文集》第 84-85 页）

**4 月** *Climatic Pulsations During Historic Time in China*（中国历史上气候之变迁）发表于 *The Geographical Review*《自然地理评论》第 16 卷第 2 期（《全集》第 5 卷，第 131-140 页）

英国气候学家"布鲁克斯随即读到了这篇文章，并在同一年稍晚出版的《古代气候》一书中引用了竺可桢的观点。他跟竺可桢有一样看法，即认为中国古代气候'变化的频次跟欧洲的变化情况非常相似'。作为国际气候学领域的权威，布鲁克斯在 1950 年整理了一份有关气候变化研究的文献目录，精选了用西文出版的 201 篇代表成果。其中仅有两位中国学者的论文入选，一篇是竺可桢的《中国历史上气候之变迁》，另一篇为时任中国地理研究所研究员的马廷英于 1934 年出版的《古气候与大陆漂移之研究》。"（林伟《知识的跨国流通：竺可桢对哈佛大学地理学传统的继承与发展》，载《自然科学史研究》2023 年第 42 卷第 3 期，第 343 页）

# CLIMATIC PULSATIONS DURING HISTORIC TIME IN CHINA

## Co-Ching Chu
### *National Southeastern University, Nanking, China*

THE question of climatic change in historic times has called forth investigations in many regions. Recently the writer has made an examination of Chinese archives for material bearing on the problem.

Exact meteorological observation goes back only a short time in any country; but, in the absence of rain-gauge and thermometer readings, we may resort to records of the frequency of floods and droughts, the number of severe winters, the dates when the rivers were frozen over, etc., for hints regarding the climate of the time. It was partly on such data that Brückner based his well-known monograph on "Klimaschwankungen." In dealing with the records in Chinese history there is one advantage which is probably not possessed by any of the European countries, i. e. the length of time for which they are available.

### DROUGHTS AND FLOODS

The number of droughts and floods recorded during the time considered have been tabulated first according to Chinese dynasties, Tables I and II, and then according to centuries in the Christian era, Tables III and IV. Since Chinese dynasties are not of equal length, in order to make them comparable the data in Tables I and II have been reduced to droughts and floods per century. The data for the Ming Dynasty (1368-1643) and earlier dynasties are taken from the Tu Shu Tsi Cheng (Chinese Encyclopedia),[1] while those of the Manchu Dynasty are obtained from Tung Wah Loh. In the Tu Shu Tsi Cheng a distinction is made between floods directly due to excessive rain and those caused by the inundation of rivers or overflow of ocean and seas. In Tung Wah Loh no such demarcation can be made out. It is largely due to this difference that the floods recorded under the Manchu Dynasty (1644-1911) as shown in Tables II and IV are especially numerous.

[1] A brief account of this work is given by Hosie, who also has tabulated the droughts and floods. However, he does not make a detailed computation of the geographical distribution—a difficult matter, because the boundaries of the Chinese provinces changed very often from one dynasty to another (Alexander Hosie: Droughts in China, A. D. 620 to 1643. *Journ. North China Branch of the Royal Asiatic Soc.*, Vol. 12, 1877, pp. 51-89. See also "Floods in China 630-1630," *China Rev.*, Vol. 7, 1878-79, pp. 371-372).

274

图 141　发表在 *The Geographical Review* 上的
Climatic Pulsations During Historic Time in China 首页

**5月19日**　报载：被推为中国科学社第十一次年会会程委员会与讲演委员会委员。"中国科学社第十一次年会，已由本年第二次理事会大会议决在广州举行……兹闻年会会期已假定为八月二十二日至二十八日，会场拟借广州

大学，所有全部年会委员均已推定。"（《中国科学社年会之委员》，载《申报》
1926 年 5 月 19 日）

**5 月 26 日**（上海） 致胡适[1]书，向其争取英庚款，以支持科学社有关之
出版事宜。谓："前月杪赴客利奉访，适公出未晤，甚怅。吾兄曾云英国庚款
有以一部分用诸科学研究之拟议，兹将科学社昔年所印之发展中国科学计划书
译成英文奉上，聊贡刍荛之献，并附致英庚款委员会函一，希吾兄转达是感。"
（《全集》第 1 卷，第 528 页）

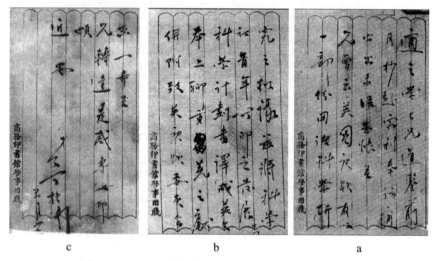

图 142　为争取退还"庚款"用于科学研究
致胡适函（1926 年 5 月 26 日）[2]

**5 月 29 日**　蒋维乔来函[3]。谓：

藕舫先生大鉴：

敬启者：久违雅范，驰念殊殷。本校地学系自台端离校以来，师生两方面
怀念，至今，无时或释，各项计划未能进行。务恳慨念教育重要，自下学期起

---

①　1926 年 2 月胡适被聘为英国庚款咨询委员会中国委员，5 月初离沪北上。竺可桢此时任职于
　　商务印书馆，并任中国科学社书记。
②　取自《胡适遗稿及秘藏书信》。
③　蒋维乔，时任东南大学校长。竺可桢于 1926 年 6 月 4 日之复函，已入《全集》第 2 卷第 529
　　页。该函存于中央大学档案。编者对函中个别标点作了改动。

仍回本校担任原职，俾地学系事业循序发展，莘莘学子重沾化雨。倘若俯允，则不独一校之幸，亦东南文化之幸也。专此奉商，伫候函复，无任翘盼。顺颂

台安

弟 蒋维乔 谨启

（《南京大学校史资料选编》第二卷，第 538 页）

**5 月** 商务印书馆创立 30 年，本月发行的《商务印书馆志略》载明："参考书方面，则有中西字典及各科词典，已出版者，五六十种，在编印中者十余种。最近又有《世界百科全书》编研，字数多至二三千万，为国内唯一之巨制。其主事者为王云五、程瀛章、唐钺、何炳松、竺可桢、傅纬平诸君。"（《商务印书馆志略》第 14 页）

**6 月 4 日**（上海） 下午五时，在爱多亚路如里出席并主持中国科学社第五十二次理事会。议决事项：（一）通过张正平、孙佩章、林可胜等三人为普通社员。（二）本年科学名词审查会已定于 7 月 3 日在上海举行年会，当推出席代表。（三）科学社"对于中国科学教育提倡不遗余力"。提倡中国科学教育（美国推士博士所著《科学教育法》由王季梁译成中文，由商务出版；夏间在北京清华学校与中华教育改进社等联合开办暑期科学研究会；以美国教育文化基金委员会拨款，得资挹注江苏省中等学校教育，拟即着手办理进行办法，先自中学、师范入手，于数学、物理、化学、动物、植物、矿物、地文、地质、教育、心理、农艺、工艺各科均指定委员商酌办法，并派委员专家轮流赴苏考察各属中学、师范考察教育现状及应改良之处）；与丁文江、孙佩章同被推为地文矿物部委员；决派代表出席 10 月间在比列时召开的万国工艺化学会大会；赴粤接洽本年年会筹备经过情形等。（四）议决着手撰编《中国科学史》，分为天文、地学、数学、理化、博物、医药、工程、发明等八章，每章均请专人主持。俟编竣后，译成英文，使外人洞悉我国古代之科学。

继通报："已将本社发展中国科学计划书译成英文，寄英国赔款委员会，并登上海《大陆报》。"

到会理事任鸿隽、秉志（竺可桢代）、胡先骕、王琎、丁文江、胡明复、

杨铨。(《中国科学社第五十二次理事会记录》，上海市档案馆藏件 Q546-1-63；《董理事会》第 88-89 页；《中国科学社理事会之议决案》，载《申报》1926 年 6 月 6 日)

**是日**（上海） 致蒋维乔书。谓：

竹庄先生道鉴：

敬启者：日昨承赐尊札并蒙相邀甚感幸。以桢之愚见以为，足下如欲发展东大理科，则各系不宜偏重。理科四系之中地学系创立独后，故其设备本不能与他系相匹敌。以次美国庚款分配、科学教育补助费，数学与地学又独向隅，是以学校方面对于地学系人才设备两方应予以特别之注意。往岁苏省于地质调查项下对于地学系每年本有 3500 元之补助费，迨调查员浔有结果而学校在预算内所允之印刷费靳而不予。于是不得已转托一不相干之机关为之代印，以致迁延时日，至近日始克在商务印就，而省方已以坐领干薪为由将补助费一笔勾销矣。此虽系过去事实，亦不得不为。执事陈之，以见历来学校对于地学未曾加以注意之一斑也。

如足下有意发展地学，则须以为于设备方面，在学校经济可能性之内应予以特别之通融；人才方面，地质矿物已有孙、张二先生，但古生物学尚乏人主持，应于下学期添聘专家。现理科四系中化学、数学均有一教授，物理本亦有四教授，则地学设四教授亦不为多，如斯方足以见学校对于理科各系平均发展之诚意。备员执教固亦所愿，若学校必欲夷地学为附庸，桢虽不敏亦不愿为冯妇矣。专此，即颂

公安

竺可桢

6 月 4 日

（《全集》第 1 卷，第 529 页）

**6 月 17 日** 为《上海学术界对英庚款之宣言》联名签署人之一。该宣言全文如下：

上海一部份学术界人士，鉴于英庚款委员团无退还之表示，特联合发表

宣言，主张不退还则拒绝此款，并主张组织庚款监督委员会，根本解决庚款纠纷。兹录其宣言如下：

自英庚款委员团来华，吾国南北各界人士，即起而为英庚款退还主权之争，就已发表之意见观之，各界对于用途，所见或有异同，而对于英政府应完全退还庚款一点，全国实主张一致。乃英庚款委员团，于考察全国意见会议三十余次以后，最近在津宣言，仅建议于英外交大臣，在中国设立一庚款董事会，以管理英庚款对华人要求以英庚款完全退还中国，归中国自行管理支配之公意，既不着一字，即对其所建议之英庚款董事会董事，如何选定、何方任命、中英董事人数几何，亦无明确之表示。惟云董事会，应以每年庚款收支报告，送呈中英两国政府各一份，以示董事会以平等待遇中英两国政府而已。不知中国人奔走呼号，所力争者，为英庚款退还之主权，非实际形式之虚文。英庚款委员团，苟不从实际退还，谋中英之亲善，而仅恃外交手腕，甘言口惠，以和缓反对之空气，既背当时英国会退款亲善之初意，且增中国人对英政府之猜疑，窃为英政府与委员团所不取也。委员团自发表最近宣言之后，其调查任务，似已自谓结束。惟吾人力争英庚款主权之举，实可谓甫肇其端。年来各国退还庚款之流弊，层出不穷，皆由国人于事前图小利而忽大患，重小己而轻大群所致。此次北京各界，有英庚款主权问题，全国各界联席会议之组织，防患未然，力矫前失，用意至善。惟南中尚鲜嗣响，同人谨综合各方之公意，为具体之主张如下：

一、主权　英庚款应由英政府正式声明退还中国，归中国管理及支配。

二、用途　用途应限于目前中国所急需，而为政府及社会力所不及之教育学术事业。（甲）研究所。设立理化、生物、社会等科学，及农工商医等应用科学之研究所；（乙）推广教育。推广现有各大学之研究及教育事业，如增加仪器、图书及建筑与添聘教授之类。据最近委员团所传出之用途分配，对工程及社会科学之研究与现有教育之推广，均完全忽略，实非就中国需要及能力通盘筹划之结论。关于投资方面，有主张用于筑路、治河者，同人于原则上，虽极端赞同，惟当举国军事扰攘之时，既无法担保此项筑路、治河之款不流入于军费，不如稍缓以待大局安宁，再行举办。

三、董事会　退还之后，由中国组织董事会，管理支配。董事至多不宜过二十人，均为名誉职，由全国省教育会、教育部立案之公私大学、学术团体之代表会选举之。再由中国正式政府任命，董事每三年改选一次。董事中可有英人若干人，但须由中国选举，且其人数不得占总数三分之一以上。至一九四五年英董事完全退出。

四、监督委员会　各国退还庚款，流弊之多，实由董事会完全独立。一经成立，自相继续，董事遂成终身之职，故易人专横。应由上项选举董事之机关，即全国省教育会、教育部立案之公私大学与学术团体之代表会，组织一全国庚款监督委员会，为永久代表国民监督庚款收支及用途之机关，监督委员为名誉职，由各规定机关选派，其进退归各机关自主。赴会旅费，亦归各机关自备，以杜口实。监督委员之职务，（甲）审查收支，（乙）监督用途，（丙）选举庚款董事。

以上四点，同人认为不特可以保证英庚款退还中国之主权，且为永久解决列国退还庚款纠纷之道。庚款为四万万人膏血之结晶，用之得当，可为中国求生之机，用之失当，或为中国亡国之阶，与其为有名无实之退还，毋宁作斩钉截铁之拒绝。此同人追随京各界联席会议之后，力争英庚款主权之微意也。争之不得，愿与国人共拒此嗟来之口惠，不欲以目前之小利，而贻将来以文化侵略之隐患。邦人君子，幸共起图之。

郭任远、凌鸿勋、曹梁厦、周仁、唐钺、孙鸿洪〕芬、王琎、徐名材、王绳善、宋梧生、蔡无忌、李乃尧、何鲁、何尚平、叶元龙、赵修鸿、李厘身、竺可桢、俞寿沧、胡明复、周烈忠、李熙谋、邓载臣、杨铨、胡刚复、何德奎、段育华、朱亦松。

（《申报》1926 年 6 月 17 日）

**6 月 26 日**（上海）　七时后邵元冲来寓，时值外出未晤。（《邵元冲日记》第 249 页）

**6 月 30 日**（上海）　出席中国科学社上海社友欢迎董事熊秉三宴会。王云五主席。"席间纵谈上海会审公廨诉讼法及中国科学状况。席散后，并讨论发展科学教育及社会科学诸问题。"报载："外间误传该社纯为自然科学专家所组成，实属不然，该社社员七百余人中，社会科学专家约占四分之一，其组织实包括物质、生物与社会及工程科学四大部云。"出席者有王云五、曹梁厦、何奎垣、竺可桢、何尚平、宋梧生、李熙谋、郭承志、朱经农、朱少屏等十余人。(《中国科学社上海社友欢宴熊秉三》，载《申报》1926年7月1日)

6月 《北宋沈括对于地学之贡献与纪述》发表于《科学》第11卷第6期。系统评述了沈括(1031—1095)在地理学、地质学和气象学上的贡献。

云："我国文学家之以科学著称者，在汉有张衡，在宋则有沈括。《四库全书总目》谓括在北宋，学问最为博洽，于当代掌故，及天文、算法、钟律，尤所究心；《宋史》载括博学善文，于天文、方志、律历、音乐、医药、卜算，无所不通，洵非溢美。自来我国学子之能谈科学者，稀如凤毛麟角，而在当时能以近世之科学精神治科学者，则更少。据《钱塘沈氏家乘》括生于宋仁宗天圣八年(西历1030)，卒于〈神〉〔哲〕宗绍圣〈元〉〔二〕年(西历1095)，正当欧洲学术堕落时代，而我国乃有沈括其人，潜心研究科学，亦足为中国学术史增光。惜当时人君不知学术为何事，士子欲显扬于时，惟有仕进之一途。"

"我国文人，对于数字素来极不精确，说者谓此实中国科学不发达之一极大原因。独括于数字，甚为注意，对于古人数字上之谬妄，指摘不遗余力。如谓防风氏身广九亩长三丈，犹如饼饻。讥杜工部《武侯庙柏诗》'霜皮溜雨四十围，黛色参天二千尺'之失实。而王得臣《麈史》反谓括议论太拘，可谓不知括者矣。

"近世科学注重实测，而括对于天文之观测，完全根据目见。我国古代皆以极星为天中，自六朝祖暅之以机衡窥考天极不动处，乃在极星之末犹一度有余。至括亘三月之考验，绘图二百余幅，乃知当时极星，离天中不动处三度有余。"

"括去今已八百余年，冬夏时刻之有余有不足，斗建之随岁差迁徙，与夫阳历之优于阴历，虽早已成定论。而在括当时能独违众议，毅然倡立新说，置

怪怒攻骂于不顾，其笃信真理之精神，虽较之于该列倭（Galileo），亦不多
让也。

"括所著《梦溪笔谈》一书，久已脍炙人口，其对于天文历数之贡献，及
其叙述毕昇之活版与夫指南针之有磁差，常为世人所引用。特括对地质气象，
亦常有见识独到之处。"

"欧洲古代，希腊虽曾经测海岸之远近，罗马盛时亦有测量街道之举，但
地形测量在括以前则未之闻。且括曾云：'方家以磁石磨针锋则能指南，然常
微偏东，不全南也。……其中有磨而指北者。予家指南北者皆有之。'括既广
贮指南针，则测量时利用之以定方位，亦意中事。且括定方向用'二十四至'，
在括以前古人所作之地图及地理书籍，如唐李吉甫之《元和郡县志》，宋乐史
之《太平寰宇记》，记述方向均用'八到'，极不精密。即括以后王存所著《元
丰九域志》，亦仅加以界首距某地之方法，于方位之分析，未加以改良。独括
觉'八到'之不足用，而以'二十四至'定方法，其精密即可超出前人三倍，
与今日欧人航海所用'三十二至'者相差盖不远也。"

"逮明永乐派太监郑和往南洋，嗣后帆舟络绎，其截流横波，全惟指南
针之是恃，而其二十四至，亦与括所云者合若符节。明茅元仪所著《武备志》
中，对于郑和来往行程所取之指针叙述尤详。括既知指南针之性质，其在图上
所用之二十四至又与后世罗盘针上之二十四至相吻合，则括或即为利用指南针
以测量地点方位之第一人，亦未可知也。"

"我国自古虽有'高山为谷，深谷为陵'之说，但能举例为证者，已不多
见。至于能阐明山谷变迁真确之原因，则更绝无其人。有之，当推沈括始。"

"括所云大水冲激，沙土尽去，惟巨石岿然挺立，是即今日地质学家之所
谓剥蚀（erosion）。在我国十一世纪时，而有此种见解，可称卓识。所可奇者，
西方同时有阿拉伯人 Avicenna（980—1037）以剥蚀作用解释山岳之成因，其
说与括如出一辙。"

"化石之成因，古代希腊学者如 Xenophane，Herodotus，Eratosthenes 等，
虽已知其梗概。及至欧洲中世纪，教会势力日盛，上帝七日造成世界之说，奉

为圭臬。故降至十六世纪，对于化石之解释，尚异说纷纭，为荒诞不经之论。沈括对于化石之推论，极为精确。"

"雨师、风伯、雷公、电母之说，自来风行于我国。括于气象学诸现象，有时亦不免为普通迷信所蒙蔽，如信雨雹为王师平河州之先兆，雷击人胁上有字，击木有雷楔等是也。且五行阴阳之说，中毒亦复不浅。"

"可取之说，亦复不少。如谓'虹，雨中日影也，日照雨即有之'。又谓行船须于五鼓初起，星月明洁，四际至地皆无云气，便可行，至于巳时即止，如斯无复与暴风遇云云。是皆有至理存于其间。其所《建景表议》中谓'浊入浊出'即近世所谓'蒙气'。飚风（tornado）向视为美洲特具之现象，自1901—1910之十年间，据徐家汇观象台所接各方之报告，仅在山东有一类似飚风之现象。但《笔谈》卷二十一所记，则我国之有 tornado 无疑。"

"各地气候，视乎纬度高度之不同而有先后，是以放花陨叶之时，不可以概论。七十二候乃本诸《礼记·月令》，七国时中原之气候，其不能适用于长江以南诸省及山岭之地也明甚。《笔谈》卷二十六：

> 土气有早晚，天时有愆伏，如平地三月花者，深山则四月花。白乐天游大林寺诗云，"人间四月芳菲尽，山寺桃花始盛开"，盖常理也。此地势高下之不同也。……岭峤微草，凌冬不凋，并汾乔木，望秋先陨。诸越则桃李冬实，朔漠则桃李夏荣，此地气之不同也。

"括足迹遍南北，所见者广，故以目睹之事实，足以证《月令》之疏也。清代刘继庄作《广阳杂记》，其中有与括相类似之说。"

"石油在现世已成最要矿产之一，列强往往以一区区石油矿，而起交涉，动干戈。但在有宋之际，世人固不知石油之可以利用。独括谓：

> 鄜延境内有石油。……予疑其烟可用，试扫其煤以为墨。黑光如漆，松墨不及也，遂大为之。其识〔文〕为"延州石液"者是也。此物后必大行于世，自予始为之。盖石油至多，生于地中无穷，不若松木有时而竭。今齐、鲁间松林尽矣，渐至太行、京西、江南，松山大半皆童矣。造煤人盖未知石烟之利也。

"括谓此物后必大行于世，固有先知之明，但目前世界石油，不出数十年，即将用罄，不识括生于斯世，又作若何感想也。"（《全集》第1卷，第530-538页）

席泽宗评述："《北宋沈括对于地学之贡献与纪述》（1926年）第一次系统地评述了沈括（1031—1095年）在地理学、地质学和气象学上的贡献，文中许多观点至今为人们所引用。文章指出，沈括在地形测量（457）①和地面模型的制作（472）方面领先于世界；他关于华北平原成于黄河、海河堆积（430）和浙江雁荡山谷地成于流水侵蚀（433）的认识都符合于今天的地质学知识；他关于陆龙卷的记载（385）是我国气象史上稀有的资料；他注意到了气候和纬度、高度的关系（485）；他对于经济地理贡献尤多，如关于食盐（208）和茶叶（221）的论述，记录了品种、产地、销区、以及税收和运输等情况。这里需要说明的是关于沈括预见到石油'后必大行于世'的问题。沈括是把石油的烟作为一种制墨的新材料来说的，并不是当作现代意义下的新能源来说的，原文是：'鄜、延境内有石油。……余疑其烟可用，试扫其煤以为墨，墨光如漆，松墨不及也；遂大为之，其识文为'延川石液'②者是也。此物后必大行于世，自余始为之。'（421）。'延川石液'是一种墨的名称，清人唐秉钧《文房肆考》中曾提到过。竺老对这一段文字有误解，其后又以讹传讹，被很多人引用来说明沈括预见到石油在今天国民经济中的作用。这是不恰当的，希望以后的出版物中能有所改正。"（席泽宗《竺可桢与自然科学史研究》，载《论文集》第46-47页）

王鹏飞评述："在气象人物史方面，竺老对沈括和徐光启等均写有专文。他客观地评价沈括，肯定了沈括介绍的虹的试验及气候随高度及南北不同而异的见解，但却认为沈括相信'雷击人，胁有字'、下雹为'王师平河州之兆'等实属荒谬。这比后人全盘肯定沈括要高明和实事求是得多了。"（王鹏飞《竺

---

① 括号中的数字，表示席泽宗所使用的材料在胡道静《新校正梦溪笔谈》（中华书局，1957年版）一书中的条目编号。

② 胡道静校记："延川石液"，宋本、弘治本、稗海本、学津本作"延州"。

可桢和科学史研究》，载《先生之风 山高水长》第99页）

施雅风评述："1926年竺可桢发表《北宋沈括对于地学之贡献与纪述》一文，完整地评述沈括在地学各方面的成就，如：分段筑堰中的水准测量，二十四至方位的划分，地面模型等制作创造，沈括探明河流侵蚀堆积的伟大作用，判断雁荡山谷地成于侵蚀，华北平原成于黄河、海河的堆积作用，以及在和辽国的外交谈判中，沈括充分运用地理知识取得谈判的胜利。竺可桢还特别赞扬沈括精密的实验观察和笃信真理、勇于革新创造的科学精神。沈括是有多方面科学创造、在我国旧社会中极其罕见的伟大学者。在现代关于沈括研究的几百篇文献中，竺可桢的论文可能是最早的一篇。"（施雅风《南高东大时期的竺可桢教授》，载《纪念文集》第86-87页）

**7月9日**（上海） 偕杨杏佛至邵元冲寓，谈科学社年会事。（《邵元冲日记》第253页）

**7月10日** 《论祈雨禁屠与旱灾》刊于《东方杂志》第23卷第13号。

述："本年自入春以来，长江黄河之下游，以及东北沿海一带，雨量极形缺乏。据上海徐家汇气象台之报告，上海本年雨量之稀少，为三十四年之所仅见。计自阳历一月至五月，本年合共雨量只抵往年同期内平均百分之六十一。山东、直隶、奉天各省，亦纷纷以旱灾见告。于是各省当局，先后祈雨禁屠，宛若祈雨禁屠，为救济旱灾之惟一方法。此等愚民政策，若行诸欧美文明各国，必且被诋为妖妄迷信，为舆论所不容。而在我国，则司空见惯，反若有司所应尽之天职，恬不为怪。夫历史上之习惯，是否应予以盲从，愚夫愚妇之迷信，是否应予以保存，在今日科学昌明之世界，外足以资列强之笑柄，内足以起国人之疑窦，实有讨论之必要也。

"大旱祈雨之事，在我国起源极早。《周礼·司巫》云，若国大旱，则师巫而舞雩。又《女巫》云，旱暵则巫雩。《礼记·月令》云，命有司为民祀山川百原乃大雩。《诗·桑柔》章：

倬彼云汉，昭回于天。王曰于乎，何辜今之人！天降丧乱，饥馑荐臻。靡神不举，靡爱斯牲。圭璧既卒，宁莫我听？

旱既大甚，蕴隆虫虫。不殄禋祀，自郊徂宫。上下奠瘗，靡神不宗。后稷不克，上帝不临。耗斁下土，宁丁我躬。

"又汉何休注《春秋公羊传》曰：

旱则君亲之南郊，以六事谢过自责：政不善欤？使人失职欤？宫室崇欤？妇谒盛欤？苞苴行欤？谗夫昌欤？使童男童女各八人而呼雩也。

"在君主专制时代，天子抚有兆民，代天行使职权，偶有灾荒，即当引咎自责。'故耗斁下土，宁丁我躬'之口吻，出之于当时之天子，极为得当。即在今日视之，亦只能认为科学未明，知识不足，要非敷衍之政策也。自来祈雨之诚，无过于北宋之张士逊。"

"且我国号称共和，则上自总统，下迄知事，应对于人民负责。旱潦灾荒，须备患于未形，植森林，兴水利，广设气象台。不此之图，而惟以祈雨为能事，则虽诚恳如张士逊，夫亦何补哉？

"禁屠，善政也。若干科学家主张蔬食不背于卫生，而在人满为患之中国，则蔬食尤宜提倡。据英国第二生产率委员之调查，谓'每一百英亩的土地，若种马铃薯可以供给四百二十个人的食用。若种草饲牛，便只能供给十五人。'足知日食膏粱之糜费。世界人口日多，恐将群趋于蔬食之一途。惟禁屠何为必于旱潦之时，则殊无理由之足言。禁屠与祈雨并提，其俗大抵传自西域。秦汉之际，未闻有此习俗。"

"六朝之际，胡僧往来频繁，其影响于我国之风俗习惯者颇多，而以北朝为甚。则禁屠以祈雨，非我国本有之习俗，乃传自胡僧，安可以为后世法？况当时祈雨行七事，而彻膳羞列于殿，其视为无足轻重可知。苟欲师法前人，亦不当舍本逐末。而近代官吏每逢干旱，不理冤狱，不赈鳏寡，不省徭轻货，不黜退贪邪，而惟硁硁于屠之是禁，不亦数典而忘祖耶？

"但苟在今日无冤狱之可理，无鳏寡之可恤，无徭贷之可轻，无贪邪之可黜，犹可言也。特今日之军阀，往往为一己之地盘，不惜牺牲数千百无辜之生灵。自我国有历史以来，人民在水深火热之中，如现代者，亦不多觏。然则如欲禁屠以免天谴，亦应自禁军阀之屠戮人民始。"

"民国十一年，中华教育改进社在济南开年会时，中央观象台曾有请各省于每县择一中学或小学担任报告雨量及暴风雨案。当经大会议决，并由教育部行文至各省教育厅，训令各县办理其事。计其所费仪器一项，不过五元之数，洵可谓轻而易举。乃各省县均置若罔闻，视为虚文。至最近则教育部以经费支绌，竟有以中央观象台抵押借款之说矣。在平时不讲求以科学之方法调查雨量，及至旱魃为灾，乃惟知祈雨，禁屠，求木偶，迎龙王。以我国当局之所为，而欲列强之齿我于文明诸邦之列，不与非洲之霍台安吐人及海洋洲之尼革列它族为伍者，安可得哉？

"禁屠祈雨，迎神赛会，与旱灾如风马牛之不相及，在今日科学昌明之时观之，盖毫无疑义。欲明此理，吾人不得不研究雨之成因。雨乃由空中之水气凝结而成。凡近地面之空气，均含有水气，不特海洋旷野上之空气有之，即沙漠中之空气亦包涵有若干。空中之降雨与否，要视乎水气之能否凝结为雨点而定。凡空中温度愈低，则其所能含受之水气亦愈少，是故空中温度若由寒而热，则必吸收地面上之水分，若由热而寒，则空中一部分之水气即凝结成云雾雨雪。是以空中温度之低降，实为降雨之最要条件。"

"普通之炮火则决不能致雨，以其所发之热量过少，所挟带以上升之空气亦至有限。欧战经四年之久，法比各地均日在枪林炮雨之中，各处因军事关系，均设有气象测候所，未闻当时战地雨量胜于平日。美国在十九世纪末叶，因开垦西区荒地，投机者曾有降雨保险公司之组织。农人出资若干金，该公司即可保险于若干时期内降若干寸之雨量，其术亦不外轰炮炸药，迹近欺骗愚民，至今引为笑谈，不图今日之能传诸我国也。"

"但据近代挪威教授白裘克银（Bjerknes）之说，则风暴中之所以降雨，乃由两种温度不同之空气，一来自南，一来自北，二者相遇，寒者重而热者轻，于是温暖之空气乃为寒冷之空气所逼而上浮。在温带中各处春、秋、冬三季之雨量，大抵起源于风暴。

"空气之上升，虽为降雨之最要条件，但必空中本含有多量之水气而后始有效。是故沙漠中地面温度虽高，虽有风暴，而卒不降雨。滨海之地以及各岛屿上，雨量极为丰富，则以其空气之湿润也。

"总上所述，足知焚山放炮，虽足以酿成空气之上升，但力不足以致雨。美国之天然林，往往因故被焚，延烧数十百里，热气上腾，而成云者有之，但因而降雨者则尚未有所闻，至于禁屠迎会，其不能影响于云雨也盖明甚。

"然则气象台之设立，果足以阻止旱灾之流行欤？曰，是又不然。气象台之责任，首在调查各地雨量之多寡，以及历年来雨量变迁之情形。次则在于说明各年度、各地方雨量变迁之原因。知雨量变迁之原因，则虽不能消弭旱灾于无形，但亦可防患未然。我国之调查雨量，虽于后汉已见其端，至明初而制度大备。但迄今欧美各国，虽均从事于此，独我国反落人后。国内各地历年雨量之记录，反赖法日英俄诸国人士得以保存。……我国各处雨量多寡不一，多者如香港达二千粍，牯岭达二千六百粍，少者则新疆疏勒年仅八十九粍，西藏之拉萨与江孜不过二百粍至三百五十粍，但旱灾并不视乎一地点雨量之多寡而定。盖雨量稀少之处，其所种植之农产，耕耘之制度，以及人口之多寡，均与雨量丰沛之处不同。古代人民已按各地之环境，相地之宜，而培适当之农产品。故雨量最少之地，未必为旱灾最酷之处也。"

"我国各处极少五十年继续不断之雨量记录，有之，则惟上海徐家汇之记录。自西历一八七三至一九二二年，五十年中，上海雨量最高百分比为一百三十八，最小百分比为六十。但上海以接近海洋，实不能代表中国全体。愈至内地则百分差亦愈大，如南京自西历一九〇四年至一九二三年中，最高百分比即达一百六十，最小百分比〔为〕五十三，已较欧洲之变率为大矣。"

"但气象学家欲为长期的预告，其术固何由乎？依现时所知，则最有希望之途径有三。（一）以过去本地或他方之气候状况，测本地将来之气候状况。（二）以现在海流之情形，测将来之天气。（三）以日光之发射热量之多寡，测将来之气候。"

"要而言之，日中黑子与各地方之气候，关系至如何程度，非加以详尽之研究，不能成立。但将来日光辐射之测量更臻精密而后，其足以为长期预告之利器，亦在意料中也。"

"旱灾之多，在世界上我国当首届一指。则政府人民，当如何利用科学以为防御之法，研究豫知之方，庶几亡羊补牢，惩前或可以毖后。若徒恃禁屠祈雨为救济之策，则旱魃之为灾，将无已时也。"（《全集》第1卷，第539–550页）

**7月13日** 上海学生联合会夏令讲学会在报端发表设办夏令讲学会、敦请国内硕学担任讲习的"通告"，并列出讲题及讲师姓名。在"历史地理"方面，由竺可桢讲"地学与人生"。（《上海学生联合会夏令讲学会通告》，载《申报》1926年7月13日）

**7月25日**（上海） 至邵元冲寓，告下星期二偕侠魂赴牯岭避暑。（《邵元冲日记》第257页）

**7月27日** 《申报》刊登消息：

### 叶楚伧等为学术院宴客纪

将在沪组资格审查会

叶楚伧、张君谋两君，前晚假座大东酒楼为学术院事邀请本埠学术界宴聚，到者计：何柏丞、程寰西、宋梧生、曹良亚、周寿昌、何奎垣、胡明复、周子竞、李熙谋、徐佩璜、竺藕舫、何思毅、陈望道、周佛海等，代表南洋、大同、上海、持志、复旦、中法、通惠、光华各大学及科学社、中国工程学会、学艺社等各团体。首由张君谋说邀请意思，次叶楚伧报告组织经过及其办法，当有何鲁、周昌寿、周子竞、周佛海、胡明复等相继发言，闻结果将在沪上组织一入院资格审资会云。（《申报》1926年7月27日）

**7月** 《中国气象学会会刊》第二期出版发行。该期刊载竺可桢《风暴成因之新学说》一文。

**是月** 《绍兴七县旅沪同乡会第十六届报告》例言："本编仍依学年制及会计年度合两半年为一起，讫自十五年七月一日起至十六年六月末日止，就其中经过事实分别择要记载，以衔接第十五届之报告。""同乡会代表：孙铁

卿　寿孝天　竺藕舫　王友相　田相儒"。

图 143 《中国气象学会会刊》第 2 期封面及目录页。

**8月6日**（庐山）　住牯岭小天池云天花园别墅。上午邵元冲来访，适去八九里外的芦林游泳池游泳，未晤。据邵后来谓，他至后见侠魂作惊痛状，询之乃知适接沪电，稚女雪涛以感冒致殇，故咽抑不自胜。邵力慰之。遂即回旅社偕默去芦林游泳池寻觅，不得，复回旅社。

三时后偕侠魂至旅社与元冲、默君谈。侠姨闻云天花园常有患肺疾者居之，恐传染，应速迁，乃决定明晨一起在天池别墅商议去留。（《邵元冲日记》第 260-261 页）

**8月7日**（庐山）　十时顷邵元冲夫妇来少憩，并午餐。（同上，第 261 页）

**是日**　在中国气象学会第二届年会上被选为副会长。（《第二届年会纪略》，载《中国气象学会会刊》第 3 期，第 62 页）

**8月8日**（庐山）　九时后偕侠魂去邵元冲、张默君住处。旋一起雇舆游五老峰。"以舆夫需索逾常规，且喧哕不已，意颇不欢。……行二时许至一地，凹居群山之中，备极荒凉之致，舆夫坚谓是乃五老峰，藕舫与之力争谓五老峰之高，仅次于汉阳太乙诸峰一等，安得荒夷至此？舆夫亦汹汹不已，争久之，彼等始改道行，升降数山，始抵五老峰之第三峰。面鄱阳湖，上接含鄱岭及太乙诸峰，俯视栖贤、归宗各大丛林及观音桥皆在其下，若联茵席。……至含鄱岭登亚农森林游息处，远对五老峰、犁头尖、南康大道，皆绝胜。……五时顷返旅社。"晚与侠魂留宿邵处，谈至十一时顷寝。(《邵元冲日记》第 261-262 页)

**8 月 9 日**（庐山）　晨偕侠魂与邵元冲夫妇同至黄龙寺。黄龙潭瀑布广数丈，潭水成深碧色，游者颇众。其下另有一潭，面积较广而浅，即偕元冲浴于其中。默君及侠魂则濯足。正午折归黄龙寺午餐。(同上，第 262 页)

**约 8 月 10 日**　离庐山[①]。(同上，第 262-263 页)

**8 月 27 日—9 月 1 日**　中国科学社第十一次年会在广州举行。任年会会程委员会及演讲委员会委员，但因故未赴会。在 29 日的社务会上，通过了杨杏佛修改社章的提议："增加理事人数，改组社内组织系统，分工程、社会、生物、物质四大学会，使社员皆得从其所专，各展抱负。""并举定筹备委员八人，计物质组竺可桢、王季梁，生物组邓植仪（槐庭）[②]、黎国昌，社会组杨杏佛、杨端六，工程组周子竞、李熙谋。"(《中国科学社第十一次年会记事》，载《科学》第 11 卷第 10 期，第 1471、1473 页；《年会记录》第 134 页)

**约 8 月**　复函蒋丙然[③]。谓："启者承询一节，彭君既为大会所举，自难准其辞职，但彭君函中所云亦属言之有理，惟此为事实问题。若理事会与干事部业已移往北京，则彭君实无可辞之理。若大多数之理事与干事均在青岛而移往北京只为名义的，不妨由彭君推举一人为代理，以执行职务，俾理事会与干事部仍得在青岛办理会务。此系暂时办法，至于将来如何，只有俟明年开大会时解决之。此系弟个人愚意，未识尊意以为何如。"(《全集》第 22 卷，第 164 页)


附蒋丙然来函[④]

---

①　邵元冲此日日记记载"闻张侠魂暂不徙居"；12 日记至小天池访侠魂。该两日日记直至邵 16 日离庐山皆未提及竺可桢，由此推定竺可桢此间已离庐山。

②　邓植仪，时任广东大学农科学院教授、院长。

③　蒋丙然，时任青岛观象台台长、中国气象学会会长。该函无标点。现标点为编者所加。

④　该函无标点。现标点为编者所加。

"径启者：本会本年度理事会、干事部所在地曾由上届大会选定北京，并选举执事为本会副会长，理事彭济群君为本会总干事，业经通知在案。大会闭后即由旧干事将经手事务分别结束，并由前总干事陈君开源携带各项重要文件赴京办理移交手续。惟彭总干事谦逊不肯接收，旋又来函，内开启者，日前气象学会来函云今年会所移京云云（原函见上）。陈君在京疏解无效，并因事羁须即行南下，爰将各项文件暂托张理事之垫代为保管。一面由丙然致函彭君请其打消辞意，旋又得彭君来函，内开会中事务向由青岛方面同志接头，弟意最好此时归青方继续办理，俾免互相推托，至误会务之进行，是所祝愿云云。查本年度理事会、干事部所在地既已选定北京，而会长、副会长之当选者均在外埠，则一切重要事务如召集理事会议之执行，舍总干事外莫属。今彭君坚决不就，致一切会务概行停顿。查彭君之当选，系得有几近全场一致之票，在此情况之下几无所谓次多数，即使勉请得次多数票者补充总干事之职，恐被邀者亦未必肯就，且理事会未开，丙然个人亦无擅准辞职，擅行补充之权。彭君函中所论各节，事涉修改会章，姑假定其所持之说不无理由，亦未便由一二人私相授受，置大会通过之会章于不顾。本会会员散处各地，召集临〈事〉〔时〕大会亦属不易。思维再四，惟有函请理事会各会员各抒伟见，谋一补救之法，寄交丙然处，再由丙然汇齐诸君意见，印送各理事会会员通信表决法得求一解决之策。俾数月来停顿之会务，得以积极进行，本会幸甚。"（《全集》第22卷，第164页）

**8月** 由竺可桢校订、张其昀编辑的《新学制高级中学教科书本国地理》（上、下册）由商务印书馆出版。

**9月12日**（上海） 晚偕侠魂至邵元冲寓，谈至十一时顷始回。（《邵元冲日记》第271页）

**9月15日**（上海—天津） 应南开大学校长张伯苓（原名寿春）之邀，启程赴天津南开大学。（张侠魂致张其昀书，浙江大学档案馆藏）至校教授地理、气象（《全集》第4卷，第91页）及经济地理（日记710430，《全集》第20卷，第373页）。

图 144　南开大学校门①

图 145　南开大学南部全景

图 146　南开图书馆②

图 147　南开大学初创时的宿舍③

## 附张侠魂致张其昀书

晓峰先生惠鉴：

外子往津时嘱，时局如有迁变，外间消息，先生所知当较灵通，有事时可一询之。迩外间戒严特甚，罢工者特多，闸北治安情形如何？不至变生意外否？希惠示一切，以便早为之备也。匆讯

近祉

竺张侠魂 顿　廿一日

藕舫已于十五号往津，至今尚无信来也。

（原函影印件，藏浙江大学档案馆）

①②③　载《天津南开大学一览》（1926 年）。

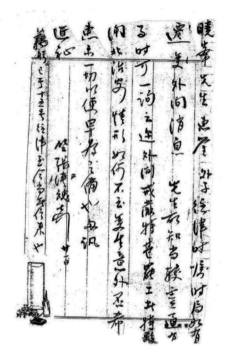

图 148　张侠魂致张其昀函（1926 年 9 月 21 日）①

**9 月 22 日**　中国科学社举行第五十四次理事会议，推举联太平洋第三次科学会议（东京）出席代表，"本社推举竺可桢君（文化基金会资助五百元）、沈宗瀚君（自费）、胡先骕君（本社资助二百元）、吴宪②君或赵石民君（本社资助二百元）四人。"到会理事秉志、王琎、过探先、胡先骕、路季讷（新聘总干事）。(《中国科学社第五十四次理事会记录》，上海市档案馆藏件 Q546-1-63；《董理事会》第 90 页)

**10 月 1 日**　被新成立的广州学术院聘请为上海方面的招生审查委员之一。该院定于双十节日开学，第一期招生 100 名，粤、沪各招 40 名，武汉招 20 名。广州招生由该院自理，沪、汉均另请专家组织招生审查委员会代办。其他委员为吴稚晖、王云五、杨端六、周子竞、徐佩璜、朱经农。该院理事会已于最

---

①　藏于浙江大学档案馆。
②　吴宪（陶民），时任北京协和医学院生物化学系教授。

近正式成立,理事会聘定何鲁为学务主任、叶楚伧为事务主任、张君谋为学务员。(《广州学术院之筹备经过》,载《申报》1926年10月1日)

**10月2日**(上海) 主持中国科学社第五十五次理事会。推定中国科学社建设服务委员会委员,与杨端六(原名杨勉,后易名杨超)[①]、杨铨被推为上海方面委员。

"议决:北京、上海、南京由各该地理事推举常务委员一人,执掌理事会通信事。上海理事当推定竺可桢。"到会理事杨铨、周仁、胡明复、王琎(路季讷代)、路季讷。(《中国科学社第五十五次理事会记录》,上海市档案馆藏件Q546-1-63;《董理事会》第93页)

**10月6日** 报载中国出席第三次泛太平洋学术会议的代表已确定:"共计十四人如次:秦汾,教育部参事、北京大学天文数学教授;翁文灏,地质调查所所长,农商部技正;竺可桢,中国科学社书记〈员〉、东南大学地理学教授;李四光,北京大学地质学教授、国立北京图书馆副馆长;陈焕镛,东南大学植物学教授;薛德焴,武昌大学动物学教授;李熙谋,北洋大学博物学教授;邹秉文,东南大学农科主任;胡步曾,东南大学植物学教授、中国科学〔社生物〕研究所主任;任鸿隽,中华〔教育〕文化基金董〔事〕会执行秘书、前科学社社长;谭熙鸿,北京大学生物学教授;陈方之,中华学艺社社员;魏喦寿,中华学艺社社员、光华大学教授;沈宗瀚,安徽农业学校教员。[②]"(《泛太平洋会议中国代表决定》,载《申报》1926年10月15日)

**10月21日**(赴东京) 与胡先骕、沈宗瀚(海槎)等乘邮船赴日,出席在东京举行的第三次泛太平洋学术会议。(《中国科学社要讯》,载《申报》1926年9月30日)

**10月24日**(抵东京) 中国代表抵达东京。(《东京将出席泛太平洋学术会议之中国代表于本日抵东京》,载《申报》1926年10月25日)中国到会

---

① 杨端六,时任上海商务印书馆会计科长。
② 后来实际出席会议的代表有所变动。

代表计十一人<sup>①</sup>，"即秦汾、翁文灏、竺可桢、胡先骕、陈焕镛、沈宗瀚、魏喦寿、厉家福、王一林、薛德焴、任鸿隽是也。诸人中翁文灏、竺可桢、胡先骕、沈宗瀚、魏喦寿诸人，皆带有论文，预备在会中宣读。"（《第三届泛太平洋学术会议纪》，载《申报》1926 年 11 月 11 日）

**10 月 26 日**（离东京） 日方安排游览。"列席泛太平洋会议之内外学界人士六十八人，本日午前八时五十分离东京，由国府津乘摩托车赴宫下富士屋旅馆，在该处午膳。后游览地狱（涌出温泉之池）。<sup>②</sup>"（《申报》1926 年 10 月 27 日）

图 149　参加第三次泛太平洋学术会议的中国代表团成员合影<sup>③</sup>

（1926 年 10 月摄于日本东京）

前排左起：任鸿隽、秦汾、胡先骕、翁文灏

后排左起：薛德焴、竺可桢、王一林、魏喦寿、陈焕镛、沈宗瀚

**10 月 27 日**（回东京） 游览卢湖后返回东京。（同上）

**10 月 30 日**（东京） 下午二时半，出席在帝国大学大讲堂举行的第三次

---

① 竺可桢著《泛太平洋学术会议之过去与将来》一文记为十二人（见《全集》第 1 卷，第 563 页）。另据 1926 年 11 月 23 日《申报》，中国代表共计到会十二人（名单比 11 月 11 日《申报》多一人，即胡敦复），到会代表人数居东道主日本以外第三位。

② 报道中未列出参加该项活动的具体人员名单。但一般而论，竺可桢与中国代表团成员既已到会，当会参加东道主所组织的游览活动，故而推定出席了该项活动。

③ 取自《科学》第 12 卷第 4 期。

泛太平洋学术会议开幕式。外国代表五十人，日本方面代表三百五十人。闲院宫亲王为会议总裁，若儓首相为名誉会长，均出席开幕式并致辞。中国代表致辞者为翁文灏。晚出席若儓名誉会长举行的招待宴会。（《泛太平洋会议昨日在日开幕》，载《申报》1926 年 10 月 31 日）

约 10 月　《天津南开学校同学录》发行。竺可桢列入大学教员名单中，姓名、字、籍贯、住址或通信处、履历、职务等诸项信息分别为：竺可桢　藕舫　浙江绍兴　南京大仓园五号　美国哈佛大学博士　地理气象学教授

竺可桢在南开的同事，有饶毓泰、姜立夫、钱宝琮、汤用彤、范文澜、何廉等。（《丙寅秋南开同学录》第 12–15 页）

图 150　《丙寅初南开同学录》封面

图 151　《丙寅秋南开同学录》（第 12 页）
大学部教员名录载有竺可桢的各项信息

10 月　《介绍白眉初先生著〈地理哲学〉》一文[①]，刊于《史地学报》第 4 卷第 1 期（终刊号）。曰："白眉初先生近著《地理哲学》，都凡十万余言。其立论之新颖，体裁之别致，为地学界别开生面；虽其中关于科学之原则（十八

---

[①]　"介绍"二字，实为该刊的栏目名。原标题为《白眉初先生著地理哲学》，标题下方有字样："代售处　北京师范大学　价目　大洋一元六角　民国十二年八月出版　二百七十六页无图"。

页），性灵之解释（九十七页），颇与欧美学者多出入之处。叙述地理之残杀力、范围力、涵养力等，所取态度多为主观的，而非客观的，但立论不落窠臼，处处引人入胜，令人思索。研究地学者，想均以早睹为快也。"（《全集》第 1 卷，第 551 页）

**11 月 1 日至 10 日**（东京） 出席分股（部）会议（Divisional meeting）和分组会议。"分股会议与分组会议则为宣读论文以及讨论之用。其论文性质之较广泛者，提出于分股会议。范围偏隘者，提出于分组会议。……以大概而论，则上午为分股会议，而下午则为分组会议。"（《全集》第 1 卷，第 564 页）

分部会议"分全体会员为物质科学、生物科学两部开会"。分组会议，"则就各专门学科分组开会，如天文学组、地质学组、植物学组、农学组、医学组之类是也。此次各会员提出之论文，共有四百余篇，故开会时每篇论文宣读之时间，多者十余分钟，少者不过五分钟云。"（《第三届泛太平洋会议纪》，载《申报》1926 年 11 月 11 日））

竺可桢宣读的论文题目是"中国东部天气之类型"。该文原为英文，题为 A PRELIMINARY STUDY ON THE WEATHER TYPES OF EASTERN CHINA（中国东部天气型的初步研究），1926 年发表于 THE TRANSACTIONS OF THE SCIENCE SOCIETY OF CHINA（《中国科学社论文专刊》）第 4 卷。（《全集》第 5 卷，第 141-160 页）后又以 A PRELIMINARY STUDY ON THE WEATHER TYPES OF EASTERN ASIA（东亚天气型的初步研究）为题，刊载于 *Bulletin of American Meteorological Society*（《美国气象学会会报》）1927 年第 8 卷[1]。文中根据海平面气压场形势和气旋、反气旋的路径，将中国及邻近地区冬夏海平面气压场分成若干类型，给出各型在各月出现的频率和天气特征。该论文是依据徐家汇观象台资料做出的，是竺可桢在气象研究所成立前执教期间完成的唯一一篇现代气象学研究的论文。（《全集》第 5 卷，第 141-160 页）

---

[1] 中译文，载《竺可桢文集》第 77-89 页。

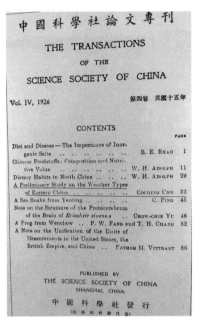

图 152 《中国东部天气型的初步研究》一文刊于
《中国科学社论文专刊》1926 年第 4 卷，
图为该专刊封面

叶笃正评述："1926 年他发表了《东亚天气型的初步研究》，在这篇论文中他将中国及其邻近地区冬夏海面气压场分型，给出各型各月出现频率和天气特征，这对实际天气预报是有用处的。"（叶笃正《竺可桢先生——我国近代气象学、地理学的奠基人》，载《先生之风 山高水长》第 6 页）

陶诗言评述："1926 年他发表了《东亚天气型的初步分类》一文，他根据海平面气压场形势和气旋、反气旋的路径，将中国及邻近地区冬夏海平面气压场分成若干类型，给出各型在各月出现的频率和天气的特征。这些在当时是天气预报的重要依据，而且至今还有一定参考价值。"（陶诗言《竺可桢先生对中国近代气象学的贡献》，载《院史资料与研究》2000 年第 4 期，第 21 页）

张家诚评述："《东亚天气型的初步分类》一文比较全面地分析了东亚气压场形势，将中国海平面天气图分成冬、夏两大类和九个副型，并描述了各类天气型的天气特征，统计了两大类出现的频率。此外，又将我国风暴分成六类，逐月统计了出现频率。这一些工作由于天气资料的增多，特别是高空资料的增多，已经不能满足现在需要，但是作为最早的天气型的研究，仍然是很有意义的。"（张家诚《竺可桢在我国气候学发展中的贡献》，载《报告集》第93—94页）

**11 月 11 日**（东京） 出席第三次泛太平洋学术会议第二次大会，也是最后一次会议。"迄将闭幕开全体会议时，始告我国代表以苏俄虽已加入委员会，而我国则以无科学研究会议，在委员会中落选。我国代表闻信之余，极为愤慨。""讨论修改章程，为'苏联'与'俄国'二名词，争执至半小时之久。而在此短时间内我国代表即提出书面之抗议，并一致推中国科学社为代表机关，要求加入委员，请大会公决。经美国祁天锡君之动议，此议案得大多数之通过。"（《全集》第 1 卷，第 565 页）

"会长宣读秦汾函，陈述中国科学社应列入组织评议会诸代表机关之表内。

G. Gee 动议，中国科学社当加入表内。

竺可桢博士附议，并述该学术机关之各种事业。

此案付表决，大多数赞成通过。"

与我国其他代表积极争取，使大会通过中国科学社为我国的代表机关加入太平洋科学会议之行政委员会，使我国在该委员会中得有一席之地。（《日本气象学发达之概况》，载《科学》第 12 卷第 4 期，第 552 页）

这次会议做出一项决定，在所通过章程中，将泛太平洋学术会议更名为太平洋科学会议，从第四次会议时使用更改后的名称。（《全集》第 1 卷，第 564 页）

**11 月 12 日—19 日**（日本东京、神户、京都等地） 日本政府招待与会代表游历名胜及参观著名学术机关。竺可桢先后参观了东京中央观象台、神户海洋气象台、馆野高层气象台、森林气象测候所、柿冈地磁观象台及东京、京都帝国大学等处。回国后以这次参观访问所见所闻及搜集到的素材为基础，撰写了《日本气象学发达之概况》一文，刊登在《科学》第 12 卷第 4 期。（《全集》第 1 卷，第 572—579 页）

**11月20日** 《大公报》（天津版）刊登《太平洋学术会议记事》（十日及十一日）：△中国科学社争得参加执行会 △望国民应力求科学上国际地位

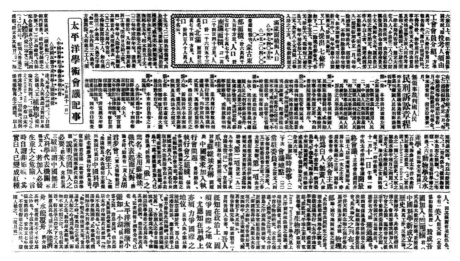

图153 《大公报》刊发报道《太平洋学术会议记事》

**11月21日**（上海） 主持中国科学社第五十七次理事会。"一、竺可桢报告：参与第三次泛太平洋学术会议各国人员有转道来华游历者，中国科学社对于此会既代表吾国学术团体，自应与以相当之招待。商务印书馆已允补助一二百金为招待费。议决：招待费除商务印书馆补助者外，由科学社支付。路君季讷为本社招待员，函请商务印书馆委竺君藕舫代表该馆协同招待。

"二、理事会选举事。议决：函请翁君咏霓就社长职。会计现由过君探先担任，俟明春过君去国后，由周君子竞继任。"

"五、上海购置社所地基事。推胡君明复、何君尚平、周君子竞为购地委员会，从速进行。"到会理事周仁、杨铨、胡明复、过探先、王琎、路季讷。（《中国科学社第五十七次理事会记录》，上海市档案馆藏件Q546-1-63；《董理事会》第96页）

**11月22日**（上海） 午后三时，偕朱少屏赴码头欢迎出席泛太平洋会议的菲律宾代表来沪。（《泛太平洋会议菲代表昨日来沪》，载《申报》1926年11月23日）

**12 月** 负责征集本月发行的《科学》第 11 卷 12 期稿件。(《科学》第 12 卷第 11 期，第 1654 页）

**是月** 《论以岁差定〈尚书·尧典〉四仲中星之年代》在《科学》第 11 卷第 12 期发表。

曰："我国古代经籍，间有载及星辰之位置者，苟其所记之星次为当时实在现状，则以岁差之理，即能推定经书之年代。近顷梁任公先生谓：《尚书·尧典》所记'仲春日中星鸟，仲夏日永星火'等，据日本天文学者所研究，西纪前二千四百年时确是如此，因此可证《尧典》最少应有一部分为尧、舜时之真书云云。如果能证明鸟、火、虚、昴，为纪元前二千四百年二至二分时昏中中星，则梁任公先生之言，洵为不误。但《尧典》所述中星之位次年代，我国自来学者即异说纷纭，莫衷一是，即近来日本学者对于中国天文学最有研究之新城新藏与饭岛忠夫二氏亦各执一词。然则其困难果何在乎？

"我国古代学者，对于《尧典》中星之纷争，由于不知岁差。是以秀水盛大令谓：'汉唐以后诸儒，见《月令》中星不同于《尧典》，曲为之说。云《尧典》谓七星毕见，星房虚昴居四方七宿之中，故曰中星者，二孔与周孝通也。云中星为季月者，王子雍也。云《月令》举月初，《尧典》总举一月者，郑康成也。云《书》举月中，《月令》举月本者，陈祥道也。云《书》中星中于午，《月令》中星中于未者，郑渔仲也。不知岁差固矣，且昧于法意'。即知岁差矣，亦多格于成见，狃于习惯，误于主观。如何承天以百年差一度，遂谓尧时冬至日在须女十度。祖冲之以四十五年差一度，故谓尧时冬至日在危十一度。梁武帝据虞𠚳历百八十六年差一度，故谓尧时冬至日在斗牛间。唐一行以八十二年差一度，遂谓尧时冬至日在虚一度。此外隋张胄元谓在虚七，唐傅仁均谓在虚六，元郭守敬《授时历》谓在女虚之交。及至明代，西法岁差传入中国，确知七十年有余而差一度，故徐光启氏谓尧时冬至日在虚七度。此皆先存有成见，以唐尧为西历纪元前二千四百年时代之人物，然后以岁差应得之度数，而推尧时冬至日在之星次。至于所测之躔度，与《尧典》所举四仲月之中星，是否符合，则不顾也。合果佳，不合则牵强附会而已。"

"吾人既假定古书中测星次之地点、日期与星宿之位置，则即可以从事于推定其记录之年代。但以上各节所述之方法，是否正确，吾人不能不先予以试验。姑取《前汉书》所记录之中星为例，而测其年代，以觇其是否与实在年代相符合。……推算结果，自汉迄今，二至、二分昏星赤经相差之度数，均在二十八度二十分与三十度二十一分之间。以当时观测仪器与时计之不精密，而推得如此良好之结果，实可惊异，盖观察时间如差四分钟则所测位置即差一度也。《汉书》所纪星宿位置迄今平均已差 29°4′，按之岁差之理，即相差二千一百十七年。即推测中星时期在西历纪元前一百九十年或汉惠帝五年也。始昏终止为第一级明星始现之期，则《汉书》所载记录星宿之现象至早不得在汉惠帝以前，此又与事实相符合。而同时又可证明上述推算方法为合理，因若依孔融、郑玄以日入为昏之说，或饭岛氏下午七时观测之说计算，则其结果即不能相符合也。"

"且星昴之所以不足为依据，亦有是故。盖太古之时，人民日出而作，日入而息，均从事于农艺、畜牧。在春、夏、秋三季，正值农工方酣之际，人民职业均在户外。始昏之终，正为户外工作停辍之初，亦为明星方现之时，故春分、夏至、秋分昏时之中星，为有目所共睹，其观察当可靠。及至仲冬之月，农事业已告终，是以《淮南子》有'是月也，农有收藏积聚，牛马畜兽有放失者，取之不诘之训'。当此际黄河流域，在日落西山之时，温度概在冰点以下。羲和是否能不惮严寒，鹄待曦日之下，朦影之终，明星之现，而测中星之位置，实为疑问。星昴大抵为始昏后所测。而后世之信《尧典》中星之现象确为尧时之天象者，实为星昴一语所误也。"

文章以同样方法推算《尧典》中星之年代。"要而言之，如尧时冬至星昴昏中，则春分、夏至、秋分时鸟、火、虚三者皆不能昏中。吾人若信星昴为不误，则必置星鸟、星火、星虚于不顾，而此为理论上所不许，则《尧典》四仲中星，盖殷末周初之现象也。"（《全集》第 1 卷，第 552-560 页）

图 154　1926 年 12 月由中国科学社刊行的《论以岁差定〈尚书·尧典〉四仲中星之年代》
单行本封面。"只此一本留气象所"为竺可桢所书①

　　该文用近代的科学方法以解决古籍难题，有口皆碑，受到天文史学者的
高度赞赏。（岑仲勉《我国上古的天文历数知识多导源于伊兰》，载《学原》
第 1 卷第 5 期，第 52 页）

　　徐炳昶（旭生）②评述："又过二三年后，才读到《科学》上所载，专家竺
可桢先生所著的《论以岁差定〈尚书·尧典〉四仲中星之年代》一文，欢喜赞
叹，感未曾有！以为必须如此才能配得上说是以科学的方法整理国故！这样短
短的一篇严谨的文字印出，很多浮烟涨墨的考古著作全可以抹去了！他这篇著
作绝不是我那次的幼稚的试探所能比，不过我的结论同他的'尧典四仲中星盖
殷末周初之现象'的结论相比，居然尚无大差，这却是我很高兴的一件事情。"

　　"我觉得他③这篇研究同我研究的意趣颇为相合，并且可以补我的缺漏，
遂商得他的同意，把它加在我的书里面。以后又征求得竺可桢先生的同意，把

———————

① 取自孔夫子旧书网。
② 徐炳昶，历史学家、考古学家，曾任北京大学哲学系教授。
③ 指董作宾（彦堂）。

他的大文也放到我这本书里面。我个人对于竺、董二先生两篇大作的意见现在是这样：我不相信皇甫谧所记'尧都平阳'，'舜所都或言蒲阪，或言平阳，或言潘'，'禹都平阳，或在安邑，或在晋阳'的说法，因为这些不是很古的传说。我相信陶唐氏的故地应该是在今河北省的唐望都一带。尽少说，这个传说绝不比尧都平阳的〔传〕说靠不住。竺先生专用平阳一说，似乎还是美中不足。不过平阳同唐县纬度仅差两度余（平阳在北纬三十六度略偏北，唐县在三十九度南），差异不大，希望不至于影响于他的结论。"

"要而言之，竺、董的两篇著作，虽然还不敢说把这两个问题完全解决，毫无剩义，但是他们的方向异常正确，对于解决此二问题已经有很大的进步，毫无疑问。"（《中国古代的传说时代》第 4-9 页）

"以为必须这样才能配得上说是以科学的方法整理国故！因为这样的研究根据于最精确的科学知识，是有决定性的，不像对于古史其他的推断的可东可西。"（《中国古代的传说时代》（增订本）第 2 页）

席泽宗评述："竺老关于中国天文学史的另一篇重要文章是：《论以岁差定〈尚书·尧典〉四仲中星之年代》（1927 年）。这篇文章不仅是用现代科学方法整理我国古代天文史料的开始，而且对历史学界产生了巨大的影响。二十世纪二十年代，我国历史学界受欧洲科学的影响，对古史材料重新估价的口号高唱入云，作为儒家最早经典的《尚书》（又名《书经》或《书》）便首先受到怀疑，认为是后人的伪作。一时疑古派很占优势。但是，另一派认为，《尚书》开头几篇都有'曰若稽古'便足已证明，这些文章非当时所作，而是后人的追记；不过他们追记时未必没有根据，因此我们也不能轻易不信。信古派有这么一种看法，但没有充分的论据。此时竺老异军突起，把握住《尚书·尧典》中'日中星鸟，以殷仲春'，'日永星火，以正仲夏'，'宵中星虚，以殷仲秋'，'日短星昂，以正仲冬'四句话，认为这是春分、夏至、秋分和冬至四个节气之日于初昏以后观测南方中天恒星的记录，接着他设计出一套方法，先考虑观测地点（主要是纬度）和晨昏蒙影时刻，从理论上求出二分二至时南中星的赤经；再从 1927 年《天文年历》中查出观测星的赤经，将这两个数据之差用岁差常数（50″.2）来除，就得到是 1927 年以前多少年观测的。他先用这个方法对确实可靠的《汉书》中的记载进行试算，发现符合得很好；再把它应用到《尧典》上，所得结果是：《尧典》中所记的四仲中星，除了'日短星昴'以外，其他三个都是殷末周初（即三千年前）的天象。"（席泽宗《竺可桢与自然科学史研究》，载《论文集》第 43-44 页）

施雅风评述："《论以岁差定尚书·尧典四仲中星之年代》（1927 年）和《二十八宿起源之时代与地点》（1944 年）两文，是竺可桢同志在中国天文学史研究方面最重要的贡献，得到国内外学术界的一致好评。前文从球面天文学的角度出发，考虑到观测日期、时间、地理纬度、晨昏蒙影、岁差现象，并以汉代有记录的观测结果做试验，然后再将这个方法应用到时间不可考的《尚书·尧典》中的记载，从而得出其观测年代在殷末周初，从方法上解决了古史研究中的一大难题。"（施雅风、许良英《竺可桢传略》，载《中国科技史料》1980 年第二辑，第 21 页）

**是年底** 《科学》编辑部对《科学》第 1—11 卷的作者撰稿数量有一个统计，竺可桢名列任鸿隽、赵元任、杨铨后居第四位，达到 328 页，除第 1 卷和第 8 卷没有文章外，其他各卷都有，而且为第 7 卷撰稿量最多的作者。（张剑《竺可桢与中国科学社》，载《文景》2005 年第 1 期，第 9 页）

# 1927年（丁卯　民国十六年）　38岁

1月　北京政府接收上海公共租界会审公廨。

2月　上海工人举行第二次武装起义。

严济慈在《科学》发表《近三十年来之算学现状》。

3月　上海工人举行第三次武装起义。

北伐军攻占南京。

4月　蒋介石在上海发动反革命政变，"清党"反共。

南京国民政府成立。

李大钊被奉系军阀杀害。

《科学》推出"泛太平洋学术会议专号"。

5月　中央政治会议议决设立中央研究院筹备处，该处在南京成立。

张孟闻在《科学》发表《习得性之遗传》。

6月　国民政府教育行政委员会明令将东南大学等九所高校组建为第四中山大学。

汉译《世界史纲》由商务印书馆出版。

7月　国民政府公布《中华民国大学院组织条例》，规定设立中央研究院。

9月　中国科学社第十二次年会在上海举行。

10月　中华民国大学院成立，蔡元培任大学院院长。

11月　中央研究院筹备会议通过《中华民国大学院中央研究院组织条例》，确定中央研究院为中华民国最高科学研究机关。

李俨在《科学》发表《明清算家之割圆术研究》。

**12 月** 范源濂去世，周诒春接任中华教育文化基金会干事长。

李四光在《科学》发表《海陆变迁与山脉构成的主因》。

**是年** 胡明复（1891—1927）在无锡溺水身亡。

常驻地迁移：天津—南京

**1 月 1 日**（上海） 午前偕侠魂至邵元冲寓，与岳母、邵夫妇及神州女校教职员等，共进午餐团年。（《邵元冲日记》第 293 页）

**1 月 2 日**（上海） 赴邵元冲寓晚餐，同席有吴稚晖（名吴敬恒）[①]、蒋梦麟、马叙伦（夷初）[②]、陈去病（佩忍）[③]、郑晓沧、徐之圭（知白）[④]、刘英士等，谈至十二时顷始散。（《邵元冲日记》第 293 页）

**2 月 2 日**（上海） 旧历丁卯年元旦。午间偕侠魂至邵元冲寓拜年并午餐，晚间始回。（同上，第 302 页）

**2 月 10 日**（南京） 主持中国科学社寒假理事大会。"为提倡科学研究奖励成绩计，特设奖金基金。每年在其息内拨出一百元之奖金，就国人研究科学之最有成绩者授给之。公推秦汾、姜立夫、叶企孙、李宜之、王琎为奖金委员甲组会员，李四光、唐钺、秉志、竺可桢、胡先骕为奖金委员会乙组委员。由总社通讯各委员筹备一切，定期宣告成立。"到会理事任鸿隽、周仁、胡明复、秉志、王琎、过探先、路敏行、杨铨（胡明复代）。（《中国科学社理事大会之议决案》，载《申报》1927 年 2 月 27 日；《董理事会》第 97 页）

**2 月 13 日**（上海） 赴邵元冲寓午膳，同席有萱野及山田纯三郎、肖纫秋、张溥泉[⑤]等。以另有约先行。（《邵元冲日记》第 305 页）

---

① 吴敬恒，时任国民党中央监察委员。
② 马叙伦，时任北洋政府教育部次长、教育特税事宜督办。
③ 陈佩忍，时任东南大学教授。
④ 徐之圭，时任上海暨南大学商学院教授。
⑤ 张溥泉，时任国民党中央监察委员。

**2 月 25 日** 《泛太平洋学术会议之过去与将来》[①] 刊于《东方杂志》第 24 卷第 4 号。《科学》第 12 卷第 4 期转载时有少许改动。《山东教育月刊》第 6 卷第 10 期全文转载。

述："我国立国于太平洋之滨，占有一万余里之海岸线，人口之众，物产之富，历史之光荣，在太平洋沿岸各国中首屈一指，则凡各种联太平洋之集会，我国自应占一重要之地位。无如我国政府社会，对于各种国际集会向来即漠然视之。泛太平洋学术会议第一次开会时，仅驻檀香山之领事与会。第二次在澳洲大会则阒焉无人。第三次会议则在民国十四年春间，日本政府即已正式通知我国教育部，邀请与会。而我国教育部当局竟束之高阁，视等虚文。至十五年秋间，由少数学会之发动与督促，始有派代表赴会之举，但离开会之期已不及两阅月。故此次中国代表所提出之论文，以数目而论，仅仅〈七〉〔八〕篇，与日本方面所提出一百八十余篇，固不可同日而语，即较之美国、澳洲、菲律宾以人数为比例，亦有逊色也。至于赴会经费，则完全由各学会与文化基金委员会担认，国务会议虽通过一万元之经费，但口惠而实不至〔也〕。

"此次东京大会，我国出席代表十二人，抵会后，觉有一急应解决之问题，即我国代表以何种资格而参与会议，为会议中主人翁之一乎？抑为被邀之宾客乎？以情理而论，则我国为沿太平洋重要之国家，自应为会员之一，但澳洲会议所推定之学术会议章程起草委员中，有美国，澳洲，加拿大，法国，英国，夏威夷，日本，荷兰，荷属印度，新西兰及菲律宾十一邦之代表，而无我国。此次参与会议，我国与苏俄同为日本政府所邀请，则我国与俄国之是否为学术会议之一份子，要视所拟之章程，与起草委员会之意旨而定。故我国到会诸人，即推秦景阳先生为首席代表，询问大会当局以会员之资格。而大会总干事辄游移其词，无明白之答复。迄将闭幕开全体会议时，始告我国代表以苏俄虽已加入委员会，而我国则以无科学研究会议，在委员会中落选。我国代表闻信之余，极为愤慨。盖委员会中如夏威夷以一博物院（Bishop Museum）为代

---

[①] 在《东方杂志》所刊文稿中，列出我国代表提出之论文及作者，将李四光误记为"李思广"。李四光因故并未出席这次会议。

表机关，荷属印度以太平洋委员会为代表机关，凡此皆与科学研究会议之性质不相符合。然则所谓缺乏科学研究会议者，乃推托之辞耳。幸而开全体会议之初，因欲加入苏联于委员会，讨论修改章程，为'苏联'与'俄国'二名词，争执至半小时之久。而在此短时间内我国代表即提出书面之抗议，并一致推中国科学社为代表机关，要求加入委员会，请大会公决。经美国祁天锡君之动议，此议案得大多数之通过，出席代表数百人中，不赞成者仅数人耳。

"我国既在太平洋科学会议之行政委员会（Pacific Science Council）中占得一席，则我国下届开大会时即有直接派遣代表之权利。但大会地点既由各国轮流邀请，将来必有一日，我国应尽地主之义务，则未雨绸缪，今其时矣。"

"各种国际科学会议，其目的不外乎交换科学智识以求集思广益，与联络感情以期各国学者之合作。此等会议，于各方虽均有益，而以开会地点所在国关系为尤大。盖各国代表不远千里而至异邦，对于所在国之风俗人情文化学术多属茫然，全赖所在国当局之指导与宣传。如得其道，则可以引起各国人民之爱敬，增进国际之地位。如此次东京大会，日本政府招待之周，宣传之力，可谓至矣尽矣，蔑以加矣。而所得印象亦极为良好，美国、澳洲各国代表莫不交口称誉，我国到会代表亦众口一词，以日本科学上之设备布置足为中国之借鉴。美国某代表告著者，谓东京会议得益以日本为独多，良有以也。"

"太平洋科学会议约每三年开大会一次，转瞬又将为第四届爪哇开大会之期。上届东京大会，各国学会如苏联科学院，荷属东印度火山测量局，及法属印度地质测量局等，均有成绩展览。至日本各学术团体之成绩展览与印刷品，更属琳琅满目，美不胜收。我国成绩展览既付缺如，而科学印刷品亦不多见。我国当初在委员会中之所以落选，学术界之乏相当宣传，盖亦一重要原因也。实则国内学术机关，如北京地质调查所，中国科学社等，不乏成绩标本，足以为展览之用，特以预备之时间匆促，未思量及于此耳。然则惩前毖后，下届爪哇大会，我国科学界既有充分之时间，当早为之预备矣。且在太平洋科学行政委员会中虽有十三区之代表，实则不过英、美、法、日、俄、荷兰与中国七国而已。下届已为第四次会议，则轮流循环，势将及于我。依现在之政治状况，在中国开会，固有所难。但频年内乱，终望于最短时期内能告结束，则我国学术界能不预期将来在中国开大会之一日乎？日本为东洋科学先进之国，然其筹备上届大会，尚费全国数百学者之心力，经二年余之时间，始克臻此盛况。则我国若不欲相形见绌，可不警惕自励，即日倾全力以从事于搜集调查讨论研究哉？泛太平洋科学会议，本以地方科学为限，而我国之地质、矿产、动物、植物、气候、人种，为国家开发利源计，为人民增进幸福计，即无大会，亦有调查研究之必要也。

"据天文学上之推算，民国三十年九月二十一日，长江流域将见日全蚀。日全蚀为希有之现象，天文学物理学上有若干问题，均待日全蚀时数分钟之时间为解决，是以科学家往往不惮数万里之跋涉，以得瞻览此一瞬即逝之现象为快。民国三十年又值太平洋科学会议第八届大会之期（如每三年开会之周期无更变），而阳历九月，在我国长江流域一带，秋高气爽。其天气与观测日全蚀又极相宜。是以若于民国三十年九月杪或十月初，在我国开大会，实可谓一举两得。特为期尚远，将来太平洋科学会议之组织，有若何之变更，无从预料耳。

"中国科学研究会议之急应设立。上届东京大会，我国因缺乏科学研究会议，几于在太平洋科学行政委员会中不能得一席。是以我国列席代表，均觉此会议之急应设立。且当时我国代表所提出于大会之书面抗议中，曾声明在中国科学研究会议未成立以前，暂以中国科学社为代表机关，故为顾全信用计，我国亦有组织此会议之必要。且科学研究会议之组织，不特可以代表我国于太平洋科学行政委员会，且尚另有其他重要之使命也。"

"依国际联盟约章（Covenant of the League of Nations）第二十四条，则国际科学研究会议附属于国际联盟。民国十五年德国已被邀入国际联盟，而同年六月国际科学研究会议于不鲁日开一特别大会，通过议案，邀请德意志，奥地利，匈牙利，保加利亚各国加入国际科学研究会议以及其连带之国际协会。而同时我国自初即觊为国际联盟会之一份子，迄今尚未加入。此非由于各国之不愿我国加入，乃由于我国之甘自放弃也。是以为国际的协作及顾全国体论，吾国皆有组织科学研究会议之必要，岂特为太平洋科学会议而已哉？"（《全集》

第 1 卷，第 561-568 页）

**3 月 25 日** 报载消息："竺可桢在南开中学讲演"。(《庸报》1927 年 3 月 25 日）全文如下：

### 泛太平洋学术会议 ①

今天的讲题是《泛太平洋学术会议》，也就是讲讲这个太平洋会议的历史、性质以及这次开会的经过情形。不过鄙人初来北方，说话恐怕诸君有不懂的地处，还请诸位原谅。

这一次太平洋学术会议，是去年在日本东京举行的。以前有过两次，这是第三次。这个会的起源很早。最初是有几位英美科学家，以为太平洋沿岸各国，有种种问题，如人种、渔业等，均有作一个公共研究之必要。到了欧洲战后，各国更感觉到有这种需要。在民国九年的时候，在檀香山开第一次会议。这次会议，可以说是一种非正式的，开会以及规模等等，也非常的简单。又〈住〉〔过〕了三年，由澳洲政府在澳洲正式召集第二次会议。各国到会的代表，全由政府招待。澳洲政府费了很多的钱来招集这个会议。所以要招集这个会议的目的，在表面上看来，不外乎交换智识和联络感情两种。但他们的真正目的，是愿意各国的学问〈学〉〔家〕到他国里去，看看他们科学的设备的完美，这也是国家的光荣。更可从实用方面，使各种科学如人种学、动物学、植物学等，有相当的发展和改良。在这次会议里，日本代表就声明说三年以后的第三次会议，他们愿在东京举行，一切均由日本政府招待，各国代表均已赞同。又因前两次会议，所有太平洋沿岸各国均有代表，惟独是我们中国和俄国没有派代表加入，所以日本政府特别请我国和俄国加入第三次会议。正当这时，日本国内发生了一种极惨的地震惨案，所以日本代表就电询他们政府，能否有招待开会的能力。日本政府回电说，无论如何总可以的。

到了民国十五年，第三次会议到了开会的年期，日本政府把这件事情看得非常的慎重诚然。在东亚的科学会议，这是第一次，日本很愿意借着这个机

---

① 原文题下署"竺可桢在南开中学讲演，姜希节笔记"。全文繁体竖排，采用旧式句读标点。未收入《全集》。

会，表扬他们的科学的成绩。各国代表到了日本，招待的非常周到，住在帝国饭店，乘坐火车、电车等，全有免票。各代表在那边共住了四个星期，两个星期是开会，两个星期是由日本政府派专人领着到各处去参观实业。在这参观期内，他们招待的特别周到，把你私人应办的事情，他全都替你办好，用不着自己出〔去〕办，为的是不让各代表窥得他们的〈没〉〔设〕备不完善、不完〔美〕的地方，他所领着去参观的地方，都是极完美的地方。

在这一次会议里，我们中国的成绩，非常的不好。当初日本请我们的时候，我们政府没有当一回正经事情看待，所以日本政府给付中国的津贴，已被教育〔部〕用掉了，后来眼看开会的日期快到了，有一部分人就向教育部质问，教部才想到这件事来，仓皇急促之中，也没有什么筹备，就随便派了几个人的。去的人数，仅只十二个人，还不及美国的人数（美国是四十人）。关于太平洋问题，最近发表的论文，中国只有七篇。各国代表所带的成绩非常的多，我们中国的太少了。在最后的几天，要提出通过章程。要通过章程，须先行〈归〉〔规〕定委员，日本方面声明我国代表没有充当委员的资格。我国代表提出质问，意思是问他说我们中国这次加入会议，各国是以来宾看待呢，还是以关系国看待呢？日本方面说中国代表，没有代表任何一个完全机关或全国的资格，但檀香山的代表同我国代表是同样性质的，何以他们有列入委员的资格呢？在同时俄国也发生问题，俄国的问题，是国际上的关系。日本同英国声明说，俄国代表愿意列为委员，须用"俄罗斯"的名义，不能用"苏维埃"的名义，因为日本和英国还没正式承认苏维埃政府，若是在学术会中〔出现〕承认"苏维埃"的字样，是在无形中已经承认了苏联政府了。

〈出〉〔在〕这时候我国代表几次的提出质问，结果是交付大会表决，这次大会到了二百多人，不赞成的，只是一两个少数的人，结果中国被列为委员国之一。这一场风波，到这里告一个结束。

以上是第三次泛太平洋会议的经过情形。下面还要谈谈这次到日本去所得的几种印象。

日本近来学术的进展，大有一日千里之势。从这次会议里看来，他们的成绩，如火山的研究、渔业问题的研究，都令人很惊奇的。就是自然科，如物理、化学等成绩虽不及欧美，然而也颇有可观。于化学上有水银变金的发明，虽然是变金的费用，超过于原金，不能适用，但于科学的精神上，已经是很可佩服了。他们的地质学、动物学及植物学等发展，均与欧美成绩相差不远。

有一件事情，我们不能不佩服的，就是日本市政的设施。地震的损失，在三年以内，不但完全恢复了旧观，如马路的修理等，反比以前更为完整。

还有一件事情使我们惊奇的，就是教育的普及。日本人不认字的人，仅百分之一。从报纸的销路方面看来，可以证实。在日本销路最多的，要数大阪《朝日新闻》和东京《每日新闻》，这两份报纸，每天所销售的，总在一百万份以上。我们中国的报纸，最多的不过上海《申报》，然《申报》销售数目，不过十几万而已。拿我们的人口和他们的人口总数比较，这里边相差太远了。

关于日本普通一般人的生活，我们要细心观察，可以看出来他们的生活，正同中国人相反。他们住的房子，从外面看来是非常的简单，但是里面的布置，却多半是精美的。还有就是日本人保存古迹的观念，比我们中国慎重，对于各处名胜，更加特别的保护。以上所说的都是日本人的特长，我们不能不佩服的。

有一件可怕的事，我们不能不注意的，就是日本的人口问题。日本国土面积，为我国十六分之一，可是人口却为五分之一，而且中国是平原，他们是岛国，可耕种的地面，仅占百分之十九。这样看来，将来人口增加，移民为必然的政策。想移民第一步必是向我们中国这方面来，因为其他各处，不是受限制，就是太远了，有许多的不便。更有据美国科学家的预〈策〉〔测〕，日本自己缺乏煤、铁，作一个第一等国，根本就不稳固，只有第三等的根基。所以日本对中国的二十一条，先着眼于煤矿和铁矿，近来日本报纸对于这种事情非常注意。日本的对外发展，中国适当其冲，这是我们不能不注意的。

按：竺博士前系东南大学教授，现来南开大学任课，去年中国赴泛太平洋学术会议之十二代表，竺先生其一也。因亲自赴会，故报告极详，此所记者，不过其大意而已。

希节附识

(《庸报》1927 年 3 月 25 日)

**3 月 26 日** 《取消学术上的不平等》发表于《现代评论》第 5 卷第 120 期。全文如下:

近三年来取消不平等条约的声浪,差不多已经是高唱入云了,不但有群众的宣传,成了一种普遍的口头禅,并且有实行的希望。汉口和九江的租界,中国人已经有了管理权。天津的英国租界,英国人也有自动请中国参与管理的传说。同时关税协定也在修改。这是很好的现象。但是条约上的不平等即使取消以后,我们中国的地位,是不是能够和世界文明各国处于同一平面上呢?这可是大大不然。即使所有条约上的不平等一概废去以后,我们和英、美、法、日本各国,不平等的地方还多得很呢。其实中国在学术上、事业上、人民的生活上,那一样配的上和欧美日本讲讲平等。谈到教育罢,德国不识字的占全国总数不达百分之一,日本不达百分之二,美国不达百分之四,我们中国不识字的人虽是没有统计,大约总要在百分之七十以上。讲到普通一般人民的知识罢,拿同一阶级的人,把中国来和外国相比。譬如警察,欧美日本各国的警察,若是迷路的人去问道路,只要所找的地方在他管理区域以内,他一定能够指导到问路的人所要去的地点,有时并且还能画一简单的地图来说明;中国的警察,离他所站岗位第二道街的名称,就不晓得,若是把他所在的城市地图给他看,他更莫明其妙。讲到经济和生计,美国的警察每月可得一百美金以上的酬劳,日本普通警察也可得八十圆一月,中国警察月薪不过八元到二十元,他的月饷能不能按时发给还是问题。论到个人能效,美国的农夫至少一个人可以管理一百英亩(约中国六百亩)的田地,中国农夫不用机器,一年胼手胝足,一个人不过能种十亩田。这种的例子,实在举不胜举。总而言之,中国的工业、商业、交通和学术,没有一件能赶得上外国的。近代的文明,他的基础差不多完全对于科学上,那末我们对于科学,更不能不努力去发展。但是讲到科学,我们和外国比,更相去天壤了。

照上面所讲,我国和美欧日本各国在物质文明上不平等的情形,那是不

491

可掩的事实了。我们试问这种不平等的情形，是因为中国民族能力不足呢？还是因为我们没有努力去干呢？说中国人是退化的民族，那不但我们不能承认，而且和历史上事实相违背的。在历史上，不但汉唐时代，我国的文化不亚于东、西罗马，就是在宋末元初的时候，照威尼士人马哥波罗和阿拉伯人 Ibn Battuta 两人的游记所讲，均承认中国的文明，可同欧洲并驾齐驱。清代乾隆时代，英国派第一任公使 MaCartney 来觐见的时候，欧洲人尚不敢轻视中国。直到近百年来，欧洲科学发达，物质文明一跃千丈，我国遂成了落伍者。所以罗素在他新近出版《中国的问题》书的中间，说道中国的文化实在不在西洋之下，中国的人生观，比近世西洋的人生观高明得多，中国所缺乏的，就是科学。（物质文明虽然不能代表科学，但却是科学发达的结果。）

讲到科学，中国和欧美的程度，实在相去太远了，就和日本也不能相比。近代天文学、物理学和化学的进步，真可令人咋舌。我们要彻底的了解欧美科学家最近的宇宙论，或是原子结构论，已经很不容易了，若要在这几种科学上来自己创新学说、新发明，贡献于世界，那更难乎其难。但是欧美日本的理化研究所、实验室、天文台，年年有增加，中国到如今，还没有一处自己设立的理化研究所和天文台。将来结果，势必至于欧美物质科学的程度和我们一天远似一天。

就是含有地方性的各种科学，如地质学、动物学、植物学、气象学之类，我们在理论方面，虽然不敢高攀欧美，至少在我们国境以内的材料，应当去研究研究。但实际就在这一方面，我们也没有充分的发展。譬如地质学总算我国近来科学界研究最有成绩的，但近来中国地质学会年会中所提出的论文，外国人的著作有时比中国人还多。英美人在上海所办的月报《中国科学美术杂志》（*China Journal*），其中材料多半是关于中国的生物。中国生物学家到近四五年来，方始有具体计划的采集。在中国，设备比较完备的气象台，统是外国人设立的。像上海徐家汇气象台是法国人设的，香港的气象台是英国人设的，青岛的气象台最初是德国人设的。日本人在满洲气象测候，很有成绩。最近（民国十五年）苏俄在外蒙古又设了八处气象和地震测候所。外国人到中国来办科学事业，从学术上我们应当欢迎，但是从国体上着想，从民族光荣上着想，我们是不是能永久容忍这种越俎代庖的办法呢？

满蒙回藏汉五族共和，这是我们所侈谈而自豪的。不过研究满蒙回藏言语、文字、历史、地理的人，在汉族中恐怕屈指可数。近两三年来，英国出版有三本关于西藏的书，统是以二三十年的经验来描写西藏的风土情形的。试问中国出版界，不要说近两三年，就是近十年来，有没有大部的著作，从亲身的经验，把西藏的现状介绍给我们知道的？自从纽约自然历史博物院派遣科学家在蒙古作大规模的搜集以后，蒙古在学术上差不多已经被美国的地质学家和古生物家所争服了。满洲在名义上，虽是我们的领土，不过我们若要得到东三省最精密的地图和最详细富源的量数，就不能不请教日本人。新疆近二十五年，变成外国考古学家的无穷宝库，我们在和阗、敦煌所得到的残篇短简，无非是斯坦因（Aurel Stein）和伯希和（Paul Pelliot）辈的唾余。我们对于满蒙新疆和西藏平时虽然漫不经意，但是一听见英国人要割片马，或是日本人要占间岛，我们赶快就打电报或是发表宣言，这是我们中国国民在过去对于满蒙回藏所尽最要的天责。

讲到社会科学方面，中国人口的统计和进出口的价值，比较精密的调查，统是在外国人监督下的机关所办。日本人调查我国各省农工业的出产品，比我们本国人还要热心，还要详尽。甚至我们的历史，也要请日本人和欧洲人费心去研究。日本各种历史杂志，如《东洋学报》《历史地理》等等，所讨论的各种问题，多半是中国历史上的材料。日本人所著的《中国文化史》，已经译成中文的有好几部。对于中国天文学史，荷兰人 G. Schlagel，法国人 E. D. Biot 和 Ganbil，英国人湛约翰 J. Chalmer 和亚烈伟力 Awyle，日本人新城新藏，统有贡献。近来有一法国人 De Sassure 出了三本关于中国天文学历史的书。惟独我们中国人没有肯用科学方法去研究。

最近有一位英国人，派金顿（Parkington）在《自然》杂志（*Nature*）上，讨论中国古代的炼金术，说中国的炼金术〈自〉〔是〕从阿拉伯传去的。他引了几个证据，并请"中国学者"（Chinese scholars）和他辩论。他所谓中国学者，大约是指欧洲的一班"中国通"而言，至于中国的四万万，恐怕还不在他的心目中。

中国科学，这样幼稚，若是我们还不发愤去研究，那真是自暴自弃了。一般人统晓得条约上的不平等是一桩可耻的事，但是学术上的不平等，尤其可耻。因为条约上的不平等是人家以枪炮兵舰强迫我们结成的，学术上的不平等是因为我们自己不努力去干，遂有这种现象的。科学既是近世文明的基础，发达工商业最要的利器，而且是追寻真理的唯一的途径，我们若要和世界列国相抗衡，那末不能不脚着实地去研究。问题无论大小，凡是可用科学方法去解决的，统应去干，这是取消学术上不平等的惟一的法门，也是我们中华民国国民的天责。

（《全集》第 1 卷，第 569-571 页）

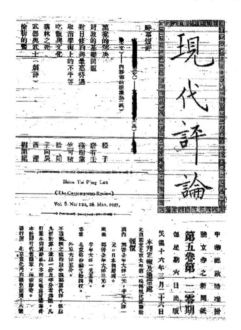

图 155 《取消学术上的不平等》一文刊于
《现代评论》第 5 卷第 120 期
图为该期封面

**3 月** 与向达一同校订、刘虎如译述的史地小丛书《两极探险记》（W. S. Bruce 著，原书名 *Polar Exploration*）由商务印书馆出版。

**是年春**　南开大学"除已成立之算学、物理、化学、生物四系外，又拟增设地学系，故十六年春聘竺可桢先生为此系主任教授，并以四千金向英、法购置气象学仪器。惜因第四中山大学之借重，竺先生与钱先生暑假南归，未果北来。地学今尚虚设。"（《理科学会周年纪念册》第7-8页）

**4月10日**（星期日）（天津—北京）　时值南开大学春假，应中华教育文化基金委员会之邀，赴北京至有关机关作调查。是日，晤清华物理系主任叶企孙。（《全集》第22卷，第165页）

**是日**（北京）　至六国饭店晤瑞典人斯文·赫定（Sven Hedin），彼拟带队赴新疆探险并邀同往。并已允聘请中国科学家五人（地质二，气象一，考古二）及学生五人同赴新疆参与探险。（同上）

**4月11日**（北京）　致张其昀书。谓："前函想可达览。南开本星期放春假，桢于星期日进京，应文化基金委员会之邀，来此调查各机关。基金委员会方面尚有余款，可以派遣 Fellowship 至欧美游学，未识足下愿往否？　如有志往外求学，桢当乘机说项，或有成功之希望。昨晤清华物理系主任叶企孙先生，据云此次清华所考之地学，乃 Geophysics，注重转在物理。后年将派历史地理方面之人云。瑞典人 Sven Hedin 现已到京，拟赴新疆作大规模的探险，带有德国、瑞典之地质、气象、考古学家十五人。为系中〔国〕学术团体所反对，现渠已允聘请中国科学家五人（地质二，气象一，考古二）及学生五人同往。昨在六国饭店相见，司文·海丁聘邀桢同往，但为时需一载半，而桢初到南开，一时难以离去。学生方面亦需有气象知识而能略说英语者一二人，未识东大地学系方面有人愿往否？"（《全集》第22卷，第165页）

**4月20日**　中国学术协会团体为组织西北科学考察团事与瑞典斯文赫定订立了合同办法。其中第十八条规定："考察气象时，设有气象台四座，此项气象台中所有仪器，斯文赫定已允赠予中国，俟考察完毕时，由斯文赫定博士交与中国理事会。"（《国立中央研究院院务月报》第1卷第1册，第53页）

**4月27日**　南开大学理科教授学术讨论会："十六年春季　四月二十七日主讲者竺可桢先生 题目：尧典与岁差"。（《理科学会周年纪念册》第54页）

**4月** 《日本气象学发达之概况》刊载于《科学》第 12 卷第 4 期。

述："近五十年来日本之物质科学均有迅速之进步，而以地文物理学（geophysics）一科之贡献尤多。地文物理学之在日本包括有三方面，即地震学（seismology），地磁学（terrestrial magnetism），与气象学是也。此外如地形学（geodesy），海洋学（oceanography），虽日本学者，亦加以相当之注意，然尚无特殊成绩之足言也。地震学、地磁学与气象学三者，在日本之发达均发轫于明治之初年，而受英美两国科学家指导之功，实属不少。明治十三年，现任英国爱丁堡大学副校长尤英（Sir Alfrid Ewing）氏始在东京帝国大学以地震仪接得地壳震波之记录。同年另一英人密尔恒（John Milne）氏在东京组织日本地震学会（Seismological Society of Japan）。密尔恒对于地震学之贡献，已为世界所公认。其所发明之仪器，所著述之书籍，现虽已觉陈旧，而在当时则曾风行全球。日本现代著名之地震学家，如大森房吉（Omori）（参照《科学》十一卷十二期插图）、今村明恒（A. Imamura）皆其门人弟子也。地磁学与气象学研究之开端，与地震学约在同时，而首先提倡之者，为日后美国麻省伍斯德专门学校（Worcester Polytechnique Institute）校长孟德霍（T. C. Mendenhall）也。孟德霍于明治十二年（西历 1879）开始调查东京之气候，并著为论文。同时氏在东京于富士山顶测量地心吸力，卒引起明治十二年之日本地磁测量。现今日本科学界前辈如著名地磁学家田中馆爱菊（A. Tanakadate），前任中央气象台台长中村精男（K. Nakamura）皆曾亲受孟德霍之陶冶者也。日本地文物理学，经密尔恒、尤英、孟德霍、诺忒（C. G. Knott）诸良师之善导，人才辈出，迄今不达五十年，而地震学、地磁学、气象学已足与西洋列国相抗衡，此非偶然者也。"

"日本最早之气象测候所设立于北海道之函馆（Hakodate），时在明治五年（西历 1872），盖与上海徐家汇观象台之创立适在同年也。但气象测候所之正式成为政府事业，实始于明治十五年，当时隶属于内务省之地理局。翌年始印刷每日天气图，并以电报报告风暴。明治二十年，以天皇敕令，设立中央观象台于东京，于各府县均设气象台，转属于文部省管理之下。明治二十一年，中央观象台始每日预告二十四小时以内之天气。中日战争后（1896 年），组织台湾各地之气象台。日俄战争后，组织库页岛、朝鲜及我国满洲与长江流域之气象台。迄今除东京中央观象台外，日本政府所设之气象台，在日本内地凡六十三，北海道十一，库页岛一，台湾七，朝鲜十四，太平洋属岛一，而在我国领土之满洲则有大连、旅顺、营口、奉天、长春五处。此外温度、雨量及雷雨测候所，则为数众多，据中央观象台高空气象部主任筑地宜雄告著者谓共有二千余所之多云。此则日本观象台分布之大概也。"

"神户海洋气象台建于神户沿海之高坵上，登台一望，全市在目。台中除设有普通之气象、地震仪器外，并建有无线电台以发布天气报告；十英寸直径之折光天文镜一具，以为观测太阳黑子之研究；及德国 Wiechert 式地震仪，英国 Dines 式风压计，德国 Sprung 式天平自计气压计各一座，设备颇为完备。是台成立于民国八年之夏，建筑共费四十万元日金，其中有二十三万元乃为日本航业公司所捐助者。盖风暴潮汐，时时足与轮舶之安全进退有关，故日本航业家不惜解囊捐巨资以为研究气象之用，较之国中航业家只知送往迎来以仰事军阀者，其知识之高下相去盖不可以道里计也。"

"日本为岛国，亦为山国。山岳之地，占全国面积百分之七十八，大抵多为森林所蔽。江河自山坡至海滨，流水湍急，一泻千里，加以夏有暴雨，秋多台风，山洪暴发，时有泛滥之祸。在民国元年至十年间，日本受水灾之损失，计达五千五百万元日金之巨。日本文部省及地方所设之气象台，均在城邑中，故农商务省之森林部，自民国前一年始，在各处高山上，亦设有气象测候所，计共三十九处。此等测候所虽于各种气象要素，均有记载，但特别注意于雨量。著者于日本之高山气象测候所，仅至筑波山（Mt. Tukuba）一处，设备甚佳（但非属于森林局），闻其他亦类是。"

"观测气象、地震与地磁，均须有专门之学问与训练。欲造就人才，非施以教育不为功。是以东京中央观象台，附设有测候技术官养成所。技术官养成所修业年限为三年，入学资格须中学毕业，是以程度与日本普通高等学校约相当。在修学期间，生徒可月得三十五元之补助费，但毕业以后，五年间须往中央观象台台长所指定之气象台服务。我国如不欲发展气象测候则已，若欲广设气象台，则人才之养成，实亦为急务。"

"总上所述，足知日本地文物理学之有今日，一方固由于政府之提倡，学者之热心，而饮水思源，在草创时期，密尔恒与孟德霍提倡鞭策，厥功亦甚伟也。但在日本，不特地文物理学如斯，即其他各科，其初步工作，亦多受外人之赐。如地质学则赖德人诺曼（Edmund Naumann）有创立与计划日本商工省地质调查所之功。动物学方面，则介绍近世动物学于日本者为东京帝大两美国教授穆司（E. S. Morse）与费德曼（C. O. Whitman）。至于日本医药方面，则筚路蓝缕以启草莱者，赖荷兰与德国之医士为尤多。如明治以前则有荷兰医士芳徐波（Philipp Franz Von Siebold），维新以后，则有德国政府所派之缪娄（Mueller）与霍夫曼（Hoffmann）其尤著者也。赖此三数人研究教导之功，而日本医学之基础，始得以底定云。

"上节所述诸人，均为经验丰富好学深思之士，居留日本或则尽毕生之力，或则费数年之功，以提掖后进，奠定日本科学之基础。迄于今日，诸人虽已作古还乡，而门人弟子辈出，类多青出于蓝。日本科学界之有今日，其受外国学者琢磨之功，岂浅鲜哉。

"反观吾国，则科学界情形，尚在日本维新初年时期。西洋文化之被于东亚各国，虽在同时，而日本科学之发达，乃早我三四十年，虽多半由于政府之乏提倡，然学术界自身亦不得辞其咎。此次学术会议，在东京开会，列席诸国中，以历史之年代论，以我国为最老。而以代表之年龄论，却以我国为最幼。如荷兰、英、美之代表，多耆年宿儒，而我国代表，则均年在不惑以下，是殆可以表示我国虽有悠远之历史，而科学则尚在幼稚时代。即以国中各大学之科学教授论，年龄之在四十岁以上者，盖在绝对少数，而在欧美各大学，则非有莫克司威（Maxwell）与郭斯（Gauss）之天才，决不能以妙年而居于教授之列。楚材晋用，日本之科学界，已收其成效，则我国固不妨步武后尘以为发展科学途径之一也。我国学术界之引用客卿，亦已有年矣。然除地质调查所外，多用非其人。晚近聘请外国学者讲学之风，亦颇盛极一时。但时间多不过一年，少则数星期耳，其影响如昙花一现，难望其持久。欲奠定科学基础，要非仅恃开大会、登广告所能为力者也。

"科学或为普遍的，如物理学、化学是也。或含地方性的，如地文物理学、地质学、动物学是也。在科学幼稚之国，自以第二种科学为易于著手。因其所研究之问题，均含本土风光，为他国人所未曾研究，且为他国人所不便研究者也。是以日本科学之发展，其初亦在有地方性的地震学、地磁学、生物学、地质学、气象学等，取其见效易，而应用大也。近来始有余力以作纯粹之理化研究。我国科学发达之进步，恐亦不能自外于此途，而含地方性的各种科学，实为吾人所应研究之第一目标。若再事蹉跎岁月，则他国人必将越俎代谋。不观乎纽约博物院之屡次深入蒙古，采集地质生物标本乎？又不观乎法人在徐家汇、佘山、陆家浜之设气象台、天文台、验磁台乎？为科学计，吾人固当感激之不暇，但为国体计，为国防计，则又何如？近来日本政府拟用庚子赔款，设立东方文化委员会，调查我国之矿物、生物、地磁等等。其用意固佳，但以他国人而来研究我国地方性的科学，包罗一切，终非吾人所乐闻也。国人咸知条约上之不平等应取消，而不知学术上之不平等，亦应努力破除。各国学者对于其本国之生物、地质、气象、地磁之分布情形，均能应答如流，如数家珍。而在我国，则尚如隔十重云雾间，且有赖于外国科学家之调查此非不平等而何。条约上之不平等，由于列强之炮舰政策，其过在于彼。而学术上之不平等，则由于吾人之甘自放弃，其过在于我。是则学术上之不平等，实较条约上之不平等，尤为可耻，而尤不能不努力以废除之者也。"（《全集》第1卷，第572-579页）

**5月8日** 报载《中央气象台请竺可桢主办》。全文如下：

自国民政府迁都南京后，对于各部建设不遗余力。闻中央气象台亦拟即日成立，地点选定南京城内北极阁。现政府方面已电天津南开大学教授竺可桢回宁主办该台，征求同意。按竺系美国哈佛大学地质学博士，曾任东大地学系主任，办事热心，凤为该校所钦重。又接收东大委员会中，竺亦为被任之一。沪宁一带东大毕业生均以得人相庆，并电津欢迎竺君早日返宁主持一切。

（《时报》1927 年 5 月 8 日）

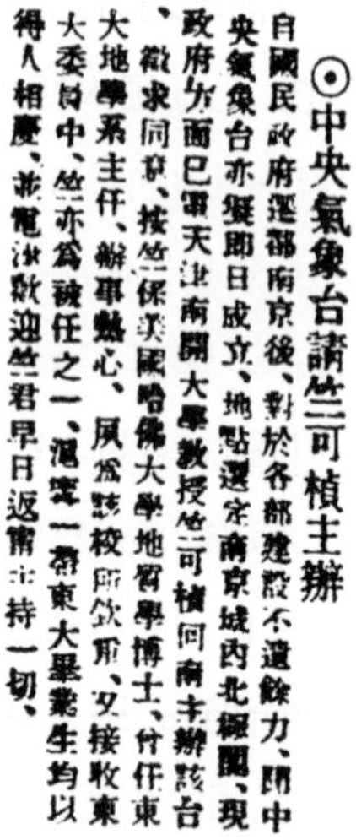

⊙中央氣象台請竺可楨主辦

自國民政府遷都南京後、對於各部建設不遺餘力、闢中央氣象台亦擬即日成立、地點選定南京城內北極閣、現政府方面已電天津南開大學教授竺可楨回南主辦該台、徵求同意、按竺係美國哈佛大學地質學博士、曾任東大地學系主任、辦事熱心、夙爲該校所欽佩、又接收東大委員中、竺亦爲被任之一、滬甯一帶東大畢業生均以得人相慶、並電津歡迎竺君早日返甯主持一切、

图 156 《时报》报道竺可桢主办中央气象台

**5 月 13 日**（天津） 致张其昀书。曰：“前函接悉，所云治经济地理计划甚善。桢寻复函询基金委员会任叔永先生，顷得其复函，知其事在二月初旬开董事会后始能决定，大概须视款项之有否余剩，为作 Fellowship 地也。桢文已由程寰西君寄来，其中有三数处须改正，已告程君，惟《史学与地学》亦须作同样之更正，如尚未出版，希在《史学与地学》中插入一正误小注为感。近白眉初先生来函索阅最后一期之《史地学报》，如沪方尚有余，希寄一份。桢大约于下月杪返沪。任函内附。”（《全集》第 22 卷，第 166 页）

**5 月 19 日**（天津） 致张其昀书。云：“惠下诸函均照收。桢日前所寄一笺并任叔永先生复信，想均收到。欧美游学事，须于本年六月间开董事会时始能决定，大概须视款项之是否有赢余也。顺直水利委员会近出有英文报告一种，名为 *Final Report & Grand Scheme 1918—1925*，by Chihli River Commission，printed by Hua Pei Press，Tientsin，内容极佳，中有图表颇多。为研究（中国北部）直隶地理者所不可不读者，希于便中设法备置一份。胡刚复

先生闻在厦门大学，究竟有否回沪，希示复。"（《全集》第 22 卷，第 167 页）

**5月22日** 鉴于东大地学系师生切盼竺可桢回东大执教，张侠魂特致函张其昀，俟学期告终，下月杪即可抵沪。并请诸葛麒（振公）转告诸位同学，由于责任所在，暂不能回东大。（张侠魂致张其昀书，藏浙江大学档案馆）

附张侠魂致张其昀书

晓峰先生鉴：

前诸葛振公来，谈及近状甚佳，并闻将游新大陆，专攻地学，以求深造，地学界将添一专门人才，至为欣贺。弗谂外子藕舫已得足下愿往之讯否？内人日来叠接渠来书，言及东大接收及中央建设气象台事，以津门道远，往返须日，且距假期伊迩，万难放弃渠对于学校学子及个人之责任。俟学期告终，下月杪即可抵沪。如中央有建设气象台之决，届时再往接洽亦不为迟。似此学术事业，亦非能一蹴而几者，即以电邀岂遽至；且京津方面函电往来，或被扣留或检查。渠十号来书时并未接电，乃接侠快函并诸同学函，始知甚详。幸诸同学以后毋发电云。若东大能彻底改组，秋间能开学，渠愿仍续旧游，与诸同学共事切磋也。振公想已往杭，如返沪，希以此意告之。因渠盼竺先生归颇切，并请渠以竺先生暂不能来之意转告在宁诸同学为盼。侠前允渠得竺先生书即以告，足下希代达，故赘之。如此匆讯

撰祺

竺张侠魂 顿

五月廿二夕

（原函影印件，藏浙江大学档案馆）

**5月23日**（天津） 晚，在南开大学文科学会演讲《直隶地理环境和水灾》[①]。整个讲演"旁搜远绍，探源立论，听众莫不了然云"。（《南大周刊》1927年6月2日第39期，第36页）该演讲后发表于《科学》第12卷第12期。

---

[①] 该文发表于《史学与地学》第 3 期时，特标注："本篇系民国十六年五月二十三日在南开大学文科学会之讲演稿。"

演讲论述了直隶在历史上遭受水灾及黄河决口情况，从地理环境和人类活动两方面分析了水灾的成因。认为直隶在最近三世纪中所以多水灾，与农业上大规模开垦荒地及人口之快速增加有关。

述："直隶的水灾所以这样多，当然是受地理环境的影响。地理环境可以分三个要素来讲。第一是气候的，第二是地形的，第三是地质的。"

"直隶在最近三世纪中之所以多水灾，恐怕与直隶的人口和农业有关。

"我们先看农业，在直隶沿海的一带，天津附近在北宋前都不发达。在宋以前，直隶省低洼的地方，统是淀泊和沼泽，还没有开垦。直隶省的种稻，是由北宋何承矩第一个创导的。他觉得霸州一带的地理环境，和南方差不多，很有种稻的可能，他于是雇用了福建人来试种。初种晚稻，在收获时期为霜所杀，没有好结果。次年改种早稻，居然得了良好的成绩。这就是霸州、河间一带种稻的开始。至于天津，在北宋时代，尽是荒芜之区，所以北宋和辽以独流镇之界河为界线。独流镇在杨柳青西南三十里，界河即今之大清河下游。当时独流镇以东一带，尚是不毛之地，人迹罕至之处，到元时方有一个津海镇。这时北方粮食非常缺乏，天津之西那个军粮城，就是元时屯积从南方运来的粮食的所在。虞习开始创议天津沿海屯田，但元朝政府反对，不能实行。至明朝永乐年间，改设天津卫，那时虽只为军事，但天津却从此逐渐重要起来。至万历年间，因防御倭寇，在此驻兵，汪应蛟任职天津，率兵四千，每年需饷六万，于是作大规模的开垦，屯田七千顷，每年收获了二百五十万石的粮食。后来者像天启时的左光斗等，也都竭力提倡，于是讲农事，治水利，从前一片沼泽，至是都成良田。但因此而水灾亦随之而增多。因为以前即使有水，也不成灾，至此是有水非成灾不可。这样一来，直隶水灾在史籍上的记录，当然也突然增多了。

"此外人口的增多，亦可互相印证，元时天津人口，还非常稀少，这时大都路仅有四十万人。明末天津附近如武清、沧州等七县（即清之天津府属下）人口，突然增至一百二十万人，相去不过二三百年。以后增加，也没有这样快，在光绪年间，天津府仅二百万，据近来调查，天津等七县，亦仅二百三十万人。人口调查，固然不见得十分精确，但从此亦可略相比较。在元、明二代中人口之突然增进，亦颇可与上述兴农事这件事做个对照。从这点看来，直隶近三世纪的水灾特多，说是因为人口的增多和海河平原上农事的勃兴，恐怕是一个比较的最圆满的解释罢。"（《全集》第 1 卷，第 580-587 页）

张其昀评述："造成水灾之原因较为复杂，盖气候固为主因，而地形与地质之关系亦甚重要，竺可桢君尝著河北水灾一文，即分为三方面以论述之。以气候论，天津六七两月之雨量占全年雨量百分之六十有奇，冬季雨量几等于零。其全年雨量平均数为五百公厘，最多之年达平均数百分之一百五十，最少之年尚不满百分之五十，变率之大如此，水灾当然难免。以地形论，河北平原极为平坦，但其西境之太行山脉为山西高原之峻坂，有急转直下之势。又平原上之五大河，皆注于天津之海河以入海，众流归壑，有弥漫洋溢之病。是以河北省水灾最多之地，一在山麓线上，即平原之起点，坡度突然变更，泥沙沉淀，河道淤塞，以致横决，其一即为天津商港。至其地质原因，即因黄土区域，河中含沙过多，如永定河所含之沉淀物，约占百分之十，世界各河罕有其匹。"（张其昀《近二十年来中国地理学之进步》，载《地理学报》第 2 卷第 3 期，第 123 页）

**6 月 13 日** 民国政府第一百零五次政治会议批准组织中华民国大学院，为全国最高学术教育行政机关，并通过其组织大纲。（《一周年来的教育界悲喜交集》，载《民国日报》1927 年 10 月 10 日）

**6 月中旬** 离开南开大学回上海。（《昨日胡明复博士追悼会记》，载《申报》1927 年 6 月 24 日）

**6 月 23 日**（上海） 下午二时，赴大同大学礼堂，参加上海政治分会教育委员会、上海学生联合会、立达学社、大同大学四团体联合举行的胡明复追悼会并发表演说悼念逝者。（同上）上海教育委员会代表褚民谊（重行）任追悼会主席。胡明复博士亲友、同学及学生来吊唁者六百余人。"主席提议推吴稚晖、蔡子民、马相伯、杨杏佛、褚民谊、张君谋、胡适、朱经农、竺可桢、王岫庐、周子竞、赵晋卿[①]、任叔永、曹梁厦、翁咏霓、赵元任、唐擘黄、何尚平、何德奎[②]等十九人为博士纪念筹备委员，众一致通过。”（《胡明复博士追悼会详纪》，载《申报》1927 年 6 月 25 日）

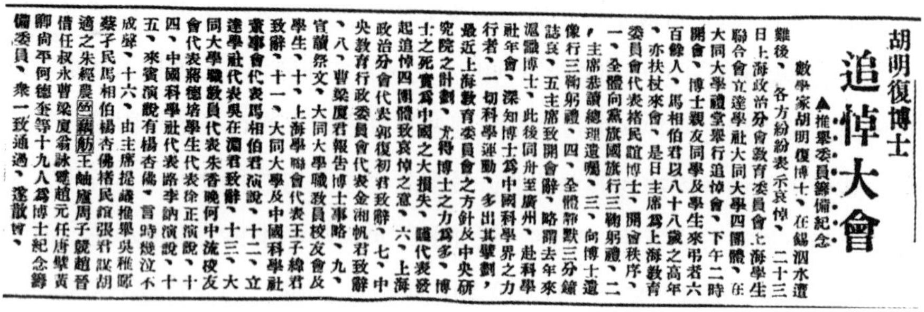

胡明復博士
追悼大會
▲推舉委員籌備紀念

數學家胡明復博士、在錫泗水遭難後、各方紛紛表示哀悼、二十三日上海政治分會教育委員會上海學生聯合會立達學社大同大學四團體、在大同大學禮堂舉行追悼會、下午二時開會、博士親友同學及學生來弔者六百餘人、馬相伯君以八十八歲之高年、亦扶杖來會、是日主席爲上海教育委員會代表褚民誼博士、開會秩序、一、全體向黨旗國旗行三鞠躬禮、二、主席恭讀總理遺囑、三、向博士遺像行三鞠躬禮、四、全體靜默三分鐘誌哀、五主席致開會辭、略謂去年來滬識博士、此後同舟至廣州、赴科學社年會、深知博士爲中國科學界之力行者、一切科學運動、多出其擘劃，最近上海教育委員會之方針及中央研究院之計劃、尤得博士之力爲多、博士之死實爲中國之大損失、鑑代表發起追悼四團體致哀悼之意、六、上海政治分會代表郭復初君致辭、七、中央教育行政委員會代表金湘帆君致辭、八、曹梁廈君報告博士事略、九、宣讀祭文、大同大學職教員校友會及學生、十、上海學聯會代表王子綸君致辭、十一、大同大學及中國科學社董事會代表馬相伯君演說、十二、立達學社代表吳在淵君致辭、十三、大同大學職教員代表朱香晚何中流校友會代表蔣德培學生代表徐正演說、十四、中國科學社代表路季訥演說、十五、來賓演說有楊杏佛、言時幾泣不成聲、十六、由主席提議推舉吳稚暉蔡孑民馬相伯楊杏佛褚民誼張君謀胡適之朱經農[illegible]王岫廬周子競趙晉借任叔永曹梁廈翁詠霓趙元任唐擘黃卿尚平何德奎等十九人爲博士紀念籌備委員、衆一致通過、遂散會、

图 157　1927 年 6 月 25 日《民国日报》（上海版）亦刊登《胡明复博士追悼大会》报道

**6 月 25 日**　被第四中山大学校长张乃燕聘为该校筹备委员。《申报》刊登消息：

**第四中山大学暑后开学**

△筹备委员常务员已有人　△各项条例呈请核定施行

第四中山大学，已由国民政府任命张乃燕为校长，业志前报。闻张校长奉命后，聘请专门学者，周鲠生、俞庆棠、周仁、汤用彤、沈履、竺可桢、戴修骏、谢寿康、杨端六、刘藻彬、路季讷、孟宪承、高鲁、胡刚复、何尚平、唐钺、颜福庆、何鲁、郑宗海、杨孝述、王世杰、程时煃、柳翼谋、蔡无忌等二十四人，为筹备委员，在苏教厅内，共开会议七次。计：拟订第四中山大学本部组织大纲草案二十条；评议会组织大纲草案十二条；研究院规程草案十六条；大学区秘书处、高等教育部、普通教育部、扩充教育部组织条例草案，各若干条。由张校长提交中央教育行政委员会，议决施行。现在筹备事务，业已大体规定筹备会议暂告段落。关于下学期开学事宜，经推定常务委员九人，分别驻沪、驻宁筹备一切。兹将大学常务委员姓名录下：张乃燕、何尚平、蔡无忌、胡

① 赵晋卿，名锡恩，时任上海总商会临时委员会常务委员。
② 何德奎（中流），时任上海光华大学教授。

刚复、刘藻彬、周仁、杨孝述、戴修骏、孟宪承。

自述:"一九二七年北伐军胜利,国民政府定都南京,以蔡孑民先生为大学院(包括教育部和日后的中央研究院)院长,东南大学改名为第四中山大学(即现今的南京大学)。我应蔡先生和杨铨之招回南京,一方面在大学院筹备气象研究所,一方面在第四中山大学教课。一九二八年气象所成立,我便脱离第四中山大学。"(《全集》第 4 卷,第 91 页)

6 月 30 日(南京) 出席第四中山大学第十三次校务会议。"竺可桢提议前次所议决之增建教室宿舍宜速筹备兴工案。议决:此项教室宿舍,应于十七年度开学前,建造完成。交高等教育处负责办理。"(《国立中央大学教育行政周刊》第 48 期,第 17 页)

6 月 被中华教育文化基金会聘为科学教育顾问委员会委员。"科学教育顾问委员会[①],自十六年六月第三次年会议决设立[②],从事科学教本之编纂,分数学、物理、化学、地学、生物五组。聘秦汾、姜立夫(数学),颜任光、饶毓泰(物理),王琎、张准(化学),李四光、竺可桢(地学),胡经甫、胡先骕(生物)为委员;先后推王琎及秦汾、张准为正副委员长。"(《第一次中国教育年鉴》第 5 册,第 1783 页)

是月 商务印书馆出版汉译《世界史纲》(*THE OUTLINE OF HISTORY*),英国韦尔斯(H. G. WELLS)著[③],译述者陈建民、向达、梁思成、黄静渊、陈训恕,校订者梁启超、朱经农、竺可桢、徐则陵、王岫庐、任鸿隽、秉志、程

---

① 该委员会隶属于中华教育文化基金董事会。

② 杨翠华著《中基会对科学的赞助》第 125 页称科学教育顾问委员会"于 1928 年 2 月在上海成立",与此处时间不相符。

③ 商务印书馆刊登大幅广告:"韦尔斯之《世界史纲》为现代欧美史学界中之唯一名著。此书自地球及生物起源述至欧洲大战后为止,数百万年来人类蜕演之陈迹,要言不烦,读之一目了然。其思想之透辟,眼光之远大,诚为现代史著中所罕有。原书出版以来,销数已达数百万册,各国皆有译本。本馆根据最新版本,特请专家译校,费时至三年之久。都凡七十万言,附图二百余幅。书中关于中国之部分,并经梁任公先生等加以订正,内容益见精彩;装钉亦较原本精美。原书售价甚昂,本馆译印此书,意在引起国人对于世界史研究之兴趣,同时为减轻读者担负计,仅售特价四元八角,尤可谓低廉无比!"(《申报》1927 年 9 月 15 日)

瀛章（寰西）、何炳松、傅运森。

**7月2日** 中国气象学会在青岛举行第十五届理事会。蒋丙然会长以募捐事宜各处尚未回信，提议改用本会名义募捐，以便进行。高均理事谓："先函征高①、竺先生同意后再办。议决照办。"（《第十五届理事会纪事录》，载《中国气象学会会刊》第8期，第69页）

**7月10日** 在东大毕业同学会年会上发表演讲。应邀莅会演讲的新旧教授有罗志希、柳翼谋、胡步曾、过探先、卢晋侯、胡刚复、张君谋、孟承宪、郑晓沧、萧叔絅、汤用彤、路季讷、唐启宇、孙玉书、赵叔愚、何尚平、竺可桢、方东美、宗白华等。（《东大毕业同学会年会之筹备会》，载《申报》1927年7月9日）

**7月10日** 介绍地质学家徐厚孚上午往见邵元冲。徐此去杭州是为测勘地质。邵元冲安排竺士楷明日同往西湖一带测勘。（《邵元冲日记》第342-343页）

**7月17日** 胡适发来长函，对《论以岁差定〈尚书·尧典〉四仲中星之年代》一文表示佩服与赞赏。转录如下：

藕舫吾兄：

承嘱商务送来《科学》十一卷第六十二期②，谢谢。今晚读完你的《论以岁差定〈尚书·尧典〉四仲中星之年代》一文，佩服之至。你指出的四点困难，最为重要。后半试测《汉书》所记中星，以验方法之是否可用，然后用来试测《尧典》所记录，其法尤为精细，使人心服。吾兄结论说《尧典》中星乃殷末周初之现象，此说似甚公允。我在京都时，曾与新城博士谈此事，问他对于《尧典》年代的意见。他说十几年前曾试测之，于今已拟另作一种测定。我问他的新意见，他说，"三百又六旬又六日"，必非甚古之发见，余尚待细考。我很盼望你把此文寄他几份。又新城、饭岛与湛约翰诸篇，与你的近作及钱琢如评新城之文（我未见），似可汇订一小册子，或可单行，以便

① 系高鲁。
② 疑为六、十二期。

读者。倘能添译饭岛、新城前后打官司诸文，并及新城氏最后的驳论，一并汇印，则更妙了。新城的《干支五行说与颛顼历》一篇，他托人译有中文本，殊不可读。此文亦可重译也。他们的争点起于论《左传》。顷见 Karlgren 的近作 The Authenticity of the Tso Chuan 一长文，从文法不同之点上证明《左传》非伪作，但非鲁人所作。此文已由北大陆侃如君译成中文，稿在我处。我想请顾颉刚加一篇跋，与清华卫聚贤君的一篇跋（卫君作有《左传之研究》，载《国学论丛》，论《左传》非鲁人所作，乃子夏在西河时作的），与原文同印一册，由新月书店出版，即名为《左传考》。

我以为汉代几次改历，多有外来影响，此似无可讳。所谓"畴人子弟散在四方"，正是明说采用外来方术，而勉强说是本来中国的老法子"守在四夷"也。其用后来历法推算古代日食，也许是有的。饭岛博士指出，春秋有两个日蚀为中国全部不能见的，此是很值得注意的。《三统历》是"托古改制"的，似无可疑。惟太初改历之前，中国天文学发达的层次，似新城博士之说较为近于史实。

将来似宜有中国学者折衷于诸说，建立真正的中国古代天文学史。此事似非吾兄与琢如、景阳诸君莫能胜任。饭岛氏之说，似不合中国学者的脾胃，然吾兄说他勇于疑古，其说亦有足取处。汉代改历往往用外国人，李梵、编䜣之为外国人，似甚明显，即洛下闳似亦是外国人。所谓《颛顼历》等多含"托古改制"的意义。故我以为饭岛之说未可厚非也。

本意只拟写封短信贺贺你，却不料写了这么长，说了这么多的外行话，可笑。

胡适
十六、七、十七
（中国第二历史档案馆藏件 393-2874）

杨炀指出：

胡适信中所写"第六十二期"应该是笔误。同期有日本天文学家饭岛忠夫的《中国古代天文学成立之研究》（答新城博士驳论）与谌约翰的《中国古代天文学考》。此外，1926 年第 11 卷第 6 期上刊载了饭岛忠夫《中国天文学之组织及其起源》、新城新藏《东汉以前中国天文学史大纲》。饭岛与新城在各自文章中对《尧典》所述中星的位次年代各执一词。以上就是胡适在信中所提及的饭岛、新城诸文。

胡适所说未看见的钱琢如评新城的文章即是《读科学杂志十一卷六期陈啸仙译新城新藏东汉天文学史大纲（科学杂志以〈东汉以前中国天文学史大纲〉为题目）中国东汉以前时月日纪法之研究》一文。此文写于 1927 年 4 月 4 日，1929 年曾发表在《国立中山大学语言历史学研究所周刊》上。

（杨炀《胡适致竺可桢佚简一通及其释读》，载《安庆师范大学学报（社会科学版）》2022 年第 41 卷第 1 期，第 35-36 页）

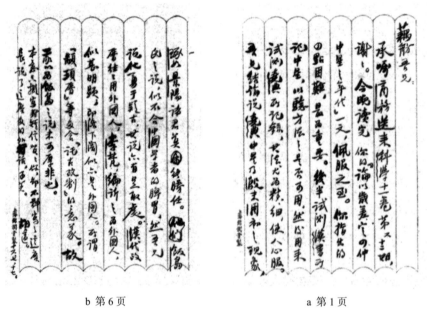

b 第 6 页        a 第 1 页

图 158　胡适致竺可桢函（1927 年 7 月 17 日）①

**8 月 5 日**　中国气象学会在青岛举行第十六届理事会。"蒋会长报告此次到沪接洽海关改良气象报告及气象电报事，与海岸巡防处许处长及中央观象台高台长曾作一度之商量。据查各海关关于气象报告办理极为不良，高拟将中国

---

① 藏于中国第二历史档案馆。

各海关附设测候机关收回自办，款由海关照拨，此种办法较妥，因此未与沪海关接洽。至募捐事，据〔谓〕高台长之信未收到，竺副会长云因现在情形不能实行，故未复函云。"（《第十六届理事会纪事录》，载《中国气象学会会刊》第8期，第70页）

**8月22日** 报载：第四中山大学自然科学院，共分七系，计数学系[①]、物理学系、化学系、生物学系、地学系、心理学系、人类学系[②]。院长胡刚复博士，各系组织均已就绪，所聘副教授（该校现无正教授）、讲师，于所学各有相当研究。地学系请竺可桢主持，已聘定副教授竺可桢、李四光、孙佩章、郑厚怀。（《第四中山大学两学院之教务人员》，载《申报》1927年8月22日）竺可桢本学期担任"人生地理""气象学""地学通论"三门课程。（《自然科学院概况》，载《教育行政周刊》第16期，第20页）

牛力在其论文中指出："重回大学后，竺可桢将该系课程分为地质和气象两门。但无论从师资力量还是学程设置上，地质门在地学系都占有更大比重。1928年春，四中大更名为中央大学，地学系五名副教授除竺可桢外，孙佩章、李之常、谢家荣和郑厚怀四人均为地质学者，其中郑厚怀刚刚从哈佛毕业回国，是我国在哈佛获地质学博士的第一人。地学系'学程详表'列举了该系开设的三十二种学程，其中只有地学通论、气象学、气候学、世界各国气候、高等气候学、地图绘法等七种学程属于气象学和地理学，其他学程都属于地质学、矿物学领域。上述七种学程，都是竺可桢在东南大学时期开设的课程，他几乎是以一人之力支撑着气象门。地学系曾经以地理学为主导的学科模式，在中央大学时期变成了以地质学为主导。"（牛力《从地学到地理学：竺可桢与中国近代大学地理学系的构建》，载《南京大学学报（哲学·人文科学·社会科学）》2023年第5期，第135页）

**8月23日**（上海） 应邵元冲、张默君之邀，偕侠魂赴都益处晚餐，蒋雨

---

① 载于《教育行政周刊》第16期之《自然科学院概况》文中，称作"算学系"。
② 时人类学系尚未成立。（见《自然科学院概况》，载《第四中山大学教育行政周刊》第16期，第19页）

岩、张淑嘉、泰水、颜华等同席，餐毕同至卡尔登观影画，十二时顷归。(《邵元冲日记》第 353 页)

**9 月 2 日**　报载，为炳勋国音速记学学校赞助人之一。(《申报》1927 年 9 月 2 日)

**9 月 3—7 日**（上海）　出席中国科学社第十二次年会，任年会讲演委员会委员。出席年会有蔡元培、胡敦复、褚民谊、杨铨、何尚平、何鲁、任鸿隽、胡适、陶孟和（履恭）[①]、陈衡哲、胡刚复、张乃燕、叶企孙、严济慈（慕光）[②]、钱宝琮、周仁、钱崇澍、杨孝述、杨端六、徐韦曼、梅光迪、丁绪贤、高曙青、饶树人、姜立夫、何炳松、宋梧生等八十余人。(《中国科学社第十二次年会记事》，载《科学》第 12 卷第 11 期，第 1616-1617 页)

**3 日**　下午四时，出席年会开幕典礼，蔡元培主席并致开会词。

图 159　参加中国科学社第十二次年会的全体代表合影（1927 年 9 月 3 日）合影[③]

第一排右四为竺可桢，右五为杨杏佛，

第二排右七为蔡元培，右八为任鸿隽，右九为胡适，

第四排右四为叶企孙，右五为严济慈

---

① 陶孟和，1914—1927 年任北京大学教授、文学院院长、教务长等职。

② 严济慈，1927 年从法国留学回国，任上海大同大学、中国公学、暨南大学和第四中山大学物理、数学教授。

③ 取自《科学》第 12 卷第 12 期。

**4日** 上午九时在静安寺举行追悼胡明复理事会,张乃燕主席。"(一)恭读总理遗嘱。(二)静默三分钟。(三)向胡明复理事遗像行礼。(四)主席致开会词,谓胡理事为本社最热心最努力之一人,功名利禄早已忘去,一身心血全注于提倡科学,研究学问,科学社之有今日,胥胡理事是赖,遽遭逝世,同人曷胜哀恸。(五)曹惠群报告胡理事事略。(六)社员演说,计有任鸿隽、何鲁、胡适、钱宝琮等,相继为极沉痛之演说。(任君演词将载《科学》胡明复纪念号内。)何君演词,大意谓诚如第一次大同大学开追悼胡博士大会时杨君杏佛所言,明复之死为社会所杀。一则科学社与大同大学事务俱极干苦,理事毕生精神消磨于此,《科学》杂志自开办迄今全为胡理事一手校对与标点;大同大学则为其每年在各校教授所得办成。二则政治不良,科学无发展之机,使明复向生于他国,早成为世界上之科学家。末述死者已矣,来者犹可追,希望国民政府此后对于国内之研究科学专门人才,予以辅助,至少可以解决生活问题,专心研究;次则对于新回国之专门人才,亦应给以进展精研之机。胡适演说,云叔永、奎垣两先生所讲,予感责备社会太过。平心而论,明复之刻苦如此,乃为其个人之决心;牺牲毕生精力与校对标点《科学》杂志,十余年如一日,亦为其个人之志愿,吾人对之表二十四分同情,此种事体虽属干燥无味之苦工,然其精神所及影响于无穷。大凡有意识的行为,有意识的努力,从一点一滴之微,绝不至无有酬报。科学家之研究不必俟设备完全待遇优美而后可,必要时,典衣节食以购仪器,在所不计,欧美大科学家如牛顿等当时何尝有极完备之图书馆与器械,供其试验参考。最后希望各社友抱定主张专力研究,以期我国科学之发展,否则人寿几何,河清难俟,直等于中国科学界之自杀。再次钱宝琮演说,谓个人在英时亦曾有科学社之组织,会员达数十人,及回国则各自星散,不能成一种组织,后竟解散,乃加入本社。其根本原因,全在缺乏如胡明复理事一类人物,触景伤情,尤觉悲悼。(七)讨论纪念方法。——1.报告。竺可桢因事未到,由曹惠群代表报告。政府方面曾由上海政治分会通过,请中央明令褒奖,中央业已批准;同人方面拟建一'明复科学馆',以纪念之。又明复纪念委员会公推杨铨、竺可桢、曹惠群三人为常务委员。"

"下午二时出席社务会议，主席任鸿隽报告后开始讨论。

"1. 先由竺可桢报告北京社友翁文灏来函提议：（甲）各社友如有关于海洋学及太平洋之气候、生物等著作，请寄美国太平洋学术会议办事处；（乙）本社历年章程应译为英文。任鸿隽主张第一提议不成问题，第二提议最好交总干事办理，或组委员会专司此事。何尚平主张总干事主持，社友帮助。议决推定竺可桢、胡宪生二人帮助总干事于最短期间，将本社历年章程译成英文。

"2. 主席谓：北京社友翁文灏来信提议本社参加太平洋学术会议。何尚平主张由本社发起，联络中华农学会、工程学会、青岛气象学研究会及其他国内之重要学术团体，共同筹备。竺可桢主张组织委员会，专办筹备发起事宜。议决组织筹备参加太平洋科学会议，推定竺可桢、秉志、翁文灏、过探先、胡先骕五人为委员，竺可桢为委员长。

"3. 任鸿隽谓：本社社员已有七百余人之多，但查本届会计报告，缴费者仅十之二三。为会务发展计，理应照章清理，以溢收入。又新社员按章须经全体理事签字，而各理事散处各地，致有入会半年尚未有正式加入者，手续太繁，反碍进行。朱少屏、竺可桢先后发表意见，赞成此议。议决旧社员欠费，交总干事从速慎重办理，并规定社员徽章；新社员入社手续困难，请理事会想一敏捷办法解决之。"

"6. 竺可桢谓：科学名词审查委员会基金一万元，据查尚未存入银行，本社为该会重要分子，是否可由本社建议，请国民政府专理此事，或由本社发起邀请科学名词审查委员会各团体共同讨论。议决由本社向中央教育行政委员会建议，请其管理此事。"

**5日** 上午十时，"在总商会开宣读论文会，社员到者五十余人。由竺可桢主席。宣读论文者，有竺可桢之《春秋日蚀考》[①]，叶企孙之《清华大礼堂之

---

① "竺可桢宣读的论文是《春秋日蚀考》"，系《科学》载《中国科学社第十二次年会记事》中所记述。据《全集》第1卷，第587页"编者注"，称《直隶地理环境和水灾》是"本届年会论文之一"。

余音改正问题》，严济慈之《石英结晶之两重反射》，钱宝琮之《春秋历法置闰考》，梁伯强之《最近血液类别研究之趋势及其与我国民族变迁之关系》，阮志明之《我的日晷五种》及费德朗之《国际单位刍议》等，要皆材料丰富，理论详明。"

下午"三时后，由何尚平、竺可桢偕同社员十余人，往徐家汇天文台参观。该处招待甚优。晚七时，由大同大学、中国公学、同济大学、光华大学、复旦大学、暨南大学、寰球中国学生会等，设欢宴于新新酒楼，到者七十余人。由郑洪年①主席，致欢迎词，朱少屏、曹惠群继之。竺可桢代表全体社员致谢词。演说者，有金湘帆、朱经农、陈衡哲、王云五、张乃燕、任鸿隽、杨铨、胡刚复、钱崇澍、周仁、钱端升、丁绪贤夫人、王星拱、饶玉堂等，语辞皆庄谐杂出，直至十一时，始各尽欢而散"。

**6日** 上午十时"开社务会，到者四十余人，由竺可桢主席"。"讨论各种社务及以后发展计划，经三时之久。"

"议决案如下：（一）竺可桢提议，因鉴于南京科学社所驻兵骚扰，拟由本社呈请国民政府，此后对于学术文化及教育机关，不得驻兵。周仁附议。全体通过。

"（二）竺可桢提议，由本社向国民政府呈请设立国家研究机关。朱少屏附议。董时主张从长计议。末由朱少屏主张由本社组织委员会，搜集学术上各种材料，详细规划，以备向政府建议组织国家研究机关，参加国际学术会议，请理事会推定计划委员，推定时期限于三个月以内。全体通过。

"（三）杨铨报告历届年会修改章程之经过详情，末谓修改章程，按章手续复杂，各理事散处各地，尤为难决。朱少屏、陈传瑚先后发表意见。最后杨铨提议，由本年会重新组织修改章程委员会，整理历年修改章程草案。竺可桢附议。全体通过。公推竺可桢、唐启宇、杨孝述三人为修改社章委员。又修改草案应于本年阳历年底发出。"

---

① 郑洪年（韶觉），时任暨南大学校长。

"（八）杨铨提议，组织《科学》杂志经理委员会，筹备向商务收回自办一切事宜。何鲁附议。全体通过。推定杨铨、朱少屏、程瀛章、周仁、竺可桢为委员。"（《中国科学社第十二次年会记事》，载《科学》第 12 卷第 11 期，第 1616-1625 页；《年会记录》第 137-145 页）

**9 月 9 日** 英文媒体《大陆报》刊登报道《中国科学社五天会议结束 会员提交多篇原创论文》，宣读论文的第一篇即为 "竺可桢博士《春秋日蚀考》"。报道全文如下：

## Science Society Of China Ends Five Day Convention; Members Present Many Original Papers

### Memorial Services Are Held For Member Who Contributed Greatly To Growth And Success Of Organisation

The Science Society of China, which had its inconspicuous beginning fifteen years ago in a little boarding house in the college town of Ithaca, New York, with three or four Chinese students as its nucleus, has just finished a five day convention here. It now is a world-wide organization with a membership of over 800 and includes among its members practically all the foremost scientists of China.

This twelfth Annual Convention was attended by about a hundred members from every province between Mukden and Ganton, formally opened at the Chinese General Chamber of Commerce, last Saturday, with an address by Chancellor Tsai Yuan-Pei, presiding chairman of the convention. A report on the history of the society was made by Mr. C. Yang.

The principal speakers of the afternoon were Dr. Suh Hu on the importance of constructive movements and development of science in China, General Chang, representing General Bei Tsun Hsi, Dr. Chu Min-Yi of the Central Commission, Dr. Chang Nai-yien, President of the Fourth Chun San Government University, and Mr. J. Chow, representing the local branch of the society.

## MEMORIAL SERVICE

Sunday morning a memorial service for the late Dr. Minfu T. Hu, through whose quiet but tireless efforts the society has become what it is today, was held at the Bubbling Well Temple Resolutions were passed for erecting a memorial hall and publishing a special number of the journal, "Science," to perpetuate the memory of the Society's most faithful worker. Sunday afternoon Chancellor Tsai delivered an instructive lecture on "Number Systems of Primitive Peoples."

The entire morning of the third day was devoted to scientific papers as follows:

## READ MANY PAPERS

Dr. Cochen Chu; Solar Eclipses recorded during the period 721-480 B. C. in China.

Mr. P. C. Liang; Die Blutgrup-pen-farschung in China.

Mr. P. Vittrand; Tentative System of International Scientific Units.

Mr. T. Z. Ny; Sur l'effet de la reflexion interieure multiple d'ane lame birefringente argent'ee.

Mr. C. S. Yeh; (1) Acoustic Correction of Tsing Hua College Auditorium, (2) Magnets-Resistance effect and tension-resistance effect.

Mr. C. Y. Chao; Acoustic absorption coefficient of Chinese clothing.

Mr. J. M. Yuan; My Sun Dials.

After the presentation of papers, General Bei Tsun-Hsi and Commissioner Que Tai-Chi entertained the members at The Bureau of Foreign affairs.

Tuesday morning, the members held a business session at the General Chamber of Commerce. Officers were elected, some bylaws were revised, and various questions respecting the general management of affairs of the Society were thoroughly discussed. After the meeting, the members attended a tiffin given by the Commercial Press at the Great Eastern Hotel.

In the afternoon the Chinese General Chamber of Commerce gave a tea-party, at which Dr. Suh Hu delivered an interesting lecture on the "Materials of the history of Buddhism". In the evening the Science Society was itself host to the different organizations that had entertained its members. The convention closed with a banquet given by the Shanghai branch of the Kuo-mingtang.

（THE CHINA PRESS, FRIDAY, SEPTEMBER 9, 1927）

**9 月 10 日**（上海） 旧历中秋。应邵元冲约，偕侠魂至邵寓午餐。（《邵元冲日记》第 358 页）

**9 月 11 日**（上海） 午后，与邵元冲、张默君、蒋雨岩等至环龙公园摄影。（同上）

**9 月 13 日**（上海） 约邵元冲至海军青年会晚餐。（同上）

**9 月 15 日** 报载："炳勋国音速记学为杨炳勋君发明，在沪作公开试验后，殊得各界人士同声赞许，嗣经胡适之、张伯苓、蒋梦麟、竺可桢、王云五……诸君等力劝，谓宜于上海开班传授，更请沪上各重要机关派人来学，先以上海为起点，逐渐再推及各地，以造就社会急需之专门人才。"（《申报》1927 年 9 月 15 日）

**9 月 16 日** 中国科学社在南京社所图书馆召开第五十九次理事会。到会理事杨杏佛、过探先、秉农山、周子竞、路季讷，共讨论议决议案十一项。对于制定上海事务所计划预算，推定朱少屏、曹梁厦、何尚平、杨杏佛、竺藕舫起草。由于竺可桢、王季梁未到会，记录稿最后特记："以上议案后经竺藕舫、王季梁二理事同意。"（《中国科学社第五十九次理事会记录》，上海市档案馆藏件 Q546-1-63；《董理事会》第 99 页）

**9 月 17 日** 中央特别委员会第二次会议，任命蔡元培为中国大学院院长。（《一周年来教育界悲喜交集》，载《民国日报》1927 年 10 月 10 日）

**9 月 20 日**（南京） 出席第四中山大学临时教授会议。"由胡刚复君代表校长主席报告下列各事：（1）大学筹备经过情形。（2）大学区之精神。（3）校务会议之组织。（4）大学之经费与其分配。（5）大学现在之经济状况。（6）实行导师制。（7）校舍问题。"（《学校消息》，载《第四中山大学教育行政周刊》

第 15 期，第 8-11 页）

**10 月 1 日**　中国大学院[①]成立，所有国民政府教育行政委员会即行取消归并，选定南京成贤街中央党部住址为办公处。(《中国大学院后日成立》，载《申报》1927 年 9 月 29 日）蔡元培就任大学院院长。(《四部长大学院长同时京职》，载《申报》1927 年 10 月 2 日）"蔡元培氏主张本院不为衙署化，而为学校化，故聘用职员之人数极其经济。"(《中国大学院之筹备》，载《申报》1927 年 10 月 14 日）

**10 月 10 日**（上海）　午后至邵元冲寓一谈。(《邵元冲日记》第 365 页）

**10 月 10—11 日**　中国气象学会第三届年会在青岛举行，蒋丙然（34 票）当选会长，竺可桢（9 票）当选副会长，高均（9 票）当选总干事。青岛（32 票）当选为理事会干事部所在地。(《会务纪要》，载《中国气象学会会刊》第 4 期，第 142-143 页）

**10 月上中旬**　受蔡元培邀请，参加中央研究院筹备工作[②]。

"大学院成立后，蔡元培邀请他到南京参加中央研究院筹备工作，任观象台常务筹备员，随后任气象研究所所长，是我国现代气象事业的创始者。竺可桢非常尊敬蔡元培，蔡元培也很看重和支持竺可桢。竺可桢早年的几个重大转折，几乎都和蔡元培的推重分不开。"(《蔡元培传》第 294 页）

**10 月 19 日**（南京）　第四中山大学召开全校教员茶话会[③]，校长张乃燕主持。与张士一（名湋，字士一，以字行）、张景钺（岷侪）、高君珊、张天才五

---

① 中华民国大学院为全国最高学术教育机关，简称为中国大学院。与从前教育部不同，教育部专为教育行政枢纽，中国大学院则兼有学术化。大学院成立后，所有国民政府教育行政委员会，即行取消归并。大学院之组织：(1) 大学委员会，委员长由院长担任。委员若干人，由各部主任与各大学校长及延聘其他学者共同组织之。(2) 院长办公会，自院长以次，设秘书若干人，秘书长并兼委员会秘书。(3) 教育行政部，部以下分组、分股，分别处理教育行政不属于各大学区及各大学区互相关联之事。(4) 研究院及其他国立学术机关，如劳动大学、国立图书馆、博物院、美术馆、观象台等。(5) 各种专门委员会，如学术基金委员会等。此外，各省区的教育行政机关，由原来的教育厅改为大学区制，即在各省区设立一个中山大学，综理区内的一切学术与教育行政事项。
② 据 10 月 19 日报载，竺可桢已被聘为观象台筹备委员。故编者将蔡元培邀请竺可桢参加中央研究院筹备工作时间置于 10 月上中旬。
③ 原件未记录出席人员名单，竺可桢出席与否不详。

人被推定为教授会章程起草委员。(《全校教员茶话会纪盛》，载《第四中山大学教育行政周刊》第 15 期，第 13-14 页）

**10 月 19 日** 《民国日报》(上海版）刊登消息《中国大学院各部职员》。

与高鲁为观象台筹备委员会委员；陈展云、陈遵妫（志元）[①] 为观象台筹备委员会股员。(《中国大学院已组织》，载《申报》1927 年 10 月 19 日）

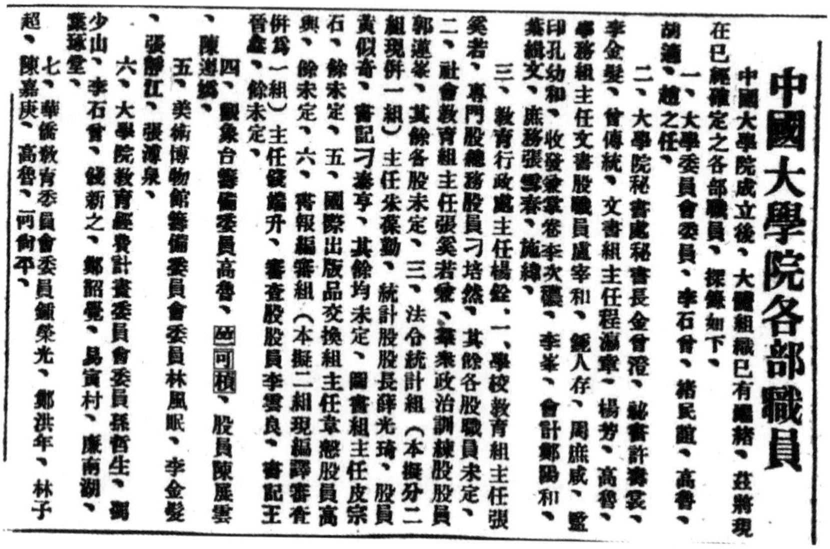

中國大學院各部職員

中國大學院成立後、大體組織已有端緒、茲將現在已經確定之各部職員、探錄如下、

一、大學委員會委員、李石曾、褚民誼、高魯、胡適、趙之任、

二、大學院秘書處秘書長金曾澄、秘書許壽裳、李金髮、曾傳統、文書組主任程瀛章、楊芳、高魯、事務組主任文書股職員盧寄和、鈍人存、周庶咸、監印孔幼和、收發彙章卷李次穰、李峯、會計鄭錫和、繁輯文、庶務張雪春、施緯、

三、教育行政處主任楊銓、一、學校教育組主任張奚若、專門股總務股員刁培然、其餘各股職員未定、二、社會教育組主任張奚若兼、羣衆政治訓練股股員郭蓮峯、其餘各股未定、三、法令統計組（本擬分二組現併一組）主任朱葆勤、統計股股長薛光琦、股員黃似奇、書記刁泰亨、其餘均未定、圖書組主任皮宗石、餘未定、五、國際出版品交換組主任章憩股員高興、餘未定、六、書報編審組（本擬二組現編譯審查併爲一組）主任錢端升、審查股股員李雲良、書記王晉鑫、餘未定、

四、觀象台籌備委員高魯、竺可楨、股員陳展雲、陳遵嬀、

五、美術博物館籌備委員會委員林風眠、李金髮、張靜江、張溥泉、

六、大學院教育經費計畫委員會委員孫哲生、蔣少山、李石曾、錢新之、鄭韶覺、易寅村、廉南湖、葉琢堂、

七、華僑教育委員會委員鍾榮光、鄭洪年、林子超、陳嘉庚、高魯、丙甸平、

图 160 《民国日报》(上海版）公布《中国大学院各部职员》

**10 月 21 日**（南京） 出席第四中山大学教授会成立大会。首先代表各位教授会章程起草委员发言，谓：“前日下午开会，承诸君推出教授会章程起草委员五人。昨早各委员集议后，赶速着手起草，因知今日开成立大会，须通过此项章程。故即草就付印，于短促时间，所拟草案，恐未尽臻完善，请诸君详加修改。”后由主席宣读草案，逐条讨论。章程草案经讨论修改后通过。与会者随后投票选举出席校务会议教授代表，“各于票上列举十人，为教授代表，出席校务会议。并由大众推定胡刚复、竺可桢、段调元三先生为检收选举票委员，当场投票，完毕，遂散会。”(《第四中山大学教育行政周刊》第 15 期，第

① 陈遵妫，1926 年回国，先后任北京高等女子师范学校、国立北京师范大学数学系、保定河北省立农学院教授。同时还在中央观象台兼职，负责历书编算工作。

14-15 页）

**10 月 23 日**（南京） 第四中山大学公布"校务会议委员选举之结果"。"本大学校务会议，为大学本部之最高立法机关。依照本部组织大纲第十六条之规定，除当然会员外，应由教授会选举代表参加，以实现教授治校之精神。前经教授大会议决，由各学院分别自行选出者，应得十五人，由全体教授、讲师公选者十人。以上二项选举业已办理完竣，并由教授会公推之检票员胡刚复、竺可桢、〈殷〉〔段〕调元三先生，在教授会报告选举结果。"（《第四中山大学教育行政周刊》第 18 期，第 20 页）

"1927 年 10 月 23 日公布了校务会议的选举结果，全体教授、讲师中选出的代表为竺可桢、孟宪承、高君珊、王琎、何鲁、吴有训、张士一、张天才"。（《东南大学史（1902—1949）》第 1 卷，第 201 页）此处只给出八人名单。

**10 月 28 日**（南京） 出席中国科学第六十次理事会。"商务〔印〕书馆函请《科学》每份每年加价为三元，请竺藕舫先查看以前合同后再议。"到会理事杨铨、周仁、王琎、过探先、路季讷。（《中国科学社第六十次理事会记录》，上海市档案馆藏件 Q546-1-63；《董理事会》第 101 页）

**10 月** 中国科学社第十二届理事选举结果，以 80 票（最多得票）当选为中国科学社 1927—1929 年理事，其余新任理事为杨铨、胡刚复、翁文灏、过探先、赵元任。杨铨 74 票，胡刚复 67 票，翁文灏 58 票，过探先 53 票，赵元任 52 票，王琎 41 票，李熙谋 37 票，何鲁 28 票，朱经农 27 票，李石曾 25 票，张乃燕 25 票，姜立夫 20 票，唐钺 19 票，朱少屏 18 票，李四光 16 票，饶澍人 15 票，钟荣光 14 票，吴宪 13 票，丁燮林 10 票，金湘帆 10 票，段育华 9 票，郭任远 9 票，熊庆来 5 票。（《科学》第 12 卷第 11 期，第 1655 页；《董理事会》第 103 页）

**是月** 《中国气象学会会刊》第 3 期刊行。

图 161　1927 年 10 月《中国气象学会会刊》第 3 期封面及目录页

**11 月 1 日**　致张其昀书。谓："昨下午中央大地〔学〕系学生代表嘱桢邀足下返校，今晨罗志希[①]先生亦至所中，述中大方面敦聘足下之诚意，言辞颇为恳切，并谓地系主任海平[②]决辞，由 Wissmann 暂时主持云云，因特为转达。"（《全集》第 22 卷，第 168 页）

**11 月 4 日**（上海）　午间偕夫人张侠魂至邵元冲寓一谈。（《邵元冲日记》第 372 页）

**11 月 6 日**　中国大学院发表各委员会及中央研究院筹备员正式名单，高鲁（天文气象）、竺可桢（气象）、余青松（天文的物理）为观象台筹备员。（《中国大学院各委员会》之《中央研究院筹备员》，载《申报》1927 年 11 月 7 日）

**11 月 8 日**（上海）　午间至邵元冲寓一谈。（《邵元冲日记》第 373 页）

**11 月 9 日**　第四中山大学教授会举行第一次常会，胡刚复主席。会议选举孟宪承（25 票）、萧纯锦（18 票）、张天才（17 票）、竺可桢（15 票）、段调

---

① 罗志希，即罗家伦，时任教于第四中山大学。
② 海平，即黄国璋。

元（13 票）为出席大学区评议会代表。选举大学经济公开稽核员，胡刚复（7票）、竺可桢（7票）、郑宗海（7票）、王季梁（7票）、钱宝琮（7票）为候补当选人。（《教授会第一次常会会议记录》，载《第四中山大学教育行政周刊》第 19 期，第 17-19 页）

**11 月 11 日**（上海） 邵元冲于傍晚来新寓一谈。（《邵元冲日记》第 374 页）

**11 月 12 日** 在中国气象学会第十七届理事会上，与蒋丙然、王应伟（硕甫）、黄琇、高均、刘渭清（叔强）、高鲁、陈开源同被推举为"本届年会第三议案'定统一预报用语'"委员，要求各自草拟通语，然后由大会公决。（《中国气象学会会刊》第 8 期，第 70-71 页）

**11 月 16 日** 作为兼代表医学院，出席第四中山大学第一次校务会议。胡刚复主席。杨孝述记录。在讨论"纪念周问题"时，"竺可桢主张将孙先生遗著，加以解释，即是资料。"（《第一次校务会议记录》，载《第四中山大学教育行政周刊》第 19 期，第 16-17 页）

**11 月 18 日** 报载《中国科学社新理事选出》：

中国科学社第十二届之新理事，业经选出，兹将该社理事选举结果如下：竺可桢八十票，杨杏佛七十四票，胡刚复六十七票，翁文灏五十八票，过探先五十三票，赵元任五十二票，王琎四十一票，李熙谋三十七票，何鲁二十八票，朱经农二十七票，李石曾二十五票，张君谋二十五票，姜立夫二十票，唐钺十九票，朱少屏十八票，李仲揆十六票，饶树人十五票，钟荣光十四票，吴宪十三票，丁燮林十票，金潮帆十票，段育华九票，郭任远九票，熊庆来五票。照章本届集选理事六人，因旧理胡明复博士于本年六月间逝世，故多选一人。此次共收到选举票计七百二十五票。竺可桢、杨杏佛、胡刚复、翁文灏、过探先、赵元任六君，当选为该社十六年至十八年理事。王琎君当选为该社十六至十七年理事。连同尚任之旧理事丁文江、任鸿隽、秉志、周仁四君，共十一人。该社南京社友，今年较之往首尤夥，缘首都各机关中人员为该社社友不少。该社订于本月十八日下午三时，在南京社所开社友会，欢迎来宁新社友。

（《申报》1927 年 11 月 18 日）

**11月19日**（上海） 邵元冲来寓所一谈。（《邵元冲日记》第376页）

**11月20日** 大学院召开中央研究院筹备会及各专门委员会成立大会。蔡元培主席。

图162 中华民国大学院中央研究院暨各专门委员会成立大会出席人员合影

会议修正案通过《中央研究院组织大纲》（《大学院公报》第1年第1期，第85-87页），其中第四条研究机关第三项为观象台。（《国立中央研究院气象研究所筹备经过报告》，载《钦天山气象台落成纪念刊》；《全集》第2卷，第1页）

"主席提出竺委员可桢、高委员鲁，拟请定名中央研究院之观象台，为紫金山观象台案，请众委员讨论。众无异议通过。"（《中央研究院筹备会及各专门委员会成立大会记事》，载《大学院公报》第1年第1期，第87页）

"主席请王小徐、宋梧生、周仁为理化实业研究所常务委员；徐渊摩为地质调查所常务委员；竺可桢、高鲁为观象台常务委员；李煜瀛、周览、蔡元培为社会科学研究所常务委员；并请众委员发表意见。众无异议通过。"（同上，第87-88页）

议决先设立理化实业研究所、社会科学研究所、地质研究所、观象台四个研究机关。①（《中研院十七年度总报告》第45页）

《中央研究院观象台定名为紫金山观象台案》全文如下：

查各国观象台，多有于台名上冠以人或地名者。冠人名之用意，在纪念创建元勋；冠地名之用意，为标志本名，〈另〉〔易〕引观感。如格林威基天文台，威尔逊山天文台等是。又冠地名恒不用所在都会之名称，而多用此都会内之小地名，如某山某村。故格林威基天文台不名之曰伦敦天文台；徐家汇气象台不名之曰上海气象台；其例繁多，不胜枚举。本研究院之观象台，其组织拟分为管理、研究二组；管理组中，拟分为时政、算学、理化、气象、地磁、地震六股。除气象股所辖之陆地测候总所拟设于南京北极阁，海洋测候总所拟设于《建国方略》中三大海港之一，各测站分布全国外，地震股所辖之各测站拟遍布陕、甘、川、滇。地磁股所辖之各测站容再另勘地点。余若时政、算学、理化三股暨研究组拟均设于南京紫金山。即气象、地磁、地震之各测候所虽遍布全国，而执行其中枢之总工作，如汇编统计等则以紫金山之管理组总其成，今拟采"冠地名易引观感"之义，径加"紫金山"三字于观象台之上。紫金山自筑总理陵墓以来，遐迩皆知。取作台名，愈易引起观听。于学术之宣传上，似不无裨益。准上述各理由，敢请定名本研究院之观象台为紫金山观象台，是否有当，敬候

公决！

（《全集》第22卷，第169页）

**11月24日** 《民国日报》刊登消息：《中国大学院聘定中央研究院与专委会委员》。中国大学院中央研究院筹备会委员，观象台：高鲁（天文、气象），竺可桢（气象），余青松（天文的物理）。

---

① 据1927年10月23日《申报》报道："中央研究院"下设"地质调查所"、"理化实业研究所"、"社会科学研究所"、"观象台"、"动物园"、"植物园"等机构。

图 163 《民国日报》报道中国大学院聘定的中央研究院与各专委会委员

**11 月 28 日** 大学院举行第一次院务会议。与高鲁推定为观象台筹备委员会常务委员。在观象台筹备工作中，高鲁主行政组，竺可桢主研究组。台中事业原定包括天文、气象、地震、地磁四项，惟以天文、气象尤为重要，故先行着手筹备。(《中研院十七年度总报告》第 205 页)

**11 月** 因病向大学请假，该学期开设的"气象学"课程，"以临时试验分数作成绩"。(牛力《从地学到地理学：竺可桢与中国近代大学地理学系的构建》，载《南京大学学报(哲学·人文科学·社会科学)》2023 年第 5 期，第 135 页)

**12 月 2 日(上海)** 约邵元冲、李四光等晚餐。(《邵元冲日记》第 378 页)

**12 月 9 日(上海)** 主持中国科学社第六十二次理事会。讨论商务印书馆抄寄代印《科学》请求加价、总干事可兼职办公半日支半薪、上海事务所急待改组、本社拟收买付印李俨《算学史稿》等案。到会理事周仁、王琎、任鸿隽、过探先、路季讷。(《中国科学社第六十二次理事会记录》，上海市档案馆藏件 Q546-1-64;《董理事会》第 105 页)

**12 月 12 日**（上海）　午前至邵元冲寓一谈。(《邵元冲日记》第 379 页)

**12 月 22 日**（上海）　至邵元冲寓一谈。(同上，第 380 页)

**12 月 23 日**　中国天文学会在南京成贤街大学院会议厅举行第五届年会。改选职员，蔡元培当选会长，竺可桢当选副会长，钱宝琮、李书华（润章）[①]、孔韦虎当选评议员，高鲁当选总秘书。(《科学》第 12 卷第 10 期，第 1802 页)

**12 月 29 日**　主持中国科学社第六十三次理事会。公布理事会选举结果：以七票当选社长，为中国科学社第四任社长，翁文灏三票，杨杏佛一票，任鸿隽一票。周仁（四票）当选会计。过探先被推为常务干事。到会杨杏佛、周子竞、过探先、王季梁、路季讷（王季梁代）。"七、议决由社备函致文化基金董事会请款说明南京政府对于本社在上海建筑科学图书馆及南京生物研究所之费用已允拨助四十万元请求照数补助。八、本社社所保险于年底满期急应续保。"(《中国科学社第六十三次理事会记录》，上海市档案馆藏件 Q546-1-64;《董理事会》第 106 页)

在社长任期内，竺可桢尽职尽责，为科学社发展做了大量工作。"与其他领导人一起为中国科学社做出了不少的制度安排，聘请杨孝述就任专职总干事，负责中国科学社日常事务并担任《科学》经理；购定上海法租界亚尔培路（今陕西南路）309 号为上海社所，并将总办事处由南京迁上海；筹资建造明复图书馆，成为中国第一个专业科技资料中心；从商务印书馆收回《科学》的印刷权并设立科学仪器图书公司，从事科学图书的印刷与科学仪器的制作；设立科学咨询处接受社会咨询等。"（张剑《竺可桢与中国科学社》，载《文景》2005 年第 1 期，第 4 页）

张剑的研究指出："竺可桢虽不是中国科学社的发起人，但是科学社时期的股东，并很快就成为主要领导人，曾担任理事会书记与社长，无论是留美时

---

① 李书华，时代理中法大学校长。

期还是回国之后，无论是抗战最艰苦的年代，还是内战战火纷飞时，都自始至终关注中国科学社的发展，对中国科学社的维持和发展贡献极大。同时，竺可桢通过中国科学社这一平台，不仅在学术上逐步走向成熟，而且结交了大批志同道合的朋友，汇聚了一批人才，为他事业发展编织了一个广泛的网络。"（同上，第3页）

"在中国科学社领导群体中，有像任鸿隽、杨铨这样主要以科学组织行政管理者名世的领导人，虽科学出身，但没有真正从事科学研究，以科学宣传、科学规划乃至科学管理影响中国近代科学的发展，他们对中国科学社社务的扩展和中国科学的发展也一样功勋卓著；有像胡明复、过探先、胡刚复、王琎这样主要以科学宣传与科学教育角色立身社会的领导人，他们对扩大中国科学社影响与中国科学教育事业的贡献也功不可没；有像蔡元培、胡敦复这样的社会名流，他们在扩展中国科学社的社会网络、为中国科学社发展募集资金方面有大作用。但这些人对中国科学社作为一个真正的科学社团在科学成就方面的提升，似乎影响力不够。正如当时担任社长的丁文江致函胡适说，'十篇英文的"成绩说明书"，不如一篇真正的成绩'，'社友能从事研究的人，实在太少。将来进行，似应从这种方面着手，才有希望'。[1] 竺可桢、秉志、赵元任、周仁等领导人，与前述三类不同，他们既以科学领导者的身份立世，更以科学家的面目在学术界出入，自然增强了中国科学社在科学研究成就方面的品质。另外，与邹秉文、钱天鹤等一些早期领导人后来很快淡出中国科学社领导层不同，竺可桢与任鸿隽、秉志、赵元任、周仁等，是少数几个自始至终关注中国科学社发展的领导人。"（同上，第8-9页）

**是日** 胡焕庸[2]来函。谓：

夫子大人：

函文前呈一函，并附《巴黎地理教育》译文一篇，想早邀钧阅矣。此间

---

[1] 中国社会科学院近代史研究所中华民国史组编：《胡适来往书信选》（上），中华书局，1979年，第264、247-248页。

[2] 胡焕庸，时在巴黎进修。该函无标点。

已放年假。想此函达宁，亦已在寒假中。上星期有高气压行经巴黎，最低温度达摄氏零下二十。当高气压减退，晚间微雨，翌晨复寒，竟随地结成薄冰。巴黎市上行人，夫足堕者随处有之。此种雨后成冰，未知中文有专名否？前得晓峰函，谓中大地理亦分属两院，吾师正设法合并，不知最近已有结果否？巴黎高等教育极复杂，同一性质之学科散见于各机关，每另设学院，名称以统属之。如大学文科、法科，法兰西学院、东方语言学院等均有。关于中国之学科，即另设中国学院以统一之。中国学院仅有名称无院址也。如地学院则已有院址，会合各处地学功课于此授之，相关科学如人种学院，近亦附设于此。可见法国学术机关由分而合之趋势。国内学制改革伊始，诚宜及早注意及之。近巴黎有科学艺术展览会，生往参观，特注意于气象与空中摄影两部分，收集印刷品若干，附呈钧阅。兹乘假期余暇，草成《空中摄影》一短篇，呈改并请代为发表。此文虽未充分发挥，而重要各点略已道及。如详述器具用法嫌太繁，即生亦有不谙熟处。国内航空事业渐已着手进行，不知已否有人注意及此？当生在展览会参观曾稍要求解释用法，各公司均竭力希望推广营业，有叩生是否为日本人者，有叩生是否为公使馆职员或陆军部代表者，其注意如此。又此间授地理课，均用幻灯片。近见有活动影戏之软片出售，取价极廉。此法在国内大可采用，经济而实用。其机极小，教室无须用黑帘，日间并可开演读报。悉吾师筹备观象台，现在进行如何？将见紫金山上高厦巍然，厥成不远矣。临风寄意，不尽欲言。肃此，上呈。谨请

　　炉安

　　　　　　　　　　　　　　　　　　生　胡焕庸　百叩

　　　　　　　　　　　　　　　　　　十二月二十九日

　　师母均此请安

　　　　　　　　　　　　　　　（中国第二历史档案馆藏件 393-2899）

**12 月**　刘季辰[①] 来函。谓：

藕舫吾兄大鉴：

制图事自着手以来，虽未敢稍自暇怠，但以选择材料颇费时间，未能如预期之简易迅速。现河北省图已脱稿，正在上墨；山东省幅稿亦将次竣事。两图各用一百五十万分之一缩尺，拟俟河北图绘竣后，即交京华书局照原缩尺落石印二百份，作为样本，寄请吾兄分送地学组各委员征求意见，俾资遵循。另着色样图一张，并将来拟缩印之图框大小一张，编印图之大小约 31 cm×21 cm，外框大致一律，因须装成书本式也。关于印刷事项，用石印抑系雕板，请预为定妥，最好在北京付印，以便校对。弟现拟于所编地图目录后附印中国各地所定经纬度表，已将嘉耐基陆地磁力观测队在华所测之各地经纬度完全编译一表。另史文海定氏、克拉克氏、菲尔许纳氏所测者各若干，分编数表。兄于此种材料搜集必多，可否暂借抄录，以便补入，即或遗忘系何人所测，亦属无妨。无论如何，上海徐家汇天文台及海关新建筑钟楼（曾见沪报）之经纬度，请为抄示。南京如有确定经纬度，亦乞示知。种种费神，统容面谢。科学社此届年会因翁先生亲自南下，弟不克参加，颇用怅怅。余不赘。此请

大安

小弟　刘季辰　拜启　十二月

此函待发时，接奉七日快函，谨悉种切。中大教授事，请与咏霓先生面洽，最好坚请咏公想定一办法，非弟亦必要。伊想一个适当之人，兄如尚无把握，不可不乘此时机"吃住他"，但千万勿说明系弟上的绑票条陈。

（中国第二历史档案馆藏件 393-2874）

**是月**　王云五与竺可桢校订、刘虎如编纂《新时代本国地理教科书》（上、下二册，初级中学用）由商务印书馆出版。

**是月**　竺可桢等校订、张其昀等译述、美国鲍曼著《战后新世界》（*THE*

---

① 刘季辰，时任职于农商部地质调查所。该函未署年份。函中刘向竺可桢询南京经纬度，而刘 1928 年 9 月 7 日来函后有附录"中国各地经纬度表"校样一份，以此推测该函时间当在 1928 年 9 月之前，故置于 1927 年。原函无标点。

NEW WORLD, By ISAIAH BOWMAN）一书，由商务印书馆出版。该书版权页署名，译述者：王学素、黄静渊、张其昀、诸葛麒、胡焕庸、吴文照、陆鸿图、向达；校订者：竺可桢、朱经农、任鸿隽、程瀛章。

图164 1927年12月《战后新世界》书影

# 表格目录

# 图片目录

# 参考文献

## 一、谱主著述与译作

《竺可桢全集》（第 1 至 4 卷） 樊洪业主编，上海科技教育出版社，2004 年 7 月

《竺可桢全集》（第 5 至 7 卷，外文著述；日记一、二集，1936—1938 年、1939—1940 年竺可桢日记） 樊洪业主编，上海科技教育出版社，2005 年 12 月

《竺可桢全集》（第 8 至 11 卷，日记三、四、五、六集，1941—1943 年、1944—1945 年、1946—1947 年、1948—1949 年竺可桢日记） 樊洪业主编，上海科技教育出版社，2006 年 12 月

《竺可桢全集》（第 12 卷，日记七集，1950—1952 年竺可桢日记） 樊洪业主编，上海科技教育出版社，2007 年 12 月

《竺可桢全集》（第 14 至 15 卷，日记九、十集，1955—1957 年、1958—1960 年竺可桢日记） 樊洪业主编，上海科技教育出版社，2008 年 12 月

《竺可桢全集》（第 16 至 17 卷，日记十一、十二集，1961—1963 年、1964—1965 年竺可桢日记） 樊洪业主编，上海科技教育出版社，2009 年 12 月

《竺可桢全集》（第 18 至 19 卷，日记十三、十四集，1966—1967 年、1968—1969 年） 樊洪业主编，上海科技教育出版社，2010 年 12 月

《竺可桢全集》（第 20 卷，日记十五集，1970—1971 年竺可桢日记） 樊洪业主编，上海科技教育出版社，2011 年 12 月

《竺可桢全集》（第 21 卷，日记十六集，1972—1974 年竺可桢日记） 樊洪业主编，上海科技教育出版社，2011 年 12 月

《竺可桢全集》（第 22 卷，译文、书信等） 樊洪业主编，上海科技教育

出版社，2012 年 12 月

《竺可桢全集》（第 23 至 24 卷，书信） 樊洪业主编，上海科技教育出版社，2013 年 12 月

《竺可桢文集》《竺可桢文集》编辑小组编，科学出版社，1979 年 3 月

《竺可桢科普创作选集》 张丕远、裘高法编辑整理，中国大百科全书出版社，2011 年 10 月

《新地学》 竺可桢等译，南京中山书局，1933 年


**二、谱主校订的教科书及专著**

《新学制初中教科书人生地理》（三册） 张其昀编纂，竺可桢、朱经农校订，商务印书馆，1925 年 1 月

《新学制高级中学教科书本国地理》（二册） 张其昀编辑，竺可桢校订，商务印书馆，1926 年 8 月

《两极探险记》（史地小丛书，W. S. Bruce 著） 刘虎如翻译，竺可桢、向达校订，商务印书馆，1927 年 3 月

《世界史纲》（二册） 英国韦尔斯著，向达、陈建民、梁思成等译，徐则陵、朱经农、王岫庐、竺可桢等校订，商务印书馆，1927 年 6 月

《新时代本国地理教科书》（二册） 刘虎如编纂，王云五、竺可桢校订，商务印书馆，1927 年 12 月

《战后新世界》 美国鲍曼著，张其昀等译，竺可桢等校订，商务印书馆，1927 年 12 月


**三、档案史料**

《伊利诺伊大学同学录》（1913 年毕业生） 伊利诺伊大学编，伊利诺伊大学 1914 年（THE ILLIO, 1914）

The Chinese Students' Monthly（中国留美学生月报）November, 1918, VOL. XIV, NO. 1

《国立武昌高等师范学校己未同学录》 王大祺、夏隆基、钱城编辑，商务印书馆，1919 年

《南高第一届暑期学校概况》 南京高等师范学校编，南京高等师范学校，1920

《中国科学社募集基金第一次报告》 中国科学社，1920 年 7 月

《农作物收支纪实》 东南大学农事试验场农作物部，1921 年 10 月

《中国科学社社录》 1921 年

《宁一女师十周年纪念》 1922 年

《南京高师文史地部第一级会纪念刊》 1923 年 7 月

《国立东南大学生活概况》 1923 年

《国立东南大学概况》 1924 年

《新学制师范科课程标准纲要》全国教育会联合会编，1925 年 8 月

《中国科学社社录》 1926 年

《天津南开大学一览》 1926 年

《商务印书馆志略》 商务印书馆，1926 年 5 月

《丙寅秋南开同学录》1926 年秋

《绍兴七县旅沪同乡会第十六届报告》 1927 年

《理科学会周年纪念册》 天津南开大学理科学会印，1928 年 3 月

《国立中央研究院十七年度总报告》 国立中央研究院文书处编，国立中央研究院总办事处，1928 年

《中国科学社概况》 中国科学社编，1924 年，1931 年 1 月

《美国大学所藏竺可桢档案漫谈》林伟著，未刊文

中国第二历史档案馆藏件

上海市档案馆藏件

哈佛大学档案馆藏件

浙江大学档案馆藏件

上海气象博物馆藏件

干部履历表，1962 年 11 月 20 日填写，手抄件，原中国科学院人事局或中共中央组织部藏件

《第一次中国教育年鉴》（第五册） 吴相湘、刘绍唐主编，台北传记文学出版社，1971 年 10 月影印

《留学教育》（中国留学教育史料，刘真主编）第一册 王焕琛编著，（台湾）编译馆，1980 年 7 月

《清华大学校史稿》 清华大学校史编写组编，中华书局，1981 年 2 月

《东南大学校史研究》（专刊第一辑） 朱一雄主编，东南大学出版社，1989 年 6 月

《南开大学校史资料选》（一九一九——一九四九） 王文俊等选编，南开大学出版社，1989 年 10 月

《南开大学校史》（一九一九——一九四九） 南开大学校史编写组，南开大学出版社，1989 年 10 月

《留学教育》（中国近代教育史资料汇编，陈元晖主编）第一册 陈学恂、田正平编，上海教育出版社，1991 年 7 月

《东南大学史（1902—1949）》第 1 卷 朱斐主编，东南大学出版社，1991 年 10 月

《南京大学史》 王德滋主编，南京大学校史编写组编著，南京大学出版社，1992 年 5 月

《中国百年留学全纪录》（第 2 册） 丁晓禾主编，万宪、临安、晓禾、何丹撰稿，珠海出版社，1998 年 1 月

《院史资料与研究》（纪念竺可桢诞辰 110 周年专辑） 中国科学院院史文物资料征集委员会办公室，2000 年第 4 期（总第 57 期）

《南京大学百年史》 王德滋主编，南京大学出版社，2002 年 4 月

《南大百年实录》 丁益主编，南京大学出版社，2002 年 5 月

《复旦大学百年纪事（1905—2005）》《复旦大学百年纪事》编纂委员会编，复旦大学出版社，2005 年 5 月

《郭秉文与东南大学》 东南大学高等教育研究所编,东南大学出版社,2011 年 10 月

《发展历程史料 / 中国科学社档案资料整理与研究》 林丽成、章立言、张剑编注,上海科学技术出版社,2015 年 10 月

《董理事会会议记录 / 中国科学社档案资料整理与研究》 何品、王良镭编,上海科学技术出版社,2017 年 11 月

《南京大学校史资料选编》(第二卷) 南京大学校史研究室编,南京大学出版社,2019 年 7 月

《年会记录选编 / 中国科学社档案资料整理与研究》 王良镭、何品编,上海科学技术出版社,2020 年 12 月

《江汉炳灵——武汉高校档案概览》(1912—1949) 武汉市档案馆编,湖北美术出版社,2022 年 10 月

## 四、日记、年谱、传记、回忆录、影记

《四十自述》 胡适,亚东图书馆,1933 年 9 月

《竺夫人纪念册》 诸葛麒、陈训慈编,铅印本 1940 年,未刊本,竺可桢藏

《胡适来往书信选》 中国社会科学院近代史研究所中华民国史组编,中华书局,1979 年 5 月

《蔡元培年谱》 高平叔编著,中华书局,1980 年 2 月

《蔡元培传》 周天度著,人民出版社,1984 年 9 月

《胡适自传》 曹伯言选编,黄山书社,1986 年 11 月

《商务印书馆九十年》 商务印书馆编辑部,商务印书馆,1987 年 1 月

《赵元任生活自传》 赵元任著,中国华侨出版公司,1989 年 4 月

《竺可桢传》《竺可桢传》编辑组著,科学出版社,1990 年 2 月

《一代宗师竺可桢》(浙江文史资料第四十辑) 浙江省政协文史资料委员会编,浙江人民出版社,1990 年 3 月

《邵元冲日记》(1924—1936) 邵元冲著,王仰清、许映湖标注,上海人

民出版社，1990 年 10 月

《张元济年谱》 柳和城、张人凤、陈梦熊编著，商务印书馆，1991 年 12 月

《民国人物传》（中华民国史资料丛稿第七卷） 朱信泉、宗志文主编，中华书局，1993 年 11 月

《吴宓自编年谱（1894—1925）》 吴宓著，吴学昭整理，生活·读书·新知三联书店，1995 年 12 月

《电影文学剧本〈竺可桢〉》 戟峰、樊洪业等编著，浙江大学出版社，1997 年 3 月

《赵元任年谱》 赵新那、黄培云编，商务印书馆，1998 年 12 月第 1 版

《中国科学院早期领导人物传》 余志华主编，江西教育出版社，1999 年 10 月第 1 版

《胡适留学日记》 胡适著，岳麓书社，2000 年 11 月

《胡适日记全编》 曹伯言编，安徽教育出版社，2001 年 10 月

《胡适日记全集》 曹伯言整理，联经出版公司，2004 年

《翁文灏年谱》 李学通著，山东教育出版社，2005 年 10 月

《胡先骕先生年谱长编》 胡宗刚撰，江西教育出版社，2008 年 2 月

《范源濂集》欧阳哲生主编，湖南教育出版社，2010 年 1 月

《胡适年谱（1981—1962）》（修订本） 耿云志著，福建教育出版社，2012 年 8 月

《穆藕初年谱长编》 穆家修、柳和城、穆伟杰编著，上海交通大学出版社，2015 年 3 月

《王云五先生年谱初稿》 王寿南编著，台湾商务印书馆，2018 年 7 月

《汤用彤先生编年事辑》 赵建永撰，中华书局，2019 年 1 月

《蔡元培年谱新编》 王世儒编，北京大学出版社，2019 年 10 月

《王伯祥日记》第一册 张廷根 刘应梅整理，中华书局，2020 年 6 月

《赵元任传》 苏金智著，团结出版社，2022 年 3 月

《好玩儿的大师——赵元任影记之学术篇》 赵元任摄，赵新那、黄家林

整理，商务印书馆，2022 年 4 月

### 五、专著、文集

《钦天山气象台落成纪念刊》 国立中央研究院气象研究所，国立中央研究院气象研究所 1925 年 12 月

《气象学讲话》 王勤堉著，开明书店，1935 年 4 月

《中国古代的传说时代》 徐炳昶著，中国文化服务社，1943 年 12 月

《中国古代的传说时代》（增订本） 徐炳昶著，科学出版社，1960 年 3 月

《纪念科学家竺可桢论文集》《纪念科学家竺可桢论文集》编辑小组，科学普及出版社，1982 年 7 月

《竺可桢逝世十周年纪念会论文报告集》 竺可桢逝世十周年纪念会筹备组编，科学出版社，1985 年 10 月

《竺可桢诞辰百周年纪念文集》 浙江大学校友会、电教新闻中心编，浙江大学出版社，1990 年 2 月

《中基会对科学的赞助》 杨翠华著，台北近代史研究所，1991 年 10 月

《中国近代史（1840—1919）》 李侃等著，中华书局，1994 年 4 月第 4 版

《先生之风　山高水长——竺可桢逝世 20 周年纪念文集》 中国科学院南京分院、南京竺可桢研究会编，中国科学技术大学出版社，1994 年 12 月

《影响中国近代社会的一百种译作》 邹振环著，中国对外翻译出版公司，1996 年 1 月

《五四新文化的源流》 陈万雄著，生活·读书·新知三联书店，1997 年 1 月

《科学与人生观论战及其回声》 朱耀垠著，上海科学技术文献出版社，1999 年 8 月

《中国科学翻译史》 李亚舒、黎难秋主编，湖南教育出版社，2000 年 2 月

《科学旧踪》 樊洪业著，江西教育出版社，2000 年 9 月

《中国二十世纪通鉴（1901—2000）》第一册（第一至四卷 1901—1920）第二册（第五至八卷 1921—1940） 中国二十世纪通鉴编辑委员会编著，线装

书局，2002 年 9 月

《西学东渐——科学在中国的传播》 樊洪业、王扬宗著，湖南科学技术出版社，2003 年 3 月

《晚清西方地理学在中国》 邹振环著，上海古籍出版社，2000 年 4 月

《近代中国的留美教育》 李喜所等著，天津古籍出版社，2000 年 10 月

《20 世纪上海翻译出版与文化变迁》 邹振环著，广西教育出版社，2000 年 12 月

《科学的播火者——中国科学社述评》 冒荣著，南京大学出版社，2002 年 1 月

《科学救国之梦——任鸿隽文存》 任鸿隽著，樊洪业、张久春选编，上海科技教育出版社、上海科学技术出版社，2002 年 8 月

《迎赛先生》 樊洪业著，江苏教育出版社，2003 年 12 月

《紫金山天文台史稿——中国天文学现代化个案》 江晓原、吴燕著，山东教育出版社，2004 年 12 月

《地质学与民国社会》 张九辰著，山东教育出版社，2005 年 10 月

《量守庐学记续编：黄侃的生平和学术》 张晖编，生活·读书·新知三联书店，2006 年 11 月

《近代中国的百科辞书》 陈平原、米列娜主编，北京大学出版社，2007 年 9 月

《西方传教士与晚清西史东渐》 邹振环著，上海古籍出版社，2007 年 12 月

《啼痕——杨杏佛遗迹录》宋庆龄陵园管理处编，上海辞书出版社，2008 年 2 月

《中国留美学生史》 史黛西·比勒著，张艳译，生活·读书·新知三联书店，2010 年 6 月

《中国留学通史》（晚清卷） 李喜所主编，刘集林等著，广东教育出版社，2010 年 9 月

《中国留学通史》（民国卷） 李喜所主编，元青等著，广东教育出版社，2010 年 9 月

《为中国寻找现代之路——中国留学生在美国（1900—1927）》 叶维丽著，周子平译，北京大学出版社，2012 年 4 月

《文明梦——记第一批庚款留美生》 王天骏著，清华大学出版社，2012 年 7 月

《武汉大学历史人物选录》 谢红星主编，崇文书局，2012 年 9 月

《竺可桢与陈寅恪》 张荣明著，漓江出版社，2013 年 3 月

《"竺可桢学"研讨会文集》 浙江大学编印，2014 年 5 月

《杜威：教育即生活》 康桥主编，上海辞书出版社，2014 年 7 月

《罗素：唤起少年中国》 秦悦主编，上海辞书出版社，2014 年 7 月

《浙江大学图史》 金德水、吴朝晖主编，浙江大学出版社，2017 年 5 月

《回首百年路遥——伴随中国现代化的十次留学潮》 姚蜀平著，上海教育出版社，2017 年 7 月

《赛先生在中国——中国科学社研究》 张剑著，上海科学技术出版社，2018 年 12 月

《真实与建构——中国近代史及科技史新探》 阿梅龙（Iwo Amelung）著，孙青等译，社会科学文献出版社，2019 年 3 月

《近代中国八十年》 陈旭麓主编，上海人民出版社，2019 年 4 月

《魔仆与泥人——什么不是科学》 潘涛著，浙江大学出版社，2020 年 5 月

《叶落知秋——清末民初的史事和人物》 张仲民著，上海人民出版社，2020 年 6 月

《从格致到科学》 张剑著，中国工人出版社，2022 年 2 月

《继承与叛逆——现代科学为何出现于西方》（增订版） 陈方正著，生活·读书·新知三联书店，2022 年 11 月

《科学家的养成——中国近代科学家与科学家群体》 张剑著，上海科学

技术出版社，2022 年 9 月

《世界想象：西学东渐与明清汉文地理文献》 邹振环著，中华书局，2022 年 11 月第 1 版

《中华学艺社史》 李英杰、文恒著，西南大学出版社，2022 年 12 月

《中国科学社史》 宋叶春著，西南大学出版社，2023 年 12 月

《中华教育文化基金会史》 马立武、赵伟编著，西南大学出版社，2023 年 12 月


## 六、外文文献

*Who's Who in China*, The China Review Shanghai , 1925, Third Edition

Wang, Zuoyue. "Zhu Kezhen." In *New Dictionary of Scientific Biography*, edited by Noretta Koertge, 402–405. New York：Charles Scribner's Sons, 2007.

Wang, Zuoyue, Book Review of *Zhu Kezhen Quanji* (*The Complete Works of Coching Chu*), *East Asian Science, Technology and Society*, vol. 12, no.2 (June 2018)

Wang, Zuoyue. "Saving China through Science：The Science Society of China, Scientific Nationalism, and Civil Society in Republican China." *Osiris* 17 (2002): 291–322.

Joan Judge. *Republican Lens: Gender, Visuality, and Experience in the Early Chinese Periodical Press*. Berkeley: University of California Press, 2015

Liu, Xiao. *Meteorology and Politics in Republican China, 1912-1949*. PhD dissertation, University of Bristol, June, 2021

Liu, Xiao. Understanding sovereignty through meteorology: China, Japan, and the dispute over the Qingdao Observatory, 1918–1931, *Annals of Science*, (2023) DOI: 10.1080/00033790.2023.2231465

Transcript of the Record of Co-Ching Chu in the University of Illinois [R]. Student Folder (C. C. Chu), Harvard University Archives, UAV 161.201.10, Box 19.

Transcript of Co-Ching Chu [A]//Harvard University Archives, UAV 161.272.5, File Ⅰ, Box 3.

## 七、论文

陈长河《国民党政府中央气象局组织概述》,《民国档案》1986 年第 3 期, 第 129 页

张九辰《竺可桢与东南大学地学系》,《中国科技史料》2003 年第 24 卷第 2 期, 第 112-122 页

邹振环《马相伯与〈拉丁文通〉》,《复旦学报(社会科学版)》2005 年第 6 期, 第 112-119 页

李玉海《第二批庚款留美学生考选经过及相关问题》,《中国科技史》2009 年第 30 卷第 4 期, 第 482-486 页

朱华《竺可桢科学救国思想初探》,《鲁东大学学报》(哲学社会科学版)2010 年第 27 卷第 4 期, 第 1-5 页

江增辉《西学东渐的成功典范》, 博士论文, 中国科学技术大学, 2013 年(导师:徐飞)

张立、潘一骁《竺可桢与中国科技史事业》,《民主与科学》2014 年, 第 5 期, 第 13-17 页

孙萌萌《从冰期预测到全球变暖假说》, 博士论文, 上海交通大学, 2018 年(导师:江晓原)

孙萌萌、江晓原《竺可桢气候变迁思想的来源》,《自然科学史研究》2018 年第 37 卷第 1 期, 第 104-116 页

牛力《道不同不相为谋:论东南大学时期郭秉文和杨杏佛的关系》,《民国档案》2019 年第 2 期, 第 112-121 页

杨炀《胡适致竺可桢佚简——通及其释读》,《安庆师范大学学报(社会科学版)》2022 年第 41 卷第 1 期, 第 35-36 页

张凯、薛宸宇《竺可桢留学期间佚文一则》,《浙江大学学报(人文社会

科学版）》2022 年第 52 卷第 3 期，第 33 页

曾点《竺可桢的"伊利诺伊岁月"》，《自然科学史研究》2023 年第 42 卷第 2 期，第 206-225 页

林伟《知识的跨国流通：竺可桢对哈佛大学地理学传统的继承与超越》，《自然科学史研究》2023 年第 42 卷第 3 期，第 326-347 页

牛力《从地学到地理学：竺可桢与中国近代大学地理学系的构建》，《南京大学学报（哲学·人文科学·社会科学）》2023 年第 5 期，第 127-144 页

## 八、报纸、期刊

*Geographical Teacher*

*Monthly Weather Review*

*The Geographical Review*

*The Transactions of the Science Society of China*

《新闻报》　　　　《申报》　　　　《观象丛报》

《北京日报》　　　《顺天时报》　　《时报》

《神州日报》　　　《民国日报》

《浙江日报》　　　《上虞日报》

《时事新报》　　　《文汇报》

《中华读书报》　　《妇女时报》

《教育杂志》　　　《科学》　　　　《中华农学会报》

《新教育》　　　　《国立武昌高等师范学校教育学术研究会杂志》

《寰球中国学生会周刊》　　　《学艺杂志》

《学原》　　　　　　　　　　《南开大学周刊》

《史地学报》　　　　　　　　《南京气象年报》

《史学与地学》　　　　　　　《中国气象学会会刊》

《青年杂志》　　　　　　　　《第四中山大学教育行政周刊》

《国立中央大学教育行政周刊》　　《大学院公报》

《新少年旬刊》　　　　　　《教育与人生》

《河南教育公报》　　　　　《地理学报》

《传记文学》　　　　　　　《科学时代》

《地理知识》　　　　《百科知识》　　　　《文景》

《求知》　　　　　　《中国科技史料》

《民国档案》　　　　《院史资料与研究》（中国科学院内部刊物）

《南京大学学报（哲学·人文科学·社会科学）》

《浙江大学学报（人文社会科学版）》

《自然科学史研究》　　　《教育汇刊》

《科学文化评论》


## 九、刊有相关文献的网站

搜狐网　　　　　　孔夫子旧书网

博宝艺术网　　　　雅昌艺术网

百度图片　　　　　卓克艺术网

百度－百科